U0527987

南昌大學國學研究院主辦

正學

第四輯

程水金·主編

江西人民出版社
Jiangxi People's Publishing House
全國百佳出版社

圖書在版編目（CIP）數據

正學．第4輯/程水金主編．—南昌：江西人民出版社，2016.12
ISBN 978-7-210-07529-5

Ⅰ．①正⋯ Ⅱ．①程⋯ Ⅲ．①國學—文集 Ⅳ．① Z126-53

中國版本圖書館CIP數據核字（2016）第302235號

正學（第4輯）

程水金　主編

責任編輯：李建權
封面設計：樂　錕
出　　版：江西人民出版社
發　　行：各地新華書店
地　　址：江西省南昌市三經路47號附1號
郵　　編：330006
網　　址：www.jxpph.com
E-mail：jxpph@tom.com　web@jxpph.com
版　　次：2016年12月第1版
印　　次：2016年12月第1次印刷
開　　本：880mm×1230mm　1/16
印　　張：25.5
字　　數：575千字
ISBN 978-7-210-07529-5
贛版權登字—01—2016—897
定　　價：85.00元
承　印　廠：南昌市紅星印刷有限公司

贛人版圖書凡屬印刷、裝訂錯誤，請隨時向承印廠調換

學術顧問（以姓氏拼音英文字母爲序）

艾　蘭［美］	安平秋	陳祖武	杜維明［美］	馮天瑜
郭齊勇	胡永新	黃克武	李學勤	林慶彰
邵　鴻	夏長樸	星　雲	張豈之	張立文
詹福瑞	周創兵	宗福邦		

編輯委員會（以姓氏拼音英文字母爲序）

白　奚	陳鴻森	陳　静	陳衛平	陳文新
陳支平	程水金	程郁綴	戴建業	丁　鼎
方　銘	方　勇	方志遠	龔鵬程	過常寶
黃靈庚	黃樸民	惠樸和［美］	胡曉明	鑒傳今
李炳海	廖名春	廖可斌	劉　石	劉曉明
劉毓慶	劉躍進	盧烈紅	林忠軍	梁　樞
梅　勒［愛］	蒲百瑞［美］	樸永焕［韓］	漆永祥	錢志熙
邵永海	宋三平	舒大剛	孫玉文	唐翼明
王長華	王德保	王基倫	王蓉蓉	汪春泓
吳承學	吳根友	吳銘能	夏漢寧	謝大寧
謝明勇	徐福來	徐　俊	徐求真	楊逢彬
楊樹增	楊　忠	楊柱才	楊　華	姚小鷗
袁禮華	于　亭	張芳霖	張國星	張新科
趙逵夫	趙敏俐	鄭傑文	周　斌	朱萬曙
朱小健	左東嶺			

約稿編委　夏長樸　陳鴻森　程水金　周　斌

主　　編　程水金

執行主編　周　斌

編　　輯　張宜斌　閆　寧　王小虎　于　浩　王　丁

英文編譯　于　浩

目　錄

經學探微

程水金　《康誥》釋讀 …………………………………………………………（ 3 ）

閆　寧　《檀弓》"有子與子游立"章新解——兼論先秦儒家禮論中情文矛盾問題
　　　　 ……………………………………………………………………………（ 35 ）

蕭敏如　華夷思想的裂變
　　　　——甲午戰争前後《春秋》公羊學攘夷論的發展：以康有爲、皮錫瑞爲中心的考察
　　　　 ……………………………………………………………………………（ 46 ）

蔣秋華　劉克莊《論語講義》析論 ………………………………………………（ 67 ）

高荻華　論儒家精神——從《論語》"子路、曾晳、冉有、公西華侍坐"章之詮釋演變談起
　　　　 ……………………………………………………………………………（ 81 ）

林素芬　何以壞了人心？——王安石的王道思想再論 ……………………………（108）

校讎廣義

野間文史　從義疏學至《五經正義》——科段法與問答體的行迹 ………………（129）

陳鴻森　文獻家通考舉正 ……………………………………………………………（158）

張寶三　近代政治人物高凌霨舊藏善本古籍初考 …………………………………（196）

沈相輝　論嘉慶本《十三經注疏》中的校勘符號問題
　　　　——兼評盧宣旬删汰文選樓本《校勘記》之功過是非 ……………………（207）

史學抉原

張俊綸　"州國"小考 ………………………………………………………………（229）

李　軍　吴大澂與吴雲交游考 ………………………………………………………（237）

蘇耀宗　百事抑或百子：明憲宗《歲朝佳兆圖》的佳兆 …………………………（252）

熊禮匯　《湖北公安二聖寺志》序 …………………………………………………（267）

諸子學衡

蔡振豐　《老子》《莊子》中的"氣"及其可能的詮釋 …………………………（275）

山田俊　李霖《道德真經取善集》思想初探 …………………………………（289）

高橋睦美　唐玄宗《道德真經》御注・御疏有关概念探析 ……………………（306）

藝文鏡詮

熊禮匯　略論陸贄"朝廷文字"的文化精神和書寫策略
　　　　——兼論陸贄駢體新變對韓愈倡復古文的啓迪 ………………………（325）

陳熾洪　試論羅伯聃《意拾秘傳》及《意拾寓言》的一些問題及被禁原因 ……（345）

佚文輯存

陳鴻森　朱文藻碧溪草堂遺文輯存 ………………………………………………（357）

本刊約稿啓事 ……………………………………………………………………（401）

經學探微

《康誥》釋讀

程水金

摘　要：本文在明句讀、通故訓的基礎上對釋章指，繹文法，對《尚書·康誥》的文意進行了詳盡的重新闡釋。

關鍵詞：《尚書·康誥》　明德慎罰　天畏棐忱

【解題】

"康誥"者，告康叔之辭也。《白虎通義·姓名篇》云："文王十子，《詩傳》曰：伯邑考，武王發，周公旦，管叔鮮，蔡叔度，曹叔振鐸，成叔處，霍叔武，康叔封，南季載。所以或上其叔、季何也？管、蔡、霍、成、康、南，皆采也，故置叔、季上。"康乃其封邑之名。司馬貞《衛世家索隱》："康，畿內國名。宋衷曰：'康叔從康徙封衛，畿內之康不知所在。'"孫星衍曰："《路史·國名紀》云：'《姓書》康叔故城在潁川，宋衷以爲畿內國。'《姓書》蓋何氏《姓苑》，今亡。云'在潁川'者，《説文》：'邟，潁川縣。'《漢書·地理志》潁川有周承休侯國，元始二年更名邟。《集韻》：'邟，縣名，在潁川。'又有'䣹'，同音，地名，則即'康'也。元始二年復古稱邟，今河南汝州是。"《後漢書·黃瓊傳》封邟鄉侯，章懷注引《前書》"周承休侯國，元始二年更名邟"。段玉裁《説文》"邟"字注："《志》文當是'邟'字大書，'周承休侯國'五字小書注于下。此侯國不與他侯國同，故不以縣名爲國名也。《郡國志》無邟縣者，并省也。并省之，故有邟鄉矣。"《後漢書·光武帝紀》"建武二年，封周後姬常爲周承休公"，"建武十三年，以周承休公姬常爲衛公"。章懷于"建武二年"注曰："承休所封故城在今汝州東北。"杜佑《通典》"臨汝郡"下曰："汝州，今理梁縣。在周爲王畿。光武封姬常爲周承休公，故城在今縣東。"顧祖禹《讀史方輿紀要》卷五十一"汝州"云："承休廢縣，在今州治子城東。本曰周承休城，武帝元封三年封姬嘉爲周子南君以奉周祀，邑于此。元帝永元五年更置周承休侯國，屬潁川郡。成帝綏和初更進爲公。平帝元始四年更名爲邟。光武改封姬常于東郡畔觀縣曰'衛公'，以邟縣廢入陽城縣。桓帝時黃瓊封邟鄉侯，蓋邑于此。"據諸家說，則康叔所封之地，在前漢之邟縣或䣹縣，後漢省并入陽城縣乃爲邟鄉或䣹鄉，在今河南省汝州市東北。宋衷"以爲畿內國"者，蓋以爲東周之王畿也，與杜佑"在周爲王畿"之說相合。

《左傳》僖公三十一年云："衛成公夢康叔曰：'相奪予享。'公命祀相。甯武子不可，曰：'鬼神非其族類，不歆其祀。杞、鄫何事？相之不享于此，久矣，非衛之罪也。不可以間成王、周公之命祀！請改祀命。'"定公四年《左傳》亦載衛祝佗子魚之言曰："昔武王克商，成王定之，選建明德，以藩屏周。故周公相王室以尹天下，于周爲睦。……分康叔以大路、少帛、綪茷、旃旌、大吕；殷民七族：陶氏、施氏、繁氏、錡氏、樊氏、饑氏、終葵氏；封畛土略，自武父以南，及圃田之北竟，取于有閻之土，以共王職，取于相土之東都，以會王之東搜。聃季授土，陶叔受民，命以《康誥》而封于殷虚。皆啓以商政，疆以周索。"據《左傳》所載衛甯武子及祝佗所言，則康叔"封于殷虚"之衛，實爲成王時周公所封。二人皆爲衛人，所述乃其國受封之事，當是信史無疑。故《史記·衛康叔世家》亦曰："周公旦以成王命興師伐殷，殺武庚禄父、管叔，放蔡叔，以武庚餘民封康叔爲衛君，居河、淇間，故商墟。周公旦懼康叔齒少，乃申告康叔曰：'必求殷之賢人君子長者，問其先殷所以興，所以亡，而務愛民。'告以紂之所以亡者，以淫于酒。酒之失，婦人是用，故紂之亂自此始。爲《梓材》，示君子可法則。故謂之《康誥》、《酒誥》、《梓材》以命之。"司馬遷所謂"居河、淇間，故商墟"與《左傳》"相奪予享"以及"取于相土之東都"之説合。然據上述康叔所封采地邘或鄘在汝水流域，并非"在河、淇間"，則康叔乃于平定武庚管蔡之亂後，由康而徙封于衛。《書序》曰："成王既伐管叔、蔡叔，以殷餘民封康叔，作《康誥》、《酒誥》、《梓材》。"《序》以《康誥》作于"既伐管叔、蔡叔"之後"以殷餘民封康叔"之時，亦與《左傳》及《史記》之説不相悖也。

自戰國初年以歷漢唐各代，學者皆以《康誥》乃成王時周公封康叔所作，至宋代吳棫《書稗傳》、胡宏《皇王大紀》乃以爲武王封康叔所作，胡氏曰："《康誥》曰兄曰弟，蓋武王命康叔之辭也。"朱熹亦贊同二氏之説，朱氏曰："今考其詞，謂康叔爲弟，而自稱寡兄，又多述文王之德，而無一字及武王者，計乃是武王時書，而序者失之。"（《朱子文集》卷五十七《答李堯卿書》）其後，蔡沈、金履祥皆從其説。

近人蔣善國則認爲，武王克商以後，封康叔于康，就初封説，《康誥》、《酒誥》、《梓材》是武王封康叔時所作；武王死後，管、蔡挾武庚作亂，周公以成王命平叛，因康叔捍"武庚之難"有功，便將武庚、管、蔡之封地盡封于康叔，建立衛國。就益封説（行甫按：實爲"移封"，而非"益封"），則《康誥》、《酒誥》、《梓材》是成王、周公封康叔所作（見氏著《尚書綜述》，上海古籍出版社1988年版，第241—245頁）。蔣氏兩祖漢宋舊説，看似公允，其實不然。《康誥》有"肆汝小子封，在茲東土"之語，《酒誥》有"明大命于妹邦"之語，"妹邦"亦即《鄘風·桑中》位于淇水之畔的"沬之鄉矣"，而康叔初封之"康"，在汝水流域之"邘"若"鄘"，并非"妹邦"。而"東土"之"東"，亦即《大誥》"肆朕誕以爾東征"之"東"。如必若蔣氏所言，則"東土"、"妹邦"，皆武庚及管、蔡所封之地，皆非武王封康叔所當有之辭。且周公攝位而稱王，乃自荀卿已言之（參見《多方》"王來自奄"釋讀），則"孟侯，朕其弟，小子封"及"寡兄"之"自稱"，周公既攝位而稱王，亦非不能有此口吻語氣。由此可知，宋代吳棫、胡宏、朱熹及其門徒，未經嚴密之史學考證，其説非是。

據《尚書大傳》以及《左傳》定公四年祝佗"命以《康誥》"之説，本篇當作于周公攝政之四年，其大旨乃"明德慎罰"，又爲周公攝政時文誥，此或爲本篇所以于西周末年鑒古思潮中得以流傳之原因。又，篇首四十八字，與下文不相涉，乃與營建洛邑有關。然或者竟是因此四十八字，而兩周之際學人遂以之爲"營洛邑"之文誥，從而讀出了與平王東遷相關的現實意義，故而流傳于世耶？或者置此四十八字于《康誥》之首，竟是出于東遷之際學人之手而讀寫傳抄《康誥》乃另有其意邪？否則，祝佗所謂"命以《伯禽》"而封魯、"命以《唐誥》"而封晉，何以皆所不傳？然年事既經久遠，而書缺有間，後學實難懸揣。不過，此事亦頗可玩索，未始純爲"錯簡"而其間別無絲毫歷史意蘊與文化符碼。餘説可參見《召誥》【解題】。

惟三月哉生魄，周公初基作新大邑于東國洛，四方民大和會。①侯甸男邦采衛，百工播民和，見士于周。②周公咸勤，乃洪大誥治。③

【釋讀】

①**惟三月哉生魄** 惟，時也，是也。説見吴昌瑩《經詞衍釋》。三月，據《尚書大傳》周公攝政"五年營成周"，則"三月"者，成王五年三月也。哉，《爾雅·釋詁》："始也。"魄，《説文》："霸，月始生魄然也。承大月二日，承小月三日。從月霸聲。《周書》曰：哉生霸。"馬融注："魄，朏也。謂月三日始生兆朏。名曰魄。"《白虎通·日月篇》："月三日成魄，八日成光。"則"魄"與"霸"通，金文皆作"霸"。王國維《生霸死霸考》曰："古者蓋分一月之日爲四分：一曰初吉，謂自一日至七八日也；二曰既生霸，謂自八九日以降至十四五日也；三曰既望，謂十五六日以後至二十二三日。四曰既死霸，謂自二十三日以後至于晦也。"據王説，則"哉生魄"者，必在"初吉"之日，則許君謂"承大月二日，承小月三日"以及馬融之説皆不誤也。**周公初基作新大邑于東國洛** 初基，枚《傳》："初造基。"孔《疏》："'初基'者，謂初始營建基址，作此新邑。此史總序言之。鄭以爲此時未作新邑，而以'基'爲'謀'，大不辭矣。"行甫按：鄭玄以"基"爲"謀"，用《爾雅·釋詁》文。枚《傳》孔《疏》以"基"爲"基址"。皆非。《爾雅·釋詁》："初哉首基，始也。"此"初基"爲同義複詞，《書》中之例甚夥，無須觀縷。唯"作新大邑"之"初始"，乃爲"奠基"也，故枚《傳》以"造基"解之。作，營造也。邑，都城也。國，域也。東國，即東部地域。洛，洛水，字當作雒水。行甫按：洛水，雍州浸；雒水，豫州浸。其字分别，自古不紊。《周禮·職方氏》："豫州，其川熒、雒；雍州，其浸渭、洛。"後人書豫州雒水爲洛水，乃因曹魏黄初元年詔改"雒"爲"洛"始。**四方民大和會** 四方民，四方之民，即下"侯甸男邦"及"采衛"之民。和，集也；會，聚也。和會，猶今語"集會"，亦爲同義複詞。

②**侯甸男邦采衛** 侯甸男，指朝臣之外遠近大小不等的各地封國之君。邦，封也。采衛，《國語·鄭語》："妘姓鄔、鄶、路、偪陽，曹姓鄒、莒，皆采衛。"劉起釪據之謂"采"、"衛"乃"不能與侯、甸、男并立的附庸小國"。行甫按：劉氏説近是也。王朝卿大夫之采邑，地小不足以立爲邦國，或爲其他邦國之附庸，或不爲附庸，故稱爲"采衛"。前人多引《周禮·職方氏》畿服制説此經，以"侯甸男采衛"爲"九服"之前五服，

殊不知《周禮》"九服"乃據本經增益而成。**百工播民和** 百工，百官。王鳴盛《尚書後案》曰："百工者，五服諸侯之百官也。"行甫按：此"百工"乃朝中之百官，非"五服諸侯之百官"也。播，《說文》："布也。"又，"譒，敷也，從言番聲，《商書》曰：王譒告之。"今《盤庚》作"播告之修"。則"播"即"譒"，皆爲"敷布"之義。江聲《尚書集注音疏》謂"百工播"即"百官布政職于五服也"。行甫按：江氏以"布政職"釋"播"字，差爲得之。"播"，頒布也，猶今語所謂"分派任務"或"頒布號令"之"分派"、"頒布"之意。營造城邑，必分工合作，《墨子·耕柱篇》："譬若築墻然，能築者築，能實壤者實壤，能欣（睎）者欣（睎），然後墻成也。"依其能而授其事，即此經"播"字之一義也。《左傳》宣公十二年楚令尹蒍艾獵城沂，"使封人慮事，以授司徒，量功命日，分財用，平板榦，稱畚築，程土物，議遠邇，略基址，具餱糧，度有司。事三旬而成，不愆于素"。因徒衆而定功，依時日而量事，乃本經"播"字之又一義也。和，協也，諧也。《淮南子·俶真篇》"是故治而不能和下"，高誘注："和，協也。"是其義也。《爾雅·釋詁》："諧，和也。"則"和"亦有"諧"義，故《廣雅·釋詁三》："和，諧也。"行甫按：諸家皆以此"和"字乃上文"四方民大和會"之"和"，其說非也。此"和"乃形況字，作"播"的補語，意即協調、適宜。"百工播民和"，謂朝中百官給侯甸男采衛之民所分派的工作任務非常恰當而調適，大邦民衆，則工作多而重，小邦民寡，則任務少而輕，且因其人之能而授其事之便，依其時而定其功之程，乃無此輕彼重或彼遲此速而分派不公不當之過。《禮記·經解》"發號出令而民說，謂之和"，即此"和"字之最佳注脚。枚《傳》以"播率其民和悅"解之，雖不免粗疏，然得其義也。至于清儒及近世學者以《大誥》"遹播臣"解"播民和"爲"播遷之民大和會"，則失之遠甚，姑置無論可也。**見士于周** 見，效也。《史記·天官書》"以星見爲效"，張守節《正義》："效，見也。"是其義也。士，與"事"通。《豳風·東山》"勿士行枚"，毛《傳》訓"士"爲"事"，是其例也。周，周邦，周人。"見士于周"，即"效事于周邦"，《尚書大傳》所謂"四方諸侯率其群黨，各攻位于其庭"，是其事也。

③**周公咸勤** 咸，皆。勤，勞勑也。謂周公對參與營建洛邑的四方之民皆有所慰勞也。**乃洪大誥治** 乃，于是也。洪，大也。洪大，亦同義複詞。治，楊筠如《尚書覈詁》讀爲"辭"，《周禮·小司徒》"聽其辭訟"，《小宰》"聽其治訟"，是"治"與"辭"通用之證。行甫按：《禮記·曾子問》"其辭于賓曰：宗兄宗弟宗子在他國，使某辭"，鄭注："辭猶告也。"則"誥治"猶"誥告"，即《多方》"誥告爾多方"之"誥告"，亦同義複詞也。

行甫按：此篇首四十八字乃史官記事之文，謂時在成王五年三月新月初現光芒的這一天，周公開始在東部的洛水旁邊營建一座新的大都城，召集四面八方的廣大民衆舉行規模盛大的奠基儀式。前來參加盛大奠基典禮的這些民衆，都是來自大大小小的邦國和王朝卿大夫們的采邑所管轄之地的自由勞動者。朝庭中掌管工程營建的各級官員已經將他們的工作按照他們各自的實際技能及其人員組合做了明確而精細的分類和分工，奠基儀式結束之後，他們就要各就各位，掀起一股營建新邑大都的巨大勞動熱潮，爲周邦的建設事業貢獻自己的聰明才智和技術力量。周公對他們在工地的生活狀況和勞動準備工作一一進行了慰問和勉勵，并且發表了重要講話。

《康誥》釋讀

王若曰：孟侯，朕其弟，小子封。①惟乃丕顯考文王，克明德慎罰，不敢侮鰥寡，庸庸，祗祗，威威，顯民，用肇造我區夏，越我一二邦以修。②我西土惟時怙，冒聞于上帝。③帝休，天乃大命文王，殪戎殷，誕受厥命，越厥邦厥民。④惟時叙，乃寡兄勗，⑤肆汝小子封，在茲東土。⑥

【釋讀】

①**王若曰** 王，周公也。若，如此也。"王若曰"者，周公攝位，踐阼當國行王事，"四年建侯衛"，封康叔于衛，史臣如實以記之，故云"王如此說"。**孟侯** 孟，與"妹"乃一聲之轉，皆爲明母字。此用加藤常賢說，引自劉起釪《尚書校釋譯論》。康叔初封于康，故稱"康侯"，《康侯鼎》稱"康侯"即是其證。《易·晉》卦辭亦曰："康侯用錫馬蕃庶，晝日三接。"銅器自名與《易》卦之稱相符。今徙封于"妹邦"（即"沫邑"），則又稱"妹侯"，聲轉爲"孟侯"。楊樹達謂"孟侯之稱，與《康侯丰鼎》稱康侯合"。則"康侯"、"孟侯"皆以封地爲稱。**朕其弟** 朕，周公自稱。其，猶之也。"朕其弟"，即"朕之弟"也。**小子封** 小子，觀《周書》諸篇"小子"之例，既可自指，亦可稱人。自指者，爲謙詞，意謂"年幼無知，閱歷不豐"，如《君奭》周公自稱"予小子旦"。稱人者，爲褒稱，意謂"富于春秋，年輕有爲"，則本經"小子封"是也。當然，其基本語義內涵仍在說人年輕，讀下文稱"小子"各句即不難領會。且據《左傳》定公四年祝佗所謂"武王母弟八人，周公爲太宰，康叔爲司寇，冉季爲司空，五叔無官，豈尚年哉"，則康叔年紀相對周公而言確乎比較年輕。封，康叔名。《康侯鼎》銘云："康侯丰作寶尊。"康侯名"丰"，經傳皆寫作"封"。

②**惟乃丕顯考文王** 惟，以也，因也。乃，爾，第二人稱領格，猶今語"你的"。丕，大也。顯，光明。"丕顯"，周人成語，銅器銘文常見，猶今語所謂"偉大而光明"。考，父。"丕顯考文王"，對已逝之父周文王的肅敬之稱，即"偉大光明的先父周文王"。**克明德慎罰** 克，能也。明德，勉于德也。明，勉也，猶今語所謂"努力"也。慎罰，謹于罰也。罰，刑也。謹者慎者，猶今語所謂"小心"也。《左傳》成公十六年："德以施惠，刑以正邪。"則"明德慎罰"者，即努力于施恩惠而謹慎于施刑罰也。**不敢侮鰥寡** 侮，欺也。鰥寡，《孟子·梁惠王下》："老而無妻曰鰥，老而無夫曰寡。"泛指孤獨無依貧窮無告者。《左傳》成公八年韓厥言于晉侯曰："《周書》曰：'不敢侮鰥寡'，所以明德也。"**庸庸** 庸，功也。《左傳》僖公二十七年："《夏書》曰：賦納以言，明試以功，車服以庸。"杜預注："庸，功也。"是其義也。庸庸，謂有功者賞之也。**祗祗** 祗，敬也。祗祗，謂可敬者敬之也。《左傳》宣公十五年："晉侯賞桓子狄臣千室，亦賞士伯以瓜衍之縣。曰：'吾獲狄土，子之功也。微子，吾喪伯氏矣！'羊舌職說是賞也，曰：'《周書》所謂"庸庸祗祗"者，謂此物也夫！士伯庸中行伯，君信之，亦庸士伯，此之謂明德矣。文王所以造周，不是過也。'"行甫按：據韓厥及羊舌職所言，則"不敢侮鰥寡，庸庸，祗祗"者，皆爲"明德"之事也。**威威** 威，畏也，刑殺之意。《左傳》襄公三十一年衛北宮文子曰："有威而可畏，謂之威。"威威，

謂可畏者畏之也。行甫按："威威"乃言"慎罰"，謂可刑殺者則刑殺之。**顯民** 顯，《爾雅·釋詁》："見也。"《酒誥》："厥命罔顯于民。"是其義也。行甫按："顯民"，謂以"明德慎罰"之"不敢侮鰥寡，庸庸，祇祇，威威"諸事顯示于民也。**用肇造我區夏** 用，以也。肇，始也。造，創建也。區，《廣雅·釋詁二》："小也。"夏，周人自稱夏人。"區夏"，猶《大誥》所謂"小邦周"也。行甫按：《左傳》成公二年申公巫臣云："《周書》曰'明德慎罰'，文王所以造周也。'明德'，務崇之之謂也；'慎罰'，務去之之謂也。"其說本經之義是也。謂周文王能"明德慎罰"，因始使我地處西偏之小邦周興盛壯大也。**越我一二邦以修** 越，及也。我一二邦，謂"我區夏"之周邊與周邦相親善之一二庶邦也，如《大雅·綿》"虞芮質厥成，文王蹶厥生"之"虞國"與"芮國"諸小邦是也。以，即"用肇造"之"用"也，因也。修，治也。《君奭》"惟文王尚克修和我有夏"之"修和"，即此"修"字之義也。行甫按：此句謂文王不僅以"明德慎罰"興造我小邦周，且亦以之修和于周邊一二鄰邦也。《史記·周本紀》所謂"西伯蓋受命之年稱王而斷虞芮之訟"者，是其事也。

③**我西土惟時怙** 我西土，周邦地處西部夏墟，故自稱"我區夏"，猶言"我小邦周"也。《立政》："乃伻我有夏。"吳汝綸《尚書故》曰："'有夏'謂周也。岐周在西，《左傳》陳公子少西字夏，鄭公孫夏字子西，是古以西土爲夏矣。"行甫按：周人自稱，曰"我西土"，曰"我區夏"者，皆與"東土"之"大邑商"相對爲言。此等對比性語彙，尤其凸顯周人以小勝大以弱勝強之自豪感。惟，猶以也。時，是也，代指"明德慎罰"。怙，《說文》："恃也。"王先謙曰："《詩·蓼蕭》韓《傳》：'怙，賴也，恃也。'言西土之民，惟是恃賴之。"**冒聞于上帝** 冒，上進也。王鳴盛《尚書後案》曰："《說文》卯部云'二月萬物冒地而出'，《漢書》言治田有'陳根脈發，土長冒橛'之語，是'冒'有上進義，故曰'冒聞'。"行甫按："冒聞于上帝"謂"上聞于上帝"也。《君奭篇》亦有此句，當爲古人常用之成語。此二句謂：我西土之區夏以"明德慎罰"爲依恃，其聲名乃上達于天帝也。行甫又按：自"用肇造我區夏"至"冒聞于上帝"，言由"區夏"而"一二邦"以至"殪戎殷"，皆因周文王"明德慎罰"，乃層層推進，枚《傳》句讀文從字順，然自孫星衍以降，多弃枚氏而不從，遂致析辭破句，文不成義，今皆不取。

④**帝休** 帝，上帝，天帝也。休，蔭庇，福佑也。行甫按："休"下蒙後省"文王"二字。**天乃大命文王** 天，天帝也。乃，于是也。大命，重命也。**殪戎殷** 殪，《說文》："死也，從歺，壹聲。"行甫按："殪"者，形聲包會意之字。《國語·晉語八》"昔吾先君唐叔射兕徒林，殪以爲大甲"，韋注："一發而死曰殪。"戎，《爾雅·釋詁》："大也。"《左傳》宣公六年："赤狄伐晉，圍懷及邢丘，晉侯欲伐之，中行桓子曰：'使疾其民，以盈其貫，將可殪也。《周書》曰：'殪戎殷。'此類之謂也。'"行甫按："盈其貫"正爲"滿"、"大"之喻，故引本經"殪戎殷"以爲其"類"。則"戎殷"者，"大邑商"之謂也，而"殪"乃"一發而死"，即《逸周書·世俘篇》"越五日甲子朝，至，接于商，則咸劉商王紂"也。是"殪戎殷"者，謂"一戰而盡克大邑商"也。**誕受厥命** 誕，詞之大也。此處意即"全面"、"完全"。受，接受。厥，其，指殷。命，天命。句意謂：全面地從上帝那裏接受了殷人的天命。**越厥邦厥民** 越，與也，及也。厥邦，殷商之國土；厥民，殷商之民人。

⑤**惟時叙** 惟，乃也，于是也。時，是也。叙，《說文》："有次弟也。從攴，余聲。"

引申之，則有"順承"之意。**乃寡兄勖** 乃，爲也，是也。寡，猶"寡人"、"寡君"、"寡妻"之"寡"，謂獨特而無匹也，故"寡人"亦曰"予一人"也。是"寡兄"非周公自指，乃周公對康叔而指武王也。武王既爲周公之兄，亦爲康叔之兄也。勖，勉力也。行甫按："惟時叙，乃寡兄勖"，謂：由此而次弟繼承文王之天命，一戰而克大邑商者，乃是我等之寡兄周武王勉力所成之事也。《禮記·中庸》曰："武王纘太王、王季、文王之緒，壹戎衣而有天下。"即本經之旨也。

⑥**肆汝小子封** 肆，故也，于是也。**在茲東土** 在，存也。茲，此也。東土。康叔徙封之衛，在東部之殷商故地，故曰"東土"，與"西土"相對。

行甫按：此爲本誥首節，告康叔封周邦所以受天有大命而興起并逐步壯大且最終克滅大邑商，乃在文王能"明德慎罰"。

周公以攝政王的身份而不無親切地對康叔説：妹侯，我的弟弟，年富力强的叔封！由于你那位偉大而光輝的周文王在世之時，能够努力勤勉地施行德惠而謹慎小心地使用刑罰，不敢輕侮欺負孤獨無依貧苦無告的窮困之人，對于那些有功勞的人便加以應得的獎賞，對于那些值得敬重的人就加以應有的敬重，對于那些應該加以懲罰的人便給予罪有應得的刑罰，通過這些行之有效的方法和具體可見的事實對民衆進行教化。因此，文王便創始興造了我們的小邦周，并且由此還影響到周邊的一些小邦小國，使這些周邊小國也同我們周邦一樣政治清明。我們小邦周地處西方，就因爲靠了我們的周文王勉力施德行惠和謹慎執法行刑，所以其美好聲名便上達于天聽了。因此，上帝蔭庇與福佑我們周文王，于是給周文王降下了重大的歷史使命，那就是要翦滅東方的大邑商，從上帝那里完全接受殷人的天命，以及他們的國土和民人。這樣，你的寡兄周武王順次繼承了周文王這種廣施德惠而謹用刑罰的光輝傳統，經過一番努力便完成了翦滅東方大邑商的歷史使命。于是你康叔封這樣年紀輕輕的後生子，就可以生存在淇水妹邦這片東方的土地上了。

　　王曰：嗚呼，封，汝念哉。今民將在祇遹乃文考，紹聞衣德言。① 往敷求于殷先哲王，用保乂民。② 汝丕遠惟商耉成人，宅心知訓。③ 別求聞由古先哲王，用康保民。④ 弘于天，若德裕乃身，不廢在王命。⑤

【釋讀】

①**王曰** 王亦周公也。**嗚呼** 今文作"于戲"，嘆詞。**封** 康叔名也。行甫按：周公嘆而呼康叔名以告之，耳提面命之，且尤表親切。**汝念哉** 念，《説文》："常思也。"行甫按："念"猶今語所謂"永遠牢記"也。**今民將在祇遹乃文考** 民，妹邦之民也。將，當也。説見吳昌瑩《經詞衍釋》。在，《爾雅·釋詁》："察也；終也。"郝懿行《義疏》曰："在者，察之終也。《尚書大傳》云：察者，至也。至亦極也，極亦終也。"祇，敬也。遹，馬融曰："述也。"《爾雅·釋詁》："循也。"行甫按："述"也，"循"也，其義一也，皆遵循之謂也。乃，你，第二人稱領格。文考，文王也。**紹聞衣德言** 紹，《爾雅·釋詁》：

"繼也。"聞，問也。行甫按："聞"與"問"古相通用，《小雅·車攻》"有聞無聲"，陸德明《釋文》："聞，本亦作問。"是其例也。"問"即"存問"也，猶今語所謂"訪問"也。衣，通殷也。《禮記·中庸》"武王纘大王、王季、文王之緒，壹戎衣而有天下"，鄭玄注："衣讀如殷，聲之誤也。齊人言'殷'聲如'依'。"德言，關乎國家治理與道德修養的箴規之言。如《盤庚》之"遲任有言曰'人惟求舊，器非求舊，惟新'"之類是也。行甫按："今民將在"之"在"字兼有"終"與"察"之二義焉，且"祗遹乃文考"及"紹聞衣德言"，皆爲民之所"在察"之內容。意謂：今妹邦之民終當觀察汝封是否敬承乃文考"明德慎罰"之光輝傳統；是否繼續如爾文考訪求殷人關乎國家治理與道德規範的言論。

②**往敷求于殷先哲王** 往，去也。敷，遍也，溥也。猶今語所謂"廣泛"也。求，尋訪也。哲，智也。殷先哲王，謂殷商歷代具有治國智慧之先王，如商湯、盤庚及《無逸》所開列之殷王中宗祖乙、高宗武丁、祖甲諸先王也。行甫按：此告康叔去妹邦後，必遍訪于殷代先聖明王之事迹及其治國之經驗。**用保乂民** 用，以也。保，養也。乂，治也。

③**汝丕遠惟商耉成人** 丕，詞之大也。遠，《說文》："遼也。"《廣韻·阮韻》："遙遠也。"行甫按："遠"之本義乃爲"遼遠"、"廣遠"也，引申之則有"多"義。《呂氏春秋·順說》"其賢于孔墨也遠矣"、《戰國策·齊策一》"又弗如遠甚"、《淮南子·修務》"其重于尊亦遠也"，高誘皆注云："遠，猶多也。"是"丕遠"者，亦即"更多"也。惟，《爾雅·釋詁》："謀也。"耉，老也。耉成人，即老成之人也。**宅心知訓** 宅，度也，猶今語所謂"理解"。訓，《法言·問神》"事得其序謂之訓"，李軌注："訓，順其理也。"行甫按：此二句告誡康叔要更多地咨詢殷商老成之人，理解他們內心的真實想法，懂得他們考慮問題的方法和思路。謂當體恤民情也。

④**別求聞由古先哲王** 別，王引之《經義述聞》謂"別"與"辯"通，"辯"，遍也。與"往敷求于殷先哲王"文義正合。行甫按：王說非是。劉淇《助字辨略》卷五："《史記·高祖紀》'使沛公項羽別攻城陽'，別，另也。"此"別"字乃于"殷先哲王"之外，當"另"求"古先哲王"也。如王說，既"遍求"于"古先哲王"，則"敷求于殷先哲王"已成贅語矣。聞，亦通"問"也。由，于也。古，謂殷商以前也，即虞夏之世。古先哲王，蓋傳說中之上古帝王也。**用康保民** 用，以也。康，安也。保，養也。

⑤**弘于天** 弘，大也。于，如也。說見王引之《經傳釋詞》及吳昌瑩《經詞衍釋》。《荀子·富國篇》引《康誥》曰"弘覆乎天，若德裕乃身"，宋本下有"不廢在王庭"五字。行甫按："弘"下有"覆"字，則經義益明，或今本奪"覆"字耳。"弘覆于天"，謂如天之大，無不兼覆也，此指"保乂民"、"康保民"而言之。"于"作"乎"者，字通，無別義也。**若德裕乃身** 若，如也，假設之詞。德，即"紹聞衣德言"之"德"也，謂治國經驗及其道德規範。裕，屈萬里曰："饒也。義見《詩·角弓》毛《傳》。"**不廢在王命** 廢，廢止也。《禮記·少儀》"廢則埽而更之"，鄭玄注："廢，政教壞亂不可因也。"在，于也。"廢在王命"，即"政教壞亂而辜負于王命"也。屈萬里解"廢"爲"罷黜"，謂"不爲王命所罷黜也。"行甫按：屈氏乃據宋本《荀子·富國篇》"不廢在王庭"爲說，亦通。

行甫按：此乃本誥第二節，謂康叔往封于妹邦，當廣求虞夏殷商歷代先聖明王之治國經驗與道德箴言，體恤殷商遺民之內心隱情，以期有效治理。

周公以攝政王之身份不無感慨地說，哎——，康叔封，你要永遠記住啊！現在妹邦之民當會自始至終觀察你的德性與作爲，看你是否敬承遵循你已故的父親周文王的優良傳統，能夠繼續訪求殷人關乎國家治理與道德修養的箴規之言。去到那里之後，你要廣泛搜集殷代先聖明王的治國經驗，把它應用到安保治理民眾的實際政治生活中去。你要更多地咨詢訪問殷商時代遺存下來的那些德高望重的老成之人，要揣摩他們的心態，理解他們內心的真實思想，懂得他們對當前一切事物的態度和看法。此外，還要尋訪上古虞夏之世先聖明王愛民的事跡和治國的經驗，用來安民治民。如果你能像上天無不覆幬那樣對治下的所有民眾都關懷愛護，如果你自身富有優良美好的德性，你就不會辜負朝庭對你的重托和期望，你也永遠不會遭到王命的罷黜和廢除。

王曰：嗚呼，小子封，恫瘝乃身，敬哉！①天畏棐忱，民情大可見。②小人難保，往盡乃心，無康好逸豫，乃其乂民。③我聞曰：怨不在大，亦不在小，惠不惠，懋不懋。④已，汝惟小子，乃服。⑤惟弘王應保殷民，亦惟助王宅天命，作新民。⑥

【釋讀】

①**小子封** 此處呼康叔爲"小子"，乃在強調其年紀尚輕，需明更多有關治國治身的道理。**恫瘝乃身** 恫，《爾雅·釋言》："痛也。"瘝，鰥之俗字。《爾雅·釋詁》："病也。"字又作"矜"。《後漢書·和帝紀》永元八年詔曰："朕寤寐恫矜。"章懷注：《尚書》曰：恫矜乃身。"乃，爾也。身，自身，身體也。枚《傳》："治民務除惡政，當如痛病在汝身，欲去之。"鄭玄曰："刑罰及己爲病痛。"周秉鈞《尚書易解》曰："'恫瘝乃身'，蓋即苦身勞形之意，謂當勤勞汝身也；與下文'無康好逸豫'之義相貫。"行甫按：周解或是也。孟子所謂"苦其心志，勞其筋骨"以及"生于憂患而死于安樂"者，當是其義也。**敬哉** 敬，慎也。

②**天畏棐忱** 畏，通威也。棐，通匪，忱，通諶，信也。"天威匪諶"，謂天的威力是沒有定準的，它今天可以懲罰殷商福佑我周邦，但明天會怎麽樣却難以料定。**民情大可見** 情，實也。見，現也。行甫按："民情大可見"，謂人之情非常容易表現出來。此與"天意"之無定難知相對比，謂民眾之好惡則易于把握。清人牟庭《同文尚書》云："老子曰：'天之所惡，孰知其故；人之所畏，不可不畏也。'文自此經脫出。惟老子深得周公意，而注家莫能明也。"

③**小人難保** 小人，下民，謂一般平民也。保，猶安養也。《爾雅·釋詁》："安也。"《說文》："養也。"行甫按：《老子》曰："民不畏死，奈何以死懼之。"是本經"小民難保"之義也。牟庭謂"惟老子深得周公意"，良有以也。**往盡乃心** 盡，竭也，悉也。《荀子·榮辱》"則農以力盡田"，楊倞注："盡，謂精于事。"乃，爾，第二人稱領格。行甫按："盡乃心"，謂竭其心力精于其事。**無康好逸豫** 康，安也。好，喜好也。逸，安；豫，樂也。

乃其乂民 乃，于是也。其，尚也，庶幾也。説見吳昌瑩《經詞衍釋》。乂，治也。行甫按：謂能盡心盡力，無貪圖安樂，于是尚可望能治民也。

④**我聞曰** 聞，聽説，或爲相傳之俗語，或爲先賢之遺訓。**怨不在大** 怨，怨恨也。在，在于。**亦不在小** 《國語·晉語九》智伯國諫智襄子云："《周書》有之曰：'怨不在大，亦不在小。'夫君子能勤小物，故無大患。蝻蟻蜂蠆，皆能害人，況君相乎！"韋昭注："或大而不爲怨，禍難或起于小怨。"行甫按：此謂當疏通民憤，不宜激化民怨也。**惠不惠** 惠，《爾雅·釋言》："順也。"**懋不懋** 懋，《説文》："勉也。"《左傳》昭公八年子期對陳桓子引之云："《周書》曰：'惠不惠，茂不茂'，康叔所以服弘大也。"《爾雅·釋詁》："茂，勉也。"古"懋"與"茂"通用。行甫按："怨不在大，亦不在小"，則在于疏通化解而不令其"怨"有所積也。故"惠"當爲"順"也，"順"即化解消彌之意也。"不惠"即"不順"也，"不順"即因"積怨"而成憤也。"懋"之爲"勉"，即"勸勉"也，亦化解疏通之意也。"懋不懋"，即勸勉化解其難以勸勉化解者。王鳴盛《尚書後案》曰："時殷亂方定，尚多反側，故戒以民怨無恒，宜服以寬大也。"其説是也。

⑤**已** 嘆詞，音讀當如"唉"，説見《大誥》"已，予惟小子"釋讀。**汝惟小子** 汝，汝康叔也。惟，乃也，是也。小子，謂年富力強，大有作爲，實言其年紀尚幼即有顯職。**乃服** 乃，即也。説見吳昌瑩《經詞衍釋》。服，《大雅·蕩》"曾是在位，曾是在服"，毛《傳》："服，服政事也。"行甫按："汝惟小子，乃服"，孫星衍據《左傳》昭公八年子旗曰"《周書》曰：'惠不惠，茂不茂。'康叔所以服弘大也"，遂連下讀爲"乃服惟弘"，非也。其一，"已"爲嘆詞，嘆其年輕即處顯位、擔要職。《大盂鼎》曰："已，女妹辰又大服！"郭沫若《兩周金文辭大系·考釋》："妹辰，謂童蒙知識未開之時也。"與此經句式及文意略近。其二，下文"惟弘王"與"亦惟助王"二句顯系并列，不可析文破句爲讀。是知子旗"康叔所以服弘大也"，與經文原意不合，不可從。

⑥**惟弘王應保殷民** 惟，乃也，乃亦即也，則也。弘，廣大也。《大雅·民勞》"而式弘大"，鄭《箋》："弘，猶廣也。"與下文"助王"之"助"詞性詞義皆同。應，翼也。《淮南子·覽冥篇》"服駕應龍"，高誘注："應龍，有翼之龍也。"《山海經·大荒東經》"應龍處南極"，郭璞注："應龍，龍有翼者。"是"應龍"即爲"翼龍"，"應"，影母，蒸韻；"翼"，喻母，職韻。影喻皆屬喉音，蒸職乃平入對轉。故二字音近可通。《大雅·生民》"鳥覆翼之"，是"翼"有"翼覆"，"翼蔽"，亦即保護之意。《史記·項羽本紀》："項伯亦拔劍起舞，常以身翼蔽沛公。"是其例也。保，猶愛護也。《孟子·梁惠王上》"保民而王"，朱熹《集注》："保，愛護也。"是其義也。行甫按："應保"即"翼保"，亦同義複詞。**亦惟助王宅天命** 亦，也詞也。惟，乃也，亦即也，則也，與上"惟弘"之"惟"并列爲用。宅，度也。《堯典》"宅西曰昧谷"，《周禮·縫人》注引作"度西曰柳穀"；"五流有宅"，《五帝本紀》作"五流有度"。是皆"宅"、"度"相通之證。"度"者，揆度、揣度也。行甫按："宅天命"，即揆度天命、揣測天意之謂。猶今語所謂"推測天命，順從天意"也。**作新民** 作，成也，造就也。屈萬里曰："作新民，意謂使殷遺民革除舊習而成爲周之新民也。"

行甫按：此乃本誥第三節，謂天命不可信賴，民心向背才是政治善惡之最爲準確的風向標，告誡康叔要協助周王愛護殷商遺民，既要把他們改造成周王朝的新民，但又不要激起他們的怨恨。

　　周公以攝政王的身份面對年輕的康叔說，唉，年輕的康叔封啊！你要做好吃大苦，耐大勞的思想準備，同時，你在處理任何事情的時候，也都要小心謹慎呀！你要清楚地知道，老天爺的威力是沒有定準的，它今天可以懲罰殷商庇佑我們周邦，它明天會怎樣對待我們，那就難以逆料了；可是，民衆的真實想法就不像老天爺的心情那樣難以琢磨了。民心的向背，與政治的善惡有著非常明顯的直接關聯，你處事是否妥當，民衆是否贊成，所有的意見立刻就寫在民衆的臉上了。更何況"光脚的不怕穿鞋子的"，一般的平民百姓，你是不能用簡單粗暴的方法去對待他們的。如果你粗暴地對待他們，他們就會更加粗暴地對待你！所以，你到妹邦之後，一定要盡心盡力，吃苦耐勞，謹慎處理一切政務，不要害怕困難與麻煩，更不要貪圖安逸和享樂，只有這樣才有指望把民衆治理好。我聽說：不在于怨恨有多大，也不在于怨恨有多小。有時候雖然怨恨很大，但是如果你善于化解，善于疏導，即使是天大的怨恨，也不會産生多麼嚴重的後果。相反，有時候雖然只是一點小小的不滿，如果你不聞不問，甚至激化矛盾，擴大怨憤，它就會産生極爲嚴重的後果，這就是"星星之火，可以燎原"的道理！所以你要注意疏通各種怨憤和抵觸情緒，化解各種偏見和仇恨心理。要盡力消除那些積恨難消的怨憤和抵觸，要用心化解那些久鬱不化的仇恨與偏見。唉——！你年紀輕輕，就承擔了重要職位，負有重大責任。因此你要多方面地協助周王愛護那些殷商遺民，關心他們的生活，穩定他們的情緒；你也要協助周王理解天意所指，順承天命所向，按照上天的意旨，對于那些還不願意與我們周邦合作以及對我們周邦尚有抵觸情緒的殷商遺民，你要想方設法引導他們，改造他們，使他們成爲有益于我們周邦的新人。

　　王曰：嗚呼，封！敬明乃罰。①人有小罪，非眚，乃惟終，自作不典，式爾；②有厥罪小，乃不可不殺。③乃有大罪，非終，乃惟眚灾，適爾；④既道極厥辜，時乃不可殺。⑤

【釋讀】
①**嗚呼**　王符《潛夫論·述赦》引作"于戲"，段玉裁謂凡古文尚書作"烏呼"，凡今文《尚書》作"于呼"，熹平石經殘碑字作"于戲"可證。作"嗚"字，則唐人所改。**敬明乃罰**　敬，謹也。明，明辨、明察也。行甫按：今本《禮記·緇衣》引作"敬民乃罰"，郭店楚簡《緇衣》所引與本經同。乃，汝也。

②**人有小罪**　有，雖也。説見吳昌瑩《經詞衍釋》卷三。小罪，輕罪也。**非眚**　非，《潛夫論》引作"匪"。"匪"與"非"同。眚，過誤也。《潛夫論》引作"省"，《經典釋文》："本亦作省。""省"與"眚"音同互通。《洪範》"王省惟歲"，《史記·宋微子世家》作"王眚惟歲"。行甫按："眚"，猶今語所謂"過失犯罪"，"非眚"即"故意犯罪"，亦即有"犯罪動機"。**乃惟終**　乃，猶"而"也，轉折之詞。惟，是也，爲也。終，竟也。行甫按："終"，

盡頭，"惟終"，猶今俗語所謂"一條道走到黑"、"不撞南墻不迴頭"，意即"不知悔改"或"不願罷休"。**自作不典** 自，自動、自願。作，爲。典，法也。行甫按："自作不典"，意即"蓄意爲非作歹"。**式爾** 式，慝也，惡也。《小雅·賓之初筵》"式勿從謂"，鄭《箋》："式，讀曰慝。"《經典釋文》："鄭讀作慝，他得反，惡也。"爾，猶"矣"也，必然之詞。行甫按：《潛夫論》作"戒爾"，"戒"與"式"，形近而訛。

③**有厥罪小** 有，亦"雖"也。厥，其也。**乃不可不殺** 乃，猶"而"也，轉折之詞。行甫按：《潛夫論·述赦》引此文曰："言惡人有罪雖小，然非以過差爲之也，乃欲終身行之，故雖小，不可不殺也。"述其意而不釋其辭也。

④**乃有大罪** 乃，若也，如果也。大罪，重罪也。**非終** 非，《潛夫論》引作"匪"。終，亦"竟"也。行甫按："非終"，謂中途有所悔改而未將壞事做到底。**乃惟眚災** 乃，猶"而"也，轉折之詞。惟，是也，爲也。眚災，《潛夫論》引作"省哉"。俞樾《平議》謂當作"哉"，上文"非眚，乃惟終"，"眚"下無"災"字，則此文當亦無"災"字。"乃惟眚哉"與《洛誥》"乃時惟不永哉"文法正相近。"哉"與"災"聲相近以致誤也。**適爾** 適，蔡沈《集傳》："偶也。"《孟子·告子上》"則口腹豈適爲尺寸之膚哉"，趙岐注："口腹豈但爲肥長尺寸之膚邪！"王念孫曰：此"但"字正釋"適"字。吳昌瑩《經詞衍釋》卷九："《左傳》文十三年：'子無謂秦無人，吾謀適不用也。'言但不見用也。《莊子·人間世》：'其知適足以知人過，而不知其所以過。'言但知人過也。"行甫按：劉淇《助字辨略》卷五引《孟子·告子上》曰："此'適'字猶祇也、僅也、但也。"是則"乃惟眚災，適爾"，猶今語所謂"不過是過失犯罪，僅僅只是這一次而已"。

⑤**既道極厥辜** 既，卒也，終也。《爾雅·釋言》："卒，既也。"道，由也，從也。《禮記·中庸》"故君子尊德性而道問學"，鄭玄注："道，猶由也。"是其例也。極，通"殛"。《洪範》"鯀則殛死。"《經典釋文》："殛，本或作極。"《爾雅·釋言》："殛，誅也。"邢昺《疏》："殛，謂誅責。"《舜典》"殛鯀于羽山"，孔穎達《正義》曰："殛者，誅責之稱。"厥，其也。辜，罪也。**時乃不可殺** 時，是也。乃，猶則也，即也。《潛夫論》作"亦"，"亦"猶"且"也，"且"即"今"也，"今"亦"即"也、"則"也。說見吳昌瑩《經詞衍釋》。行甫按：《潛夫論·述赦》引此文曰："言殺人雖有大罪，非欲以終身爲惡，乃過誤爾，是不殺也。"亦僅述其意而不釋其辭也。

行甫按：此乃本誥第四節，告誡康叔原心以定罪，乃斷獄蔽訟之本根而所謂"慎罰"之初基也。

周公以攝位之王的身份大爲感嘆地教告康叔説，唉——，康叔封！你在動用刑罰之前，一定要小心謹慎，明察犯案情由。有人雖然犯的是輕罪，但如果他不是因爲過失犯罪，而是蓄謀已久，并且還一定要把他的犯罪行爲實施到底，一條道走到黑，不撞南墻不迴頭，那就是故意爲非作歹，有心犯罪，當然就是十惡不赦了。雖然他的罪行較輕，但也不可輕饒，不得不殺。相反，如果某人所犯的罪行雖然非常嚴重，但他并沒有把他的犯罪行爲實施到底，意識到自己的行爲已經觸犯了刑憲，這種在客觀情勢無法避免的偶發事件中造成的危害，而且僅僅只是一次性的過失行爲，經由針對其過失所造成的危害程度作了相應的處罰之後，就可以不處死刑了。

《康誥》釋讀　　15

　　王曰：嗚呼，封！有叙時，乃大明服，惟民其勑懋和。①若有疾，惟民其畢弃咎。②若保赤子，惟民其康乂。③非汝封刑人殺人，無或刑人殺人。④非汝封又曰劓刵人，無或劓刵人。⑤

【釋讀】

①**有叙時**　有，猶"以"也，"以"猶"如"也，"若"也。説見吴昌瑩《經詞衍釋》。行甫按："有"字兼"以"與"若"之二義焉。叙，《爾雅·釋詁》："順也。"行甫按："順"猶"從"也。時，是也。"是"者，代指上文所言原心定罪、殺故赦眚之法。**乃大明服**　乃，猶"是"也。明，勉也。服，即上文"汝惟小子，乃服"之"服"，謂職事也。行甫按："有叙時，乃大明服"，意謂：如果能够依照上述原心定罪、殺故赦眚這種法則理訟斷獄，就是你職責所系之最爲重要的努力方向。行甫又按：《左傳》僖公二十三年卜偃曰："《周書》有之：'乃大明服。'己則不明，而殺人以逞，不亦難乎？民不見德而唯戮是聞，其何後之有？"杜預注："言君能大明則民服。"又，《荀子·富國篇》："三德者誠乎上，則下應之如景嚮，雖欲無明達，得乎哉！《書》曰：'乃大明服，惟民其力懋和而有疾。'此之謂也。"楊倞注："言君大明以服下，則民勉力爲和調而疾速，以明效上之急也。"杜預注《左傳》，楊倞注《荀子》，皆得左氏與荀卿引《書》之意也。然無論左氏抑或荀卿，例皆斷章取義，顯非《書》之本意。此"乃大明服"與下文"明乃服命"，其義一也。而學者乃據左氏與荀卿斷章之義以注本經，其惑之也，如是之甚，何耶？**惟民其勑懋和**　惟，與也，爲也。其，殆也，擬度之詞，猶言"大抵"也。勑，《廣雅·釋詁四》："勤也。"《荀子·富國篇》引作"力"。段玉裁《撰異》謂"力"與"勑"古音同部。行甫按：《周禮·司寇》"上功糾力"，鄭玄注："力，勤力。"《漢書·高帝紀下》"不如仲力"，顔師古引服虔曰："力，勤力。"懋，勉也。行甫按："勑懋"若"力懋"，乃同義複詞，"勤力"，亦即勉力也。《漢書·王莽傳上》"力用公正先天下"，顔師古注："力，勉力。"則"勑"也，"力"也，皆與"懋"同義。和，《爾雅·釋詁下》："諧，輯，協，和也。"《淮南子·俶真訓》"是故治而不能和下"，高誘注："和，協也。"行甫按："和"者，安定而無乖戾忿疾之心也。句意承上文謂：若能依從明辨案情原心定罪以理訟斷獄，這不僅是你職責範圍之内所必須著力的重要方向，大抵也是與廣大平民百姓努力謀求安定和諧而消除其乖戾疾忿之心的重要手段。

②**若有疾**　若，如也。疾，病痛也。行甫按："若"與"而"聲轉可通，故《荀子·富國篇》誤讀爲"而"，誤讀"疾痛"之"疾"爲"疾速"之"疾"。是知荀子引《書》不僅斷章取義，且更兼誤讀與曲解，不可據之以解經，明矣。**惟民其畢弃咎**　惟，與也，爲也。其，殆也，亦爲擬度之詞，猶言"大抵"也。畢，孫詒讓曰："古者攘除疾病蓋或謂之畢。"説見《大誥》"天亦惟用勤毖我民若有疾，予曷敢不于前寧人攸受休畢"釋讀。咎，《爾雅·釋詁》："病也。"孫詒讓曰："畢弃咎，即攘除去疾病也。"楊樹達曰："畢"當讀爲"袚"，《説文》："韠，韍也。"蔽膝名"韠"，又名"韍"，是"畢"、"袚"通用之證。《説文》："袚，除惡祭也。從示，友聲。"經言"弃咎"，正謂"除惡"。行甫按："畢弃"，同義複

詞，意皆攘除、消除也。"若有疾，惟民其畢弃咎"，此就上文"乃不可不殺"而言之，謂：刑戮蓄意犯罪之人，大抵也是替平民百姓攘除奸凶，就如同爲他們袪除疾病一樣。

③**若保赤子** 若，如也。保，保護也。赤子，《孟子·離婁下》"不失其赤子之心者也"，趙岐注："赤子，嬰兒也。"《漢書·賈誼傳》"故自爲赤子而教固已行矣"，顏師古注："赤子，言其新生，未有眉髮，其色赤。"孔穎達《正義》："子生赤色，故言赤子。"**惟民其康乂** 惟，與也，爲也。其，猶"殆"也。康，安也。乂，治也。行甫按：此就上文"時乃不可殺"而言之，謂：赦免過失犯罪之人，無非就是使民心安定，不致令其產生抵觸情緒，從而更加有利于治安，這就像無知無識的嬰兒有時自臨險境，而父母并不責怪嬰兒反而倍加呵護一樣。

④**非汝封刑人殺人** 非，猶言"除非"也。刑人殺人，意即斷獄蔽訟，處决罪犯。**無或刑人殺人** 無或，没有人。行甫按："非汝封"三字與"無或"二字相配爲用，構成條件複句，意即：除非你康叔封親自斷獄蔽訟，處决罪犯；否則，任何人都不能代替你斷獄蔽訟，專擅刑殺。

⑤**非汝封又曰劓刵人** 又曰，章太炎曰："又，《石經》古文有字如此，因誤解未改耳。非汝封刑殺人，非汝封有言劓刵人，他人無得擅爲之。"行甫按：章氏之說是也，此"又曰"即"有曰"，猶今語所謂"發話"，或者上級對下級呈報文件的批復文字："同意"。《毛公鼎》："歷自今出入專命于外，厥非先告父厝，父厝舍命，毋又敢惷專命于外。"銘文之"父厝舍命"即本經"汝封又（有）曰"也。"刑人殺人"，乃重要案犯，必由康叔親力審斷行决，而"劓刵人"，乃小罪輕刑，可由有司審理，然亦須由康叔審查批準，有司亦不可因其小罪而擅爲行刑，即此"又（有）曰"之義也。是"非汝封"、"非汝封又曰"云云者，意在告誡康叔刑罰監管必須用心用力，親力親爲，既防有司濫施淫威，用刑不當，亦防奸吏營私舞弊，貪贓枉法。**無或劓刵人** 無或，亦與"非汝封"搭配，構成條件複句。劓刵，枚《傳》："劓，截鼻；刵，截耳。刑之輕者，亦言所得行。"孔《疏》："劓在五刑爲截鼻，而有刵者，周官五刑所無。而《吕刑》亦云劓刵，《易·噬嗑》上九云'何校滅耳'。鄭玄以臣從君坐之刑。孔意然否未明。要有刵而不在五刑之類。"王引之曰："刵當作刖，字形相似而誤也。《困》九五'劓刖'，虞翻注曰：'割鼻曰劓，斷足曰刖。'正與《康誥》'劓刵'同義。楊雄《廷尉箴》曰'有國者無云何謂，是刖是劓'，即本于《康誥》也。鄭注《康誥》曰'臣從君坐之刑'，則字當作刖。蓋僖二十八年《左傳》'刖鍼莊子'，正是臣從君坐之刑也。《吕刑》刵劓亦刖劓之訛。"段玉裁則曰：《尚書大傳》"决關梁，踰城郭，而略盗者，其刑臏"，鄭注《周禮》、《孝經》皆用之。則"刖"刑自有犯條，不得以"臣從君坐之刑"釋"刖"。《康誥》、《吕刑》皆有"刵"，不得云"古無刵刑"。章太炎曰："刵于周官五刑無有，此書明言同殷罰，不得以周制繩之。"行甫按：王氏之說，未免武斷之嫌，《康誥》與《吕刑》皆有"刵"，未必盡訛。且書缺有間，周官五刑無刵，亦不可斷夏殷必無。

行甫按：此爲本誥第五節，告誡康叔忠于職守，勤于保民。既要爲民除害，又不可濫殺無辜；既要赦免過失犯罪，亦要防止貪贓枉法。

周公以攝政王的身份説，唉——，康叔封啊！你如果能依照我上面所説的這種方法理訟斷獄，調查犯罪動機，殺戮那些罪孽深重一貫爲非作歹的惡人，赦免那些并非有意犯法僅是偶一失誤的良民，在你的職責範圍之内，這不僅是最爲重要的工作，你必須花費更多的時間和精力，慎重對待；也是爲廣大平民百姓努力謀求安定和諧的生活環境，消除他們乖戾疾忿之心及其抵觸敵對情緒的重要途徑。處决那些故意觸犯刑律科條的惡人，就好比給罹患疾疫的人祛除了病魔，摘除了苦痛，這當然就是替善良的百姓消滅了害群之馬，保護了他們的生命財産安全。赦免那些無心犯罪只是一時過失而造成危害的好人，就像對待無知無識而自臨險境的嬰兒一樣，父母并不會責怪嬰兒的無知和過失，反而倍加呵護，以免嬰兒重臨險境；之所以要這樣做，無非就是使民心安定，不致令其产生輕罪重罰甚至無辜受戮的怨恨情緒，從而更加有利于治安。在審理重大案情時，你一定要親自參與，尤其是對于那些重罪死囚的最後判决，必須由你親自處理，任何人都不能代替你行使權力，處决犯人。即使是那些小型案件，例如截鼻斷耳之類的輕微處罰，也必須經過你慎重審查簽字批准，方可執行，决不允許任何人不經你康叔封批准而擅自行刑。

王曰：外事，汝陳時臬司，師兹殷罰有倫。① 又曰：要囚，服念五六日，至于旬時，丕蔽要囚。②

王曰：汝陳時臬事，罰蔽殷彝。③ 用其義刑義殺，勿庸以次汝封。④ 乃汝盡遜曰時叙，惟曰未有遜事。⑤ 已，汝惟小子，未其有若汝封之心，朕心朕德，惟乃知。⑥

凡民自得罪，寇攘奸宄，殺越人于貨。⑦ 暋不畏死，罔弗憝。⑧

王曰：封，元惡大憝，矧惟不孝不友。⑨ 子弗祗服厥父事，大傷厥考心；于父不能字厥子，乃疾厥子。⑩ 于弟弗念天顯，乃弗克恭厥兄，兄亦不念鞠子哀，大不友于弟。惟吊。⑪ 兹不于我政人得罪，天惟與我民彝大泯亂。⑫ 曰：乃其速由文王作罰，刑兹無赦。⑬

不率大戛，矧惟外庶子訓人，惟厥正人越小臣諸節，乃别播敷，造民大譽，弗念弗庸，瘝厥君。⑭ 時乃引惡，惟朕憝。⑮ 已，汝乃其速由兹義率殺。⑯

亦惟君惟長，不能厥家人，越厥小臣外正，惟威惟虐，大放王命。⑰ 乃非德用乂，汝亦罔不克敬典，乃由裕民。⑱ 惟文王之敬忌，乃裕民，⑲ 曰：我惟有及，則予一人以懌。⑳

【釋讀】

①**外事** 江聲《集注音疏》曰："聽獄之事也。聽獄在外朝,故云外事。"《周禮·朝士》：

"掌建邦外朝之法，左九棘，孤卿大夫位焉，群士在其後。右九棘，公侯伯子男位焉，群吏在其後。面三槐，三公位焉，州長衆庶在其後。左嘉石，平罷民焉。右肺石，達窮民焉。"鄭玄《地官·槀人》注："外朝，司寇聽獄蔽訟之朝也。"**汝陳時臬司** 陳，陳說，宣告也。《國語·齊語》"相語以事，相示以巧，相陳以功"，韋昭注："陳亦示也。"行甫按：《國語》以"語"、"示"、"陳"三字并列爲用，則"陳"乃陳述、講說、宣告之意，猶今語所謂"布置任務"之"布置"或"安排"。時，猶之也。之，諸也。行甫按："時"從"之"得聲，故通"之"，《周易·隨·象傳》"而天下隨時"，陸德明《釋文》："王肅本作隨之。"是其例也。"陳時臬司"，謂"陳之臬司"或"陳諸臬司"也。臬，法也。司，王國維謂通"事"，《小雅·十月之交》"擇三有事"，《毛公鼎》云"粵三有嗣"，下文"汝陳時臬事"，是"臬司"即"臬事"。行甫按："臬司"，即主刑法之有司也。**師茲殷罰有倫** 師，仿效，取法。茲，近指代詞，猶"斯"也。妹邦在殷地，故曰"茲殷"。罰，墨子《經上》曰："上報下之罪也。"殷罰，即殷人對罪犯之處罰。倫，次序也。《孟子·離婁下》"察于人倫"，趙岐注："倫，序也。"行甫按："殷罰有倫"，即殷人處罰罪犯之程序也。

②**又曰** 此"又曰"者，乃周公補充"殷罰有倫"也，下文"要囚"云云，即"殷罰有倫"之具體實例也。行甫按：《書》之所謂"又曰"者，往往對上文所述之内容具有補充、解釋乃至重申之性質。如《君奭》一則"又曰：天不可信"，再則"又曰：無能往來"，皆是對上文作補充申述。參見《君奭》篇相關文句釋讀。**要囚** 王國維謂"要"與"幽"一聲之轉，"要囚"即"幽囚"，拘禁、羈押也。説見《多方》"要囚，殄戮多罪"釋讀。**服念五六日** 服，思也。《周南·關雎》"寤寐思服"，毛《傳》："服，思之也。"《莊子·田子方》"吾服女也甚忘"，郭象注："服者，思存之謂也。"念，常思也。行甫按：所謂"服念"，猶今語所謂"再三考慮"之意，或者相當於今所謂"充分調查取證，反復研究案情"之司法程序。**至于旬時** 旬時，十日之時也。行甫按："五六日"以至"旬時"，或者案情複雜，費時猶多，亦容囚犯口供有所反覆也。《周禮·鄉士》云："聽其獄訟，察其辭，辨其獄訟，异其死刑之罪而要之，旬而職聽于朝，司寇聽之，斷其獄，蔽其訟于朝，群士司刑皆在，名麗其法以議獄訟。獄訟成，士師受中，協日刑殺，肆之三日。"此即據《康誥》之義所訂之獄訟程序，賈公彦疏："容其自反覆，恐囚虛承其罪。十日不翻，即是其實。"賈公彦亦可謂得周公告康叔之心也。**丕蔽要囚** 丕，詞之大也。蔽，斷也。《周禮·小司寇》"以五刑聽萬民之獄訟，附于刑，用情訊之，至于旬乃弊之"，鄭玄注："十日乃斷焉。""弊"即"蔽"也。行甫按："蔽訟"之"蔽"，本爲"覆蓋"，謂根據兩造所供之全部證詞及其相關證據作客觀公正之判斷，其所以"蔽"而言"丕"者，猶今語所謂"全面搜集證據，客觀公正審判"之意，是知此"丕"字決非無義之語詞。

③**汝陳時臬事** 陳，亦陳述、宣告也，時，之也，諸也。臬事，即"臬司"也。**罰蔽殷彝** 罰，上報下之罪也。蔽，斷也。彝，《爾雅·釋詁》："常也。"郭璞注："彝，謂常法耳。"行甫按："罰蔽殷彝"，謂依據殷人常用之律法體系審判罪犯。《荀子·正名篇》所謂"刑名從商"，是其義也。

④**用其義刑義殺** 用，因，猶今語"沿用"也。其，代指殷彝。義，宜也，善也。揚雄《法言·重黎》："事得其宜之謂義。"《周易·旅·象傳》"其義焚也"，陸德明《經典釋文》

引馬融曰："義，宜也。"《大雅·文王》"宣昭義問"，毛《傳》："義，善也。"行甫按：事得其"宜"乃謂之"義"、謂之"善"也，二義相因。是所謂"義刑義殺"者，即律法體系公正合理，量刑準確恰當且殺其宜殺，無倚輕倚重，可此可彼，過于主觀隨意之流弊。**勿庸以次汝封** 庸，用也。以，介詞，省略賓語"之"字，"以次"即"以之次"。次，即也，就也。《荀子·致士》與《宥坐》兩引此文皆作"即"。段玉裁《古文尚書撰异》曰："(《說文》)小篆'坓'字，古文作'墅'。"則"次"與"即"，音同義可得通也。行甫按："勿庸以次汝封"，謂：不可將刑罰之事遷就你康叔封的個人願望。連上文語境，意即：要沿用殷人律法體系中量刑客觀公正判決公平合理的相關刑法規定，不可以你康叔封的個人好惡制訂刑律法規條例。

⑤**乃汝盡遜曰時叙** 乃，若也，假設之詞。盡，悉也，皆也。《墨子·經上》："盡，莫不然也。"劉淇《助字辨略》卷三："盡，皆也，悉也。《左傳》昭公元年：周禮盡在魯矣。定公八年：盡客氣也。"皆是其例。遜，《荀子》引作"順"。《說文》："順，理也。"《爾雅·釋詁》："順，叙也。"郭璞注："順，次叙。"行甫按："乃汝盡遜"者，猶今語所謂"當你的一切工作都順利走上正軌"之意也。曰，動詞，謂也。《論語·八佾》"曰使民戰栗也"，皇侃疏："曰者，謂也。"王引之《經傳釋詞》："曰，猶爲也，謂之也。"吳昌瑩《經詞衍釋》曰：《禮記·王制》"國無九年之蓄曰不足，無六年之蓄曰急"，《淮南子·齊俗訓》作"謂之不足"、"謂之憫急"。是其例也。時，是也，實也。叙，次叙，即秩序。行甫按："曰時叙"，乃補充解釋"盡遜"也。意謂：如果你的一切工作都順利地走上正軌，也就是說，舉國上下確實秩序井然。**惟曰未有遜事** 惟，雖也，猶言"即使"也。曰，即上"曰時叙"之"曰"。未有遜事，未有順利之事。枚《傳》："乃使汝所行盡順，曰是有次叙，惟當自謂未有順事。君子將興，自以爲不足。"行甫按：枚氏之說，差爲得之。然"惟曰"下乃省略"時叙"二字，意即：即使可謂舉國上下確乎秩序井然，但仍須自以爲未有順利之事，不可自滿于短期之小成而固步自封，不思進取。

⑥**巳** 嘆詞，古讀開口，猶今之"唉"、"嗨"。說見《大誥》"已予惟小子"釋讀。**汝惟小子** 惟，雖也。**未其有若汝封之心** 其，代詞，猶之也。有若，有如也。之，此也。心，猶言"思想"、"想法"也。行甫按："未其有若汝封之心"，連上文意謂：你雖年紀輕輕，但沒有誰有像你康叔封這樣的思想，即"朕心朕德，惟乃知"。**朕心朕德** 朕，我，周公自指。心，即上"汝封之心"之"心"，想法，思想也。德，屈萬里釋爲"行爲"，劉起釪解爲"爲人"。行甫按：二氏所解皆通，德者，得也。此"德"乃由此"心"所表現之行爲方式。**惟乃知** 惟，獨也。乃，你。知，理解，懂得。行甫按："汝惟小子"至"惟乃知"，意謂：你雖然年輕，但沒有誰有像你這樣的思想高度，只有你能明白我有關國家治理的思想觀念，只有你能了解我治國舉措的目的意義。"凡民自得罪"以下，以至"則予一人以懌"，乃布"朕心朕德"，即周公治國執政理念。

⑦**凡民自得罪** 凡，衆也，皆也。《儀禮·公食大夫禮》"凡宰夫之具"，鄭玄注："凡，非一也。"鄭玄注《士虞禮》"主人不視豚解"曰"主人視牲不視殺，凡爲喪事略也"，賈公彦《疏》："凡者，衆辭。"行甫按："凡民"者，衆民也。自，自動、主動也。得，獲也。行甫按："自得罪"者，謂既非由誘陷，亦非由脅迫，更非由過失所獲之罪也。下列罪行，

皆爲"自得罪"。**寇攘奸宄** 寇,寇賊也,或劫略州府,或洗劫民宅。攘,盜取也,或入室行竊,或攔路搶劫。奸,外奸也,或爲非作歹,或作奸犯科。宄,內宄也,或荒廢祖業,或隳敗家風。行甫按:"寇攘奸宄",乃四字詞,《書》中多有其例。**殺越人于貨** 越,通鉞,斧戉也,工具名詞,用作動詞,以斧戉殺人也。《大雅·公劉》"干戈戚揚",毛《傳》:"揚,鉞也。"《爾雅·釋詁》:"揚,越也。"郝懿行《義疏》:"揚鉞即揚越。越、鉞聲同,越、揚聲轉。鉞字古止作戉,與越通用。《明堂位》云:'越棘大弓',越即戉也。"行甫按:此"越"字自來注家皆不得其解,實則"越"亦"殺"也,同義複詞,與"咸劉"構詞之法從同,說見《君奭篇》"咸劉厥敵"釋讀。于,取也。章太炎曰:"于與爰同,爰本從于聲,義亦相通。《釋詁》:'粵、于、爰,曰也。爰、粵,于也。'是其例。而爰實古援字。《說文》爰、援同訓引。是則'于貨'者,援取貨也。《豳風》'一之日于貉,取彼狐狸',《傳》曰:'于貉,謂取狐狸皮也(按貉與狐狸异物,此上言取貉,下言取狐狸耳)。'訓于爲取,與此正同。次言'晝爾于茅',亦謂取茅矣。然則殺人越人,有操金刀、杖白梃之异,其因是援取貨財一也。"行甫按:章氏從枚《傳》"顛越"之說而解"越人"爲"墜人",且意會"殺"與"越"爲"操金刀"與"杖白梃"之异,持義固非,然訓"于"爲"援取",聲轉相通,訓詁有據,其說是也。貨,錢財也。

⑧**暋不畏死** 暋,字當作昬。《說文》:"昬,冒也。從攴,昏聲。《周書》曰:昬不畏死。"段玉裁《說文注》:"昏從氐省,不從民,凡昏旁作昬者誤。"《爾雅·釋詁》:"昏、暋,強也。"《盤庚》"不昏作勞",鄭玄注:"昏讀爲暋,勉也。"行甫按:《說文》"冒也"之"冒",即"瞀"字之省,《說文》:"瞀,氐目視也。"亦黽勉專注之意也,說見《君奭》"武王惟冒"釋讀。是"暋冒"者,猶"黽勉"也,惟此處用爲貶義,謂拼命作惡,不畏死罪也。**罔弗憝** 罔,無也,罔非,無非、無不也。憝,《說文》:"憝,怨也。從心,敦聲。《周書》曰:凡民罔不憝。"《孟子·萬章下》引《康誥》"殺越人于貨,閔不畏死,凡民罔不譈"曰:"是不待教而誅者也。"趙岐注:"譈,殺也。"行甫按:《廣雅·釋詁》"憝,惡也",王念孫《疏證》曰:"《孟子·萬章篇》引《書》作譈,《荀子·議兵篇》云'百姓莫不敦惡',《法言·重黎篇》'楚憞群策而自屈其力',李軌注云:'憞,惡也。'譈、憞、敦,并與憝同。凡人凶惡亦謂之憝,《康誥》云'元惡大憝',《逸周書·銓法解》云'近憝自惡',是也。《方言》'諄憎,所疾也。宋魯凡相疾惡謂之諄憎。秦晉言可惡矣。'諄與憝聲亦相近。"據王氏之說,則"疾惡怨恨之"爲"憝",而"所疾惡怨恨者"亦爲"憝",且其人必有可"憝"之處,人乃從而"憝"之,是俞蔭甫所謂施受不嫌同辭也。故"罔弗憝"者,意即"無非大奸大惡"也。行甫又按:《孟子》與《說文》引《書》或作"譈",或作"憝",字雖不同,但"罔"上皆有"凡民"二字。然三復經文,自"凡民自得罪"至"暋不畏死"云云者,乃言"罔弗憝"者之種種犯罪行爲,是知此"罔"字乃與"凡"字相配爲用,意即:凡有如此種種罪行者,莫非大奸大惡之民也。依此文法而論,則"罔"上不當有"凡民"二字。《孟子》節引其文而以己意增之,《說文》有"凡民"二字,或又爲後人據《孟子》而改之也。又,"暋"字《孟子》引作"閔",音同通用耳。

⑨**王曰封** 自"凡民自得罪"至此"王曰封元惡大憝",前人以爲"上下疑有缺文",金兆梓則以爲應作:"王曰:封,元惡大憝,寇攘奸宄,殺越人于貨,暋不畏死,凡民罔

弗憋,自得罪。"行甫按:諸家之説非也,此處經文既無錯簡,亦無遺漏。通觀全篇文例,周公每言一義,必呼康叔其名而拳拳以誥之,大有"匪面命之,言提其耳"之意。故史官記録其辭,于呼名之處,每加"王曰"二字以示提點。且細按此處經文,實爲意義承轉之關捩所在,上言大奸大惡,下言不孝不友,前者據以"罰蔽殷彝",後者乃由"文王作罰",雖有刑事與民事之别,然皆爲聽訟斷獄,是以雖有"王曰"與呼語"封"厠于其間,上下文意則依然緊湊無礙。**元惡大憝** 元,首也,大也。《魯頌·閟宮》"建爾元子,俾侯于魯",毛《傳》:"元,首也。"《小雅·采芑》"方叔元老,克壯其猶",毛《傳》:"元,大也。"皆是其例。憝,惡也。行甫按:"元惡大憝"亦即大奸大惡也。**矧惟不孝不友** 矧,況也,益也,亦也,也詞也。惟,有也。孝友,《爾雅·釋訓》:"善父母爲孝,善兄弟爲友。"《賈子·道術篇》:"子愛利親謂之孝,兄敬愛弟謂之友。"行甫按:"元惡大憝,矧惟不孝不友",正爲承上轉下之語,謂:"元惡大憝",又非僅上述"寇攘奸宄,殺越人于貨"之大奸大惡之民而已,更有那六親不認"不孝不友"之人,亦是其類也。

⑩**子弗祗服厥父事** 祗,敬也。服,《爾雅·釋詁》:"事也。"孫星衍謂"服同𠬝,《説文》云:治也。"行甫按:《説文》"𠬝,治也,從又從卪,卪,事之制也。"則"𠬝"雖訓"治",亦"事"也。"事其所事"謂之"服","治其所事"謂之"𠬝",其義一也。厥,其也。事,業也。《史記·淮陰侯列傳》"無所事信",裴駰《集解》引文穎曰:"事,猶業也。"**大傷厥考心** 考,父也。《倉頡篇》云:"考妣延年。"則考妣之稱,通于生死也。**于父不能字厥子** 于,爲也。字,愛也。《大雅·生民》"牛羊腓字之",毛《傳》:"字,愛也。"**乃疾厥子** 乃,猶而也,表順接或輕微轉折之連詞。疾,惡也。枚《傳》:"爲人子不能敬身服行其父道,而怠忽其業,是不孝。于爲人父不能字愛其子,乃疾惡其子,是不慈。"行甫按:枚氏之説是也。所謂"孝"者,存于父子之間也。以"孝"責于其子,亦必以"慈"責于其父也。

⑪**于弟弗念天顯** 于,爲也。念,顧念,常懷。顯,章太炎曰:"當讀爲憲。《大雅·假樂》'顯顯令德',《記·中庸》引作'憲憲令德',是其相通之證。《釋詁》:'憲,法也。'《後漢書·朱穆傳》:'劉陶等訟穆曰,當今中官近習,竊持國柄,手握王爵,口含天憲。''天顯'即'天憲'。若以爲光爲明,則文義詰籟矣。"行甫按:章説是也。"天顯"猶言"天憲",乃古人成語,即"天網恢恢"之意,《西游記》所謂"老龍王拙計犯天條"之"天條"者,是其義也。《酒誥》"迪畏天顯小民",以"天顯"與"小民"并列,謂上下皆畏也。《多士》"罔顧于天顯民祗",此"天顯"與"民祗"爲同位語,"天顯"亦即"民祗"(即"民之所敬")也。是"天顯"者,上天的自然法則也。"弗念天顯",即"罔顧天顯",謂不顧天網,不懼天條也。**乃弗克恭厥兄** 乃,猶而也,表輕轉或順接之連詞。克,能也。恭,敬也。**兄亦不念鞠子哀** 鞠,《爾雅·釋言》:"稺也。"哀,憐憫也。《説文》:"憐,哀也;哀,閔也。"行甫按:"不念鞠子哀"者,謂長兄不顧念其幼弟之可憐可憫也。**大不友于弟** 大,非常。友,善也。**惟吊** 惟,爲也。吊,傷也。《檜風·匪風》"顧瞻周道,中心吊兮",《左傳》僖公二十四年"昔周公吊二叔之不咸",毛《傳》及杜注皆曰:"吊,傷也。"行甫按:"惟吊"者,謂上述子不孝于父,父不慈于子,兄不友于弟,弟不恭于兄,乃大爲可傷可痛之事也。

⑫**茲不于我政人得罪** 茲，此也，指上述"不孝不友"之事。行甫按：注家多從枚《傳》讀"惟吊茲"，解"吊"爲"至"，今不從。于，在也。政人，即正人，負責社會治理之人。得，當也。《易·未濟》"各得其所"，陸德明《釋文》："一本得作當。"得、當雙聲義同也。罪，處罰，定罪。章太炎曰："不于我政人得罪者，言家庭間事，不與政治相關，不是政治犯也。"行甫按：章氏所謂"政治犯"，即與殺人越貨有關之社會治安性犯罪。句意謂：這類不孝不慈、不友不恭之事，不在我們負責社會治理的人所當處罰定罪之列。**天惟與我民彝大泯亂** 惟，其也，其猶將也。與，以也，《召南·江有汜》"不我以"，鄭《箋》："以，猶與也。"是"以"、"與"互訓之證。"以"猶"使"也。《戰國策·秦策一》"向欲以齊事王"，高誘注："以，猶使也。"民，行甫按：此與"天"對舉之"民"即指"人"，非僅爲"民衆"之"民"也。彝，《爾雅·釋詁》："常也。"行甫按："彝"之爲"常"者，謂倫常也，《洪範》所謂"彝倫攸叙"之"彝倫"，是也。泯，混亂也。王引之曰："泯亦亂也。《呂刑》'泯泯棼棼'，《傳》曰：'泯泯爲亂。'是也。"行甫按：此二句意謂：此不孝不友之事雖不在社會治安所當處罰定罪之列，但如此之行，上天將使我們人世間之倫常秩序發生嚴重的紊亂。

⑬**曰** 此乃一人之言而加"曰"字之例，説見俞樾《古書疑義舉例》及王引之《經傳釋詞》、吳昌瑩《經詞衍釋》。行甫按：此處用"曰"字者，乃推言上述事理而作結也。**乃其速由文王作罰** 乃，猶是也。是，此也。其，猶則也，説見吳昌瑩《經詞衍釋》卷五。速，疾也。由，從也，用也。《論語·泰伯》"民可使由之"，鄭玄注："由，從也。"《禮記·學記》"使人不由其誠"，鄭玄注："由，用也。"作，《爾雅·釋言》："作，造，爲也。"行甫按："文王作罰"，謂周文王所造作之刑律也。**刑茲無赦** 刑，懲罰也。茲，此也，指不孝不友之人。赦，豁免也。

⑭**不率大戛** 率，遵也，循也。《左傳》宣公十二年"今鄭不率"，杜預注："率，遵也。"《小雅·北山》"率土之濱"，毛《傳》："率，循也。"是其例也。戛，法則也，刑典也。《爾雅·釋詁》："典、彝、法、則、刑、範、矩、庸、恒、律、戛、職、秩，常也。"《釋言》："戛，禮也。"郭璞注："謂常禮。"郝懿行《義疏》："禮爲天秩，秩爲天常。故《周禮·太宰》注：禮經常所秉，禮法常所守。"行甫按："戛"兼"禮"與"法"二義，則所謂"大戛"者，天常大法，乃萬古不變之道也。**矧惟外庶子訓人** 矧，况也，益也，亦也。惟，亦有也。外，王宫之外，亦即諸侯卿大夫及百官也。庶子，《禮記·燕義》："古者周天子之官，有庶子官。庶子官，職諸侯卿大夫士之庶子之卒，掌其戒令與其教治，別其等，正其位。"《周禮·司馬·序官》："諸子，下大夫二人。"鄭注："諸子，主公卿大夫士之子者，或曰庶子。"《禮記·文王世子》："庶子之正于公族者，教之以孝弟睦友子愛，明父子之義，長幼之序。"鄭氏《燕義》注："庶子，猶諸子也。《周禮》諸子之官，司馬之屬也。"行甫按："庶子"即"諸子"，掌王族之外諸侯公卿大夫士庶子之教育。訓人，曾運乾曰："《天官·冢宰》'師以賢得民，儒以道得民'，注：'師，諸侯師氏。儒，諸侯保氏。'是也。"行甫按：孔穎達《書疏》謂"鄭玄以'訓人'爲師長"，此乃曾氏所本。則"訓人"者，猶師氏及保氏教民德行與道藝者也。**惟厥正人** 惟，亦有也。厥，其也。正人，猶言官長也。**越小臣諸節** 越，及也，與也。小臣，《周禮·太僕》之屬官有"小臣"，"掌

王之小命，詔相王之小法儀"。行甫按："小臣"一職，在殷及周初乃朝中重臣，出入王命，西周後期其職位有所式微。諸，衆也。節，信也，符節也，出使巡省之臣所持，代指持節巡省四方之臣。**乃別播敷** 乃，于是也。別，另也。說見前"別求聞由古先哲王"釋讀。播敷，同義複詞，猶言廣泛散布也。行甫按："乃別播敷"，即"不率大戛"之意，謂不遵天常大法，而以私意另爲宣說。**造民大譽** 造，作也。譽，稱譽也。行甫按："乃別播敷，造民大譽"，意即：不循天常大法而廣泛散布異端邪說以蠱惑民心而邀譽于民。**弗念弗庸** 念，常思也。庸，常也。行甫按："弗念弗庸"者，即下文"非謀非彝"也，謂不經深思熟慮而蠱惑異端也。**瘝厥君** 瘝，亦病痛、勞苦、傷害之意。說見上文"恫瘝乃身"釋讀。行甫按：自"不率大戛"至此，謂爲政導民之人，不遵循天常大法，廣泛散布至理邪說以蠱惑民衆，收買人望而傷害其君長，此即今語所謂"政治犯"或"思想犯"也。

⑮**時乃引惡** 時，是也，此也。乃，猶即也。《史記·東越列傳》："今殺王以謝天子。天子聽，罷兵，固一國完；不聽，乃力戰；不勝，即亡入海。"是"乃"猶"即"、"即"猶"乃"之證也。引，長也。**惟朕憝** 惟，爲也。朕，我。憝，怨恨、憎惡也。行甫按："時乃引惡，惟朕憝"者，意謂：這類人就是滋長擴散罪惡，他們就是我最爲痛恨的惡人。

⑯**已** 嘆詞，猶唉。**汝乃其速由茲義率殺** 乃，是也。其，則也。速，疾也。由，從也，用也。茲義，此義也，指上述"不率大戛"者所造成之罪惡及其對公衆與君主之危害。率，皆也。《小雅·賓之初筵》"其未醉止"，鄭《箋》："所以敗亂天下率如也。"孔穎達《正義》："言率者，非一之辭。"行甫按："率殺"者，即今語所謂"有一個殺一個"也。

⑰**亦惟君惟長** 惟，爲也。行甫按：此"君"與"長"，即諸侯與主君。**不能厥家人** 能，孫星衍引《漢書注》："善也。"行甫按：《漢書·百官公卿表》"柔遠能邇"，顔注："能，善也。"《大雅·民勞》"柔遠能邇"，馬瑞辰《毛詩傳箋通釋》："能，安也，善也。"厥，其也。家人，家族之人。屈萬里曰："文公十六年《左傳》宋昭公曰：'不能其大夫，至于君主母以及國人，諸侯誰納我？'不能之義，與本經正同，意謂不善率導，致不能和洽相處也。"**越厥小臣外正** 越，及也，與也。小臣，猶近臣也。外正，卿大夫士主外政之官。**惟威惟虐** 惟，爲也。威，脅迫也。虐，暴戾也。**大放王命** 大，嚴重。放，違弃也。《古經解鉤沉》卷二十三引《穀梁傳》桓公九年"則是放命也"庾信注："放，違也。"《淮南子·修務訓》"放讙兜于崇山"，高誘注："放，弃也。"王夫之《尚書稗疏》卷四下曰："古者王臣侯，侯臣卿大夫，卿大夫亦臣其私臣。爲之臣者謂之君，猶趙簡子之稱主也。長者，官之長也。君則有家人，長則有小臣、外正。"行甫按：王說是也。自"亦惟君惟長"至此，言爲君爲長者，不能善待其家族之人；而其臣僚屬官又更加爲威爲虐，肆意欺壓民衆，置朝廷法令于不顧。

⑱**乃非德用乂** 乃，即也。非，勿也。德，恩德，德化也。用，以也。乂，治也。行甫按：此句蒙後省"汝"字，連下文意即："你無須以恩德去治理感化他們，直用刑殺耳。"**汝亦罔不克敬典** 亦，也詞也，與上文"汝乃其速由茲義率殺"相關聯。罔不，無不也。克，可也。黃生《字詁》曰："克與可同義，但轉其聲耳。"敬，猶今語所謂"嚴肅"也。《說文》："敬，肅也。"是其義也。典，法也，刑也。"敬典"，猶言"嚴肅法紀，明正典刑"也。王夫之曰："此言食邑之君于其家臣，六官之長于其屬貳，不以德相能而唯用威虐，則不

可復以德义，而當施之以刑也。"行甫按：王說是也，此連上文意謂：那些爲威爲虐，嚴重違背王命之人，就不必以道德感化他們了，對這類人，你康叔也無不可飭正法典，格殺勿論。**乃由裕民** 乃，是也，此也。由，以也，用也。裕，《廣雅·釋詁》："容也。"王念孫《疏證》："裕爲寬容之容。"屈萬里曰：《梓材》有"合由以容"語，"容乃容保之義"。行甫按：屈氏之說是也。本經"裕民"與《洛誥》"彼裕我民"句法詞法皆同，孫星衍即據《廣雅·釋詁》解"裕我民"之"裕"爲"容"。行甫又按：本節自"凡民自得罪"至此，其層次大意當如王夫之所言："殷土承紂之亂，民則寇攘殺越，不孝不弟，庶子訓人則違上行私，世家巨室則虐用刑威，所謂亂國也。"

⑲**惟文王之敬忌** 惟，若也，如也。說見吳昌瑩《經詞衍釋》。行甫按：此"惟"之爲"若"爲"如"者，乃列舉或援例之意，非表假設或條件之關系詞，其句法猶今語"比如說"、"像"之類。《論語·先進》"唯求則非邦也與"、"唯赤則非邦也與"，是其例也。之，如是也。《中庸》"文王之德之純"，言文王之德如是純粹也。說見吳昌瑩《經詞衍釋》卷九。敬，肅也；忌，畏也。行甫按："敬忌"，嚴肅與畏懼也，今語所謂"敬畏"也。言就如同文王那樣有所敬畏。**乃裕民** 乃，于是也。裕民，容保民衆也。行甫按：此二句與下"曰"字所領二句乃本節內容的總結論。

⑳**曰** 曰者，文王曰也，主語承前省。**我惟有及** 我，文王自稱也，實謂我邦我民。行甫按：此"我"與下"予一人"相對照，稱"我"者，乃爲"邦家國土"之稱，與西周金文稱"我"之例相同，有數的規定。而"予一人"則爲自稱。說見陳夢家《殷虛卜辭綜述》，中華書局1988年版，第96頁。惟，若也，如也。行甫按：此"惟"之爲"若"爲"如"者，則表假設或條件關系也，與下"則"字相配爲用，意即"如果，那麼"。及，《說文》："逮也，從又人。"行甫按："及"字"從又人"者，謂以手抓人也，其義乃"抓住人"或"被人抓住"，故單用"及"字有"及于災難"或"及于禍患"之意。如《逸周書·皇門解》："嗚呼，敬哉！監于茲，朕維其及。"朱右曾《集訓校釋》曰："及，及于禍也。"《左傳》隱公六年："長惡不悛，從自及也。"楊伯峻曰："自及，謂自及于禍害。"僖公二十五年："子臧之服，不稱也。"陸氏《釋文》："之服，一本作之及。"王引之《經義述聞》引王念孫曰："作'及'者是也。'及'謂及于難。言子臧之所以及于難者，由服之不稱也。'子臧之及'，承上'身之災也'而言，下文'自詒伊慼，其子臧之謂矣'，又承'子臧之及'而言，若作'子臧之服'，則非其指矣。"《左傳》桓公十八年"周公弗從，故及"，杜注："及于難也。"王氏父子又曰：《左傳》凡言"及"者，皆謂"及于禍難也"。又，《管子·宙合篇》"可以無及于寒暑之菑矣"，張文虎曰："及如及難之及。"是其例也。《易·繫辭下》："德薄而位尊，知小而謀大，力小而任重，鮮不及矣。"亦是也。則經云"有及"者，有及于災難禍患也。**則予一人以懌** 則，即也。予一人，文王自稱也。以，猶"有"也，說見吳昌瑩《經詞衍釋》。行甫按：此"以"字與上句"我惟有及"之"有"字相照應。懌，《荀子·君道篇》作"一人以擇"，行甫按：《梓材》"和懌先後迷民"，《釋文》："懌，字又作斁。"《大雅·思齊》"古之人無斁"，《釋文》："斁，鄭作擇。"《魯頌·泮水》"徒御無斁"，《釋文》本作"繹"，云"本又作斁，或作懌"。《說文》："殬，敗也，從歺，睪聲。《商書》曰：彝倫攸殬。"今《洪範》則作"彝倫攸斁"。是"懌"、"擇"、"繹"、"殬"、

"斁"，皆相通互用。然本經"懌"字當讀爲《説文》之"殬"或今本《洪範》之"斁"，意爲"敗壞"也。行甫又按：此二句乃引文王之語，以明文王之所以有所敬畏乃在容民也，誡康叔當以文王爲榜樣謹慎施政容保小民。二句意謂：文王説，我邦我民若有災難禍患，也就是我一人有所失敗之故，即下文"周政在厥邦"也。此告誡康叔：如果君人者不能像周文王那樣有所敬畏，或濫殺無辜，或姑息有罪，則必然傷及民衆，禍敗邦國。然古今注家説此二句，訓詁經義全非，今一皆不取。

行甫按：此爲本誥第六節，告誡康叔既要效法殷人合情合理之司法程序，還要學習殷人平允公正的量刑標準，不可憑自己的好惡私訂刑罰體系。但對于那些罪大惡極的犯罪份子，則必須堅決予以嚴厲懲罰，決不姑息。而不孝不友，雖構不成刑事犯罪，但也會敗壞人倫道德，也應當根據文王案例法予以懲處。那些負有導民職責的各級正長官吏，如果散布歪理邪説，沽名釣譽，離間君主與民衆，亦當格殺勿論。至于世家巨族爲富不仁，放任家臣魚肉鄉民，也必須明正典刑，爲民除害。

周公以攝位之王的身份對康叔説，有關斷訟蔽獄之事，你要給那些司法人員講説清楚，要求他們就地取法殷人那些合理的司法程序。比如説，拘押囚犯，要反復推勘五到六天，甚至十天，或者更長時間，也應該容許囚犯反復翻供，以防止屈打成招，或者虛承其罪，代人受過。要認真全面地調查取證，要根據訴訟雙方兩造所供之全部證詞及其相關事實證據，對囚犯作出客觀公正的審判，不可濫入濫出或倚輕倚重。

周公繼續説，你要對那些司法人員講明白，要讓他們依據殷人常用的律法體系審判罪犯，要繼續沿用殷人司法體系中那些合理量刑以及對重要案犯的處決依據，不能根據你康叔封個人的好惡習性制訂法律條文及其量刑標準，也不能以你個人的主觀意見干擾正當的司法程序。如果你的一切工作都走上正軌，妹邦的治理有條不紊，那真就可以説，邦國上下，秩序井然，形勢確實一派大好。但是，即使真的可以這樣説，也不能因此認爲，邦國之事就這樣一帆風順了；所以，你不要自滿于短期的順利和安寧就不思進取，不再努力。唉——，雖然你年紀不大，可是沒有人能有像你康叔封這樣的思想深度，沒有人像你康叔封這樣能夠理解我有關國家治理的思想觀念，只有你康叔封能夠明白我實施國家治理的真正目的和用意所在。

凡是那些故意自觸法網，并非因爲壞人設下了圈套和陷井以致受到壞人的引誘和欺騙，威脅和逼迫；也不是一時疏忽和過失而無意中犯下了罪行。這幫凶惡之徒，或者嘯聚山林，劫略州府；或者三五結伙，洗劫民宅。或者乘人不備，入室行竊；或者潛伏草野，攔路搶劫。這些人在社會上爲非作歹，作奸犯科，爲害四方；在家庭里吃喝嫖賭，荒廢祖業，墮敗家風。更有犯罪份子明目張膽地殺人劫貨，謀財害命，不遺餘力地拼命作惡，手段極其殘忍，情節至爲惡劣，毫不畏懼官府的牢獄和死刑。所有這些罪大惡極之人，一個個都該千刀萬剮，處以極刑。

周公繼續説，康叔封，大奸大惡之人，不僅僅是上面所説的那些刑事犯罪份子，還有那些不念父兄親情，不顧人倫道德的人，你也要考慮到他們對世道人心的巨大危害性。作爲兒子，不尊敬他的父母雙親，不願意爲他長輩的事出一點力，費一點心，不想侍奉年邁的父母，讓他的父母感到非常傷心和失望；而作爲父親，不願慈愛自己的親生兒子，只顧自己吃喝玩樂，視其親生兒子如同路人，百般疾恨他，討厭他，有子不養不教，喪失了父親的責任和義務。作爲弟弟，全然不顧血緣親情，人倫道義，對他的兄長不恭不敬，甚至百般欺侮凌辱；作爲兄長，不體恤憐憫他年幼的弟弟，對幼弟非常不友善，蠶食其家產，侵奪其田園，還把他當包養家奴使喚。這些父不慈子不孝，兄不友弟不恭的事情，雖不在我們官府衙門里有關社會治安的刑事案犯所應當處罰定罪的範圍之內，但這些傷天害理，有礙人倫風化的行爲，也是屬于民事糾紛，如果任其一而再、再而三地不斷發生，老天爺就會讓我們人世間的人倫秩序發生嚴重的紊亂，人世間的血緣親情也就會蕩然無存。如果是這樣，那麼這世上所有人，就都變成畜生和野獸了。因此，對這些喪失人倫，破壞道義，豬狗不如的東西，就是一句話：你要盡快根據文王所制訂的民事法規，從重處罰，決不姑息！

禮，是天之經，法，是地之義。不遵循禮法，就是不遵循人世間的大經大義。更有那些掌管公族子弟教育的官員，以及掌管全民教育的大小師保之職，還有那些大大小小以正人心、督教化爲責的各級地方官員和朝中官吏，他們本應當教育後輩子弟與廣大國民如何尊老愛幼，團結協作，互諒互讓，努力提高民衆的道德素養，增進晚輩的知識技能，從而倡導良好的社會風氣。可是，這些教育培養後進子弟的官員，爲人師表的各級教職以及負責人倫教化的大小官吏，却不遵循天常大法，到處散布异端邪說以蠱惑人心而邀譽于民。他們鼓吹的那些歪理邪說，既沒有經過深思熟慮，也不符合常理常規，離經叛道，傷風敗俗，但有很大的欺騙性和煽動性。那些既不明真相，又不明事理，僅受一己之私利所驅的民衆，很容易受其蠱惑，對他們的那些歪理邪說拍手稱快；他們也爲了迎合那些無知群氓的低級趣味，大肆收買人望，以异見領袖而自鳴得意，既傷害君長，又傷害政府，更傷害廣大民衆的長遠利益。這類人敗壞世道人心，滋長擴散罪孽，影響極爲深遠，後果十分惡劣，他們這些人就是我最爲痛恨的惡人。唉——，對于那些散布歪理邪說蠱惑人心傷害君長流毒後昆的各色人等，你也要充分估計到他們的危害性，有一個殺一個。

還有那些當地的世家豪族和地方君酋，爲富不仁，爲政無道，既不能善待其家族之人；又放縱他的臣僚屬吏，橫行霸道，暴虐百姓，魚肉鄉民，造惡一方。對于朝廷發布的政令，置若罔聞，恣意妄爲，欺壓百姓。對于這些目無朝廷的地方小頭目，無法無天的土豪劣紳，你也別指望用道德教化的方式去打動他們，讓他們弃惡從善，改邪歸正；恰恰相反，你必須對他們一個個明正典刑，就地正法。這也就是替無助的平民百姓除害鋤惡，報仇雪恨。總而言之，要像周文王那樣有所敬畏，庇護百姓，爲民除害：既不可濫殺無辜，也不能姑息有罪，否則必然傷及百姓，禍敗邦國。所以文王說，我們的邦國和民衆如果遭到了什麼灾難和禍患的話，那一定是我這個高高在上的領導者在政策方針上發生了重大失誤所致！

  王曰：封，爽惟民迪吉康，我時其惟殷先哲王德，用康乂民，作求。①矧今民罔迪不適，不迪，則罔政在厥邦。②
  王曰：封，予惟不可不監，告汝德之說，于罰之行。③今惟民不静，未戾厥心，迪屢未同。④爽惟天其罰殛我，我其不怨。⑤惟厥罪無在大，亦無在多，矧曰其尚顯聞于天。⑥

王曰：嗚呼，封，敬哉！無作怨，勿用非謀非彝蔽時忱。⑦丕則敏德，用康乃心，顧乃德，遠乃猷裕，乃以民寧，不汝瑕殄。⑧

【釋讀】

①**爽惟民迪吉康** 爽，《説文》："明也。"惟，《説文》："惟，凡思也。"章太炎曰："《方言》：爽，猛也。爽惟，猛想也。王氏《釋詞》以爲發語辭，非。"行甫按：章氏批評王氏以《書》爽、丕、誕、洪、迪諸字皆作無義語辭，其説甚確，然以"爽惟"爲"猛想"亦不甚妥貼。蓋"猛想"即靈機一動，突然想到，并非深思熟慮，與周公其人及本經語境不合。枚《傳》以"爽惟"爲"明惟"，意即"明確地考慮到"，是也，無須別解。迪，導也。吉，《説文》："善也。"康，安也。行甫按：本句蒙後省主語"我"字。**我時其惟殷先哲王德** 時，是也。其，乃也。惟，凡思也。哲，智也。德，得也。行甫按：此"德"字意即能够正確有效地進行邦國治理之思想與方法。**用康乂民** 用，以也。康，安也。乂，治也。**作求** 作，爲也。求，尋求也。金兆梓曰："蓋此本承上文'別求'、'敷求'而言也。"行甫按：金説是也。此節文義反承"我惟有及，則予一人有懌"之意，從積極層面强調正確領導之于邦國治理的關鍵性，實爲正面述説周公自己的治國主張，亦是照應前文，意在交待何以周公開首即告誡康叔往之妹邦必須"敷求于殷先哲王用保乂民"及"別求聞由古先哲王用康保民"之根據，即所以告康叔之如此者，實乃周公之治國理念，即"朕心朕德"也。是以此"求"字無論解爲"終止"，抑或解爲"逑匹"，皆與本經上下語境不合。此二句意謂：我十分明確地意識到，要想將民衆引向道德良善與生活安康，必須爲此考慮努力尋求殷商先世聖王行之有效的治國理念與治國方法，用以安保治理民衆。

②**矧今民罔迪不適** 矧，況也。罔，無也。迪，導也。適，之也，往也。《説文》："適，之也，從辵，啻聲，適，齊魯語。"《小雅·巷伯》"誰適與謀"，鄭《箋》："適，往也。"行甫按："民罔迪不適"，意謂：如果没有人正確引導，民衆是不會前進的。**不迪** 假設前提，蒙下文"則"字省略"若"或"乃"字，"迪"字後亦省略"吉康"二字。**則罔政在厥邦** 則，即也。罔政，章太炎曰："亂政也。"行甫按："罔政"即《小雅·十月之交》"四國無政"之"無政"，"無政"亦即"亂政"也。句意謂：如果哪個君長不注重引導民衆向善，不能讓民衆走上安康富足的道路，那麼在他治下的邦國就一定政治混亂，民不聊生。

③**予惟不可不監** 惟，乃也。監，字形本意爲臨水盤以照面，後從金寫作"鑒"，引申之則爲"督察"、"鑒照"之意。行甫按：此"監"字即上文"我惟有及，則予一人以懌"，謂以此言時時鑒照督察邦國之施政舉措是否有所缺失。**告汝德之説** 德，引導與教化，行甫按：此"德"字與上文"迪"字相照應，即賞賜獎勵，事先引導，正面教化。説，道理、理論。**于罰之行** 于，王引之曰："猶越也，與也，連及之詞。"罰，上報下之罪。行甫按：此"罰"字與上"德"字相對，即刑殺處罰，懲前毖後，以儆效尤。行，實施。

行甫按：此"行"字與上文"説"字爲互文，意即關于德教和刑罰的思想理論與實際做法。王引之解"行"爲"道"，其説非也。枚《傳》曰："告汝施德之説于罰之所行，欲其勤德慎罰。"讀"于"字爲"與"字，即與經義無礙。

④**今惟民不静** 惟，以也。不静，不安寧。行甫按："不静"，乃當時習語，《大誥》、《多方》及《毛公鼎》皆有之，説見《大誥》"西土人亦不静"釋讀。**未戾厥心** 戾，止也，定也。《小雅·采菽》"亦是戾也"，鄭《箋》："戾，止也。"《大雅·雲漢》"以戾庶正"，毛《傳》："戾，定也。"皆是其例。**迪屢未同** 迪，導也。屢，亟也，猶今語所謂"多次"也。同，《墨子·經上》："同，異而俱于之一也。"《國語·周語上》"其惠足以同其民人"，韋昭注："同，猶一也。"

⑤**爽惟天其罰殛我** 爽，明也。惟，凡思也。其，猶若也。罰，懲罰也。殛，誅責也。**我其不怨** 其，將也，猶且也。

⑥**惟厥罪無在大亦無在多** 惟，以也。厥，其也。行甫按："厥"字乃泛指一切人，謂凡人之罪不在于其輕重，也不在于其多少，天無不罰殛之。**矧曰其尚顯聞于天** 矧，況也。曰，詞之爲也，説見吳昌瑩《經詞衍釋》。其，代指"厥罪"。尚，上也。顯，明也。行甫按："尚顯"二字皆修飾"聞"字，即明顯上達于天聽也。句意謂："更何況説其罪無論大小多少，無不清楚明白地爲上天所聞知"。

⑦**敬哉** 敬，謹也。**無作怨** 作，興也。作怨，謂招致怨恨也。行甫按：此照應上文"怨不在大，亦不在小，惠不惠，懋不懋"。意即不要招致民怨也。**勿用非謀非彝蔽時忱** 用，以也。謀，念慮也。彝，典常也。行甫按："非謀非彝"，亦即上文"弗念弗庸"也，意謂：未經深思熟慮而與常規常識相違背的意見。蔽，障塞也，蓋覆也。《論語·爲政》"一言以蔽之"，《釋文》引鄭玄注："蔽，塞也。"《爾雅·釋詁》"蔽，微也"，邢昺《疏》："蔽者，覆障使微也。"《史記·淮陰侯列傳》"間道萆山"，司馬貞《索隱》："萆音蔽，蔽者，蓋覆也。"皆是其例。時，是也，寔也，可也。《禮記·學記》："禁于未發之謂豫，當其可之謂時。"行甫按："時"者，真實而恰當也。忱，誠也，信也。《説文》："忱，誠也。從心，冘聲。《詩》曰：天命匪忱。"《大雅·大明》"天難忱斯"，毛《傳》："忱，信也。"行甫按："忱"與"時"，近義複詞，"時"就價值言，著眼于確當性，"忱"就事實言，著眼于客觀性。句意謂：不要以未經深思熟慮的偏見甚至异端邪説遮蔽掩蓋了準確正當的判斷及真實不虚的客觀事實。行甫又按：此照應上文"乃别播敷，造民大譽，弗念弗庸，瘝厥君"，意即治國應不受偏見與异説所蠱惑也。

⑧**丕則敏德** 丕，大也。則，即也。敏，《説文》："疾也。"《禮記·中庸》"人道敏政，地道敏樹"，鄭玄注："敏，猶勉也。"朱彬《經傳考證》曰："敏，勉也，疾也，猶言'王其疾敬德'。"行甫按："丕則"之語用語義，今人多從王引之説，以爲"丕"乃語詞，"則"即"于是"，其説非也。此"丕則"云云，與上文"敬哉"云云，在文義上構成遞進關系，"敬哉"乃言處事，"敏德"則言修己，且尤以修己更爲重要，是"丕則"云者，猶言"更爲重要的是努力加強自身的思想修爲"，或"更爲重要的是盡快提升自己的政治能力"。行甫又按：此"德"字即上文"朕心朕德"之"德"，乃關乎施政理念與治理能力。則所謂"敏德"，即努力提升思想水平及政治能力。**用康乃心** 用，以也。康，空也，

虛也。《小雅·賓之初筵》"酌彼康爵",鄭《箋》:"康,虛也。"《穀梁傳》襄公二十四年"四穀不升謂之康",范寧注:"康,虛也。"《方言》卷十三"㝩,空也。"㝩、康聲同通用,字亦作㝩。行甫按:"康乃心"者,謂"虛乃心"也,此照應上文"往敷求于殷先哲王"、"丕遠惟商耇成人"、"別求聞由古先哲王"以及"師茲殷罰有倫",謂學習前賢時哲治國敝訟之法當虛其心自知不足也。**顧乃德** 顧,《説文》:"還視也。"《大雅·韓奕》"韓侯顧之",毛《傳》:"顧之,曲顧道義也。"行甫按:此"顧"字,意即前後照應,不可自相抵牾,亦不可倚輕倚重,濫入濫出。德,亦即上文"朕心朕德惟乃知"之"德",唯此"德"乃與治國思想理念相關聯的治國舉措,比上文"敏德"之"德"較爲具體。所謂"顧乃德"者,謂邦國的方針政策必須周全縝密,不可自相矛盾,左支右絀,顧此失彼。**遠乃猷裕** 猷裕,同義複詞,《方言》:"裕、猷,道也。東齊曰裕,或曰猷。"錢繹《箋疏》曰:"裕、猷,一聲之轉。"行甫按:《爾雅》訓"猷"爲"圖"爲"謀",《輶軒》訓爲"道",實則"圖"也"謀"也"道"也,其義一也。此之"猷裕",猶今語"謀略"、"規劃"之意。是"遠乃猷裕"者,謂:你要有長遠的施政規劃和遠大的治國方略,不能摸著石頭過河,走一步算一步;更不能只顧眼前利益,頭痛顧頭,腳痛顧腳。**乃以民寧** 乃,于是也。以,使也。《左傳》僖公二十六年:"凡師,能左右之曰以。"《公羊傳》桓公十四年:"以者何?行其意也。"《國語·魯語下》"魯人以莒人先濟",韋昭注:"能東西之曰以。"行甫按:"能左右之","能東西之","行其意",皆"使令"之"使"也。寧,安也。行甫按:此"寧"字即含上文"吉康"二義,謂秩序安寧,生活安寧也。**不汝瑕殄** 瑕,疵也,過也。《禮記·聘義》"瑕不揜瑜",鄭玄注:"瑕,玉之病也。"《豳風·狼跋》"德音不瑕",毛《傳》:"瑕,過也。"是其義也。殄,病也,絕也。見《周禮·稻人》"夏以水殄草而芟夷之"鄭玄注。孫星衍讀"瑕"爲"遐",曰:"乃以安民,則國祚不以汝世遠而殄絕也。言當世享。"行甫按:孫氏疏説經義雖與上文"若德裕乃身,則不廢在王命"之意似若相合,但與本句文法了不相侔。此句"乃以民寧不汝瑕殄"八字實當連讀,"以"作"使令"之意解,則"民"字既是"以"的賓語亦是"寧"與"瑕殄"的主語,"汝"字又爲否定句"不瑕殄"的代詞賓語而前置,"瑕殄"二字,亦爲近義複詞,不必破字讀"遐"。意謂:使民衆安寧,民衆亦不會指責詬病你,顛滅覆亡你。此句實與上文"天畏棐忱,民情大可見。小人難保,往盡乃心,無康好逸豫,乃其乂民"相照應,謂"乃其乂民",則"民"乃"不汝瑕殄"也。

　　行甫按:此爲本誥第七節,言邦國政治是否清明,社會秩序是否安定,取決于最高領導者是否具有長遠的政治路綫設計以及切實注重以凈化民心與推進民生爲總體目標的施政舉措。最高領導者的心胸與素質是決定社會治理成敗的關鍵。

　　周公以攝位之王的身份告誡康叔説,康叔封,我非常清楚明白地認識到:要想將邦國的民衆引向道德良善與生活安康,必須爲此而考慮努力尋求殷商先世聖王行之有效的治國理念與治國方法,用之于安保治理民衆。更何况現在的民衆,正值新舊鼎革、百廢待興之際,他們的思想水准,他們的生活狀况,都沒有達到我所希望的程度;如果沒有正確的政治引導與積極的思想教化,民衆的思想水准是難以提升的,他們的生活狀况也不可能有所改善。如果哪個君長在他的邦國不注重引導民衆積極向善,不能讓民衆奔向安康富足的生活道路，那麼他所治下的邦國，就一定會亂象叢生，民風磽薄。

周公繼續説，康叔封，正是由于邦國君長的正確領導十分重要，因而我便不得不把文王所説的那番話作爲我的座右銘："我們的邦國和民衆如若遭到什麽灾難與禍患，那一定是我這個高高在上的領導者在政策方針上有了重大失誤。"也因此，我以文王的這番話時時對照和檢驗我們邦國的政治措施是否有所缺失。這也是我要對你講明有關德教和刑罰的思想理論及其具體治理實踐的根本原因與核心目的之所在。現在，我們的邦國正處在一個歷史的關鍵時刻，因爲武庚禄父及其殷遺舊部的叛亂剛剛平定，民心尚未穩定，在我們新造周邦，還潛藏著洶湧巨大的反叛逆流，那些少數頑固份子日日夜夜都在夢想著周邦變天，殷朝復辟，他們人還在，心未死，雖然經過反復多次的懇言開導與耐心教育，但他們仍然死不悔改，堅决不願意與我們周邦團結一心，共同合作。我也非常明白地想得到，如果我們的邦國發生任何灾難，我都會受到上天的懲罰和問責。果真如此，我也不會怨天尤人，推諉自己作爲攝位之王該負的責任和該承擔的罪過。因爲任何人有罪，不在于其罪孽多輕多重，也不在于其罪孽是多是少，上天都會毫不客氣地對他施加懲罰。更何况説，他的罪孽無論大小多少，一椿椿，一件件，無不清清楚楚明明白白地上傳到天帝的耳朵里了！

周公接著不無感嘆地説，唉——，康叔封，你要小心謹慎啊！無論是制訂法規政策，還是聽訟决獄，都要切近事理，符合人情，切忌主觀武斷，意氣用事，否則就會招致民怨沸騰，必然會影響政局的穩定。不要一葉障目，用那未經深思熟慮的浮言淺見，遮蔽了切中肯綮的真理判斷。也不要標新立異，用那離經叛道的异端邪説，閉塞了平允公正的事實觀察。當然，治國理民不受偏見與异説的蠱惑，更爲重要或更爲關鍵的問題，在于努力提升自己的思想境界，努力强化自己的治理能力。因此，要知道自己知識有限，閲歷不豐，虔誠地學習往聖前賢有關治國理民的經典範例，虛心地向殷商舊時的干吏能臣請教有關斷訟蔽獄的成功經驗。邦國的方針政策，必須周全合理，既不可自相抵牾，紕漏百出；也不可朝令夕改，缺乏公信力與連續性；邦國的司法體系，必須無懈可擊，既不可倚輕倚重，顧此失彼；也不可濫入濫出，忽張忽弛。你要懷抱長遠的施政規劃，胸涵遠大的治國方略，不要心存僥倖，摸著石頭過河，走一步算一步；更不能只顧眼前利益，頭痛顧頭，脚痛顧脚。只有這樣，才能使整個邦國穩定有序，人心和樂安寧，民衆也不會因爲你政令有誤或治理失措而指責詬病你，顛覆推翻你。

王曰：嗚呼，肆汝小子封！① 惟命不于常，汝念哉，無我殄享。②明乃服命，高乃聽，用康乂民。③

王若曰：往哉，封，勿替敬典，④聽朕告汝，乃以殷民世享。⑤

【釋讀】

①肆汝小子封　肆，《爾雅·釋言》："力也。"郭璞注："肆，極力也。"行甫按："極力"猶"盡力"也。陸機《赴洛》"肆目眇不及"，李善注引高誘《淮南子注》曰："肆，盡也。"

是其例也。"肆汝小子封"猶言"肆哉汝小子封",説見《大誥》"肆哉爾庶邦君越爾御事"釋讀。

②**惟命不于常** 惟,猶以也。命,天命也。鄭玄《大學》注:"天命不于常,言不專祐一家也。"《禮記·大學》引《康誥》曰:"'惟命不于常。'道善則得之,不善則失之矣。"《戰國策·魏策三》:"《周書》曰:'維命不于常。'此言幸之不可數也。"行甫按:"道善則得"與"不善則失",謂人事之努力方向,"幸之不可數",謂僥倖之事不會經常出現,是《記》與《策》所説經義皆是也。**汝念哉** 念,《説文》:"常思也。"常亦長也。**無我殄享** 無,毋也。我,我周邦,我周家也。殄,絶也。享,獻祭也。江聲曰:"凡封諸侯,必命之祭其封内之山川社稷,所謂'命祀',國亡則絶其祀。故言汝其念天命之無常,毋殄絶我之命祀。"行甫按:江氏之説,非經義也。"無我殄享"果爲周公戒康叔不絶妹邦之命祀,則周公當言"無殄我命",不當言"無我殄享",此其一也。周公言"天命",皆就"文王受天有大命"以"興我小邦周"而言之,非僅據一二侯國而言"天命"也。"惟命不于常",所謂"不專祐一家"者,《大誥》言"弗弔天降割于我家",亦即"我周家"也,亦非據侯國而言"我家"。此其二也。就文法而言,此乃否定句代詞賓語前置,意即"無殄享我周邦若周家也",謂不要讓我周邦或周家之先人殄絶享獻之血食也。此其三也。此"惟命不于常"乃就周邦言"無殄享",下文"以殷民世享"乃就妹邦"無殄享"而言之,經文層次分明,此其四也。是知今之據江氏之説而説者,皆非也。

③**明乃服命** 明,勉也。乃,爾也,指康叔。服,職位也。説見《大誥》"無疆大歷服"釋讀。命,與"服"相關之"命",即與其職位相關之權利與職責規定。往往由周王口授而爲史臣所記録,再由太史于王庭面對受命者宣讀,是爲"册命"。讀畢,正本藏之于王室,由太史掌管,副本授之于受册命者。"明乃服命",意即努力按照你的職位所規定的職責範圍去完成你的使命。**高乃聽** 高,《説文》:"崇也。"乃,爾也。枚《傳》:"高汝聽,聽先王道德之言。"蘇軾《書傳》:"高乃聽,聽于古也。"孫星衍曰:"《廣雅·釋詁》云:'高,敬也。'言敬聽我訓,則安治民之道也。"于省吾據金文不識之字形推測其義爲"廣"。行甫按:枚氏、蘇氏之説是也。孫説與下文"聽朕告汝"相復,于氏不過襲江聲"所謂勿偏聽也"之説而于金文覓一不識之字當之,不免好奇之過。其實,所謂"高乃聽"者,乃照應前文"乃别播敷,造民大譽,弗念弗庸"以及"勿用非謀非彝蔽時忱"而言之耳。意在告誡康叔須努力提升自身之思想理論水平與是非判斷能力,勿爲"非謀非彝"、"弗念非庸"之膚淺浮薄之言論及異端邪説所蠱惑也,與"廣聽"或"敬聽"皆無涉。**用康乂民** 用,以也。康,安也。乂,治也。行甫按:"康乂"亦近義複詞,安保治理。

④**王若曰** 若,如此也。于省吾曰:"《康誥》先稱'王若曰',下文稱'王曰'者共十一處,與金文相符。惟獨篇末有'王若曰'一段與金文通例相違,可見此處'王若曰'之'若'當系衍文。"行甫按:于説非也。一篇中非僅一處"王若曰"者,并非孤例,《多方》亦兩用"王若曰"。**往哉** 往,謂就其封國也。**勿替敬典** 替,廢也。敬,《説文》:"肅也。"典,册命之書也。《説文》曰:"從册在丌上,尊閣之也。莊都説:典,大册也。𠔓,古文典從竹。"

《多士》:"惟殷先人有册有典。"皆是其義也。行甫按:《左傳》定公四年曰:"管蔡啓商,惎間王室,王于是乎殺管叔而蔡蔡叔……其子蔡仲改行帥德,周公舉之以爲己卿士,見諸王而命之以蔡。其《命書》云:'王曰:胡!無若爾考之違王命也。'"又曰:"晉文公爲踐土之盟……其《載書》云:'王若曰:晉重,魯申,衛武,蔡甲午,鄭捷,齊潘,宋王臣,莒期。'藏在周府,可覆視也。"由此可知,《命書》與《載書》皆"藏在周府"可"覆視"也。是"勿替敬典",意即:不要廢弃了王朝嚴肅而莊重的册命之書。江聲《集注音疏》讀"勿替敬,典聽朕告",謂《酒誥》"典聽朕毖"正與此"典聽朕告"文同。孫星衍亦謂"典"字下屬爲句,《酒誥》"典聽朕教","汝典聽朕毖"正與此同。然《酒誥》"典聽"之上無形容詞,自可"典聽"連讀。本經形容詞"敬"字與"典"字構成偏正詞組,與《酒誥》文例顯然不同。茲不取江説。

⑤**聽朕告汝** 聽,順也,從也。《禮記·祭義》"故聽且速也",鄭玄注:"聽,謂順教令也。"《吕氏春秋·樂成》"寡人盡聽子矣",高誘注:"聽,從也。"朕,周公自稱也。告,唐石經作"誥"。"告"與"誥"通,無别義也。行甫按:"告汝",即:所告于汝也。枚《傳》"順從我所告之言",是也。**乃以殷民世享** 乃,于是也。以,用也,因也。世,世世也。享,獻祭也,祭祀也。行甫按:"世享"者,謂後代子孫繼世在位而舉持邦國祭祀大典也。枚《傳》:"乃以殷民世世享國,福流後世。"以"享國"解此"享"字,是也。"享國"之意,説見《無逸》"肆中宗之享國七十有五年"釋讀。

　　行甫按:此爲本誥最後一節,告誡康叔天命是不可信賴的,要努力履行自己的職責,提升自身的思想理論水平與是非鑑别能力,好好地治理民衆。果如此,則我們周邦將永葆天命,你的衛國也將世襲罔替。

　　周公以攝位之王的身份對康叔説,唉——,康叔封,你很年輕,正當年富力强,要盡你最大努力啊!因爲天命是不會一成不變的,不可能專門保佑一家一姓。治理國家的方法正確得當,就擁有天命,不正確不得當,就會喪失天命;不靠人事的努力而僅憑僥倖,這種事情是不可能經常出現的。這既是個簡單的事實,也是個簡單的道理,你要永遠牢記在心,不要讓我們周邦喪失天命,使我們的列祖列宗無人享祀,無人獻祭。因此,你不要辜負了列祖列宗對你的信賴與期待,要努力履行你的職責,完成你的使命,要努力提升自身的思想理論水平與是非判斷能力,不要被冠冕堂皇漂亮華麗的虛言浮辭所左右,也不要被標新立異嘩衆取寵的異端邪説所蠱惑,以古聖先賢的治國理念爲典範,以往哲時彦的道德精神爲楷模,好好地治理安保民衆。

　　最後周公這樣説,去吧,到你的封國妹邦去吧,不要枉費了王朝對你的重托,這莊重嚴肅的册命文書,將永遠收藏在大内府庫,由太史寮掌管保存,你可不要讓它變成一張無用的廢紙啊!聽從我對你的這番教誨,這樣,你就可以憑你治下的殷商遺民,子子孫孫永享于妹邦,世襲罔替。

【後案】

　　章太炎説,"此篇乃封國之誥命,時康叔爲司寇,故多法律之語。"因此,本篇文誥在中國法學思想史上具有非常重要的地位,影響也極爲深遠。本篇是第一次提出"原心論罪"之司法觀念的上古文獻，長期以來指導著中國古典時代司法理論體系的建構與具體司法過程的行爲操作實踐。所謂"原心論罪"，即志惡雖小罪必誅，志善即大罪可赦。這種司法理論經過西周王朝制禮作樂的文化定型及其長達四百多年的踐行與累積，逐漸深入人心，并已然演變成一種深刻内在的政治文化傳統。這一政治文化傳統，又通過孔子作《春秋》寓黜陟褒貶于當世之諸侯與士大夫的方式，進一步發揚光大，從而形成華夏民族重要的文化血脉。西漢之初，董仲舒又以《春秋繁露》與《春秋決獄》的寫作，對這一文化傳統作了法哲學的原理性闡發與具體的案例解説。董氏曰："《春秋》之聽獄也，必本其事而原其志，志邪者不待成，首惡者罪特重，本直者其論輕。是故逢丑父當斬，而轅濤塗不宜執，魯季子追慶父，而吴季子釋闔廬。此四者罪同異論，其本殊也。俱欺三軍，或死或不死，俱弑君，或誅或不誅。聽訟折獄，可無審耶！故折獄而是也，理益明，教益行。折獄而非也，暗理迷衆，與教相妨。教，政之本也。獄，政之末也。其事異域，其用一也，不可不以相順，故君子重之也。"董生可謂知《春秋》明周公孔子之道之醇儒。而與之并世的西漢賢良文學亦曰："法者，緣人情而制，非設罪以陷人也。故《春秋》之治獄，論心定罪，志善而違于法者免，志惡而合于法者誅。"（《鹽鐵論·刑德》）其法學思想與司法理念亦與"原心論罪"的周孔之道一脉相承。至晚清康有爲著《春秋董氏學》亦以《重志》、《聽獄本事原志》、《誅意》三事大力表彰中國文化這一獨特的法哲學文化傳統。

其次，本誥對于刑事犯罪與民事糾紛的處罰，也有明顯不同的倫理學基礎，而所謂"文王作罰"與"罰蔽殷彝"或者各自具有不同的司法程序。雖然"文王作罰"最後的結果也是"刑兹無赦"，但據《大雅·綿》"虞芮質厥成，文王蹶厥生"的漢人舊注所提供的綫索，"文王作罰"可能在判決之前會預留一段時間作爲調解程序，讓當事人有一個自我悔悟的過程（參見《毛詩傳》所載"虞芮之君相與爭田"一事）。至于"罰蔽殷彝"的刑事案件，也特別注重法庭調查以及全面搜集證據，所謂"要囚，服念五六日，至于旬時，丕蔽要囚"，這就是説，不急于判決，允許當事人翻供，防止冤假錯案的發生，是刑事判決之前必然與必備的司法程序。因此，"文王作罰"注重民事調解，其倫理學基礎在于道德自覺，人心向善；而"罰蔽殷彝"重視法庭調查，其倫理學基礎在于證據確鑿，殺人償命。

此外，本篇文誥最值得肯定的是，反復強調邦國的最高領導人應當具有較高的思想水平與理論素質及其是非鑑別能力。這一點對後世的影響，主要體現在兩個方面，一是注重王儲的道德境界與思想境界的修養與提升，二是國有大災大難或者政令有所失誤，在位者每每因此而下罪己詔。所謂"我惟有及，則予一人以懌"是也。

最後，本篇誥辭以"明德慎罰"爲文章主綫，既分刑與德爲兩邊，又以君主的能力與素質相互關聯挽結，使整篇誥辭在文意段落與語匯安排上前後照應，其語義語用形成了周全縝密的語境自明體系，爲文本釋讀提供了準確可靠的自解依據，這也是考量後世注家解讀正確與否之有效尺度。

（作者簡介：程水金，北京大學文學博士，南昌大學國學研究院教授）

Interpretation of *Kang Gao*

Cheng Shuijin

Abstract: Based on explicating the sentences and phrases and discriminating the explanations of words, this paper has reinterpreted the contextual meaning of *Kang Gao* in *Shang Shu*.

Keywords: *Shang Shu Kang Gao*; be strict and fair in meting out rewards and punishments; the desting should not be taken as an authority

（本文責任編校：周　斌、李程鵬）

《檀弓》"有子與子游立"章新解

——兼論先秦儒家禮論中情文矛盾問題

閆 寧

摘 要： 春秋以降，禮崩樂壞進程的加劇在一定程度上即體現爲禮的内容與形式，即禮之"情"與"文"間的矛盾。《檀弓》這一章記録了有子因不明喪踴之義，疑其無情而欲去之。子游反駁其説，提出禮有"微情""以故興物"兩大特質。舊説多釋"微"爲"減殺、抑制"，"故"爲"禮儀節文"，皆不確。"微"當釋爲"隱"，"微情"即"情隱于禮"，强調情與禮義皆藴于禮之儀文度數。"故"即"故事"，體現了禮有源自傳統的穩定性。《檀弓》此章凸顯了儒家言禮者在情文側重問題上的重大分歧，子游反對當時出現的單純重情，片面强調禮義的傾向，在重視儀文的基礎上，主張義與數緊密結合，這一思路在荀子禮論中亦有體現。

關鍵詞： 檀弓 情文 子游 荀子

《禮記·檀弓》云：

> 有子與子游立，見孺子慕者，有子謂子游曰："予壹不知夫喪之踴也，予欲去之久矣。情在于斯，其是也夫？"子游曰："禮有微情者，有以故興物者，有直情而徑行者，戎狄之道也，禮道則不然。"

這一章記録了孔門二位高弟關于情與文，乃至禮之本質的一番辯説，尤其關涉早期儒家禮學思考的不同路徑，頗引人深思，歷代注家亦多留意。子游所云"禮有微情者，有以故興物者"，是"禮道"有別戎狄之道的關鍵，也與下文所展開論述有密切關系。此處"微情"之"微"，除南朝何胤解作"隱微"外，歷來多釋爲"減殺、抑制"[1]，筆者以爲似

---

[1] 《禮記正義》引何胤云："哭踴之情，必發于内，謂之微，微者，不見也。"（中華書局影印《十三經注疏》本1980年版，第1304頁下欄）此外，筆者主要參考了衛湜《禮記集説》（影印文淵閣《四庫全書》第171册，上海古籍出版社1987年版，第233頁）、杭世駿《續禮記集説》（《續修四庫全書》第101册，上海古籍出版社2002年版，第242頁）、王夫之《禮記章句》（岳麓書社2011年版，第247頁）、孫希旦《禮記集解》（中華書局1989年版，第271頁）、朱彬《禮記訓纂》（中華書局1996年版，第138頁）等注本。

有可商榷之處。

不過首先要指出，有子見孺子思母號泣而發感嘆"情在于斯"，進而欲去喪儀中之踴，背後揭示的乃是儒家言禮，情與文，或者説，義與數之間的矛盾。大致來説，"禮義"即指禮所包含内容，涉及情感、倫理乃至政治意藴，"禮之數"則爲外在形式，表現爲儀文度數。此二者若達到荀子所謂"情文俱盡"（《荀子·禮論》），則爲禮之完美境界，但此種完美狀態固然難以達成，而儒家禮論中關于二者孰輕孰重，也是頗有异辭[1]。

孔子云："人而不仁如禮何？人而不仁如樂何？"（《論語·八佾》）"禮云禮云，玉帛云乎哉？"（《論語·陽貨》）"爲國以禮。"（《論語·衛靈公》）《檀弓》記子路聞諸夫子云："喪禮，與其哀不足而禮有餘也，不若禮不足而哀有餘也，祭禮，與其敬不足而禮有餘也，不若禮不足而敬有餘也。"孫希旦注云："行禮固以本末兼盡者爲至，若就其偏者而較其得失，則又以得其本者爲貴也。"[2] "貴本"强調行禮者内在情感、道德修養，當然也包括禮之政治意義，即所謂"儀禮之别"的重要性，現代學者亦多秉承這一思路。楊向奎先生認爲："禮樂是建立在仁的基礎上，仁第一，禮樂第二，仁是素質，禮樂是素質上的彩繪。"[3] 陳來先生據《左傳·昭公五年》子大叔論禮儀之别，指出春秋後期，禮制的章節度數（儀）與作爲倫理、政治原則的禮（義），二者間的分辨越來越重要，"禮之要義，在上下之際，人倫之責"[4]。

當然，歷代言禮者中强調儀文度數重要性的亦不乏其人。朱熹認爲："非得其數，則其義亦不可得而知矣。況今亡逸之餘，數之存者不能什一，則尤不可以爲祝、史之事而忽之也。"[5] 這顯是針對《禮記·郊特牲》所謂："禮之所尊，尊其義也，失其義，陳其數，祝、史之事也。"不過朱熹對禮之數的重視還是出于古禮亡逸，如果先秦儒家言禮者面對情與文，必擇其一，恐怕多會傾向"貴本""尊義"而"重情"，這也更引發了我們對子游反對有子禮論的興趣。

一、禮之"微情"

了解了情文矛盾這一背景後，即可發現有子之論其實是將重情一派的思路推至極致[6]，"情在于斯"，真情的直接在場呈現，即可以取代禮之外在儀文（尤其是類似哭踴這般其"義"

---

[1] 陳成國先生在總結歷代禮論後，反對"把禮儀、禮意截然分開，忽視禮儀"（參看氏著《中國禮制史·先秦卷》，湖南教育出版社 2002 年版，第 21 頁）。筆者贊同陳先生的看法，本文對禮之"情與文""義與數"的劃分并無"獨尊其義"的偏見。
[2] 孫希旦：《禮記集解》，第 202 頁。
[3] 楊向奎：《宗周社會與禮樂文明》，人民出版社 1992 年版，第 395 頁。
[4] 陳來：《古代思想文化的世界》，北京，三聯書店 2009 年版，第 239 頁。
[5] 孫希旦：《禮記集解》，第 707 頁。
[6] 《檀弓》云："孔子在衛，有送葬者，而夫子觀之，曰：'善哉爲喪乎？足以爲法矣！小子識之。'子貢曰：'夫子何善爾也？'曰：'其往也如慕，其反也如疑。'子貢曰：'豈若速反而虞乎？'子曰：'小子識之，我未之能行也。'"此處頗可見孔子在真情流露（如慕、如疑）與固守禮文（速反而虞祭）間的偏重，不過《檀弓》另一則記載中，"弁人有其母死而孺子泣，孔子曰：'哀則哀矣，而難爲繼也。夫禮，爲可傳也，爲可繼也，故哭踴有節。'"孔子也并未忽略了禮文的重要性。常爲後人稱道的"愛禮存羊"，更可見孔子在廢除某種禮制方面的謹慎態度。

難明，其"情"難見之禮）①。發乎于情，即已是禮，這對于猶自堅持數與義并重的一派禮家而言，無疑是到了極爲危險的境地。所以，從邏輯上看，面對有子咄咄逼人的"情在于斯，無情之禮文即可廢去"的説法，子游所云之"微情"如釋爲"對感情的減殺、節制"，儘管義理上無誤，但置于此則并不恰當②，因爲有子之論并不是針對"情之多少"，而是分明指向了"情之有無"③。

筆者以爲何胤以"内心"言微其實已有其意趣，而未能盡切，"微"當釋爲"隱"④，"禮有微情"即"情隱于禮"。子游之意，蓋言非禮之無情，乃人不知禮之精義，故不見其情。如此方可在邏輯上與有子之問貫通。更重要的是，此節從章法上來看，作爲禮道兩種特質的"微情"、"以故興物"不僅與戎狄之"直情徑行"相反，更與子游後二段禮論内容分別對應⑤，這也爲我們解讀"微情"提供了綫索。

> 子游曰："人喜則斯陶，陶斯咏，咏斯猶，猶斯舞，舞斯愠，愠斯戚，戚斯嘆，嘆斯辟，辟斯踊矣。品節斯，斯之謂禮。"

孫希旦注云："蓋哀樂之情，其由微而至著者若此。然情不可以徑行，故先王因人情而立制，爲之品而使之有等級，爲之節而使之有裁限，故情得其所止而不過，是乃所謂禮也。"按，孫氏之解説似有意將"微情"之"微"與情之"由微至著"相聯繫，不過最終仍著落在情之減殺。筆者以爲，此節確實意在説明禮之形成與情有關，但實與"情之微殺"無涉⑥。子游言情，意在指出"情隱于禮"，人之喜哀之情愈强，則每有外在表現與之相應⑦，哀極則踊，踊中自然隱有哀情⑧，此處仍是緊扣凡禮之節文必有内在之情，以反駁有子之論。而被斥爲"戎狄之道"的所謂"直情"，正是指感情没有一定的外在之禮相配，"戎狄之道"的關鍵是有情而無禮，并非戎狄不知節制感情。

王夫之《章句》釋"微"爲"約"，解"微情"與諸家類似，但其説仍頗有值得玩味之處。

---

① 《續禮記集説》引朱軾云："謂情所到處，但如其量而爲之，則無不是矣，何必爲節。"（第242頁）
② 子游本人確實説過"喪致乎哀而止"（《論語·子張》），但很難由此推出廢止禮文之意。
③ 歷代注家對有子之意的推測大多類似王夫之《禮記章句》所云"在人或情不及文而見未嘗"，也就是不滿世人行禮多徒具禮文而已。不過依常理而論，依禮哭踊者未必盡皆不哀，任情號慕者反而有滅性之虞，這一點，有子未必不知。其意恐怕也并非僅僅止于推崇更强烈真摯的感情。更何况類似"人的情感需要適當控制"這樣的命題當爲儒家共識，很難想像二子會就此產生争議。
④ 《左傳·哀公十六年》云："其徒微之。"微有"隱"義，語例甚多，不備引。
⑤ 孫希旦對子游禮論的疏解正是依循這一思路，見《禮記集解》，第272頁。
⑥ 《禮記集説》引李氏云："唯有節，故陶不至于咏，咏不至于舞，舞不至于愠，愠不至于踊，此所以微情也。"即孫注"得其所止"之意。
⑦ 王夫之云："哀樂之動，變必形于外。"（《禮記章句》，第248頁）
⑧ 歷代注家多質疑"舞斯愠"句，如孫希旦即認爲此段兩兩相對，"獨'舞斯愠'一句在中間，言哀樂循環相生之意，詳文義，似不當在此。"萬斯大也認爲，"此章是論喪禮之踊，上文云'辟踊，哀之至也。'哀親之死，豈因樂極而生乎？"（《續禮記集説》，第243頁）主張依從孔疏、《釋文》所载他本删此句。姚際恒則認爲諸家之説"憑臆增删者，既未足據，順文解釋者，又不可通"，推測"作者之意，本取喜之爲舞，愠之爲踊，以見其皆當品節也，其文却于舞字之下愠字之上順勢直下，即用斯字爲過接，不復更端另起耳。而循環相生之義亦是隱然可見。"按，郭店簡《性自命出》亦無"舞斯愠"，而作"舞，喜之終也。"（可參看彭林：《郭店楚簡·性自命出》補釋，《郭店楚簡研究》第315—320頁）不過筆者以爲姚氏"迴圈相生"之説亦較爲通達，《禮記·仲尼燕居》孔子言"禮樂之原"有"五至"，云："禮之所至，樂亦至焉，樂之所至，哀亦至焉。哀樂相生。"《性自命出》亦云："凡至樂必悲，哭亦悲，皆至其情也。"萬氏質疑于喪禮何以言樂，其實正是因爲有子主情而欲去禮文，則子游不得不先從根本上明確禮與情密不可分，故不祇局限于喪禮而論。

王氏認爲：子游"見孺子慕而得其躓之所自起，知興物之矣，而微情之精意尚未之達"。又云："刺禮而非禮之訾者，稱禮而亦未盡禮之善者。"①王氏在否定有子之説的同時，又頗爲與衆不同的批評子游亦不知"微情之精意"，但"微情"之説本即出自子游，王氏有此論，殆因文中子游實未就禮之節制感情功能再作深論。這一批判正好凸顯了歷代注家釋"微"爲"節制"的一大弊端，那就是，除"微情"一語外，此章子游之論其實并未以禮節制感情作爲主題。

反之，"微情"釋爲"情隱于禮"不僅前後文義更爲融貫，且"情在禮中""凡禮皆有情"之類命題與儒家傳統禮論亦頗多相通之處，《禮記》中即可找到不少例子。

《禮器》云："是故君子之于禮也，非作而致其情者也，此有由始也。"《集説》引方氏云："禮之情常直而略，禮之文常曲而詳。情文相須不可以偏廢，此禮之所以行。然則禮之作也，豈徒直情而徑行哉。"馬氏云："君子之于禮，情在此，將有以致其情于彼。所以致其情者，非任性直前，蓋有以先之，……不如是，……與夫直情徑行無以異也。"②二家之説論情禮相須、以禮致情，均言及"直情徑行"③。

《坊記》云："先財而後禮則民利，無辭而行情則民争。"孔穎達釋"無辭行情"爲"與人相見無辭讓之禮，直行己情"。方氏則云："'無辭'與《表記》言'無辭不相接'之'無辭'同，'行情'則《檀弓》言'直情而徑行'是也。無辭則失取與之名，行情則失利欲之節。"④《續禮記集説》引朱軾云："無辭而行情者，全不以禮，不但禮後而已。"⑤朱氏之説强調禮之有無，而不僅是情禮之先後次序，可謂的論。

《仲尼燕居》云："是故君子無物不在禮中。"孔疏云："言萬事皆在禮也。"情之爲物，亦在禮中，故孔子云"禮以飾情"（《禮記·曾子問》）。其實儒家本有以理釋禮⑥，即事言禮的思路，《禮器》云："禮者，物之致。"《仲尼燕居》稱禮爲"即事之治"。《荀子·禮論》論喪禮云："皆使其須足以容事，事足以容成，成足以容文，文足以容備，曲容備物之謂道矣。"均是將禮視爲事物的總體原則乃至完美狀態，"禮有微情"正是意欲在情文之間建立類似關係⑦，祇是長久以來爲"尊其義"的重情説所掩蓋。

"禮有微情"説的出現是試圖將情與禮、義與數更緊密結合的一種思路，如將其置于先秦儒家禮論發展的脈絡中，則更能凸顯其特殊意義。春秋以降，禮崩樂壞進程的加劇，伴隨著的多是行禮者對禮義的漠視、歪曲⑧，這使得儒家言禮者愈來愈傾向推崇禮義之重

---

① 《禮記章句》，第250頁。
② 方、馬二説見《禮記集説》，第267頁。
③ 《禮器》下文云："故禮有擯詔，樂有相步，溫之至也。"《釋文》"溫，紆運反。"鄭玄注云："皆爲溫藉，重禮也。"皇侃云："溫謂承藉，凡玉以物蘊裹承藉，君子亦以威儀擯相以自承藉也。"鄭、皇二家解説將禮之節文包藴禮義，"情隱于禮"，講的非常形象。
④ 《禮記集説》，第347頁。
⑤ 《續禮記集説》，第242頁。
⑥ 《樂記》云："禮也者，理之不可易者也。"
⑦ 這種思路其實頗可以與荀子《禮論》相參看，荀子以"養"釋禮包含有兩層意思，一方面，禮"養人之欲，給人之求"。不過在滿足一般自然欲求外，君子"又好其别"，此種"貴賤有等"之"别"所藴含的方爲禮義之精意，且同樣也是著落于"養"。所謂"禮義文理"以"養情"，此時的"人情"已經是憑藉著"禮義文理"的滋養，超拔于自然物欲之上，而最終文與情相融無間，"一之于禮義則兩得之"。
⑧ 所謂禮崩樂壞，并非是説時人全不用禮，"八佾舞于庭""三家以雍徹"反映的恰恰是禮儀的繁瑣化，祇是其施行偏離了禮義而已。

要性，或者説儒家禮論發展在很大程度上可以概括爲不斷推出新的"義"來對禮進行解釋①。另一方面，正如陳來先生指出的，西周以來禮文化自身也在經歷由"儀"向"義"的轉變，"從禮儀、禮樂到禮義、禮政的變化，强調禮作爲政治秩序原則的意義"。隨著禮越來越被"政治化、原則化、價值化、合理化"，"人對禮的關注，不再是由于其爲一套極具形式化儀節和高雅品位的交往方式，對禮的關注已從形式性轉到合理性"，禮樂已經轉變爲"禮政"。

儘管陳來先生也指出，"這并不是説禮完全成了某種政治秩序和社會秩序的原則，而是禮之精神、要義的面向被極大發展。"②但不得不承認的是，禮之節文層面勢必受到擠壓，而禮之情文間固有矛盾，更由此凸顯。這是因爲，趨向概括性的"禮義"，無論是仁，亦或作爲某種總體性原則的"禮"，都難以維繫一整套禮之繁文縟節。或者説，如就某種具體禮制加以解釋，闡明其義，單祇一個"仁"，難免因其抽象性而顯得空洞、疏遠。這裏要説明的是，孔子禮論中本有兩種不同向度，針對某種具體節文闡明禮義的例子固然不少，但總體來看，影響較大的仍是對更爲抽象、概括性禮義的强調③。《禮記·仲尼燕居》云：

　　郊社之義，所以仁鬼神也；嘗禘之禮，所以仁昭穆也；饋奠之禮，所以仁死喪也；射鄉之禮，所以仁鄉黨也；食饗之禮，所以仁賓客也。

極度凸顯的"仁"，不能不説使得諸種禮儀在禮義層面上殊少區别，更類似"仁"的載體般存在。沿著這種思路推衍下去，自然會在孔子禮論中看到一些極端强調禮義的地方。《禮記·仲尼燕居》云："師爾以爲必鋪幾筵，升降酌獻酬酢，然後謂之禮乎？爾以爲必行綴兆，興羽籥，作鐘鼓，然後謂之樂乎？言而履之，禮也。行而樂之，樂也。"《孔子閑居》中甚至出現了完全脱離禮文的所謂"三無"，即"無聲之樂""無體之禮""無服之喪"。這與有子因情而廢禮之禮幾乎祇有一步之遥。祇不過當孔子之時，"禮"大體仍是一種不言而自明的存在，言禮者各盡所能推明禮義，而爲"禮"之存在本身加以辯護，并未成爲一很緊要的問題④。子游禮論則讓我們看到了更晚近學者所面臨的不同處境⑤。本來負有解釋功能的禮義現在正在擠壓禮文的生存空間，《檀弓》中子游稱贊將軍文氏之子"亡于禮者之禮也。其動也中"常常被與《禮運》中"禮也者，義之實也。協諸義而協，則禮

---

① 楊向奎先生在《宗周社會與禮樂文明》中討論了周公、孔子、荀子對禮樂的加工與改造，分別歸納爲"以德代禮"、"以仁結合禮"以及視禮爲"法之大綱、類之綱紀"，顯然均從禮義層面出發。
② 《古代思想文化的世界》，第270頁。
③ 同在義之層面上，仁義固然可化爲更具體的可操作原則，所謂"仁有數，義有大小短長"，但"率法而强之"的"資仁者"，仍不及"愛人之仁"（《禮記·表記》）。梅珍生認爲，孔子的禮論總體體現爲一種"質文符合"，但也承認，"仁作爲禮的價值源泉和内在規定是超越一切時空的，具有絶對性。"見《晚周禮的文質論》，武漢大學博士論文，2003年，第102頁。
④ 尤鋭指出，春秋時期的政治家雖然時常違反特定禮制，"但從未質疑禮制整體的價值。至戰國時期，'禮'開始失去在社會思想中至高無上的地位。"其説見于《新舊的融合：荀子對春秋思想傳統的重新詮釋》，載《國立政治大學哲學學報》2003年第11期。
⑤ "禮"在禮義層面所受到功利主義、現實主義者的攻擊，在儒家内部自然是遭到抵制，但即使同爲儒家言禮者，儀文層面是否仍須嚴格"乘殷之輅、服周之冕"，便已經有了争議，子路欲去告朔之餼羊、有子欲去喪禮之踊皆是其證。

雖先王未之有，可以義起也"聯繫在一起，來强調義本身可以生成禮文[1]，凡此種種，使我們更能理解子游强調"情隱于禮"的用意，也更有助于下一節的解讀。

二、禮之"以故興物"

> 人死，斯惡之矣，無能也，斯倍之矣。是故制絞衾、設蔞翣，爲使人勿惡也。始死，脯醢之奠；將行，遣而行之；既葬而食之，未有見其饗之者也。自上世以來，未之有舍也，爲使人勿倍也。故子之所刺于禮者，亦非禮之訾也。

"以故興物"是子游言禮另一關鍵處，同樣與"直情徑行"相對，更與此段有密切的關係。對"故"的理解，歷代注家頗有不同。王夫之云："故者，已然之謂。……謂人之所固有而已然者，興起其事以著之也。踊生于哀之固有，以故興之也，踊而有節，則以微其情也。"按，王氏釋故爲情之固然已有者，則禮之節文亦源自于情，將情的地位言之過重，幾近于有子。又云："見孺子慕而得其踊之所自起，知興物之固也，微情之精義尚未達。"原來在王氏看來，子游固知踊生于情，其失祇在于不知情當有節。王氏的詮說貫穿了重情輕文的預設立場，踊本源于情，踊而成禮則意在減殺情，强調情文對立實多于統一[2]。孫希旦云："此言先王因死者之易于倍弃，而制爲喪葬之飾奠祭之禮，而使人得以盡其事死如生之情，又因以故興物之意而廣言之。所以見禮之不使人直情徑行者。"又云："'以故興物'，若荀卿言'斬衰、菅屨，杖而啜粥者，志不在于酒食，所以使之睹物思哀，而不至于怠而忘之也。'"[3]按，孫氏認爲有子"直情徑行"，乃不知"人之情不可齊"，倘無禮之節文，則"不肖者無以企而及，必相率而至于悖死忘親矣。"[4]持論較爲平允，將以故興物與直情徑行相對，固然强調了禮之節文的重要，但云"又因以故興物之意而廣言之"，"使人得以盡其事死如生之情"，最終似仍著落在"情"。

《禮記·祭統》云："祭之爲物，興物備矣。"其所謂興物，與"以故興物"同，而祭即爲禮，則提示我們，興物者未必始自于情。筆者以爲，"故"當釋爲"故事、慣例"[5]，即所謂"自上世以來未之有舍也"。詳繹文意，子游此段論說，仍是繼續針對有子因情在而欲去禮文之說加以反駁，且包含兩層含義：

首先，以故興物强調了禮作爲傳統的面向。禮之義，"無文不行"（《禮記·禮器》），

---

[1] 子游在此很可能意在强調儀節設置與執行的適度，即所謂"禮，所以制中"（《禮記·仲尼燕居》），也近似"喪，與其不當物，寧無喪"（《禮記·檀弓上》），與《禮運》所言"禮以義起"，獨尊禮義尚有區别。類似的情況又如《坊記》"禮因人情而爲之節文"一句，本未有重情廢禮之意，但在《淮南子·齊俗訓》中則演變成了"禮者，實之文也，禮因人情而爲之節文，……禮不過實。"此處"實"指的是實際存在的人情、俗情。文不過情本來猶是在情文間取中，但其後云："三年之喪，是强人所不及也，而以僞輔情。"則明顯是以人情爲標準去取禮文，進而轉向對儒家禮樂制度的否定了。

[2] 王夫之主張"及情者文，不及情者飾。……政者飾也，通理之變，人治之小者也"（《周易外傳》，中華書局1977年版，第52頁）。

[3]《禮記集解》，第272頁。

[4] 王夫之亦云："先王制禮，極不肖之情而爲之防，以引之使企及焉。"

[5]《國語·魯語上》："非故也。"韋昭注云："故，故事。"

禮儀規則中積澱著人類的交往理性[1]，這與以情爲禮之本源的思路已顯現了不同的關注重點。《仲尼燕居》云：

> 禮之所興，衆之所治也，……目巧之室，則有奧阼，席則有上下，車則有左右，行則有隨，立則有序，古之義也。……昔聖帝、明王、諸侯，辨貴賤、長幼、遠近、男女、外內，莫敢相逾越，皆由此途出也。

作爲"上世以來未之有舍也"的"古之義"不僅是禮之存在合理性之證明，也決定了禮之儀文度數均有穩定性，《禮器》云："禮也者，反本、修古，不忘其初者也。……是故先王之制禮也，必有主也，故可述而多學也。"《大學衍義補》云："不可任情而直行，必修其古，考夫先王製作之始，不可率意而妄爲。"[2]這本來也是推崇周制的孔子禮論中的應有之義，祇是子游的禮論思路中，"微情"既然已經强調禮義層面的"情在禮中"、情文交融，則節文層面的"反本修古"尚需與之融貫。

由此我們發現，强調"以故興物"，并不意味著完全忽視情感。在與同門有子辯說這一具體語境中，子游之論尚有第二層含義，涉及對先王制禮精意，尤其是對禮與人情關係的進一步挖掘，似爲歷來注家忽視。人死則爲生者所惡、所弃，此爲人之常情，"既葬而食之，未有見其饗之者也"，也是某種常識，然則喪儀中種種儀文之設定，雖意在使人"勿惡、勿倍"，其實却正與人之常情相悖。如果從重情一派的理論出發（如前文注引《淮南子·齊俗訓》），這顯然須加以解釋。因爲我們雖未看到有子質疑喪禮，但其此前已因情之有無而疑辟踊之義。子游此前雖已論證了禮文中皆有情以緩解情文對立矛盾，但"禮之情"仍面臨與"人之常情"的對立，如此則還需要就情之不同層次加以辨析。禮使人"勿惡、勿倍"指向的毋寧說是某種异于、高于人之常情的情感或禮義[3]，這種"禮之情"正是有賴禮之儀文方能養成，"魯哀公問于孔子曰：'紳、委、章甫有益于仁乎？'孔子蹴然曰：'……資衰、苴杖者不聽樂，非耳不能聞也，服使然也。黼衣黻裳者不茹葷，非口不能味也，服使然也。'"（《荀子·哀公》）喪服之禮使人居喪之情超越了自然的口耳之欲望，進而有益于仁，而此種"禮之情"的養成正是一般行禮者與知禮義者的區別，孟子云："行之而不著焉，習矣而不察焉，終身由之而不知其道者，衆也。"荀子云：

---

[1] 杜維明認爲，"禮作爲人類交往的一種非語言方式……包含著對生活傳統的歷時性的承諾"（參見氏著《一陽來復》，上海文藝出版社1997年版，第259頁）。
[2] 邱濬：《大學衍義補》，中州古籍出版社1995年版，第530頁
[3] 這種對禮義的解說有時意在指出神明與常人情感的差异，例如《檀弓》作者引用孔子"爲明器者知喪道矣，備物而不可用，其曰明器，神明之也。"肯定了"塗車、芻靈，自古有之，明器之道也。"此處明器背後的禮義與認同"死者無能"的常識、常情并行不悖。但所謂"禮崩樂壞"，有時恰恰體現爲一些本來自然服習的禮制，現在成了其意難明的"繁文縟節"，對這種禮義的詮釋乃至重建有時就需要與"俗情"拉開距離，如用"禮有近人情，非其至者也"來解釋"郊血，大饗腥，三獻爓，一獻孰"（《禮記·禮器》）。最爲極端的情况下，禮樂制度整體都被視爲情與人之常情處在對立的兩極端，"孰知夫出死要節之所以養生也！孰知夫費用之所以養財也！孰知夫恭敬辭讓之所以養安也！孰知夫禮義文理之所以養情也！"（《荀子·禮論》）很明顯，荀子所處的乃是禮之情文矛盾更為激烈的時代，其禮論的關注重點也正在于重行塑造文情統一的關係，《禮論》以"養人之欲，給人之求"定義"禮"，是對禮論家對日趨功利的現實世界的迴應，也完全可以視爲對子游禮論的進一步發展。

　　　　祭者，志意思慕之情也。忠信愛敬之至矣，禮節文貌之盛矣，苟非聖人，莫之
　　　　能知也。聖人明知之，士君子安行之，官人以爲守，百姓以成俗；其在君子以爲人
　　　　道也，其在百姓以爲鬼事也。（《荀子·禮論》）

聖人知禮，指的是自然情感的"思慕"、義理層面的"忠信愛敬"與禮之節文融爲一體的境界，禮之情或者説禮之精義正是這樣一種存在，唯如此，禮義方不至消解于人之自然情欲之中，而文情兩喪。所以在子游看來，喪禮中禮之文與情仍是緊密的結合未有割裂，有子執情之一端，質疑禮文，無法成立。

三、情文之論的思想史脉絡——從子游到荀子

孔門"四科"中，子游列爲"文學"，其學尤精于禮，但韓非論"儒分爲八"，其中未有子游一派，同樣善言禮樂的荀子，在《非十二子》中批判"子游氏之賤儒"[①]。這都對我們評價子游的禮論造成了影響。但隨著近年來出土材料的增多，已有學者提出"重估子游之學"，廖明春先生認爲，郭店簡《性自命出》篇的作者就是子游[②]，并指出，子游之學具有"傳經能得其精義"，且"重于實踐"的特點[③]。筆者認爲，從禮之情文關系這一特定視角出發，更易凸顯子游禮學的特點。子游强調禮義對具體儀文度數的解釋作用，而非獨立于禮文存在的禮義之價值，其目的乃在恢復"情與文"、"數與義"之間微妙的平衡。在"禮，體也"這一古訓中，體現了儒家相信禮樂文明化的身體與自然的身體密不可分，但禮與情的關系却一直趨向緊張，子游的"微情"、"興物"説正是旨在化解這一矛盾。這似乎可以視儒家禮論某種新動向的發端，而不僅僅是同門辯論中的靈光一現。

《禮記》中與子游關系密切的《檀弓》，自"喪禮，哀戚之至也"以下一節，頗多從禮義層面對喪禮儀文詳盡的闡發，言"複"爲"盡愛之道"，"拜稽顙，哀戚之至隱"，"銘旌"之義爲"愛、敬"，奠以素器以"生者有哀素之心"，"辟踴，哀之至也"，踴而有算，"爲之節文也"，"弁絰葛而葬，與神交之道也，有敬心焉"。凡此種種，雖仍有强調禮以哀敬爲主，但均是就極爲具體的諸種儀節闡發禮義。

成篇時間早于孟子[④]的《禮器》云："祀帝于郊，敬之至也。宗廟之祭，仁之至也。喪禮，忠之至也。備服器，仁之至也。賓客之用幣，義之至也。故君子欲觀仁義之道，禮其本也。"與子游學派關系密切[⑤]的《禮運》云："故先王患禮之不達于下也，故祭帝于郊，所以定天位也；祀社于國，所以列地利也；祖廟，所以本仁也；山川，所以儐鬼神也；五祀，

---

① 郝懿行認爲，荀子指爲賤儒的并非子游、子夏、子張三子本人，而是"言在三子之門爲可賤"（轉引自《荀子集解》卷三，第105頁）。
② 參看廖明春：《郭店楚簡與先秦儒學》，《中國哲學》第二十輯，第61頁。廖文的依據即在簡文中出現了與《檀弓》本章"人喜則斯陶"一段相似文句。可以補充的是，簡文中有"禮作于情，或興之也"，似乎亦與子游所論"以故興物"有關。
③ 參看廖明春：《上博楚竹書〈魯司寇寄言游于逡楚〉篇考辨》，《中華文史論叢》2011年第四期。
④ 《孟子·離婁上》"爲高必因丘陵，爲下必因川澤"文亦見《禮器》。
⑤ 可參看楊朝明：《〈禮運〉成篇與學派屬性等問題》，《中國文化研究》2005年春之卷。

所以本事也。"這種將諸種重要禮制與不同禮義分別相配合的方式，不宜單純視爲禮論發展細化，其中還可見儒家言禮者面臨禮之義數、情文相背離，意欲重新加以整合的努力。事實上，《禮記》所收錄戰國中晚期禮論中，其一共同傾向，即重新建立"禮"之至高無上地位，但涉及情文關系，或云"因人情而爲之節文"，或云"禮之近人情者，非其至者也"，二者間緊張關系仍隨處可見，《禮器》云：

> 禮之以多爲貴者，以其外心者也。德發揚，詡萬物，大理物博，如此則得不以多爲貴乎？故君子樂其發也。禮之以少爲貴者，以其内心者也。德产之致也精微，觀天下之物，無可以稱其德者，如此則得不以少爲貴乎？是故君子慎其獨也。

主"外心"、"發德"之禮顯然與政治領域相關，而"以少爲貴"的"内心"之禮則幾近脱離禮"物"，成爲一種"慎獨"的内心修煉①。這固然可以視爲對禮與德之不同層面意蘊的全面闡説，但于"内外"、"多少"之分處，其理論上的斷層却也不難發現。

至荀子的禮論體系中，情文關系終于得到了較爲完美的處理。其實一貫重視禮之政治功能的荀子，却選擇了從"禮義文理"與人之情欲的關系入手定義"禮"，這一現象本身就值得我們重視②。《禮論》開篇以"養"釋禮，康有爲認爲："禮者，養也，最包括。宋儒祇言得一節字，未知聖人養人之義。"③這"包括"二字確實道出了荀學追求禮之"情文俱盡"的境界，二者間不再是單方面的節制、減殺抑或獨尊其義。其後《禮論》又更具體的設定養情者爲"禮義文理"，這一典籍中頗爲少見的提法而非單一"禮"字，同樣有著文情、義數相融的意蘊④。荀子"禮"既作爲政治原則、又作爲儀文度數、且爲哀樂之情，這三個層面無從軒輊，密不可分。《禮論》云：

> 得之則治，失之則亂，文之至也。得之則安，失之則危，情之至也。
> 君者，治辨之主也，文理之原也，情貌之盡也。
> 故鐘鼓管磬，琴瑟竽笙，韶夏護武，汋桓箾簡象，是君子之所以爲愅詭其所喜樂之文也。齊衰、苴杖、居廬、食粥、席薪、枕塊，是君子之所以爲愅詭其所哀痛之文也。師旅有制，刑法有等，莫不稱罪，是君子之所以爲愅詭其所敦惡之文也。

最終，在"性僞合"命題中，情與禮間的關系得到了詳盡的闡説：

---

① 孫希旦認爲：此節"以内心、外心言禮之文，而歸重于内心。"（《禮記集解》，第624頁）頗可代表古代注家的看法。
② 抽象的禮之原則固然可爲"法之大分、類之綱紀"，但荀子于富國、强兵仍念念不忘"節文器數"，這些"委屈繁重，循之者難，則細之者便，好之者鮮，則議之者衆"的所謂繁文縟節，故而凌廷堪云："孟氏言仁，必申之以義，荀氏言仁，必推本于禮"，而稱許荀子能近于"聖人節性防淫之旨"（《校禮堂文集》，中華書局1998年版，第76—77頁）。筆者以爲，荀學中文之于情固然不盡是節與防之關系，但凌氏確實道出了荀子言禮未舍棄禮之節文的特點。
③ 康有爲：《萬木草堂口説》，見氏著《長沙學記·桂學答問·萬木草堂口説》，中華書局1988年版，第176頁。
④ 《禮器》云"義理禮之文也"，"無文不行"。楊儒賓先生認爲荀子慣用之"禮義"一詞，其中"義"乃是强調禮的正當性的分辨面（參看氏著：《儒家身體觀》，臺北，"中央研究院"中國文史哲研究所1996年版，第77頁），如此則義字并非無義。其實《禮論》篇對"文"、"理"亦有界定，文突出的是"貴本"之義，理則重在"親用"，"二者合而爲了文"，則"禮義文理"實意在强調"含義之文"。

> 禮者、斷長續短，損有餘，益不足，達愛敬之文，而滋成行義之美者也。
>
> 兩情者，人生固有端焉。若夫斷之繼之，博之淺之，益之損之，類之盡之，盛之美之，使本末終始，莫不順比，足以爲萬世則，則是禮也。非順孰修爲之君子，莫之能知也。

使情文間緊張關系消弭于無形的"養"在此處，不僅有斷續、損益，又有類盡、盛美①，"愛敬之文"本底即在于情。梅珍生先生認爲：荀子的情文關系"恰如孔子的文質關系，祗是荀子徑直將情作爲禮之質，是以情代孔子的仁而已。"②此説頗有見地，但孔子不輕許人以仁，則在理論上，常人之性情欲求缺少相對待之禮，荀子之文則涵攝不同層面人情、禮義，凡人皆得其禮之養（此猶《禮運》云："禮始諸飲食"），君子又好其別，此"別"則爲"遠人情"而不理人情的"禮之情"。正如"禮義文理"中，文、理分別爲"貴本"、"親用"之義，貴本重別③，親用則重人之自然欲求④，二者又"合而成文"，如"尚玄尊而用酒醴"，玄尊貴本，酒醴養人。此"含義之文"再與太古"無文之情"相結合⑤，方爲禮之"大隆"，最終達成"禮然而然，則是情安禮也"（《勸學》）的境界。此處，文與情在各個層面水乳交融，實勝于《禮器》以文之多少與心之内外相對，猶有多少、内外之异。

《禮論》盛贊"三年之喪，人道之至文，……是百王之所同，古今之所一也"。篇末云："哀夫！敬夫！事死如事生，事亡如事存，狀乎無形，影然而成文。"所謂"至文"者，哀敬之情、喪禮之義，于禮文中隱微可見，同樣有《檀弓》"微情興物"説的迴響，從中亦不難體察到自子游至荀子，儒家言禮者對情文關系探索的演進。

（作者簡介：閆寧，山東大學文學博士，南昌大學國學研究院講師）

---

① "禮義"乃由聖人"積思慮、習僞故"（《解蔽》）而成，"僞故"固屬人爲，但僞而成習，習則成爲一種無意識的習慣，與自然情欲并無衝突，這種"習"實際已近于性。荀子以孟子能知"人心之危"，尚未達于"養一之微"之境界，正是因爲"聖人行道，無强"（《解蔽》）。

② 梅珍生：《晚周禮的文質論》，武漢大學博士學位論文，2003年，第192頁。

③ 其上文云："別貴始"、"別尊者事尊"、"別積厚"三事可證。

④ 《禮論》後文"禮以財物爲用，以貴賤爲文"，用猶先于文。

⑤ 即"復情以歸大一"之"情"，此情與"親用"之重物用不同，即楊倞所云：太古時"未有威儀節文"，但此情仍在禮中，即荀子所舉如"三年之喪，哭之不文者"，禮文所無，其情則在。

A New Interpretation of "You Zi and Zi You" in *Tan Gong*
——On the Conflicts of Content and Form in the Pre-Qin Confucian Theory of Rites

Yan Ning

Abstract: The increased moral degeneration since the Spring and Autumn Period reflected, to a degree, the conflicts of the ritual content (Qing) and form (Wen). The chapter *Tan Gong* in *The Book of Rites* recorded that You Zi intended to get rid of the ceremonial funeral proceedings as they were not emotional. Zi You refuted that these proceedings were necessary since they feature "the concrete" and "using the old to stimulate things". The word "Wei" was most often interpreted as "to reduce or refrain" and "Gu" as "established formalities". So these rituals were used to help people refrain from excessive sadness. This interpretation is inaccurate. Instead, "Wei" should be defined as "conceal" and "ritual content" as "emotion contained inrituals". In the same way, "Gu" means "old or traditional rules or routines", indicating the stability of conventions. This chapter reveals the disagreement among Confucian scholars over ritual content and form. Zi You opposes too much emphasis on content or righteousness but maintains that both the content and the form should be closely integrated. This thought can be traced in Hsun Tzu's Rite Theory.

Keywords: *The Book of Rites*; *Tan Gong*; content and form; Zi You; Hsun Tzu

(本文責任編校：周　斌、張瓊文)

華夷思想的裂變

——甲午戰爭前後《春秋》公羊學攘夷論的發展：以康有爲、皮錫瑞爲中心的考察

蕭敏如

摘　要：清初的滿漢文化衝突與晚清的中西文化論爭、排滿思潮，構織出清代複雜的民族與文化認同情境。《春秋》學的"尊王攘夷"觀念，也隨清代民族意識的發展而不斷地被重新詮釋、演繹。晚清《春秋》學在"華夷"概念上詮釋內涵的演變，鮮明呈顯此一世變之際士人民族思想的遞嬗過程。對"尊王攘夷"概念的詮釋，成爲民族主義思潮的載體。"尊王攘夷"議題在詮釋過程中不斷被建構與深化，而《春秋》學的尊攘論也成爲民族意識與華夷論述交會的場域。晚清《春秋》學華夷詮釋史的研究，并不只是一個經學詮釋路向上的學術問題，也是記錄近代中國民族意識發展的重要文本。本文擬就晚清廖平、皮錫瑞及康有爲三人在甲午戰爭前後華夷意識的變化，及其《春秋》學詮釋中對中西文化論爭的迴應，厘析1894年甲午戰爭對于晚清社會中的文化觀念與民族意識發展的影響。

關鍵詞：攘夷　春秋學　甲午戰爭　民族意識

一、前言

自十七世紀中期的滿漢文化衝突，到十九世紀以來的中西文化論爭，清代的中國社會始終處于漢文化與異文化不斷對話的歷史情境中，構築複雜的民族與文化認同氛圍。作爲民族與文化議題載體的華夷論述，其論述主軸也因而有極曲折的變化——由清初的"滿漢"論爭，逐漸向晚清的"中西"論爭過渡。爲迴應社會上華夷意識的變遷，自清初至晚清，無論士人或滿洲官方都出現了向經典文本迴溯、以厘清"華夷"問題本質的思想趨勢——透過詮釋《春秋》中的華夷相關文本，以分析社會上的滿漢問題，并宣示自身的民族立場。[①]道光二十年鴉片戰爭至清季溥儀遜位的九十年間，是傳統華夷觀變化最

本文爲科技部專題研究計畫（計畫編號：NSC102-2410-H-260-040）之研究成果。

① 蕭敏如：《從"滿漢"到"中西"：1644—1861清代〈春秋〉學華夷觀研究》，臺北，臺灣大學中國文學研究所2008年博士論文，第3—8頁。

劇烈的時期。鴉片戰後，《春秋》學"用夏變夷"、"嚴華夷之大防"的傳統華夷架構逐漸鬆動，開啓傳統華夷觀向中西文化論爭過渡的轉變契機。

另一方面，十九世紀以來隨西方文明傳入的"民族（國族）nation"概念，帶動人們對民族、國家、文明等觀念的思索，而傳統的華夷思想亦逐漸向"民族國家 nation"觀念過渡，影響并推動中國的現代化進程。在晚清"天朝"體系與"天下"世界觀崩潰以前，我們很難在中國社會里找到一個在語義及重要性這兩方面都能與現代"民族 nation"概念準確對應的詞彙。迴歸清代中國的歷史語境里觀察，近現代中國民族意識的萌發，是在傳統華夷思想中蛻變衍生。民族意識雖與傳統的華夷觀念并不等同，但它在近代中國的發展却與華夷論述的變化息息相關。以"華夷"概念爲核心來探討晚清民族意識的發展，有助于析理近代中國民族意識形成的歷史脉絡。

如果説鴉片戰争是開啓近代中國華夷觀與民族意識轉變的契機，1894年的甲午戰争（日清戰争，Sino-Japanese War）則可説是近現代東亞華夷觀與政治、文化認同的另一轉捩點。甲午戰後，日本取代中國而成爲東亞地區政治秩序的主導者。[1]甲午戰爭前後東亞局勢的變遷，連帶影響晚清社會的華夷認知、對"文明"的定義與經學詮釋的走向，此一時期《春秋》公羊學因而呈現複雜絢麗的樣貌，掀起雜糅西學、中西情勢以解經的新經學詮釋型態。康有爲（1858—1927）《春秋董氏學》與皮錫瑞（1850—1908）《師伏堂春秋講義》，紛紛以經學爲支點引介西學，藉詮釋《春秋》學中的華夷觀念，評述中西文化與中外交涉。《春秋》學中的"尊王攘夷"觀念也隨民族意識的發展而不斷被重新演繹、詮釋。經典在詮釋過程中意義不斷被深化，投射出詮釋者自身對文化與社會現象的闡釋，反映晚清民族意識的流轉。

道光（1821）至清末（1911）《春秋》學華夷詮釋史的發展，既涉及晚清經學思想轉型，同時也是記録近現代中國民族意識發展的重要文本，具有複雜的學術、政治與文化意涵。目前學界對晚清民族主義的研究成果堪稱豐碩，[2]然而關于中國近現代民族意識生成與晚清經學詮釋間的交互影響方面，研究者尚少。較著者如彭明輝《晚清經世史學》，曾就今文學與晚清政治情勢進行探討。[3]李朝津曾就章太炎之民族史學探討清末學術中之

---

[1] S. C. M. Paine, *The Sino-Japanese War of 1894-1895: Perceptions, Power, and Primacy*. Cambridge: Cambridge University Press, 2005.

[2] 關于晚清民族國家意識之形成，歷來已有不少學者進行探討。金觀濤、劉青峰《從"天下"、"萬國"到"世界"——晚清民族主義形成的中間環節》從晚清中國世界觀的遞嬗演變，分析中國在現代化進程中的民族主義之形成（文載《二十一世紀雙月刊》，第94期，2006年4月）。羅久蓉《救亡陰影下的國家認同與種族認同——以晚清革命與立憲派論争爲例》則在晚清社會"救亡圖存"、"保國保種"等强烈的國族危機心態之下，探討晚清政局與國族認同之建構（文載中央研究院近代史研究所編：《認同與國家：近代中西歷史的比較論文集》，1994年6月）。至于晚清戰争對中國近現代民族主義形成之影響，則有區建英《中国のナショナリズム形成：日清戦争後の移り変わりと辛亥革命》與李國祁《甲午戰後至抗戰以前我國民族主義的發展1895—1936》等專文探討。李國祁以甲午、抗戰這兩次影響中國近現代史的重要戰争爲時代斷限，探討近代中國民族思想的發展與演變（文載建國史討論集編委會：《中華民國建國史討論集》，中央文物總經銷，1981年）。區建英聚焦于日清戰争（甲午戰争）與中國近現代民族主義之關聯，著力論證甲午戰後"排滿"思想與中國社會民族認同之變革對辛亥革命之影響（文載《新潟國際情報大學情報文化學部紀要》，第12期，2009年3月）。甲午戰争不僅推動中國華夷觀之轉型，同時也影響了戰勝國日本的中國觀，進一步推動近代日本民族主義之興起。金川泰志《日清戦争前後の児童雑誌に見る日本の中国観》即以甲午戰争前後日本兒童雜誌爲文本，析論甲午戰争對日本中國觀轉型之影響。（文載《史學雜志》第120卷11号，2011年11月，第1856—1880頁）

[3] 彭明輝：《晚清的經世史學》，台北麥田出版社2002年版。

經學與史學的交替，然其著眼點在于史學視角。[1]至于晚清《春秋》學"尊王攘夷"概念與民族意識、晚清社會氛圍間的研究，仍有極大發展空間。對此一議題的厘清，有助于更完整地建構晚清民族主義的發展脈絡。因此，筆者以文本分析、歷史脈絡的考察、概念史的發展爲主要研究方法，分析1894年甲午戰争前後《春秋》學華夷詮釋與"尊王攘夷"論的變化，探討民族主義在近現代中國的生成，以及經典詮釋與社會氛圍之關聯，藉以厘清甲午戰争對中國現代化進程之影響及其社會意義。希冀透過對甲午戰争前後《春秋》學華夷詮釋之文本分析，觀察清末經學活動與華夷意識的變化，使晚清經學詮釋活動與華夷意識的演變等問題的研究版圖更爲完整。

二、從"夷狄"到"西洋"：
甲午戰前《春秋》學華夷詮釋與民族意識演變的脉絡

傳統的華夷論述兼具"民族"與"文明位階"兩個層次的意涵，因而歷代《春秋》學對"華夷"一詞的詮釋大致有文化差異、種族血緣兩種取向——"華夷"既可被解讀爲"知禮"與否的文化差異（如韓愈《原道》所言"諸侯用夷禮則夷之，進于中國則中國之"）；但另一方面，"華夷"又可被解讀爲與血緣、種族等較近似"民族"的概念，如王夫之《讀通鑑論》"狄之于我非類也"。[2]有清一代，自王夫之《春秋家説》、《春秋稗疏》以來，無論遺民、士人或官方，紛紛藉詮釋《春秋》"攘夷"之義闡論社會上滿漢衝突議題。對"華夷"一詞的詮釋，逐漸成爲士人與官方藉以闡論清代社會民族、文化問題的場域。[3]基本上，清初遺民多以"《春秋》大義在攘夷"爲詮釋基調，宣揚夷狄非我族類、漢夷不應相涉的排滿思想，以此質疑滿洲統治中國的正統性。

遺民士人既以《春秋》"攘夷"的經義問題間接批判滿洲政權，清廷也以官方編修的《春秋》學迴應。清初至清中葉官方編定的《欽定春秋傳説彙纂》、《日講春秋解義》及《御纂春秋直解》等著作中，《春秋》學的核心思想皆由"尊攘"轉向"君臣"與"尊王"，展現出强調"尊王"以淡化"攘夷"的傾向，并將"攘夷"由原本的"攘夷狄"轉而解讀爲"僭王，故攘之"。清廷積極掌握經典的詮釋權，以詮釋經義的方式宣傳皇權，淡化遺民士人《春秋》學中的排滿意識。經典詮釋成爲宣導政治教化的工具，使清官方《春秋》學著作從編修至刊行皆具政治興味。大抵而言，清初至清中期，士人與官方《春秋》學論著都呈顯出此一解經趨勢——將經義詮釋作爲論證自身政治理念的資材，致使清代《春秋》學的華夷詮釋藴涵濃郁的政治色彩。在經學詮釋的包裝下，巧妙地掩藏官方與士人對滿漢衝突議題的交鋒。

---

[1] 李朝津：《論清末學術中經學與史學的交替——章太炎民族史學的形成》，《思與言》1998年第1期。
[2] 王夫之《春秋家説·僖公》："衛人侵狄，因以盟狄，于是乎終春秋之世而衛無狄患，盟不地于狄也。于狄，而衛恥免矣，我以知《春秋》之許衛也。乘人之亂，師臨其境，脅以與講，譎謀也；譎謀而許之，狄之于我非類也，而又妝其毒以幾亡，若此者而弗譎，是宋襄公之于楚矣。"《船山全書》第五册，岳麓書社1993年版，第189—190頁。
[3] 蕭敏如：《清初遺民〈春秋〉學中的民族意識——以王夫之、顧炎武爲主的考察》，《台北大學中文學報》，2008年第5期，第195—207、225—228頁。

鴉片戰爭以降，西方勢力進入中國，使清代社會的民族情勢與文化認同更形複雜。西方文化傳入中國之初，人們對于"西方"的認識建構在中國本有的華夷思想上，并以華夷架構界定中國與西方文明的關系。另一方面，近現代西方的"民族國家 nation"概念，隨著西學崛起而在中國社會蔚然風行，帶動既有華夷觀的變遷。新興的民族國家概念不僅顛覆傳統的"天下"世界觀，也挑戰傳統"用夏變夷"的華夏文明優越意識，爲晚清社會帶來強烈衝擊，連帶影響《春秋》學"尊王攘夷"概念之詮釋。鴉片戰後至甲午戰爭之數十年間，傳統華夷架構逐漸開始鬆動，而《春秋》學"尊王攘夷"、"用夏變夷"等觀念，成爲晚清官方、士人政治與民族論述時的重要論據。晚清海防奏章中關于《春秋》"尊攘"之義的討論甚多。這使得《春秋》學華夷論述一方面既是清代滿漢問題的載體，另一方面也是中西文化論爭的前身。

有趣的是，十九世紀中後期面臨西方勢力進逼時，中國社會對于"尊攘"、"用夏變夷"觀念之熱衷，并非東亞儒學文化圈中的唯一現象。同一時期的日本幕末政局，也出現大量關于"尊王攘夷"觀念之討論。[①]這意味晚清《春秋》學尊攘論述對近代中國與日本民族意識、與近現代東亞地區國際關系的形成有不可磨滅的重要性。就中國社會而言，鴉片戰後至甲午戰前華夷觀的鬆動與轉型，表現在"西洋"稱謂的變化與"師夷"思想崛起兩方面：

（一）甲午戰前西洋定位之變化：由"夷狄"而"西洋"

鴉片戰後十餘年間，清廷以"夷務"定位與西洋各國之間的外交事務，將中西交涉議題置于傳統的華夷架構之下。然而英方意識到"夷狄"稱謂暗示著對文明優劣的評述，因而對此進行抗爭。鴉片戰後，英國船主胡夏米寫信給蘇松太道，明確表達對"夷狄"之稱的不滿：

> 蘇東坡曰："夷狄不可以中國之法治也，譬若禽獸然。"由此觀之，稱夷狄者，蠻貊而已矣。倘以大英國人爲夷狄，正是凌侮本國的體面，觸犯民人、結怨成仇。[②]

在英方的威脅與抗議下，以"夷狄"定位"西洋"的傳統華夷架構受到挑戰。另一方面，在戰敗刺激下，以"夷狄蠻貊"定位西洋的觀點逐漸鬆動，士人開始重新思索"華夷"之間的文明位階。部分士人開始重新評價西洋，思索"夷狄"稱謂的合宜性。如魏源即認爲以"夷狄"稱英人，是"株守一隅，自畫封域，而不知墻外之有天，舟外之有地者，適如井蛙蝸國之識見，自小自菲而已。"[③]魏氏不僅強調文化交流之必要，也開始反思華

---

① 關于日本幕末時期尊攘論之發展及其政治與社會意義，高橋秀直曾進行一系列之相關研究。見高橋秀直：《尊攘論の時代》，《京都大學文學部研究紀要》2005 年第 44 期，，第 39—207 頁；高橋秀直：《文久二年の政治過程（上）：開国論から尊攘論へ》，《京都大學文學部研究紀要》2004 年第 42 期，第 29—125 頁；高橋秀直：《文久二年の政治過程（下）：開国論から尊攘論へ》，京都大學文學部研究紀要》2003 年第 43 期，第 1—193 頁。除高橋秀直外，西澤直子亦曾針對長州藩之尊攘派進行研究，見西澤直子：《長州藩尊攘派の形成及び抬頭に關する一考察》，《史学》，1998 年第 57 卷第 4 期，第 659—675 頁。
② 許地山：《達衷集》，臺北，文海出版社 1974 年版，第 52 頁。
③ 魏源：《海國圖志·西洋人瑪吉士地理備考叙》，《魏源全集》，岳麓書社 2004 年版，第 1866 頁。

夷之間的文明地位關系,于《海國圖志·西洋人瑪吉士地理備考叙》直指西洋既皆教化之國,"尚可稱之曰夷狄乎?"①

鴉片戰後,士人的華夷觀念雖已鬆動,然而在咸豐年間"總理各國事務衙門"成立前,清廷基本上仍傾向于將英人定位爲夷狄。不僅以"夷務"作爲處理與西洋外交、商貿事務的通稱,詔諭中亦以"夷"稱英人:

> (咸豐九年)五月……辛卯,桂良、花沙納奏英酋于本月十三日起碇入京,桂良等即日馳驛迴京。……丙申,僧格林沁奏英船鳴炮闖入大沽,我軍開炮轟擊,擊沈多船,并有步隊上岸搦戰,我軍徑前奮擊,擊斃數百名,其兵頭赫姓并被炮傷。我軍亦傷亡提督史榮椿、副將龍汝元等。夷船即時出口。得旨:"將弁齊心協力,异常奮勇,先獎賞銀五千兩,并查明保奏。"戊戌,詔夷人雖經懲創,仍宜設法撫馭,即派恒福專辦撫局,僧格林沁仍辦防務。②

英法聯軍期間,清廷不僅以"夷船"、"英酋"、"夷人"等詞彙指稱英方,并于咸豐九年五月戊戌日的詔諭指出"夷人雖經懲創,仍宜設法撫馭,即派恒福專辦撫局",意圖以"懷柔遠人"的姿態"設法撫馭",顯然仍以華夷架構對應國際關系。"專辦撫局"以"設法撫馭"的柔服政策,與清初官方校修之《日講春秋解義》"惇信明義"以"柔服遠人"的"馭戎"心態遥相呼應:"王者之師,有征無戰。書敗不書戰,以茅戎不得與天子抗也。柔服遠人,惟在惇信明義。而設詐相邀,是失其所以馭戎之禮。"③在華夷架構下,對于違法到非通商口岸之地傳教的歐人,清廷往往以"匪類"、"夷"視之。1857年,熱河朝陽縣境内傳教士聚衆宣教,咸豐帝即下諭:"朝陽縣界并非各夷通商之地,豈容建立天主堂!聚集多人,致滋流弊。"④

儘管直至咸豐九年(1859)官方仍傾向以"夷狄"評價西洋,但在英法聯軍的軍事威逼下,清廷不得不被動揚弃原本的"夷務"之稱,于咸豐十年(1860)十二月成立"總理各國事務衙門"。"總理各國事務衙門"的成立,正式宣告明代以來中國天朝體系的崩解,爲中國内外的政治與外交環境帶來微妙的變化。"天朝"是結合文明中心與政治中心的概念,天朝體系的崩潰,推動中國傳統世界觀的變遷。知識分子看待世界的角度,逐漸從傳統的"天下"觀轉而爲外交上彼此平等的"萬國",原本附著在天朝體系之下的華夷思想面臨嚴峻的挑戰,進而鬆動、轉型。清官方對英、法等國的稱謂,也由"夷狄"轉向"西洋",以"西人"、"洋人"取代"夷人"之稱。如同治二年(1863)上海廣方言館,時任江蘇巡撫的李鴻章奏言:"惟洋人總匯地,以上海、廣東兩口爲最。擬仿照同文館例,于上海添設外國語言文字學館,選近郡年十四歲以下資禀穎悟、根器端静之文童,聘西人教習……三五年後,有此一種讀書明理之人,精通番語,凡通商、督、撫衙署及海關監督,應設翻譯官承

---

① 魏源:《海國圖志·西洋人瑪吉士地理備考叙》,第1866頁。
② 《新校本清史稿·文宗本紀》,中華書局1998年版,第754頁。
③ 《日講春秋解義》卷三十一,第425頁。
④ 《籌辦夷務始末·咸豐朝·廷寄》,中華書局1979年版,第二册第591頁。

辦洋務者，即于館中遴選派充。"①又如同治九年（1870）天津教案發生時，同治帝命曾國藩、毛昶熙查辦，并"命丁日昌赴天津幫辦洋務"。②"洋務"一詞全面取代既有的"夷務"，在外交詞彙置換的背後，反映清官方處理西洋外交事務的心態轉變。具有文明高低意味的"華夷"架構與"天朝"世界觀已然崩解，開啓清廷與"萬國"對等的局面。

傳統《春秋》學的華夷論述有著"用夏變夷"（華夏文明優越論）的思想預設，此一思想附著于明代至清中葉的天朝體制下，成爲鞏固中國在東亞文明圈中天朝地位的重要文化力量。傳統的"天朝"概念兼具文明中心與政治中心的雙重意涵，對清代東亞儒學文化圈諸國而言，中國既是政治、外交上的"天朝"，也是文化上的"上國"。③鴉片戰爭前後，清廷亦以"夷務"一詞定義清廷與西方的外交、商貿往來。"夷務"鑲嵌于傳統華夷架構中，隱含對文明高低的評價意味，爲中國與西方各國間的文化與外交關係勾勒出大致的輪廓。咸豐十年總理各國事務衙門的成立顛覆了此一局面，帶來天朝體制的崩解。這不僅意味中國在國際政治地位上的失落，也爲東亞社會的世界觀帶來前所未有的衝擊，牽動日本、朝鮮等國華夷論述的變化及民族觀、文明觀的發展，④進一步成爲東亞地區民族文化認同轉型的動力。在"華夷"同時具有文化論述與民族論述兩種意涵的情況下，晚清外交與社會情勢的鉅變帶動晚清官方與士人對"夷狄"稱謂與"西洋"文化定位的再思索，以及對自身文明價值的自我反省。

（二）甲午戰前官方與士人對西學的接受：從"用夏變夷"到"師夷長技"

從"夷務"至"總理各國事務"、從"夷狄"到"西洋"，清廷外交詞彙的變化反映官方華夷觀的鬆動。另一方面，道光、咸豐以來魏源所提出"師夷"論述，其初衷雖在于使"西洋之長技，盡成中國之長技"，⑤却也爲數千年來《春秋》學華夷論述的基本預設——"用夏變夷"的華夏文明優越論帶來空前的挑戰。

道光二十四年（1844）魏源《海國圖志》的刊行，爲晚清思想界帶來極大震撼。"師夷長技以制夷"與"嚴華夷之大防"兩種對治西方文明的文化主張，在思想界不斷交鋒。支持"師夷"論者，如徐繼畬《瀛環志略》强調西洋之富强足以取法，招致部分士人以"嚴內外之別"嚴加批判。如張穆《復徐松龕中丞書》即認爲徐氏不應揚西抑中："《春秋》之例，最嚴內外之詞，執事以控馭華夷大臣而談海外异聞，不妨以彼國信史，姑作共和存疑之論。進退抑揚之際，尤宜慎權語助，以示區別。"⑥除張穆以傳統《春秋》學華夷論之"嚴內外"觀點對徐繼畬《瀛環志略》加以批評外，李慈銘亦痛斥徐氏之主張"傷

---

① 《新校本清史稿·選舉志》卷一〇七，第3122—3123頁。
② 《新校本清史稿·穆宗本紀》卷二十二，第833頁。
③ 蕭敏如：《從"滿漢"到"中西"：1644~1861清代〈春秋〉學華夷觀研究》，第194頁。
④ 高橋秀直指出，文久二年（1862）是日本輿論從攘夷論轉向開國論的關鍵。見高橋秀直：《文久二年の政治過程（上）：開国論から尊攘論へ》，《京都大學文學部研究紀要》2003年42期，第32頁。日本主流輿論在外交態度上的轉變，一方面固與幕末亂局攸關，然另一方面，或許也受到1860年底中國成立"總理衙門"衝擊傳統華夷觀所帶來的影響，致使原有的"攘夷"論述受到極大挑戰。
⑤ 魏源：《魏源集·道光洋艘征撫記上》，中華書局1983年版，第186頁。
⑥ 張穆：《月齋文集》卷三，《續修四庫全書》，上海古籍出版社2002年版，集部第1532冊第269頁。

國體":"于英吉利,尤稱其雄富强大,謂其版宇,直接前後藏,似一意爲泰西聲勢者,輕重失倫,尤傷國體。"①

儘管部分士人固守傳統華夷架構以抨擊"師夷"論述,但魏源"師夷長技"的觀點終究在晚清社會激起漣漪,對西學抱持開放態度的士人紛紛響應。陳澧推許魏源《海國圖志》,不僅"讀之三嘆",并認爲"魏君可謂有志之士矣!非毅然以振國威、安邊境爲己任,何其編録之周詳、議論之激切如此哉!"②姚瑩亦以魏源《海國圖志》之作"先得我心",③"今魏默深有《海國圖志》之作,余可輟業矣"。④"師夷"觀念在晚清社會逐漸發酵,同時也影響清廷對治朝鮮等宗藩國的態度,由保守轉向開放。光緒四年(1878),負責朝鮮事務的北洋大臣李鴻章即以"以毒攻毒、以敵制敵"爲由,力勸朝鮮領事府李裕元開放與泰西各國通商、立約,藉以牽制日本:"爲今之計,似宜以毒攻毒,以敵制敵之策,乘機次第亦與泰西各國立約,藉以牽制日本。"⑤

"師夷"風潮的崛起與傳統華夷架構的鬆動,牽動甲午戰前《春秋》學華夷詮釋的變化。傳統《春秋》學"用夏變夷"的觀點受到挑戰,逐漸轉向認同"師夷長技",而士人也對清中期的學術風氣提出檢討,帶動經學風氣的轉型。⑥隨著晚清社會"師夷"思想的擴散,學術界逐漸浮現迴溯經典的現象,藉詮釋《春秋》學中的華夷問題,探討中國與西方在政治、外交與文化上的關係。甲午戰前經學風氣的轉變,導源于士人在面對瞬息萬變的中西情勢時企圖向經典文本尋求解釋,藉由經典文本重建自身文化價值,整體學界的經學詮釋取向也由清中葉著重訓詁音聲的考據之學逐漸轉向"經世"層次,并結合當時的社會、文化議題。甲午戰前多部重要《春秋》學論著的出現,以及其中對外交議題、中西文化地位的評論,都使此一時期《春秋》學華夷詮釋的探討更具意義。

甲午戰前同、光之際的《春秋》學華夷論述,衍生于晚清特殊的時空背景與歷史脉絡,形成獨有的經學詮釋型態。它不僅是學術上的經義探討,同時也具有深刻的政治與社會意涵。甲午戰前的《春秋》學一方面强化"嚴内外"之説,强調華夷界分、鞏固天子之尊的必要性;另一方面,傳統"華夷"架構的鬆動與"中外(中西)"架構的崛起,也反映在他們的華夷論述中,因而使此時期的《春秋》學華夷詮釋呈顯新舊并陳的過渡樣態,廖平(1852—1932)的《何氏公羊解詁三十論》即是典型。《何氏公羊解詁三十論》刊行于光緒十二年(1886),其中《翻譯論》即由人、地名稱之翻譯用語,申論《春秋》"别中外"

---

① 李慈銘:《越縵堂日記》,廣陵書社2004年版,第319頁,"咸豐丙辰一月二十八日"條。
② 陳澧:《東塾集》卷二,文海出版社1970年版,第131—132頁,《讀海國圖志後呈張南山先生》,陳澧致書張維屏:"前者見示魏氏《海國圖志》,讀之三嘆,曰:魏君可謂有志之士矣!非毅然以振國威、安邊境爲己任,何其編録之周詳、議論之激切如此哉!"
③ 姚瑩:《康輶紀行》,新興書局1988年版,第3393頁:"友人邵陽魏默深,得林尚書所譯《西洋四洲志》及各家圖説,復以歷代史傳,及夷地諸書考證之,編爲《海國圖志》六十卷,可謂先得我心。"
④ 姚瑩:《康輶紀行》卷五,第3396頁。
⑤ 吴晗:《朝鮮李朝實録中的中國史料》,中華書局1980年版,第5249頁。
⑥ 如魏源于《武進李申耆先生傳》中指出,乾隆中葉以來漢學獨盛的學術風氣"錮天下聰明智慧,使盡出于無用之一途":"自乾隆中葉後,海内士大夫興漢學,而大江南北尤盛。蘇州惠氏、江氏、常州臧氏、孫氏、嘉定錢氏、金壇段氏、高郵王氏、徽州戴氏、程氏,争治訓詁音聲、爪剖釐析,視國初昆山、常熟二顧及四明黄南雷、萬季野、全謝山諸公,即皆擯爲史學非經學,或謂宋學非漢學,錮天下聰明智慧,使盡出于無用之一途。"見魏源:《魏源集》,中華書局1981年版,第358—359頁。

之義：

> 《春秋》有翻譯之例，所以別中外，更所以存王法。傳曰："地物從中國邑，人名從主人。"《穀梁傳》："孔子曰：'號從中國，名從主人。'"聖言大例，二傳所同也。今中國翻譯外國之文，凡其官名多以中官形況之，或竟同中國官名；地形、衣服、山川、禽獸、草木之比，多從中國辭言之，而後人乃解。使從夷狄辭，則不能解。至于其國之地名、人名，已有定名者，彼稱何名，我稱何名。我不能以中國之名，易彼之名。蓋彼已有定名，人皆以是稱之，從之則能解，異之則彼與我皆失所解。此即《春秋》之例，所謂"號從中國，名從主人"者也。而其翻譯之用猶不止此，其大用足以抑夷狄而尊中國。如吳楚之君號稱王，從其則當稱王，《春秋》則以中國之號號之。若以為吳楚之稱王者，如中國之稱子耳。其大夫稱公，則號之曰大夫；稱王子，則號之曰公子。以為此方言之异同，而非僭妄之大號，此號從中國之用也。而凡中國之人皆一人一名，即使异名，必從一稱之。而獨于楚則不然。既言公子圍，又言楚子虔；既言公子弃疾，又言楚子居。此即所謂名從主人，彼有定稱，吾因而稱之，此人名從主人之例也。又如大鹵賁泉善稻之地，此有地形可正，亦如物則從中國言之，而于州來鍾離陘攜李之等，則從定名言之，則又地名從主人也。何氏于此例少所發明，今逐條為之說，而觕發其端于此焉。①

廖平"翻譯論"指出，《春秋》中的翻譯義例具有"存王法"的政治功能與強化自身文明認同的"別中外"意味。在藉翻譯探討晚清國際關係時，廖氏時而以"中外"架構理解晚清的國際關係（如"今中國翻譯外國之文"一段，揚棄"夷狄"之稱，而用"外國"一詞），時而又以"華夷"架構評論（如文中"翻譯之用，猶不止此，其大用足以抑夷狄而尊中國"的論述），基本上仍透露出傳統華夷思想的餘影。然而廖氏以"中外"取代"華夷"，已逐漸打破傳統《春秋》學的詮釋視角。此種新舊雜糅的詮釋觀點，反映出甲午戰前晚清社會逐漸質變的華夷意識。②"師夷長技"思想的崛起與傳統"用夏變夷"思想的鬆動，牽動此一時期"華夷"思想向"中外"、"中西"觀念的過渡。"用夏變夷"思想在此一基礎上漸由"師夷長技"演變至"中體西用"論述，進一步打破既有的、具有文化高低位階意味的"華夷"架構，轉而以相對平等的"中西"架構觀看西方文明。這些思索的背後，體現晚清社會在西學影響下對自身文明價值的反省。

三、甲午戰後春秋學華夷論述之轉變

鴉片戰爭至甲午戰爭前後，是晚清《春秋》學華夷詮釋觀點分歧最大、社會上華夷意識變動最劇烈的時刻。鴉片戰爭固然開啟晚清社會華夷意識鬆動的契機，然而華夷意

---

① 廖平：《何氏公羊解詁三十論·續十論·翻譯論》，《續修四庫全書》，上海古籍出版社2002年版，經部第131冊第361頁。
② 廖平：《何氏公羊解詁三十論·續十論·翻譯論》，第361頁。

識在甲午戰争前後再次發生劇變，并徹底顛覆東亞地區的國際政治與文明秩序。甲午戰争對于中、日兩國近現代民族主義的形成影響甚鉅。甲午戰後隔年（1895），洋務派張之洞發表《勸學篇》，吸取西洋文明以推動中國社會的現代化。[1]其中，"中體西用"論述的提出，是近現代中國民族認同與文化想像由"華夷"轉向"中西"變化的關鍵。此一時期"民族"相關的習用詞彙由"華夷"轉而爲"中西"，其意義并不僅是習慣用語的置換，更意味文化思想内涵的挪移，因而晚清《春秋》學中的華夷詮釋便成爲研究近現代民族意識發展軌迹的重要文本。

  Douglas Howland 指出，甲午戰争（日清戰争）是一場有關于"文明化"的戰争。[2]甲午戰前，儘管天朝體系已逐漸崩潰，但多數士人心中仍懷抱著對"天朝"舊日榮景的追念。道、咸年間，陳澧在面對歐人軍事威逼、不得不主張"師夷長技"以尋求制夷之法時，仍要提及"乾隆中，天威遠播"的昔日盛況。[3]傳統"天朝"世界觀在晚清社會餘波猶存，致使部分士人（如皮錫瑞）仍以華夷思想爲基構，評論中外關系。然而光緒二十年（1894）甲午戰後日本西化的成功，使傳統華夷觀受到空前衝擊。檜山幸夫認爲，甲午戰争不僅是一場改變東亞地區國際秩序的戰役，同時也是中日五十年戰争的開端。[4]甲午戰前，中、日兩國對《春秋》學"尊王攘夷"概念的解讀已出現截然不同的走向，并直接影響兩國對于西方文明的接受。此一時期，儘管中國社會的華夷觀已開始鬆動，但主流輿論并未真正揚弃《春秋》學中的"尊王攘夷"觀點。與此同時，日本在明治初期已對傳統《春秋》學中的"尊王攘夷"概念進行析離與取舍。藤田昌志指出，明治二年（1869）"尊皇攘夷"與"鎖國"論仍是士論清議之主流，然而明治五年（1872）主流輿論已抛却既有的"攘夷"觀點，轉而強化"尊王"論述，提倡"開國"以擁抱西方文明，開啓晚清中、日兩國尊攘論的分流。[5]甲午戰後日本明治維新的成功，致使"用夏變夷"的華夏文明優越論被徹底顛覆，并影響晚清《春秋》學中的華夷論述。

  經學思想既反映、又推動著十九世紀末東亞中、日兩國文化觀念的變遷。甲午戰前對《春秋》"尊王攘夷"論的不同解讀，影響兩國的現代化進程。而晚清西學東漸與新舊文化交替的社會情境，也爲經學詮釋傳統帶來前所未有的裂變——一方面延續舊有經學詮釋傳統，另一方面亦雜糅西方文明影響下的新思想觀念與中西情勢以解經，爲經學詮釋帶來嶄新樣貌，展現出複雜絢麗的詮釋型態。戰後，皮錫瑞（1850—1908）《師伏堂春秋講義》、康有爲（1858—1927）的《春秋董氏學》，紛紛藉詮釋《春秋》學中的"華夷"觀念評述中西文化與中外交涉。作爲經學概念的"尊王攘夷"，也成爲社會新興的民族主義思潮的載體，在詮釋過程中不斷被建構與深化，成爲民族國家思想與傳統華夷論述交

---

[1] 崔淑芬：《福沢諭吉の〈学問のすすめ〉と張之洞の〈勧学篇〉》，《筑紫女学園大学紀要》2002 年第 14 期，第 150 頁。
[2] Douglas Howland, "Japan's Civilized War: International Law as Diplomacy in the Sino-Japanese War（1894—1895）", *Journal of the History of International Law*, 9（2007）, pp.179—201.
[3] 陳澧《東塾集》卷二，第 132 頁，《讀海國圖志後呈張南山先生》："俄羅斯本非朝貢之國。乾隆中，天威遠播，令其縛獻阿睦爾撒納。"
[4] 檜山幸夫：《東亞近代史中的中日甲午戰争》，《日本研究》2007 年第 3 期，第 22—26 頁。
[5] 藤田昌志：《明治時代について—（東）アジアの關系を視野に入れて—Ⅰ》，《三重大学国際交流センター紀要》，2013 年第 8 期，第 1 頁、第 4 頁。

會的場域。

就晚清華夷觀與民族意識的發展而言，光緒二十年（1894）的甲午戰爭實爲重要轉捩點。甲午戰敗映襯出日本西化的成功，爲中國傳統的華夷觀帶來前所未有的衝擊，"用夏變夷"的華夏文明優越論受創尤深。在戰敗刺激下，戰前堅持"攘夷"論的學者開始思索"西化"的可能性，揚棄數千年來《春秋》學根深蒂固的"用夏變夷"論，并以"中西"概念取代傳統的華夷思想。甲午戰後的晚清《春秋》公羊學者如康有爲、皮錫瑞等人，其《春秋》學著作皆透過對"華夷"概念的詮釋作爲引介西學、推動變法的論據。華夷詮釋儼然成爲中西文化議題的載體，與晚清社會上的維新運動與變法思潮相互牽動。以下將分別爬梳康有爲《春秋董氏學》與皮錫瑞《師伏堂春秋講義》中的華夷論述，析述甲午戰爭對晚清社會華夷觀轉型的影響，及清季學術思潮與政治活動的背後所隱藏的文化與社會意涵：

（一）維新士人與康有爲《春秋董氏學》中的華夷論述

甲午戰後，西化風潮襲捲晚清社會，不僅導致傳統《春秋》學"用夏變夷"思想的徹底沒落，也使華夷論述再次出現變化。知識分子擁抱西學、推動革新，意圖透過學術影響清末政局。光緒年間力主變法維新的士人，一方面主張"師夷"與"中體西用"之說，另一方面也出現重新詮釋《春秋》、在經典中尋繹論據以論證變法之必要性的解經現象。

康有爲《春秋董氏學》撰于光緒二十年（1894）甲午戰事之際。[①]書中，康氏企圖透過對董仲舒《春秋》學的詮釋，論證自身師法西洋以變法維新的政治觀點。康氏及萬木草堂弟子徐勤于《春秋董氏學》中，反復引述董仲舒《春秋繁露·竹林篇》"《春秋》之常辭也，不予夷狄而予中國，爲禮。至邲之戰，偏然反之。何也？曰：《春秋》無通辭，從變而移。今晉變而爲夷狄，楚變而爲君子，故移其辭以從其事"[②]之語，闡述"華夷"邊界在于"禮"，將華夷論述轉化爲文明論述，進一步論述"華夷可變"——以"晉變而爲夷狄，楚變而爲君子"證成"夷"亦有變爲"華"的可能，藉此擺脫固有華夷論述中隱涉的地域、血緣色彩。

康有爲將"華夷"關系定位爲文明位階，二者間的界域并非固不可變。此種說法爲晚清社會開啓一扇接受西學的窗口，將西學的引進合理化，并變相將《春秋》學中的華夷論述轉而爲肯定"師夷"說的論據。《春秋董氏學·親德親親》條引述《春秋繁露》：

> 《春秋》常辭，夷狄不得與中國爲禮。至邲之戰，夷狄反道，中國不得與夷狄爲禮，避楚莊也。邢、衛、魯之同姓也。狄人滅之，《春秋》爲諱，避齊桓也。當其如此也。唯德是親。[③]

[①] 此書刊行于光緒二十三年（1897）。見康有爲：《春秋董氏學》，臺灣商務印書館 2011 年版，據光緒二十三年（1897）上海大同譯書局所刊《萬木草堂叢書》本影印重刊，第 2 頁。
[②] 如康有爲：《春秋董氏學》卷二，第 9—10 頁。又如卷六下，第 44 頁。
[③] 康有爲：《春秋董氏學》卷一，第 13 頁。

康有爲引述《春秋繁露》中"華夷可變"的觀點,藉以重新梳理傳統華夷秩序。康氏認爲,若"夷狄反道"則"中國不得與夷狄爲禮",強調中國與夷狄之間應"唯德是親",不應固守傳統的華夷界域。"華夷可變"的論述,與康氏自身接納西學、推動改制維新的政治理想相互呼應,此一政治意圖也是康有爲經學詮釋的前提。在此一前提下,康氏對傳統《春秋》學強調"攘夷"的詮釋路向提出批判,認爲它限制了儒學與華夏文明的推展。《春秋董氏學》卷六,《夷狄》條:

> 《春秋》無通辭之義,《公》、《穀》二傳,未有明文,惟董子發明之。後儒孫明復、胡安國之流,不知此義,以爲《春秋》之旨,最嚴華夷之限,于是尊己則曰"神明之俗",薄人則曰"禽獸之類"。苗猺狪獞之民,則外視之邊鄙,遼遠之地,則忍而割弃之。嗚呼!背《春秋》之義,以自隘其道。孔教之不廣,生民之塗炭,豈非諸儒之罪!即若無董子,則華夏之限,終莫能破。大同之治,終末由至也。①

《春秋董氏學》卷六所收,多爲康有爲弟子徐勤所記,但經康氏授意收入書中,基本上也是康氏思想的反映。上述引文中,《春秋董氏學》批判宋代《春秋》學孫復、胡安國等人以"攘夷"爲中心的詮釋路向,認爲孫、胡二人將《春秋》核心思想指向"嚴華夷之限"是"自隘其道"之舉,終將使"孔教不廣"、"生民塗炭"。此段文字也呼應了清代學術史中漢、宋之爭的議題,批判宋代《春秋》學,而向漢代學術,尤其是西漢董仲舒《春秋繁露》復歸,希冀藉此打破"華夏之限"。

此外,康氏亦藉申述董仲舒《春秋》學,大陳改制維新與師仿泰西之論調。《春秋董氏學》,《春秋改制·改制三統》:

> 孔子作經,將爲施行,故本爲空言,猶必托之實事。若三統之制,更爲周遠。如建子爲正月,白統,尚白,則朝服、首服、輿旗皆白。今泰西各國從之;建丑爲正月,俄羅斯、日本從之;明堂之制,三十六牖、七十二户,高嚴圓侈,或橢圓、或衡、或方。上圓下方,則爲泰西宮室之制;衣長後袵,則泰西律師服之,即以日分或中半、或平明、或鷄鳴,今泰西以日午爲日分,亦在範圍之中,不獨建寅之時,行之二千年也。……國朝天青袿,亦是尚黑,蓋亦《春秋》制也。樂親《韶》、《舞》,則孔子最尊堯舜,所謂"盡善盡美"。後世雖有作者,虞帝其不可及,爲其揖讓而官天下也。此則三統之後,猶爲折衷者,惜其詳説不可見,而今即其略説,已見聖人之範圍,無外由三統推之,四復、五復、九復,窮變通久,至萬千統可也。②

《春秋董氏學》強調《春秋》具有"孔子作經,將爲施行"的經世性格,并以"三統"爲核心,選擇性地詮釋與西方各國制度相合之處。康氏甚至認爲,泰西宮室之制皆不出《春

---

① 康有爲:《春秋董氏學》卷六下,第44—45頁。
② 康有爲:《春秋董氏學》卷五,第11頁。

秋》之"預制",皆可由《春秋》三統説推衍而來,據此主張《春秋》具有"窮變通久"的價值。《春秋董氏學·宮室》"制交宮,明堂内方外衡,其屋習而衡"條:

> 此郊宮明堂之三統也。今之宮室方衡卑污,遵用夏統。蓋禹卑宮室,孔子美之,以古者徭役皆用民力,非若後世顧役,故築三臺、築南門,皆譏不恤下,故貴卑衡也。若皆出顧役,則雖崇高,何傷?觀高嚴員侈倚靡員橢之形,三十六牖、七十二户之制泰西宮室,孔子早爲之預制,寄之三統,以待後世顧役之時用。孔子之神智,至仁極矣!①

儘管康有爲將西洋制度附會上孔子《春秋》"三統"説,强調作爲儒學經典的《春秋》,其思想精神具有時間與空間上的普遍性與恒常性。然而無論從學術的或政治的角度來看,這種以泰西制度比附《春秋》的詮釋路向都具有援西入中的"格義"取向——表面上雖以傳統經學詮釋爲主體,但仔細爬梳其内容,却可發現其真正意圖在于藉解經以引入西方思想觀念與政治制度。小林寬甚至認爲,康有爲于解經時極重視"變化"之概念,係受近代西方進化論的影響。其對"三統三世"、"小康大同"之詮釋,更是將進化論的概念融入其經學詮釋中。②

據康有爲《我史》(即《康南海自編年譜》)"光緒二十年(1894)六月"條所述:"桂林山水極佳,山居舟行,著《春秋董氏學》及《孔子改制考》",③則《春秋董氏學》與《孔子改制考》皆發想、撰述于甲午戰争前後,二書反映出其藉評述董仲舒《春秋繁露》與孔子素王改制以推動改制維新的企圖。康氏選擇《春秋》爲其政治改革的論據,于《春秋董氏學》大陳改制之説,更結合政治社會情勢,藉解經直接評議制度之施設。在此一撰述背景下,《春秋董氏學》的華夷論述并非僅是單純的文化論述。《春秋董氏學》卷四引《春秋繁露·竹林》"《春秋》曰:鄭伐許,奚惡于鄭,而夷狄之也"時,康氏進一步申述:

> 成三年何注謂之鄭者,惡鄭襄公與楚同心,數侵伐諸夏。自此之後,中國盟會無已,兵革數起,夷狄比周爲黨,故夷狄之。④

康有爲雖強調華夷可變,將華夷界域指向文明之別,然而在面對中原遭受侵伐時,明確指出侵伐諸夏而致中國盟會不已、兵革數起,并與、"夷狄比周爲黨"者,即"夷狄之"。《春秋董氏學》作于甲午日清交戰、兵燹民困之際,其撰作心態構織于晚清士人"救亡圖

---

① 康有爲:《春秋董氏學》卷四,第177頁。
② 小林寬:《康有爲における"元"の思想——西洋近代知識. 思想受容の一考察》,《倫理學》1986年第4期,第105頁。
③ 《春秋董氏學》刊行于光緒二十三年(1897),然據康有爲《我史(康南海自編年譜)》所述,此書與《孔子改制考》著于光緒二十年六月,見康有爲著、茅海建鑒注:《從甲午到戊戌——康有爲〈我史〉鑒注》,三聯書店2009年版,第53頁。
④ 康有爲:《春秋董氏學·宮室》卷三,第125—126頁。

存"的思想氛圍下。即使康氏申説"華夷可變",將華夷定位爲文明位階以引介西方制度,然而整體而言,康氏的華夷論述依舊建立在"不侵伐諸夏"的前提上,帶有鮮明的國族意識與"救亡"色彩。

除康有爲之外,在維新士人中,譚嗣同(1865—1898)也有藉重新分梳、評釋《春秋》中的華夷概念以重構世界觀與文明觀的傾向。譚嗣同《仁學》指出:"《春秋》之義,天下一家,有分土,無分民。同生地球上,本無所謂國,誰復能此疆爾界,糜軀命以保國君之私产,而國遂以無權。國無權,權奚屬?學也者,權之尾閭而歸墟也。"①藉《春秋》申説"天下一家"的世界觀。

康有爲、譚嗣同對經典的詮釋與二人的政治理念相互鑲嵌,《春秋》儼然成爲兩人宣揚變法、論述西學的引據文本。甲午戰後,儘管西學蔚然成風,《春秋》中的華夷論述仍是他們想像西方的重要媒介,因而晚清社會對中體西用、維新變法的探討,時時可見士人引據《春秋》的痕迹。維新派康、譚援引西學以評釋《春秋》,然而其經學詮釋中所論述的西方却充滿各種異化的想像,西方文明成爲康有爲自身政治理想的投射,透過想像中的"西方"建構自身的政治理想國圖像。

(二)皮錫瑞《師伏堂春秋講義》中的華夷論述

對保守派士人而言,甲午戰敗所帶來的衝擊遠較維新派士人更爲深刻。甲午戰前,多數士人仍崇慕"天朝"的舊日榮景,傳統《春秋》學的尊攘論依舊是其對治西方文明與國際情勢的思想基調。皮錫瑞《師伏堂駢文·唐書四夷傳論》"中國内,夷狄外,象分昴畢"②、"華夷異類也,邊地猶禁奸闌;戎狄野心也,來朝坐之門外"③之思想,即是典型。

甲午戰前,皮錫瑞對華夷間的界限十分堅持,戰敗後却轉而"夢與人談西法"④,其華夷心態在甲午戰争前後有極大變化,使皮錫瑞的華夷觀成爲研究甲午戰後保守派士人華夷觀與民族意識發展的範型。甲午戰後,皮錫瑞撰《師伏堂春秋講義》,書成,同鄉張紹齡爲之作序,文中即提起此書撰作動機出于對清季政治改革的思索。《師伏堂春秋講義》序:

> 清興二百七十年,國家務變制度,參中外諸法,崇善革惡,政治惟乂。⑤

如張紹齡所言,對清季政治的思索、對"國家務變制度"的變法思維,正是皮錫瑞《師伏堂春秋講義》的解經基調,因而其詮釋帶有鮮明的政治取向,并洋溢强烈的國族文化危機感。

晚清今文學派的《春秋》學詮釋,往往具有藉經議政的經世色彩。除康有爲《春秋

---

① 譚嗣同:《仁學》,臺灣學生書局1998年版,第81頁。
② 皮錫瑞:《師伏堂駢文》,《續修四庫全書》,集部第1567册第20頁。
③ 皮錫瑞:《師伏堂駢文》卷三,第22頁。
④ 皮錫瑞:《師伏堂日記》,北京圖書館出版社2009年版,據湖北省圖書館藏手稿本影印,第二册第464頁。
⑤ 皮錫瑞:《師伏堂春秋講義》,《續修四庫全書》,經部第148册第463頁。

董氏學》藉解經以引介西方制度、闡述自身政治理想之外，皮錫瑞《師伏堂春秋講義》也出現類似的詮釋取向。《師伏堂春秋講義》上卷：

> 漢人以爲《春秋》變周之文，從殷之質，而後儒不信，謂夫子自云從周，何得變改周法？不知此甚易解。夫子周人，平日行事必遵周制。至于作經救萬世，不妨斟酌損益。即如今人生于本朝，衣冠禮節必遵國制。至于著書傳世，俟當道與後人采擇。或以爲宜從古法，或以爲宜用西法，何嘗謂一定不可改？聖人爲萬世立法，雖非後人所敢妄擬，而自周末諸子，及國初船山、亭林、梨洲諸公，其書皆有變法之意，特讀者習而不察耳。①

皮錫瑞此段論述，藉漢人論《春秋》"變周之文，從殷之質"申述孔子"作經救萬世，不妨斟酌損益"，以審時度勢以調節的觀點，進一步提出政治上的變法主張。皮氏將《春秋》作爲政治上"變改"之經典論據，強調並無"一定不可改"之法，無論"宜從古法"、"宜用西法"，都是在議立制度時可供采擇的選項。

《師伏堂春秋講義》與晚清維新士人在政治上的變法訴求相呼應。除了以《春秋》爲晚清變法之論據外，皮錫瑞也援引周末諸子及王夫之、顧炎武、黃宗羲等人"其書皆有變法之意"，意圖爲變法思想尋求歷史依據。

1. 將"華夷"的定義指向文明野蠻之別

關于華夷定義問題，皮錫瑞于甲午戰爭前後也有極大變化。戰前，皮錫瑞以種族與地理界域嚴分華夷，強調"華夷異類也，邊地猶禁奸闌；戎狄野心也，來朝坐之門外"；②戰後，皮氏擺落戰前"嚴華夷之分"的觀點，轉而將之界定爲文明野蠻之別，使"華夷"成爲抽象的文明概念。《師伏堂春秋講義》已明顯揚棄皮氏戰前的嚴華夷論調，強調華夷之別在于文明程度：

> 謂中國夷狄之別，別于文明野蠻之程度，而不繫乎其地者，《公羊春秋》有七等進退之義。莊十年"荆敗蔡師于莘"，《傳》："荆者何？州名也。州不若國，國不若氏，氏不若人，人不若名，名不若字，字不若子。"解云：言荆不如言楚，言楚不如言潞氏甲氏，言潞氏不如言楚人，言楚人不如言介葛盧，言介葛盧不如言郯婁儀父，言郯婁儀父不如言楚子吳子。《春秋》設此七等名號以進退當時之諸侯。文明者進之，雖夷狄而比于中國；野蠻者退之，雖中國而比于夷狄。韓文公《原道》曰："孔子之作《春秋》也，諸侯用夷禮則夷之，進于中國則中國之。"此昌黎引《春秋》義之明證也。③

---

① 皮錫瑞：《師伏堂春秋講義》上卷，第5頁。
② 皮錫瑞：《師伏堂駢文》卷三，第22頁。
③ 皮錫瑞：《師伏堂春秋講義》下卷，第4頁。

皮錫瑞引述《春秋公羊傳》中"七等進退之義",并以楚爲例,論《春秋》對于諸侯之抑揚系依文明野蠻的程度而定,主張華夷爲文化概念而非種族概念,與地域與血緣無涉。他甚至批判以地域與種族論華夷的説法,强調華夷爲"文明野蠻之别",大量援引《春秋》華夷事例以强調應"亟進于文明":

> 董子曰:"《春秋》之常辭也,不予夷狄而與中國爲禮。至邲之戰,偏然反之。何也?曰:《春秋》無通辭,從變而移。今晉變而爲夷狄,楚變而爲中國,故移其辭以從其事。"據此,則《春秋》之中國夷狄,初無一定,因其文明野蠻之程度而進退之也。後世之稱夷狄,謂其地與其種族;《春秋》之夷狄,謂其政俗與其行事。故文明不可恃,當防其化爲野蠻;野蠻不必諱,當求亟進于文明。徒齗齗于種族之分,反啓爭端而阻進步。如南北分立時代,南詆北爲索虜,北詆南爲島夷,猶市井相詈,殊乖大雅。論《春秋》"張三世"之義,撥亂之世,内其國而外諸夏;升平之世,内諸夏而外夷狄;太平之世,夷狄進至于爵。天下遠近小大若一,又何地與種族之别乎?①

《師伏堂春秋講義》直指《春秋》中之華夷之别"初無一定",并無固定界分,而是"因其文明野蠻之程度而進退之"。此一説法顛覆甲午戰前皮錫瑞以"异類"及"天朝邊地"之種族、地理等具體區隔來定義華夷的觀點。戰後,皮錫瑞將"華夷"與"文明"兩個概念相互連結,以文明程度來界定華夷,援引《春秋》學中"移其辭以從其事"的華夷事例,論證《春秋》中的華夷界域"從變而移"。《師伏堂春秋講義》下卷:

> 文明野蠻之分,爲中國夷狄之别。《春秋》義本如是,至今言各國進化程度亦莫不如是也。②

皮錫瑞將中國夷狄之别定義爲文明野蠻之分,認爲這才是《春秋》别華夷之初衷。與康有爲相似的是,康、皮兩人分别都在其《春秋》學詮釋中帶入"進化"觀念。康氏以進化的觀點解釋"三統三世",而皮氏則以"進化程度"論文明野蠻之分、中國夷狄之别,兩人的《春秋》學詮釋顯然多少都有受西方進化論影響的痕迹。關于文明進化與華夷的關系,皮錫瑞于《師伏堂春秋講義》中進一步申述:

> 夫地氣之通塞轉移,本無一定,而中國夷狄之别,則又别于文明野蠻之程度,而不繫乎其地。開化有先有後,進化有遲有速。有開化先而進化遲,先盛而後衰者;有開化後而進化速,先衰而後盛者。……有志者當更求進步,以恢張前人之事業也。③

皮錫瑞以"地氣之通塞轉移,本無一定"來詮説華夷之别"不繫乎其地",并分疏"開化"、"進

---

① 皮錫瑞:《師伏堂春秋講義》下卷,第5頁。
② 皮錫瑞:《師伏堂春秋講義》下卷,第5頁。
③ 皮錫瑞:《師伏堂春秋講義》下卷,第4頁。

化"之別，論開化于先并不代表進化亦速，亦有可能"先盛而後衰"，因此期"有志者當更求進步，以恢張前人之事業"。由此段引文看來，戰後的皮錫瑞雖對重振中國地位依然有所期待，但也已承認"地氣之通塞轉移"與"進化有遲有速"的事實。

2. 淡化傳統《春秋》尊攘論中的"攘夷"色彩

甲午戰後，皮錫瑞對于西方文明的態度與戰前迥然相異，這樣的轉變反映在對"《春秋》大義"的界定上。除了將《春秋》學之華夷論述定位爲"文明野蠻之別"的文化論述、強調華夷無固定界域"從變而移"之外，對于傳統《春秋》學的"尊王攘夷"之義，《師伏堂春秋講義》亦明顯出現淡化《春秋》學既有之"攘夷"色彩的詮釋傾向。《師伏堂春秋講義》上卷：

> 《春秋》撥亂升平太平，義見于張三世：昭、定、哀爲所見之世，文、宣、成、襄爲所聞之世，隱、桓、莊、閔、僖爲所傳聞之世。于所傳聞之世，見治起于衰亂之中，用心尚蟲牺，故内其國而外諸夏，先詳内而後治外；于所聞之世，見治升平，内諸夏而外夷狄，至所見之世著治太平，夷狄進至于爵，天下遠近小大若一，用心尤深而詳。《春秋》借事明義，不必與事相合，故世愈亂，而《春秋》之文愈治。隱公非受命王也，《春秋》于此托始，即以爲受命王；哀公非太平世也，《春秋》于此終，即以爲太平世。聖人心同天地，以天下爲一家，中國爲一人，故有居九夷之心，有"學在四夷"之語。曰："居處恭，執事敬，與人忠，雖之夷狄，不可弃也；言忠信，行篤敬，雖蠻貊之邦，行矣！"據此可知聖人不薄視四夷。故《春秋》至太平世天下大同，夷狄進至于爵，後人以攘夷爲《春秋》大義，未足以盡春秋也。然當撥亂升平之世，則不可不分内外。此非聖心別异厚薄，蓋言治必由内及外，自近而遠，未有不自治而治外者。故用心先詳于内，内其國而外諸夏，内諸夏而外夷狄，以其時之程度尚未進于大同，華夷中外不得不加分別。今中國一統，無其國與諸夏之分，而論治世之先後次序，必先講求内治，而後再講外交。撥亂升平，義當如是。大同程度且徐俟之。然學者亦不可不知也。①

相較于甲午戰前其《師伏堂駢文》中"中國内，夷狄外，象分昴畢"②明確區隔華夷之別的觀點，甲午戰後的《師伏堂春秋講義》則表現出截然不同的華夷觀與文化心態。皮錫瑞《師伏堂春秋講義》中論"聖人心同天地，以天下爲一家，中國爲一人，故有居九夷之心，有'學在四夷'之語"，意圖建構"天下一家"的世界觀，以轉化固有的華夷界域。此外，皮錫瑞也引述《論語·子路》"居處恭，執事敬，與人忠，雖之夷狄，不可弃也；言忠信，行篤敬，雖蠻貊之邦，行矣"之語，將《春秋》中的華夷論述指向文明位階之別，認爲華夷之分是在撥亂升平世"言治必由内及外"之不得不然："内其國而外諸夏，内諸夏而外夷狄，以其時之程度尚未進于大同，華夷中外不得不加分別。"并更進

---

① 皮錫瑞：《師伏堂春秋講義》上卷，第 6—7 頁。
② 皮錫瑞：《師伏堂駢文》，《續修四庫全書》，集部第 1567 册第 20 頁。

一步强調"今中國一統，無其國與諸夏之分。"《師伏堂春秋講義》中，顯然已不再謹守傳統華夷觀中"嚴華夷之大防"的觀念。

至于《春秋》論夷狄"其先之略而不書"而"其後之不能不書"的情況，皮氏也有一番解釋：

> 聖人待夷狄，其先之略而不書者，所以嚴華夷之大防；其後之不能不書者，所以明中外之公理。如劉石十六國，先皆臣服于晉，後乃叛立，而倏興倏滅。《晉書》入之載記，是也。北魏、齊、周與南朝分立，本非宋齊梁陳之。周魏立國在宋前，修史者自必別爲一代。遼立國亦在宋前，宋且稱臣于金，宋之不可以統遼金，猶南朝之不可以統魏、齊、周也。準以《春秋》進退之義，必有斟酌變通。後之論正統者紛紛，皆可不必。①

皮錫瑞主張，孔子對夷狄之事之所以先略而不書，出于"嚴華夷之大防"的考量，但"其後之不能不書"，則爲求"明中外之公理"。其間之進退抑揚，皮氏認爲系出于"斟酌變通"，不應拘泥于正統之論。

關于華與夷之交涉，皮錫瑞也由向外批判夷狄侵略，而爲内化地反省中國自身。《師伏堂春秋講義》指出：

> （僖二十一年、二十二年）曰：與夷狄共中國者，必不能與夷狄争中國。盟于翟泉。……（僖三十二年）曰：避夷狄之兵，以見小國之無策；要夷狄之好，以見中國之無霸。遂城虎牢。②

對于春秋時期的"蠻夷猾夏"，傳統《春秋》學往往從"攘夷狄"的角度，向外批判異族對中國的侵略。然而《師伏堂春秋講義》采取截然不同的思考向度，以自省的姿態，轉而向内檢討中國内部政策的疏失，藉《春秋》里中國與夷狄交涉之文獻，檢討中國的内部政策與外交心態。皮錫瑞主張，"要夷狄之好"，系因中國無霸、無共主而致；"避夷狄之兵"，亦出于"小國無策"。對于春秋時期具"蠻夷"身分的楚國"勢常强于諸侯"的原因，皮錫瑞亦歸因于制度之善。③

---

① 皮錫瑞：《師伏堂春秋講義》上卷，第30—31頁。
② 皮錫瑞：《師伏堂春秋講義》上卷，第26頁。
③ 皮錫瑞：《師伏堂春秋講義》下卷，第2頁："楚以蠻夷之國，而自春秋迄戰國四五百年，其勢常强于諸侯，卒無上陵下替之漸者，其得立國之制最善者乎！楚以令尹當國執政，而自子文以後，若鬥氏、成氏、蔿氏、蓮氏、陽氏，皆公族子孫，世相授受，絕不聞以异姓爲之，可以矯齊、晉之弊。然一有罪戾，旋即誅死。子玉、子反以喪師誅，子上以避敵誅，子辛以貪欲誅，子南以多寵人誅，絕不赦宥，可以矯魯、衛、宋之弊。案：顧復初論春秋世卿之弊甚確，世卿與封建相表里，《春秋》有改制之義，大一統者欲廢封建，故後世變爲郡縣；譏世卿者欲廢世卿，故後世改爲選舉。乃封建世卿之弊去，而後世之内重外重，又不關乎世卿。如秦失于内重，漢失于外重，魏失于内重，晉失于外重，隋失内重，唐失于外重，宋失于内重。内重者，移權于戚；外重者，奪于强藩。明罷中書、廢宰相，内閣承意旨，六部奉文書，而内不重；外不設節鎮，不使武臣專兵柄，而外亦不重。盡奪内外之權，以歸于上，上又不能獨持其權，此明所以亡，而官制當亟改者也"。

由《師伏堂春秋講義》對"要夷狄之好"與"避夷狄之兵"的評述看來,皮氏的《春秋》學"攘夷"論已由向外批判異族侵略轉爲向內自我省視。《師伏堂春秋講義》對華夷關係的評述,反映晚清時期中國面對"夷狄"時的退避求全心態,以及晚清華夷地位的翻轉。此一現實情勢,也影響晚清《春秋》學華夷論述的詮釋格局。

3. 以《春秋》與《萬國公法》相比附

1864年,在總理衙門大臣文祥與美國駐華公使蒲安臣(Anson Burlingame)的推動與清廷的資助刊印下,美國長老會傳教士丁韙良(W. A. P. Martin, 1827—1916)開始進行《萬國公法(Wan-Guo-Gong-Fa, International Law)》的翻譯工作。書成之後,士人多以《春秋》理解其中的國際關係論述。如張斯桂在爲此書撰序時,即將之與《春秋》相提并論,[1]郭松燾亦以《春秋》中的國際關係來理解:"揆之西洋,以邦交爲重,蓋有《春秋》列國之風,相與創爲《萬國公法》,規條嚴謹,諸大國相互維持,其規模氣象實遠出列國紛爭之上。"[2]

皮錫瑞的《春秋》學詮釋,也受到晚清以《春秋》解讀《萬國公法》趨勢之影響。《師伏堂春秋講義》將《春秋》比擬《萬國公法》,以《春秋》中的"盟"概念對《萬國公法》中之"約盟"進行解讀,并與晚清國際關係加以比附。《師伏堂春秋講義》上卷:

> 近人謂《春秋》爲《萬國公法》,非敢以西人所著之書擬聖人也,聖經立義,無所不包。《春秋》一書,實能包有《公法》之義。如盟與戰,《公法》所最重也,今以《春秋》之義斷之,古所謂盟,今所謂約盟,有載書約,有約章。隱元年,"公及邾婁儀父盟于眛",《公羊傳》注曰:"盟者,殺生歃血詛命相誓以盟約束也。"是盟即約之證。注又曰:"凡言盟者,惡之也。爲其約誓太甚,朋黨深背之,生禍患重,胥命于蒲,善近正是也。"彼注是《春秋》書盟,惡其朋黨。證以西人之事,如俄奧普神聖同盟,實行專制,是《春秋》之所惡者。注又曰:"君大夫盟例日,惡不信也。此月者,隱推讓而立,邾婁慕義而來親信,故爲小信辭也。大信者時,柯之盟是也。"據注,是《春秋》雖惡盟,亦取其有信。證以西人之事,如維也納之盟,反諸國侵地,法亂粗定,此《春秋》之所取者。……時勢既同,則交涉應付亦同。《春秋》之義,可實行于今日。[3]

在西學漸興的晚清社會,皮錫瑞"非敢以西人所著之書擬聖人",顯然仍將《春秋》與孔子置于西學之上。在詮釋《春秋》書盟時,皮氏屢屢"證以西人之事",以晚清時期國際間的同盟關係(如:俄奧普神聖同盟、維也納之盟)對《春秋》之盟會進行類比、詮說,藉此申說"《春秋》一書,實能包有《公法》之義"。儘管《師伏堂春秋講義》對《春秋》如此揄揚,文末"《春秋》之義,可實行于今日",仍隱約透露皮氏建構經學的時代意義之

---

[1] 王爾敏:《總理衙門譯印〈萬國公法〉以吸取西方外交經驗》,《臺灣師大歷史學報》2007年第37期,第138—139頁。
[2] 王彥威、王亮輯:《清季外交史料》,書目文獻出版社1987年版,第22頁。
[3] 皮錫瑞:《師伏堂春秋講義》上卷,第7—8頁。

意圖,强調《春秋》可應世務。《師伏堂春秋講義》對宋襄公的評論,也體現出此一文化心態:

> 然《春秋》二百二十四年,用兵率尚詐謀,無一人能守仁義者,獨有一宋襄能言之。故《春秋》特加褒辭,而借以明王者行師之義,以爲後世用兵者能如宋襄之言,則戰禍少紓,民命少損矣。今外國通行《萬國公法》,本名"平戰條規",彼國仁人君子傷戰禍之亟而著爲此書。書言不妄殺掠,頗與《司馬法》合,蓋本《墨子》非攻之意。春秋時宋華元、向戌皆主弭兵,其後墨翟、宋牼亦以禁攻寢兵爲務。豈聞宋襄仁義之言而興起者乎?若以宋襄爲迂,則外國用《公法》亦迂甚矣!①

《師伏堂春秋講義》以《春秋》宋襄公用兵守仁義之事,與《萬國公法》不妄殺掠之内容相比附,藉此評議《春秋》宋襄之舉不爲迂。表面上看來,皮氏推尊《春秋》地位,但對照于甲午戰後西化論述漸爲清議主流的整體局勢,皮氏屢屢强調"聖經立義,無所不包"、"《春秋》一書,實能包有《公法》之義"、"《春秋》之義,可實行于今日"之舉,事實上隱含著對《春秋》被視爲不合時宜的憂慮,帶有强烈的文化危機感。

甲午戰前,皮錫瑞堅守華夷界域。《師伏堂詩草》"尚冀葱嶺間,同心鞏屏藩,庶使地中海,猶知天子尊"②之語,披露皮氏"嚴華夷之大防"的華夷心態,同時也顯示他對重振清廷國際聲威的期待。然而戰敗的歷史事實對其華夷思想形成强烈衝擊,不得不轉而以開放的態度面對西學。爲迴應清季的文化氛圍與社會情勢,皮錫瑞藉著對《春秋》學華夷議題的詮釋,探究"華夷"問題的本質,并爲自己的華夷思想尋繹一個經典上的論據。《師伏堂春秋講義》在評述"會盟"、"攘夷"、"内外之辨"等與華夷意識相關的經義問題時,已顯示出銜接《春秋》與西學、以《春秋》作爲變法之經典論據的意圖,具有明確的政治取向。《師伏堂春秋講義》上卷:

> 洪邁《容齋隨筆》引《傳》曰:"不有君子,其能國乎?"古之爲國,言辭抑揚,率以有人無人爲輕重。晉以詐取士會于秦,繞朝曰:"子無謂秦無人,吾謀適不用也。"……國勢視人材爲輕重,古今一定之理,而人材又視國勢爲輕重,亦古今分合之常。一統之世,其人材輕;分裂之世,其人材重。太平日久,相安無事,其用人不必賢,取能守吾法而已。雖有奇士,老死而不見用。至于世亂分裂,非得人不足以自立。智勇相角,其人稍差一籌,則優勝劣敗之勢立見。試觀三國六朝之際,人材多于漢唐。故楊雄云:"世亂,則聖哲馳騖而不足;世治,則庸夫高枕而有餘慨。"漢之時不如戰國之重士也,《春秋》時重士雖不如戰國,而强侯角立,皆以得人爲重。故春秋列國之人材,亦爲後世之所莫逮。由能破格以招之,優禮以待之之故也。今中國雖一統,而東西各國方競争與中國抗衡,其需材無异于分裂之時。欲求得士而强,亦非破格優禮不可。③

---

① 皮錫瑞:《師伏堂春秋講義》上卷,第2頁。
② 皮錫瑞:《師伏堂詩草·題漢西域圖考》,《續修四庫全書》,上海古籍出版社2002年版,集部第1567册第442頁。
③ 皮錫瑞:《師伏堂春秋講義》上卷,第24—25頁。

皮錫瑞認爲，在"東西各國方競爭與中國抗衡"的情勢下，人才爲成爲國際間勢力角力的重要資產。這種中西各國爭競的國際觀，與皮氏在戰前的華夷態度截然有別。甲午戰前，面對外國勢力之侵略，皮錫瑞的態度仍堅守傳統《春秋》學"尊王攘夷"的思考立場，批判異族對于中原的侵凌。《師伏堂駢文·寇準論》"國家運祚中衰之後，則有蠻夷猾夏之憂"[①]之論，即是此一思想之反映。然而戰後皮氏在《師伏堂春秋講義》里，已轉而以競爭相勝的角度觀看當時的國際關係。面對國際勢力對中國的威脅，皮錫瑞揚棄傳統《春秋》學"攘夷狄"的觀點，選擇由中國內部進行自我檢省，極力論述"世亂分裂，非得人不足以自立。智勇相角，其人稍差一籌，則優勝劣敗之勢立見"，強調人才在此一國際爭競之世局，具有影響戰爭優勝劣敗之勢的重要性，因而"欲求得士而強，亦非破格優禮不可"。甲午戰敗不僅影響皮錫瑞的國際觀，也影響其《春秋》學詮釋。從《師伏堂春秋講義》看來，《春秋》不僅成爲皮錫瑞評論晚清中西文化與政治衝突的重要論據，而皮氏亦有意識地藉詮釋《春秋》中的華夷議題以申述晚清之國際政治局勢與外交關係。

四、結語：《春秋》學攘夷思想與近現代中國民族意識的構建

《春秋》學"尊王攘夷"、"用夏變夷"等觀念，與近代中、日、朝三國民族意識的形成與發展密切相關，具有複雜的政治與社會文化意涵。即使近現代中國民族意識的形成與晚清"中西"概念的出現意味著對傳統華夷觀的顛覆，但它最初的發展型態仍是華夷架構的變形與演繹，致使清代《春秋》學中的華夷詮釋，不僅是單純的經學詮釋問題。在"民族"概念引介入中國社會以前，人們仍未能將當時曖昧混同的華夷、中西等觀念明確切割。因此儘管晚清華夷心態已與清初、清中葉明顯不同，但大抵而言，甲午戰前許多士人仍以"夷狄"定位西方文明，以此評述中國的國際關係。皮錫瑞《唐書四夷傳論》"始困中國以事外夷，繼借外夷以平中國，終乃夷強國弱，外盛中乾"[②]之語，即是以華夷架構評述中國之國際關係的典型事例。

在晚清西風東漸、列強進逼的國際情勢下，華夷論述逐漸出現一種由種族論述、地理或血緣論述，轉向文明論述的趨勢。這種思想趨勢反映在《春秋》學關于"尊王攘夷"、"會盟"、"內諸夏而外夷狄"等概念的詮釋里。甲午戰後，以康有爲、皮錫瑞爲主的《春秋》公羊學，都將"華夷"觀念轉化爲一種類似于文明概念的抽象指涉——"華夷"開始與實質地理和歷史上的"中國"脫勾，轉化成普遍性價值，類似于文明位階的概念，而華夷論述也成爲官方與士人探討中西情勢的載體。如：皮錫瑞《師伏堂春秋講義》中的華夷思想，即針對當時列強環伺的情勢提出迴應，透過經義詮釋申述自身對晚清政治局勢的看法及對中西文明衝突的思索，意圖將《春秋》作爲政治上變法的經學論證；又如康有爲《春秋董氏學》藉詮釋漢人《春秋》援引泰西制度，顛覆傳統華夷觀對既有文明界域的堅守，以董仲舒的《春秋》公羊學作爲其變法思想的論據。

---

① 皮錫瑞：《師伏堂駢文》卷三，第25頁。
② 皮錫瑞：《師伏堂駢文》卷三，第22頁。

甲午戰爭前後今文《春秋》學華夷論述對象的轉移與演變，體現晚清社會民族與文化思想的變化。本文即以晚清今文《春秋》學爲中心，透過對《春秋》學"華夷"詮釋傳統與"華夷"論述隱喻對象轉變之爬梳與分析，觀察晚清社會民族意識的演變，以及晚清士人在面對西學衝擊、傳統華夷思維崩解時的民族與文化認同的轉型歷程。

（作者简介：蕭敏如，國立暨南國際大學中國語文學系副教授）

The Hermeneutical Turn in Hua-Yi of *Chunqiu*(*Spring and Autumn Annals*)after Sino-Japanese War: A Case Study of Kang-Youwei and Pi-Xirui

Hsiao Min-ru

Abstract："Nationalism" was the most successful political force of the 19th century. During the end of the 19th century and the beginning of the 20th century, "nationalism" has been introduced into China. Nationalism has been on the rise quickly in the Late Qing society. The transferring of the western concept "nationalism", changed the traditional concept of " HuaYi（華夷）" of Chinese people after the first Sino-Japanese War（甲午戰爭, or 日清戰爭）. The impact of the nationalism made the social atmosphere changed, and the patriotism of the Han people has been formed. In the end of Qing dynasty, nationalism and patriotism effected modernization process of China indirectly.This article is an attempt to examine the patterns of the changing of the Chinese traditional "Hua/Yi" concept after the first Sino-Japanese War.

Keywords: Repelling Barbarians; *Chunqiu*(*Spring and Autumn Annals*); The first Sino-Japanese War; Nationalism

（本文责任编校：张宜斌、祁　麟）

劉克莊《論語講義》析論

蔣秋華

摘　要：在《論語講義》中，劉克莊主要參考了古注與朱注，對古注多所批駁，于朱注則頗爲尊崇，這與其師承及交游有密切的關聯，同時也顯示理宗朝表彰理學的措施，使朱子的學説不再遭受打壓，而講官于進講之際，得以較無顧忌地大量引用。劉克莊長于史學，故于經筵講述經義時，常大量引用歷史事件，以輔助解説。

關鍵詞：劉克莊　《論語講義》　析論

一、前言

　　劉克莊（1187—1269）字潛夫，號後村，是南宋末年的閩人，在多方面都有相當傑出的表現，人稱其"一生忠君愛國，以吏能、直聲、文名著稱于南宋史上"[①]，世人對他的研究，多集中于生平事迹與文學成就方面[②]，然而在他的文集當中，存有三種于經筵爲皇帝説解的經書講義，篇幅雖然不多，却是其著作中較爲獨特的一類，而研究者似乎較少涉及[③]。筆者曾就其《尚書》方面的講義，略作研考[④]，今再就其《論語》部分之講義，予以析論。

　　劉克莊《跋包侍郎六官辨疑》曰：

　　　　某丙午以少蓬兼説書，有旨講《尚書》。辛亥，以大蓬再兼説書，當講《論語》。

[①] 參見辛更儒：《略論劉克莊的歷史地位及其文學成就》，劉克莊著、辛更儒校注：《劉克莊集箋校》，中華書局2011年版，卷首，第6頁。

[②] 參見王述堯：《劉克莊研究綜述》，《古典文學知識》2004年第4期，第70—79頁。此文分"劉克莊的生平與和思想研究"、"後村詞研究"、"後村詩和詩論研究"、"其他"等項，對學界已有的研究，予以簡介，由其標目可知當前研究的趨向。侯體健：《國色老顏不相稱　今後村非昔後村——百年來劉克莊研究的得與失》，《長江學術》2008年第4期，第43—50頁。此文檢討前人研究劉克莊的得與失，也是以文學的角度爲主。周炫：《近百年來劉克莊散文研究述評》，《廣東農工商職業技術學院學報》2012年第1期，第72—72頁。此文對前人關于劉克莊的散文研究成果，有所介紹，由其題即知屬文學方面的考察。

[③] 金培懿：《作爲帝王教科書的〈論語〉——宋代〈論語〉經筵講義探析》，《成大中文學報》2010年第31期，第61—106頁。此文探討宋代楊時、程俱、王十朋、袁甫、劉克莊、徐元傑六人之《論語》經筵講義，當中涉及劉克莊之《論語講義》。

[④] 蔣秋華：《劉克莊〈商書講義〉析論》，《嘉大中文學報》2009年第2期，第97—120頁。

俄遷右史，進侍講，當講《周禮》。辛酉，以兵侍兼侍講，復講《周禮》。①

據此可知，他曾先後三次入侍經筵，第一次是理宗淳祐六年（1246），奉命講解《尚書》，今《文集》卷八十四中存有《商書講義》②。第二次是淳祐十一年（1251），先奉命講説《論語》，今《文集》卷八十四、八十五中存有《論語講義》；後又受命講讀《周禮》，惟不久因外調而輟講。第三次是理宗景定二年（1261），再奉命講《周禮》，今《文集》卷八十五存有《周禮講義》，乃與前次所講合編。

今日所見劉克莊之《論語講義》，始自《陽貨篇第十七》第一章，至《子張篇第十九》第二章止，其中卷八十五前《微子篇第十八》部分有缺文③，一共講述十六條（一條殘缺）；每條多就一章論説，惟有兩條因經文簡短，乃合多章論述。今所存講義并非每章皆講，其講述章目如下：

> 卷八十四：第一條（17.1）、第二條（17.4）、第三條（17.7）、第四條（17.8）、第五條（17.12、17.13、17.14）、第六條（17.17、17.18）、第七條（17.19）、第八條（17.25）、第九條（17.26）、第十條（18.1）
>
> 卷八十五：第十一條（18.4）（殘缺）、第十二條（18.9）、第十三條（18.10）、第十四條（18.11）、第十五條（19.1）、第十六條（19.2）

其中有些章節沒有撰寫講義，或許因侍講人員輪流進講，分由他人撰説。

以下就《論語講義》中所見劉克莊講説之要旨，略分幾點，試予析論。

二、《論語講義》尊用朱子《論語集注》

綜觀《論語講義》，可見劉克莊撰寫時，所引用的前人説解，有古注、朱氏、楊氏、蘇氏、李氏、張氏等諸家之説，然而進一步查覈，可知其所參考者，僅古注與朱注二種，古注爲何晏（193？—249）注、邢昺（932—1010）疏之《論語注疏》，朱注即朱熹（1130—1200）之《論語集注》，其他各家之説，皆見于朱注所引。兩種注解，劉克莊實以朱注爲尚，多贊揚其説，對古注則頗有駁斥。

《論語·微子》曰：

> 太師摯適齊，亞飯干適楚，三飯繚適蔡，四飯缺適秦，鼓方叔入于河，播鼗武入于漢，少師陽、擊磬襄入于海。

---

① 劉克莊著、辛更儒校注：《劉克莊集箋校》卷一〇九，第 4534 頁。
② 僅存《盤庚》中、下兩篇。
③ 辛更儒校曰："自題目以下，原本闕二頁，約三百七十餘字，無從補正。"見劉克莊著、辛更儒校注：《劉克莊集箋校》卷八十五，第 3686 頁。

劉克莊《論語講義》釋曰：

  臣按：注家謂：太師，樂官之長。少師，樂官之佐。亞飯至四飯，古注謂樂師、樂章，朱氏謂以樂侑食之官。……張氏謂：聖人自衛反魯，俄頃之助，功化如此。豈不信哉？①

此處所引注家"太師，樂官之長"之説，爲邢昺疏文②，朱子沿用之③。"少師，樂官之佐"，則爲朱注④。以亞飯至四飯爲樂師、樂章，乃何注引孔安國（亞，次。次飯，樂師也）、包咸（三飯、四飯，樂章名，各異師）之説⑤，朱注則謂其乃"以樂侑食之官"，稍變其説。由于朱子倚古注解説，雖有小異，但無太大差別。因此，劉克莊于此乃并列兩家之説，未予評騭。張氏之説⑥，見于朱注⑦。

《論語·陽貨》曰：

  子曰："年四十而見惡焉，其終也矣！"

劉克莊《論語講義》釋曰：

  臣按：……朱氏曰："勉人及時遷善改過也。蘇氏曰：'此亦有爲而言，不知其爲誰。'"其説有理。⑧

引朱子之説，而謂"其説有理"，顯然贊成其説。
《論語·微子》曰：

  齊人歸女樂。季桓子受之，三日不朝。孔子行。

劉克莊《論語講義》釋曰：

  ……齊不能用則行，魯受女樂而去，衛問陳則不對，費、中牟召則不往。朱子曰："雖不潔身以亂倫，亦非忘義以徇禄。"其説密矣。⑨

引朱子之説，而謂"其説密矣"，亦屬稱賞之例。

---

① 劉克莊著、辛更儒校注：《劉克莊集箋校》卷八十五，第3683—3684頁。
② 何晏注、邢昺疏：《論語注疏》卷十八，北京大學出版社2000年版，第289頁。
③ 朱熹：《論語集注》卷九，《四書章句集注》，中華書局1983年版，第186頁。
④ 朱熹：《論語集注》卷九，《四書章句集注》，第186頁。
⑤ 何晏注、邢昺疏：《論語注疏》卷十八，第289頁。
⑥ 據大槻信良所考，此張氏爲張拭。見大槻信良：《朱子四書集注典據考》，臺灣學生書局1976年版，第292頁。
⑦ 朱熹：《論語集注》卷九，《四書章句集注》，第186頁。張子曰："周衰樂廢，夫子自衛返魯，一嘗治之。其後伶人賤工識樂之正。及魯益衰，三桓僭妄，自大師以下，皆知散之四方，逾河蹈海以去亂。聖人俄頃之助，功化如此。如有用我，期月而可，豈虛語哉？"
⑧ 劉克莊著、辛更儒校注：《劉克莊集箋校》卷八十四，第3680頁。
⑨ 劉克莊著、辛更儒校注：《劉克莊集箋校》卷八十五，第3683頁。

《論語·微子》曰：

> 周公謂魯公曰："君子不施其親，不使大臣怨乎不以，故舊無大故則不弃也，無求備于一人。"

劉克莊《論語講義》釋曰：

> 臣按：……不施其親，古注云："施，易也，言不以他人之親易己之親。"其説不通。朱氏曰："施，陸氏本作弛，言遺弃也。"臣謂：不薄其所厚也。不使大臣怨乎不以，朱氏謂："大臣非其人則去之，在其位則不可不用。"臣謂：疑則勿用，用則勿疑。既使之居大臣之位矣，若榮其身而不行其道，豐其禄而不盡其材，名曰用而實未嘗用也。……李氏曰："四者皆君子事，忠厚之至也。"①

"不施其親"，所引古注以易釋施字，乃何注引孔安國之説②，劉克莊斥其不通，又引朱子據陸德明（550？—630）《經典釋文》别本作"弛"，解作遺弃③，并以"不薄其所厚也"爲之申説。"不使大臣怨乎不以"，引朱子之説，再爲之申説。末尾引李氏之説④，亦見于朱注⑤。此條駁斥古注不通，反多引朱注，爲之闡述，可見其尊崇之意。

劉克莊《論語講義》十六條中，有十條引用朱子之説，幾乎都是同意其説，或爲之闡明，不見其有何批駁之語。反之，對于古注，則多指爲不當，往往另引朱注爲説。蓋劉克莊師承真德秀（1178—1235），而真氏又屬朱子一脉，朱子女婿黄榦（1152—1221）父子與劉氏爲通家之好⑥，因而他在經筵爲重尚程、朱理學之理宗皇帝講解《論語》時，頻頻徵引朱子之説，考其淵源，實則其來有自⑦。

三、《論語講義》論爲政之道

經筵講義既是爲經筵而作，講解時，主要面對的是皇帝，主講官員往往將闡述的要旨，置放于君王施政之方針，因而借題發端，是司空見慣之事。劉克莊于《論語講義》當中，也有假藉經文而衍説爲政之道。

《論語·陽貨》曰：

> 子之武城，聞弦歌之聲。夫子莞爾而笑，曰："割鷄焉用牛刀？"子游對曰："昔

---

① 劉克莊著、辛更儒校注：《劉克莊集箋校》卷八十五，第3684頁。
② 何晏注、邢昺疏：《論語注疏》卷十八，第290頁。
③ 朱熹：《論語集注》卷九，《四書章句集注》，第187頁。朱子曰："施，陸氏本作弛，詩紙反，福本同。……弛，遺弃也。"
④ 據大槻信良所考，此李氏爲李郁。見大槻信良：《朱子四書集注典據考》，第261頁。
⑤ 朱熹：《論語集注》卷九，《四書章句集注》，第187頁。
⑥ 劉克莊與黄榦之交游，參見王宇：《劉克莊與南宋學術》，中華書局2007年版，第122—123頁。
⑦ 劉克莊對程、朱理學的接受與批判，參見王宇：《劉克莊與南宋學術》，第153—155頁。

者偃也聞諸夫子曰:'君子學道則愛人,小人學道則易使也。'"子曰:"二三子,偃之言是也,前言戲之耳!"

劉克莊《論語講義》釋曰:

> 臣于此章見周衰,爲政者稍已趨于功利,夫子厭之,故一聞絃歌之聲,莞爾而笑。按:武城之政,初無赫赫可紀,然能使絃歌之聲達于四境,氣象如此,可謂賢矣。夫子以其用大道治小邑,故有牛刀割雞之喻。子游聞聖人之言,不敢自以爲能,故有"昔者偃也聞諸夫子"之對,明其得于師授也。君子、小人雖异,皆不可以不學道。治小邑與治天下雖异,皆不可以不尚禮樂教化。君子而學道,子賤、子游是也。小人而學道,單父、武城之民是也。無計功謀利之心,則愛人矣。無犯令違教之俗,則易使矣。當時洙、泗之上所講明者如此,猶恐門人未喻,又曰:"偃之言是也。"謂治小邑當以大道,牛刀之言戲爾。冉求亦高弟,無他過,徒以爲季氏聚斂之故,至有非吾徒之語,受鳴鼓之攻。由後世觀之,偃迂儒也,求能吏也,繩以孔門論人之法,偃賢于求遠矣。自武城、單父之後,漢有卓茂、劉方,唐有元德秀,庶幾其遺風。近時南面百里者,但聞笞扑,寂無絃歌。徒知催科,烏識撫字?聖明在上,儻味孔門之言,采漢、唐之事,擇其間能學道撫字者,嘉獎尊寵之,則子賤、子游之徒出矣。[①]

此條先提出其讀本章之感想,認爲由此可見周朝的衰頹,因"爲政者稍已趨于功利",而此爲孔子(前551—前479)所厭惡者,待見弟子子游(前506—前443)治下之武城,能現弦歌之聲,遂以"牛刀割雞"之語戲之。接著再闡發經文大義,贊譽子游爲賢者,能以大道治小邑,實得自師授。劉氏進而分析治道有君子與小人之分,施治對象亦有小邑與天下之別,然而均需學道、尚禮樂教化。君子若"無計功謀利之心",則能愛護百姓;小民若"無犯令違教之俗",則易受指揮。這些都是夫子日常之教導,而子游能用于施政,故夫子是其言。其後又舉冉求爲對,謂其雖是能吏,却因只知爲季氏聚斂,致遭夫子除籍,謂弟子可鳴鼓而攻之。此爲反面之對照。劉氏再舉漢、唐之良吏,以正面人物作爲提示,并籲請理宗審視目下地方官員只知笞扑,不能以禮樂教化之失,并詳味本章之旨,仿前朝之例,選取"能學道撫字"之人,予以重用,方可獲孔門高弟之治效。

《論語講義》當中極少以時事進言,僅"子之武城"章出現一次,這與其在《商書講義》中頻以時事進言[②],大异其趣。

四、《論語講義》以史事闡發經義

劉克莊嫻熟史事,故于釋講經書時,常引用歷史事件,以助理解。如《論語·微子》

---

① 劉克莊著、辛更儒校注:《劉克莊集箋校》卷八十四,第 3675—3676 頁。
② 參見蔣秋華:《劉克莊〈商書講義〉析論》,《嘉大中文學報》2009 年第 2 期,第 112—116 頁。

"周公謂魯公"章,《論語講義》釋曰:

> 怨非忿懟之謂,猶言有遺恨耳。繞朝有吾謀適不用之語,燭之武有少不如人、今老矣之對,蹇叔有哭師之舉,三者皆非大臣,以諫不行,言不聽,未能釋然于心如此,況于任理亂安危之寄,豈可使之有不吾以之嘆哉?故舊無大故則不弃,大故如酈商于呂禄,不弃如孔子于原壤之類。①

他解釋"不使大臣怨乎不以"之"怨"字,認爲不應作爲具有怨恨之義的"忿懟",而當作有所遺憾的"遺恨"之義,亦即不要讓大臣留下不能參與朝政的遺憾。他舉春秋時繞朝②、燭之武③、蹇叔④三人爲例,謂彼等皆非大臣,只因先前所諫之言未受重視,以致心生不滿,而有抱怨的言行,若是托付國家治亂安危重任的大臣,更是不能讓他們有任何不能參政的遺憾。又釋"故舊無大故則不弃也",于"大故"一詞,舉酈商(？—前180)與呂禄(？—前180)之事⑤,于"不弃"一詞,則舉夫子與原壤之事⑥,作爲例證。

又《論語·陽貨》曰:

> 子曰:"由也,汝聞六言六蔽矣乎?"對曰:"未也。""居!吾語女。好仁不好學,其蔽也愚;好知不好學,其蔽也蕩;好信不好學,其蔽也賊;好直不好學,其蔽也絞;好勇不好學,其蔽也亂;好剛不好學,其蔽也狂。"

劉克莊《論語講義》釋曰:

> 臣謂:好仁不好學,其蔽也愚,以士言之,宰我所問,入井求仁之類是也。以

---

① 劉克莊著、辛更儒校注:《劉克莊集箋校》卷八十五,第3684頁。
② 繞朝吾謀適不用之語,見《左傳·文公十三年》:"乃使魏壽余僞以魏叛者以誘士會,執其帑于晉,使夜逸。請自歸于秦,秦伯許之。履士會之足于朝。秦伯師于河西,魏人在東。壽余曰:'請東人之能與夫二三有司言者,吾與之先。'使士會。士會辭曰:'晉人,虎狼也,若背其言,臣死,妻子爲戮,無益于君,不可悔也。'秦伯曰:'若背其言,所不歸爾帑者,有如河。'乃行。繞朝贈之以策,曰:'子無謂秦無人,吾謀適不用也。'既濟,魏人噪而還。秦人歸其帑。其處者爲劉氏。"
③ 燭之武少不如人、今老矣之對,見《左傳·僖公三十年》:"晉侯、秦伯圍鄭,以其無禮于晉,且貳于楚也。晉軍函陵,秦軍氾南。佚之狐言于鄭伯曰:'國危矣!若使燭之武見秦君,師必退。'公從之。辭曰:'臣之壯也,猶不如人。今老矣,無能爲也已。'公曰:'吾不能早用子,今急而求子,是寡人之過也。然鄭亡,子亦有不利焉。'許之,夜縋而出。"
④ 蹇叔哭師之舉,見《左傳·僖公三十年》:"杞子自鄭使告于秦曰:'鄭人使我掌其北門之管,若潛師以來,國可得也。'穆公訪諸蹇叔,蹇叔曰:'勞師以襲遠,非所聞也。師勞力竭,遠主備之,無乃不可乎?師之所爲,鄭必知之;勤而無所,必有悖心。且行千里,其誰不知?'公辭焉。召孟明、西乞、白乙,使出師于東門之外。蹇叔哭之曰:'孟子,吾見師之出,而不見其入也。'公使謂之曰:'爾何知?中壽,爾墓之木拱矣!'蹇叔之子與師,哭而送之,曰:'晉人禦師必于殽,殽有二陵焉。其南陵,夏后皋之墓也;其北陵,文王之所辟風雨也。必死是間,余收爾骨焉。'"
⑤ 《史記·樊酈滕灌列傳》曰:"商事孝惠、高后,時商病,不治。其子寄,字況,與呂禄善。及高后崩,大臣欲誅諸呂,呂禄爲將軍,軍于北軍,太尉勃不得入北軍,于是乃使人劫酈商,令其子況紿呂禄,呂禄信之,故與出游,而太尉勃乃得入據北軍,遂誅諸呂。是歲商卒,謚爲景侯。子寄代侯。天下稱酈況賣交也。"
⑥ 《孔子家語·屈節解》曰:"孔子之舊曰原壤,其母死,夫子將助之以木槨。子路曰:'由也昔者聞諸夫子,無友不如己者,過則勿憚改。夫子憚矣。姑已,若何?'孔子曰:'凡民有喪,匍匐救之,況故舊乎?非友也,吾其往。'及爲槨,原壤登木,曰:'久矣,予之不托于音也。'遂歌曰:'狸首之班然,執女手之卷然。'夫子爲之隱佯不聞以過之。子路曰:'夫子屈節而極于此,失其與矣。豈未可以已乎?'孔子曰:'吾聞之,親者不失其爲親也,故者不失其爲故也。'"

君言之，徐偃王以仁失國是也。好知不好學，其蔽也蕩，以士言之，惠施、公孫龍之徒是也。以君言之，周穆王知足以知車轍馬足之所至，而不足以知《祈昭》之詩是也。好信不好學，其蔽也賊，以士言之，尾生是也。以君言之，宋襄公不重傷、不禽二毛以至于敗是也。好直不好學，其蔽也絞，以士言之，證父攘羊是也。以君言之，自狀其好貨、好色、好世俗之樂者是也。好勇不好學，其蔽也亂，以士言之，荆軻、轟政是也。以君言之，楚靈王能問鼎而不能救乾溪之敗是也。好剛不好學，其蔽也狂，以士言之，灌夫罵座、寬饒酒狂是也。以君言之，夷吾以愎諫敗、主父偃以胡服死是也。夫曰仁、曰知、曰信、曰直、曰勇、曰剛，皆美德，上而人君，下而士君子之所當好。然不學以明其理，則各有所蔽，學所以去其蔽也。此章雖爲子路發，其義甚廣。①

對于六言六蔽，他從君王與大臣兩方面，各自舉例闡釋，大概希望透過這些熟悉的歷史人物與事件，讓皇帝容易理解經書大義。

又《論語·陽貨》曰：

子曰："唯女子與小人難養也，近之則不遜，遠之則怨。"

劉克莊《論語講義》釋曰：

臣按：此章曲盡女子與小人情態。牝雞之晨，緑衣之僭，此女子之不孫者也。《長門》之賦，《團扇》之咏，女子之怨者也。登車爭寵，割褒之恩，小人之不孫者也。旋濘不顧，受甲不戰，小人之怨者也。自古惟女子與小人，親昵之則怙寵陵分，疏外之則藏怒宿怨，然則近之既不可，遠之亦不可歟？朱氏曰："君子之于臣妾，莊以涖之，慈以畜之，則無二者之患。"盡之矣。②

此亦多舉與女子、小人相關之事典爲例，以闡釋經文。牝雞之晨，見于《尚書》③，喻婦人不應干政；緑衣之僭，見于《詩序》④，指夫人受妾譖害而失位，這些是女子不遜之例。《長門賦》，傳爲司馬相如（前179？—前127）替遭冷落之陳皇后，争取漢武帝歡心而作⑤；《團扇詩》，傳爲西漢宮人因失寵所作的怨歌⑥，這些都是女子有怨之例。登車爭寵，見于《北

---

① 劉克莊著、辛更儒校注：《劉克莊集箋校》卷八十四，第3677—3678頁。
② 劉克莊著、辛更儒校注：《劉克莊集箋校》卷八十四，第3680頁。
③ 《尚書·牧誓》："牝雞無晨，牝雞之晨，惟家之索。"
④ 《詩序》："《緑衣》，衛莊姜傷己也。妾上僭，夫人失位而作是詩也。"
⑤ 《長門賦序》云："孝武皇帝陳皇后時得幸，頗妒。別在長門宮，愁悶悲思。聞蜀郡成都司馬相如天下工爲文，奉黄金百斤爲相如、文君取酒，因于解悲愁之辭。而相如爲文以悟上，陳皇后復得親幸。"
⑥ 題班婕妤所作《怨歌行》，或稱《團扇詩》："新裂齊紈素，鮮潔如霜雪，裁爲合歡扇，團團似明月。出入君懷袖，動搖微風發。常恐秋節至，涼飆奪炎熱，弃捐篋笥中，恩情中道絶。"

史》①，指茹皓登帝輦，遭拓跋匡斥退；割袂之恩，見于《漢書》②，乃漢哀帝與董賢（前22－1）同卧，不忍喚醒而割斷己袖，這些是小人不遜之例。旋濘不顧，見于《左傳》③，爲慶鄭怨諫言未受用，當惠公馬困泥中而不願救之；受甲不戰，見于《左傳》④，是衛國軍士嫉恨懿公好鶴，敵來不願爲國而戰，這些是小人有怨之事。舉例之後，再引朱注説明對治之道。

劉克莊詳熟史事，且以此受理宗之賞視，曾受命參修史書。以此之故，他講説經義時，會大量引用歷史故事，以爲佐證，這在《論語講義》中最爲明顯，較其他二經頻繁。宋代經筵講官，除講解經典外，還有"進故事"的職責⑤。劉克莊于侍講期間，亦依例撰有《進故事》上呈⑥。

五、《論語講義》力斥揚雄媚事王莽

劉克莊在《論語講義》中，引用許多歷史人物，以助講解，其間自然呈現評騭之語，對于一般奸佞者，不假詞色，當在情理之中，然而并無大惡之漢儒揚雄（前53－18），他却利用于經筵講説《論語》時，予以嚴厲的批判。

《論語·陽貨》曰：

> 陽貨欲見孔子，孔子不見。歸孔子豚，孔子時其亡也，而往拜之，遇諸塗。謂孔子曰："來，予與爾言。"曰："懷其寶而迷其邦，可謂仁乎？"曰："不可。""好從事而亟失時，可謂知乎？"曰："不可。""日月逝矣，歲不我與。"孔子曰："諾，吾將仕矣。"

劉克莊《論語講義》釋曰：

> 臣按：陽貨名虎，《語》所謂"執國命之陪民（臣）"，《春秋》所書"竊寶玉大弓"之盗也。當欲見夫子之時，雖未有其囚季威子、劫魯公之事，夫子逆知其惡而不往見。虎知夫子之賢，而妄冀其助己，遂設鈎致之策，有歸豚之禮。夫子必時其亡而往謝之者，猶不往見之初意也。遇諸塗無所避，則不容不見矣。夫子世之宗師，曲阜、龜蒙之人，以至列國君臣，莫不尊事。虎一妄人，乃曰："來，予與爾言。"其辭氣鄙暴如此，與莊周所記盗跖訕侮聖人之言奚异？以懷寶迷邦爲未仁，以好從

---

① 《北史·廣平王洛侯傳》："茹皓始有寵，百僚微憚之。帝曾于山陵還，詔匡陪乘，又命皓登車。皓褰裳將上，匡諫，帝推之令下，皓恨匡失色。當時壯其忠謇。"
② 《漢書·佞幸傳》："（董賢）常與上卧起。嘗晝寢，偏藉上袖。上欲起，賢未覺，不欲動賢，乃斷袖而起。其恩愛如此。"
③ 《左傳·僖公十五年》曰："戰于韓原，晋戎馬還濘而止，公號慶鄭，鄭曰：'愎諫違卜，固敗是求。'遂去之。"
④ 《左傳·閔公二年》："衛懿公好鶴，鶴有乘軒者。將戰，國人受甲者皆曰：'使鶴，鶴實有禄位，余焉能戰？'"
⑤ 熊克《皇朝中興紀事本末》卷十四曰："建炎四年七月，三知政事謝克家，請日輪講官一員，以前代及本朝之關治體者，具兩事進入，庶裨聖學。從之，命侍從進故事，自此始。"
⑥ 今《劉克莊集》卷八六至卷八七，尚保存當時所呈之《進故事》十五則。

事亟失時爲未知,何其窺聖人之小而量聖人之淺乎?又曰:"日月逝矣,歲不我與。"猶前日鈎致之初意也。子曰:"諾,吾將仕矣。"朱氏曰:"將者,且然而未必之辭也。"深得夫子本旨。當時聞諸侯或欲以季孟之間待子,或待子而爲政,子皆未嘗峻拒。蓋天下之惡未至于虎者,固聖人之所不絕。惟虎也,義不可與之交際,特聖人之言,氣象渾厚。茲諾也,若不絕惡,而有深絕之意焉。揚雄謂:子于陽虎,詘身以信道。噫!雄爲此言,將以自文其仕莽之罪。夫子既未嘗仕,身何嘗詘?若雄北面新室,乃可謂之詘矣。故楊氏深闢其說,而朱氏書雄"莽大夫"矣。①

他指出陽虎是《論語》所謂的"執國命之陪臣"②,《春秋》所記載的"竊寶玉大弓"之盜③,不僅身份卑微,又背叛作亂,是孔子所厭惡之人。然而陽虎初時雖專權,還沒有出現囚劫大夫、國君的重大惡行,夫子卻預知其未來必成亂臣賊子,故不願與其交往。更何況陽虎是以鄙暴的方式對待夫子,目的在"鈎致"其爲己用,雖然夫子以"諾,吾將仕矣"應答,朱子則以"將者,且然而未必之辭也"爲之詮說,劉氏謂其深得夫子心意。其後又就夫子未堅拒諸侯、大夫之援引,而于陽虎之羅致,卻以婉言深絕之,直贊其"氣象渾厚"。接著轉而對揚雄以夫子與陽虎之周旋,乃"詘身以尋道"④,予以嚴斥。他指出夫子根本未曾出仕陽虎,何來詘身之說?而揚雄出仕王莽(前45—23),才是真正詘身之人。因此,他斷定揚雄出此言論,是爲了開脫其屈身仕莽的文飾之辭。而對揚雄之言,劉氏謂楊氏曾深闢之,而朱子則以"莽大夫"稱揚雄,即具貶抑之意。楊氏之言⑤,見引于朱注,曰:

> 揚雄謂孔子于陽貨也,敬所不敬,爲詘身以信道。非知孔子者。蓋道外無身,身外無道。身詘矣,而可以信道,吾未之信也。⑥

此番言語,大獲劉氏的認同。而朱子的書法,則見于其所編纂之《資治通鑑綱目》,乃是有爲之言。羅大經《鶴林玉露》曰:

> 司馬溫公、王荆公、曾南豐最推尊揚雄,以爲不在孟軻下。至朱文公作《通鑑綱目》,乃始正其附王莽之罪,書"莽大夫揚雄卒"。莽之行如狗彘,三尺童子知惡之,雄肯附之乎?《劇秦美新》,不過言孫以免禍耳。然既受其爵祿,則是甘爲之臣僕矣,

---

① 劉克莊著、辛更儒校注:《劉克莊集箋校》卷八十四,第3674—3675頁。
② 《論語·季氏》:"陪臣執國命。"
③ 《春秋》定公八年:"盜竊寶玉大弓。"因陽虎爲季氏家臣,賤而不名,故以盜稱之。
④ 揚雄《法言》曰:"或問:'聖人有詘乎?'曰:'有。'曰:'焉詘乎?'曰:'仲尼于南子,所不欲見也;陽虎,所不欲敬也。見所不見,敬所不敬,不詘如何?'曰:'衛靈公問陳,則何以不詘?'曰:'詘身,將以通道。如詘道而信身,雖天下不爲也。'"
⑤ 據大槻信良所考,此楊氏爲楊中立。見大槻信良:《朱子四書集注典據考》,第268頁。
⑥ 朱熹:《論語集注》卷九,《四書章句集注》,第175頁。《朱子語類》卷四七亦載:"亞夫問:'揚子雲謂孔子于陽貨,敬所不敬',爲'詘身以信道',不知渠何以見聖人爲詘身處?'曰:'陽貨是惡人,本不可見,孔子乃見之,亦近于詘身。卻不知聖人是理合去見他,不爲詘矣。到與他說話時,只把一兩字答他,辭氣溫厚而不自失,非聖人斷不能如此也。'"

獨得辭"莽大夫"之名乎！文公此筆，與《春秋》争光，麟當再出也。①

北宋幾位學者司馬光（1019—1086）②、王安石（1021—1086）③、曾鞏（1019—1083）④特別推崇揚雄，認爲不在孟子（前372—前289）之下，但是朱子于《通鑑綱目》中，寫下"莽大夫揚雄卒"的文句，羅氏却認爲是足以承續孔子撰作《春秋》的功勛。

劉克莊對于揚雄的批評，不止一處，又見于《論語·陽貨》"佛肸召子欲往"章，其曰：

> 佛肸召，子欲往。子路曰："昔者由也聞諸夫子曰：'親于其身爲不善者，君子不入也。'佛肸以中牟畔，子之往也，如之何？"子曰："然。有是言也。不曰堅乎，磨而不磷；不曰白乎，涅而不緇。吾豈匏瓜也哉？焉能繫而不食？"

劉克莊《論語講義》釋曰：

> 臣按：佛肸，晋大夫趙簡子之中牟宰，以中牟畔，而召夫子。與陽貨、公山弗擾鈎致之意同。亂臣必誅，危邦不入，孔子家法也。子路疑子之欲往，舉平日所聞于師者以爲問。夫天下之不善，至畔而止，然知夫子之爲賢，則其善心之僅存者，亦不可誣。夫子猶天地也，因其僅存之善，而庶幾萬一能改其莫大之惡，遂不顯絶之。然于陽貨之勸仕也，曰將仕而未嘗仕。于費、中牟之召也，曰欲往而終不往。至此而後，可以見聖人之心矣。子路未知其然，方且切切焉慮二畔之浼夫子，故不説于其始，質疑于其後。夫子于是有磨不磷、涅不緇之説。古注謂：至堅者磨之而不薄，至白者涅之而不黑。朱氏謂：堅白不足而欲自試于磨涅，其不磷緇者幾希⑤。臣謂惟夫子然後至此地位，下乎此，則爲揚雄仕莽，苟或附操矣。匏瓜不食之喻，言君子未嘗不欲其道之行，而亦未嘗枉道以求合也。昔叔孫通諸生，翕然以其師爲聖人，子路親得聖人以爲師，而不苟同如此。嗚呼！此其所以能結纓也夫！⑥

他總論佛肸、陽虎、公山弗擾⑦三人欲鈎致夫子之事，雖然孔子均以委婉言辭迴應，

---

① 羅大經：《鶴林玉露》丙編卷六，中華書局1997年版，第340頁。
② 司馬光《説玄》曰："揚子雲真大儒者邪？孔子既没，知聖人之道者，非子雲而誰？孟與荀殆不足擬，况其餘乎？"司馬光：《司馬文正公傳家集》，臺灣商務印書館1965年版，第834頁。
③ 王安石《答龔深父書》曰："揚雄者，自孟軻以來，未有及之者，但後世士大夫多不能深考之爾。孟軻，聖人也。賢人則其行不何于聖人，特其智足以知聖人而已。故某所謂深父其能知軻，其于爲雄幾可以無悔。"王安石：《王安石文集》，臺北河洛圖書出版社1974年版，第5頁。
④ 曾鞏《新序目録序》曰："諸儒苟見傳記百家之言，皆悦而嚮之，故先王之道爲衆説之所蔽，暗而不明，鬱而不發，而怪奇可喜之論，各師異見，皆自名家者，誕漫于中國。一切不異于周之末世，其弊至于今尚在也。自斯以來，天下學者知折衷于聖人，而能純于道德之美者，揚雄氏而止耳。"曾鞏：《曾鞏集》，中華書局1984年版，第176—177頁。
⑤ 此處所引朱子語，乃朱注引楊氏之言，其曰："磨不磷，涅不緇，而後無可無不可。堅白不足，而欲自試于磨涅，其不磷緇也者幾希。"見朱熹：《論語集注》卷九，《四書章句集注》，第177頁。
⑥ 劉克莊著、辛更儒校注：《劉克莊集箋校》卷八十四，第3676—3677頁。
⑦ 《論語·陽貨》："公山弗擾以費畔，召，子欲往。子路不悦，曰：'末之也已，何必公山氏之之也。'子曰：'夫召我者，而豈徒哉？如有用我者，吾其爲東周乎？'"

似乎都不是強硬的拒絕，因而惹來弟子的質疑。劉氏以爲對于非罪大惡極者，夫子均尚存教其悔改之心，并指出"亂臣必誅，危邦不入"實爲孔子堅守之原則，因而自舉"磨而不磷"、"涅而不緇"開釋，而劉氏認爲惟有夫子能堅持操守，不如者則爲揚雄出仕王莽、荀彧（163—212）依附曹操（155—220）。孔子又以瓠瓜自喻，表明其雖有用世之心，但絕不枉道以求合。而叔孫通則迎合人主以達所欲，其弟子反視之爲聖，較諸子路敢于質問，其間差距極大，且此亦子路所以能衛道以死。

劉克莊于《論語講義》兩度指斥揚雄仕莽，可見他對揚雄之爲人頗致不滿。這與他個人之喜好有關，在他處更是多次提及，如《詩話續集》曰：

> 《揚雄集》六卷四十三篇，《劇秦美新》之作在焉。《法言》末云："自周公以來，未有安漢公之懿。"又曰："其勤勞則過于阿衡。"此時莽猶未篡，此語不過今人稱頌權貴人功德爾。及莽既篡，雄縱不能如許由洗耳，魯連蹈海，然與龔勝同時，莽使使者以印綬強起勝，勝稱病篤卧，以手推去印綬。勝兩子及門人進説云云。勝曰："吾受漢家厚恩，今年老，旦暮入地，豈以一身事二姓下見故君乎？"不食而死。雄亦仕漢者，莽篡不能去，視勝可謂愧死矣。《美新》之作，方且盛稱："皇帝陛下，配五帝，冠三王，開闢以來未聞。宜命賢哲作《帝典》一篇，襲舊二爲三，以示罔極。"又自言："有顛眴病，恐先犬馬填溝壑，長恨黃泉。"故作此篇以獻。余謂寧顛眴病死，此文豈可作哉？朱氏書"莽大夫揚雄卒"，書其罪矣。而昌黎公、荆公、涑水公皆推重，或以配孟子，何也？[1]

檢出揚雄著作中，阿諛王莽的篇章，對《法言》中以伊尹、周公頌美王莽[2]，謂其時尚未篡漢，尚有可原，但于篡位之後，猶有《劇秦美新》之作[3]，則遠不如不食而死之龔勝[4]。甚且以三王五帝比王莽，則更屬不當。因此，他認同朱子書"莽大夫揚雄卒"，是彰明揚雄之罪過。但是對于韓愈（768—824）[5]、王安石、司馬光等人推重揚雄，甚至將揚雄與孟子相配，這是他不能苟同的。《詩話續集》又曰：

---

[1] 劉克莊著、辛更儒校注：《劉克莊集箋校》卷一七九，第6898頁。
[2] 揚雄《法言·孝至篇》曰："周公以來，未有漢公之懿也，勤勞則過于阿衡。"漢公，即安漢公王莽。阿衡，即伊尹。
[3] 此文見此文見揚雄著、張震澤校注：《揚雄集箋校》，上海古籍出版社1993年版，第205—232頁。
[4] 班固《漢書·龔勝傳》曰："莽既篡國，遣五威將帥行天下風俗，將帥親奉羊、酒存問勝。明年，莽遣使者即拜勝爲講學祭酒，勝稱疾不應征。後二年，莽復遣使者奉璽書，太子師友祭酒印綬，安車駟馬迎勝，即拜，秩上卿，先賜六月禄主以辦裝，使者與郡太守、縣長吏、三老官屬、行義諸生千人以上入勝里致詔。使者欲令勝起迎，久立門外，勝稱病篤，爲床室中户西南牖下，東首加朝服見搢紳。使者入户，西行南立，致詔付璽書，遷延再拜奉印綬，内安車駟馬，進謂勝曰：'聖朝未嘗忘君，制作未定，待君爲政，思聞所欲施行，以安海内。'勝對曰：'素愚，加以年老被病，命在朝夕，隨使君上道，必死道路，無益萬分。'使者要説，至以印綬就加勝身，勝輒推不受。使者即上言：'方盛夏暑熱，勝病少氣，可須秋涼乃發。'有詔許。使者五日一與太守俱問起居，爲勝兩子及門人高暉等言：'朝廷虚心待君以茅土之封，雖疾病，宜動移至傳舍，示有行意，必爲子孫遺大業。'暉等白使者語，勝自知不見聽，即謂暉等：'吾受漢家厚恩，無以報，今年老矣，旦暮入地，誼豈以一身事二姓，下見故主哉？'勝因敕以棺斂喪事：'衣周于身，棺周于衣。勿隨俗動吾冢，種柏，作祠堂。'語畢，遂不復開口飲食，積十四日死，死時七十九矣。"
[5] 韓愈《讀荀》曰："始吾讀孟軻書，然後知孔子之道尊，聖人之道易行，王易王，霸易霸也。以爲孔子之徒没，尊聖人者，孟氏而已。晚得揚雄書，益尊信孟氏。因雄書而孟氏益尊，則雄者，亦聖人之徒歟！"見韓愈著、馬其昶校注、馬茂元整理：《韓昌黎文集校注》，上海古籍出版社1987年版，第36頁。

《元后誄》略云："天之所廢，人不敢支。"又云："皇天眷命，黃、虞之孫，歷世運移，屬在新聖。"又云："漢廟黜廢，移安定公。"凡累百韵。按元后雖莽之姑，然擲傳國璽，缺其角，聞翟義起兵，以爲是。見漢宗廟毀壞，有怨言。人心之公不可磨滅如此。雄士人也，顧以賊莽爲"新聖"，以漢廟黜廢爲"天之所壞"乎？①

指揚雄文集中的《元后誄》②，于王莽篡漢之事，也是充滿歌頌之詞③，反不如王莽之姑母（漢元帝之后）能直斥其姪④。可見劉克莊對揚雄撰作文章以頌贊王莽，如此的媚態，令他萬分鄙薄，故一再爲文譏諷。

劉克莊不滿于揚雄媚事王莽，而其本人爲官之時，又以直聲著稱，曾先後斥責史彌遠（1164—1233）、史嵩之（1189—1257）兩位宰臣，爲後人所稱道。然而其晚年却自陷于詔事奸臣賈似道（1213—1275）的疑雲⑤，反遭後人藉其諷揚雄事爲口實，如王士禎（1634—1711）曰：

後村論揚雄《劇秦美新》及作《元后誄》，言"天之所廢，人不敢支"，"歷世運移，屬在新聖"云云；蔡邕代作群臣上表，言卓"黜廢元凶，援立聖哲"云云；又論阮籍跌宕弃禮法，晚爲《勸進表》，志行掃地；皆詞嚴義正。然其《賀賈相啓》，略云："像畫雲臺，令漢家九鼎之重；手扶日轂，措天下泰山之安。昔茂弘嘆丘墟百年，孔明欲官府一體，彼徒懷乎此志，公克踐于斯言。"《賀賈太師復相》云："孤忠貫日，隻手擎天。""聞勇退則眉攢杜陵老之愁，睹登庸則心動石徂徠之喜。"《再賀平章》云："屏群陰于散地，聚衆芳于本朝。""無官可酬，爰峻久虛之位；有謀則就，所謂不召之臣。"右諛詞詔語，連章累牘，豈真以似道爲伊、周、武鄉之比哉？抑蹈雄、邕之覆轍而不自覺耶？按：後村作此時，年已八十惜哉！⑥

王士禎指劉克莊譏揚雄、蔡邕（132—192）、阮籍（210—263）以文媚事權臣，而其自撰多篇賀賈似道之啓文，是自蹈覆轍。其説爲《四庫全書總目》所承襲，曰：

---

① 劉克莊著、辛更儒校注：《劉克莊集箋校》卷一七九，第6899頁。
② 此文見揚雄著、張震澤校注：《揚雄集箋校》，第297—312頁。
③ 揚雄《元后誄》頌王莽曰："勉進大聖，上下兼該。群祥衆瑞，正我黃來。火德將滅，惟后于斯。天之所壞，人不敢支。哀、平夭折，百姓分離，摠宗之怨，終其不全。天命有托，謫在于前。屬遭不造，榮極而遷。皇天眷命，黃、虞之孫。歷世運移，屬在聖新。代于漢劉，受祚于天。漢祖承命，赤傳于黃。攝帝受禪，立爲真皇。允受厥中，以安黎衆。漢廟黜廢，移安定公。"
④ 范曄《後漢書·元后傳》曰："及莽即位，請璽，太后不肯授莽。莽使安陽侯舜諭指。舜素謹敕，太后雅愛信之。舜既見，太后知其爲莽求璽，怒罵之曰：'而屬父子宗族蒙漢家力，富貴累世，既無以報，受人孤寄，乘便利時，奪取其國，不復顧恩義。人如此者，狗豬不食其餘，天子豈有而兄弟邪！且若自以金匱符命爲新皇帝，變更正朔服制，亦當自更作璽，傳之萬世，何用此亡國不祥璽爲，而欲求之？我漢家老寡婦，且暮且死，欲與此璽俱葬，終不可得！'太后因涕泣而言，旁側長御以下皆垂涕。舜亦悲不能自止，良久乃仰謂太后：'臣等已無可言者。莽必欲得傳國璽，太后寧能終不與邪！'太后聞舜語切，恐莽欲脅之，乃出漢傳國璽，投之地以授舜，曰：'我老已死，知而兄弟，今族滅也！'"
⑤ 有關劉克莊詔事賈似道之事，可參見：《劉克莊與賈似道》，《西南師範大學學報（哲學社會科學版）》1998年第1期，第67—69頁；明見：《劉克莊賀賈之作新論》，《文學遺産》2003年第5期，第123—125頁；王述堯：《歷史的天空——略論賈似道及其與劉克莊的關係》，《蘭州學刊》2004年第3期，第235—240頁。
⑥ 王士禎：《蠶尾文集》卷八，《王士禎全集》，齊魯書社2007年版，第1939頁。

克莊初受業真德秀，而晚節不終，年八十，乃失身于賈似道。王士禎《蠶尾集》有是集跋，稱其論揚雄作《劇秦美新》及作《元后誄》、蔡邕代作群臣上表，又論阮籍晚作《勸進表》，皆詞嚴義正。然其《賀賈相啓》、《賀賈太師復相啓》、《再賀平章啓》，諛詞諂語，連章累牘，蹈雄、邕之覆轍而不自覺。今檢是集，士禎所舉諸聯，其指摘一一不謬，較陸游《南園》二記，猶存規戒之旨者，抑又甚焉，則其從事講學，特假借以爲名高耳。不必以德秀之故，遂從而爲之詞也。[1]

四庫館臣引王氏之言以批駁劉氏，甚至謂其不如陸游（1125—1210）爲權臣韓侂胄（1152—1207）撰寫《南園記》、《閱古閣記》二文[2]，尚存有規諫之語。劉克莊所得之批評，頗有出爾反爾的窘態，此殆其始料所未及。

六、結語

劉克莊三次入侍經筵，爲理宗講述過《尚書》、《論語》、《周禮》的部分內容，因三書的性質不同，其側重點亦各有趨向。本文所探討的《論語講義》，以與孔子之言行相關者，爲劉氏闡釋之重點，故往往借夫子之言行，予以論述，除顯現孔子的道德外，也介紹其政治理想，以供皇帝施政參照。至于一般講官常利用經筵以議論時事的方式，《論語講義》僅有一條，似乎劉克莊于此番講述時，未措意于此。

《論語講義》當中，劉克莊主要參考了古注與朱注，對古注多所批駁，于朱注則頗爲尊崇，這與其師承及交游有密切的關聯，同時也顯示理宗朝表彰理學的措施，使朱子的學説不再遭受打壓，而講官于進講之際，得以較無顧忌地大量引用。

劉克莊長于史學，故于經筵講述經義時，常大量引用歷史事件，以輔助解説，此亦于《論語講義》中，獲得印證。

《論語講義》中，劉克莊對揚雄仕于王莽一事，多所譏剌，又在其他文章反覆提及。然而其晚年又陷入媚事賈似道的窘境，致遭世人諷以晚節不保，頗有作繭自縛的難堪。這種自作自受的困境，實爲好發議論者所當深自反省。

（作者簡介：蔣秋華，臺灣大學文學博士，現任中央研究院中國文哲研究所副研究員）

---

[1] 紀昀等：《四庫全書總目》，臺北漢京文化事業有限公司1981年版，第874頁。
[2] 《宋史·陸游傳》曰："晚年再出，爲韓侂胄撰《南園》、《閱古泉記》，見譏清議。"

An analysis of Liu Kezhuang's *Lun Yu Jiang Yi*

Jiang Qiuhua

Abstract: In *Lun Yu Jiang Yi*, Liu Kezhuang mainly refered to the ancient exegesis and Zhu Note（the exegesis of Zhu Xi）.Liu had a lot of criticism of the ancient exegesis, and Zhu Note was very respected, which is closely related to his succession of teachings and friendship. Moreover, it also shows that Song Li-tsung's measures in recognition of Neo-Confucianism did not subject Zhu's doctrines to repression, and the lecturers can cite Zhu Xi's opinions more cynically when they gave lectures to the emperor. Liu was good at history, so he often cited a large number of historical events to help explain.
Keywords: Liu Kezhuang; *Lun Yu Jiang Yi*; An Analysis

（本文責任編校：張宜斌、王叙濤）

論儒家精神

——從《論語》"子路、曾皙、冉有、公西華侍坐"章之詮釋演變談起

高荻華

摘　要：本文依歷史分期，按漢魏六朝、唐宋、明、清的順序，依序探討王充、包咸、皇侃、程子、朱熹、王陽明、楊慎、王夫之、宋翔鳳與劉寶楠等學者對"四子侍坐"章中曾點形象的評論，并透過學者對"孔子爲什麼稱贊曾點"的詮釋和注解，探討兩千多年來儒家精神、理想和儒者形象的數度轉變與衝突，同時也進一步說明這些詮釋與轉折背後呈現出什麼意義。

關鍵詞：儒家精神　儒者形象　論語　孔子　曾點　曾皙

一、前言

《論語·先進》"子路、曾皙、冉有、公西華侍坐"章（以下簡稱"四子侍坐"章）一共三百一十四字，是《論語》中篇幅極長的一章。本章之所以如此長，并不是因爲夫子發表長篇大論，也不是因爲記述了重要歷史事件使然，而是關于一件極平常的、偶發的、師生之間的小事，相對于《論語》其他章精要簡短的語錄式記載，這篇似乎長得令人費解：

> 子路、曾皙、冉有、公西華侍坐。子曰："以吾一日長乎爾，毋吾以也。居則曰：'不吾知也！'如或知爾，則何以哉？"子路率爾而對曰："千乘之國，攝乎大國之間，加之以師旅，因之以饑饉；由也爲之，比及三年，可使有勇，且知方也。"夫子哂之。"求！爾何如？"對曰："方六七十，如五六十，求也爲之，比及三年，可使足民。如其禮樂，以俟君子。""赤！爾何如？"對曰："非曰能之，願學焉。宗廟之事，如會同，端章甫，願爲小相焉。""點！爾何如？"鼓瑟希，鏗爾，舍瑟而作。對曰："异乎三子者之撰。"子曰："何傷乎？亦各言其志也。"曰："莫春者，春服既成。冠者五六人，童子六七人，浴乎沂，風乎舞雩，咏而歸。"夫子喟然嘆曰："吾與點也！"
> 三子者出，曾皙後。曾皙曰："夫三子者之言何如？"子曰："亦各言其志也已矣。"曰："夫子何哂由也？"曰："爲國以禮，其言不讓，是故哂之。""唯求則非

邦也與？""安見方六七十，如五六十，而非邦也者？""唯赤則非邦也與？""宗廟會同，非諸侯而何？赤也爲之小，孰能爲之大？"①

這章經文没有時間没有地點，却忠實紀録了孔門師生相處的一個永恒片段，有音聲、有表情、有動作、有對話、有感情、有説明。在孔子"喟然而嘆"地説出"吾與點"之後，不僅後人千年莫解，連當事人曾點也大感疑惑。我們若還原當時的場景，曾點得到了老師的認同，心里雖然歡喜，但這歡喜是漂浮的、不踏實的：爲什麽老師不贊許其他三人的治國爲邦之志而獨許自己這"异乎三子者之撰"？因此曾點旁敲側擊地繞著三子之志反問孔子，三子"非邦也與"？在曾點的追問下，孔子承認子路的"可使有勇且知方"、冉求的"可使足民"、公西華的"願爲小相"，都是抱負遠大的經國治世之道，于是這段記載至此寂然而終。曾點顯然是明白了什麽所以不再追問，而孔子顯然也已經説明了什麽。但是，在這不著痕迹之中，孔子到底説明了什麽？

如果仔細觀察歷來討論此章的注解，會發現自漢至今，學者們對這章的詮釋紛雜，數十家之説互不相讓，徐復觀先生説這段是："二千年來，争論不决的一件公案。"②實不爲過。然而在争論不决之中，却可以發現歷來學者對這章的詮釋，有幾次明顯的轉向。這種大幅的詮釋轉向，是不是透露出什麽訊息？是否能够從這些詮釋中找出曾點與孔子共同遥望的那一點在哪里？在戛然而止的無聲餘藴里，孔子究竟説明了什麽？而詳細記録這件小事的弟子們，又想透過這一章告訴後人什麽？本文想觀察討論的，正是自漢以來，這些詮釋與轉折背後呈現出什麽意義。詮釋是一種現象，現象背後必然有問題促發，那麽，促使歷來學者做出不同詮釋的真正問題意識是什麽？

本文依歷史分期，從漢魏六朝、唐宋、明清的順序來依序探討這些詮釋面向與轉變，及其背後的真實意義。

二、漢魏六朝對生命情感的關注

漢代王充在《論衡·明雩》中這麽説：

> 周之四月，正歲二月也，尚寒，安得浴而風干身？由此言之，涉水不浴，雩祭審矣。……春二月雩，秋六月亦雩。春祈穀雨，秋祈穀實。當今靈星秋之雩也，春雩廢，秋雩在，故靈星之祀，歲雩祭也。孔子曰："吾與點也。"善點之言，欲以雩祭調和陰陽，故與之也。③

王充認爲"浴乎沂，風乎舞雩，咏而歸"是祭禮的一幕，古有雩祭，目的是"春祈穀雨，

---

① 朱熹：《四書章句集注》，中華書局1996年版，第129頁。
② 徐復觀：《中國藝術精神》，臺北，學生書局1973年版，第17頁。
③ 劉盼遂：《論衡集解》，臺北，世界書局1976年版，第316頁。

秋祈穀實”，而曾點“欲以雩祭調和陰陽”，所以孔子贊許他。然則曾點“欲以雩祭調和陰陽”和三子“治國爲邦”之志比起來，又有什麽深刻之處，值得孔子特別“喟然而嘆”并“與之”？要弄明白這個問題，需從王充《論衡·明雩》篇談起。

王充《論衡·明雩》篇主要談一個重點：“人不能以行感天，天亦不隨行而應人”、“天之賜雨自有時也”。他舉了堯、湯爲例：

> 然而世之聖君，莫有如堯、湯。堯遭洪水，湯遭大旱。如謂政治所致，堯、湯惡君也；如非政治，是運氣也。運氣有時，安可請求？
> 夫天之運氣，時當自然。雖雩祭請求，終無補益。①

于是問題就來了：如果連堯湯都不可“感天”、“雖雩祭請求，終無補益”，那麽曾點“欲以雩祭調和陰陽”豈不是徒勞而無智？若果如此，孔子爲什麽要“與之”？更甚者，王充自己也説：“何以言必當雩也？”②還勞心費力地寫了《明雩》篇？顯然“雩祭”背後是有更深一層的意義：

> 夫灾變大抵有二，有政治之灾，有無妄之變。政治之灾，須耐求之。求之雖不耐得，而惠愍惻隱之恩，不得已之意也。慈父之于子，孝子之于親，知病不祀神，疾痛不和藥。又知病之必不可治，治之無益，然終不肯安坐待絶，猶卜筮求祟，召醫和藥者，惻痛殷懃，冀有驗也。既死氣絶，不可如何，升屋之危，以衣招復，悲恨思慕，冀其悟也。雩祭者之用心，慈父孝子之用意也。無妄之灾，百民不知，必歸于主。爲政治者，慰民之望，故亦必雩。③

王充認爲儀式的意義不在于儀式本身，而在于儀式背後的用心：“求之雖不耐得，而惠愍惻隱之恩，不得已之意也。”這個“不得已之意”并不是被迫的，而是出于君主對人民的“惠愍惻隱”而不能自已。他以慈父孝子爲例，在自己最親愛之人受病痛苦而藥石罔治時，“猶卜筮求祟，召醫和藥者，惻痛殷懃，冀有驗也。”在人死無訊之後，又“以衣招復，悲恨思慕，冀其悟也。”這種父子之間最真誠無僞的情感流露，就是“雩祭者之用心”。也就是説，曾點“欲以雩祭調和陰陽”不同于前三子之欲爲政治邦，在他全然流露出一片真誠惻坦之心，欲“春祈穀雨，秋祈穀實”，真正的意義在其用心而不在其用事。所以王充論曾點“欲以雩祭調和陰陽”之後接著説：

> 使雩失正，點欲爲之，孔子宜非，不當與也。樊遲從游，感雩而問，刺魯不能崇德而徒雩也。

---

① 劉盼遂：《論衡集解》，臺北，世界書局 1976 年版，第 314 頁。
② 劉盼遂：《論衡集解》，臺北，世界書局 1976 年版，第 316 頁。
③ 劉盼遂：《論衡集解》，臺北，世界書局 1976 年版，第 314 頁。

如果雩祭不符合正道，只是一種無知的妄求，那麽孔子絕不會贊許曾點，因此，他接著便舉"樊遲從游于舞雩之下"章[①]爲例，説明所謂"正道"，就是"崇德"，如果徒具雩祭的形式，而沒有"雩祭者之用心"，就是"失正"。因此説：

> 推春秋之義，求雩祭之説，實孔子之心，考仲舒之意。孔子既殁，仲舒已死，世之論者，孰當復問？唯若孔子之徒，仲舒之黨，爲能説之。

王充"欲以雩祭調和陰陽"之説看似考究的是"雩祭"問題，實則在辨明"崇德"——也就是説，"不能崇德而徒雩"（徒具行事而不求用心）才是《論衡·明雩》篇背後所關注的問題所在，而這同時也意味著王充對"四子侍坐"章的關鍵看法：前三子所追求的皆是"治事"，唯曾點一人越過了形式，表現出一種真誠惻坦之德。從這個角度來看，我們會發現，"吾與點"這句話背後真正的意思是，孔子所認同的"志向"（亦即儒者真正所應追求的目標），并不在于爲政治國等用事，而在于儒者"惠愍惻隱"的"用心"。也就是説王充認爲"四子侍坐"章真正想闡明的，并不是誰的志向比較高、抱負比較大，而是孔子認爲什麽才應該是儒者心之所向——盡己"惠愍惻隱之恩，不得已之意"，這才能"實孔子之心"。

然而包咸的看法却不太相同：

> 包曰："莫春者，季春三月也。春服既成，衣單袷之時，我欲得冠者五六人，童子六七人，浴乎沂水之上，風凉于舞雩之下，歌咏先王之道，而歸夫子之門。"[②]

在包咸的畫面里，春暖花開、一年中最美好的季節里，一名儒者與人數不多的青年孩童，和樂融融，"歌咏先王之道，而歸夫子之門"。《論語》原文中精簡的"咏而歸"，在包咸的詮釋里，更具體地變成了"咏先王之道"、"歸夫子之門"。"先王之道"、"夫子之門"顯然是包咸對"咏"和"歸"的具體理解。"咏"是贊揚、歌頌，"歸"是趨向，這兩者所涉及的，是共同的理念、價值，并不是什麽祭祀，也無關乎邦國。因此包咸認爲曾點異于三子者，在于在他的夢想藍圖里，世界是和睦且充滿希望的，志同道合的人們一起歌咏著先王之道，這一幅和樂融融的"有朋"景象，不亦悦乎？而這正是孔子"喟然而嘆"的原因，也是孔子深深嚮往的夢想——能夠共同學習"先王之道"，然後同歸于一門。也就是説，在包咸的解釋里，孔子所認同的是生命理想的追尋，儒者之心，應當是"求道之心"。

皇侃在《論語集解義疏》中，則更深一層地闡述這"求道之心"：

[①] 樊遲從游于舞雩之下，曰："敢問崇德、修慝、辨惑。"子曰："善哉問！先事後得，非崇德與？攻其惡，無攻人之惡，非修慝與？一朝之忿，忘其身，以及其親，非惑與？"（《論語·顏淵》）

[②] 何晏：《論語集解》，臺北，藝文印書館1966年版，第8頁。

孔子聞點之願，是以喟然而嘆也。既嘆而云："吾與點也。"言我志與點同也。所以與同者，當時道消世亂，馳競者衆，故諸弟子皆以仕進爲心，唯點獨識時變，故與之也。故李充云："善其能樂道知時，逍遙游詠之至也。"夫人各有能，性各有尚，鮮能舍其所長而爲其所短。彼三子之云誠可各言其志矣，然此諸賢既已漸染風流，飡服道化，親仰聖師，誨之無倦，先生之門，豈執政之所先乎？嗚呼！遽不能一忘鄙願而暫同于雅好哉？諒知情從中來，不可假已，唯曾生超然獨對，揚德音，起子風儀。其辭精而遠，其指高而適，亹亹乎固盛德之所同也，三子之談，于茲陋矣。①

何晏《論語集解》中，周先烈謂："善點獨知時。"皇侃則説得更明確："獨識時變"。皇侃認爲以當時的政治環境來看，知識份子們紛馳競逐是普遍現象，人人皆欲一展長才，"皆以仕進爲心"，唯獨曾點"獨識時變"，是故孔子"與之"。如果説包咸的詮釋落在"求道"，那麼皇侃顯然更進一步討論了"仕進"和"求道"間的問題。皇侃引李充的話來補充"求道"和"知時"，認爲"樂道知時，逍遙游詠"才是孔子真正贊同曾點的關鍵。接著，他提出一個非常尖鋭的問題："先生之門，豈執政之所先乎？嗚呼！遽不能一忘鄙願而暫同于雅好哉？"學而爲儒，應該"政"先，還是"道"先？是爲"執政"，還是爲"求道"？是爲個人抱負、經世致用，還是爲真理的追尋？難道"夫子之門"，是爲了培養從政治邦之才？這問題進一步來説，就是在問：難道儒學的目的是爲了安邦定國？"逍遙游詠"看起來似乎是消極地只求個人快樂而無所建樹，但是皇侃却以"雅好"來定位。"雅"是"正"，"好"是"喜愛"，也就是説，這種"逍遥游詠"并不是道家的無爲無待，而是"樂道"的自得自在，是"最純正的愛好"。這種"樂道"之心，皇侃説它是"情從中來，不可假已"，是内心真實的需求、感受，從心中生發出來，本來就在那里的。因此人能真正保有這顆"樂道之心"，不因時變而變、不受外在環境影響，不把"求道"當手段，而能保持單純"樂道"的態度，這才是孔子贊許曾點的原因——他的心放在"道"上。皇侃盛贊"唯曾生超然獨對，揚德音，起子風儀"，無疑是肯定曾點真正繼承了孔子的精神、儒家的精神。

迴過頭來説，皇侃所謂的"情從中來，不可假已"和王充"惠愍惻隱之恩，不得已之意也"的看法雖然不盡相同，但同樣都指出一種真誠惻坦的心境，無論是對人（惠愍惻隱之恩）或對己（樂道）。從這個角度來看，包咸所謂"歌咏先王之道，而歸夫子之門"，具體内容或許可以以"惠愍惻隱之恩"和"樂道知時"來説明。也就是説，從王充到皇侃，我們在"四子侍坐"章里看見的，是孔子對于"樂道"與"惠愍惻隱"的肯定，不是爲邦治國、經世致用等"禮"與"政"上的追尋；是迴歸自身，找出内心的喜悦和真誠。進一步説，若單從這章來看，漢魏六朝對"道"與"德"的看法，其實是一種非常自然的情感表現，無論是"情從中來"或"不得已之意"，"德"在"四子侍坐"章中，并不是分割的仁義禮智信等等"條目"，而是一種單純真誠的情感表現。或者反過來説，從王充到皇侃的注解裏，我們看到的，是儒者的生命情懷，孔子所以肯定與喟嘆的，也正是這種自然情感和理想追尋的珍貴。

---

① 皇侃：《論語集解義疏》，臺北，廣文書局1991年版，第405頁。

三、"堯舜氣象"或"遺落世事"

在談宋明注解之前，唐代的看法值得注意：

> 韓曰：浴當爲沿字之誤也，周三月，夏之正月，安有浴之理哉。
> 李曰：仲尼與點，蓋美其王道也，餘人則志在諸侯，故仲尼不取。①

李翺將"吾與點"解釋爲"美其王道"，而將餘人所說歸之于"志在諸侯"。這個解釋乍看之下似乎和魏晉的說法近似，但其實不盡相同。李翺所謂之"王道"即是"先王之道"嗎？所謂"志在諸侯"和"皆以仕進爲心"是同一迴事嗎？我們可以發現這中間有了轉換：他將魏晉儒者所展現出來的有朋同歸、"樂道知時，逍遙游咏"的生命情懷，解釋成一種實質的、政治上的和樂社會縮影，也就是"王道"；而另三子所言經邦治國之志，則釋之爲"諸侯"——追求富國強兵、稱霸稱王，也就是"霸道"。這麼一來，皇侃"先生之門，豈執政之所先乎？"的反省，就變成了"王道"與"霸道"的取捨。很明顯，李翺采取的觀點其實是孟子"王道"與"霸道"的概念。

李翺的解釋帶出了一個問題：孔子所追求的，到底是"王道"還是"先王之道"？這兩者之間是一種什麼樣的關係？這些問題在唐代并不被注意，但到了宋代，却一躍而成一個很重要的課題——這可以從朱子的注解及其與弟子們的反覆討論中看出。朱熹《論語集注》云：

> 曾點之學，蓋有以見夫人欲盡處，天理流行，隨處充滿，無少欠闕，故其動靜之際，從容如此。而其言志，則又不過即其所居之位，樂其日用之常。初無舍己爲人之意，而其胸次悠然，直與天地萬物同流，各得其所之妙，隱然自見于言外。視三子之規規于事爲之末者，氣象不侔矣，故夫子嘆息而深許之。而門人記其本末獨加詳焉，蓋亦有以識此矣。②

朱子認爲"四子侍坐"章的記載的確是意義非凡，因爲他所呈現出的，是"與天地萬物同流，各得其所"的生命境界。這種生命境界的展現從"鼓瑟希，鏗爾，舍瑟而作。對曰"這一連串的動作談起，朱子贊其"人欲盡處，天理流行，隨處充滿，無少欠闕，故其動靜之際，從容如此。"這樣的贊譽乍看或許牽強，細細品味則明白。朱子于《四書或問》中對於曾點鼓瑟、舍瑟而作、對答一連串動作的解讀如下：

> 方三子之競言所志也，點獨鼓瑟于其間，漠然若無所聞，及夫子問之，然後瑟音少間，乃徐舍瑟而起對焉，而悠然遜避，若終不肯見所爲者，及夫子慰而安之，

---

① 韓愈、李翺：《論語筆解》，臺北，藝文印書館景印無求備齋論語集成本1966年版，第4頁。
② 朱熹：《四書章句集注》，中華書局1983年版，第130頁。

然後不得已而發其言焉。①

這一段解釋實在肯定其心靜然不動，在三子輪流應答時，鼓瑟如常；在答其所問時，動而合節。對于這沒有一絲毫火氣、"動靜之際，從容如此"的表現，朱子以"人欲盡處，天理流行，隨處充滿，無少欠闕"來形容。他既不像子路急于爭答、表現自己，及對問時，又能悠然遜避，非于"人欲盡處"，不能如此。換言之，朱子認爲無論從心境上、從舉止上，曾點的表現都合乎"天理流行"之自然而然。

緊接著，朱子對于"浴乎沂，風乎舞雩，咏而歸"的解釋是"而其言志，則又不過即其所居之位，樂其日用之常。"這種看起來安于其位、樂于平常、可以説算不上志向的志向，較之三子爲國爲邦的遠大理想，朱子却給了他前所未有的評價："初無舍己爲人之意，而其胸次悠然，直與天地萬物同流，各得其所之妙，隱然自見于言外。"②于是乎，朱子在這裏提出了一組對比："初無舍己爲人之意"言下之意是肯定儒者志向當須"舍己爲人"，譬如餘三子的積極承擔與抱負，這可以視爲對儒者形象的主流看法；然而另一方面，朱子語鋒一轉，立刻提出一個比"舍己爲人"更高境界的"胸次悠然，直與天地萬物同流"的至高贊美。"胸次悠然"是一種生命自我内在的和諧境界，"直與天地萬物同流"是一種與外在關係的絶對和諧，這種内外和諧的生命境界不來自于"舍己爲人"的積極作爲，而是出生于"各得其所"——朱子稱其爲"妙"。"妙"這個字包含著兩層意思：乍看是"美好"的意思，但這種美好的形成并不是顯而易見的，而是藴含著一種精微深奥、難以語言文字説明的道理，故而以一個"妙"字代表。也就是説，這種美好是一種獨特的形式，他并不是從刻意造作中産生，也因此他甚至還帶著一種"暗合于道"的味道。這麽一對比之下，"視三子之規規于事爲之末"，兩者之"氣象"自然"不侔矣"。

三子之經邦治世，在此成了"規規于事"的淺陋、枝微末節，無論是子路的軍政、冉求的經濟、公西赤的外交，這些"經世濟民"的志向，都搆不上曾點的"氣象"。這個氣象顯然整體地包含了曾點自始至終的舉止、氣度，所以朱子才會説"門人記其本末獨加詳焉，蓋亦有以識此矣"。也就是説，這章記録并非是偶然的，而是有意地在紀録一位真正儒者的生命境界、形象。否則依《論語》的書寫慣例，大可簡單記述，而不必將個個形象動作表情，本末如實地詳細載録。那麽，到底是什麽樣的"氣象"一舉推翻了主流儒家形象的看法？朱子于章末引了程子的説明：

又曰：孔子與點，蓋與聖人之志同，便是堯舜氣象也。誠异二三子之撰，特行有不掩焉耳，此所謂狂也。子路等所見者小，子路只爲不達爲國以禮道理，是以哂之，若達，却便是這氣象也。

又曰：三子皆欲得國而治之，故孔子不取。曾點，狂者也，未必能爲聖人之事，而能知夫子之志，故曰浴乎沂，風乎舞雩，咏而歸，言樂而得其所也。孔子之志，

---

① 朱熹：《四書或問》，上海古籍出版社2001年版，第292頁。
② 《四書或問》答弟子則言："而非其見道之分明，心不累事，則亦何以至于此耶？"（第292頁）

在于老者安之，朋友信之，少者懷之，使萬物莫不遂其性。曾點知之，故孔子喟然嘆曰：吾與點也。又曰：曾點、漆雕開，已見大意。

程子對于曾點所展現出來的形象、氣度，提出了"堯舜氣象"的説法。堯舜者，聖人也，這是間接地指出了聖人的志向、形象、氣度。但是程子却認爲展現出這樣形象的曾點是"狂者也"，因爲他"未必能爲聖人之事"。而對孔子哂之的子路，却評其"只爲不達爲國以禮道理，是以哂之，若達，却便是這氣象也。"于是，"志"與"事"似乎從兩方面地説明了儒者的内涵和表現。就曾點的美好藍圖來看，"浴乎沂，風乎舞雩，咏而歸"所展現出來的是"樂而得其所"，程子認爲這就是孔子"老者安之，朋友信之，少者懷之，使萬物莫不遂其性"的理想。曾點雖能知之、好之，却未必有能力實現之。反過來説，以子路之才，的確是有能力實現"聖人之志"，但是真正的問題却在于子路根本上地不能深解"爲國以禮"的道理。于是這兩人在程子這裏都成了互有所缺的代表。

朱子在《論語或問》中對于程子看法的解釋是：

> 夫暮春之日，萬物暢茂之時也；春服既成，人體和適之候也；冠者五六人，童子六七人，長少有序而和也；沂水、舞雩，魯國之勝處也；既浴而風，又咏而歸，樂而得其所也。夫以所居之位而言，故其樂雖若止于一身，然以其心而論之，則固藹然天地生物之心、聖人對時育物之事也。夫又安有物我内外之間哉！程子以爲與聖人之志同，便是堯舜氣象者，正謂此耳。①

如果從"萬物暢茂"、"人體和適"、"長少有序而和"、"樂而得其所"等解釋來看，這確實就是前面所説身心、人我、萬物無不和諧的狀態，即所謂"内外和諧的生命"，亦即"其胸次悠然,直與天地萬物同流"。前面説過,這種"各得其所"的和樂境界，朱子以一個"妙"字來説明，這個"妙"字的美好不僅止于表象，更深的意義是言語所不能詮解説明的精微深奧道理，也就是雖然表面看起來——"以所居之位而言，其樂雖若止于一身"——是一種非常侷限、消極、稱不上志向的志向，但是這個微小的和樂景象背後所彰示的却是"藹然天地生物之心、聖人對時育物之事也。"這種身心、人我、人與天地達到真正和諧、舒暢的美好建立在哪里？不是外在的制度、手段、方法，而是"以其心而論之"！"直與萬物同流"的"直"，是"直心"———顆最真誠無僞、無私無欲的心。唯有從這個角度才能説明朱子一開始所謂"有以見夫人欲盡處，天理流行，隨處充滿，無少欠闕"。因此，這種"天地生物之心"、"聖人對時育物之事"，不是軍治、不是經濟、不是外交，而恰恰是迴歸到一己之心，從每一個人的内心達到自我與外物的絶對和諧，所以最後説"夫又安有物我内外之間哉！"所以朱子接著説："程子以爲與聖人之志同，便是堯舜氣象者，正謂此耳。"而這樣的説法，等于是認同了堯舜之道并不在事功、不在政治、不在經濟外交軍事，而在于"心"中。這展現出一種和後世主流看法——"經國濟世"之

---

① 朱熹：《四書或問·論語或問》，上海古籍出版社 2001 年版。

道全然不同的思考和看法。其"妙"亦在此：透過層層的和諧關系，最終達到"各得其所"的美好。

朱子雖然解釋了程子所謂"堯舜氣象"爲何，但似乎忽略了程子謂曾點爲"狂者"的評價。程子所謂"曾點，狂者也，未必能爲聖人之事"，事實上是一個非常嚴肅的問題：如果在行動上不能"爲聖人之事"，那麼徒能"知夫子之志"又有什麼意義？言下之意，是更稱許能爲實事的子路，故而說他"只爲不達爲國以禮道理"，這和朱子所言"三子之規規于事爲之末者"相較之下，是完全兩種評價了。這個問題不只程子意識到，在朱子弟子及宋代學者間亦然，[①]《四書或問》即載：

> 或曰：謝氏以爲曾晳胸中無一毫事，列子馭風之事近之，其説然乎？曰：聖賢之心，所以异于佛老者，正以無意必固我之累，而所謂天地生物之心、對時育物之事者，未始一息之停也。若但曰曠然無所倚著，而不察乎此，則亦何以异于虛無寂滅之學，而豈聖人之事哉！抑觀其直以异端無實之妄言爲比，則其得失亦可見矣。

對于朱子的解釋，時人是有所不滿的，所謂"以其心而論之"、無有"物我内外之間"、其樂"止于一身"，這和佛老有什麼分別？儒家的真實價值意義，不是在于"老者安之，朋友信之，少者懷之"嗎？如果不能"舍己爲人"，而追求一己"胸中無一毫事"之逍遥來説，豈不是淪于佛老之輩？我們前面説過，這種提問是非常典型的主流儒者看法，將外在事功視爲實現儒家價值意義，但朱子此處却跳脱了這種思考模式，真正契入經典所描述的當下，去還原一千多年前儒者的形象，去挖掘"吾與點"的真正意涵。雖然他對佛老的瞭解并不恰當，[②]但就儒者來説，"無意必固我之累，而所謂天地生物之心、對時育物之事者，未始一息之停也。"這是真正的"聖賢之心"。也就是説，從"聖賢之心"的角度來説，事功固然可貴，但事功僅僅只是一種手段和方法，更重要的是須能從心上掌握"天地生物之心、對時育物之事"，達到無有"物我内外之間"，并且"未始一息之停"。朱子于《四書或問》中以"心不累事"來説明這樣的境界。也就是説，程子所謂子路僅僅所少的"不達爲國以禮道理"，却正正是最不可少的，沒有這樣的理（"直與天地萬物同流，各得其所"），事如何可能圓滿？而程子所謂的"爲聖人之事"，在朱子看來，并不是主流傳統儒者以爲的經國濟世之道，而是"天地生物之心、對時育物之事"。這種"心"和"事"并不是割截的，而是無有"物我内外之間"、"未始一息之停"的一種心境、情感。有心即有事，但有事却未必能體此心：

> 是他見得聖人氣象如此，雖超乎事物之外，而實不離乎事物之中。是個無事無爲底道理，却做有事有爲底功業。天樣大事也做得，針樣小事也做得，此所謂大本，所謂忠，所謂一者，是也。點操得柄欛，據著源頭；諸子則從支派上做工夫。諸子

[①]《朱子語類》中有相當多相關討論、問答。
[②] 事實上儒釋道三家皆無"意必固我之累"。至于這是出于朱子無意的誤解或有意的曲解，就不在本文討論之列了。

底做得小，他底高大。曾點合下便見得聖人大本是如此，但于細微工夫却不曾做得，所以未免爲狂。①

從以上討論可以發現，朱子和程子在"聖賢之心"上有了非常明顯的分歧。本文不打算進行兩者間的哲學思想研究比較，但是在這樣的分歧中，我們却確然地可以看到，朱子不僅較諸程子更大幅度地擺脱漢以來以經國治邦爲儒家理想目標的看法，而且更進一步呈顯出儒家精神一直以來不被注意的一面："直與天地萬物同流，各得其所"。此朱子"各得其所之妙"，較諸程子所謂"使萬物莫不遂其性"，看起來雖然相像，但實質上談論的面向是不同的。程子所重的仍在于結果，故而許曾點爲狂者，而朱子所談的，却是一種從"直心"出發，坦誠無僞、無私無欲、與萬物和樂同流的境界。

迴過頭來説，前面提到李翱將曾點之志與餘三子之志解釋成"王道"與"諸侯"的差別，此"王道"若説就是程子所謂"老者安之，朋友信之，少者懷之，使萬物莫不遂其性"，那麽這個"王道"，顯然和朱子所謂"聖賢之心"是有差異的。更進一步説，朱子所謂的"聖賢之心"，和王充、包咸、皇侃所認爲的"崇德"、"求道之心"、"樂道知時"，顯然是暗合的。因此，從"四子侍坐"章的注解中，我們可以發現正因爲孔子這一嘆息、一點頭，竟造成了歷來學者對于儒者形象、儒家精神、儒家理想衆説紛紜，至今無有定論。乃至于現今學者研究中國思想史時，提出了各種分別名詞：原始儒家②、先秦儒學、宋明儒學③、當代新儒家④，乃至大陸新儒家等等。這些看似不同的名號標舉，其實面對的是同一個問題：儒家真正的核心精神是什麽？他真正追求的理想是什麽？他和社會、國家是一種什麽樣的關系？曾點在"四子侍坐"章中所展現的、有別于後代學者認爲的獨特儒者形象，竟得到了孔子的贊許，這意味著什麽？這是不是説，或許一直以來我們對于儒家精神、儒者理想的追尋，遺落了什麽？

相較于朱子與程子雖有差异、但根本上肯定曾點確實指出聖人之心、儒家精神與理想的看法，南宋末年出現了一種截然不同的聲音。黃震《黃氏日抄》：

> 四子侍坐，而夫子啓以如或知爾，則何以哉？蓋試言其用于當世，當何如也。三子皆言爲國之事，皆答問之正也。曾皙，孔門之狂者也，無意于世者也，故自言其瀟灑之趣，此非答問之正也。夫子以行道救世爲心，而時不我與。方與二三子私相講明于寂寞之濱，乃忽聞曾皙浴沂歸咏之言，若有得其浮海居夷之意，故不覺喟然而嘆，蓋其所感者深矣。既答曾皙之問，則力道三子之美，夫子豈以忘世自樂爲賢，獨與點而不與三子者哉？
>
> 後世談虛好高之習勝，不原夫子喟嘆之本旨，不詳本章所載之始末，單摭與點

---

① 黎靖德編：《朱子語類》，臺北，文津出版社影印北京中華書局本 1986 年版，第 1034 頁。
② 方東美先生即著有《原始儒家道家哲學》一書。
③ 牟宗三先生于《宋明儒學的問題與發展》第一講中，對先秦儒學與宋明儒學之正名曾作過大幅討論。
④ 劉述先先生有一系列對"當代新儒家"的討論闡發，如《對于當代新儒家的超越内省》、《從中心到邊緣：當代新儒學的歷史處境與文化理想》等。

数語而張皇之，遺落世事，指爲道妙，甚至以曾晳想像之言爲實有。暮春浴沂之事，云三子爲曾晳獨對春風，冷眼看破但欲推之使高，而不知陷于談禪。[①]

黄震認爲曾點乃"無意于世者"，如何能够得到"以行道救世爲心"的夫子所稱許？孔子之所以"喟然而嘆"者，乃是"浮海居夷"之嘆，而非深得聖心之嘆，因此"既答曾晳之問，則力道三子之美"。黄震的解釋恰恰與歷來注解相反，而他之所以能大膽抛棄舊説如此解釋，實是因爲他深信"夫子豈以忘世自樂爲賢"。也就是説，黄震的解釋背後真正的關鍵，是他認爲"以行道救世爲心"才是真正的儒者形象、才是儒家精神，像曾點這樣的"無意于世者"、"忘世自樂"，根本不是真正的儒者。須知黄震此説乃是一舉推翻前此所有注家的看法——從王充到朱子，即使對于如何説明曾點與餘三子差異及曾點究竟達到什麼境界，看法上互有出入，但歸根究底都毫無疑問地肯定曾點的的確確得到了夫子的贊許。黄震此説一出，完完全全地否定了前人説法，甚至是否定了曾點的境界和理想。這樣大的詮釋落差，原因何在？"後世談虚好高之習勝"、"陷于談禪"恐怕是黄震最大的憂心。因此與其説他反對的是曾點所表現出來的形象和精神，不如説他反對的是自朱子、程子高舉"聖人氣象"以來，學者們日益流于"談虚好高"的習尚。這種"談虚好高"不僅達不上曾點的精神形象，甚至連程朱所念念在兹的"功夫"實踐都失去，而僅成一種口頭把玩的審美意趣。

若從黄震所處時代來看，不難明白黄震此説背後的深重憂慮。他曾描述當時南宋國景："民日以窮、兵日以弱、財日以匱、士大夫日以無恥！"[②]因此，"遺落世事，指爲道妙"的痛斥背後，實在反映了當時代士大夫以儒者自居，却完全無法展現出儒者真實精神和胸懷。如果學問不能作爲時代的明燈，學者進不能挑起掌燈之責、退不能成爲世人表率，那麼空談玄妙之意旨，便只能徒然成爲暗助亡國之罪音。因此作爲發發牢騷之嘆可以，却萬萬不能將夫子之嘆視爲稱許。而從黄震的解釋來看，朱子將曾點形象與理想視爲"聖人氣象"的説法，實是把王充以來的潛藏問題，直接推上了檯面。自漢以來，"經世致用"的價值形象雖然是世人對儒學和儒者的主流看法，但我們不難發現，無論在王充、包咸，還是何晏、皇侃等人的注解裏，曾點所代表的這種非主流的形象和精神却從來没有被否定過。也就是説，在現實的"經世致用"之外，曾點所彰顯的理想藍圖、精神境界，一直是被低調但完好地保存著。直到程朱以"堯舜氣象"標舉，高調地推崇曾點境界，這個一直隱而不顯的儒家形象，才終于正式走上檯面。而程朱一口氣將他推上"聖人氣象"之流，則直接地造成了爭論。如果説程朱的詮釋差異還是在共同肯定的脉絡裏各自主張，那麼黄震的解釋顯然就是徹底否定曾點具有代表儒家精神和儒者形象的資格，更不要説達到"聖人氣象"的高度。在黄震看來，曾點"自言其瀟灑之趣"，實是"無意于世者"，而後世更等而下之"談虚好高"，那更是"陷于談禪"，如同佛道之輩了。

[①] 黄震：《黄氏日抄》，臺北，臺灣商務印書館影印文淵閣《四庫全書》本1986年版，第22頁
[②] 黄震：《黄氏日抄》卷六九，第2頁。此時看來，黄震此言也成了南宋亡國的預警。他親眼目睹國家覆亡帶來的悲恨，應是遠超過宋室南渡對朱子的心靈震撼。

四、"心"與"事"的衝突——詮釋極端化背後的反省與焦慮

如果說自漢至宋對"四子侍坐"章的紛論,是從檯面下的差异顯化爲檯面上的争論——儒家真正内在精神和儒者形象爲何,那麽到了明代,便是出現了巨大的割裂,似乎儒家理想和儒者形象截然地往兩個極端走去。王陽明在《傳習録》里,對"四子侍坐"章的看法較之朱子,又更著重于"心"的超越境界:

> 問:"孔門言志,由求任政事。公西赤任禮樂。多少實用?及曾皙説來,却似耍的事。聖人却許他,是意何如?"曰:"三子是有意必。有意必,便偏著一邊。能此未必能彼。曾點這意思却無意必。便是'素其位而行,不願乎其外。素夷狄,行乎夷狄。素患難,行乎患難。無入而不自得矣。'三子所謂'汝器也'。曾點便有不器意。然三子之才,各卓然成章。非若世之空言無實者。故夫子亦皆許之。"①

王陽明認爲曾點之异于三子者,在于他的心是自在的、無意無必,所以他以"無入而不自得"與"不器"來説明孔子稱許曾點的關鍵。這樣的解釋乍看之下和朱子似乎頗爲相似,但細究之下,兩者其實并不相同。朱子亦言"無意必固我之累",但這個"無意必固我之累",却不是在自身身心上的"自得",而是從"天理流行"的角度來説明一體和諧的境界:

> 曾點見得事事物物上皆是天理流行。良辰美景,與幾個好朋友行樂。他看那幾個説底功名事業,都不是了。他看見日用之間,莫非天理,在在處處,莫非可樂。他自見得那"春服既成,冠者五六人,童子六七人,浴乎沂,風乎舞雩,咏而歸"處,此是可樂天理。②

如果說朱子所看見的曾點之志是身心内外、人我、萬物關系和諧、"各得其所"的理想境界,那麽王陽明所看見的顯然是更專注于一己内心對應外在世界的開放和自得。也就是説,相對于朱子,王陽明對這個孔子所稱許的儒者形象和理想,是更著墨在自身内心修養的境界。而他對于"聖人"應該展現出什麽樣的氣度、儒者應該含藏著如何的精神形象,也更大幅度地趨向超脱傳統:

> 王汝中、省曾侍坐。先生握扇命曰:"你們用扇。"省曾起對曰:"不敢。"先生曰:"聖人之學不是這等細縛苦楚的。不是妝做道學的模樣。"汝中曰:"觀'仲尼與曾點言志'一章略見。"先生曰:"然。以此章觀之,聖人何等寬洪包含氣象?且爲師者問志于群弟子,三子皆整頓以對,至于曾點,飄飄然不看那三子在眼,自去鼓起瑟來,何等狂態?及至言志,又不對師之問目,都是狂言。設在伊川,或斥駡起來了。

---

① 陳榮捷:《王陽明傳習録詳注集評》,臺北,學生書局 1998 年版,第 67 頁。
② 黎靖德編:《朱子語類》,第 1026 頁。

聖人乃復稱許他，何等氣象？聖人教人，不是個束縛他通做一般，只如狂者便從狂處成就他，狷者便從狷處成就他，人之才氣如何同得？"①

《傳習錄》這一章首先提出一個前提："聖人之學不是這等綑縛苦楚的"。王陽明對弟子拘禮而不能彰顯出自然自得的精神和態度，大不以爲然，于是他藉著王汝中舉"仲尼與曾點言志"一章，進一步談何謂"聖人之學"，以及"聖人"的精神、形象。王陽明將曾點描述成"飄飄然不看那三子在眼，自去鼓起瑟來，何等狂態？"他將歷來評論曾點的"狂"，描繪成一種心理狀態，這和程朱所謂"功夫未到"或"未必能爲聖人之事"的"狂"，是完全不一樣的解釋。雖然王陽明的描述或許出于想像而不盡符合文本，然而這段話其實是爲了襯托夫子——"聖人"的真實形象。他認爲像曾點這樣的學生在伊川面前，大概只有挨罵的份，但是聖人却能稱許他，這才是王陽明真正要講的"氣象"——"寬洪包含"。也就是說他以"曾點"這樣一個不符合主流形象的學生作爲照鏡，來凸顯出道學家的"綑縛苦楚"，亦即也對照出傳統主流儒者形象與儒者精神的"綑縛苦楚"。透過這樣的推翻否定，才能進一步談"聖人之學"，以及"聖人"形象。

如果"聖人之學"并不這麼"綑縛苦楚"，那麼"聖人之學"該當如何？首先，王陽明認爲每個人都是獨特的，"聖人教人，不是個束縛他通做一般"，聖人所教人的自然是聖人之學，因此我們可以說，在王陽明看來，聖人之學應該是一種生命之學、是順性之學、是成就人的自然自得之學，而不是反過來掐死每個人獨特的生命姿態，好去符合所謂"聖人之學"。這不僅是他對所謂"道學家"的反省，也是他對儒家精神價值的說明。因此他接著說："只如狂者便從狂處成就他，狷者便從狷處成就他。"所以前面說"三子之才，各卓然成章。非若世之空言無實者。故夫子亦皆許之。"面對三子的爲國治邦之志，孔子也稱許。然而王陽明對曾點"無意必"、"無入而不自得"、"不器"等描述，嚴格說來不能算是志向，而是一種內心修養境界，是更近似此處所說之"寬洪包含"的"氣象"。對王陽明來說，曾點能展現出這種"氣象"（氣度、形象、精神），才是"吾與點"的真正意義。而更進一步說，夫子對于曾點這種"狂者"型的學生，能依他的本性去成就他，如《禮記·學記》所說"長其善"，這是從更根本的角度去談"聖人之學"——如何成就每個人最真實自然純善的本性。也就是說，對王陽明來說，儒學真正的精神與理想，不在朱子談的"天理流行"，也不是傳統主流的"經世致用"，而是如何去完成每個人內在的本善。所以他最後說："人之才氣如何同得？"正因爲每個人都是不同的、獨特的，所以如何"無意必"、讓每個人都能在他的生命裡實現"自得"、"不器"，成就每個人各自的生命價值、意義和形象，才是儒學真正的精神、理想。王陽明以"無意必"、"不器"、"無入而不自得"來說明曾點，須知這些描述本處——"子絕四：毋意，毋必，毋固，毋我。"（《論語·子罕》）、"君子不器"（《論語·爲政》）以及"君子無入而不自得。"（《中庸》）全都是描述"真正"的"君子"形象，尤其以《中庸》"君子素其位而行"整段文來說明曾點，這其實便是在說明真正的儒者形象該當如何。而聖人本身則根本沒有固定的形象，若說有，

---

① 《王陽明傳習錄詳注集評》，第 321 頁。

那一定是孔子"狂者便從狂處成就他,狷者便從狷處成就他"的"寬洪包含"。也就是説,王陽明認爲"吾與點"真正的意義不在曾點形象如何,而在于聖人"寬洪包含"和"成就其自身"的精神。曾點和三子或許各自展現出不同的形象與精神,但在孔子如何面對與成就他們"各得其性"的過程中,才真正透露出儒家的精神和理想。

那麼我們就要問,我們是學君子呢?還是學聖人呢?這固然是一個循序漸進的次第過程,但是不是我們都在這個過程中忘却了真正的目標,同時也將儒家真實的精神和理想給扭曲了?"老安少懷"的"聖人之事"難道不是建立在"明明德"的基礎上,而最終還得追求"止于至善"?這個"至善"究竟是"各得其所"、"老安少懷"、"國治天下平"、"萬物莫不遂其性",還是"各得其性"?王陽明的解釋雖然异于歷代注解,但却真正地提出一種重新思考的角度。

然而另一方面,南宋黄震的看法到了明代,也同時發展得更爲極端。楊慎《太史升庵文集》中對"夫子與點"一事有頗戲劇性的發揮:

> 四子侍坐,而夫子啓以如或知爾,則何以哉?試言其用于世者何如也。三子皆言爲國之事,答問之正也。子路乃率爾以對,先蹈于不辭讓而對之,非禮矣。夫子哂之,蓋哂其不遜非哂爲國也。曾晳是時手方鼓瑟而心口相與,曰:"夫子其不悦于爲國乎?"又見赤與求之答,夫子無言,竊意夫子必不以仕爲悦矣,故一承"點爾何如"之問,從容舍瑟而試問曰:"异乎三子者之撰。"蓋逆探夫子之意也。夫子云:"亦各言其志。"而點乃爲浴沂咏歸之説,蓋迎合之言,非答問之正也。[①]

前面討論過,黄震對曾點的評論僅僅是"無意于世者也",他所質疑的,乃著重在"夫子以行道救世爲心",故"夫子豈以忘世自樂爲賢"?然而黄震對曾點形象的質疑,到了楊慎筆下,則根本淪爲投機取巧之輩!楊慎理所當然地設想了曾點當時的心理活動過程,認爲曾點之答"蓋迎合之言",所以"非答問之正也"。楊慎這段評論開頭數句全是黄震之語,結尾"非答問之正也"亦是黄震之見,而彼所言"非答問之正也",却不是黄震"非答問之正也"的真實意思!依黄震的看法,夫子乃問以"爲國之事",故曾點浴沂咏歸之説"非答問之正",而楊慎則更進一步將其解釋爲,曾點非但答不對題,而且是"竊意夫子"、"逆探夫子之意"、"蓋迎合之言",所以"非答問之正"。又説:

> 曾點何如人,而與天地同流,有堯舜氣象乎?且聖人之志,老安少懷,安老必有養老之政,懷少必有慈幼之政,非隱居放言亦爲政之事也!點之志與聖人豈若是班乎?
>
> 孟子曰:"琴張、曾晳、牧皮者,孔子之所謂狂也。"點也人品之高下,孟子已有定論,且與琴張、牧皮爲伍。琴張、牧皮又可與子路、冉有若是班乎?嗟乎!今之學者循聲吠影,徒知聖人之所與,而不知聖人之所裁也。孔子曰:"吾黨之小子狂

[①] 楊慎:《升庵集》,臺灣商務印書館影印文淵閣《四庫全書》本1986年版,第11頁。以下所引皆同。

簡，斐然成章，不知所以裁之。"孔子自陳歸魯，欲裁正之者，正爲哲輩。惜乎不知所以裁點之事，而徒傳與點之語，使實學不明于千載而虛談大誤于後人也。

楊慎對曾點人格的一再貶抑，究其原因，其實是爲了凸顯"聖人之志，老安少懷，安老必有養老之政，懷少必有慈幼之政，非隱居放言亦爲政之事也！"而他所憂慮的，則是"使實學不明于千載而虛談大誤于後人"。也就是說，楊慎根本上完全否定了曾點這一種"浴沂咏歸"的非主流儒者形象和算不上志向的志向。對他而言，孔子的"知我"、"言志"，就是"爲政之事"，沒有第二種可能性，這才是聖人之"實學"。這種說法不僅是將黃震之論極端化，同時也是連帶地否定儒家內在精神境界的價值意義，更進一步說，這是完全把儒家事功化，走向極端"經世致用"、"外王"的觀點。

楊慎這種求"實學"的焦慮固然可以理解，然其對"堯舜氣象"一言之嚴厲否定，甚至將魏晉以來乃至宋人之解，全斥爲"虛無"、"禪學"、"异端"：

> 充點之志而不知聖人之裁，則與桀溺之忘世、莊列之虛無、晉人之清談、宋人之禪學，皆聲應氣求、響合影附，不至于猖狂自恣、放浪無檢不止也。鼓之舞之，流于异端而不覺者，豈非"堯舜氣象"一言爲之厲階哉！

乃至于有朱子"悔不改浴沂注一章"說：

> 朱子晚年，有門人問與點之意。朱子曰："某平生不喜人說此話。《論語》自《學而》至《堯曰》，皆是工夫。"又易簀之前，悔不改浴沂注一章，留爲後學病根，此可謂正論矣。

今人錢穆先生《論語新解》一書亦曰：

> 蓋三子皆以仕進爲心，而道消世亂，所志未必能遂。曾晳乃孔門之狂士，無意用世，孔子驟聞其言，有契于其平日飲水曲肱之樂，重有感于浮海居夷之思，故不覺慨然興嘆也。然孔子固抱行道救世之志者，豈以忘世自樂，真欲與許、巢伍哉？然孔子之嘆，所感深矣，誠學者所當細玩。
>
> 本章吾與點之嘆，甚爲宋明儒所樂道，甚有謂曾點便是堯舜氣象者。此實深染禪味，朱注《論語》亦采其說，然此後語類所載，爲說已不同。後世傳聞朱熹晚年深悔未能改注此節，留爲後學病根之說，讀朱注者不可不知。①

錢穆先生之見大致與黃震、楊慎相同。然可注意的是，錢穆先生此處引用"悔不改浴沂注一章"之說，并叮囑"讀朱注者不可不知"，却是很有意味的一筆。筆者以爲，參之《朱

---

① 錢穆：《論語新解》，臺北，東大圖書公司2011年版，第319頁。

子語類》，則朱子似無改注之意①，然則對于門人學者的偏聽偏趣，朱子是有所警覺的，故而一再闡明甚至強調曾點"功夫未到"，甚至不願再談；然而對于曾點所描繪出的"與萬物同流，各得其所"的理想，却從來没有改變過。後人的理解不當、偏聽偏取，并不等同原始觀點的錯誤，這一點楊慎與錢穆先生不可能意識不到，然而他們還是堅持將此"傳聞"慎而重之地提醒叮嚀，其中用意也不難理解，因爲這當中牽涉到的，是儒家精神、理想、價值究竟爲何的根本，儒者形象爲何也意味著儒家典範爲何。故而楊、錢兩位均不能同意儒家之中竟有此番非主流的一面，而欲與"許、巢"之流切割清楚。就此而言，與其說他們爭論的是"四子侍坐"章中的曾點形象、精神，夫子嘆息點頭的真相，不如說他們爭論的重點是"究竟儒家真實精神、理想内涵爲何"？曾點這一個非主流的"异端"形象、這一種談不上志向的志向，確實讓主流儒者們大感棘手。

那麼，楊慎所謂"朱子悔不改浴沂注一章説"又該如何解釋？就目前文獻所及，此事除了楊慎外，不見于他人記載，而《四庫全書》提要對于楊慎其人是這麼説的：

> 至于論説考證，往往恃其強識，不及檢核原書，致多疏舛；又恃氣求勝，每説有窒礙，輒造古書以實之，遂爲陳耀文等所詬病，致糾紛而不可解。②

在檢閱文獻的過程中，筆者發現楊慎堂而皇之據黃震之言爲己用，甚至有大段抄襲却不指明之情況。《四庫》館臣更明確提及其有"每説有窒礙，輒造古書以實之"之不當作爲。可見楊慎此一説法，只能止于傳聞，其實并不全然可信。以錢穆先生之淵博素養，豈有思不及此之理？由此可知，錢穆先生慎而重之叮嚀此"傳聞"之用心與焦慮，其中深意所在，可不言自明了。

五、調解與轉向

"心"與"事"、主流與非主流隨著有明一代的結束，對"四子侍坐"章詮釋上的劇烈衝突，開始有了緩衝與調解的轉折。王夫之《四書訓義》曰：

> 要其所志者，皆應世之大用，而聖人所以酬酢乎神人君民者，俱在所必不可廢，以成大業而著盛德之光輝。③

首先，王夫之認爲三子之志是"皆應世之大用"，他從兩個角度肯定了這個主流儒家所追求的"經國濟民"、"經世致用"的理想：其一，這個"用"之于"神人君民"是必須的，必不可廢；其二，此"用"非小，是爲大用，以其能"成大業"、"著盛德"。從這兩點來看，

---

① 就筆者瀏覽所見，《朱子語類》似未見具體有關"悔不改浴沂注"的資料。錢先生所據，出處未詳。
② 《四庫全書總目》，臺灣商務印書館影印武英殿本 1983 年版，第 539 頁。
③ 王夫之：《四書訓義》，岳麓書社 1996 年版，第 677 頁。

王夫之并不反對主流儒者念茲在茲的經世致用，而且認爲這的確是必須的，"必不可廢"！那麼，這是否説明了王夫之認同儒家的真實理想與追求，當是"應世之用"？却也未必。王夫之以"酬酢"二字來説明聖人"神人君民"的"實事"，是很堪玩味的。"酬酢"者，主客往來也，應對報答也。《周易·繫辭》曰：

> 八卦而小成，引而伸之，觸類而長之，天下之能事畢矣。顯道神德行，是故可與酬酢，可與祐神矣。①

孔穎達正義曰：

> 由神以成其用。可以應對萬物之求助，成神化之功也。酬酢，猶應對也。②

王夫之所謂"應世之大用"，應即是孔穎達所謂"由神以成其用"；"聖人所以酬酢乎神人君民者"，則是"可以應對萬物之求助"；所謂"以成大業而著盛德之光輝"，便是"成神化之功也"。這麼對照來看，我們就可以發現，表面上王夫之似乎是肯定了"應世之大用"的價值意義，但實際上却是欲以此"應世之大用"來帶出"用"的真正意義："顯道"。也就是説，聖人"酬酢乎神人君民"是必然，也必不可廢，但聖人的意義却不只是爲了"酬酢乎神人君民"，于是"酬酢"二字背後的主客分明意味便很清楚了。因此王夫之語峰一轉便接著説：

> 然而函兵農礼乐于至一之原，以役群才而各著其用，則自有溥物無心、物来順應之理，則二三子皆未足以及之。

"兵農礼乐"者，即是"應世之大用"，而能够"役群才而各著其用"以達此大用的，是更高層次的"函兵農礼乐于至一之原"的能力。也就是説如果"兵農礼乐"是客、是"酬酢乎神人君民"，那麼相對于"兵農礼乐"，必然有一個主，這個主才是聖人"顯道神德行"的關鍵，王夫之説，那就是"溥物無心、物来順應之理"。從主流儒家的觀點上來看，"兵農礼乐"、"經世致用"就是儒家的價值意義，但是對王夫之來説，那却只是聖人"酬酢乎神人君民"之"用"而已，雖然"必不可廢"，也需以此"成大業"、"著盛德"，但却不是最終的目的。也就是説"用"的發生是必然的，也是必須的，但是却不該"爲用而用"——以指指月，認指爲月。

那麼，什麼是"溥物無心、物来順應之理"呢？當他談到"吾與點"這個千古公案時，他説：

---

① 孔穎達：《周易正義》，臺中，藍燈文化事業公司，南昌府學開雕重刊宋本《十三經注疏》。
② 孔穎達：《周易正義》。

> 浴乎沂焉，風乎舞雩焉，詠而歸焉，于斯時也，偕斯人也，同斯樂也。又曰于是觸夫子天地同情、萬物各得之心，而覺因時自足之中，有條有理，以受萬有而有餘者之在是也，乃喟然嘆曰："吾與點也！"①

首先，王夫之肯定曾點之志是一種非常自然真誠的心境。"于斯時也，偕斯人也，同斯樂也"，這種心境不出于各種後天的價值判斷、作爲目的，而是真誠自然出于對"天地同情、萬物各得"的嚮往和追求。而這幅自然而美好的想像畫面則"觸"動了夫子，产生"因時自足之中，有條有理，以受萬有而有餘者之在是也"的感嘆！也就是说，從王夫之的角度來看，夫子"與點"的意義在于曾點所描繪的"天地同情、萬物各得"的畫面和自然自足的情感流露之中，讓孔子看到了他自己真正的理想。這個理想的表現固然是曾點所描繪的美好景象，但這個理想背後的真實意義却是"有條有理，以受萬有而有餘者"，也就是覺悟到一種宇宙萬物的自然（自足而本來如此）之理，以及人與萬物合一的境界。所以他说：

> 聖人之心，以萬物之心爲心，而無立功名于萬物，以自見其才能之意。故其出也，德施無窮，而常有歉然不足之情；其未嘗出也，規模遠大，而無急于見才之志。然而悠然自得之中，以至虛之心，合至足之理。初非却智名勇，功于不用而不可實試之事，爲其虛也，狂者得而見之；智效一官、才任一能者，未能見也。其至虛而至足也，則乐與有爲者共功名，而無損其冲漠含弘之量，則非狂者之所及矣。

"聖人之心，以萬物之心爲心，而無立功名于萬物，以自見其才能之意"顯然就是前面所说的"溥物無心、物来順應之理"。聖人無意于立功名，也無急于見才能，而是追求"悠然自得之中，以至虛之心，合至足之理"，而他的"至虛"之中則有"功于不用而不可實試之事"。這是肯定了儒家有超越"經世濟民"、"經世致用"的價值和理想，并不可以"智效一官、才任一能"的事功思想来侷限聖人精神世界的廣大充沛，并且進一步來説，這種"至虛"本身就是"至足"——它本身就是價值、就意義圓滿。發而爲"用"呢？則聖人"乐與有爲者共功名，而無損其冲漠含弘之量"，也就是"物来順應之理"。這才是朱子所説的"無意必固我"、王陽明所謂"無意必"的境界。但我們可以發現王夫之這裏并不是在説曾點，他是在説孔子、聖人。王夫之認爲，雖然曾點對"天地同情、萬物各得"的嚮往和自然自足的情感流露固然觸動了聖人，但他只得其"本"，却還不能發爲其"用"：

> 夫曾晳之志所爲與夫子合者，點知之？而點未盡知之也！點其能以當世之知不知，而一如春游矣，點其能處當世之知，而使童冠胥樂于浴、風、咏、歸如莫春乎？點能出兵農禮樂之外，而有其浴、風、咏歸之自得矣，點能入兵農禮樂之中，而以浴、風、咏、歸之自得者，俾事無不宜而物無不順乎？點能异三子而規其大矣，點能即

---

① 王夫之：《四書訓義》，岳麓書社 1996 年版，第 678 頁。

三子而不失其盛德大業乎？此夫子所欲進點而使副其志者也。

王夫之并不像程朱那樣一步便將曾點的境界提升到"堯舜氣象"這種無與倫比、至高至上的地位以顯聖人之心，但他也不否認曾點之志確實觸及了"聖人之心"——他的嚮往的的確確體現出聖人的理想，并不是如其他學者所攻擊的那樣僅僅是一種消極的"忘世自樂"；孔子也確確實實是在"稱嘆"曾點，而不是因"道不行，乘桴浮于海"所興起的"感嘆"。從這裏我們看到了王夫之對於前人的種種説法和爭論，提出了一種調節——也就是肯定"點能异三子而規其大矣"，但對於"點能即三子而不失其盛德大業乎？"則提出了商榷的空間。同時他又指出曾點的可貴在于他那全然出乎自然、沒有刻意追求作爲、展現出人本有的最真誠自然的情感，這與魏晉學者從生命情感之自然真誠的角度來説明曾點所展現出來的儒家精神和形象的理路是一致的，王夫之稱其爲"規其大"。這個"大"，不是事業之大，而是其"至虛"之大。這種"至虛"發展出來，就是"溥物無心、物来順應之理"——儒家真正的精神與理想。雖然建功立業、經世致用"必不可廢"，但是他顯然是認爲後世儒家在根本看法上倒客爲主了。"救世行道"、"實事"都是一定要的，但是聖人却不是因爲"救世行道"而成其聖，是因爲他"以至虛之心，合至足之理"，"兵農礼乐"只是他"酬酢乎神人君民"的發揮而已。因此，王夫之提出了一種新的反省：

> 子路、曾晳、冉有、公西華侍坐，而夫子導之以言志。蓋知諸子者，各挾一懷才欲試之心，則未免爲才所困，而有賢智先人之病，特在夫子肅廳和平之下，有所敬忌而不能自暴，故從容以誘之……
> 嗚呼！夫子之言，温厚和婉，既以抑諸子迫動之志氣，而微旨所寄，則以摘發其怨天尤人之隱，而度其所挾持者之各局束于一官一能，而不足與高明廣大之量亦見矣。……

也就是説，王夫之認爲兩千多年前的那場談話并非偶然，而是夫子欲治諸子"爲才所困"、"賢智先人之病"所發起。這是一種什麼病呢？王夫之説："其怨天尤人之隱"。換句話説，這是一種心病。

我們可以想像在兩千多年前，以孔子之聖、弟子之賢，而居然不能大展其才、不能好好幹一番爲國治邦的事業，豈不令人鬱悶？如果不能經世致用，那麼跟著老師學這麼多，不就都白費了嗎？老天豈不是不長眼！諸如此類的牢騷埋怨，大概我們自古至今，在抑抑不得志的讀書人嘴里筆下，也沒少聽過。而這種病的緣由在于錯誤的追求跟認定，也就是"所挾持者之各局束于一官一能"——錯把聖人"酬酢乎神人君民"的發揮當成最終的目標，也錯把自己的志向立于"一官一能"。相對于孔子進退如一、始終"肅廳和平"的心境、氣度、形象，弟子們的格局、氣度、境界如何之小！根本"不足與高明廣大之量"！這種"高明廣大之量"，正是王夫之對儒家精神、理想與形象的看法。這和王陽明所説的"寬洪包含"的境界遙相呼應，同時，如果以"高明廣大"來説明"堯舜氣象"，也是毫無隔閡。所以最後他説：

> 蓋聖人之道，靜而不挾一能以自恃者，動而不遺一物以自逃于虛。...于春風沂水而見天地萬物之情者，即于兵農礼乐而成童冠咏歸之化。惟其高明之致，冒物理而若忘；乃以精微之極，察物理而必盡。道盛于己，天下無不可爲，德充于内，出處有各得之宜，故無望得于人之願。三子能實而不能虛，則大中至和之精意已失；曾點能虛而未能實，則用行舍藏之道未信諸己。故許曾晳以廣三子，而與三子之爲邦以正曾晳。要使不知何以之念不凝滯于胸中，則何兵農禮樂之不中禮？其所以進四子者有深淺，而其理一也。[①]

王夫之并不否定主流儒家經世濟民、經世致用的理想，但對他來説，"道盛于己"、"德充于内"才是儒家精神真正的根本。這種内在修養能靜能動，既不迷失于外在的追逐、價值，也不是消極地"自逃于虛"。這種"道盛德充"的境界是一種自然真誠的流露和體察，所以能"見天地萬物之情"；而因爲這種真誠之心是共通的，因此一接觸到萬物的時候，便能"即于兵農礼乐而成童冠咏歸之化"。也就是説，聖人于"兵農礼乐"、"成童冠咏歸之化"都是自然而然的施展，"出處有各得之宜"、"無望得于人之願"；而聖人能成就自己"惟其高明之致"、"精微之極"，通曉明理、"酬酢乎神人君民"——"天下無不可爲"、"出處有各得之宜"，也是因爲"道盛于己"、"德充于内"。對照聖人動靜自得、"肅廱和平"、"高明廣大之量"，三子雖然懷"兵農礼乐"、"成童冠咏歸之化"的理想，但是却迷失了"大中至和之精意"。

那麼什麼是"大中至和之精意"？筆者認爲就是《中庸》"致中和"之意：

> 天命之謂性，率性之謂道，修道之謂教。道也者，不可須臾離也；可離，非道也。是故君子戒慎乎其所不睹，恐懼乎其所不聞。莫見乎隱，莫顯乎微。故君子慎其獨也。喜怒哀樂之未發，謂之中；發而皆中節，謂之和。中也者，天下之大本；和也者，天下之達道也。致中和，天地位焉，萬物育焉。[②]

如果參照《中庸》來看，"率性之謂道，修道之謂教"是有次序的，而"道"更是"不可須臾離也"。所以如果離道去成教，那是本末倒置。換句話説，"中"没有掌握到，"和"怎麼可能達成？因此"大中至和之精意已失"事實上是非常嚴肅的反省，并非如程子論子路那樣輕松，説他"只爲不達爲國以禮道理"。王夫之一方面指出儒家真正的精神所在，一方面也是深刻反省兩千多年來迷失聖人之學的根本，而一直致力于求"用"、以"用"爲儒家理想、價值依歸的主流儒者。從這裏來看，我們很清楚地發現王夫之確實是認爲儒學應該迴歸到"爲己之學"。至于"兵農礼乐"、"成童冠咏歸之化"，這些都是"本立"之後自然而然的發揮，因此他對于曾點"能虛而未能實，則用行舍藏之道未信諸己"的評價，顯然就輕緩許多。

[①] 王夫之：《四書訓義》，岳麓書社1996年版，第678頁。
[②] 朱熹：《四書章句集注》，第17頁。

同樣是談論次第，與王夫之時代相近的張履祥，則有不同看法：

> 四子侍坐，固是各言其志，然于治道亦煞有次第。在禍亂戡定，而後可施政教。初時師旅饑饉，子路之使"有勇、知方"，所以戡定禍亂也。亂之既定，則宜阜俗，冉有之"足民"，所以阜俗也。俗之既阜，則宜繼以教化，子華之"宗廟會同"，所以化民成俗也。化行俗美，民生和樂，熙熙然游于唐虞三代之世矣，曾皙之春風沂水，有其象矣。夫子志乎三代之英，能不喟然興嘆。①

張履祥將"各言其志"的隨意，理出了一個"治道亦有次第"的説法。子路的軍政、冉求的經濟、公西赤的禮樂外交，成了儒家完成"治道"的步驟，而曾點的"春風沂水"，則成了"熙熙然游于唐虞三代之世"的理想實現。張履祥的解釋雖然十分牽強，完全忽略了孔子"各言其志"的本意及對子路"哂之"的莞爾，但從詮釋學的角度來看，亦有其真實的意義。前面説過，如何詮釋本章實已成了如何理解儒者形象、儒家精神和理想的競場，因此張履祥的解釋較諸前人，其實也展現出他對於"吾與點"背後、孔子真正理想爲何的看法。在張履祥的解釋裏，四子是一個完整的實踐脉络，排除他不合于文本的問題，事實上我們已經可以看出他試圖在歷代的爭論攻詰中，提出一種較爲圓融的詮釋看法。故而在此也順帶一提。

另一方面，較之于宋明學者，清代學者對於"四子侍坐"章的詮釋角度有了大幅轉向。異于王夫之、張履祥試圖調節折衷或反省宋明爭論的作法，宋翔鳳、劉寶楠等清代學者則直接擺脱宋明"聖人氣象"、"遺世自樂"種種"該當如何"的爭論糾葛，重新迴到漢注來追尋他們認爲更貼近切合于《論語》原意的解釋。這一迴歸，便迴歸到了王充身上。宋翔鳳在《論語説義》曰：

> 按王仲任説《論語》，此條最當。浴沂言祓濯于沂水而後行雩祭。蓋三子者之僎，禮節民心也；點之志，由鼓瑟以至風舞咏饋，樂和民聲也。樂由中出，禮自外作，故孔子獨與點相契；惟樂不可以爲僞，故曾皙托志于此。孔子問"如或知爾"，則何以哉？何以言？何以爲治？若以魯論所説，則點有遺世之意，不特異三子，并與孔子問意反矣。②

宋翔鳳提出一個新的思考角度："禮節民心"、"樂和民聲"。首先，他認爲王充"雩祭"的説法是比較合理的，這種合理不出于任何個人的想像揣測，而是出于實際的考據。劉寶楠對此也持相同看法：

> 宋説雩在正歲四月，非二月，甚是。又以浴爲祓濯，亦較論衡"涉水"訓爲確。

---

① 張履祥：《備忘録四》，《楊園先生全集》，中華書局 2002 年版，第 1194 頁。
② 宋翔鳳：《論語説義》，臺北，藝文印書館 1966 版，第 5 頁。

靈星一歲再祀，乃是漢制，宋君亦誤以爲周禮。①

確立了"雩祭"的解釋真正合乎事實之後，他緊接著便提出"禮節民心"、"樂和民聲"的觀點。從這裏我們可以發現宋翔鳳試圖跳出宋明天理、人心、本性、氣象等等角度的爭論，迴過頭來從"禮樂"的角度去談這個問題。他顯然注意到在"四子侍坐"章的記載中，從"鼓瑟"到"詠歸"，曾點這個形象一直與"樂"緊緊聯繫。在他看來，三子的志向皆趨向于"禮"之用（教化），從"禮"的角度"節民心"以達到治理天下的目標，而曾點之所"异于三子之撰"者，即在于他采用的是"樂和民聲"。什麼是"樂和民聲"呢？從具體的"鼓瑟"之樂，到充滿教化意義的"風舞詠饋"、"雩祭"之樂，最後歸向"民聲"，曾點一步步帶出來的，是一種"和"的境界。這種"和"是一種人和人之間的互通共振、訴諸于人心情感的共鳴。所以他接著說："樂由中出，禮自外作，故孔子獨與點相契。"夫子與曾點相契合的那一點并不遙遠，就在心中。也就是說，曾點所追求的，并不是從外在的政治教化去利益百姓，而是希望透過内心的真誠去感通，使人人都能"和其聲"——去感動人民，并得到認同。

前面說清人的解釋迴歸到王充，但宋祥鳳的解釋除了將"舞雩"解釋爲"雩祭"外，乍看之下似乎和王充的解釋都不相同？事實上他是道道地地迴歸了王充的理路，并且繞過宋明的論述脉絡，從另一個角度清晰闡明了儒家的精神和理想爲何。前面討論過，王充談"雩祭"的最大目的，是要談"雩祭者之用心"，他并且舉了"慈父孝子"爲例，從"惻痛慇懃"、"悲恨思慕"的情感流露來談人和人之間那種不可僞造、真誠惻坦的"不得已之意"——這個"不得已之意"并不是被迫的，而是出于"惠慇惻隱"，不能自已。王充認爲曾點"欲以雩祭調和陰陽"不同于前三子爲邦治國之志，在于他真誠惻坦之心的流露，"春祈穀雨，秋祈穀實"真正的意義在其用心而不在其用事。然而有這樣的心如何能不感通人民的心，進而"和其聲"？宋翔鳳"惟樂不可以爲僞，故曾晳托志于此"的詮釋觀點，正是王充"不得已之意"的進一步擴充。

而從另一方面來說，宋翔鳳"樂和民聲"、"樂由中出"、"惟樂不可以爲僞"的解釋理路，較諸宋明"天理流行"、"堯舜氣象"等被攻擊爲"虛"、"狂"的說法，是更貼實地將儒家核心迴歸到從内在生命安頓與物我和諧的角度來闡釋儒家價值意義的脉絡。同時他也從主流儒者無可非議的"禮樂"觀點，安頓了曾點這樣一種"非主流"的儒家形象，并進而說明孔子"與點"的意義。他的說法近似于孔子所謂"以德化民"、"君子之德風"，如果從這個觀點來看，宋明以來"王道"、"先王之道"、"堯舜氣象"、"寬洪包容"、"大中至和之精意"種種說法，顯然都能含括其中。

不過，同樣都是重新迴到王充"雩祭"觀點，從"禮教"觀點出發的劉寶楠却認爲這整件事其實很簡單：

> 竊以古論解此節爲雩祀，自是勤恤愛民之意。其時或值天旱，未行雩禮，故點

---

① 劉寶楠：《論語正義》，中華書局1998版，第478頁。

即時言志，以諷當時之不勤民者。《家語·弟子解》："曾點疾時禮教不行，欲修之，孔子善焉。《論語》所謂'浴乎沂，風乎舞雩之下。'"以浴沂風舞雩爲禮教，正與《論衡》所云"調和陰陽"之旨合，乃漢人解此文又誤會古論之義……①

劉寶楠認爲曾點所描繪的"雩祭"過程、畫面，并不是什麼"堯舜氣象"、"大中至和之精意"、"無入而不自得"，也不是"樂和民聲"，而是反應了一件"不勤民者"的時事。劉寶楠以《家語·弟子解》"曾點疾時禮教不行，欲修之"的記載，來證明他"點即時言志，以諷當時之不勤民者"的觀點。也就是説，"四子侍坐"章的紀録以及"孔子善焉"這件事背後的真相，就是當時的國君不能勤民愛民，而曾點則藉著"亦各言其志"的機會，去闡揚應當"勤恤愛民"的思想。

那麼，曾子和三子真正的不同點在哪里？劉寶楠沒有進一步説明，但他很慎重地提出澄清：古論"以浴沂風舞雩爲禮教"和王充"調和陰陽"之説并不相同。這是在擺脱宋明觀點之後的二度擺脱，這一次他擺脱的是陰陽之説。除去"心性"、"天理"、"堯舜氣象"，再除去漢代"陰陽調和"的説法，劉寶楠最後選擇認同"以浴沂風舞雩爲禮教"的觀點。這個觀點是怎麼被選擇出來的呢？我們會發現他極力將"四子侍坐"章的解釋，還原到真實歷史的脉絡情景里，不接受任何後世的縱情想像以及恣意闡發的微言大義。因此他花了非常大的篇幅，將其中的時間、地點、名物、禮制都做了力求清楚正確的考證説明，②這其中所透露出來的意味，就不難體會了。當所有的細節證據都迴歸到歷史情境之中，當時的原貌清楚還原之後，劉寶楠得出一個結論："點即時言志，以諷當時之不勤民者"。也就是説，當時并非沒有禮教、沒有"雩祭"，當時所沒有的，是"勤恤愛民"。

我們可以進一步推論，當子路三人志氣洋洋地談論著自己可以做到怎麼樣的軍事、政治、外交、祭祀等等爲邦治國之事時，曾點看見的却不是自己可以做什麼的問題，而是縱然夫子與群弟子如何地有能力、有理想、有藍圖去籌謀規劃，但真正的癥結點却是"當時之不勤民者"。"其時或值天旱，未行雩禮"雖然只有寥寥數字，但背後反應的現實却無比沉重——在當時，并非沒有禮教，沒有的是那個"勤恤愛民"的人。"雩祭"固然只是一種儀式，但正如王充所説，儀式真正的意義不在儀式本身，在"雩祭者之用心，慈父孝子之用意也。"而如果主政者連已"值天旱"都"未行雩禮"，不能存著"春祈穀雨，秋祈穀實"的愛民之心，那麼就算有子路、冉求、公西華，乃至孔子這樣的聖賢輔世，又有什麼用呢？而當曾點描繪了那樣一幅美好的"雩祭"畫面而表達"欲修之"的意願時，我們也就可以想像孔子彼時定然百感交集，"喟然嘆曰：'吾與點也'。"如果我們再對照孔子離魯前，季桓子和魯公"受齊女樂，三日不朝"的事來看，那麼其中的深意就昭然若揭了。

至此，劉寶楠已經不是在談論四子之志如何不同或誰高誰低、誰虛誰實、誰先誰後、

---

① 劉寶楠：《論語正義》，中華書局1998年版，第478頁。
② 皇侃《論語集解義疏》於此章雖也做了十分詳細的説明，但兩相對照之下，劉寶楠對名物制度的反復考究，實在已到了令人欲弃書不讀的地步。

誰本誰末、誰"遺世自樂"的問題了。這世界上不缺乏經世濟民之志，也不短少治國爲邦之才，這世界上所缺乏的，是"勤恤愛民"的人。而面對這種"不勤民者"，儒者應該如何做呢？儒家的理想、精神應該要如何才能真正發揮、落實呢？這在學術史與思想史上，又是一個大問題了。不過，總結來說，劉寶楠還是把儒家精神與理想，定位在經國濟民、經世致用的方向，這也是有清一朝，崇實的思想展現了。

六、結 語

　　從漢至清，從王充到劉寶楠，固然可以看到歷朝對"四子侍坐"章的爭論不休。在其討論中，更可以看到歷來學者們如何透過詮釋、注解"四子侍坐"章來表達他們對于"聖人之心"、"聖人之道"等儒家精神、理想與形象的描繪與闡釋。在這些詮釋中，其實可以概括分成幾條清楚的脉絡。首先，王充、包咸、皇侃等漢魏六朝學者所著眼的，是儒家對生命情感的關注。雖然在正統的政治氛圍里，獨尊儒術或鄭玄所代表的主流經學家觀點，都將儒家的理想與目標放在經世致用上，但我們却能很清楚地發現，仍然有一批學者在"儒術"之外，更關心"儒者"是否保持真誠的生命情感與道德，是否忘記了《論語》首章"學而時習之，不亦說乎？有朋自遠方來，不亦樂乎？人不知而不慍，不亦君子乎"的初衷？王充從曾點的"浴沂咏歸"里看到"雩祭者之用心"、"不得已之意"，包咸看到的則是"有朋"的喜悅、求道的嚮往，而皇侃則進一步深刻地去反省："先生之門，豈執政之所先乎？"難道"樂道"不是儒者真正的追求？無論是對人（惠憨惻隱之恩）或對己（樂道），王充、包咸、皇侃同樣都指出一種真誠惻坦的心境。也就是說，從王充到皇侃，我們在"四子侍坐"章里看見的，是孔子對於"樂道"與"惠憨惻隱"的肯定，不是爲邦治國、經世致用等"禮"與"政"上的追尋；是迴歸自身，找出內心的喜悅與真誠。而曾點在他們的筆下所展現出來的，就是這樣的儒者形象。從王充到皇侃的注解里，我們看到的是儒者的生命情懷，而孔子所以肯定與喟嘆的，也正是這種自然情感和理想追尋的珍貴。

　　漢魏六朝學者所追求的"樂道"與"惠憨惻隱"，到了朱子身上，被提煉成一種"直與天地萬物同流，各得其所"的"可樂天理"。雖然在學術史上很多時候我們都粗略地將程朱共提，但從朱子和程子的注解比較中，也可以發現兩者的不同。朱子不僅較諸程子更大幅度地擺脫漢以來以經國治邦爲儒家理想目標的看法，而且更進一步呈顯出儒家精神一直以來不被注意的一面："直與天地萬物同流，各得其所"。朱子"各得其所之妙"，較諸程子所謂"使萬物莫不遂其性"，看起來雖然相像，但實質上談論的面向是不同的。程子所重的仍在于結果，故而許曾點爲狂者；而朱子所談的，却是一種從"直心"出發，坦誠無偽、無私無欲、與萬物和樂同流的境界。姑且不論曾點是否確然達到這樣的境界，或這樣的說法後來引發了什麼樣的後遺症，我們從朱子的"聖人氣象"說里看到的是他對聖人精神與形象的追求和說明。而另一方面，另一種截然不同的說法則另立一家。黃震認爲曾點所代表的是"遺世自樂"的消極自私，豈能得道盛人的贊許？不管黃震的看法正確與否，他事實上是透過對曾點形象的駁斥，來反省一味追求內心道德修養、境界，却不能"舍己爲人",勇于承擔社會責任,所謂崇尚心性之學的學者。于是,我們朱子和黃震的差異里,則又看到了新的爭論點:心性之學是否與經世致用之學衝突?而這個爭論其實與魏晉學者所關心的還是一個問題:究竟儒者應以何爲中心、爲依歸、爲目的、爲理想?

程朱與黃震的差異到了明代,演變成了兩種極端的立場。在王陽明與楊慎截然不同的詮釋里,曾點的形象竟可以有天地之差!王陽明在對曾點"無意必"、"無入而不自得"、"不器"等描述中,呈現是一種内心修養境界,是更近似於如夫子般"寬洪包含"的"氣象"。對王陽明來說,曾點能展現出這種"氣象",才是"吾與點"的真正意義。更進一步說,夫子對于曾點這種"狂者"型的學生,能依他的本性去成就他,則是從更根本的角度去談"聖人之學"——如何成就每個人最真實自然純善的本性。也就是說,對王陽明而言,儒學真正的精神與理想,不在朱子談的"天理流行",也不是傳統主流的"經世致用",而是如何去完成每個人内在的本善。如何"無意必"、讓每個人都能在他的生命里實現"自得"、"不器",成就每個人各自的生命價值、意義和形象,才是儒學真正的目的。然而曾點這一個非主流的"异端"形象確然引起主流儒者們的焦慮,尤其是看到心性之學末流的種種弊象之後。于是楊慎透過對曾點人格形象的一再貶抑,企圖呈顯"聖人之志,老安少懷,安老必有養老之政,懷少必有慈幼之政,非隱居放言亦爲政之事也"的精神,而他所憂慮的,實是"使實學不明于千載而虛談大誤于後人"。從黃震、楊慎至今人錢穆先生,我們可以看到儒家之中始終有一派學者堅守著"行道救世"的悲憫和遠大胸懷。但是如果將"行道救世"作爲儒家精神中心與理想,而忽略了内在的修養與提升,是否恰好就會發生像楊慎那樣的言行分離?而反過來說,如果真能從一身生命情感與道德出發,提升境界與胸懷,那麼豈有不"行道救世"的道理?而一個内在道德夠不上君子的人,他所汲汲呼喊的"爲政之事",就真能"行道救世"嗎?就真是"實事"嗎?何者爲"實",何者爲"虛"?何者爲"本",何者爲"末"呢?

于是,明末清初學術大家的王夫之對于前人的種種說法和爭論,提出了一種調節——也就是肯定"點能异三子而規其大矣",但對於"點能即三子而不失其盛德大業乎?"則提出了商榷的空間。他指出曾點的可貴在于那全然出乎自然、沒有刻意追求作爲、展現出人本有的最真誠自然的情感,這與魏晉學者從生命情感之自然真誠的角度出發說明曾點所展現出來的儒家精神和形象的理路是一致的。雖然建功立業、經世致用"必不可廢",但是他顯然認爲後世儒家在根本看法上倒客爲主了。王夫之并不否定主流儒家經世濟民、經世致用的理想,但對他來說,"道盛于己"、"德充于内"才是儒家精神真正的根本所在。這種"道盛德充"的境界是一種自然真誠的流露和體察,所以能"見天地萬物之情";而因爲這種真誠之心是共通的,因此一接觸到萬物的時候,便能"即于兵農礼乐而成童冠咏歸之化"。所以"道盛德充"與"兵農礼乐"其實并不衝突。此外,他更進一步藉三子"大中至和之精意已失"的評論提出反省——兩千多年來迷失聖人之學的根本,致力于求"用"、以"用"爲儒家理想、價值依歸的主流儒者,是否早已忘記儒學應該迴歸到"爲己之學"?

相對於宋明儒者的爭論不休,清代宋翔鳳與劉寶楠則不約而同轉向,選擇迴歸到漢代,從"禮樂"與"禮教"的角度,重新厘清本章的真相與真義。宋翔鳳以"樂和民聲"、"樂由中出"、"惟樂不可以爲偽"的詮釋脉絡,迴歸到從内在生命安頓與物我和諧的角度來闡釋儒家價值意義,同時也從主流儒者無可非議的"禮樂"觀點,安頓了曾點這樣一種"非主流"的儒家形象。他繞過宋明天理、人心、本性、氣象種種觀點,迴歸到王充以來的漢魏六朝學者所關注的生命情感角度,去訴諸人心的感染和共鳴、達到人和人之間的互通共振,最後透過内心的真誠去感通,使人人都能"和其聲"——去感動人民,并得到認同。筆者認爲這一段在講的便是《大學》"親民"一事。宋翔鳳便是迴歸到這個原點,從"禮樂"的角度,重新去思考儒家真正的目標應該放在哪里。而另一方面,劉寶楠却從"四子侍坐"章里,看到了一個無比沉重的現實畫面——一件"不勤民者"的時事。他極力將"四子侍坐"章還原到真實歷史的脉絡情景里,却駭然發現,真正的問題不是四子説了什麽,當時也并非没有禮教,真正令人痛心的,是没有那個"勤恤愛民"的人!"其時或值天旱,未行雩禮"語氣雖輕緩雖平淡,但背後意味的殘酷現實却無從迴避!不過總的來説,劉寶楠還是把儒家精神與理想,定位在經國濟民、經世致用的方向,而他的痛切,也是在不能"行道救世"的脉絡里。

綜觀以上所述,誠如徐復觀先生所説,"四子侍坐"章是"二千年來,爭論不决的一件公案"。曾點的形象太過"非主流",而孔子的喟嘆却又這麽難得!于是"吾與點也"短短四個字,兩千多年來竟引伸出數十種看法,真可謂"一個公案,各自表述"。然而不管這些看法如何、認不認同,乃至于將來還會有多少種解釋出現,這些其實都不重要,重要的其實是透過兩千多年前的那場談話,可以看清楚我們生命中那幅理想生命與理想世界的藍圖,同時也透過對前人看法的厘清,追尋個人所相信、所願意依歸的精神形象。同時,這些討論,也提供讀者一個方向——當重新思考儒家價值與意義時,究竟應該如何去掌握,才能讓儒家思想在自身生命與他人生命中,真正發揮影響,帶來幸福快樂。

A Study of the Confucian Spirit: From Changes in Interpretations of the "Zi Lu, Zeng Xi, Ran You, and Gong Xi Hua Sitting by the Master" Chapter in *Analects*

Gao Dihua

Abstract: This study investigated the comments on the image of Zeng Dian in the "Four Disciples Sitting by the Master" Chapter by Wang Chong, Huang Kan, Cheng Zi, Zhu Xi, Wang Yangming, Yang Shen, Wang Fuzhi, Song Xiangfeng, and Liu Baonan, based on chronology of the periods to which these scholars belonged, from Han, Wei, and Six Dynasties to Tang and Song, and Ming and Qing. According to these scholars' interpretations and remarks on "Why Confucius praises Zeng Dian", this study discussed changes and conflicts in the Confucian spirit, ideals, and the image of Confucianists over the past two thousand and some years and further explained the implications of these interpretations and changes.

Keywords: Confucius spirit; the image of Confucianists; *Analects*; Confucius; Zeng Dian; Zeng Xi

（本文責任編校：閆　寧、沈　薇）

何以壞了人心？
——王安石的王道思想再論

林素芬

摘　要：本文主要目的是通過重探王安石的王道思想，來厘清一些相關問題。首先，是論證王安石的道德性命之說的實用面向，在于運用聖人仁義之心，制作法度，以化人心、變風俗。其說融釋匯老，以"一道"的高度，創作王道思想，而被指責是禍害人心的思想，實爲過論。其次，本文指出，王安石一生學術的努力方向，并無重大的改變。若爲他的生平出處作分期則可，若要將他的學術發展作分期，似無十分之必要。其三，王氏的思想宗旨，雖有兼容并蓄的特色，然而其積極救世，重視仁義禮樂之法度，在理論上應歸屬儒家。最後，本文并且提出，王氏的王道理想設計，在實施之中，最終并未能有效達成的原因，不應當由學術界不同的道德理論與不同的教化觀之論述競爭來決定，也就是說，新政失敗的原因，與理論競爭之間的互相評騭，實爲二事，不可相提并論。新政失敗的主因，還是要迴歸到政治現實場域中去尋找。

關鍵詞：王道思想　道德性命　聖人　法度　化人心　變風俗

爲高必因丘陵，爲下必因川澤；爲政不因先王之道，可謂智乎？——《孟子》
老子曰："夫六經，先王之陳迹也，豈其所以迹哉？"——《莊子》

一、前　言

王安石（字介甫，1021—1086）的學術及其定位，一向受到相當的矚目；其政治事功與學術事業之間的關系，尤其是引人興味的議題。[①]仁宗（趙禎，1010—1063）時期，王安石的學術已然卓爾自立，其出處態度與政治識見亦甚得時人推重；故而神宗（趙頊，

[①]　關于王安石的變法事業與學術思想之評價，自北宋熙寧年間起，就一直爭議不止。指責者說他用的是申商之術，讚揚者則說他是"三代以來，一人而已"（王宗沐：《敬所王先生文集·王臨川文集序》，《四庫全書存目叢書》，臺南，莊嚴文化公司1997年版，第1頁）。參見李華瑞：《王安石變法研究史》，人民出版社2004年版。

1048—1085）初次召見，乃以"道術德義"贊賞他。① 王安石在當時以人品、文學、思想著稱，平生抱負實在政治事業，嘉祐三年（1058，年37）《上仁宗皇帝言事書》便提出"今士之所宜學者，天下國家之用也。"② 熙寧元年（1068，年47）第一次見神宗，更以堯舜之道勸勉，使神宗深受震動，云："可悉意輔朕，庶同躋此道。"③ 王氏在長遠的儒學傳統影響之下，政論以推崇"先王之道"爲旨；這與有宋一代儒學主流——"迴歸三代"，是相呼應的。"迴歸三代"的呼聲，是以"王道"對漢、唐"霸道"而言，此論王安石亦有所自得。總之，王氏理想先王的理論，自成一格，并以之勸責當時帝王，作爲擬定國家長治久安的政策之張本。其說雖然受到不少的質疑與批評，其實自有意義，值得深探。

王安石學術早在嘉祐年間（1056—1063），就已經"名重天下，士大夫恨不識其面"。④ 然而，自其執掌政權，甚至于身後，却一直蒙受學術界與政治界的諸多攻擊，例如正當熙寧變法之際，理學陣營的二程兄弟（程顥1032—1085、程頤1033—1107），曾直指"介甫之學"云：

> 佗便只是去人主心術處加功，故今日靡然而同，無有异者，所謂一正君而國定也。此學極有害。……始則且以利而從其說，久而遂安其學。……其學化革了人心，爲害最甚，其如之何！⑤

認爲由于王氏學術就"人主心術處加功"，以致士人爲了現實利益，風從影隨，是以王學"化革了人心"，危害甚巨。程頤說王學"心術不正"、"壞了天下人心術"⑥，"壞了後生學者"，⑦ 這些指責主要都是針對王安石的道德心性之學而發。然則，作爲王安石王道思想核心的道德心性之學，究竟底蘊爲何？二程之評，是否公允？本文將從王氏王道之說來探討這個問題。

學界的王安石研究，各個面向皆累積迅速，無論是學理方面的、事功方面的，都有相當豐富的成果。其中對某些議題出現不同的理解，產生不同的結論，仍有進一步論定的空間。例如有些學者主張王氏思想有不同時期的變化，目前有三期與四期之說，筆者

---

① 參見廖育菁：《兩岸王安石研究迴顧與未來發展(1949—2007)》，臺北，《漢學研究通訊》2008年第4期，第21—32頁。楊天保：《學路與出路——21世紀王安石學術思想研究理念之發微》，《廣西師範大學學報》2007年第2期，第115—118頁
② 王安石：《臨川先生文集·上仁宗皇帝言事書》，臺北，華正書局1975年版。
③ 脫脫：《宋史》卷三二七，中華書局1977年版，第10543頁。
④ 司馬光曾記述王安石事迹云："王安石……舉進士，有名于時。慶曆二年，第五人登科，初簽署揚州判官，後知鄞縣。……議論高奇，能以辯博濟其說，人莫能詘。始爲小官，不汲汲于仕進。……至和中，召試館職，固辭不就；乃除群牧判官，又辭，不許，乃就職。少時，懇求外補，得知常州。由是名重天下，士大夫恨不識其面，朝廷常欲授以美官，唯患其不肯就也。"見司馬光：《涑水記聞·附錄三·溫公瑣語》，中華書局1983年版，第386頁。另參見陸佃《陶山集·傅府君墓志》（台灣商務印書館四庫全書珍本1973年版，第4頁上）中自述從學王安石之事。
⑤ 程顥、程頤：《二程集》卷二，臺北，里仁書局1982年版。
⑥ 李心傳：《建炎以來繫年要錄》卷七九，臺北，藝文印書館1964年版，第2頁上。
⑦ 程子云："如今日，却要先整頓介甫之學，壞了後生學者。"見《二程集·二先生語二下》。

認爲仍有値得商榷之處。①又如王氏的思想宗旨，究竟應當歸屬于儒家？或法家？雜家？他又是如何融合佛、老？不同學者所見頗有差異。如臺灣學者，大多以王學屬儒學，錢穆先生、夏長樸師皆主此說，筆者亦同；另有學者主張王學是本于老學而吸納各家，如江淑君。大陸方面，早期學者鄧廣銘、邱漢生等多視王氏學說爲法家，近期學者則或轉以王氏爲儒家（如鄧廣銘）或是"援道入儒"（如楊新勛、李波等），或雜家（如李祥俊）。②這些定位問題，主要源于學者對王氏思想的不同解讀，因此也有進一步辨析的必要。

　　筆者曾對王安石的"道論"做過研究，其中已有論及政治理論與帝王之學，不過所佔篇幅與論點皆有所限制，幷未充分展開。③近年由于學術資訊發達，對于學界相關研究成果取得更爲容易，因此，筆者搜羅更詳之後，稍有新得，乃希望能對此議題再做較爲深入的討論與分析。對重視政治事功的王氏所建構的"先王"理想，以及他如何將此理想應用于政治現實等問題，再做厘清。進而藉此商榷王氏政治事功與學術事業之間的關係，及其學術的定位等問題。

　　全文分做五部分，一是前言，二是考察王安石的先王論，對照當時仍受推崇的貞觀之治，討論王安石對貞觀之治的正反觀點；三是討論王道之關鍵，在于用"心"與霸者不同；第四部分，進一步分析王安石的聖、俗說，厘清王安石以王道變風俗的論點。最後，對于前人之說，做一個總的檢討。

二、先王之道對照貞觀之治

　　錢穆先生十分推重王安石哲學，以之爲北宋初期之"押陣大將"，認爲王學融合儒、釋而"由虛轉實，由反歸正"，"由釋反儒"，"乃思想史上的一種更深更進之結合。"④錢先生特别著重王安石的儒、釋融合；而事實上王氏"平生最喜《老子》"，⑤道家思維對他也是影響甚大。表現在帝王學上面，王安石一方面繼承以堯舜三代聖王作爲治國典範的傳統，一方面其先王論以心性論爲本，特别強調帝王的無心之仁、智性培養與法度建立，是宋代儒學中聖王理論的一種特殊型態。因此，其所謂帝王的"道德性命"之學，確實在儒家仁民愛物之說上，融會了道、佛、法思想中的心性修養與冷智的一面，鎔鑄出對于現實政治制度具有哲學意義之解釋，極具特色。

　　自中唐以降出現了新的帝王典範"貞觀之政"，直到宋初，仍然受到皇帝與士人的崇

---

① 李祥俊《王安石學術思想研究》（北京師範大學出版社 2000 年版），主張王安石的學術思想可以劃分爲四期：（一）年少時期以詩文創造及肄習舉業之學爲主；（二）慶曆二年（1042）舉進士之後，有《淮南雜說》、《洪範傳》等行世；（三）熙寧二年（1069）擢爲參知政事繼而拜相之後，主持《三經新義》修撰；（四）熙寧九年（1076）退隱金陵之後，有一些佛教方面的經注著作。另，徐規、楊天保：《走出"荆公新學"——對王安石學術演變形態的再勾勒》《浙江大學學報（人文社會科學版）》第 35 卷，2005），則主張"王學"依照其時空轉換順序，大體上有三種演變形態：（一）早期原生形態，（二）官學化形態，（三）晚年演化形態。筆者之前著作中，原本采取李祥俊之說。不過，經過重新評估，筆者認爲無論是四期或三期，皆只能見王安石不同時期不同型態之著作，幷不足以說明其學術思想主軸之變化。
② 參見廖育菁《兩岸王安石研究迴顧與未來發展（1949—2007）》，第 21—32 頁。
③ 參見林素芬《北宋中期儒學道論類型研究》（臺北，里仁書局 2008 年版）第五章"王安石道德業俱全的一道論"。
④ 錢穆：《中國學術思想史論叢·五·初期宋學》，臺北，東大圖書公司，1978 年版，第 7—10 頁。
⑤ 晁公武撰，孫猛校證：《郡齋讀書志校證》，上海古籍出版社 2005 年版，第 471 頁。

奉。及至仁宗朝，傳統典型的堯舜三代聖王又被一再提出，于是兩種典範在復興儒學的風潮中有了比較的意義；逐漸地，二帝三王的典型再次居于上風。[1]這正是王安石建構"先王之道"理想的時代背景。在迴歸三代的儒學思潮中，王氏以先王之治爲完美典範，對"貞觀之治"則從有襃有貶轉向較嚴峻的批評。這可以從他先後呈給仁宗的上書及其與神宗的對話，明顯見出。

嘉祐三年（1058），時任提點江東刑獄的王安石，上書仁宗（《上仁宗皇帝言事書》，下文簡稱《上仁宗書》），指出當今人主雖有"二帝三王之用心"，但是由于"法度多不合乎先王之政"，以致于國家内憂外患頻繁，財力日窮，風俗日衰。[2]換言之，法度不正，是國家一切弊端的根源。《上仁宗書》又云：

> 昔唐太宗貞觀之初，人人异論，如封德彝之徒，皆以爲非雜用秦、漢之政，不足以爲天下。能思先王之事、開太宗者，魏文正公一人爾。其所施設，雖未能盡當先王之意，抑其大略可謂合矣。……然則唐太宗之事，亦足以觀矣。[3]

這段文章勸諫的語氣和緩，重點在于人才養成的重要，故舉例唐太宗能用魏徵，因而制度施設能大略合于先王之意，也是因此，唐太宗之治才有可觀之處。類似的論點在早期著作《諫官論》中一文也有論及：

> 唐太宗之時，所謂諫官者，與丞弼俱進于前，故一言之謬，一事之失，可救之于將然，不使其命已布于天下，然後從而争之也。君不失其所以爲君，臣不失其所以爲臣，其亦庶乎其近古也。[4]

所謂"庶乎其近古"，亦即上文于"先王之意"，"大略可謂合矣"之意，也就是說，唐太宗由于朝中有知先王之道、明先王之意的良臣，所以其施政能够"近古"。不過，雖然肯定其"近古"、"略合"，終究不能等于先王之道，是以後來當熙寧元年（1068）神宗初登大位，召見安石，垂問當今治理天下首要之務，安石的迴答乃一反委婉語氣，而顯得斬截峻刻多了，史書記載：

> 入對，帝問爲治所先，對曰："以擇術爲始。"上問："唐太宗何如？"對曰："陛下每事當以堯、舜爲法。唐太宗所知不遠，所爲不盡合法度，但乘隋極亂之後，子孫又皆昏惡，所以獨見稱于後世。道有升降，處今之世，恐須每事以堯、舜爲法。"[5]

---

[1] 參見方震華：《唐宋政治論述中的貞觀之政——治國典範的論辯》，《臺大歷史學報》2007年第40期，第19—55頁。
[2] 王安石：《臨川先生文集·上仁宗皇帝言事書》，第410頁。
[3] 王安石：《臨川先生文集·上仁宗皇帝言事書》，第410頁。
[4] 王安石：《臨川先生文集·諫官論》。
[5] 《宋史》卷三二七。

所謂此一時也，彼一時也，此時王氏或許爲了把握當面進諫的時機，又或許瞭解年輕神宗有勵精圖治的野心，因此不同于《上仁宗書》的委婉肯定口吻，而直接批評唐太宗的"不盡合法度"，以突出其與堯舜之道的明顯反差。前後議論的不同，究其實恐怕并不是王氏的論點自相矛盾，而是由于言説的對象與時機不同之故吧！這裏王氏特別揭出"法度"，似乎已經準備開始要漸漸地帶出他的整套王道構思了。

那麼，或許可以這麼説：對王安石而言，唐太宗未能盡合于聖王之道。唐太宗之所以可觀，只是在某個特殊方面由于良臣輔佐而做到"近古"。這個特殊方面何所指？根據史料，應是唐太宗的治國之術，亦即其身爲帝王的決斷力，值得贊許。例如，王氏稱贊唐太宗是深諳招睞人才之道的帝王，其云：

> 天下法度未立之先，必先索天下之材而用之。如能用天下之材，則能復先王之法度；能復先王之法度，則天下之小事無不如先王時矣，況教育成就人材之大者乎？……吾聞之，六國合從，而辯説之材出；劉、項并世，而籌劃戰鬥之徒起；唐太宗欲治，而謨謀諫諍之佐來。……今亦患上之不用之耳。天下之廣，人物之衆，而曰果無材可用者，吾不信也。①

人主首先要積極掄取人才，此乃進至先王之道的階梯。這即是王氏主張人主應當先向天下求才，進而建立符合先王之法度；有了知法度之才士，再進一步籌劃并展開教育掄才的事業。除此之外，唐太宗還能够辨識人才之忠奸邪正、賞罰分明，王氏云：

> 孫權、曹操用法至嚴，動輒誅殺，然用趙達、吕壹之徒，皆能作奸亂政。陛下寬仁，不忍誅罰，焉能保此輩不作奸？三代聖王且不論，如漢高祖、唐太宗已不肯爲孫權、曹操所爲。②

王氏在此批判唯才是舉的孫權、曹操，對照之下，漢高祖、唐太宗雖然只是緣飾以儒術，相比于孫、曹，至少還是比較接近三代聖王的治國之術的。這些建言，都是在勸諫神宗應力求達到仁德與才智、掄才與執法能力皆備。

唐太宗的"近古"，還表現在諫官制上。王安石指出，古代有三公與士的區別：賢且貴的三公，"無所不任其責"、"無所不當言"；士，則循名守分，以其職而諫上，并且各職官之間互相規誡。然而後代的諫官，"天子之所謂士也"，既無賢且貴的三公之位，只有循名守分的士，馴至出現"自公卿至于百工，皆失其職，以阿上之所好"的弊端。王氏特意强調唐太宗能鼓勵言路，善用諫官、善聽諫言，公正擇取，此所以近于古之道。因此，當神宗論及"唐太宗能受人犯顔諫争"，并感嘆道當時"臺官只有罪絀，無賞，近

---

① 王安石：《臨川先生文集·材論》。
② 見李燾：《續資治通鑑長編》卷二四〇，中華書局 1978 年版。關于宋神宗起用王安石的過程，可以參見鄧廣銘：《北宋政治改革家王安石》，河北教育出版社 2000 年版，第 89—93 頁。

日都無人可作",安石乃直言答上云:

> ……陛下不能使群臣皆忠直敢言者,分曲直、判功罪不如唐太宗故也。……正論則懼見猜嫌,邪説又中書須爭曲直,陛下亦未必從,此所以難也。不知唐太宗時,人亦怕作言事官否?[1]

由以上諸例,可見王氏企圖借力使力,藉由贊美唐太宗的"近古",凸顯唐太宗能"使群臣皆忠直敢言"的原因,在于做到"明示好惡賞罰,使人臣皆忠信,不敢誕謾"等,[2]來勸誡與鼓勵神宗能成爲明智與具決斷力的帝王。

聽諫、執法、賞罰,皆所以駕馭臣下之道。當神宗感嘆"風俗久壞,不可猝正",王安石對曰:

> 以臣所見,似小人未肯革面。臣愚以謂陛下誠能洞見群臣情僞,操利害以馭之,則人孰敢爲邪?但朝廷之人莫敢爲邪,即風俗立變,何憂紀綱不立?如唐太宗時,裴矩尚肯爲正諫,況其素不爲邪者乎?[3]

這裏,王氏將唐太宗塑造成一個能洞察臣子心思、懂得掌握利害以駕馭臣子的帝王,因爲如此,即使邪佞如裴矩,也能成爲正諫之忠臣。[4]這些論述王氏可以説是暗用了老子"聖人執一以靜"與韓非子"明君無爲于上,群臣竦懼乎下"的馭臣理論。換言之,帝王超然明智,深諳統領治術,方能達到變風俗,令群臣小人洗心革面,這是治國關鍵。

不過,必須留意的是,王氏之説,是否由此滑向法家或黄老治術?這是必須厘清的地方。當然,明智是帝王治術的要件之一。唐太宗因其明智,故能知人、用人、善聽,故其綱紀能立。不過,這其中,如果"心"不正,則將流于"權謀"之運作,墮于潛御群臣的心術與循名責實的法術而已。因此,王氏在徵引唐太宗之例以勸諫神宗時,并未造成此一滑落,他適可而止地、小心翼翼地只有強調唐太宗作爲明智之君的一面。欲行先王之道,帝王的明智確是其中一個重要條件,此所以唐太宗可以"略合"先王之道。至于其他方面,唐太宗則大有不及之處了。例如,雖然史傳中對唐太宗也有一些仁德與修身的記載,甚至不免于褒揚,王氏不僅不措意,甚至還有刻意貶抑唐太宗德行之説,例如他曾批評唐太宗:"功高後毁易,德薄人存難。"[5]也曾對神宗説:"唐太宗行義至不修,陛下修身乃與堯、舜無异。"[6]當然他對當今皇帝的道德頌揚,大多僅能視爲一種臣子對

---

[1] 李燾:《續資治通鑑長編》卷二六三。
[2] 李燾:《續資治通鑑長編》卷二四〇。
[3] 李燾:《續資治通鑑長編》卷二二三。
[4] 關于裴矩的評價,如司馬光《資治通鑑·唐紀八》云:"古人有言:君明臣直。裴矩佞于隋而忠于唐,非其性之有變也;君惡聞其過,則忠化爲佞,君樂聞直言,則佞化爲忠。是知君者表也,臣者景也,表動則景隨矣。"
[5] 王安石《臨川先生文集·寓言九首之五》云:"貞觀業萬世,經營豈非艱。其子一搖之,宗廟靈幾殫。開元始聰明,一昔奔岷山。功高後毁易,德薄人存難。"直指唐太宗雖開萬世功業,可惜未曾積德,功高亦不能長久。
[6] 見李燾:《續資治通鑑長編》卷二六三,王安石批評唐太宗道德修養的欠缺。

帝王的慣用諛詞，或無實質之意義；然而，堯舜三代聖王的治國典範，則確然包括了仁義修身的層次，這自然是由于王氏深化于儒學傳統的文化語境（context of culture）之中，有其不可移易性，因此，仁義修身也是王安石先王論的必要條件與特色。但是，他却未曾在這方面分一點光彩給唐太宗，這是有原因的。也因爲如此，即使功業蓋世的唐太宗，其于先王之道，也只能是"近古"、"略合"而已。究竟，所謂先王之道，在王安石這裏，絕不僅止于此知人、用人、善聽、賞罰而已！

三、王者之心對照霸者之心

王安石所謂王道，是"道德業"俱全之道，[①]至此境界，是聖人境界，爲王者則爲聖王境界。王氏主張，聖人、聖王之心不同于常人之心。王氏論聖人之心，如同其性命之理，皆甚精微。筆者之前的著作中，在闡釋王安石性命之理的同時，也曾指出王氏將聖人之心詮釋爲明智之心，[②]在本論文中，爲了進一步厘清其王道論的一些重要問題，將對王氏的"心"論，及性命之說，再補充資料作更進一步的分析。

王安石主張王道出于聖人，而聖人王道是本乎自然天道而建構的。《老子》一文云：

道有本有末。本者，萬物之所以生也；末者，萬物之所以成也。本者出之自然，故不假乎人之力，而萬物以生也；末者涉乎形器，故待人力而後萬物以成也。夫其不假人之力而萬物以生，則是聖人可以無言也、無爲也；至乎有待于人力而萬物以成，則是聖人之所以不能無言也、無爲也。故昔聖人之在上，而以萬物爲己任者，必制四術焉。四術者，禮、樂、刑、政是也，所以成萬物者也。[③]

道有本有末，或可理解爲天道、人道之分。天道是自然生生之本原，人道則只人文建設。所以，聖人的人文化成（禮、樂、刑、政）事業，是以天道爲本。天道無言、無爲，人道則必須有言、有爲。故云："萬物待是而後存者，天也；莫不由是而之焉者，道也。道之在我者，德也。"[④]然則聖人之德在于其能知天道，以建人道。而"知"的能力出于"心"。

賀麟《王安石的哲學思想》是早期對王氏哲學做了比較深入解讀的文章，主張王安石論"心"在"建立自我"，不隨流俗俯仰，如王氏在《進戒疏》中告誡帝王"不淫于耳目聲色玩好之物，然後能精于用志"，其中勸諫帝王在視聽言動之前，必須先有先聰、先明等，方能在視聽言動之際，不爲所惑，這才是"克己"之義；而其先聰、先明，也即存理之心。而心亦即性的外在表現，性亦即心的内在制約，心性實爲一體兩面。因此賀麟主張王安石開了陸王心學的先河。[⑤]筆者認爲，賀氏指出王安石"心"論在其整體思想中的重要性，此確唯一卓見；但是，賀氏對王安石"心"、"性"說的理解，恐怕都值得再商榷。後來學者者雖也偶有相關論述，可惜都還未能完全切中要旨，是所以值得一辨。

---

① 參見林素芬《北宋中期儒學道論類型研究》第五章 "王安石道德業俱全的一道論"。
② 參見林素芬《北宋中期儒學道論類型研究》第五章 "王安石道德業俱全的一道論"。
③ 王安石：《臨川先生文集·九變而賞罰可言》，第723頁。
④ 王安石：《臨川先生文集·九變而賞罰可言》，第710頁。
⑤ 賀麟：《文化與人生·王安石的哲學思想》，商務印書館1988年版，第286—287頁。

如前所述，王安石之"性"，當系一自然之性，其"心"，則是一明智之心，并非一存理之心。先王之所以能行王道，正因爲其修養，皆在此"心"此"性"之上。王安石《禮樂論》有云：

> 氣之所稟命者，心也。視之能必見，聽之能必聞，行之能必至，思之能必得，是誠之所至也。不聽而聰，不視而明，不思而得，不行而至，是性之所固有而神之所自生也，盡心盡誠者之所至也。……
>
> 神生于性，性生于誠，誠生于心，心生于氣，氣生于形。形者有生之本，故養生在于保形，充形在于育氣，育氣在于寧心，寧心在于致誠，致誠在于盡性，不盡性不足以養生。能盡性者，至誠者也；能至誠者，寧心者也；能寧心者，養氣者也；能養氣者，保形者也；能保形者，養生者也。不養生不足以盡性。[①]

王氏主張，人之生，是由上而下，因神生性，因性生誠，因誠生心，因心生氣，因氣生形。一般説萬物之生成由"氣"講起，[②]而且也不曾有這樣繁密的講法。這個説法特別可以看到王氏思想的創造性。那麼，人之養生，則由"形"開始往前逆推，修養的最終境界是盡性、成性而知神入化，即是聖人境界。引文中形、氣、心、誠、性、神諸概念，包括人之形體、血氣、心知、意志、天性等，至于精神能力，皆屬客觀自然的概念，并無道德仁義的意涵。其中"心"以"誠"養之，故有無私、明智之義，也有主宰義：由于"心"的無私、明智，故能認取道德仁義，换言之，在王氏這裏，仁義皆是客觀之義理，是"心"的認取對象。又由于"心"的主宰力，以其所認取之仁義價值，主宰其意志，對自己則能去情却欲，所謂："去情却欲，而神明生矣！"也就是一個人能真誠無私無欲地充分發揮的聰明智慧，達到盡性、成性，則入乎神化之境。臻至聖人境界的先王，皆在此神化之境中。"心"的主宰力，對下則能建立法度以治天下、易風俗。由此可見，安石所謂聖人的"道德"，一方面是融會了道家與法家的超然冷智，有此"明智"之心，而能認取儒家仁民愛物之意；另一方面又融會了傳統氣化宇宙論以及道家與天地同流的精神修養，故極于神化之境。

然則先王之"心"，是其所以爲"聖"的關鍵。《虔州學記》云：

> 先王所謂道德者，性命之理而已。其度數在乎俎豆、鐘鼓、管弦之間。……先王之道德出于性命之理，而性命之理出于人心。[③]

所謂"出于人心"的"人心"，可以是指所有人之本"心"，也可以指聖人之"心"，但絶不是指俗世之欲望私心。此"心"若是指世人之本心，指的是本始質樸至誠無偽之心，

[①] 王安石：《臨川先生文集》，第702—703頁。
[②] 如伊川曾云："介甫解'直方大'云：'因物之性而生之，直也；成物之形而不可易，方也。'人見似好，只是不識理。如此，是物先有個性，坤因而生之，是甚義理？全不識也。"（程顥、程頤：《二程集·伊川先生語五》）便是不解安石此説。
[③] 王安石：《臨川先生文集·虔州學記》，第859頁。

專一遵從聖王之法度，歆然信服，在善政之下得其安利之生生；若是指聖人之心，則是去情却欲的明智之心。王安石之所以尊崇先王、聖人，因爲先王、聖人能臻此神化之境，備明智之心，秉至誠之意，出仁義之懷，循自然之道，知性命之理、天下人心之理，據以建立法度。更切實地説，亦即臻至神化境界的王者，其表現在行政上，必能本道德之意以掄取人才，以分辨君子與小人，以聽諫，以立法度等。

先王秉持聖人之"心"，認取仁義之善，貞定道德的方向，建立道德的法度，則善良風俗以立。聖人之"心"認取仁義之善，以建立有序之天下，其表現是至誠惻怛，《上時政疏》云：

> 臣竊觀自古人主享國日久，無至誠惻怛憂天下之心，雖無暴政虐刑加于百姓，而天下未嘗不亂。……苟無至誠惻怛憂天下之心，則不能詢考賢才，講求法度。賢才不用，法度不修，偷假歲月，則幸或可以無他，曠日持久，則未嘗不終于大亂。[①]

至誠惻怛，即真誠無私，以仁義爲心，憂天下之疲癃痛苦，充分發揮其聰明智慧，通過掄賢才、立法度，以救天下于苦難。此爲王道。《風俗》又云：

> 夫天之所愛育者民也，民之所系仰者君也。聖人上承天之意，下爲民之主，其要在安利之。[②]

聖人有此"心"，故能以人合于天道之意，以至誠之心認取至善之道，以制作制度，領袖群倫，領導風俗。所以，風俗之立，人文之設，實由此"心"。因此，"天道"雖然是人道之本，人道之建立其實是根據人間本身的需求，由聖人之心所裁奪。此所以野蠻無文的自然之道，并非人道，《太古》云：

> 太古之人，不與禽獸朋也幾何？……太古之道果可行之萬世，聖人惡用制作于其間？[③]

這段話明顯指出，人間當有人間之作爲，人間必須建立良好的人文風俗。"風俗"者，即"人心"的形式表現，也即是聖人之心的實踐。

由此可見，王道以"天道"爲本的王道思想，并不是以天道作爲人間立法的指導原則；換言之，人道之建立，是具有開放性與辯證性的，不是絶對的。如此，這個理論才有作爲變法根據的可能。

那麽，聖人之心最初只有至誠、仁義之思，是不存在求"利"的動機的。以此做爲

---

① 王安石：《臨川先生文集》，第423—424頁。
② 王安石：《臨川先生文集》，第737頁。
③ 王安石：《臨川先生文集》，第731頁。

變法的根本理論，也就是其王道之論的根本，事實上是反對"利心"的。《原性》云：

> 夫太極生五行，然後利害生焉，而太極不可以利害言也。性生乎情，有情然後善惡形焉，而性不可以善惡言也。①

正如"性"之本質爲自然，不可以善惡言；"心"之本質也是自然，本來也無善惡之分，而因爲其至誠、無私與明智，故能認取善道，建立禮樂秩序。具善道，則自然而生出有利之善情；若未具善道，則自然而生出有害之惡情欲望貪吝等。《命解》云：

> 先王之俗壞，天下相率而爲利，則强者得行無道，弱者不得行道；貴者得行無禮，賤者不得行禮。②

所謂的"利"與"害"，是"善心善情"與"惡心惡情"之下的自然結果，而不是"動機"所致。是故王道頹而風俗壞，帝王在上而不知"道"，不懷善心，不能以王道法度引領善良風俗，終將導致世無禮節法度，人心皆詭詐趨利，馴至混亂，至此則有何"利"可言？《莊周上》亦云：

> 昔先王之澤，至莊子之時竭矣，天下之俗，譎詐大作，質樸并散，雖世之學士大夫，未有知貴己賤物之道者也。于是弃絶乎禮義之緒，奪攘乎利害之際，趨利而不以爲辱，殞身而不以爲怨，漸漬陷溺，以至乎不可救已。莊子病之，思其説以矯天下之弊而歸之于正也。③

戰國亂世，王道衰竭，人皆忘身于爭功逐利。王氏認爲，莊子生此亂世，深痛于當時儒家的仁義禮樂流于形式語言，不足以救世，爲了補偏救弊，矯世之風俗，使歸于正，因作其書。因此，莊子雖然表面上反對儒家的仁義禮樂，其本意則不僅不違背儒學，更是爲了救儒學之所缺。其所提出的"同是非，齊彼我，一利害"之論，難免矯枉過正之憾，其實是爲了迴歸"天地之純、古人之大體"。④王氏這些論點，將莊子思想與儒家思想做了非常精深的融匯。

王者不應以"利"存心，而應以至誠之心，建立法度，王氏這套理論，并不僅是紙上理論，確實是他的施政理念。嘉祐三年（1058）《上仁宗皇帝言事書》，有云：

> 竊觀近世士大夫所欲悉心力耳目以補助朝廷者有矣。彼其意，非一切利害，則

---

① 王安石：《臨川先生文集》卷六十八，第726頁。
② 王安石：《臨川先生文集》卷六十四，第682頁。
③ 王安石：《臨川先生文集》卷六十八，第724頁。
④ 王安石：《臨川先生文集》卷六十八，第724頁。

以爲當世所不能行者。士大夫既以此希世，而朝廷所取于天下之士，亦不過如此。至于大倫大法，禮義之際，先王之所力學而守者，蓋不及也。一有及此，則群聚而笑之，以爲迂闊。①

王安石在這裏批評近世士大夫輔助朝廷，皆以利害之心輔助朝廷，而忘先王大倫大法，禮義之際。熙寧二年《進戒疏》，又勸諫神宗云：

竊聞孔子論爲邦，先放鄭聲，而後曰遠佞人；仲虺稱湯之德，先不邇聲色，不殖貨利，而後曰用人惟己。蓋以謂不淫耳目于聲色玩好之物，然後能精于用志；能精于用志，然後能明于見理；能明于見理，然後能知人；能知人，然後佞人可得而遠，忠臣良士與有道之君子，類進于時有以自竭，則法度之行、風俗之成，甚易也。②

王氏勸誡神宗，以先王爲法，勿以貨利爲施政之先務。必須用志、明理、知人，以行法度，成風俗。如此一來，雖不求利，而利自來。《王霸》一文，暢論王、霸之名异，由于其心异，云：

仁義禮信，天下之達道，而王霸之所同也。夫王之與霸，其所以用者則同，而其所以名者則异，何也？蓋其心异而已矣。其心异則其事异，其事异則其功异，其功异則其名不得不异也。王者之道，其心非有求于天下也，所以爲仁、義、禮、信者，以爲吾所當爲而已矣。以仁、義、禮、信修其身而移之政，則天下莫不化之也。③

王者之道，對天下無所求，其所以行仁、義、禮、信，只是行其所當行而已，故能化天下于無形之中。有意思的是，孟子的仁、義、禮、智、信五德，在王氏這裏只剩四德，因爲他提出了"智"，放在"道之序"中的"心"層次上運用，而"心"正是王、霸之所以异。王者行道而對天下無所求，反觀霸者，其云：

霸者之道則不然：其心未嘗仁也，而患天下惡其不仁，于是示之以仁；其心未嘗義也，而患天下惡其不義，于是示之以義。其于禮、信，亦若是而已矣。是故霸者之心爲利，而假王者之道以示其所欲；其有爲也，唯恐民之不見而天下之不聞也。故曰其心异也。④

王者與霸者，雖然表面上都是推行仁、義、禮、信，然而王者之心無求，霸者之心爲利；追究其實，王者之行仁、義、禮、信，乃是遵循天道無爲自然而然行之；霸者之行仁、義、禮、

---

① 王安石：《臨川先生文集》卷三十九，《上仁宗皇帝言事書》。
② 王安石：《臨川先生文集》卷三十九，第424頁。
③ 王安石：《臨川先生文集》卷六十七，第714頁。
④ 王安石：《臨川先生文集》卷六十七，第714頁。

信，則是爲了討好天下之人。故云："王者之大，若天地然，天地無所勞于萬物，而萬物各得其性，萬物雖得其性，而莫知其爲天地之功也。"也就是說，王者順性命之理以行仁、義、禮、信之法度，行其所當行，并無希求天下迴饋之心，因此，其惠天下可以至于無有極限；霸者則反之，其所以以仁、義、禮、信惠人，是在特定時機中爲了求取聲名而行，是以受惠者有限。此其所以"功異"也。最終，王氏總結王、霸之道的差別，云：

> 王者之道，雖不求，利之所歸。霸者之道，必主于利，然不假王者之事以接天下，則天下孰與之哉？①

換言之，行王道者，將自然而然得到最終之利。行霸道者，最終則與天下人心背反。可見王氏一方面融匯了道家的自然無爲之論，而最終仍走向了儒家有爲的目的論。

綜言之，王氏論先王的道德性命之說，即：人間帝王本天道而據有人間最尊貴之權位，并且本天道具仁德而治理天下。然而，自然天道與人文之德，原本是分作兩截的。于人而言，承自自然天道，其性亦自然之性，因此無爲無求；人文之德的建立，是由于"心"。這也就是道顯于性，德顯于命，自然天道與人文之德落實在人的身上說的"性命之理"。自然之"道"無所不包，落實于萬物上，萬物各具其德。在人的身上，自然本質之"性"猶如自然理則之"道"，不斷更化之"命"則是"德"的體現之所。自然本質之"性"無有善惡之別，意味著一種開放性與辯證性，是以體現于"命"之上的"德"，必須有一個機轉的中介，那便是"心"。"心"一旦做了道德之善或惡的認取，發見于"情"之上，便有了行爲上之善或惡的顯現。②

自東漢、魏晉以降，自然人性論盛行，在北宋儒學界并不罕見。歐陽修、蘇軾也都主張自然人性論，而盡量規避其玄遠的一面。歐陽修認爲人性無善惡可言，所謂："人性因物而遷，不學則舍君子而爲小人。"強調學以成善。蘇軾亦提出人有自然之天性，如《東坡易傳·乾》曰："堯舜之所不能加，桀紂之所不能亡，是謂誠。"以"誠"訓"性"。③《書傳》又曰："桀紂非無道心也，堯舜非無人心也。"④主張能以天真本性行事，即是聖人。相較之下，王安石的自然人性論，更具理論規模。王安石自然人性論既不預設天道

---

① 王安石：《臨川先生文集》，第714頁。
② 關于對王安石人性論的解讀，學界有一些歧異，蓋由于所根據文獻不一之故。如早期多認爲屬儒家的性善論，如賀麟《王安石的性論》，與夏師長樸。李祥俊則提出王安石論人性是無善無惡說，指"人的天賦生命力"（李祥俊《王安石學術思想研究》，第220—221頁）。筆者部分同意李說，然而，筆者又認爲，所謂"人的天賦生命力"只指出了"性"的自然中性與趨力，事實上，王安石之"性"，更是一相對于形下之"情"的形上的清明無欲之自性，故以"太極"喻之。此外，井澤耕一則指出王安石人性論可分作三階段的演變歷程：第一階段以《性論》爲代表，在儒家道統下，繼承孟子的性善說；第二階段爲《揚孟》篇，肯定揚雄的性善惡混說，對孟子和揚雄的性說進行調整；第三階段，以《性情》《原性》《性說》爲討論文本，開始提到"情"的觀點。此說是對王安石的新認識，不過，對于各篇文章的編年之認定，是否可信，仍有商榷餘地。（見井澤耕一撰、李寅生譯：《略論王安石的性情命論》，《東華理工學院學報》2004年第1期）
③ 蘇軾：《東坡易傳·乾》又云："君子日修其善以消其不善；不善者日消，有不可得而消者焉。小人日修其不善以消其善；善者日消，亦有不可得而消者焉。夫不可得而消者，堯舜不能加焉，桀紂不能亡焉，是豈非性也哉！君子之至于是，用是爲道，則去聖不遠矣。"主張自然稟賦之善性。
④ 蘇軾：《書傳》卷三。

是純然至善的，也不預設人性是純然至善的，故云無善無惡；然而無善無惡乃是就本體言，現象中體現的必是有善亦有惡。故云："道有君子、有小人，德有吉、有凶，則命有順、有逆，性有善、有惡。"[①]雖然如此，人當行者君子之道、吉德、順命、善性，皆須修養而成。故云盡道者盛德，盡性者正命。不過，這些道理，對大部分的人而言是"百姓日用而不知"，唯有聖人能夠體知此"理"，充分體現此"道"，是所謂盡"道"、盡"性"。于此，王安石從政治維度撐開"道德性命"的另一層面意涵，即其聖王之道、帝王之學。

四、聖、俗對照與義、利關系

王安石的王道理想，在理論上有相當完美的設計。聖人具神明之性，心主仁德，立法度變風俗以救世，不以"利"爲心。然而，何以世人多以爲王氏思想主于"功利"？聖人之心果然是完全外于功利的嗎？若是，如前文所引，何以當神宗感嘆"風俗久壞"時，王氏勸以"洞見群臣情偽，操利害以馭之"，則"風俗立變"？如果王氏在理論與現實之間并無自我矛盾，那麼，其所謂"利害"，應當如何理解？

傳統儒家思想中，"義"、"利"經常被當作相對的範疇而提出。張國榮《善的歷程》一書中，在討論儒家"義"與"利"的關系時，以王安石變法爲例，做了分析。張氏指出，當王安石倡議變法之際，保守派群起攻之，往往著眼于其重"利"，例如司馬光視之爲"言利"小人，批評他"聚文章之士及曉財利之人，使之講利"；程顥上疏神宗，云："興利之臣日進，尚德之風浸衰，尤非朝廷之福。"亦針對王安石而言。由于儒家在義利關系上，強調義有其內在價值，這種價值絕非建構于功利基礎之上，一旦出現義、利矛盾時，則要無條件服從于義。張氏進一步指出，當王安石新法強調功利追求的同時，對于社會利益關系的道德制衡未能予以足夠的重視，故而凸顯了單純強化功利原則的弱點。相對的，保守派者則主張剔除功利的計較，使作爲當然的義得到净化。換言之，義直接地體現了理性的要求，利則是人的感性欲求；在儒家看來，感性需要固然與人的存在相聯繫，然而，人之所以爲人，其本質特徵更多地在于人的理性要求。因此，理性之"義"具有更爲重要的意義，應當作爲感性之"利"的準則。[②]

很顯然，張氏定義儒家的"義利"觀，也是站在保守派的角度，因此而指出新法中"義"與"利"、興利與尚德的矛盾。然而，王安石并不做這樣的設想。王安石一方面贊同儒家傳統的道德價值，仁義禮樂對政治社會之安利具有重要之意義；但是，王安石又有他個人不同的見解，他所提出的"性命之理"，是相信如果人是理性的人，社會是理性的社會，則必有一種自發的秩序，使人們爲自己利益所做的努力，同時也是符合于社會整體利益之增長的；這是他對義的認知。基本上，義與利是相輔相成、一氣呵成而不相違背的。而這種社會中這種合乎理性的自發秩序，必須經由聖人所制訂的法度所保證。

關于王氏建議"功賞"，《續資治通鑑長編》熙寧三年有一段記載，云：

---

① 王安石：《臨川先生文集》卷七十二，第765頁。
② 張國榮：《善的歷程：儒家價值體系的歷史衍化及其現代轉換》，臺北，五南圖書出版1996年版，第290—296頁。

安石因論當獎用功賞，變移風俗。又言："乾，君道也。非剛健純粹，不足以爲乾。"曾公亮言："當兼用道德。"上曰："今一輩人所謂道德者，非道德也。"安石曰："鄉愿似道德而非道德也。"上曰："其閒亦有是智不能及者。"安石曰："事事苟合流俗，以是爲非者，亦豈盡是不能也？"①

曾公亮之意，代表的是保守派的意見，亦即建議兼用標榜仁義綱常的方法以求移風易俗，而不宜徒用功賞，言下之意是避免壞了人心。然而神宗與安石君臣二人一搭一唱，否定了曾公亮之見，直指世俗所謂"道德"并非真正"道德"之義，神宗甚至表達了"能否通達道德性命之理與個人智力有關"的意思，可見神宗對王氏的學説欣然接納。然而，王氏還更進一步説明，流俗之壞，除了有智力高下的問題，還有因爲苟合流俗而未能辨別真是真非的問題。這又可以見出當神宗正自得于安石的道德性命的理論時，安石又轉而將著眼點拉迴到現實之中了。既然人有不能辨別是非者，就必須運用功賞的手段，來進行引導了。

不過，王安石這一套理論顯然不爲保守派所理解與接納。雖然王安石隨處找機會在神宗身邊申論道德性命之理，天下士人也跟著迎風揚臂以趨從，仍然不時地有反對者努力沮抑其説。如熙寧四年正月當王氏準備變科舉、興學校，蘇軾上書神宗，其中有云：

夫性命之説，自子貢不得聞，而今之學者，耻不言性命。讀其文，浩然無當而不可窮；觀其貌，超然無著而不可把；此豈真能然哉！蓋中人之性，安于放而樂于誕也。陛下亦安用之？②

二月，蘇軾再上書，云：

國家之所以存亡者，在道德之淺深，不在乎強與弱；曆數之所以長短者，在風俗之厚薄，不在乎富與貴。故臣願殿下務崇道德而厚風俗，不願殿下急于有功而貪富強。③

根據《宋史》，蘇軾之所以如此急切，主因于王安石不斷鼓勵神宗能以其神明之德，一貫之意志，堅持其見以主導政策施行。而蘇軾這些關於"道德"的論點，可見其論與曾公亮近似，此時已經難以得到神宗的信服。而曾、蘇皆以爲王安石之政以功賞爲誘因，是急功近利，將造成澆薄風習。

曾公亮與蘇軾皆不瞭解、或是不贊成王安石所提出的"道德"與"法度"之間的關系的説法。就曾、蘇言，執政者應當標榜仁義之道以教化百姓，厚養風俗。此一論點，

---

① 《續資治通鑑長編》卷二一四，第 2278—2279 頁。
② 《宋史·蘇軾傳》卷三三八，第 10803—10804 頁。同時見于《蘇軾文集·議學校貢舉狀》。
③ 蘇軾：《蘇軾文集·上神宗皇帝書》。

是以聖人爲典範，以仁義道德的成就爲衡量指標，這背後的理論，是俗民效法聖人則俗民亦有成聖之可能，如此才是改變風俗之良方。至于王氏，則主張聖人的"道德"之所以有化民之效，主要還是要從法度上著手。因爲聖人"儲精九重"，以通神明，其行可以化民，但是其智是難以仿效的。換言之，王安石從神明之用與法度之施，來判定聖與俗、上位者與下位者、爲政者與被管理者之別，以智力與階級高下作爲衡量指標。聖王的"神明"境界至高，少人能及，所謂"君子之道鮮矣"，[1]不是靠效法可以達到的，因此王氏并不强調俗有成聖之可能。此亦即《原教》所云："善教者藏其用，民化上而不知所以教之之源。"相對于曾、蘇提出的標榜仁義禮法以爲教化，王氏認爲，善教者化民于無形，不必標舉仁義，無論是通過王者身教、或法度之教，皆符合性命之理，自然能造成風俗之變。只有"不善教"者，才會標舉仁義禮法爲教，當人民行爲不符仁義禮法，則施之以法令桎械。[2]此實非王道。

那麽，當王道施行而需要用到賞罰之制，那已經是最下之策了。《九變而賞罰可言》云：

> 古之言道德所自出而不屬之天者，未之有也。堯者，聖人之盛也，孔子稱之曰，"惟天惟大，惟堯則之"，此之謂明天；"聰明文思安安"，此之謂明道德；允恭克讓，此之謂明仁義；次九族，列百姓，序萬邦，此之謂明分守；修五禮，同律度量衡，以一天下，此之謂明形名；弃后稷，契司徒，皋陶士，垂共工，此之謂明因任；三載考績，五載一巡狩，此之謂明原省；命舜曰"乃言底可績"，謂禹曰"萬世永賴，時乃功"，"蠢茲有苗，昏迷不恭"，此之謂明是非；"皋陶方祇厥叙，方施象刑，惟明"，此之謂明賞罰。[3]

古先聖王之言道德，必始于明其本源于天，其次養智以見道德、實踐以明仁義、序階以明分守、制度以明形名、用人以明因任、稽核以明原省、判功效以明是非，最後才是依功過以明賞罰。王氏在此批評後世統治者不瞭解治國之次序，始于不知天，繼而離弃道德、仁義之真義，又略分守，慢形名，忽因任，忘原省，最終以個人的是非爲是非，"而加人以其賞罰。于是天下始大亂，而寡弱者號無告"，可謂失其本而亂于末。這與他《致一論》所提出的"道之序"，是相呼應的。由此可見，賞罰之制，雖然是治國的最後手段，仍然是聖王以其至誠惻怛憂天下之心，一貫之意志，建立起來的，其目的是爲了迴歸到明原省、明因任、明形、明名、明分守、明仁義、明道德，乃至于明天，故而其最終仍可抵達"變風俗"的目的。帝王治國循此序，必能成其道德業俱全的王道事業。

通過以上分析，才足以解釋何以王氏的王道論中所出現的以下表面的矛盾：一方面，《命解》一文議論"先王之俗壞，天下相率而爲利"，《莊周上》批評士人"弃絕乎禮義之

---

[1] 王安石《臨川先生文集·禮樂論》云："去情却欲，而神明生矣，修神致明，而物自成矣，是故君子之道鮮矣。"
[2] 王安石《臨川先生文集·禮樂論》云："不善教者之爲教也……兄弟者無失其爲兄弟也，夫婦者無失其爲夫婦也。率是也有賞，不然則罪。"
[3] 王安石：《臨川先生文集》卷六七，第710頁。

緒，奪攘乎利害之際，趨利而不以爲辱"，又勸諫仁宗勿揀取唯求"利害"之士，告誡神宗效法先王之"不殖貨利"；這些論點，與保守派之義利觀，似無大异；然而另一方面，王氏又建議神宗獎用功賞，幷主張"理財乃所謂義也"，①實際變法又以"富國"爲目標。事實上，在王氏的整體王道論中，以上論述幷不存在矛盾，也就是說，在王道施作中，義與利是一體、連續的，幷不互斥的。《通州海門興利記》云：

> 余讀豳詩："以其婦子，饁彼南畝。田畯至喜。"嗟乎！豳之人帥其家人戮力以聽吏，吏推其意以相民，何其至也。夫喜者非自外至，乃其中心固有以然也。既嘆其吏之能民，又思其君之所以待吏，則亦欲善之心出于至誠而已，蓋不獨法度有以驅之也。以賞罰用天下，而先王之俗廢。②

王氏贊嘆《豳風》中對先王之道的頌揚，民人之喜是由衷的服從于官吏，而官吏之所以善于治人，則是由于君主具至誠之善心。必先有善心，然後有善法。治國之序中，法度雖然是一個重要環節，其設乃後于至誠之心，先于賞罰之制。賞罰之制，是最下之策。這可以說是極其精密地詮釋了孔子所謂的："道之以政，齊之以刑，民免而無恥；道之以德，齊之以禮，有恥且格。"

在王安石的王道構想中，運用賞罰的目的仍在變風俗，幷不是直接爲了現實的"功利"。當王安石向神宗提出"獎用功賞，變移風俗"之議時，他與神宗已經瞭解到在"明賞罰"之前還有八個條件，當執政者不得不用賞罰之制時，必與前"八變"環環相扣。此所以當曾、蘇之輩，遽然提出"仁義"之政時，反而會遭致神宗與王安石的譏諷。道之序，實即治國之序，先王具神明之德，但是"神明"只是內用而不顯，幷不用神明治國。這也就是"君子之守至約，而其至也廣；其取至近，而其應也遠。……變化之應，天人之極致也"的意思。③帝王居其神明境界，認取仁義禮樂之效，進而設定法度，審查是非而行賞罰；如此則可化民變俗。只可惜"禮樂之意不傳久矣"，④後代人不瞭解先王之意，只是順流俗以行禮樂之事，不知變通，胡得而治？後之從政者，不知尊崇天道，不知修養先王道德之意，雖然表面上繼續了先王之政，其實幷未繼承先王之心。此所以風俗日壞，國不能治。

綜上所論，可見王氏的王道構想中，聖、俗之間，是有上下尊卑之區隔的；義、利關系則是一貫的。王者駕馭臣下之道，王氏幷未滑向法家或黄老治術的權謀心術，所謂"操利害以馭之"，是用賞罰作爲迴歸仁義、道德、性命之教的途徑，是"道之序"中的最後不得不用賞罰以達到變風俗的階段。倘若前八者已經奏效，則賞罰是可以不用的。當九變已極，風俗必變，功利自然而致。可見，王安石思想最終雖有其現實與功利之目的，但絕不能視之爲純然功利主義者。

---

① 王安石：《臨川先生文集·答曾公立書》，第773頁。
② 王安石：《臨川先生文集》卷八二，第866頁。
③ 王安石：《臨川先生文集·禮樂論》，第704頁。
④ 王安石：《臨川先生文集·禮樂論》，第704頁。

五、結　論

　　本文主要目的是從重探王安石的王道思想，來厘清一些相關問題。綜而言之，有以下幾點結論：

　　（一）王安石的道德性命之說，其實用面向，是聖人之心，制作法度，以化人心、變風俗。其說之創立，是在一個盛行以佛、老解釋"性命"的學風當中發展出來的，[1]當時學者往往出入于老、釋之間，即使表面上多以"闢佛老"之姿論學。王安石雖然偶有批評佛老之語，但是基本上是以"一道"的高度，采取融匯兼采的態度，不同于"闢佛老"的判教工作。這樣的方向，直至晚年亦然，如晚年所進《字說》，仍舊云：

> 先王立學以教之，設官以達之，置使以喻之，禁誅亂名，豈苟然哉！凡以同道德之歸，一名法之守而已。[2]

王安石通過講學著述，宣揚他的道德性命之說，并貫徹于其王道思想，其中的曲折深泓，却不得保守儒者所欣賞。以致于施諸政治，亦不能得到認同，甚至被指責是禍害人心的思想。此實爲過論。

　　（二）王安石一生精彩，可依其出處分作不同的階段，不同階段的著述也各具特色，然而，其一生學術的努力方向，并無重大的改變。他宏大嚴謹的思想體系，以及將其思想施諸現實政治的實用，自早年至于晚年，皆是以"一道"爲目標，以"王道"爲理想，可以說是逐步建構而越來越加完整。筆者本文所使用的資料，早期晚期、在朝在野皆采，足以顯示王安石學術成家甚早，而其早期作品，與執政期間編作的《三經新義》、晚年《字說》，融合各家而以"一道"爲目標、以王道爲理想的方向，并無不同。因此，若爲他的生平出處作分期則可，若要將他的學術發展作分期，似無十分之必要。

　　（三）王氏的思想宗旨，究竟應當歸屬于哪一家？王氏自云欲求"古人之大體"、欲"盡聖人之道"，必須"自百家諸子之書"，以至于"諸小說，無所不讀，甚至農夫、女工，皆無所不問"。他提倡兼容并蓄諸子百家，然而，又自認以孔子之教爲準。我們考察其說，雖然兼蓄衆家，仍然是以積極救世爲鵠的，以仁義禮樂爲施策，在理論上并未背離儒家仁義之旨。

　　最後，值得再做一點討論的是，王氏這一套完美的王道理想設計，在實施之中，

---

[1]　歐陽修不滿以佛老談性的時風，曾有一段關于"性"論的名言，云："修患世之學者多言性，故常爲說曰：'夫性，非學者之所急，而聖人之所罕言也。'"（見《歐陽修全集·居士集·答李詡第二書》，第319頁）蘇軾《上神宗答詔論學校貢舉之法》直接批評佛老之說漫衍，云："今士大夫至以佛老爲聖人，鬻書于市者，非莊老之書不售也。讀其文，浩然無當而不可窮；觀其貌，超然無著而不可挹。"司馬光《論風俗札子》亦云："性者，子貢之所不及；命者，孔子之所罕言，今之舉人發口秉筆，先論性命，乃至流蕩忘返，遂入老莊。"這是司馬光熙寧二年上書神宗論當時風俗，批評學者援佛、老以論"性命"之義的風氣氾濫。

[2]　王安石：《臨川先生文集·進〈字說〉表》，第608頁。

最終並未能有效達成，原因何在？是否是新學導致了新法的失敗？筆者認爲，雖然反對派攻訐其學主于功利，壞了人心，然而，這恐怕只能視爲不同的道德理論與不同的教化觀之論述競爭；究其實，新政失敗的原因，與理論競爭之間的互相評騭，實爲二事，不可相提并論。試想，即使當時帝王信從傳統心性仁義之論，或是理學家的心性論，是否就能挽救當朝政治于危亡？更何況，王氏的王道藍圖中，仁義禮樂之法度建立，非但未被忽略，而且可以說是王道施行中最重要的一環。因此，筆者認爲，新政失敗的主因，還是要迴歸到政治現實場域中去尋找。《二程集》中曾有一段紀錄，程子云：

> 新政之改，亦是吾黨爭之有太過，成就今日之事，塗炭天下，亦須兩分其罪可也。當時天下，岌岌乎殆哉！介父欲去數矣。其時介父直以數事上前卜去就，若青苗之議不行，則決其去。伯淳于上前，與孫莘老同得上意，要了當此事。大抵上意不欲抑介父，要得人擔當了，而介父之意尚亦無必。伯淳嘗言："管仲猶能言'出令當如流水，以順人心'。今參政須要做不順人心事，何故？"介父之意只恐始爲人所沮，其後行不得。伯淳却道："但做順人心事，人誰不願從也？"介父道："此則感賢誠意。"却爲天祺其日于中書大悖，緣是介父大怒，遂以死力争于上前，上爲之一以聽用，從此黨分矣。①

這段紀錄客觀地呈現新舊黨爭之起，兩端都要負起責任。其中有云，當伯淳（明道）以"順人心"勸王安石時，其實是符合安石王道理論的，因此甚得安石之心。只可惜後來又起了意氣之争，終竟導致黨爭興起，持續擾攘不息，最後累及國運衰墮難迴。

（作者簡介：林素芳，台灣大學中國文學研究所博士。現任慈濟大學東方語文學系副教授）

---

① 程顥、程頤：《二程集》卷二。

How Could It Be Harmful to the Human Spirit?

——Wang Anshi's Concept of Kingship

Lin, Su-Fen

Abstract: This paper examines Wang Anshi's thought regarding kingship and reconsiders the related question of his policies. First I discuss the applications of Wang's discourse on the concept of morality and human nature （daode xingming） with the goal of reforming the human spirit and revising social customs. This discourse blends both Buddhist and Daoist concepts into Confucianism and creates Wang's concept of kingship from the vantage point of the "United Dao", a view that was criticized as seriously injuring the human spirit. Next, this paper points out that the main direction of Wang's scholarship over his whole life had no substantial changes. Thus it is not essential to divide his life or his scholarly development into different periods. Thirdly, although the goal of Wang's thought has a decidedly syncretic and activist emphasis, his emphasis on the Confucian system of benevolence, justice, ritual and music indicate that his thought should be considered as essentially Confucian. Finally, this paper points out that we should separate Wang's view of kingship from its implementation and the failure of his plan for a fundamental revision of government （xinzheng）. These two aspects should thus not be linked together and we should instead consider the area of practical government for causes of the failure of his governmental reform.

Keywords：Theory of kingship; morality and human nature （daode xingming）; sage; human spirit; system; reforming the human spirit; revising social customs

（本文責任編校：閆　寧、張博硯）

校讎廣義

從義疏學至《五經正義》

——科段法與問答體的行迹

野間文史

摘　要：本文詳細考察了從六朝義疏到唐代《五經正義》中注疏形式的變化，認爲科段法確是六朝義疏的特點，但儒家經典注疏的科段法未必是受佛教的影響而成的，而是自有來源。

關鍵詞：義疏學　《五經正義》　問答體　科段法

前　言

　　唐初所撰定的《五經正義》是承襲六朝時代的群經"義疏"之學，此明于唐孔穎達手定的五個序文。然而，《五經正義》繼承了義疏學的何種面向呢？或對何種方面加以發展、改變，甚至消滅？管見所及，從未必厘清其所損益。

　　已是七十餘年前的往事，吉川幸次郎完成了《尚書正義》整本的日譯工作——這在目前的日本也是唯一的《五經正義》全譯，而其解題説明了《尚書正義》的性質如下：

> 　　此書自署："臣孔穎達等奉敕撰"。但實非個人的著作。當然既不是孔穎達個人所撰著，也不是孔穎達與其同仁數人所著作，而是六朝四百年隨著其年月的變遷漸漸堆積下來的講説之集成。（中略）爲何產生這樣的堆積呢？主要是因爲六朝時代特有的講釋法。六朝時代的講釋法，其形式由奈良的慈恩會等遺留到我國現在，是由兩人以上討論者的問答形式。不僅是佛經的講説，儒經的講法也是如此。一人依照古人之説而講説，另一人提出反對意見，反對又產生反駁，反駁更生下一個反駁，如此方法就是六朝時代的講釋法。（中略）此（譯者注：《尚書正義》）是記録討論最後的結論。此外，當時的口語語法頗浸潤于《正義》的文章中。其理由一方面是六朝文章的共通特色，另一方面果是由口頭討論的筆記。（旁點：野間）[①]

[①]　吉川幸次郎：《尚書正義解題——尚書正義定本の公刊に際して——》，京都，《東方學報》1939年第10册第3分，第13—28頁。後收入氏著：《吉川幸次郎全集》（第8卷），東京，筑摩書房1970年版，第2—22頁。引文見于前者，第17—18頁；或氏著：《〈尚書正義〉譯者の序》，《吉川幸次郎全集》（第8卷），東京，筑摩書房1970年版，第7—8頁。

此處似無區分"義疏"與《正義》的意識,另雖未提到佛教與群經義疏之間的影響關係,但却明確指出《正義》的特色,即《正義》淵源于講釋、討論的筆記;因爲如此,采用問答的形式、口語語法的浸潤等,值得關注。

吉川氏發表此文之後,有張恒壽《六朝儒經注疏中之佛學影響》一文,[①]厘清義疏與佛教的關系。張氏在此文中,具體地以皇侃《論語義疏》(另用《周易正義》《禮記正義》、李鼎祚《周易集解》)爲例,而指出儒經義疏中的佛教思想之影響可分爲以下五類:佛典名詞之引用、佛典論證語句之模仿、佛經疏解方法之采用、佛教教義傳説與儒書之牽合及佛教學理與儒家學説的雜揉。

吉川氏、張氏二十年之後,牟潤孫《論儒釋兩家講經與義疏》[②]分成十二節,主要以歷代史書的記載爲中心,亦論證了儒家群經的義疏是模仿僧徒的義疏,講經是其因,義疏則爲其果。尤其是他考證了"講經儀式"中"都講"的部分,極爲詳細。此外,牟文第十二節《論義疏之文體》,則直接與本文有關,説明了義疏的文體是可分爲章段(即是科分、科段)的,也是問答體。關于"科段",以《論語義疏》與《周易正義·文言傳》爲例;至于問答體,則舉《論語義疏》和《公羊傳義疏》爲例。

相對地,戴君仁《經疏的衍成》[③]提出反對見解。他一方面承認牟氏所説"儒家的經疏和佛家的經疏,有共同之點",另一方面指出,儒家的經疏,自有它本身的歷史,由漢歷晋,以至南北朝,逐漸衍變而成,不是單純地由佛書产生出來的,可以説是兩種源頭的。他又説:其佛書之外的另一源,就是漢代章句之學,并提到西漢石渠閣會議或東漢白虎觀會議等,以作爲傳統的經義論争辯難之例。此外,他舉出《論語義疏》和《禮記正義·禮運》爲"科段"的事例。

衆所周知,現存的六朝義疏極少。完存的僅有梁皇侃《論語義疏》及傳唐徐彦撰《公羊傳注疏》(其實是在接近隋朝時,由北朝的學者而撰寫的)二書而已。部分現存的,有皇侃撰而其弟子鄭灼增補的《禮記子本疏義》(《禮記·喪服小記》的前半部分)、《講周易疏論家義記》殘卷及隋劉炫《孝經述議》的《序》、卷一、四,而卷二、三、五則是由日本學者林秀一氏復原爲輯佚書。[④]這些都是日本傳承的古鈔本。林氏另有敦煌遺書《孝經鄭注義疏》的復原書。[⑤]我們目前可以參考的義疏之書僅是以上六種而已。

有些學者指出,當研究義疏學之時,不如同過去以《五經正義》爲中心進行類推,而應以義疏本身爲研究對象。這的確是妥當的見解,但因爲現存義疏極少,在某種程度上,不得已矣。因爲義疏從前僅傳存于我國,并完整留存,這種特殊情况導致義疏學研究以《論語義疏》爲中心,亦理所當然。而且《禮記子本疏義》偶然也系皇侃所撰。就這點而言,

---

① 張恒壽:《中國社會與思想文化·六朝儒經注疏中之佛學影響》,人民出版社1989年版,第389—410頁。
② 牟潤孫:《論儒釋兩家講經與義疏》,《新亞學報》1960第2期,第353—415頁。
③ 戴君仁:《經疏的衍成》,《孔孟學報》1970年第19期,第77—95頁。後收入氏著:《梅園論學續集》,臺北,藝文印書館1974年版,第93—117頁。
④ 林秀一:《孝經述議復原に關する研究》,東京,林先生學位論文出版記念會1953年版。
⑤ 林秀一:《敦煌遺書孝經鄭注義疏の研究》,《岡山大學法文學部學術紀要》1956年第7集,第13—30頁。後收入氏著:《孝經學論集》,東京,明治書院1976年版,第109—148頁。

我們應該留意，從皇侃《義疏》的獨特性去推測義疏學的整體情況，可能會有管中窺豹的危險。

最近幾年，喬秀岩[①]、古勝隆一[②]等學者有精密的研究，批判地繼承、發展上文所述的張、牟、戴三氏的論考（詳後述）。

以上，本節概觀先進的義疏學研究，簡介他們所指出的義疏文章之特點：即是科段法，口語，佛教詞彙，問答體等。本文將在此針對科段法與問答體加以深入探討。

一、關于科段法

上述的牟、戴兩位論文的重要主題之一，是儒家群經義疏與佛教義疏之間的影響關系，或其先後關系。很遺憾，筆者缺乏佛教學的素養，因而無法從佛教學的觀點加以論述，此點請多原諒。

中國佛家當解釋佛典時，分科其文段。其代表性的是將其文段分爲序、正、疏通的三分法，自古以來被認爲是五胡十六國時代釋道安（314—385）所創。關于這點，本章僅介紹青木孝彰《六朝における經疏分科法についての一考察》[③]之說，他重新檢討這種一般說法，主張分科法自東晋道生（355—434）至梁法雲（467—529）的一百年間，被創作、找竅門，漸漸巧妙化，其内容也更加詳細。佛家的分科法似亦與佛典義疏的發展并行，并非當初已有完成的形態。

關于儒家經典的"科段"，牟、戴二氏以《論語義疏》爲例加以探討，現在我們能獲針對《論語義疏》的科段更爲精密的研究成果，即是喬秀岩《義疏學衰亡史論》。此處介紹該書的第一章《〈論語義疏〉編撰特點》之第二節《科段說及前後對應之理》中的總括部分：

一、皇疏全書中，頻見科段之說，可以視爲皇侃苦心經營之結果。解經作科段，此法固非皇侃所創。但前人講《論語》，尚無科段，皇侃始作，且爲之縶詳。

二、皇侃作科段之說，尤注意前後科段間之關系。必欲每言前後關系之理，爲之常用傅會之論、一面之理，初不以爲病。

三、皇疏言經文字句前後關系者，實不限科段之說，而其特點、原理則一也。[④]

此處顯示皇侃所獨有的科段說之特點——即是論述前後科段的關連性。此皇侃的獨特性，在該書第四章的第二節《孝經述議》，與隋劉炫《孝經述議》的科段說對比時，更爲明顯。喬氏探討《孔安國序》題下與"孝經"題下的《述議》之科段，而結論爲："其說仍以分析經文所述内容，討論經文編例爲宗旨，與皇侃科段說之傅會論理，演說前後

[①] 喬秀岩：《義疏學衰亡史論》，東京，白峰社2001年版。後有中文版：《義疏學衰亡史論》，臺北，萬卷樓2013年版。
[②] 古勝隆一：《中國中古の學術》，東京，研文出版2006年版。
[③] 青木孝彰：《六朝における經疏分科法についての一考察》，《印度學佛教學研究》1973年第2號，第319—322頁。
[④] 喬秀岩：《義疏學衰亡史論》，東京，白峰社2001年版，第22—23頁；中文版，第13頁。

關連者不同。"①

喬氏另在第四章的第一節《禮記子本疏義》論《禮記子本疏義》中的皇侃科段前後關連説，而指出其未爲孔穎達《禮記正義》所采（詳後述）。

此外，蜂屋邦夫《儀禮士冠疏》所收的戶川芳郎《解説》，②在六朝義疏研究上與《儀禮士昏疏》所附的《解説》③同樣，富有啓發性、頗爲有益。戶川在該文中介紹牟、戴未提到的《講周易論家義記》的科段。

> 有無留存到現在的外典舊疏，更加類似佛典六朝期"疏論"的體裁？《講周易論家義記》殘卷就是絶無僅有的遺籍。此文獻是留存在奈良興福寺所藏平安期寫本《因明相違斷纂私記》紙背的，似來自唐土的鈔寫"義記"。此采用如釋家教相判釋時所使用的"科段"法加以疏釋。例如，先分爲"釋義三重、釋名次第、釋詞"三科，對"釋詞"更細分爲釋詞五重——卦辭、彖辭、大象、爻辭、小象等，再細分爲各分科而附上逐條解説。如"設置問答，斷簡其意。案初九爻判三重——第一直問答——第二答三雙六勾廣釋——第三證結"，出現豐富的教判形式的體裁。④

以上，介紹前賢所指出的四種義疏的科段法。那麽，科段法是否見于其他兩種義疏？

首先是敦煌遺書《孝經鄭注義疏》。此書名爲林秀一所取，林氏自加句讀點而翻刻。⑤依他的考證，其撰者是與皇侃一起師事賀瑒的同門弟子，此書至少亦是與皇侃同時代，或離皇侃不遠的時代成書。

其《開宗明義章第一》開頭，闕字極多，但可以看到科段法，如下：

> ……生，復坐，吾語汝，……故令復坐，身體髮膚，受〔之父母，〕……體科，復分爲三段，從復坐吾〔語汝，〕……終始，從夫孝始于事親，至終〔于立身，〕……〔大〕雅云，至章末引詩，（中略：野間）……夫孝始于事親，中于事君，終〔于立身，〕……第二段明事人終始，向明修身始終，……（後略：野間）⑥

《孝經鄭注義疏》中僅有此一例，但我們可推測，缺落部分或有更詳細的科段説明。雖是零碎，由此可見此書也采用科段法。

最後，《公羊傳注疏》的情況如何？很意外在此書中未看到科段法。

> 問曰，《春秋説》云："《春秋》設三科九旨"，其義如何？〇答曰，何氏之意以

---

① 喬秀岩：《義疏學衰亡史論》，東京，白峰社 2001 年版，第 209 頁；中文版，第 152 頁
② 戶川芳郎：《解説》，蜂屋邦夫（編）：《儀禮士冠疏》，東京，汲古書院 1984 年版，第 531—538 頁。
③ 戶川芳郎：《解説》，蜂屋邦夫（編）：《儀禮士昏疏》，東京，汲古書院 1986 年版，第 387—399 頁。
④ 戶川芳郎：《解説》，蜂屋邦夫（編）：《儀禮士冠疏》，東京，汲古書院 1984 年版，第 536 頁。
⑤ 林秀一：《敦煌遺書孝經鄭注義疏の研究》，《孝經學論集》，東京，明治書院 1976 年版，第 121 頁。
⑥ 林秀一：《敦煌遺書孝經鄭注義疏の研究》，《孝經學論集》，東京，明治書院 1976 年版，第 121 頁。

爲，三科九旨，正是一物。若總言之，謂之三科。科者段也。若析而言之，謂之九旨。旨者意也。言三個科段之内，有此九種之意。故何氏作《文謚例》云："三科九旨者，新周故宋，以《春秋》當新王，此一科三旨也。"又云"所見異辭，所聞異辭，所傳聞異辭，二科六旨也。"又云"内其國而外諸夏，内諸夏而外夷狄，是三科九旨也。"①

此是《公羊疏》對"三科九旨"的解說，雖在文中可看到"科段"一詞，但《公羊疏》中未有科段法。

這暗示了某種事實。如上所述，科段法固然是義疏的特點。但是否要用科段，仍要看解釋對象的經書之内容爲何？筆者認爲，《公羊傳》的文章是不需科段的。關于此點，詳細後述。

以上，介紹、探討了現存義疏中的科段相關之事例。結果，除《公羊傳注疏》之外，義疏均用科段法。我們于此可以重新確認，科段法是義疏的特點之一。那麼，《五經正義》究竟有没有繼承科段法？

首先，我們討論《禮記正義》，因爲《禮記正義》是"仍據皇氏以爲本，其有不備，以熊氏補焉"②的。以上所述，戴君仁氏介紹《禮記·禮運》的科段之例，關于此點，喬秀岩氏前揭書第三章《〈禮記正義〉簡論》第二節《皇侃科段說》頗爲詳細。喬氏主要依《樂記·疏》的分析得到以下結論：

> 皇侃《禮記疏》有科段之說，于經文前後之間，每論其間論理關系，且不嫌牽强傅會，而以論理關系之精巧有結構爲宗旨。此等特點，與本文第一章所論《論語義疏》完全一致。孔穎達等力主排斥傅會，解說經文，專就經文所述事實爲說。故多不取皇侃科段之說，另據經文内容分爲節段。又，詳言駁難皇侃科段說之牽强者，亦屬常見。（中略）然《禮記正義》中亦偶存皇侃科段之遺說，故謂《禮記正義》性質複雜。③

全是頗有說服力的見解，也厘清了孔穎達所改變的實態。孔疏似拒絕科段關連說。

其次，《周易正義》。有關《周易正義》的科段法，牟潤孫氏舉出《乾卦文言傳》，另見于《坤卦文言傳》和《繫辭》上、下。尤其令人感興趣的是《繫辭上》的用例，即：

> 周易繫辭上第七
> 〔疏〕正義曰：謂之"繫辭"者，凡有二義。論字取繫屬之義。聖人繫屬此辭于爻卦之下，故此篇第六章云："繫辭焉以斷其吉凶"，第十二章云："繫辭焉以盡其言"，是繫屬其辭于爻卦之下，則上下二篇經辭，是也。文取繫屬之義，故字體從繫。（後略）

---

① 徐彦：《公羊傳注疏》，臺北，藝文印書館1955年版，第7頁。
② 孔穎達：《禮記正義》，臺北，藝文印書館1955年版，第4頁。
③ 喬秀岩：《義疏學衰亡史論》，東京，白峰社2001年版，第159頁；中文版，第114頁。

> 諸儒所釋上篇，所以分段次下，凡有一十二章。周氏云："天尊地卑"爲第一章，"聖人設卦觀象"爲第二章，"彖者言乎象者"爲第三章，"精氣爲物"爲第四章，"顯諸仁藏諸用"爲第五章，"聖人有以見天下之賾"爲第六章，"初六藉用白茅爲第七章，"大衍之數"爲第八章，"子曰知變化之道"爲第九章，"天一地二"爲第十章，"是故易有太極"爲第十一章，"子曰書不盡言"爲第十二章。
>
> 馬季長、荀爽、姚信等，又分"白茅"章，後取"負且乘"，更爲別章，成十三章。案"白茅"以下，歷序諸卦，獨分"負且乘"以爲別章，義无所取也。虞翻分爲十一章，合"大衍之數"，并"知變化之道"，共爲一章。案大衍一章，總明揲蓍策數，及十有八變之事，首尾相連，其"知變化之道"已下，別明知神及唯幾之事，全與大衍章義不類，何得合爲一章。今從先儒以十二章爲定。①

如引文最後部分所述，《周易正義》畢竟采用了陳周弘正的十二章説，也記載了除十二章説之外，另有十三章説或十一章説。然而，此處值得注目的是，東漢馬融、荀爽、吳姚信等都提倡十三章説。假使如此，六朝時代以前已有分斷經文而解説的方法，換言之，此就當佛典義疏科段法成立之前。總之，科段法未必是受佛教的影響而成的。

科段法確是六朝義疏的特點，那麼，可否將《周易正義》和《禮記正義》的科段法視爲其遺留或痕跡呢？假使《五經正義》的科段僅見于此二《正義》，可認爲如此。因此，必須更詳細地探討其他《正義》。

夫經書内容，實多種多樣。其文體，既有論説體、故事體、對話體，也有按時間來叙述的叙事體、與上述幾種無關的羅列體等，亦多種多樣。

上文所述的《文言傳》、《繫辭傳》以及《樂記》，可謂是論説體。但是，就今日的觀點而言，這些是匯集多種文章的編輯物。當然，《文言傳》等的編輯者整理成一篇時，無疑有一定的編輯意識。從之，就結果而言，科段法是否爲《五經正義》分析其編輯意識的一種手段？依此觀點，重新察看《五經正義》的科段法，就除了上述的二經《正義》之外，仍可尋獲若干例。

首先是從《毛詩正義》。筆者認爲，所謂的《毛詩·大序》也是匯集《詩》論相關文章的編輯物。科段法果然可見于《大序》的《正義》中。以下引文，僅引標起止與疏文開頭。

> 關雎后妃之德也○正義曰：諸序皆一篇之義，但詩理深廣，此爲篇端，故以詩之大綱，并舉于此。今分十五節，當節自解次第，于此不復煩文。作《關雎》詩者言后妃之德也。
>
> 風之至國焉○正義曰：序以后妃樂得淑女，不淫其色，家人之細事耳，而編于詩首，用爲歌樂，故于后妃德下即申明此意。
>
> 風風至化之○正義曰：上言風之始謂教天下之始也。序又解名教爲風之意。

---

① 孔穎達：《周易正義》，臺北，藝文印書館1955年版，第143頁。

詩者至爲詩○正義曰：上言用詩以教此，又解作詩所由。

情動至蹈之○正義曰：上云"發言爲詩"，辨詩志之异，而直言者非詩，故更序詩必長歌之意。

情發于至之音○正義曰："情發于聲"，謂人哀樂之情發見于言語之聲。

治世至民困○正義曰：序既云"情見于聲"，又言"聲隨世變"。

故正至于詩○正義曰：上言播詩于音，音從政變，政之善惡，皆在于詩，故又言詩之功德也。

先王至俗○正義曰：上言詩有功德，此言用詩之事。

故詩至六曰頌○正義曰：上言詩功既大，明非一義能周，故又言詩有六義。

上以至曰風○正義曰：臣下作詩，所以諫君。君又用之教化，故又言上下皆用此六義之意。

至于至雅作矣○正義曰：詩之風雅，有正有變，故又言變之意。

國史至上○正義曰：上既言變詩之作，此又説作變之由。

達于至之澤○正義曰：此又言王道既衰，所以能作變詩之意。

是以至之雅○正義曰：序説正變之道，以風雅與頌，區域不同，故又辨三者體異之意。

雅者至雅焉○正義曰：上已解風名，故又解雅名。

頌者至神明者○正義曰：上解風雅之名、風雅之體，故此又解頌名頌體。

是謂四始詩之至也○正義曰：四始者，鄭答張逸云（後略）。

然則關雎麟趾之化王者之風故繫之周公至繫之召公○正義曰：序因《關雎》是風化之始，遂因而申之，廣論詩義。詩理既盡，然後乃説《周南》《召南》。

周南至之基○正義曰：既言繫之《周》《召》，又總舉二南要義。

是以至之義也○正義曰：上既總言二南，又説《關雎》篇義，復述上后妃之德由，言二南皆是正始之道，先美家内之化。[①]

引文中雖未見第一章、第二章等的表現，但可見將《大序》分爲十五節，而如"上言～又言""既云～又云"等，甚有意識説明科段上下的互相關系。由此可説《毛詩正義》中亦使用科段法。

《毛詩正義》僅有《大序》的一例，但科段法也見于《春秋正義》針對西晉杜預《春秋經傳集解·序》的疏文中。如：

春秋序○正義曰：此序題目，文多不同。或云"春秋序"，或云"左氏傳序"，或云"春秋經傳集解序"，或云"春秋左氏傳序"。案晉宋古本及今定本并云"春秋左氏傳序"，今依用之。（中略）此序大略，凡有十一段，明義以春秋是此書大名，

[①] 孔穎達：《毛詩正義》，臺北，藝文印書館1955年版，第12—20頁。

先解立名之由。自"春秋"至"所記之名也",明史官記事之書名曰春秋之義。

自"周禮有史官"至"其實一也",明天子諸侯皆有史官,必須記事之義。

自"韓宣子適魯"至"舊典禮經也",言周史記事襃貶得失本有大法之意。

自"周德既衰"至"從而明之",言典禮廢缺善惡無章,故仲尼所以修此經之意。

自"左丘明受經于仲尼"至"所修之要故也",言丘明作傳,務在解經,而有無傳之意。

自"身爲國史"至"然後爲得也",言經旨之表,不應須傳,有通經之意。

自"其發凡以言例"至"非例也",言丘明傳有三等之體。

自"故發傳之體有三"至"三叛人名之類是也",言仲尼修經有五種之例。

自"推此五體"至"人倫之紀備矣",總言聖賢大趣足以周悉人道,所説經傳理畢,故以此言結之。

自"或曰《春秋》以錯文見義"至"《釋例》詳之也",言己异于先儒,自明作《集解》、《釋例》之意。

自"或曰《春秋》之作"下盡"亦無取焉",大明《春秋》之早晚,始隱終麟,先儒錯繆之意。[①]

此處也未注明"第一段""第二段"等表現,但後續疏文中,依照此十一段的科段分節杜預《序》,既詳細又留意著上下文的關聯而解説其内容。因爲紙幅有限,以下摘録頗有特色的部分,并附上 1~11 的號碼,以便讀者參考:

1. 春秋至名也○正義曰:從此以下至"所記之名也",明史官記事之書名曰"春秋"之意。

記事至异也○既辨春秋之名,又言記事之法。

故史至名也○將解名曰"春秋"之意,先説記事主記當時之事。

2. 周禮至國史○既解名曰"春秋"之意,又顯記事之人。

3. 韓宣至以王○既言諸國有書,欲明魯最兼備故云此。

4. 周德至舊章○正義曰:此明仲尼修《春秋》之由,先論史策失宜之意。

5. 左丘至而發○正義曰:丘明爲經作傳,故言"受經于仲尼",未必面親授受使之作傳也。

6. 身爲至所窮○此説無經有傳之意。

7. 其發至通體○正義曰:自此至"非例也",辯説傳之三體。此一段説舊發例也。

8. 故發至有五○正義曰:傳體有三,即上文發凡正例,新意變例,歸趣非例是也。

9. 推此至備矣○正義曰:上云"情有五",此言"五體"者(後略)

10. 或曰至其然○正義曰:自此至"釋例詳之",言己爲作注解之意。

---

① 孔穎達:《春秋左傳正義》,臺北,藝文印書館 1955 年版,第 6 頁。

11. 或曰至所安〇正義曰：上一問一答，説作注理畢，而更問《春秋》作之早晚及仲尼述作大意。

答曰至政也〇此盡末以來，答上問四意。

麟鳳至終也〇麟、鳳與龜、龍、白虎五者，神靈之鳥獸，"王者之嘉瑞"也。

曰然至將來〇上既解終麟之意，未辯始隱之由，故又假問以釋之。

所書至義也〇既言作《春秋》之意，然後答"黜周王魯"之言。

若夫至之也〇此一段答説《公羊》者言微其文、隱其義之意。

聖人至聞也〇此一段答"孫言辟害"之意。

子路至論也〇此一段答素王素臣爲非也。

先儒至近誣〇此下至"爲得其實"，皆明麟後之經非仲尼所修之意。

據公至其實〇《穀梁》之經亦止獲麟，而獨據《公羊》者，（後略）

至于至取焉〇《公羊傳》稱"孔子聞獲麟，反袂拭面，涕沾袍，曰吾道窮矣。"①

此等疏文中的科段法，可謂與《毛詩·大序·疏》相比，更爲詳細。《集解序》固然并非編輯物，而是杜預個人所撰。但上文所引顯示，《正義》的科段法很清楚地分析出杜預文章的架構。

《穀梁傳注疏·范甯序·疏》中：

春秋穀梁傳注疏序〔疏〕釋曰：此題諸本文多不同。晉宋古文多云"春秋穀梁傳序"。俗本亦有直云"穀梁傳序"者。然"春秋"是此書之大名，傳之解經，隨事則釋，亦既經傳共文，題名不可單舉。又此序末云："名曰春秋穀梁傳集解"，故今依上題焉。此序大略，凡有三段。

第一段自"周道衰陵"，盡"莫善于春秋"，釋仲尼修春秋所由，及始隱終麟之意。（後略）

第二自"春秋之傳有三"，盡"君子之于春秋，没身而已"，釋三傳所起，及是非得失。（後略）

第三自"升平之末"，盡"穀梁傳集解"，釋已注述之意，并序集解之人。（後略）②

楊疏似有意識杜預序《正義》。但在後續的疏文中，看似未有意識如《正義》同樣解説上下的關連。

以上，已舉出了《毛詩正義》與《春秋正義》之例，科段法另見于《尚書正義》，此處加以介紹。《洪範》云："一、五行：一曰水，二曰火，三曰木，四曰金，五曰土。水曰潤下，火曰炎上，木曰曲直，金曰從革，土爰稼穡。潤下作鹹，炎上作苦，曲直作酸，

---

① 孔穎達：《春秋左傳正義》，臺北，藝文印書館1955年版，第6—19頁。
② 楊士勛：《穀梁傳注疏》，臺北，藝文印書館1955年版，第3頁。

從革作辛，稼穡作甘。"《疏》則云：

> 一五至作甘〇正義曰：此以下箕子所演，陳禹所第疇名于上，條列説以成之。此章所演，文有三重。第一言其名次，第二言其體性，第三言其氣味。①

而針對"二、五事：一曰貌，二曰言，三曰視，四曰聽，五曰思。貌曰恭，言曰從，視曰明，聽曰聰，思曰睿。恭作肅，從作乂，明作哲，聰作謀，睿作聖。"則云：

> 二五至作聖〇正義曰：此章所演，亦爲三重。第一言其所名，第二言其所用，第三言其所致。"貌"是容儀，舉身之大名也。"言"是口之所出，"視"是目之所見，"聽"是耳之所聞，"思"是心之所慮，一人之上有此五事也。"貌"必須恭，"言"乃可從，"視"必當明，"聽"必當聰，"思"必當通于微密也。此一重即是敬用之事。"貌"能恭則心蕭敬也。"言"可從則政必治也。"視"能明則所見照晢也。"聽"能聰則所謀必當也。"思"通微別事無不通，乃成聖也。此一重言其所致之事。②
> 〇傳必通于微〇正義曰：此一重言敬用之事。（後略）③
> 〇傳于事至之聖〇正義曰：此一重言所致之事也。恭在貌而敬在心。（後略）④

由上文所述，可見《五經正義》均繼承科段法。固然，佛教對《五經正義》的影響也不可忽視，但筆者認爲，《五經正義》的科段法系來自與佛教不同的脉絡。

此節最後，介紹唐賈公彥撰《儀禮注疏》與《周禮注疏》的科段法。這兩本書亦非唐朝敕撰，但賈公彥參與撰定《禮記正義》的工作。首先是《儀禮注疏·喪服》：

> 喪服第十一〇（中略）〇釋曰：（中略）《喪服》所陳，其理深大，今之所釋，且以七章明之。
> 第一，明黃帝之時，朴略尚質，行心喪之禮，終身不變。
> 第二，明唐虞之日，淳朴漸虧，雖行心喪，更以三年爲限。
> 第三，明三王以降，澆爲漸起，故制喪服以表哀情。
> 第四，明既有喪服，須明喪服二字。
> 第五，明喪服章次，以精粗爲序。
> 第六，明作傳之人并爲傳之意。
> 第七，明鄭玄之注，經傳兩解之。

---

① 孔穎達等：《尚書正義》，臺北，藝文印書館1955年版，第169頁。
② 孔穎達等：《尚書正義》，臺北，藝文印書館1955年版，第170頁。
③ 孔穎達等：《尚書正義》，臺北，藝文印書館1955年版，第170頁。
④ 孔穎達等：《尚書正義》，臺北，藝文印書館1955年版，第170頁。

第一，"明黃帝之時，朴略尚質，行心喪之禮，終身不變"者，案《禮運》云："昔者先王未有宮室，食鳥獸之肉，衣其羽皮"，此乃伏羲之時也。（後略）

第二，"明唐虞之日，淳朴漸虧，雖行心喪，更以三年爲限"者，案《禮記·三年問》云："將由夫患邪淫之人與（後略）"

第三，"明三王以降，澆僞漸起，故制喪服以表哀情"者，案《郊特牲》云："大古冠布，齊則緇衣"，鄭注云："唐虞已上曰大古"。又云："冠而敝之可也"，注云："此重古而冠之耳。三代改制，齊冠不復用也。以白布冠質，以爲喪冠也。"（後略）

第四，"明既有喪服，須明喪服二字"者，案《鄭目錄》云："不忍言死而言喪。喪者弃亡之辭，若全存于彼焉，已弃亡之耳"。又案《曲禮》云："天子曰崩，諸侯曰薨，大夫曰卒，士曰不祿，庶人曰死。"（後略）

第五，"明喪服章次，以精粗爲叙"者，案《喪服》上下有一章，從斬至緦麻，升數有异。异者，斬有二義不同。（後略）

第六，"明作傳之人，又明作傳之義"。"傳曰"者，不知是誰人所作。人皆云"孔子弟子卜商，字子夏所爲"。案《公羊傳》是公羊高所爲。公羊高是子夏弟子。（後略）

第七，"明鄭玄之注，經傳兩解之"。云"鄭氏"者北海高密縣人，姓鄭，名玄，字康成。漢僕射鄭崇八世孫也。後漢徵爲大司農，而不就。（後略）[1]

其次是《周禮注疏·天官·大宰》云：

大宰至以生萬民○釋曰：自此以下至職末，分爲二段。從此職首至"以富得民"一段十條，明經國之大綱，治政之條目。

自"正月之吉"以下至職末，明頒宣前法，依事而施。

言"掌建邦之六典"者，謂大宰總御群職，故六典俱建也。

"以佐王治邦國"者，以六典是王執治邦國，王不獨治，故云"佐王"也。

"一曰治典，以經邦國"，至"六曰事典"，皆云"邦國"者，邦國皆謂諸侯之國。

但治典云："經者，所以經紀爲名，故云經"。

教典云："安者，地道主安，故云安"。

禮典云："和者，禮之用，和爲貴，故云和"。

政典云："平者，司馬主六軍，以平定天下，故云平"。

刑典云："詰者，以其刑者有所詰禁天下，故云詰"。

事典云："富者，作事所以富國家，故云富也"。

又治典、教典云："官府禮典已下四典，皆云'百官'者，尊天地二官，不局其數，故不云百官而云'官府'也。（後略）[2]

---

[1] 賈公彥：《儀禮注疏》，臺北，藝文印書館1955年版，第337—338頁。
[2] 賈公彥：《周禮注疏》，臺北，藝文印書館1955年版，第26頁。

本節所得到的結論如下：一、有關佛家的科段説，介紹青木氏的説法。他認爲佛家的科段説與佛典義疏的發展同行，其創作始于東晉道生以後。二、六朝義疏《論語義疏》、《孝經述議》、《禮記子本疏義》、《周易疏論家義記》及《孝經鄭注義疏》皆用科段法，但科段法唯一不見于《公羊疏》。三、在《五經正義》中雖然量不多，但"五經"皆用科段法，科段法也見于《周禮疏》《儀禮疏》和《穀梁疏》。由此可見，《五經正義》皆繼承了科段法。此外，科段法似適用于論説體的經、傳文。四、關于群經義疏的科段法，不能否認其與佛家的交流，但也可溯源于儒家傳統文獻。

二、義疏的問答體

以上所述，牟潤孫氏曾以"都講"等語詞爲綫索，探討佛家講經的儀式，而認爲，它就是佛家所固有的，儒家乃模仿之。"都講"者，是在講經時擔任發問者。牟氏并論，儒家模仿佛家講經儀式的結果，問答體就成爲義疏的特點。批判地探討以牟説爲代表的"都講"研究，就是古勝隆一《都講の再檢討》。[①]古勝氏在此文中云："在南北朝義疏學中的都講之制，是以漢代經學爲基礎，佛教亦在東晉以後引進之"，[②]而提出了與牟説不同的見解。他另在《釋奠禮と義疏學》中提出假説：漢代"章句"之學與六朝"義疏"之學有所區別，初期義疏是發端于"釋奠"儀禮中的《孝經》講義。[③]

如此，牟、古勝兩位雖對義疏起源的見解不一致，但共同將義疏的問答體與討論、講經的筆記連接爲一。關于此點，有無問題？本文以下探討義疏的問答體的實際情况。

因爲紙幅有限，可惜無法多舉例。首先是《論語義疏》。我們在《論語義疏》中可以看到具備"或問曰"、"答曰（或通云）"等典型形式的問答體共二十二例，亦可看到其變形若干例。這些普遍見于全書中，但我們應該留意，就《論語》五百章的整體而言，此數字并不是甚多。

以下引文使用日本大坂懷德堂本，經文和注文（注文開頭空一格開始）以粗體，而問答體部分改行。《學而‧第六章》有：

❶**子曰：弟子入則孝，出則弟。**"弟子"猶子弟也。言爲人子弟也。言爲人子弟者，盡其孝悌知道也。父母閨門之内，故云"入"也。兄長比之疏外，故云"外"也。前句已决子善父母爲孝，善兄爲悌。父親故云"入"，兄疏故云"外"也。**謹而信。**向明事親，此辨接外也。接外之禮，唯謹與信也。外能如此，在親可知也。**泛愛衆** "泛"廣也。君子尊賢容衆，故廣愛一切也。**而親仁。**君子義之與比，故見有仁德者而親之也。若非仁親，則不與之親，但廣愛之而已。

行有餘力，則以學文。"行"者所以行事已畢之迹也。若行前諸事畢竟，而猶有

[①] 古勝隆一：《都講の再檢討》，麥谷邦夫（編）：《中國中世社會と宗教》，京都，道氣社2002年版，第141—161頁。
[②] 古勝隆一：《都講の再檢討》，麥谷邦夫（編）：《中國中世社會と宗教》，京都，道氣社2002年版，第155頁。
[③] 古勝隆一：《釋奠禮と義疏學》，小南一郎（編）：《中國の禮制と禮學》，京都，朋友書店2001年版，第469—504頁。

餘力，則宜學先王遺文。五經六籍是也。

　　或問曰："此云'行有餘力，則以學文'，後云'子以四教，文行忠信'，是學文或先或後，何也？"

　　答曰："《論語》之體，悉是應機適會，教體多方，隨須而與，不可一例責也。"①

一眼就可知，問答體位于最後部分。其內容也并非訓詁注釋之類，而是針對本文的疑問與迴答。此章的內容是起于孔門學習課程中"文"與"行"的先後關係如何，也系《論語》整本所出入的記述相關的問答。

接著是《八佾·第二》。

　　❷三家者以雍徹。又譏其失也。"三家"即是仲孫、叔孫、季孫也。并皆僭濫，故此并言之也。季氏爲最惡，故卷初獨言季氏也。"雍"者詩篇名也。"徹"者禮天子祭竟，欲徹祭饌，即先使樂人先歌雍詩以樂神，後乃徹祭器。于時三家祭竟，亦歌雍詩以徹祭，故云"三家以雍徹"也。

　　馬融曰："三家者"謂仲孫、叔孫、季孫也。三孫同是魯桓公之後，桓公嫡子莊公爲君，而桓公之庶子有公子慶父、公子叔牙、公子季友也。仲孫是慶父之後，叔孫是叔牙之後，季孫是季友之後。後子孫皆以其先仲、叔、季爲氏，故有此三氏。并是桓公子孫，故俱稱孫也，亦曰三桓子孫也。仲孫氏後世改仲曰孟。孟者庶長之稱也。言己家是庶，不敢與莊公爲伯、叔、季之次，故取庶長爲始，而云孟孫氏也。

　　"雍"周頌臣工篇名也。天子祭于宗廟，歌之以徹祭。今三家亦作此樂也。天子徹祭所以歌雍者，雍詩云："有客雍雍，至止肅肅，相維辟公，天子穆穆"，是言祭事周畢，有客甚自雍和，而至皆并肅敬，時助祭者，有諸侯及二王後，而天子威儀又自穆穆，是禮足事竟所以宜徹，故歌之以樂神也。

　　子曰："'相維辟公，天子穆穆'，奚取于三家之堂？"前是祭者之言，此是孔子語也。孔子稱雍詩之曲以譏三家也。"相"助，"辟"猶諸侯也，"公"二王之後，"穆穆"敬也，"奚"何也。孔子云：此詩曲言時助祭者，有諸侯及王者後，而天子容儀盡敬穆穆然。今三家之祭但有其家臣而已，有何諸侯二王後及天子穆穆乎。既無此事，何用空歌此曲于其家之廟堂乎。

　　包氏曰："辟公"謂諸侯及二王之後。"辟"訓君。君故是諸侯也。二王後稱公，公故是二王後也。"穆穆"天子之容貌。雍篇歌此者，有諸侯及二王之後來助祭故也。唯天子祭有此也。今三家但家臣而已。何取此義而作之于堂耶。大夫稱家，今三卿之祭，但有家臣。家臣謂家相邑宰之屬來助祭耳。孔子云：此詩曲言時助祭者，有諸侯及王者後，而天子容儀盡敬穆穆然。今三家之祭但有其家臣而已，有何諸侯二王後及天子穆穆乎。既無此事，何用空歌此曲于其家之廟堂乎。

---

① 皇侃：《論語義疏》卷一，嚴靈峰（編）：《無求備齋論語集成》（第3函），臺北，藝文印書館1966年版，第8頁。

|或問|曰："魯祭亦無諸侯及二王後，|那|亦歌此曲|耶|？"
　　|答曰|："既用天子禮樂，故歌天子詩也。"
　　|或通云|："既用天子禮樂，故當祭時，則備設此諸官也。"
　　|或曰|："魯不歌此雍也。季氏自僭天子禮，非僭魯也。"①

在此章，針對一個問題，并列三種迴答："答曰"、"或通云"及"或云"。問曰：魯祭無諸侯及二王後參加，爲何歌頌雍篇？答曰："既用天子禮樂，故歌天子之詩。"或云："既用天子禮樂，故備設此諸官。"又曰："季氏非僭魯，而是僭天子。"三者迴答，各不相同。但亦可見，問答體仍位于最後部分。此事實更是《論語義疏》全書所普遍的。并非從文章開頭就有問答體，值得留意。

此外，舊鈔本的表現實與敦煌本《論語義疏》殘簡（伯三五七三）不同，值得關注。日本的《論語義疏》研究者，古有武内義雄、杉浦豐治二氏等，其後有高橋均氏，多數發表了含有敦煌本的極爲詳密之研究，近年又有影山輝國氏的成果。他們研究顯示，敦煌本雖屬節略本，但保留了較古的形式；舊鈔本有加後代的整理；敦煌本與日本所傳承的舊鈔本不可視爲先後關係，而應爲系統不相同的版本。

關于①的問答體，敦煌本則如下：

　　此云"行有餘力"，然後"學文"，後云"文行忠信"，則文在後。何者，《論語》之体，悉是應機適會，教躰多方，隨須而與，不可一例責。②

由此可見，敦煌本省略"或問曰"與"答曰"，并將問辭"何也"換成"何者"這種發説明的發語之辭。換言之，全然消失問答體，而改變爲"叙述體"。下文所引《學而·第十三章》也類似此。

　　❸有子曰："信近于義，言可復也。""信"不欺也。"義"合宜也。"復"猶驗也。夫信不必合宜，合宜不必信。若爲信近于合宜，此信之言乃可復驗也。若爲信不合宜，此雖是不欺，而其言不足復驗也。
　　|或問曰|："不合宜之信云何？"
　　|答曰|："昔有尾生。與一女子期于梁下，每期每會。後一日急暴水漲，尾生先至，而女子不來。而尾生守信不去，遂守期溺死。此是'信不合宜，不足可復驗'也。"③

此問答體，與上文所引的二例相同，附載于針對經文"信"、"義"、"復"的訓詁性解釋後，并非直接與經文內容關聯，而是前半的疏文（下綫部分）所引起的問答。敦煌本的此部

---

① 皇侃：《論語義疏》卷二，嚴靈峰（編）：《無求備齋論語集成》（第3函），臺北，藝文印書館1966年版，第3頁。
② 皇侃：《唐寫本論語義疏》，嚴靈峰（編）：《無求備齋論語集成》（第30函），臺北，藝文印書館1966年版，第9頁。
③ 皇侃：《論語義疏》卷一，嚴靈峰（編）：《無求備齋論語集成》（第3函），臺北，藝文印書館1966年版，第13頁。

分則爲：

> 或問曰："不合宜之信云何？"昔尾生與女子期于梁下，每期會。後一日忽暴水長，尾生先至，而女子不來。而尾生守信不去，遂被溺死。此信是"信不合宜，不足可復驗"。①

可見竟無"答曰"等的表現。可謂敦煌本雖是節略本，但在被認爲保留較古形式的敦煌本中，可窺問答體漸漸失去其原形的情況。此有可能是暗示義疏的問答體變成叙述體的過程。

其次，《禮記子本義疏》（早稻田大學圖書館藏）。此僅是《禮記·喪服小記》前半部殘卷，但羅列喪服禮相關的詳細記述，其中也可以看到問答體。下文所引，是殘卷開頭。〔 〕表示補充缺落的部分，"……"爲疏文省略的部分，"母服輕"以下粗體的部分則爲鄭注。

> ❹〔斬衰，括髮以麻。爲母，括髮以麻，免而以布。……〕堂下之位時則异也。若爲父，此時猶括髮而踊，襲絰帶，以至大斂，〔而括〕髮至成服。若母喪，于此時則不復括髮，乃著布免踊，而襲絰帶，以至成服，故云"免而以布"也。**母服輕，至免，可以布代麻也。爲母，又哭而免。**"又哭"，即是小斂拜賓竟後，即堂下位哭踊時也。
> 　或問曰："爲父括髮至成服，其中二斂之祭應有冠弁而括髮暫除，而猶括髮乎。"
> 　崔云："爲父括髮，一作以至成服，若應冠弁臨祭，則于括髮上著之也。括髮本爲喪變，非代冠者故也。"
> 　崔又云："大夫以上，尸襲後而孝子素弁，素弁乃素冠，以其經日，故《檀弓》叔孫武叔小斂出户投冠是也。若士喪日淺，小斂前不冠也。"
> 　灼案：前儒悉云"冠弁臨祭"，故其然矣。崔言"襲後而冠弁"，復與《小記》异。何者，案禮無冠弁臨祭者也。《雜記》云："小斂環絰，公士大夫一也。"《喪大記》云："君將大斂，子弁絰"，則不云臨祭。又云將斂，則非始死，襲後而冠弁矣。《檀弓》已釋，然括上有冠，此則隨人通耳。

由此也可見，問答體位于疏文最後部分。但是，"答"不系無名氏，而是梁崔靈恩的迴應。"灼案"以下是鄭灼附上此書的案語，其上則皆是皇侃《禮記義疏》之文。在《禮記子本義疏》中，除此之外，還可看到典型的問答體四例，因而可確認其中含有問答體。而且，其中二例是討論鄭注的内容，于此省略説明其内容。

但值得留意的是，《禮記正義》雖依皇侃《禮記義疏》而成，但共五例的問答體在《禮記正義》中全被省略。而且并非變成叙述體，而是删除問答體本身。《五經正義》是否避開問答體？或者嫌皇疏"微稍繁廣"？

接著是《講周易疏論家義記》。因爲此書是斷簡，所以許多疏文難以確定是以《周易》

---

① 皇侃：《唐寫本論語義疏》，嚴靈峰（編）：《無求備齋論語集成》（第30函），臺北，藝文印書館1966年版，第18頁。

經文哪一部分爲對象。并且它既非直接與《周易正義》相關,亦非采用如《五經正義》同的訓詁注釋的形式。它共有六例的問答體,其中五例并非針對經文、注文的論述。但其問答體均位于最後部分,此處依《京都帝國大學文學部景印舊鈔本》第二集,引用二例,如下:

❺ 問 統唯統領之名,即是相即之義,何以即名爲釋耶?
答 雖云四德,太和爲體,乾之與天俱是義目。故以統天爲顯,相即言義也。若……(以下斷卷)①

❻ 德因見大義也。"飛龍在天",乃住乎天德,位證天德,應道之極。前章人事則言上治,此言天德,相可表義耳。"亢龍有悔,與時偕極",陰陽佚興,人道无常,譬彼殷家氣理并極,自非迩情。故言偕極也。"乾元用九,乃見乎天則"。人事章云"天下治也",天氣章云"見乎天則"者,同。雖无爲,設辭有義。人事之中唯治爲體,天道之軍俱則要,此章相則表彼義,言无爲爲治故耳。

問 前後章俱明卦辭,而不道"用九"之義。在中二章唯明"用九",尚闕卦辭之說,何耶?
答 劉先生、朱仰之并通此義,唯以相乎明義耳。今義不然。第一章是論道之初,第四章爲弱事之末,故闕"用九"之義,而論爻辭之意,可也。第二、第三,二番,在實爲事理之腹,故不可爲闕,"用九"之誡耳。若如卦辭早顯其義,在與不在更无大妨耳。既无太明此體,終屬所宜爾□□義,言之可也。②

接著,探討《公羊傳注疏》的問答體。《公羊傳注疏》從前與《論語義疏》同,作爲記載問答體的一例,屢次被討論。然從來鮮少人留意在阮刻本二十卷中,由"問曰"和"答曰"而成的典型問答體實僅見于卷一。筆者認爲,《公羊疏》的問答體實爲卷一的特色。首先,我們看"春秋公羊經傳解詁隱公第一"條的疏文:

❼〔疏〕"春秋"至"第一"〇解云:案舊題云"春秋隱公經傳解詁第一公羊何氏",則云"春秋"者一部之總名。"隱公"者魯侯之謚號。"經傳"者雜緟之稱。"解詁"者何所自目。"第一"者無先之辭。"公羊"者傳之別名。"何氏"者邵公之姓也。今定本則升"公羊"字在"經傳"上,退"隱公"字在"解詁"之下,未知自誰始也。又云"何休學"。今案《博物志》曰:"何休注公羊,云'何休學',有不解者。或答曰'休謙辭。受學于師,乃宣此義不出于己',此言爲尤",是其義也。③
〇 問曰:《左氏》以爲"魯哀十一年夫子自衛反魯,十二年告老遂作《春秋》,至十四年經成。"不審《公羊》之義,孔子早晚作《春秋》乎?〇答曰:《公羊》以爲"哀公

---

① 京都帝國大學文學部(編):《京都帝國大學文學部景印舊鈔本(第二集)》第 4 册,京都,京都帝國大學文學部 1935 年版,第 5 頁。
② 京都帝國大學文學部(編):《京都帝國大學文學部景印舊鈔本(第二集)》第 4 册,京都,京都帝國大學文學部 1935 年版,第 26 頁。
③ 徐彦:《公羊傳注疏》,臺北,藝文印書館 1955 年版,第 6 頁。

十四年獲麟之後，得端門之命，乃作《春秋》，至九月而止筆"。《春秋説》具有其文。①

○問曰：若《公羊》之義，以獲麟之後乃作《春秋》，何故"大史公遭李陵之禍，幽于縲絏，乃喟然而嘆曰'是余罪也。夫昔西伯拘羑里演《易》，孔子厄陳蔡作《春秋》，屈原放逐著《離騷》，左丘明失明厥有《國語》，孫子臏脚而論兵法。此人皆意有所鬱結，不得通其道也。'故自黄帝始作其文也。"案《家語》孔子厄于陳蔡之時，當哀公六年，何言"十四年乃作"乎？○答曰：孔子厄陳蔡之時，始有作《春秋》之意，未正作。其正作猶在獲麟之後也。故《家語》云："晉文之有霸心起于曹、衞，越王句踐之有霸心起于會稽。夫陳蔡之間丘之幸也。庸知非激憤厲志始于是乎"者，是其有意矣。②

○問曰：若《左氏》以爲夫子魯哀公十一年自衞反魯，至十二年告老，見周禮盡在魯，魯史法最備，故依魯史記修之，以爲《春秋》。《公羊》之意据何文作《春秋》乎？○答曰：案閔因叙云："昔孔子受端門之命，制《春秋》之義。使子夏等十四人求周史記得百二十國寶書，九月經立。《感精符》、《考异郵》、《説題辭》具有其文。"以此言之，夫子修《春秋》，祖述堯、舜，下包文、武，又爲大漢用之訓世，不應專据魯史，堪爲王者之法也。故言"据百二十國寶書"也。周史而言"寶書"者，寶者保也。以其可世世傳保以爲戒，故云"寶書"也。③

○問曰：若然《公羊》之義，据百二十國寶書以作《春秋》。今經止有五十餘國，通戎夷宿潞之屬，僅有六十，何言"百二十國"乎？○答曰：其初求也，實得百二十國史，但有極美可以訓世，有極惡可以戒俗者取之；若不可爲法者皆弃而不録。是故止得六十國也。④

○問曰：若言"据百二十國寶書以爲《春秋》"，何故《春秋説》云"据周史立新經"乎？○答曰：閔因叙云"使子夏等十四人求周史記，得百二十國寶書。"以此言之，周爲天子，雖諸侯史記，亦得名爲周史矣。⑤

後文還可看到問答體，凡二十例的問答體，看似充滿了此條疏文中。然這些問答體，皆位置于將表題"春秋公羊經傳解詁隱公第一"一句分成幾段加以説明而提到後續的"何休學"之後。換言之，此點與其他義疏相同，問答體尚位于最後部分。只不過是因爲問答體出現的數次與分量較多，所以全文看似由問答體而成而已。但是，令人注目的是，這些并非單發的，而是連續的。此點不見于其他義疏中。

"春秋公羊經傳解詁隱公第一何休學"後面的卷一後半是針對隱公元年經傳的注疏，此處可以看到的問答體，與上文所述的二十例不同，既是單發的，亦是與訓詁注釋無關。下面舉一例，針對《公羊傳》"元年，春，王正月。元年者何？君之始年也"的"君之始年"，何休注云：

---

① 徐彦：《公羊傳注疏》，臺北，藝文印書館1955年版，第6頁。
② 徐彦：《公羊傳注疏》，臺北，藝文印書館1955年版，第6頁。
③ 徐彦：《公羊傳注疏》，臺北，藝文印書館1955年版，第6頁。
④ 徐彦：《公羊傳注疏》，臺北，藝文印書館1955年版，第6頁。
⑤ 徐彦：《公羊傳注疏》，臺北，藝文印書館1955年版，第6頁。

以常録即位，知"君之始年"。"君"魯侯隱公也。"年"者十二月之總號。《春秋》書十二月稱年，是也。變一爲"元"。元者氣也。無形以起，有形以分。造起天地，天地之始也。故上無所繫，而使"春"繫之也。不言"公"言"君之始年"者，王者諸侯皆稱君，所以通其義于王者。惟王者然後改元立號，《春秋》托新王受命于魯，故因以録即位，明王者當繼天奉元，養成萬物。①

《疏》則云：

❽〔疏〕注"以常"至"始年"○解云：正以桓、文、宣、成、襄、昭及哀，皆云"元年，春，王正月，公即位"，（中略）

○注"君魯侯隱公"○解云：案《春秋説》云"周五等爵法五精。公之言公，公正無私。侯之言候，候逆順，兼伺候王命矣。伯之言白，明白于德。子者孳恩宣德。男者任功立業。皆上奉王者之政教禮法，統理一國，修身絜行矣。"今此"侯"爲魯之正爵，"公"者臣子之私稱，故言"君，魯侯隱公也。"

○問曰：五等之爵既如前釋，何名附庸乎？○答曰：《春秋説》下文云："庸者通也。官小德微，附于大國，以名通，若畢星之有附耳然。故謂之附庸矣。"②

此處問答，直接與何休《解詁》之文無關，而其主要内容是解説疏文所引用之《春秋説》中的"附庸"。在疏文中，此可謂始終是附隨性的文章。見于卷一後半的問答體，大概屬于此一類。

最後是《孝經述議》的問答體。在現有的義疏中，《孝經述議》應是最晚出的，雖僅有一例，但問答體也見于其中。《孝經述議序》從作爲百行之本的孝之起源開始，論至孔子作《孝經》，而批評歷代注釋者後，説明王邵發現《孝經孔安國傳》時的情況，最後論述著作《孝經述議》的意圖。問答體附于其後面：

❾問者曰："孔注《尚書》，文辭至簡，繁夥已極，理有溢于經外，言或出于意表。比諸《尚書》，殊非其類。且歷代烟沉，于今始出。世之學者，咸用致疑。吾子暴露諸家，獨遵孔氏，必爲眞。請問其要？"答曰："《尚書》帝典臣謩相對之談耳。訓誥誓盟教戒之言耳。其文直，其義顯，其用近，其功約。徒以文質殊方，謩雅詁悉，古今异辭，俗易語反，振其緒而深旨已見，詁其字而大義自通。理既達文，言足垂後。豈徒措辭尚簡，蓋亦求煩不獲。《孝經》言高趣遠，文麗旨深。舉治亂之大綱，辨天人之弘致。大則法天因地，祀帝享祖，道洽萬國之心，澤周四海之内，乃使天地昭察，鬼神效靈，災害不生，禍亂不作。明王以之治定，聖德之所不加。小則就利因時，謹身節用，施政閨門之内，流恩徒役之下，乃使室家理治，長幼順序，居上不驕，

---

① 徐彦：《公羊傳注疏》，臺北，藝文印書館 1955 年版，第 8 頁。
② 徐彦：《公羊傳注疏》，臺北，藝文印書館 1955 年版，第 8 頁。

爲下不亂，臣子盡其忠敬，僕妾竭其懽心。(後略)"①

因爲無法引用全文，所以讀者有可能無法理解內容，但可以指出，迴答部分的特點，是多用對偶表現而極經推敲的文章，完全無法將其視爲問答的筆記體。

最後附言，關于《孝經鄭注義疏》，問答體未見于其中。

以上，舉出六朝義疏中的"問答體"加以探討，而獲得以下四點：一，義疏的問答體爲訓詁性地解釋經、傳、注文之後，在疏文最後所附加的形式。即義疏并非從開頭就用問答體。二，有的問答體并非直接以經、傳、注文爲對象，而是以疏文所衍生的二次性疏文爲對象。換言之，問答體在形式上或內容上，都非佔著疏文的核心部分。三，問答體大概采用"或問曰……答曰"的形式，但所"答"的主詞爲學者實名。四，敦煌本《論語義疏》中有將問答體改成叙述體的事例。

三、問答體的歷史

本節一旦離開"義疏"相關的問題，而概觀義疏以前的古典文獻中之問答體。但暫不談《論語》中孔門師弟的問答以及《孟子》中的孟子與告子的爭論。除此之外，其他以問答體解經的經典，首先有《公羊傳》。不少學者認爲，《公羊傳》的問答體系口傳的痕迹。然《公羊傳》的問答體，既非師弟之間教授時的質疑應答的形式，亦非一方駁斥另一方的議論反駁的形式，而是由逐一積累問答，逐漸厘清《春秋》經文的意義。筆者認爲，此是《公羊傳》所創的文體。②

形式與《公羊傳》相同者，另有《儀禮·喪服·子夏傳》，其開宗明義的問答體如下

❿喪服，斬衰裳，苴絰杖絞帶，冠繩纓，菅屨者。

傳曰："斬"者何？不緝也。"苴絰"者，麻之有蕡者也。(中略)"杖"者何？爵也。無爵而杖者何？擔主也。非主而杖者何？輔病也。童子何以不杖，不能病也。婦人何以不杖？亦不能病也。(中略)哭無時。③

可見此形式與《公羊傳》相同。《子夏傳》幾乎由"公羊傳體"而記述。令人感興趣的是，唐賈公彥《儀禮疏》對《子夏傳》的問答體加以分類，即：

□或云"者何"，或云"何以"，或云"何如"，或云"孰後"，或云"孰謂"，或云"何大夫"，或云"曷爲"，有此者，答有義意。④

---

① 林秀一：《孝經述議復原に関する研究》，東京，林先生學位論文出版記念會1953年版，第65頁
② 野間文史：《春秋學 公羊傳と穀梁傳》，東京，研文出版2008年版。
③ 賈公彥：《儀禮注疏》，臺北，藝文印書館1955年版，第339頁。
④ 賈公彥：《儀禮注疏》，臺北，藝文印書館1955年版，第340頁。

如此，賈《疏》分類《子夏傳》的問答體爲七種形式之後，逐條解釋此七種形式。其最前面甚至指出：

> □凡言"者何"，皆謂執所不知。故隱元年《公羊傳》云："元年者何？"何休云："諸據疑問所不知，故曰者何？"即此問"杖者何？"是也。稱"何以"者，皆據彼决此。即下云："父爲長子何以三年？"據期章"爲衆子期"，適庶皆子，長子獨三年，是據彼决此也。此即《公羊傳》云："何以不言即位？"何休云："據文公言即位，隱不稱即位"，是也。[1]

可見賈公彥等視《子夏傳》與《公羊傳》的問答體。

其次，《公羊傳》和《子夏傳》都是對經文的解説，《大戴禮·夏小正》則不然，但亦可謂是屬于"公羊傳體"類。加之，雖《禮記》諸篇亦非對經的解説，然含有由問答體來説明禮的規定所遺漏之詳細的例外的禮制，《問喪》中可以看到"或問曰"、"（答）曰"等形式。

另外，與《公羊傳》頗有關連的《春秋繁露》，也從第一篇《楚莊王》采用問答體；《玉杯》等中可見"難者曰"、"（答）曰"的"反駁體"形式。先于董仲舒的賈誼所著《新書》中也有問答體。其中不僅"公羊傳體"，"或曰"、"對曰"等形式亦見于《匈奴》最後部分。

東漢王充《論衡》比《新書》和《春秋繁露》晚出，其中可看到"問曰"、"（答）曰"以外的"難曰"、"（答）曰"或"難曰"、"應曰"，較有特色。但是，這些問答未必真實發生，有可能是王充的自問自答。

此外，東漢末年的徐幹《中論》中有篇章始于"或問曰"、"對曰"等（《智行》第九、《爵禄》第十、《夭壽》第十四），與此同時，有篇末終于"問者曰"、"（答）曰"形式的事例（《貴言》第六、《考僞》第十一、《譴交》第十二），令人注目。關于以上文獻的問答體，因爲紙幅有限，此處不引用例文。

如上所述，戴君仁氏作爲傳統的經義論争辯難之事例，舉出了西漢石渠閣會議及東漢白虎觀會議。日原利國《白虎觀論争の思想史的位置づけ》也舉出了西漢昭帝時代的"鹽鐵論議"、宣帝時代的"石渠閣論議"及東漢章帝時代的"白虎觀會議"，而論述公羊春秋學的展開與其演變的實際情况。[2]

筆者不能將"鹽鐵論議"視爲學術論争，但是，被稱爲昭帝時代的桓寬所編著之《鹽鐵論》全是由御史大夫與賢良、文學之間的論難反駁而成書。我們不得不説，不知桓寬的文筆究竟幾分反映當時論議的真面目，然管見所及，《鹽鐵論》似無口語表現，很可能是由桓寬大幅以書面語來重新編輯的。

其次是"石渠閣論議"，可惜幾乎失傳會議議論的内容。僅有唐杜佑《通典》記載"石

---

[1] 賈公彥：《儀禮注疏》，臺北，藝文印書館1955年版，第340頁。
[2] 日原利國：《白虎觀論争の思想史的位置づけ》，《漢魏文化》1967年第6號，頁碼未詳。今參氏著：《漢代思想の研究》，東京，研文出版1986年版，第295—312頁。

渠議"、"石渠禮"與"石渠禮儀",引用了二十條而已。不過,其中明確有問答體,但迴答者系戴聖、韋玄成等參與此會議的學者,宣帝最後下了判定,此就是石渠閣論議的問答體之特點。

接著是"白虎觀論議",後爲東漢班固所編的《白虎通義》六卷。今本四十四篇中的問答體幾是"公羊傳體",不見論難反駁。這代表《白虎通義》并非論争的真實重現,可推測班固應有參與編輯作業。

與上述不同的問答體,另有"師弟問答"的記録。其代表是魏鄭小同撰《鄭志》。如《後漢書·鄭玄傳》云:"門人相與撰,玄答諸弟子問五經,依《論語》作《鄭志》八篇",[①]此書是記録在鄭玄門下的師弟問答。北宋時代已失傳,由其佚文可知,《鄭志》屬鄭玄迴答弟子質問的一問一答形式。《隋書·經籍志》著録了類似《鄭志》師弟問答的文獻,特別是禮部,以"《禮論答問》八卷宋中散大夫徐廣撰"爲代表,多數著録了相關文獻,值得留意。

以上皆是儒家文獻的問答體,本章作爲六朝佛教文獻,僅舉出梁僧祐(448—518)《弘明集》。[②] 其《序》云:

> 祐以末學,志深弘護,静言浮俗,憤慨于心,遂以藥疾微閒,山棲餘暇,撰古今之明篇,惣道俗之雅篇。其有刻意翦邪,建言衛法,製無大小,莫不畢采。又前代勝士,書記文述有益,亦皆編録,類聚區分,列爲一十四卷。夫道以人弘,教以文明,弘道明教,故謂之《弘明集》。[③]

據此,佛教傳入中國以來反復與中國傳統文化产生對立、摩擦及交涉而逐漸被接受,《弘明集》乃是匯集在其間的護教性文章,始于東漢牟子《理惑論》,含有晋慧遠《沙門不敬王者論》、南朝宋宗炳《明佛論》等,更包含與《神滅論》相關的諸家之論述,可與文學的《文選》對比。此文獻全編到處都有問答體,其問答體可稱爲"論難反駁體"。

概觀此"論難反駁體",就發現有的是重現實際的議論,有的則看似是經過文章化變成自問自答的形式。但是,《弘明集》載録有書信的論難反駁,此是不見于上述儒家文獻的較大之特點,值得注目。這意味著,其論難反駁不是在同一場所同時進行的問答。换言之,其并非所謂的實况轉播。

如本節前半所舉出的儒家傳統文獻之問答體,除《鹽鐵論》之外,可謂幾是"公羊傳體"或"師弟問答體",而非如《弘明集》的"論難反駁體"。然而,在《後漢書》以後,窺見六朝時代的正史,在經學領域也可發現多數文獻采用"論難體"或"駁論體"。

首先是東漢大儒鄭玄(127—200)反駁許慎(30—124)《五經异義》而撰寫的《駁

---

① 范曄:《後漢書》,中華書局1965年版,第1212頁。
② 關于《弘明集》,參京都大學人文科學研究所(編):《弘明集研究》,京都,京都大學人文科學研究所(卷上,1973年;卷中,1974年;卷下1975年)。
③ 京都大學人文科學研究所(編):《弘明集研究》卷上,京都,京都大學人文科學研究所1973年版,第1—2頁。

五經異義》。另外,《後漢書·鄭玄傳》有:

> 時任城何休好《公羊》學,遂著《公羊墨守》、《左氏膏肓》、《穀梁廢疾》。玄乃發《墨守》,鍼《膏肓》,起《廢疾》。休見而嘆曰:"康成入吾室,操吾矛,以伐我乎!"[①]

如此,鄭玄有各反駁何休(129—182)《春秋》三傳相關的著作:即《發公羊墨守》、《箴左氏膏肓》、《起穀梁廢疾》三書,衆所周知。據説,他另有《答臨孝存周禮難》,迴答弟子臨碩(即臨孝存,或林孝存)《周禮十論七難》。

鄭玄如此反駁許慎、何休而迴答弟子的質疑與論難,其後却被反駁的立場。魏王肅(195—256)是其代表。王肅《聖證論》,由《三國志·魏書·王肅傳》云"(王)肅集《聖證論》以譏短鄭玄,叔然駁而釋之",[②]可知是反駁鄭玄説的文獻。但《三國志》也記載了鄭玄門下的孫炎立刻對《聖證論》提出反論。其後,晋馬昭反駁王肅,王學孔晁對此迴應,南齊張融亦對孔晁加以評論。即圖示如下:

鄭玄←王肅←馬昭←孔晁←張融

可知有很長一段時間,在鄭王二派之間經過反復論難反駁。《經典釋文·叙録》云:

> 鄭玄作《毛詩箋》,申明毛義,難三家,于是三家遂廢矣。魏太常王肅更述毛非鄭。荆州刺史王基(字伯輿,東萊人)駁王肅申鄭義。晋豫州刺史孫毓(字休朗,北海平昌人,長沙太守)爲詩評,評毛鄭王肅三家异同,朋于王。徐州從事陳統(字元方)難孫申鄭。[③]

如此,圍繞著《詩經》的《毛傳》與《鄭箋》之間解釋的异同,有了如下論難反駁:

鄭玄←王肅←王基←孫毓←陳統

接著,察看其他經書如何。筆者曾在《春秋正義源流私考》[④]中論述過,六朝正史記録了幾次針對《左傳》的服虔注與杜預注的是非有過論争。其論争情形,如下圖所示:[⑤]

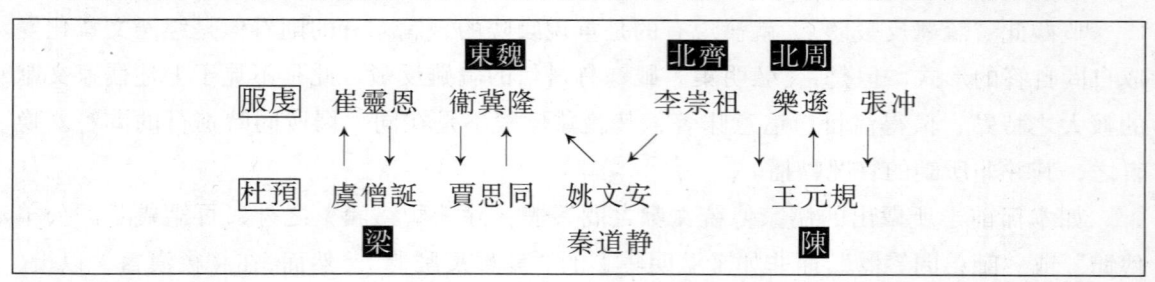

	東魏		北齊	北周	
服虔	崔靈恩 衛冀隆	李崇祖	樂遜	張冲
	↑↓ ↓↑	↖ ↗	↓↑	↓
杜預	虞僧誕 賈思同	姚文安	王元規	
	梁	秦道静	**陳**	

---

① 范曄:《後漢書》,中華書局1965年版,第1207—1208頁。
② 陳壽:《三國志》,中華書局1959年版,第419—420頁。
③ 陸德明:《經典釋文》(一),臺灣商務印書館1965年版,第10頁。
④ 野間文史:《春秋正義源流私考》,池田末利博士古稀記念事業會(編):《池田末利博士古稀記念東洋學論集》,廣島,池田末利博士古稀記念事業會1980年版,第641—656頁。後改題爲《春秋正義の源流について——六朝時代の左傳學と義疏の學——》,收入《五經正義の研究》,東京,研文出版1998年版,第186—208頁。
⑤ 此圖原載《春秋正義源流私考》第646頁及《五經正義の研究》第192頁,此處再録。

此處從《春秋左傳正義·桓公七年》引用依據服虔注而難杜預的衛冀隆與對他反駁的秦道静的議論：

> □七年，春，穀伯鄧侯來朝。名，賤之也。
> 辟陋小國賤之，禮不足故書名。以春來，夏乃行朝禮，故經書夏。
> 〔疏〕注辟陋至書夏〇正義曰：傳直云"賤之"，不言賤意。（中略）。
> 服注云："穀鄧密邇于楚，不親仁善鄰，以自固，卒爲楚所滅，无同好之救，桓又有弒賢兄之惡，故賤而名之。"
> **衛冀隆難**杜云："傳曰：'要結外援，好事鄰國，以衛社稷，又云：'服于有禮，社稷之衛'。穀、鄧在南，地屬衡岳，以越弃强楚，遠朝惡人，卒至滅亡，故書名以賤之。杜駁論先儒，自謂一準丘明之傳。今'辟陋'之語，傳本無文。杜何所準馮，知其'辟陋'。傳又稱莒之辟陋，而經無貶文。穀、鄧辟陋，何以書名。此杜義不通。"
> **秦道静釋**云："'杞桓公來朝，用夷禮，故曰子'，杞文公來盟，傳云'賤之'，明賤其行夷禮也。然則穀、鄧二君，地接荆蠻，來朝書名，明是賤其'辟陋'也。此則傳有理例，故杜據而言之。若必魯桓惡人，不合朝聘，何以'伯糾來聘'，譏其父在，'仍叔之子'，譏其幼弱。又魯班齊饋，春秋所善，美魯桓之有禮，責三國之來伐，而言'遠朝惡人'，非其醉也。"①

此外，《隋書·經籍志一》著録了"《薄叔玄問穀梁義》二卷　梁四卷"，②此文獻爲反駁晋范甯（339—401）《穀梁傳集解》，范甯對此的反論十三條，見于楊士勛《穀梁傳疏》中。其中之一是如下：

> □〔疏〕傳爲曹羈崇也〇釋曰：薄氏駁曰："曹羈出奔，經無歸處。曹自殺大夫何以知是羈也。"又云："術之名，爲晋貶秦。然楚亦敵晋，何以不略而貶之。又此注雖多，未足通崇之義，徒引證據，何益于此哉？"范答之曰："羈，曹之賢大夫也。曹伯不用其言，乃使出奔他國，終于受戮。故君子愍之，書'殺其大夫'，即是崇賢抑不肖之義也。"③

如上所引論爭的記錄雖然幾皆失傳，但包括《五經正義》的《九經疏》幸而有記載。換言之，《九經疏》中重現時隔長久的論難反駁。

以上雖涉及許多方面，但獲得了以下幾點：一、見于中國傳統文獻中的問答體，"公羊傳體"最多。雖屬少數，但"或問曰……答曰"這種形式及論難體也存在。二、佛教文獻《弘明集》中的問答體，以論難體爲中心，值得留意其中多有由書信的反駁，此明

---

① 孔穎達：《春秋左傳正義》，臺北，藝文印書館1955年版，第118頁。
② 魏徵、令狐德棻：《隋書》，中華書局1973年版，第931頁。
③ 楊士勛：《穀梁傳注疏》，臺北，藝文印書館1955年版，第61頁。

示其非同時同一場面的問答。三、東漢以後至六朝時代，在經學領域也有以論難爲主的問答之傳統，含《五經正義》的《九經疏》乃引用這些問答，而保存下來。換言之，這些均是經過長久時間，而積累下來的問答體。此外，除"公羊傳體"之外的後二者之問答體，皆附上于前半部分的經、傳文或注文的分析解釋後，值得留意。

四、《五經正義》的問答體

其實在内容上，難以區分義疏的問答體與上節小結第三項所述的問答體。據此，我們充分地可以認爲，《五經正義》是繼承義疏的問答體。但是，以往研究指出，義疏起源于討論、講義的筆記，既然如此，義疏問答體的特點應歸于其無名性。極端地說，是"或問曰……答曰"的形式。

就此觀點而言，"或問曰……答曰"這種義疏典型的問答體，的確不存在于《五經正義》中。唯一有例外，即《禮記·喪服小記》"父在，庶子爲妻，以杖即位可也"條下最後部分的疏文。（注1）在龐大的《五經正義》中，義疏典型的問答體僅見上文所述的一例。因爲有此事實，先賢以爲《五經正義》中無問答體，也理所當然。（注2）

然而，筆者認爲，《五經正義》實繼承了與《聖證論》所代表的問答體不同之義疏的問答體。本文第二節論敦煌本《論語義疏》，指出其問答體演變成叙述體，與此相同，"義疏"的問答體實變形而爲《五經正義》所繼承。其關鍵詞就是"若然"。

夫讀《五經正義》者，屢次可以在其中看出"若然"的用例。筆者認爲，此"若然"就是代表《五經正義》問答體的關鍵詞。首先，從《尚書正義》舉例，是孔安國《尚書序》的開頭部分：

> □古者伏犧氏之王天下也，始畫八卦，造書契，以代結繩之政，由是文籍生焉。
> 〔疏〕古者至生焉
> ○正義曰："代結繩"者，言前世之政用結繩，今有"書契"以代之，則伏犧時始有文字，以書事，故曰"由是文籍生焉"。（中略）
> 若然，《尚書緯》及《孝經讖》皆云"三皇無文字"，又班固、馬融、鄭玄、王肅諸儒皆以爲文籍初自五帝，亦云"三皇未有文字"，與此說不同，何也？又蒼頡造書，出于《世本》，蒼頡豈伏犧時乎？且《繫辭》云"黃帝、堯、舜爲九事之目"，末乃云："上古結繩以治，後世聖人易之以書契"，是"後世聖人"，即黃帝、堯、舜，何得爲伏犧哉？孔何所據而更與《繫辭》相反，如此不同者，《藝文志》曰："仲尼沒而微言絕，七十子喪而大義乖"，況遭秦焚書之後，群言競出，其緯文鄙近，不出聖人，前賢共疑，有所不取，通人考正，僞起哀、平，則孔君之時，未有此《緯》，何可引以爲難乎？其馬、鄭諸儒，以據文立說，見後世聖人在九事之科，便謂書起五帝，自所見有异，亦不可難孔也。①

---

① 孔穎達等：《尚書正義》，臺北，藝文印書館1955年版，第5頁。

"若然"以上省略部分的疏文是分《尚書序》的文章而加以解説的;"若然"以下則是承之發揮的二次性説明的文章。吉川幸次郎對此疏文翻譯如下:

> 假使如此,《尚書緯》與《孝經讖》皆云"三皇無文字",又班固、馬融、鄭玄、王肅等諸儒,皆以爲文籍始于五帝,仍云"三皇未有文字"。與此説不同,爲何呢?又蒼頡創造文字,出于《世本》,倉頡難道是伏羲時乎?不僅如此,《繫辭》云:"黄帝、堯、舜",立九事之項目,末乃云"上古結繩以治,後世聖人易之以書契。"假使如此,後世聖人,即是黄帝、堯、舜,爲何可爲伏羲呢?孔有何所據,而更違背《繫辭》?如此不同,是因爲《藝文志》曰:(後略)①

另有一例,引自《堯典》。〔 〕內爲《孔安國傳》。

> □九載績用弗成。〔載年也。三考九年,功用不成,則放退之。〕
> 〔疏〕(中略)○傳載年至退之○正義曰:《釋天》云:"載歲也。夏曰歲,商曰祀,周曰年,唐虞曰載。"(中略)
> 若然鯀既無功,早應黜廢,而待九年無成始退之者,水爲大災,天之常運,(中略)
> 若然災以運來,時不可距,假使興禹,未必能治,何以治水之功不成而便殛鯀者,以鯀性傲很,帝所素知,(中略)
> 若然禹既聖人,當知洪水時未可治,何以不諫父者,梁主以爲"舜之怨慕,(後略)。"②

吉川譯如下:

> 但假使如此,鯀既然無功,早該罷免,然等到第九年無成功始罷免者,水爲大災害,是天之常運。(中略)
> 但假使如此,因爲災害以天命來,絶無方法防災。即使任用禹,也未必能治,但治水事業未成果時罰鯀者,是因爲帝平生知道鯀的性質驕慢、使人爲難,(中略)
> 但假使如此,禹既是聖人,應知當洪水時未可治。但爲何未諫父者,梁主以爲(後略)。③

真是精巧的翻譯,筆者認爲這些部分爲變形的問答體。也就是説,本來是"若然……(者)何也。答曰……",後來省略"何也。答曰"而變成"若然……者,……"等的叙述體。

---

① 吉川幸次郎:《吉川幸次郎全集》(第8卷),東京,筑摩書房1970年版,第8頁。
② 孔穎達等:《尚書正義》,臺北,藝文印書館1955年版,第26—28頁。
③ 吉川幸次郎:《吉川幸次郎全集》(第8卷),東京,筑摩書房1970年版,第136頁。

假使如此,上文所引的□是保存"何也"等的"問",屬于罕見的事例。

據筆者而言,"若然"是疏文以前文討論的内容爲前提而提出"假使如此,會發生以下所述的問題,關于此點,如何?"等問題時之言詞。因此,原來後有"答曰"接上面的問題,但因被省略,翻譯時需要些工夫。其工夫就是吉川譯的"是因爲……",在筆者所翻譯的《春秋正義》譯注①中亦必須補充"其原因是……"一句。

讀者有可能無法立刻贊同筆者將"若然"以下視爲問答體省略形的見解。但是,上文所引的《公羊傳注疏》中(❼)已有支持此見解的用例。此處先重新引用❼的用例,再者介紹其他二例。

❼○問曰:若然《公羊》之義,据百二十國寶書以作《春秋》。今經止有五十餘國,通戎夷宿潞之屬,僅有六十,何言"百二十國"乎?○答曰:其初求也,實得百二十國史,(中略)是故止得六十國也。②

□○問曰:若然《异義》"《公羊》説"引《易經》云"時乘六龍,以馭天下也",知天子駕六,與此异何?○答曰:彼謹案亦從《公羊》説,即引《王度記》云"天子駕六龍,諸侯與卿駕四,大夫駕三",以合之。鄭駁云(中略)然則,彼《公羊》説者,自是章句家意,不與何氏合。何氏此處不依漢禮者,蓋時有損益也。③

□○問曰:若然成十二年"春,周公出奔晋",亦是出奔,何故不月?○答曰:王臣之例,實不言出,亦不書時,但周公自其私出奔,故自從小國例言出書時矣。凡諸侯出奔,大國例月,小國時。④

這些均是始于"問曰"的文章開頭有"若然"之語,最後則是疑問句,而後連接"答曰"的問答體。以❼爲例,對開頭的"問曰"、"何……乎"及"答曰"加以省略,却加上"者"字,結果變成"若然《公羊》之義,(中略)言百二十國者,(後略)"。筆者認爲,此就是多見于《五經正義》的"若然……者"形式之疏文。

《春秋正義》另有一例,即《隱公五年傳》如下:

□則公不射,古之制也。若夫山林川澤之實,器用之資,皂隸之事,官司之守,非君所及也。

〔疏〕若大至及也○正義曰:"山林之實",謂材木樵薪之類。"川澤之實",謂菱芡魚蟹之類。(中略)若然《月令》"季冬命漁師始魚。天子親往嘗魚,先薦寢廟",彼禮天子親往,此譏公者,彼以時魚潔美,取之以薦宗廟。特重其事,天子親行,意在敬事鬼神,非欲以爲戲樂,隱公"觀漁",志在游戲,故譏之也。⑤

---

① 野間文史:《春秋正義の發展的研究》(平成12—14年度科研報告書)等。
② 徐彦:《公羊傳注疏》,臺北,藝文印書館1955年版,第6頁。
③ 徐彦:《公羊傳注疏》,臺北,藝文印書館1955年版,第14頁。
④ 徐彦:《公羊傳注疏》,臺北,藝文印書館1955年版,第17頁。
⑤ 孔穎達:《春秋左傳正義》,臺北,藝文印書館1955年版,第60頁。

"若然"以上的部分皆爲分節傳文而加以解釋的,而最後引用《穀梁傳》,以記述《左傳》批評隱公"觀漁"的經文解釋。"若然"以下,拙譯如下:

  假使如此,《月令》有"季冬命漁師始魚。天子親往嘗魚,先薦寢廟",彼禮天子親往,此批判公者,(是因爲)彼地時魚清潔漂亮,所以取之薦宗廟。因此,特別尊重,所以天子親往。其意出于敬事鬼神,非不是爲了娛樂。但隱公的"觀漁",其意在游戲,因此此文批評之。

筆者認爲,此部分原亦是"問曰:若然(中略)彼禮天子親往,此譏公何?答曰:彼以時魚絜美(後略)"。

紙幅有限,已無法再舉例,但由此可見,不僅《五經正義》,多見于《九經疏》的"若然"所扮演的角色,大部分都可以得到清楚地説明。(注3)

第一節《關于科段法》論述了《五經正義》繼承義疏特有的科段法,本章則討論《五經正義》另由"若然……者"的形式而繼承了義疏另一個特色:問答體。關于《五經正義》與義疏學之間的差異,需要撰寫另一篇加以探討,但本文已厘清了《五經正義》在許多方面繼承義疏之學。

結　語

以上,本文的主旨已論完了,最後想要附論二三點。首先,有些學者提出,義疏的問答體全部都是基于討論、講義的筆録,或者是受佛典講釋的影響,筆者却對此無法全面贊同。因爲將問答體置于最後部分的形式已見于義疏以前的文章。較爲接近義疏時代的文章,有本文在科段法的用例中所介紹的杜預《春秋經傳集解序》。《春秋正義》分之爲共十一段,在此文中,最後第十段及第十一段由問答體來結束。又更早的東漢鄭玄《詩譜》中,問答體亦附于《周南召南譜》、《小大雅譜》、《魯頌譜》和《商頌譜》的最後部分。

假使附加的問答體已見于義疏以前的東漢鄭玄之文中,可以將所謂的義疏問答體視爲起源于儒家傳統文獻的。值得留意的是,《毛詩正義》對《詩譜》說"此鄭自問而釋之也",[①]即它將其形式視爲自問自答。

若然,則義疏與《五經正義》的問答體,是否與講義録無關?答曰:一部分仍爲義疏與《五經正義》所接納。但以上所述,義疏與《五經正義》的問答體并非涉及全文,而大概都見于附加部分。

日本學者賴惟勤氏《"匏葉苦葉"二章の疏》[②]曾將《毛詩·邶風·匏葉苦葉》第二章"濟盈不濡軌"的《正義》之文改編爲判氏(議長)、詁氏(《毛傳》的立場)、康氏(《鄭箋》

[①] 孔穎達:《毛詩正義》,臺北,藝文印書館1955年版,第312頁。
[②] 賴惟勤:《"匏葉苦葉"二章の疏》,《中國語學》1960年第100號,第49—52頁。後收入氏著:《中國古典論集(賴惟勤著作集Ⅱ)》,東京,汲古書院1989年版,第10—16頁。

的立場）和難氏（質問者）討議的形式。近年則有古勝隆一氏《劉炫の〈孝經〉聖治章講義》,①將由劉炫、傅氏、都講、難氏四人的議論而展開的情景,"因爲有信念義疏這種注釋原以問答爲基礎而成,所以本文改編劉炫的義疏爲問答"。(注4)兩位的改編不得不説非常精彩,但依本文《問答體的歷史》節的探討,可知《五經正義》已引用了被成書化的問答體,既然如此,兩位將全文改編爲討論形式,却使筆者稍微感到不相容。

再者,最後該詢問的是,問答體爲何在《五經正義》中必須變化呢？很遺憾,筆者目前未準備明確迴應此問題。若硬要説,是否可能受到著作意識變化的影響？即表露了一種有别于講義録的撰著意識。

作者附注：

（1）筆者認爲,此是留存皇疏中的問答體。《禮記子本疏義》中很遺憾未保留相當于此部分之文。

　　或問者云："但以杖自足,何須言即位。言即位,如似適婦之喪,長子亦得有杖,祇不得即位耳。"答曰："庶子爲父母厭,下于適子,雖有杖,不得持即位。今嫌爲妻亦得杖,而不即位,故明之也。"（孔穎達：《禮記正義》,臺北,藝文印書館1955年版,第606頁。）

（2）如清儒陳澧已指出："此疏至十八、十九二卷,其句調,發問用何字,答語用解字,文義艱澀,迥與前後疏文不類。疑非出于一手"（《春秋穀梁傳注疏考證》）,唐楊士勛《穀梁傳疏》卷十八、十九的大部分是由問答體而構成。此應是六朝義疏的留存,其中的問答體皆是"公羊傳體"。

（3）可推測本來是問答體而後變形的事例,除"若然"外也不少。例如《禮記正義》中頻出的"何以知然"亦爲一例。含此,其他事例在本文中加以省略。此外,日本研究《毛詩正義》的第一人田中和夫氏已有一文論《毛詩正義》的"若然",請參氏著《毛詩正義研究》,東京,白帝社2003年版,第二章。

（4）《孝經述議·聖治章》中也可見"若然……者"的表現,請參林秀一《孝經述議復原に関する研究》第114頁；前揭古勝隆一《劉炫の〈孝經〉聖治章講義》第41—42頁。

（工藤卓司譯）

譯者附記：

本翻譯依據野間文史：《五經正義研究論考——義疏學から五經正義へ》（東京,研文出版2013年版）,第一章,《義疏學から五經正義へ——科段法と問答體の行方》,第9—57頁。此一文原由《義疏學から五經正義へ——科段法の行方》（《東洋古典學研究》2012年第33集,第23—32頁）和《義疏學から五經正義へ——問答體の行方》（《日本中國學會報》2012年第64集,第51—66頁）二文而成。

（作者簡介：野間文史,日本廣島大學大學院文學研究科教授。譯者簡介：工藤卓司,台灣致理技術學院應用日語系助理教授）

---

① 古勝隆一：《劉炫の《孝經》聖治章講義》,《中國思想史研究》2009年第30號,第29—58頁。

From Commentary Learning to *Wu Jing Zheng Yi*

Yejianwenshi

Abstract: This paper aims to explore the changes in the form of exegetics from Six Dynasties' commentary to Tang Dynasty's *Wu Jing Zheng Yi*. My paper argues that Ke Duan Fa is the characteristics of Commentary Learning, but the Ke Duan Fa of Confucian classical commentary may not be affected by the influence of Buddhism, but its own source.

Keywords: Commentary Learning; *Wu Jing Zheng Yi*; Question & answer style; Ke Duan Fa

文獻家通考舉正*

陳鴻森

摘　要：鄭偉章著《文獻家通考》一書，網羅清初以來藏弆家、文獻研究者一千五百餘人，各爲小傳，薈爲一書，以補續葉昌熾《藏書紀事詩》之不足。其書搜采甚博，發潛闡幽，可爲來學涉津之筏、饋貧之糧，宜其風行一時也。顧其舛誤失考者亦隨處而見。今聊舉其中三十六傳，訂訛補缺，庶爲讀是書者之一助云。

關鍵詞：鄭偉章　《文獻家通考》　藏書家　清代學術

鄭偉章先生積十數年之功，網羅清初以來藏弆家、文獻研究者計一千五百餘人，各爲小傳，薈爲一書，以補續葉昌熾《藏書紀事詩》之不足。鄭君自云：

> 拙稿之所以擬名《文獻家通考》者，以其不僅紀藏書，且紀校書、勘書、刻書、輯書及書目、題識等，似應以"文獻家"概之爲更貼切。"通"者，不僅各篇撰寫遵循通一之體例，且自清初至現代，通貫三百餘年也。"考"者，筆者撰是稿，二十年中著實下了一番苦功，遍考史籍，幾乎篇篇有考出新史料也。①

其書自一九九九年出版以來，流傳甚廣，治古文獻後生案頭莫不有此書，以爲涉津之筏、饋貧之糧，其沾丐來學，良非淺鮮；顧其舛誤失考者亦所在多有。余平素鮮閱時人通論性之書，此書直至今年六月纂《朱文藻年譜》，始由從游某君借得前二册携歸讀之。余粗閱乾嘉諸老十數傳，其訛誤者時時或見；然其中若干藏弆家，"名不挂通人之口，縹緗既散，蒿萊寂然"，爲余向所未聞者亦復不少。適《正學》程水金院長來書徵稿，因擬就此書拈其若干傳，撰爲專文，訂訛補闕。從游諸君知余擬爲此稿，咸詫異之。鄙意此書流播既廣，空言譏訛，毋寧各即所見訂之補之，庶爲讀是書者之一助，亦爲異時纂輯同類型著作者參考之資焉。因截稿期迫，今聊舉三十六傳訂補之。②此皆余向所素習者，然

---

* 本文係作者臺灣科技部專題研究計劃"嚴元照學行研究"（編號：MOST 104-2410-H-001-072）之部分研究成果。
① 鄭偉章：《文獻家通考·前言》，中華書局 1999 年版，第 10 頁。
② 與本文同時成稿者，另有《〈清史列傳〉汪憲、朱文藻合傳訂誤》、《汪師韓生卒年小考》二文，亦訂及此書，今別文另刊，此不更及。

即爲此小文，亦費時一月有餘；鄭君之爲此書，鉤稽考索，露鈔雪纂，條理之誠大不易，間有訛舛，固不可免。要其網羅放佚、發潛闡幽，功自不可沒也。稿成，爰敍其始末如此。丙申中秋後二日，時馬勒卡颱風由臺灣北部掠過，而前日莫蘭蒂颱風方肆虐南部成灾也。

杭世駿

杭世駿條：“字大宗，號堇浦，一作槿浦，歸田後自號秦亭老民，又號智光居士，浙江仁和人。……康熙三十七年生，乾隆三十八年卒，終年七十六歲。……有《續禮記集説》百卷、《史記考證》七卷、《三國志補注》六卷、《榕城詩話》、《道古堂詩文集》、《金史補》、《補史亭剩稿》等。”（第218頁）

森按：杭世駿生卒年壽，向有數說，迄未論定：

（一）《清史列傳》卷七十一本傳，云“（乾隆）三十八年（1773）卒，年七十六”。[①]依此，則生于康熙三十七年（1698）。鄭君所述，蓋本此説。

（二）應澧撰堇浦《墓志銘》云：“以乾隆三十七年（1772）七月庚辰考終里舍，壽七十有八。”[②]依此説，則堇浦生于康熙三十四年（1695）。張舜徽《清人文集別錄》從之。[③]

（三）錢大昕《疑年錄》作康熙三十五年（1696）生，乾隆三十八年卒，年七十八。[④]鄭天挺《杭世駿〈三國志補注〉與趙一清〈三國志注補〉》、[⑤]姜亮夫《歷代人物年里碑傳綜表》從之。[⑥]

（四）許宗彥《杭太史別傳》云：“太史生康熙三十五年（1696），卒于乾隆三十七年（1772）。”[⑦]依此，則杭氏享年七十七。

（五）《清儒學案》卷六十五本傳云：“在揚州最久，好獎借後生。晚歸里，乾隆三十七年卒，年七十六。”[⑧]依此，則生于康熙三十六年（1697）。

（六）支偉成《清代樸學大師列傳》卷十五本傳言“卒年八十餘”。[⑨]

諸說紛紜，莫衷一是。今考其生年，當以堇浦自言者爲定，檢杭氏《道古堂詩集》卷二十四《十二月十九日東坡先生生辰，釋方珍合竹西群彥設祭寒香館，賦詩紀事》，首聯云：“玉局仙人姓蘇氏，與我生年同丙子。”[⑩]則堇浦應生于康熙三十五年丙子，其異于此者説皆非是。

至其卒年，應澧撰《墓志銘》謂堇浦“三十七年七月庚辰考終里舍”，應氏爲堇浦女

[①] 《清史列傳》，中華書局1987年版，第5865頁。
[②] 應澧：《墓志銘》，載杭世駿《道古堂文集》卷首，《續修四庫全書》本，第3頁。
[③] 張舜徽：《清人文集別錄》，中華書局1980年版，第139頁。
[④] 錢大昕：《疑年錄》卷四，《續修四庫全書》本，第9—10頁。
[⑤] 鄭天挺：《杭世駿〈三國志補注〉與趙一清〈三國志注補〉》，北京大學《國學季刊》1935年第4號，第74—75頁。
[⑥] 姜亮夫：《歷代人物年里碑傳綜表》，中華書局1965年版，第580頁。
[⑦] 許宗彥：《鑑止水齋集》卷十七，《續修四庫全書》本，第5頁。
[⑧] 徐世昌：《清儒學案》卷六十五，民國二十七年天津徐氏原刊本，第1—2頁。
[⑨] 支偉成：《清代樸學大師列傳》，岳麓書社1998年版，第219頁。
[⑩] 杭世駿：《道古堂詩集》卷二十四，《續修四庫全書》本，第5頁。

夫，鄭天挺特辨其誤曰：

> 據是年（三十七年）七月爲甲午朔推之，其月無庚辰日；而三十八年七月爲戊午朔，其二十三日則適爲庚辰。竊意應氏以女夫之親，志窀葬之文，既具載其卒逝時日，不宜有誤，此必傳鈔者誤"三十八"爲"三十七"耳。

近時學者頗從此説，然鄭氏臆説實未可取，知者，董浦友人查禮《銅鼓書堂遺稿》編年詩卷十七《哭杭大宗編修》，及汪師韓《上湖詩紀續編》卷一《輓董浦先生》，二者皆繫于乾隆三十七年，[1]斷無二者編年亦同時俱誤之理。然則應澧"七月庚辰"紀日雖有誤，其逝時年月固不誤也。諸説惟許宗彦《別傳》所言生卒年俱合，蓋宗彦之父祖京曾從董浦問故，《別傳》云："乾隆辛亥、壬子間，先君子藩粤東，太史子賓仁携《道古堂詩文集》至，爲刊之"，許《傳》所記董浦生卒年歲，蓋即聞之其子杭賓仁也。

杭氏中歲以後頗萃力于諸史疏證、補注工作，所著《史記考證》七卷、《三國志補注》六卷，俱有刊本行世。另據董浦《補史亭記》言："杭子疏證《北齊書》既畢功，越明年，乃補《金史》。……歲月既多，卷帙遂衍，文成數萬，埒于前書。惟《天文》、《律歷》二志尚闕焉未逮，其餘排纂粗有成就。"[2]據此，則董浦復有《北齊書疏證》一書，稿佚，待訪。杭氏《金史補》生前應已具稿，今遺稿蕩佚，北京國家圖書館藏董浦稿本《藝文志》、《風土志》，及列傳六十三、六十四；南京圖書館另藏鈔本五册，爲《世紀》、《太祖本紀》、《太宗本紀》，丁丙八千卷樓舊藏，北京大學圖書館、京都大學人文科學研究所并有鈔本，内容與南圖本同。[3]另北京師範大學圖書館藏杭氏《金史補闕》鈔本四十卷，[4]卷帙獨多，《中華再造善本》有影印本，惟其書實後人依《大金國志》僞造，[5]非杭氏本書。

董浦另著《史記疏證》、《漢書疏證》、《後漢書疏證》三書，乾隆《杭州府志》卷五十七著録。[6]北京國家圖書館藏佚名氏《史記疏證》六十卷，清鈔本；[7]又《漢書疏證》二十七卷，清鈔本，未著撰人，[8]前後無序跋。兩書《續修四庫全書》并有影印本，近年學者考證，已證實此二書皆董浦佚著，[9]其書辨疑訂誤，引證極詳贍。惜《後漢書疏證》一書，不知遺稿尚存天壤間否？

---

[1] 查禮：《銅鼓書堂遺稿》卷十七，《續修四庫全書》本，第15—16頁；又汪師韓：《上湖詩紀續編》卷一，《續修四庫全書》本，第14頁。按此説本從游陳琬婷：《杭世駿年譜》，高雄中山大學2007年中文研究所碩士論文，第114頁。
[2] 杭世駿《道古堂文集》卷十九，第20頁。
[3] 徐旭晟：《杭世駿〈金史補〉稿抄本及其史學價值》，《史林》2014年第6期，第52—59頁。
[4] 《中國古籍善本書目·史部》，上海古籍出版社1991年版，第84—85頁。
[5] 苗潤博：《〈中華再造善本〉所收杭世駿〈金史補闕〉辨僞》，《史學史研究》2016年第2期，第124—126頁。
[6] 邵晉涵：乾隆《杭州府志》卷五十七，《續修四庫全書》本，第22頁。
[7] 《中國古籍善本書目·史部》，第20頁。
[8] 《中國古籍善本書目·史部》，第44頁。
[9] 董恩林：《佚名〈史記疏證〉、〈漢書疏證〉作者考》，《歷史研究》2010年第3期，第183—188頁。

汪日桂

　　汪日桂條："字一枝，號一之，浙江仁和人，居義井巷春草堂，生卒年及仕履未詳。貢生。兄弟十人，登科者五人。其兄日章，歷官江蘇巡撫；唯日桂覃研經史。……有《欣托齋書目》，杭世駿爲撰《欣托齋藏書記》。……乾隆四十六年，曾重刻《十六國春秋》百卷，見莫友芝《郘亭知見傳本書目》卷五。"（第221頁）

　　森按：汪怡、汪詒年纂《平陽汪氏遷杭支譜》載：汪日桂，仁和縣學歲貢，生于乾隆十三年三月十一日，卒于嘉慶十六年七月二十三日，年六十四。[1]據《支譜》所載，汪日桂屬平陽汪氏遷杭第八十七世，與振綺堂主人汪憲之父光豫屬同一輩。

　　南京圖書館藏朱文藻《校訂存疑》鈔本，册三爲《隸釋》、《隸續》校語，朱氏校《隸續》題識云："乾隆辛丑秋仲，從汪氏欣托山房新刻本校閲一過，録其可疑者如左"云云，則今傳乾隆丁酉、戊戌汪日秀樓松書屋所刻《隸釋》二十七卷、《隸續》二十一卷，[2]亦汪日桂所刻。

吴穎芳

　　吴穎芳條："字西林，自號臨江鄉人，釋名樹虛。……有《吹豳録》五十卷、《説文理董》四十卷、《文字源流》六卷、《金文釋》六卷、《臨江鄉人詩集》四卷等。……其家曾遭迴禄，遺著僅《吹豳録》五十卷稿本，朱文藻得諸灰燼之餘；又汪氏振綺堂有副本。"（第239頁）

　　森按：吴氏撰述甚夥，復研精因明、唯識，王昶撰《傳》云：

　　　　先生于儒書之外，兼通釋典，所著有《唯識論文釋》二卷；又即其論中條例指授學者，謂之《五要須知》。論釋之外，更有《觀所緣緣論釋》、《因明入正理論後記》、《因明正理門論》各一卷，東城餘庵僧蓮飲、西城慧安寺僧超塵，各受其書而傳。之昭慶律寺，爲撰《志》十卷；又同寺僧輯《律儀法數》三十二卷。同里吴氏長公有遺稿數千則，皆《釋藏》中精語，先生爲整比而詮次之，名曰《大藏摘髓》。又爲辨利院撰《志》四卷。[3]

《因明入正理論後記》、《大昭慶律寺志》十卷、《辨利院志》四卷，今并有刊本行世。

　　西林經部小學諸書多未付刻，然所存非止鄭君所言《吹豳録》一種耳。按《吹豳録》五十卷，北京國家圖書館藏有全書鈔本；其振綺堂原鈔本現藏南京圖書館，存卷二十六

---

[1] 汪怡、汪詒年：《平陽汪氏遷杭支譜》卷一，民國二十年鉛印本，第11頁。
[2] 《中國古籍善本書目·史部》，第1427頁。
[3] 王昶：《臨江吴西林先生傳》，載吴穎芳《臨江鄉人詩》卷首，浙江古籍出版社《西泠五布衣遺著》2015年版，第19頁。

至三十,卷四十六至五十,共十卷。①《説文理董》一書,上海圖書館藏繆氏藝風堂鈔本,存卷七至卷十五等九卷。②南京圖書館另藏《理董後編》鈔本六卷,③有民國十八年國學圖書館影印本。西林晚年棲息里門,猶著《周易類經》二卷,南京圖書館藏一鈔本,丁氏八千卷樓舊藏。④其《臨江鄉人詩》四卷,有乾隆三十九年孫氏壽松堂刊本;同治間,丁丙取與丁敬、金農、魏之琇、奚岡四家詩合刻,名《西泠五布衣遺著》;丁氏另撫拾西林遺文佚詩,録爲《臨江鄉人集拾遺》一卷,附刻本集之後。

宋大樽

宋大樽條:"字左彛,號名香,一作茗香,浙江仁和人。生卒年未詳。乾隆三十九年舉人,官國子監助教,以母老引疾歸。……有《學古集》、《茗香詩論》、《牧牛村舍詩鈔》。……嘗與陸芝榮、陳培得等手校《爾雅新義》,審定鏤板。"(第312頁)

森按:嚴元照嘉慶九年三月九日《讀書敏求記》校本題識云:"此書……刻本多訛脱,予家藏沈會侯祖彬手鈔本最善,因爲宋茗香助教校一過。"又四月廿九日識語:"三月初旬,予校此書,未及寄還,而助教于四月初五日殁于西湖昭慶寺。予來唁小茗,以此書還之,痛助教之不及見也,相對慘然。"⑤則宋氏卒于嘉慶九年。另檢戚學標撰《國子助教茗香宋君墓志銘》云:"嘉慶甲子(九年,1804)四月初五日,無疾卒于湖上。……卒年五十九,其生以乾隆丙寅歲(十一年,1746)四月初一日也。生平所著,有《學古集》、《牧牛村外集》各四卷,《讀我書塾課本略》八卷,《續方言補正》十二卷,《詩論》一卷,《校定爾雅新義》二十卷。《詩論》刻《知不足齋叢書》中,餘或刻,或稿存家。"⑥可補鄭君此傳之缺。

郁 禮

郁禮條:"字佩宣,一作佩先,又作陛宣,號潛亭,浙江錢塘人。嘉慶、道光間人,生卒年未詳。與厲鶚、鮑廷博、朱文藻等人相過從。……家在城東駱駝橋,與厲鶚樊榭山房相去不一里,傳録其秘册尤多。厲没後,其家出所著《遼史拾遺》手稿,郁氏以四十金購焉。"(第342頁)

森按:鄭氏謂郁禮爲"嘉慶、道光間人",其説可商。《碑傳集》各書及諸家文集無郁氏傳志,生卒年莫可確考。然厲鶚乾隆十七年(1752)九月十一日卒,年六十一,⑦

---

① 《中國古籍善本書目·經部》,上海古籍出版社1989年版,第233頁。
② 《中國古籍善本書目·經部》,上海古籍出版社1989年版,第409—410。
③ 《中國古籍善本書目·經部》,上海古籍出版社1989年版,第410頁。
④ 《中國古籍善本書目·經部》,上海古籍出版社1989年版,第89頁。
⑤ 管庭芬原輯、章鈺補輯:《讀書敏求記校證》卷末,民國十五年長洲章氏自刊本,第19—20頁。
⑥ 戚學標:《鶴泉文鈔續選》卷七,《續修四庫全書》本,第15—16頁。
⑦ 陸謙祉:《厲樊榭年譜》,商務印書館1936年版,第82—83頁。

是年鮑廷博二十六歲，朱文藻十八歲。①郁氏尚及與厲鶚過從游處，其年歲應較鮑、朱二人略長，則爲乾、嘉時人甚明，鄭氏以爲嘉、道間人，誤也。

郁氏家有東嘯軒，藏書多精鈔秘本。臺灣中央圖書館藏鮑廷博困學齋鈔本宋李季可《松窗百説》，書後鮑氏識語云："乾隆丙子（二十一年）季春，傳汪西亭立名寫本于郁佩先禮。"②又乾隆二十七年，鮑廷博復從郁氏借鈔玉玲瓏閣鈔本《蘆浦筆記》。③又三十四年冬，朱文藻從蘇州朱奐滋蘭堂借得《説文繫傳》鈔本，復假郁氏東嘯軒藏本對校，著《説文繫傳考异》一書。④合此數事繹之，知乾隆二、三十年代，郁氏插架已多外間罕見秘笈，其年歲、藏書活動應較鮑廷博略早。

郁禮能詩，曾與杭郡厲志黼、倪一擎、黃模等結爲吟會，⑤吳振棫《杭郡詩續輯》卷十二選録其詩三首。⑥按朱文藻爲阮元纂輯《兩浙輶軒録》，其書刊于嘉慶六年；⑦又吳顥《杭郡詩輯》刊于嘉慶五年，⑧兩書編例俱不收録見存之人詩作，則郁禮必卒于嘉慶五年以後，是年鮑廷博七十三歲，郁氏卒年應在七十五以上。

余蕭客

余蕭客條："字仲林，號古農，以讀書弗輟致目疾，人稱盲先生，江蘇吳縣人。……應直隸總督方觀承之聘修《畿輔通志》，以目疾歸。教授鄉里，皆以口授，以布衣終身。慨漢唐諸儒舊經注多散佚，爰采輯各家，分條纂録，著爲《古經解鉤沈》三十卷。又有《文選紀聞》三十卷、《文選雜題》三十卷、《文選音義》八卷、《選音樓詩拾》若干卷及文集二十餘篇。"（第344頁）

森按：《文選紀聞》與《文選雜題》實爲一書，同治《蘇州府志·藝文志》著録："余蕭客《文選紀聞》三十卷"，附注云："一作《文選雜題》。"⑨王欣夫先生藏余氏弟子朱邦衡（秋崖）手鈔稿本《文選紀聞》殘本一冊，云：

> 此冊殘存第六、七兩卷，當從手稿録出。……原題《文選雜題》，後改《文選紀聞》，是"雜題"爲其初名，"紀聞"疑出秋崖所易，故《漢學師承記》猶仍初名也。……其體例博采群書，分條編次，有所見，則附雙行按語，一如定宇著書家法。清代治《選》學成專著者，當以此爲嚆矢。⑩

---

① 參拙稿《朱文藻年譜》，南京大學《古典文獻研究》2016年第19輯。
② 中央圖書館特藏組編：《善本題跋集録》，臺北，"中央圖書館"1992年版，第341頁。
③ 劉昌詩：《蘆浦筆記》，鮑氏《知不足齋叢書》本，卷末鮑廷博《跋》。
④ 陳鴻森：《朱文藻年譜》乾隆三十四年條。
⑤ 吳振棫輯：《杭郡詩續輯》卷十二"厲志黼"條小傳云："嘗與蘇展亭許堂、柯大巖觀、郁陛宣禮、倪嘉樹一擎、黃書厓模、周亦庵駿發，爲文字之會，分題審韻，無集無詩。"（光緒二年丁氏重刊本，卷十二，第24頁）
⑥ 吳振棫輯：《杭郡詩續輯》，卷十二，第16—17頁。
⑦ 陳鴻森：《朱文藻年譜》嘉慶二至六年條。
⑧ 吳顥輯：《杭郡詩輯》，歷史語言研究所傅斯年圖書館藏嘉慶五年守惇堂刊本。
⑨ 馮桂芬等：《蘇州府志》卷一三七，同治末至光緒九年江蘇書局刊本，第24頁。
⑩ 王欣夫：《蛾術軒篋存善本書録》，上海古籍出版社2002年版，第326—327頁。

是"雜題"後改名《紀聞》，鄭氏以爲二書，誤也。此書古農疾革時，以稿本付朱邦衡，朱氏爲繕錄藏之。光宣間，方功惠始刻入《碧琳琅館叢書》；民國二十四年，黄肇沂復刻入《芋園叢書》。

《漢學師承記》卷二《余古農先生傳》云：

> 居恒手一編弗輟，日不足，則繼之以夜，于是目力虧損，不見一物。有人傳以坐暗室中，目蒙藍布，存想北斗七宿。一年之後，目雖能視，然讀書但能讀大字本而已。直隸總督方恪敏公觀承聞其名，延至保定，修《畿輔水利志》。間游京師。……因目疾復作，舉歙戴震以代，遂南歸。以經術教授鄉里，閉目教授，生徒極盛。是時，江震滄孝廉名筠者，亦以目疾教讀，時人皆稱爲"盲先生"。①

《師承記》謂方觀承聘修《畿輔水利志》，此非其書原名。按乾隆中，方觀承總督直隸（十四年至三十三年），創修《直隸河渠水利書》，趙一清曾爲之參訂，成書一百三十卷，未竟成，趙氏辭歸。乃延古農繼其事，余氏旋因病目辭歸，舉戴震自代。後戴氏删去"水利"二字，易名《直隸河渠書》。②鄭氏此臆改作《畿輔通志》，誤矣。

據江藩《漢學師承記》，余蕭客目盲教授鄉里，時人稱"盲先生"。然余氏是否瞽目以終，余頗疑之。按古農《古經解鈎沈後序》云：

> 己卯（乾隆廿四年）杪秋，蕭客從事《鈎沈》，載寒暑，《易》、《尚書》古注，旁搜略遍。……越一歲辛巳（廿六年），遂下榻滋蘭精舍，丹鉛朝夕，樂不爲疲，至于左目幾成青盲。③

據此，則余氏病目在乾隆廿六年。《後序》又言："壬午（廿七年）夏五，扶疾繕寫；八月，書二十九卷畢。"則翌年目尚能視。其後目疾漸癒，故乾隆三十一年應方觀承之聘，赴保定修書；翌年目疾復作南歸，④授徒鄉里。其後目癒能視，知者，《漢學師承記》言："乾隆年間，詔開四庫館，徵四方名彦充校讐之任。有人以山陰童鈺及先生名達于金壇（按指總裁于敏中），因一諸生，一布衣，格于例，不果薦。"⑤則乾隆三十八年詔開四庫館時，古農當已復明，否則焉有敢薦目盲者預校書之任，此其一。乾隆三十九年五月，古農爲周琳《高山堂詩鈔》撰序，全文以篆體書之，此亦目疾復明之驗也，⑥其證二。四十年秋，余氏跋《東皋子集》云："《集》爲北宋槧本，吳松岩影鈔。予以注先君《蘇黄滄海集》，託再從弟仁山轉借得之。從游吾子（按名學海）再請影寫，以四日有半而畢；然

---

① 江藩：《漢學師承記》，中華書局1983年版，第32頁。
② 參拙稿《余蕭客編年事輯》乾隆三十一年條，《中國經學》2012年第10輯，第65—95頁。
③ 余蕭客：《古經解鈎沈》卷一上，乾隆間原刊本，第2—3頁。
④ 詳參拙稿《余蕭客編年事輯》乾隆三十一、三十二年條。
⑤ 江藩：《漢學師承記》，第32頁。
⑥ 參拙稿《余蕭客編年事輯》乾隆三十九年條。

吴本尚有脱誤，當求元本及別本正之，良不易得，如何！乙未初秋，蕭客。"①其時古農欲爲其父《蘇黃滄海集》作注，且能影寫宋鈔本，此固非明眼人莫辦，其證三。是年十月，古農復從朱奂滋蘭堂借得《聖宋九僧詩》，傳錄一帙，古農并跋其後，②其證四。而古農晚歲著《文選雜題》三十卷，其書引證浩博，多宋元罕見秘籍，蓋由滋蘭堂漁獵得之，此斷非目盲者單憑記憶所能爲之者，故知余氏目疾其後當復明也。

周 蓮

周蓮條："字予同，號玉井，浙江海寧人，周春之兄，生卒年未詳。乾隆十八年舉人。家多藏書，偕其弟春自爲師友，皆以博學名。"（第 348 頁）

森按：乾隆《杭州府志》卷九十一《孝友·周蓮傳》云："乾隆乙酉領鄉薦"，③阮元《兩浙輶軒錄》卷三十六"周蓮"條小傳言"乾隆乙酉舉人"，④《海寧州志稿·藝文志》同，⑤則周氏爲乾隆三十年舉人。鄭氏作十八年者，誤也。

周蓮生卒年，今尚可考。按周春《耄餘詩話》卷四首條，自注："先兄庚子赴都，至淮安病歸，遂不起。"⑥則卒于乾隆四十五年（1780）。同書卷九《六十生日述懷》詩，元注："先兄卒于庚子，年六十"，⑦則生于康熙六十年（1721）。

此傳不載周蓮著作，按《海寧州志稿·藝文志》著錄周蓮著有《舊五代史鈔》六卷、《五百羅漢志》十二卷，及《玉井山樵詩鈔》。⑧周蓮輯《舊五代史》，在邵晋涵之前，此事周春屢言之，一則言："先兄向輯《舊五代史鈔》六卷，邵二雲留心此書，實自先兄發之，其時未知《永樂大典》中所有也。"⑨再則言：

> 乾隆乙亥、丙子間，先兄手輯《舊五代史鈔》，上册卷一梁，卷二、卷三唐；下册卷四晋，卷五漢，卷六周。丁丑之秋，下册毁于火，殘缺不全。乙酉，計偕北上，攜余同行，遇邵二雲晋涵于山左旅店，道及此書，時并未知《永樂大典》中所有也。又及余《爾雅補注》四卷，因西莊言，增訂〔爲〕《廣疏》三十卷。二雲之用力于兩書，實自先兄發之。今二雲《爾雅正義》早已刊行；《舊五代史》復爲經進之書，列于二十四史。而先兄所輯，世無知者，展閱再三，不禁老淚漬紙也。⑩

---

① 王文進：《文祿堂訪書記》卷四，民國三十一年文祿堂聚珍本，第5頁。按《訪書記》校勘未精，錯訛滿紙。所記《東皋子集》，現藏臺北故宮博物院，有孫星衍手書題記及孫氏過錄古農跋，"費工四日有半"，王書誤作"四月"；"吴本尚有脱誤"，"吴本"二字誤作"虞"，今依原書改正。
② 宋希晝等：《聖宋九僧詩》卷末，宜秋館校刊本，第2頁。
③ 邵晋涵纂乾隆《杭州府志》，卷九十一，頁59。
④ 阮元：《兩浙輶軒錄》卷三十六，《續修四庫全書》本，第38頁。
⑤ 許傳霈、朱錫恩等：《海寧州志稿》卷十四《典籍十二》，民國十一年排印本，第1頁。
⑥ 周春：《耄餘詩話》卷四，《續修四庫全書》本，第1頁。
⑦ 周春：《耄餘詩話》卷九，第7-8頁。
⑧ 許傳霈、朱錫恩等：《海寧州志稿》卷十四《典籍十二》，第1頁。
⑨ 周春：《耄餘詩話》卷四，第1頁。
⑩ 周春：《耄餘詩話》卷二，第10—12頁。

按邵氏輯《舊五代史》，是否果由周蓮啓發之，未可單憑周春一家之説質言之。今録此，藉存一段學林故實耳。

周廣業

周廣業條："又名靈根，字勤補，號耕厓。……乾隆三十三年鄉試副榜；四十八年始登賢書，三試禮闈無所遇，輒歸而杜門，著書終生。……曾參加四庫全書館分校工作，故諳于目録學，乾隆二十九年至四十年，撰《目治偶鈔》四卷。……乾隆四十九、五十年著《四部寓眼録》四卷，合所閲官家書及友人惠借書共若干部，一一提要之。又有《時還讀我書録》。"（第358—359頁）

森按：此言耕厓"曾參加四庫全書館分校工作，故諳于目録學"，説似顛倒。周廣業乾隆四十八年舉人中式，年已五十有四。①其冬十二月十八日計偕北上，②明年甲辰科會試，被落。耕厓《過夏雜録·自序》云：

> 甲辰閏三月會闈將撤，友人沈嵩門以余癖書，引司讐校，將藉此免就暑塗。既而王秋部疏雨遣子從游。一經援止，無由自脱，兩度蜚鶤，非本懷也。③

耕厓入都之前，第一分《四庫全書》業于四十六年十二月六日告竣，四十七年正月廿一日，貯于文淵閣。④同年十一月，第二分告成，貯于文溯閣。⑤四十八年冬，第三分告竣，貯于文源閣。⑥耕厓四十九年會試失利後，本將南歸，因沈景熊（嵩門）之介，"引司校讐"，蓋爲校閲第四分《四庫全書》謄録之訛錯。周春序耕厓《蓬廬文鈔》云：

> 計偕北上，時纂四庫書，館閣亟需校勘，争相延致，君肆應精詳，各饜所請以去。凡卷帙經君寓目者，悉成善本。⑦

按四庫每書繕録就正之後，需經分校校訂、總校覆勘、總裁抽閲，數次發出收迴後，始勒爲定本。耕厓博極群書，其學自足勝任四庫書校訂工作，惟此類佐校，係分校館員私人延致，故周春言"争相延致"、"各饜所請以去"，明非入四庫館參與分校也，故吴騫撰耕厓《傳》，全無一

---

① 吴騫：《周耕厓孝廉傳》云："生雍正庚戌（1730）十一月十二日，卒嘉慶戊午（1798）正月初一日，年六十有九。"《愚谷文存》卷十，《拜經樓叢書》本，第12頁。周氏乾隆四十八年（1783）中舉，時年五十四。周春《蓬廬文鈔·序》言"癸卯登賢書，年已五十矣"，蓋舉其成數，非其實齡也。
② 周廣業著《冬集紀程》一卷，係計偕北上途中所撰，起癸卯（乾隆四十八年）十二月十八日，訖甲辰（四十九年）二月十五日，有道光二十年種松書塾刻本。
③ 周氏：《過夏雜録》，收入《周廣業筆記四種》，浙江古籍出版社2013年版，下册，第1頁。
④ 翁方綱：《復初齋詩集》卷二十四有《四庫全書第一部繕録告成，正月廿一日奉貯于文淵閣，臣以校理與覩陳設，敬歌以紀》，《續修四庫全書》本，第19—20頁。
⑤ 黄愛平：《四庫全書纂修研究》，中國人民大學出版社1989年版，第152頁。
⑥ 黄愛平：《四庫全書纂修研究》，中國人民大學出版社1989年版，第153頁。
⑦ 周廣業：《蓬廬文鈔》卷首，《續修四庫全書》本。

語語及校四庫書事。鄭氏此傳言耕崖"曾參加四庫全書館分校工作",并非其實。

惟耕崖入都前著《經史避名彙考》,已寫録叢考數十卷,[①]"甲辰春,齎以入都,與校《四庫全書》,多所增益。丁未冬南旋,爲條貫件繫而手録之"。[②]後歷經增訂,數易其稿,嘉慶二年閏六月寫定覆校,并自爲序,距其卒僅半年耳。此書爲周氏半生心力之所萃,張舜徽言:

> 避諱之俗,所起甚早,而大盛于唐宋,書籍之言及避諱者,亦至宋而始廣。……顧未有輯爲專書,窮數十年之歲月,以從事于此,作有系統之研究者,有之,蓋自廣業始。廣業嘗竭心力至三十餘年之久,博徵群書,撰成《經史避名彙考》四十六卷。……吴騫嘗讀其稿,稱其于書史能爬梳抉剔,疏通證明,務探其賾而窮其本(元注:詳《愚谷文存》卷四《經史避名彙考跋》),可知其書在當時已有定評。乃未見傳本,抑亦書林憾事也。[③]

按此書中研院史語所傅斯年圖書館藏耕崖仲子勳常校録本;臺灣中央圖書館藏張鈞衡適園鈔本,一九八一年,臺北明文書局曾據以影印出版。《續修四庫全書》則據北京國家圖書館所藏鈔本影印。鄭君此條未述及《彙考》,故爲補録之。

王鳴韶

王鳴韶條:"原名廷諤,字鶚起,號鶴溪子,江蘇嘉定人,王鳴盛之弟。生于雍正十年,卒于乾隆五十三年,年五十七。濡染家學,善詩工書畫。……有《逸野堂文集》十卷、《春秋三傳考》、《十三經异義》、《祖德述聞》、《竹窗瑣碎》等。"(第366頁)

森按:錢大昕撰《鶴溪子墓志銘》,謂鳴韶"生于雍正十年某月日,歿于乾隆五十三年某月日,春秋五十有七。"[④]《清史列傳》卷七十二本傳同,[⑤]蓋鄭氏所本。湖南省圖書館藏王鳴韶文集稿本《鶴溪文編》,二〇〇九年余纂《王鳴盛年譜》,曾訪書長沙,親閲其書,卷首有錢大昕手書題識,云:

> 鶴溪之文,其妙處有三,曰不俗,曰不腐,曰有物,較之吾鄉四先生,殆有過之,無不及也。當世無謝象三其人者,遂使譔述不得流播海内,然豐城劍氣自有不可掩抑者,顯晦有時,必不終没没已也。庚戌正月,錢大昕題,時鶴溪下世已三閲月,撫卷泫然。[⑥]

---

① 周廣業:《過夏雜録》下册,第109頁。
② 周廣業:《蓬廬文鈔》卷三,第16頁。
③ 張舜徽:《清人文集別録》,第213—214頁。
④ 錢大昕:《潛研堂文集》,上海古籍出版社1989年版,第842頁。
⑤ 《清史列傳》,第5883頁。
⑥ 王鳴韶:《鶴溪文編》,湖南省圖書館藏原稿本,卷首錢大昕手書題識。

庚戌爲乾隆五十五年，庚戌正月"鶴溪下世三閱月"，則王鳴韶應卒于五十四年（1789）十月。錢氏題識爲當日所記，最可憑信。《墓志》則後來所撰，已不能詳其時日，故誤憶耳。錢氏《墓志》言"鶴溪子少予四歲"，按錢大昕生于雍正六年，[①]則鶴溪生于雍正十年（1732），享年五十八。

翁方綱

翁方綱條："字正三，一字忠叙，號覃溪，晚號蘇齋，北京大興人。……《翁氏家事略記》云：'自癸巳（乾隆三十八年）春入院修書，時于翰林院署開四庫全書館。……每日清晨入院，院設大廚，供給桌飯，午後歸寓。'翁氏在館中主要是撰寫書目提要，其提要手稿共九百九十六篇，入《總目》有八百五十四篇，有一百四十二篇未采用。這些手稿分爲二十五卷，清末經劉承幹、王欣夫遞藏，今歸上海復旦大學圖書館。……其子翁樹培，字宜泉，乾隆五十一年舉人，翌年成進士，曾充國史館、會典館纂修官及會試同考官，然先方綱而卒。方綱卒時，僅遺一五齡幼孫頴達。"（第380—382頁）

森按：此傳謂翁氏分纂之《提要》手稿，"清末經劉承幹、王欣夫遞藏，今歸上海復旦大學圖書館"，其說非是。據劉承幹《求恕齋日記》稿本，癸丑（1913）八月十八日記：此稿由張元濟介紹，"共計二十四箱，每箱六册，兹已購取，計洋四千元"。其後此稿流出，展轉爲葡萄牙人 Sr. José W. AriaBraga 所得，1950年入藏澳門何東圖書館。[②] 2000年上海科技文獻出版社曾影印出版，2005年該社另出版整理本；吴格等點校《四庫提要分纂稿》亦收之。[③]

至復旦大學圖書館所藏則是嘉業堂鈔本，王欣夫先生舊藏，王氏《書録》云："此鈔出于故友海門施君韻秋手，君名維藩，典掌嘉業堂藏書樓逾廿年，曾佐張詠霓壽鏞校刊《四明叢書》；余刊《黄顧遺書》，亦資君之力。"[④]《書録》明言所藏係嘉業堂鈔本，不知鄭氏何以誤爲覃溪手稿？

另據《翁氏家事略記》，翁樹培生于乾隆二十九年（1764），嘉慶十六年（1811）九月八日卒，[⑤]年四十八，翁方綱《文集》卷十三有《次兒樹培小傳》。[⑥]宜泉研精泉學，著稱于時，著有《古泉彙考》八卷，金錫鬯《晴韻館收藏古錢述記》載：

〔宜泉〕專心收輯古錢，積數十年不倦。……所著《古泉彙考》一書，終日隨身，聞其夜臥亦置之枕畔，簽改粘綴，不遺餘力。予于壬戌晤于京；後數年留京，時至予旅館，常見其書，欲留一宿而不能，其堅持之固如是。翁君無子，聞其歿後，所

---

① 錢大昕：《竹汀居士年譜》卷上，咸豐十年錢氏家刻本，第1頁。
② 沈津：《翁方綱與〈四庫全書總目提要〉》，收于所著《書韻悠悠一脉香》，廣西師範大學出版社2006年版，第34—46頁。
③ 翁方綱等：《四庫提要分纂稿》，上海書店出版社2006年版，第1—384頁。
④ 王欣夫：《蛾術軒篋存善本書録》，第527頁。
⑤ 翁方綱：《翁氏家事略記》，道光間英和刻本，第32頁；又第57頁。
⑥ 翁方綱：《復初齋文集》卷十三，《續修四庫全書》本，第11—13頁。

積古金一散而盡。①

《古泉彙考》翁氏生前并未付刻，劉喜海有校録本，現藏山東省圖書館。翁氏稿本則藏北京大學圖書館，近年并有影印本行世。宜泉另有泉拓《古泉彙》，以與《古泉彙考》并行焉，歷時廿二年勤苦搜求，銖積寸累，特選其精者，"排次前後，拓裝爲十五册，統計四千五百九十四枚"。今殘存十册，容庚云："第一册昭代，第二册上古、夏、商、周布及圜錢，第三册刀，第四、第五、第六册均鏟布，第七册兩宋，第八册不知年代及外夷，第九、第十册壓勝、吉語、馬格。經楊繼震補入不少，其三、四、五、六四册，則全由楊氏補入者。而秦、漢、六朝、隋、唐、遼、金、元、明諸朝之錢復佚去，莫可踪迹矣。"②此外，北京國家圖書館另藏翁氏《古泉隨筆》八卷，劉喜海輯本。又，該館及北京市文物局并藏洪遵《泉志》，宜泉批校本。③鄭君附傳未載宜泉著述，兹爲補録之。覃溪孫穎達，爲四子樹崐妾所生，據《翁氏家事略記》，應做"引達"爲正。④

陳熙晉

陳熙晉條："原名津，字析木，浙江義烏人。生年不詳，卒于嘉慶十五年。優貢生，以教習官貴州開泰、龍里、普定知縣，擢湖北宜昌知府。有《春秋述義拾遺》八卷、《貴州風土記》三十二卷、《帝王世紀》二卷、《黔中水道記》四卷、《日損齋文集》八卷、《筆記考證》一卷、《征帆集》四卷等。"（第389頁）

森按：陳熙晉，《清史列傳》卷六十八、《清史稿》卷四八一有傳，⑤然兩傳全文無紀年，讀之終篇，茫不知其時世也，史臣荒陋、短于史才如此。⑥鄭君此條謂熙晉"卒于嘉慶十五年"，未詳所據，其説實誤。

熙晉，號西橋，王柏心《百柱堂全集》卷四十《西橋陳公傳》，載其生平事迹甚詳：

〔熙晉〕年十三，以《冬筍賦》受知劉金門學使，補博士弟子，食餼。……嘉慶己卯（廿四年）科，考取優貢生。庚辰（廿五年）朝考，充鑲黄旗教習。……官學期滿，引見，以知縣用。道光五年，揀發貴州。

西橋先後權廣順州、開泰知縣。補龍里知縣，調普定，擢仁懷廳同知；後權都勻府；"道光二十一年，選授湖北宜昌知府，……守宜昌六載"。丁母憂歸，咸豐元年（1851）五月卒，年六十一，⑦則生于乾隆五十六年（1791），可補史傳之缺。

---

① 金錫鬯：《晴韻館收藏古錢述記・附録》，上海，中國書店影印原稿本1930年版，第14頁。
② 容庚：《記翁樹培〈古泉彙考〉及〈古泉彙〉》，燕京大學《文學年報》1938年第4期，第188頁。
③ 《中國古籍善本書目・史部》，第1488頁。
④ 翁方綱：《翁氏家事略記》，第59頁。
⑤ 《清史列傳》，第5546—5547頁；趙爾巽等：《清史稿》，中華書局1977年版，頁13221—13222頁。
⑥ 按《陳熙晉傳》出繆荃孫手筆，見閔爾昌：《碑傳集補》卷三十九，民國十二年燕京大學國學研究所排印本，第20—21頁。
⑦ 王柏心：《百柱堂全集》卷四十，《續修四庫全書》本，第11—16頁。

王柏心撰《傳》，載熙晋著作，云：

> 撰《駱臨海集箋注》十卷、《帝王世紀》二卷、《貴州風土記》三十二卷、《黔中水道記》四卷、《仁懷廳志》二十卷。晚而耽研經學，其劉炫《春秋規過考信》九卷、《春秋述義拾遺》八卷、《古文孝經疏證》五卷，與《宋大夫集箋注》三卷，皆守宜昌時撰。……所自著古文二卷，淳懿有法度；《古今體詩》六卷、《征帆集》四卷，安雅精練，善含蓄，新城尚書之亞也。

按熙晋《春秋規過考信》，今刊本作三卷，與《春秋述義拾遺》八卷，《河間劉氏書目考》一卷，并刊入光緒間《廣雅叢書》，蓋于北朝劉炫一家之學，致力尤深也。《仁懷直隸廳志》二十卷，有道光二十一年本署刊本；《駱臨海集箋注》十卷，有咸豐三年松林宗祠刊本。又，《日損齋筆記》一卷，附《考證》一卷，有同治間永康胡氏退齋刊本。另，《中國古籍善本書目·史部》著錄上海辭書出版社圖書館藏《黔中風土記》三十二卷，清鈔本，[①]不記撰者姓名。此書當即王柏心撰《傳》所云《貴州風土記》三十二卷，乃熙晋佚著也。

王柏心撰《傳》、兩史傳并言熙晋著《孝經述義疏證》五卷，然劉炫《孝經述義》佚文，清人可見者僅邢昺《孝經正義》所引十數事耳，《疏證》焉得有五卷之多？此虛充卷數耳。

周永年

周永年條："字書昌，一字書愚。……結茅林汲泉側，因稱林汲山人。生卒年未詳。乾隆三十六年進士，改庶吉士，散館授編修。時值開四庫館，四十年，與邵晋涵、程晋芳、戴震等人因有夙望，被薦入館修《四庫全書》，任校勘《永樂大典》纂修兼分校官。……卒時，年六十三。"（第400頁）

森按：此傳所述，頗有誤者。章學誠《周書昌別傳》開篇即言："余去京師四年，春明故人，日益以遠。今年邵晋涵與桐書來，言書昌病歸狼狽，殊可念。俄又書來，言書昌死矣，乾隆五十六年辛亥秋七月也。"傳末云"卒年六十有二"。[②]細核鄭氏此傳文字，顯依據章氏《別傳》，然誤鈔其卒年作六十三，其誤一也。周永年乾隆五十六年（1791）卒，年六十二，則生于雍正八年（1730）。此有明文可依據者，鄭氏乃言"生卒年未詳"，豈囫圇讀之歟？

鄭氏謂書昌"乾隆三十六年進士，改庶吉士，散館授編修"，此說亦誤。按周永年乾隆三十六年辛卯恩科二甲三十一名進士，[③]然并未入詞館，而係歸班候銓，章學誠《別傳》固明言："辛卯，始識與桐，欲訪書昌。時二君甫成進士，俱罷歸銓部，意不自得，先後

---

① 《中國古籍善本書目·史部》，第990頁。
② 《章學誠遺書》，文物出版社1985年版，第181—182頁。
③ 江慶柏編校：《清朝進士題名錄》，中華書局2007年版，第589頁。

出都門。"邵晉涵爲此科會元，乃因目眚，亦未選入翰林，①故後來二人與戴震等同被徵修四庫書，時稱"五徵君"。鄭氏此蓋因章學誠《別傳》"書昌乾隆三十六年進士。特授翰林庶吉士，散館授編修，充文淵閣校理"之文而誤也。章氏爲文故爲簡古，後人讀之，每易致誤。此所云"特授翰林庶吉士"者，乃被詔修書後所授。《高宗實錄》卷九三八，乾隆三十八年七月十一日諭曰：

> 前據辦理《四庫全書》總裁奏："請將進士邵晉涵、周永年、余集，舉人戴震、楊昌霖調取來京，同司校勘。"業經降旨允行。但念伊等現在尚無職任，自當予以登進之途，以示鼓勵。著該總裁等留心試看年餘，如果行走勤勉，實于辦書有益，其進士出身者，准其與壬辰科庶吉士一體散館；舉人則准其與下科新進士一體殿試，候朕酌量降旨錄用。②

則書昌特旨授翰林院庶吉士在三十八年七月，非三十六年原科進士選入詞館改庶吉士也，故章氏云"特授"以別之。其誤二。

書昌與邵晉涵、戴震等奉詔修書，其事在乾隆三十八年，此云四十年者，非是。按《清史稿·選舉志》云：

> 三十八年，詔開四庫館。延置儒臣，以翰林官纂輯不敷，大學士劉統勳薦進士邵晉涵、周永年；尚書裘曰修薦進士余集、舉人戴震；尚書王際華薦舉人楊昌霖，同典秘籍。後皆改入翰林，時稱"五徵君"。③

錢大昕撰邵晉涵《墓志銘》言："乾隆三十八年，有詔編次四庫書，思得如劉向、揚雄者用之。宰相首以君名入告，召赴闕，除翰林院庶吉士，充纂修官。逾年，授編修。"④則邵、周授編修在三十九年。錢氏撰《戴先生震傳》，亦言："癸巳歲（三十八年），天子開四庫館，妙選校讐之職，總裁諸公疏薦先生。以鄉貢士入館，充纂修官，特命與會試中式者同赴廷對。乙未夏，授翰林院庶吉士。"⑤戴震因出身舉人，故遲至四十年始授庶吉士。此俱言諸人奉詔修書在乾隆三十八年；鄭氏獨以爲四十年者，殆亦因章學誠《別傳》之文致誤也。《別傳》云：

> 辛卯，始識與桐，欲訪書昌。時二君甫成進士，俱罷歸銓部，意不自得，先後

---

① 錢大昕《日講起居注官翰林院侍講學士邵君墓志銘》："君少多病，左目微眚，清羸如不勝衣，而獨善讀書。"又《贈邵冶南序》："始予典試浙江，得餘姚邵子與桐。……今春，天下貢士集禮部，主司思拔汲古不爲俗學者，以救墨卷浮濫、剽襲之失，而與桐裒然爲舉首。榜出，海內有識者咸曰：'數十科來，無此才矣！'故事，南省第一人當在詞館之選，而與桐獨不得與。"（《潛研堂文集》，第786頁，又第375頁）

② 《高宗實錄》卷九三八，中華書局1986年版，第654頁。

③ 《清史稿》，第3187頁。

④ 錢大昕：《潛研堂文集》，第786頁。

⑤ 錢大昕：《潛研堂文集》，第712頁。

出都門。余亦游涉江湖，不遑安處。乙未入都，二君者方以宿望被薦，與休寧戴震等特徵修四庫書，授官翰林，一時學者稱榮遇。①

鄭氏殆緣此"乙未（乾隆四十年）入都"云云之文，誤以書昌等被薦修書在四十年。然細繹章文，"乙未入都"者乃章學誠自謂，非周永年也，其誤三。

汪汝瑮

汪汝瑮條："字坤伯，號滌原，汪憲之長子。……生卒年未詳。嘗捐職大理寺寺丞，有《北窗吟稿》。乾隆間開四庫館，徵書天下，汪汝瑮'先以儲藏善本經大吏遣官精選，得二百餘種，彙進于朝。最後，中丞以振綺堂藏書選賸者尚堪增采，命重選百種，以畢購訪之局'。可知汪氏兩次進書達三百餘種，著錄《四庫全書總目》一百五十一種，一千八百九十四卷。"（第 403 頁）

森按：汪怡、汪詒年纂《平陽汪氏遷杭支譜》載：汪汝瑮生于乾隆九年（1744）八月二十三日，卒于嘉慶十年（1805）十月十八日，年六十二。②

汪氏振綺堂經進書數，此據朱文藻《重校說文繫傳考異跋》之說，謂"兩次進書達三百餘種"。而吳錫麒《滌原公傳略》則云："大理寺寺丞汪君家藏善本六百餘種上之，蒙恩賜《佩文韻府》全部，復御題《書苑精華》《曲洧舊聞》二種。"③丁申《武林藏書錄》卷下"振綺堂"條亦言："高宗詔求四庫遺書，汝瑮恭呈家藏善本六百餘種"，④二說不一，茲錄之以備異聞。

朱奐

朱奐條："字文游，江蘇吳縣人，居南濠，朱邦衡之侄。生卒年不詳，乾隆年間人，與惠棟為莫逆交。……乾隆三十四年十月抄，朱文藻館于汪憲振綺堂，嘗為主人向朱氏借《說文繫傳考異》。……又朱氏曾以八十金得宋淳化元年本、慶元六年重刊《春秋正義》，是書經孫承澤、季振宜、徐乾學遞藏。余蕭客曾館其家，因得博覽滋蘭堂藏書。"（第 418 頁）

森按：此傳有數誤：一、鄭氏謂朱奐為"朱邦衡之侄"，下《朱邦衡》條亦言邦衡為"朱奐之叔"，⑤此說蓋本葉昌熾《藏書紀事詩》，其說實非。黃丕烈《經典釋文》校本識語云：

---

① 《章學誠遺書》，第 181 頁。
② 汪怡、汪詒年：《平陽汪氏遷杭支譜》卷一，第 30—31 頁；又汪大燮、汪詒年：《汪氏振綺堂宗譜》卷二，民國十九年鉛印本，第 5 頁。
③ 《平陽汪氏遷杭支譜》卷五，第 17 頁；又《汪氏振綺堂宗譜》卷二，第 19 頁。
④ 丁申：《武林藏書錄》卷下，光緒二十六年丁氏《武林掌故叢編》本，第 15 頁。
⑤ 鄭偉章：《文獻家通考》，第 567 頁。

乾隆壬子(五十七年)仲冬,從同郡朱秋崖家假得惠松崖手校善本。秋崖爲余言：伊小阮文游曾有影宋鈔本,即松崖所據以校《易·釋文》者也。①

葉氏據此"伊小阮文游"之語,釋之曰：

文游即奐字也。秋厓爲余蕭客高弟,其傳錄《國語》惠校本,自署"小門生朱邦衡",蓋以仲林爲松厓弟子也。葒翁《太平御覽跋》云："朱丈文游與惠徵君棟爲莫逆交"；又顧千里諸書跋尾,亦多稱文游爲丈,則其輩行雖較秋厓爲幼,而其齒必較長矣。②

江標《黄葒圃年譜》乾隆五十五年條亦言："朱秋崖,名邦衡,姪文游名奐,藏書處曰滋蘭堂。"③亦以朱奐爲邦衡之姪。其後,學者悉沿兩家之説,异口同辭,幾爲定説矣。④然黄丕烈跋朱邦衡手鈔影宋鈔本《孟子章指》、《孟子音義》則言：

庚戌小春望日,訪余友朱秋崖先生,出手鈔影宋鈔本趙岐《孟子章指》、孫奭《孟子音義》一册見示,余假以校戴氏所刊《孟子趙注》。……秋崖爲文游先生之小阮,而所鈔之書,與文游先生所藏之本又適相合。戴公(按東原)所勘之書既借資于文游先生所藏之書；而余之藉以校戴氏書者,又借資于秋崖先生之書。天下事之巧,何一至于此耶！……蓋朱氏于吴郡頗稱藏書之家,秋崖又繼文游而深汲古之功者也,故略識數語于簡末,使其名得附朱氏書以傳,豈非厚幸乎哉！乾隆庚戌十月,葒圃烈。⑤

此跋撰于乾隆五十五年,在上引《經典釋文》識語之前。黄丕烈當日從朱邦衡借校,鄭重跋識其後,一則言"秋崖爲文游先生之小阮",再則言"秋崖又繼文游而深汲古之功者",則邦衡顯爲朱奐之侄。復據江藩《漢學師承記》卷二《余古農先生傳》云：

吴縣朱丈文游,藏書之富甲于吴門,延先生教讀,館于滋蘭堂中,得遍讀四部之書。⑥

據余蕭客《古經解鉤沈·後序》云："辛巳,遂下榻滋蘭精舍,丹鉛朝夕,樂不爲疲",⑦則余氏館于滋蘭堂在乾隆二十六年,江藩所謂"延先生教讀"者,蓋朱邦衡即于斯時從

---

① 繆荃孫、章鈺等輯：《葒圃藏書題識》卷一,民國八年金陵書局刊本,第9頁。
② 葉昌熾：《藏書紀事詩》,附王欣夫《補正》,上海古籍出版社1989年版,第514頁。
③ 江標：《黄葒圃年譜》,光緒二十三年《靈鶼閣叢書》本,第3頁。
④ 如日本近藤光男譯注《漢學師承記》(東京,明治書院2001年版,上册第314頁)、漆永祥《漢學師承記箋釋》(上海古籍出版社2006年版,第226頁)并沿此誤。
⑤ 王大隆輯：《葒圃藏書題識續錄》卷一,民國二十二年王氏學禮齋刊本,第5—6頁。
⑥ 江藩：《漢學師承記》,第32頁。
⑦ 余蕭客：《古經解鉤沈》卷一,第2—3頁。

余氏受學也。朱奐與惠棟爲莫逆交，而朱邦衡則受學惠棟弟子，則邦衡爲朱奐從子，輩行正合。黃丕烈《經典釋文》識語所謂"伊小阮文游"，蓋一時誤筆，不可援爲確證也。

二、朱文藻爲汪氏振綺堂向朱奐借校者，乃滋蘭堂所藏《説文繫傳》鈔本；而《繫傳考异》則朱文藻自著之書，此事朱文藻乾隆三十五年十月《説文繫傳考异跋》言之甚詳：

> 南唐徐鍇《説文解字繫傳》四十卷，今世流傳蓋鮮，吾杭惟城東郁君陛宣購藏鈔本。昨歲因吳江潘君瑩中，獲謁吳下朱丈文游，從其插架借得此書，歸而影寫一過。復取郁本對勘，訛闕之處，二本多同；其不同者，十數而已，正訛補闕；無可疑者，不復致説。其有與今《説文》互异，及傳中引用諸書，隨案頭所見，有與今本异者，并爲録出，作《考异》二十八篇。又采諸書中論列《繫傳》及徐氏事迹，別爲《附録》，分上下二篇，隨見隨録，故先後無次，并附于後。

又同年十一月《與朱文游書》云：

> 承假《説文繫傳》，本擬速爲鈔竣，適入夏後猝遭魚亭先生尊人大故，未免間以他務停止。嗣因勉赴秋闈，又停一月，蹉跎至今。鈔畢之日，正欲造堂面繳，快聆清誨，恰值潘先生有還吳之便，原書附順奉上。外有《考异》二十八篇、《附録》二篇，合爲一册，并呈教正。①

是《繫傳考异》爲朱文藻自著甚明。鄭氏此言"向朱奐借《説文繫傳考异》"，誤也。

三、鄭氏言朱奐"嘗以八十金得宋淳化元年本、慶元六年重刊《春秋正義》"，按其書即今所謂越刻八行本《春秋左傳正義》三十六卷。朱奐卒後，此書歸金榜所有。②其後展轉入涵芬樓，現藏北京國家圖書館。

此本爲《左傳》注、疏最早之薈刻本，南宋慶元六年紹興府刻、宋元遞修本，并非鄭氏所云"宋淳化元年本、慶元六年重刊"，其説蓋沿段玉裁之誤也。朱奐因此本有淳化元年校勘諸臣銜名，故誤爲淳化刻本，段氏誤信其説，③遂謂注疏合刻在北宋時。此本陳樹華（芳林）曾于乾隆三十三年由滋蘭堂借校一部；陳氏卒後，嘉慶七年，段氏復從陳樹華家借得，臨校一部。段氏見此本有慶元六年沈作賓《後序》，因改口云"北宋淳化庚寅官本，慶元庚申摹刻本"，其實誤也。余早年撰《錢大昕〈養新餘録〉考辨》一文，曾論其致誤原委。④近時討論越刻八行本者衆，此已有定説，兹不復具論。

---

① 陸心源：《皕宋樓藏書志》卷十三，《續修四庫全書》本，第 11 頁。
② 張金吾《愛日精廬藏書志》卷五載録段玉裁《臨陳芳林校宋本左傳正義跋》云："此宋淳化庚寅官本，慶元庚申摹刻者也。凡宋本佳處，此本盡有。凡今日所存宋本，未有能善于此者也。爲滋蘭堂朱丈文游物，陳君芳林于乾隆戊子借校一部。……文游名奐，藏書最精，今皆散。《左傳》今在歙金修撰輔之家。"（光緒十三年靈芬閣木活字本，卷五第 2 頁）
③ 錢大昕《竹汀日記鈔》："晤段懋堂，云曾見《春秋正義》淳化本于朱文游家。今哀公《疏》，南、北監本俱載《釋文》而缺《正義》，但于疏下注'同上'，唯淳化本有之。"（《式訓堂叢書》本，卷一第 37 頁）
④ 陳鴻森：《錢大昕〈養新餘録〉考辨》，《中央研究院歷史語言研究所集刊》1988 年第 59 本第 4 分，第 913—926 頁。

丁 杰

丁杰條："原名錦鴻，改名杰，字升衢，號小山，又號小疋，浙江歸安人。……乾隆四十六年進士，官寧波府學教授。肆力于經史，旁及《説文》、音韵、算數，博學多通。有《周易鄭注後定》十二卷、《大戴禮記繹》、《小酉山房文集》。……入都，'入四庫館，佐校小學一門，與朱筠、戴震、盧文弨、金榜、程瑶田等相講習'。"（第425—426頁）

森按：此言丁杰曾"入四庫館，佐校小學一門"，原注謂本之許宗彦《丁教授傳》，此説未確。檢許君撰《傳》但言：

> 乾隆辛卯科，莊侍郎廷㠖主浙江試，①發策問《大戴禮》，教授所對尤賅貫，遂舉鄉薦。入都，時方開四庫館，任事者多延之佐校，小學一門往往出其手。因與朱學士筠、戴編修震、盧學士文弨、金修撰榜、程孝廉瑶田等相講習。②

許《傳》并未言丁氏曾入四庫館校書，此鄭氏臆説耳。按丁杰乾隆三十六年舉人，翌年入都會試，報罷，淹留京師。三十八年春，詔開四庫館修書，丁氏因研精小學，故"任事者多延之佐校"。翁方綱《丁小疋傳》云：

> 予在館中（森按：指四庫館）校讐數年，所時資取益者，盧抱經精校讐，王石臞、桂未谷精訓詁，而君兼有之。每竟一編，校籤細字壓粘，倍其原書，皆目光、髯影栩栩飛動處。③

丁杰與翁方綱往來尤密，現存《四庫提要分纂稿》，其中翁方綱所纂小學類提要計二十八篇，④其中或多丁氏佐校者。另，阮元《集傳録存·丁杰傳》云："開四庫館，朱筠、戴震皆延之佐校。"⑤其時丁杰尚未進士登第，此類"佐校"，皆館臣私人在外延聘，非"入四庫館佐校"也。盧文弨《重校方言序》云：

> 《方言》至今而始有善本，則吾友休寧戴太史東原氏之爲也。……小雅（按丁杰）于此書采獲裨益之功最多，戴氏猶有不能盡載者。因出其鈔集衆家校本凡三四，細書密札，戢香行間，或取名刺餘紙反覆書之，其已聯綴者如百衲衣，其散夾書内者紛紛如落葉，勤亦至矣。以余爲尚能讀此書也，悉舉以畀余。……予嘉丁君之績，而惜其

---

① 按乾隆三十六年辛卯科，浙江鄉試主考官爲内閣學士莊存與（法式善輯：《清秘述聞》，中華書局1982年版，第237頁），此云"莊廷㠖"，誤也。
② 許宗彦：《鑑止水齋集》卷十七，第12頁。
③ 翁方綱：《復初齋文集》卷十三，第5頁。
④ 翁方綱等：《四庫提要分纂稿》，第66—83頁。
⑤ 阮元：《揅經室續二集》卷二，《續修四庫全書》本，第14頁。

不登館閣，書成，不得載名于簡末，世無知焉，……其學實不在戴太史下云。[1]

據此，可知戴震所校《方言》，實多出丁杰參校者。而盧氏"惜其不登館閣"一語，尤可爲丁杰未入四庫館校書之確證也。

丁氏所著各書，生前皆未付刻。《周易鄭注後定》十二卷，嘉慶末，蕭山陳氏刻入《湖海樓叢書》，今有《續修四庫全書》影印本。丁氏另著《漢隷字原校勘記》（又稱《漢隷字原考正》），稿本現藏香港大學馮平山圖書館，書後錢坫《跋》稱其書"考證處精核之至"，與任大椿《歸潛志校案》可稱雙絕。[2]

許宗彦《丁教授傳》，謂丁氏"于《大戴禮》用功尤深"。所著《大戴禮記繹》一書，未見稿鈔本留傳。南京圖書館藏孔廣森《大戴禮記補注》，有趙春沂校跋，并録丁杰及盧文弨、王念孫、孫志祖、阮元、嚴元照諸家校語。趙氏跋云："丁小山先生，于世間所有《大戴》本悉取而校之，蓋數十年于此矣。最後得孔氏《補注》本，丹黄點勘，詳加校正，益之評證，最善本矣。"[3]孫詒讓《大戴禮記斠補》，載録丁杰之説凡百餘事，可略見其概矣。

丁氏事迹久湮霾，今治清學者罕知其人，余有《丁杰行實輯考》一文，[4]可爲知人論世之資。

余　集

余集條："字蓉裳，號秋室，浙江仁和人。生于乾隆三年，道光二年（1822）重宴鹿鳴時年已八十五，卒年不詳。乾隆三十一年進士，三十八年薦修《四庫全書》，授編修，與邵晋涵、周永年、戴震、楊昌霖稱爲'五徵君'。官至侍讀學士。……有《梁園歸棹録》、《憶漫庵剩稿》二册、《秋室學古録》等。"（第429—430頁）

森按：余氏有《秋室居士自撰志銘》，文末英和跋云："先生卒于道光三年（1823）九月十三日，春秋八十有五"，[5]依此推之，則秋室生于乾隆四年（1739）。然余氏《自撰志銘》開篇即言："嘉慶丁丑（廿二年，1817），余年八十"，[6]則余氏應生于乾隆三年（1738），道光三年卒，享年八十六。《清史列傳》卷七十二有傳。[7]

宋世犖

宋世犖條："字卣勳，號确山，浙江臨海人。生于乾隆十年，卒于道光元年，終年

---

[1] 盧文弨：《抱經堂文集》，中華書局1990年版，第31—32頁。
[2] 丁杰：《漢隷字原校勘記》卷末，香港大學馮平山圖書館藏稿本。
[3] 丁丙：《善本書室藏書志》卷二，《續修四庫全書》本，第30頁。
[4] 陳鴻森：《丁杰行實輯考》，上海社會科學院《傳統中國研究集刊》2009年第6輯，第274—307頁。
[5] 余集：《秋室學古録》卷六，《續修四庫全書》本，第28頁。
[6] 余集：《秋室學古録》卷六，《續修四庫全書》本，第25頁。
[7] 《清史列傳》，第5923—5924頁。

七十七。乾隆五十三年舉人，補咸寧宮教習，選福建大田知縣，調陝西扶風，道光元年罷歸。……有《周禮故書疏證》六卷、《儀禮古今文疏證》二卷、《确山駢體文》四卷、《紅杏軒詩抄》十七卷。"（第454頁）

森按：姜亮夫《歷代人物年里碑傳綜表》載宋世犖生于乾隆三十年（1765），卒于道光元年（1821），元注謂本《清史列傳》卷六十八。① 惟檢《清史列傳》本傳，并不載确山生卒年壽，② 不知姜氏何據也？江慶柏《清代人物生卒年表》則據《清代官員履歷檔案全編》二十五，謂确山生于乾隆三十二年，卒年不詳。③ 兩説并與此异。余考王棻《台學統》卷九十五載洪頤煊《文林郎陝西扶風縣知縣宋君墓表》，云：

> 君素有痰疾，庚辰（嘉慶廿五年）冬以積勞復發，遂决意去官歸，道光元年辛巳五月初八日抵家。君方自幸半生旅宦，乍賦倦游，家中藏書萬餘卷，金石鼎彝，璀璨滿目，日與故人鄰戚歡然道故。僉謂君當享優游之福，不意遽嬰末疾，以是年七月十六日終于正寢，年僅五十有七。④

洪頤煊與宋君年相若，所居相近，志趣復同，自少時即相過從，所述年月當可據也。據《墓表》，則确山生于乾隆三十年。鄭君云"生于乾隆十年，……終年七十七"者，誤也。

确山所著書，已刻者另有《漳川詩徵》、《扶風縣志》、《扶風雜咏》、《蘭行紀程》。未刊稿有《古銅爵書屋金石文》、《台郡識小録》、《台詩三録》等。⑤

錢 馥

錢馥條："字廣伯，號幔亭，嘗取濂溪詩意，自號緑窗。……浙江海寧人，居路仲里。約生于乾隆十三年，卒于嘉慶元年，年未五十。……平生潛心于張履祥（號楊園）之書，尤善六書音韻之學。有《集古鍾鼎千文》一卷、《圖書譜》一卷、《小學庵遺稿》四卷。"（第466頁）

森按：《海寧州志稿》卷二十九《錢馥傳》言："以力學得瘵疾，年甫四十而没"；⑥ 阮元序廣伯《小學盦遺書》，則言："以力學得瘵疾，于丙辰（1796）冬卒，年未五十"。⑦ 鄭君從阮説臆推之，其實誤也。檢《小學盦遺書》卷四《書胡生元仁重裝畫卷後》，云："乾隆歲在壬辰，余年十七，讀書同里親戚家。"⑧ 以壬辰（乾隆三十七年，1772）年十七推之，

---

① 姜亮夫：《歷代人物年里碑傳綜表》，第645頁。
② 《清史列傳》，第5550頁。
③ 江慶柏：《清代人物生卒年表》，人民文學出版社2005年，第371頁。
④ 王棻：《台學統》卷九十五，《續修四庫全書》本，第2頁。
⑤ 王棻：《台學統》卷九十五，《續修四庫全書》本，第2—3頁。
⑥ 許傳霈、朱錫恩等：《海寧州志稿》卷二十九，第11頁。
⑦ 錢馥：《小學盦遺書》卷首，光緒二十一年清風室校刊本。
⑧ 錢馥：《小學盦遺書》卷四，光緒二十一年清風室校刊本，第14頁。

則錢馥生于乾隆二十一年（1756），卒于嘉慶元年（1796）冬，[1]年止四十一。

陳鱣與錢馥同治小學，陳鱣長于《說文》，錢氏則從周春講求字母之學，長于音韻，論學尤契，後結爲姻親，錢馥之女即嫁陳鱣長子陳箕。《海寧州志稿》本傳云："盧學士刊《叢書》，聘主讎校，詳審异同，無一誤。"[2]則盧文弨校刻《抱經堂叢書》多延廣伯主校讎，此當表出之，以備學林故實。

《海寧州志稿·藝文志》載錢馥著作，尚有《楊園先生年譜集證》一卷、《錢氏譜系略》一卷。[3]前者稿本原藏管庭芬處，[4]惜當日管君未爲寫定付刻，今莫知所歸矣。本集卷四有《錢氏譜略叙》、《書楊園先生年譜後》兩文，[5]可覘其略也。

汪繼培

汪繼培條："字因可，一字厚叔，號蘇潭，浙江蕭山人，……汪輝祖四子。生年不詳，約卒于嘉慶二十四年之前。嘉慶十年進士，官吏部主事。淡于宦情，乞假言歸。嫻習子史，搜討不倦。……輯《尸子》三卷，較孫星衍所輯爲詳；又有《潛夫論箋》九卷；又嘗箋釋《鹽鐵論》。"（第471頁）

森按：汪輝祖《病榻夢痕錄》乾隆四十年（1775）條載："是年七月十四日，第四男繼培生。"[6]另據史語所傅斯年圖書館藏全祖望《鮚埼亭集》，有民國二年鄧楫傳錄繆荃孫過錄嚴元照評本，嚴氏題記云：

《鮚埼亭集》三十卷，餘姚史氏所編刻。此集五十卷（按指《鮚埼亭外集》），不署刻書姓名，實蕭山汪吏部繼培也。吏部既成進士，便歸養親。讀書嗜古，恂恂雅飭。少余一歲，與余締交。昨戴刑部北上，[7]枉顧山齋，知吏部已歸道山矣。乙亥七月二十二日，元照題。[8]

據嚴氏文末諸語，蘇潭蓋卒于嘉慶二十年（1815）乙亥，年止四十一。

復據王端履《重論文齋筆錄》卷二，其一條云："《居易錄》載桐城姚文燮年六十餘，忽病不識字，即其姓名亦不自知，醫不知爲何證也。端履案：余友汪蘇潭吏部繼培亦患

---

[1] 陳鱣《祭錢廣伯文》："維嘉慶元年十一月壬寅朔，越二十二日癸亥，姻愚弟陳鱣率子門下總服垍箕，謹以清酌庶羞之儀，致祭于清故處士錢君廣伯親家之靈"云云。（陳鱣《簡莊文鈔》卷六，《續修四庫全書》本，第13頁）
[2] 許傳霈、朱錫恩等：《海寧州志稿》卷二十九，第11頁。
[3] 許傳霈、朱錫恩等：《海寧州志稿》卷十四，第12頁。
[4] 《管庭芬日記》道光三年十月三日條："晚刻，之意山處，蒙以綠窗表叔《楊園先生年譜集證》手稿一冊見惠。"（中華書局2013年版，第229頁）
[5] 錢馥：《小學盦遺書》卷四，第4頁；又第13—14頁。
[6] 汪輝祖：《病榻夢痕錄》卷上，光緒間《汪龍莊先生遺書》本，第44頁。
[7] 戴刑部，蓋指戴敦元（1768—1834），字金溪，浙江開化人，乾隆五十八年進士。由刑部主事，歷員外郎、郎中，出爲廣東高廉道。歷江西按察使、山西布政使，署湖南巡撫，遷刑部尚書，卒于官。《清史稿》卷三七四有傳。
[8] 《傅斯年圖書館善本古籍題跋輯錄》，臺北，"中央研究院"歷史語言研究所2008年版，第213頁。

此症。"①則蘇潭晚病失智症。《筆録》又云：

> 蘇潭著述甚富，惜天不假年，僅成《潛夫論注》一書，已刊入《湖海樓叢書》中。《鹽鐵論注》、《漢人說經録》諸書，皆未卒業，殁後遺稿散失。②

則《鹽鐵論箋釋》并未成書。所著《潛夫論箋》，王欣夫先生極稱之，謂"解繆達恉，傳信闕疑，博訪通人，致精極覈，且能規節信（王符）之過而理董之"。③惜中壽而卒，致其他所著未底于成。《筆録》又一條云："蘇潭爲文，援據奧博，精審不苟。今殁垂三十年，家徒四壁，長嗣又亡，斷簡零篇，字字皆當珍惜。"書中特録蘇潭早歲名篇《史記闕篇補篇考》、《周代書册制度考》、《緯候不始哀平辨》三文，④皆肄業詁經精舍時所撰，可覘其學詣也。另由上引嚴元照識語，知全氏《鮚埼亭外集》乃蘇潭所刻，亦當表出之。

汪繼壕

汪繼壕條："別號蕭山主人，浙江蕭山縣人，……汪輝祖之五子，繼培之弟。生卒年、仕履不詳。家有環碧山房，藏書甚富。……丁丙《善本書志》卷十八有其所藏《宣和北苑貢茶録》。"（第472頁）

森按：汪輝祖《病榻夢痕録》乾隆四十四年條載："三月初二日，第五男繼埳生（今名繼壕）。"⑤則汪繼壕生于乾隆四十四年，卒年不詳。

《病榻夢痕録》記載汪氏諸子從事舉業甚詳，獨汪繼壕不事科舉，五十七年條載："十月，繼壕援例補國子生。"⑥即十四歲時捐貲監生，然并未從事儒業，故乾隆六十年汪輝祖編家藏《書目》，序中言："培兒尚知慕學，匙歸收管。培如他出，聽其交托，但不得付不知學問之人經手。"⑦又嘉慶元年口授遺屬，云："培、壕兩兒數月奉事甚謹，余習而安焉。因于公書中酌賞，以犒其勞。培兒喜讀經考古，給《通志堂經解》全部，《通典》、《通志》、《通考》各一部。壕兒喜雜覽，給《說郛》一部，令各自收藏檢閱，不入公書數內。"⑧今由《夢痕録》、《夢痕録餘》所見，汪繼壕多佐理家務，及汪輝祖晚年護視之勞，既無著述，亦不以藏書名家，似不宜遽以文獻家目之也。

---

① 王端履：《重論文齋筆録》卷二，道光二十六年受宜堂刊本，第21頁。
② 王端履：《重論文齋筆録》卷二，道光二十六年受宜堂刊本，第28頁。
③ 王欣夫：《蛾術軒篋存善本書録》，第577頁。
④ 王端履：《重論文齋筆録》卷二，第22—28頁。
⑤ 汪輝祖：《病榻夢痕録》卷上，第46頁。
⑥ 汪輝祖：《病榻夢痕録》卷下，第56頁。
⑦ 汪輝祖：《病榻夢痕録》卷下，第72頁。
⑧ 汪輝祖：《病榻夢痕録》卷下，第76頁。

章宗源

　　章宗源條：“字逢之，浙江會稽人。……章氏所輯佚書，今知者有：《古史考》一卷、《漢官儀》二卷、華嶠《後漢書》一卷、張璠《後漢紀》一卷、冼懷遠《南越志》二卷、《琴操》二卷，補遺一卷、《尸子輯本》二卷、《物理論》一卷、《燕丹子》三卷、《顧子逸篇》等。其《隋書經籍志考證》，本意爲助章學誠撰《史籍考》而成，故僅史部。”（頁473）

　　森按：王欣夫先生《蛾術軒篋存善本書録》著録章宗源輯魏張揖《埤倉》一卷，及李登《聲類》一卷，後者凡佚文二百一十餘條；陳鱣後得其稿，爲增訂補治成書。① 則章氏所輯隋以前古佚書，兼及經部小學類矣。而孫星衍平津館所刻逢之原輯本《琴操》、《尸子輯本》、《物理論》、《燕丹子》各種，則皆子部書。孫星衍撰《章宗源傳》云：

> 少聰穎，不喜爲時文，以對策博贍發科，益好學。積十餘年，采獲經史群籍傳注，輯録唐宋已來亡佚古書盈數笈，自言：“欲撰《隋書經籍志考證》，書成後，此皆糟粕，可鬻之。然編次成帙，悉枕中秘本也。”……其已輯各書，編次成帙，皆爲之叙，通知作者、體例曲折，詞旨明暢。②

逢之所輯既兼有經部、子部，則所撰《隋書經籍志考證》原書當不限于史部。今傳光緒元年崇文書局刊本《隋書經籍志考證》十三卷，僅有史部者，蓋其時章學誠爲畢沅纂輯《史籍考》，因邵晉涵而知逢之輯古佚書甚富，即由畢氏購其所輯《逸史》各種，以與《史籍考》配合，期與朱彝尊《經義考》、余蕭客《古經解鉤沈》相侔。關于此，章學誠《與邵二雲書》言之甚詳：

> 逢之寄來《逸史》，甚得所用。至云"摭逸之多，有百餘紙不止者，難以附入《史考》，但須載其考證"，此説亦有理。然弟意以爲搜羅逸史，爲功亦自不小，其書既成，當與余仲林《經解鉤沈》可以對峙，理宜別爲一書另刻，以附《史考》之後。《史考》以敵朱氏《經考》，《逸史》以敵余氏《鉤沈》，亦一時天生瑜亮，洵稱藝林之盛事也。但朱、余二人各自爲書，故朱氏《經考》本以著録爲事，附登緯候逸文；余氏《鉤沈》本以搜逸爲功，而于首卷別爲五百餘家著録。蓋著録與搜逸二事本屬同功异用，故兩家推究所極，不俟而合如此。今兩書（森按：指《史籍考》與《逸史》）皆出弇山（畢沅）先生一人之手，則又可自爲呼吸照應，較彼二家更便利矣。……③

味此信所述逢之“但須載其考證”之語，則《考證》之稿成于《史籍考》之前明矣，鄭

---

① 王欣夫：《蛾術軒篋存善本書録》，第814—816頁。
② 孫星衍：《五松園文稿》卷一，《續修四庫全書》本，第26頁。
③ 《章學誠遺書》，第117頁。

君謂"《隋書經籍志考證》，本意爲助章學誠撰《史籍考》而成"，其説殆不然矣。蓋逢之輯録羣書佚文，其輯有成稿者，"皆爲之叙，通知作者、體例曲折"，孫星衍親見其稿，説當可據。此叙録之文，即《隋書經籍志考證》之所本，故孫星衍撰《傳》引述其言，有"《考證》書成後，此皆糟粕，可鬻之"之説。余意《考證》原稿初不僅史部而已，特逢之家貧，半生奔走衣食，全書或未竟成，①今因史部其稿驚人，故《考證》史部之稿先寫定，反藉是以存也。

汪　誠

汪誠條："字孔皆，號十村，……杭郡人，汪憲之孫，璐之子。……生卒年未詳。乾隆五十九年舉人，官刑部江西司主事。……'病中手編《振綺堂書目》五册，……凡得書三千三百種有奇，通計六萬五千卷有奇。'……這是汪氏振綺堂第一部藏書目，五册，經史子各一册，集部兩册。今存全帙。"（第478頁）

森按：汪怡、汪詒年纂《平陽汪氏遷杭支譜》卷二載：汪誠生于乾隆三十七年九月初五日，卒于嘉慶二十四年十一月初八日，年四十八。②

汪誠之孫曾唯撰《振綺堂書目跋》，云："余家自明季遷杭，代有藏書。高大父魚亭公（按汪憲）嗜之尤篤，點注丹黄，插架甚富。朱朗齋茂才文藻爲輯《振綺堂書録》，撮其要旨，載明某某撰述，何時刊本，某某鈔藏，校讀評跋于後，手編十册。"③《書録》爲振綺堂第一部書志，較汪誠簡目學術價值尤高。一九三七年，《文瀾學報》第二卷《浙江文獻展覽會專號》著録《振綺堂書録》原稿本六册，杭縣葉葵初藏："書凡十册，〔洪楊〕亂後佚去，僅存此數。起地志，至集部止。稿中有塗改，爲振綺堂主人手批，末亦有光緒十二年振綺堂後人汪曾唯跋。"④則《書録》稿本尚有殘本存世，今不知歸于何所，附記于此，以待明教。

陳　鱣

陳鱣條："字仲魚，號簡莊。……〔嘉慶〕三年中舉。專心訓詁，精于經學。……吴衡照《海昌詩淑》謂其'博聞强記，手不釋卷，尤深于許鄭之學，同時推爲漢學領袖'。有《續唐書》七十卷、《簡莊綴文》六卷、《簡莊文鈔》及《續編》、《簡莊詩鈔》、《詩人考》三卷等。……會試至京，于琉璃廠書肆識朝鮮使臣朴修，共檢書，各操筆以通語言。朴修以其所撰《貞蕤稿略》貽鱣，鱣報以《論語古訓》，各相傾許，一時傳爲佳話。……晚年歸隱海寧紫薇山麓，構向山閣，藏書十萬卷。向山閣之外，尚有垻上之士鄉堂、六十四硯齋。"（第497—499頁）

---

① 陳鱣《堃倉輯本·序》云："章逢之孝廉博覽羣書，集爲一卷，第隨各書采録，未及詳校。鱣始補治之，用《説文》部分編次，使讀者易于尋求也。"（轉引自《峨術軒篋存善本書録》，第815頁）
② 汪怡、汪詒年：《平陽汪氏遷杭支譜》卷二，第14—15頁。
③ 汪誠：《振綺堂書目》卷末，民國十六年東方學會鉛印本。
④ 《文瀾學報》第二卷，第65頁。

森按：此傳有數誤。一、《簡莊綴文》六卷與《簡莊文鈔》實同一書，此書嘉慶十年士鄉堂原刻本名《綴文》，爲《簡莊集》之一種。[①]光緒十四年，羊復禮重刻《綴文》于粵東，易名《簡莊文鈔》；羊氏復輯仲魚遺文、佚詩爲《續編》二卷、《詩鈔》一卷，與《文鈔》合刻之。民國五年，海昌人士醵金購羊氏刻板，移庋紫薇講舍，好事者爭相刷印；民國十五年，板毀于火。而羊氏同時，吳中蔣氏心矩齋亦覆刻此書，未畢工中輟。羊刻板毀之年，心矩齋書板適散出，由朱瑞祥購得之，補刻其闕，即杭州抱經堂本，仍名《簡莊綴文》，陳乃乾所爲序者即此本。鄭君以《綴文》、《文鈔》爲兩書，誤也。

二、仲魚與韓國使臣交往事，見所撰《貞蕤稿略序》：

嘉慶六年三月，余舉進士，游都中，遇朝鮮國使臣朴修其檢書于瑠璃廠書肆，一見如舊相識，雖語言不通，各操不律書之，輒相説以解。檢書通經博古，工詩文。……時余同年友嘉定錢君既勤（按名東垣，錢大昭之子）繼至，既勤克承家學，著述甚夥。檢書偕同官柳君惠風（按名得恭）亦閱覽多聞，卓然儒雅，四人者賞奇析義，舐墨濡毫，頃刻盡數紙。……[②]

鄭君所述，即本此文。按陳文述《畫林新詠》卷二"朴貞蕤"條："名齊家，字修其，自號貞蕤居士，朝鮮使臣也，工書善畫。乾嘉之際，屢以奉使來京師，與中朝士大夫多酬倡之作。家仲魚徵君刻其詩文爲《貞蕤稿略》。"[③]朴氏名齊家，字修其，檢書其官也。鄭君誤讀仲魚文，誤以"其"字爲"共"，以"共檢書"三字爲句，遂誤其名曰朴修。獨不思"檢書"二字下文四、五見，此讀書不謹之過也。

三、鄭氏以六十四硯齋爲仲魚齋名，此説葉昌熾《藏詩紀事詩》首誤之，[④]王欣夫先生《補正》未及正之，致今學者悉沿其誤。[⑤]按《拜經樓藏書題跋記》載錄仲魚乾隆四十九年《南部新書跋》，末署"新坡陳鱣記于六十四硯齋"，[⑥]此葉氏所本。然仲魚《河莊詩鈔》有《觀六十四研齋所藏時壺率成一絶》，[⑦]則六十四硯齋非仲魚齋名，較然可知。考王國維《觀堂集林》卷二十三《敬業堂文集序》云："他山先生冢孫岩門（岐昌）輯此集，稿藏花溪倪氏六十四硯齋，陳簡莊鱣首錄一本，張漚舫從之傳錄，吳氏（按指吳騫）

---

① 陳乃乾《補刻〈簡莊綴文〉叙》云："簡莊徵君文稿，嘉慶十年士鄉堂原刻本，首行題'《綴文》一'，下題'《簡莊集》卷□'，蓋以《綴文》爲《簡莊集》之一種，餘如《集孝經鄭注》、《六藝論》、《論語古訓》、《對策》諸書，凡士鄉堂原刻者，皆如此式。"（陳乃乾著，虞坤林整理：《陳乃乾文集》，2009年，國家圖書館出版社2009年版，第367頁）
② 陳鱣：《簡莊文鈔》卷二，第12—13頁。
③ 陳文述：《畫林新詠》卷二，西泠印社聚珍本，第30頁。
④ 葉昌熾：《藏書紀事詩》，附王欣夫《補正》，第588頁。
⑤ 陳乃乾編，丁寧補編《室名別號索引》（中華書局1982年版，第11頁）；楊廷福、楊同甫編《清人室名別稱字號索引》（上海古籍出版社2001年版，第78頁）；鄭偉章、李萬健《中國著名藏書家傳略》（書目文獻出版社1986年版，第120頁）；顧志興《浙江藏書家藏書樓》（浙江人民出版社1987年版，第199頁）；任繼愈主編《中國藏書樓》（遼寧人民出版社2001年版，第1478頁）；顧志興《浙江藏書史》（杭州出版社2006年版，第413頁）；陳心蓉《嘉興藏書史》（國家圖書館出版社2010年版，第139頁）等，俱沿此誤。其他單篇論文踵訛襲謬者尤更僕難數。
⑥ 吳壽暘：《拜經樓藏書題跋記》，上海古籍出版社2007年版，第53頁。
⑦ 陳鱣：《河莊詩鈔》，《續修四庫全書》本，第7頁。

又錄張本。"①吳騫《敬業堂文集跋》亦言："鄉先輩查初白內翰，……文集未經授梓，故傳本尤少，予昔于倪敏修大令六十四研齋見之。"②合此兩文，知六十四硯齋乃海寧花溪倪氏齋名，倪氏名學洙，字敏修，號蘭畹，乾隆二十二年進士，曾官江蘇沭陽知縣。③倪氏藏書多精鈔秘笈，故仲魚時從之借讀也。

吳壽照

吳壽照條："字南輝，號小尹。……吳騫長子，吳壽暘之兄。生卒年不詳。乾隆四十五年以諸生應召試，得文綺，旋登五十一年鄉榜。翌年計偕入都，不意染目疾，兩目失明，士論惜之。"（第 512 頁）

森按：吳瑗《休寧厚田吳氏宗譜》載："壽照，……生乾隆戊寅（二十三年，1758）六月十八日，卒道光己丑（九年，1829）四月初八日，壽七十二。"④

吳壽暘

吳壽暘條："字虞臣，又字周官，號蘇閣。……吳騫次子，壽照之弟。生卒年未詳。歲貢生。管庭芬道光十九年客硤川蔣氏別下齋，時壽暘沒已數年，當卒于道光十年左右。……嘗彙錄其父藏書題跋語，撰為《拜經樓藏書題跋記》五卷，秘之篋衍，不以示人。"（第 513—514 頁）

森按：吳壽暘生卒年，《海寧州志稿》、姜亮夫《歷代人物年里碑傳綜表》、江慶柏《清代人物生卒年表》俱闕。檢《吳兔床日記》嘉慶十五年（1810）十月七日條云："是日為次兒四十生朝，憶其生時，予亦客桃溪也。"⑤以此推之，則吳壽暘生于乾隆三十六年（1771）。頃檢吳瑗纂《休寧厚田吳氏宗譜》卷四"吳壽暘"條："壽暘，……杭府廩貢生，生乾隆辛卯（1771）十月初七日，卒道光辛卯（十一年，1831）十一月二十四日"，⑥享年六十一，可補諸家年表之缺。

吳昂駒

吳昂駒條："字簫雲，又字千仲，號醒園，……吳騫從子，吳春照之兄。生卒年未詳。嘉慶二十三年歲貢生。有《敬業堂集參正》一卷，《桃溪書畫錄》五卷、卷首一卷、《補遺》一卷，稿本，嘉慶十三年自序。"（第 514—515 頁）

---

① 王國維：《觀堂集林》，河北教育出版社 2001 年版，第 718—719 頁。
② 吳騫：《愚谷文存》卷六，第 9 頁。
③ 許傳霈、朱錫恩等：《海寧州志稿》卷十四，第 6 頁。
④ 吳瑗：《休寧厚田吳氏宗譜》卷四，道光二十三年木活字本，第 5 頁。
⑤ 吳騫：《吳兔床日記》，鳳凰出版社 2015 年版，第 229 頁。
⑥ 吳瑗：《休寧厚田吳氏宗譜》卷四，第 5 頁。

森按：吳瑗《休寧厚田吳氏宗譜》載："昂駒，……海寧廩貢生。生乾隆丙戌（三十一年，1766）十二月十四日"，[1]缺其卒年。醒園晚年與管庭芬踪迹頗密，檢管君《日記》咸豐辛亥九月十一日條載："是日星滄有友人來，知吳醒園老伯于又八月二十四日去世。先生性極慈和，邃于經術。晚歲屢遭喪明之痛，境過（按此蓋"遇"之訛）寥落，雖年登大發（疑"耄"字之誤），而後起無人，天之厄于先生至斯已極。"[2]則醒園卒于咸豐元年（1851）閏八月，享年八十六。

《海寧州志稿·藝文志》缺吳昂駒條。按管庭芬《日記》道光十二年二月初九日條載：

> 午後之醒園丈處，并出示所著《敬業堂詩集參正》二卷、《初白庵詩評補鈔》一卷、《初白庵詩書畫錄》一卷、《史記評鈔》一卷及《醒園古文草》一卷、《竹初山房分體詩鈔》一卷。[3]

可補《州志》之缺。管庭芬曾跋醒園《敬業堂詩集參正》，中言：

> 蓋先生談詩，一宗初白，竭卅載之力，寢食于斯。所著《竹初山房集》，古風格律蒼勁，近體蘊藉含蓄，實得初白不傳之秘。兼之少日侍尊伯兔床先生拜經樓中，時得與盧抱經學士、錢竹汀官詹諸名宿共相切磋，故聞見淵奥，考古精核。……《參正》既成，……當與趙雲松觀察之作《詩話》，許蒿廬、陳半圭兩鄉先輩之作《詩評》、《年譜》，并爲敬業功臣，可卓傳不朽矣。[4]

據此，則其詩集名《竹初山房集》。鄭君《通考》歷記諸家室名齋號，據上引兩文，知醒園齋號爲初白庵、竹初山房。王欣夫先生《蛾術軒篋存善本書錄》著錄醒園輯有《盧忠肅公（象昇）家書》一卷，有管庭芬道光甲午年跋；又《彭節愍公（期生）家書》一卷，有醒園嘉慶庚辰跋。[5]

吳春照

吳春照條："字子撰，號遲卿。……吳騫從子，吳昂駒之弟。以豪飲得喑疾卒。汪遠孫卒于道光十六年，吳氏相繼卒，亦當卒于此年前後。縣諸生。《海昌藝文志》云：'精讐校，家藏書數千卷，丹黃幾遍。錢塘汪久也（遠孫）重刊《咸淳臨安志》，延子撰佐校勘，并爲校《史》、《漢》。'"（第515頁）

---

[1] 吳瑗：《休寧厚田吳氏宗譜》卷四，第6頁。按道光二十五年（1845）十二月醒園八十生辰，管庭芬與蔣光煦曾往拜壽。翌年正月十七日管君《日記》載醒園來書，中言"弟幸臻八十之年"云云（第1214頁），可證渠生于乾隆三十一年不誤。
[2] 《管庭芬日記》，第1417頁。
[3] 《管庭芬日記》，第668頁。按《初白庵詩書畫錄》，"詩"字疑衍。此書校勘粗疏，訛文誤字，觸目皆是。
[4] 《管庭芬日記》道光十二年二月十一日條，第668頁。
[5] 王欣夫：《蛾術軒篋存善本書錄》，第512—514頁。

森按：吴瑗《休寧厚田吳氏宗譜》卷四"吳春照"條："春照，……杭府庠生。生乾隆甲辰（四十九年，1784）正月十二日，卒道光乙未（十五年，1835）十月初四日。"①卒年五十二。鄭君不載吳氏著作，《海寧州志稿》卷十五載所著有《字説》、《漢書校勘記》等，管庭芬按語云："子撰寓武林汪氏振綺堂最久，爲校兩《漢書》，作《校勘記》。"②

王宗炎

王宗炎條："原名琰，字以除，號谷塍，别號晚聞居士，浙江蕭山人，……與王紹蘭爲族兄弟。生于乾隆二十年，卒于道光六年，終年七十二。乾隆四十五年進士，淡于進取，杜門不出，終身不仕。……章學誠晚居紹興塔山之下，整理所著三四十巨册，特造蕭山王宗炎家，請爲細加編訂。王氏應命，精心鉤稽，書成而章氏卒，是爲《章氏遺書》。有《晚聞居士遺集》九卷。"（第528頁）

森按：王宗炎，原名宗琰，③因避仁宗顒琰諱，易名宗炎，鄭君謂"原名琰"，誤也。④其號穀塍，鄭書誤"塍"，蓋譌文失校也。

王氏生卒年，《蕭山縣志稿》卷十八《王宗炎傳》作道光五年（1825）卒，年七十二，⑤則生于乾隆十九年（1754），與鄭君所記者异。今據《晚聞居士遺集》卷九《嘉慶甲戌晚聞居士年六十矣，上元前二日讀畫對燭題二詩》，云："癸酉去我十三日，乙亥生來六十年。鐙下誤書仍舉燭，定知老態過于前。"⑥此出乎王氏自道者，其生年當以乾隆二十年乙亥爲定，《蕭山縣志稿》誤也。另據《晚聞居士遺集》書後道光八年十二月王紹蘭跋，云："距兄聽琴考終，蓋駒之過隙越三年矣。"⑦則晚聞應卒于道光五年，《蕭山縣志稿》所記者是，此作道光六年卒，誤也。王氏享年七十一。

盛百二

盛百二條："字秦川，一字相舒，號柚堂，浙江秀水人。生卒年未詳。乾隆二十一年舉人，官山東淄川知縣，在官一年，即以憂歸，不復出。……著《尚書釋天》六卷、《柚堂文存》四卷、《柚堂筆談、續談》十二卷、《問水漫録》四卷、《皆山閣詩集》等十餘種。"（第562頁）

森按：盛百二，《清史列傳·儒林傳》有傳。⑧孫葆田纂《山東通志》卷七十五，盛氏小傳云："乾隆三十一年，任觀城縣；三十三年，調知淄川縣。慈祥寬厚，蒲鞭示辱。

---

① 吴瑗：《休寧厚田吳氏宗譜》卷四，第5頁。
② 許傳霈、朱錫恩等：《海寧州志稿》卷十五，第14頁。
③ 王欣夫《蛾術軒篋存善本書録》著録王氏手鈔精校《吳越備史》，有乾隆五十年兩跋，署名皆作"宗琰"（第100—101頁），可證。
④ 顧志興《浙江藏書史》云："王宗炎，原名琰，字以除。"（第339頁）亦沿此誤。
⑤ 彭延慶等修，楊鍾羲等纂：《蕭山縣志稿》卷十八，民國二十四年鉛印本，第7頁。
⑥ 王宗炎：《晚聞居士遺集》卷九，道光十一年杭州愛日軒刊本，第11頁。
⑦ 王宗炎：《晚聞居士遺集》卷末，第4頁。
⑧ 《清史列傳》，第5507頁。

退食之暇，不離書史，以文學爲政事。"[1]據盛百二《柚堂文存》卷二《觀錄序》言："乾隆三十一年，余視觀城篆，明年四月新令至，計在任百有二十日耳。"[2]則柚堂任淄川知縣前，曾攝觀城令也。

柚堂生卒年，史傳以下，諸家傳記并闕。按周春《耄餘詩話》卷九云：

> 宋半塘夫子丙子分校秋闈，得秀水盛晴川百二，馳札招余云："君精字母韻學，今之潘稼堂也；盛君精天文算法，今之梅定九也。不圖兩賢出我門下，乞即理櫂快晤，何如？"余隨上省訂交。……戊戌君年六十，余以雙聲詩寄祝云云。……次年，君卒于濟南書院。[3]

周春言乾隆四十三年（1778）盛百二年六十，逆推之則生于康熙五十八年（1719）；乾隆四十四年（1779）卒，享年六十一。惟據周永年《盛秦川六十壽序》云：

> 余友秀水盛秦川先生，生于秦，長于齊于粤，宦學于齊魯。所至之地，必與其賢士大夫游。……余交于先生二十年矣。……己亥春仲，爲先生六十覽揆之辰，因書一時問答之語以侑觴焉。[4]

此言乾隆四十四年（1779）二月，盛氏六十初度，則生于康熙五十九年（1720）。另《柚堂文存》卷首有梅花村人乾隆四十三年所撰《柚堂居士著述序》，中言：

> 余與居士并生于康熙五十九年。……居士今年五十有九，主任城講席者四載于茲，未有仕進意，所論著者當未有艾，更有進于此者。[5]

據此，則柚堂應生于康熙五十九年爲是。

至柚堂卒年，周春謂卒于乾隆四十四年，疑亦耄年誤憶，其說未可據。檢《柚堂文存》卷三有乾隆四十六年（1781）三月上巳所撰《書咏貞集後》，[6]又有乾隆四十八年（1783）夏所撰《聞湖盛氏重刻家集序》、《書朱張氏世系圖後》兩文，[7]則其卒當在乾隆四十八年以後。復檢桂馥《繆篆分韻》，卷首有柚堂乾隆四十九年七月二十一日《序》；[8]又乾隆五十一年（1786），柚堂曾請黃易以漢隸寫《朱子家訓》，并刻諸石，[9]則其年當在六十七以上。

---

[1] 孫葆田：《山東通志》卷七十五，民國七年鉛印本，第12頁。
[2] 盛百二：《柚堂文存》卷二，乾隆五十七年寳綸堂刊本，第12頁。
[3] 周春：《耄餘詩話》卷九，第1—2頁。
[4] 周永年：《林汲山房遺文》，《續修四庫全書》本，第3—4頁。
[5] 盛百二：《柚堂文存》卷首，第1—4頁。
[6] 盛百二：《柚堂文存》卷三，第15—16頁。
[7] 盛百二：《柚堂文存》卷二，：第16—17；又卷三，第13—14頁。
[8] 盛百二：《繆篆分韻序》，桂馥：《繆篆分韻》卷首，嘉慶元年姚覲元重校刊本。
[9] 楊國棟《黃易活動年表簡編》乾隆五十一年條云："任城書院山長盛百二邀請黃易以漢隸書寫《朱子家訓》并刻石。黃易隸書原石已失，清末翻刻石現藏曲阜孔廟内。"（秦明主編：《黃易與金石學論集》，故宫出版社2012年版，第383頁）

邢佺山

邢佺山條："寓居浙江嘉禾，字號、生卒年及仕履不詳，與黃丕烈爲同時人。《蕘識》卷四有其舊鈔本《石門集》二册，黄丕烈跋云：'辛未春閏月三日，有事至嘉禾，訪寓公邢佺山于北門，因佺山與余同好古書，面未識而神已交也'"云云。按是書佺山借抄于戴松門。（第 583 頁）

森按：邢佺山名澍，字雨民，號佺山，甘肅階州人。乾隆五十五年進士，歷充壬子、戊午、庚申、辛酉鄉試同考官。任浙江永康、長興知縣，刑清政簡，有循聲。署江西饒州府知府，尋遷南安府知府，嘉慶戊辰，以病乞歸。《清史列傳》卷七十三、《清史稿》卷四八六有傳。[①]

史不載佺山生卒年壽，馮國瑞《邢佺山先生事迹考》，據張廷濟《桂馨堂集·感逝詩》元注，考知渠生于乾隆二十四年（1759）六月；嘉慶二十四年六十一歲迴籍，卒年不詳。[②]李鼎文《甘肅文史叢稿·邢澍》一文，據邢氏七世孫邢之儀所述，佺山卒于道光三年（1823）八月初八日，享年六十五，[③]可補史傳之缺。

佺山好古博聞，酷嗜金石之學，曾與孫星衍合輯《寰宇訪碑録》十二卷，嘉慶七年付刻。復據唐宋以前金石刻，并宋元刊本《隸釋》、《隸續》等書，搜其字體不同者，撰爲《金石文字辨异》十二卷，以刊正字體俗訛。夙留意鄉邦文獻，著有《關右經籍考》十一卷，北京國家圖書館藏一部。[④]另有《守雅堂文集》，北京大學圖書館藏一鈔本，僅文二十篇。一九三八年，馮國瑞取與其詩《南旋詩草》合印，并補輯遺文九篇、佚詩七首，合爲《守雅堂稿輯存》。[⑤]復留意姓氏之學，嘗與錢繹合輯《兩漢希姓録》六卷，其書未刊，僅有一序存本集中。

本條所引黄丕烈《石門集跋》，見于王大隆輯《蕘圃藏書題識續録》卷四，[⑥]鄭君引作《蕘圃藏書題識》，誤。

王柳村

王柳村條："字號不詳，江蘇揚州人，居翠屏洲。生卒年、仕履亦未詳。儲積清朝詩集甚多，而江蘇尤備。欲輯《江蘇詩徵》，嘉慶十一、十二年，阮元服憂在里，乃歲資以紙筆鈔胥，柳村遂益肆力徵考。……嘉慶二十一年，輯成五千四百三十餘家，勒爲

---

① 《清史列傳》，第 5984 頁；《清史稿》，第 13409 頁。
② 馮國瑞：《邢佺山先生事迹考》，收于所輯《守雅堂稿輯存》，甘肅人民出版社 1992 年版，第 73—79 頁。按此《考》甚簡略，僅具椎輪，邢氏遺聞墜事可增補者，不下一二十事。
③ 李文原收于所著《甘肅文史叢稿》，甘肅人民出版社 1986 年版；《守雅堂稿輯存》甘肅人民出版社 1992 年版附載，第 125—132 頁。
④ 《中國古籍善本書目·史部》，第 1417 頁。
⑤ 馮國瑞《守雅堂稿輯存》，有民國二十七年鉛印本；漆子揚、王鍔兩君點校本，復增補遺文《金石文字辨异序》一篇，計存遺文三十篇。余近復輯得佚文數篇，待刊。
⑥ 王大隆輯：《蕘圃藏書題識續録》卷四，第 8—11 頁。

一百八十三卷。後阮元官粵，乃命江藩、許珩、凌曙刪訂校正之，于道光元年刊成《江蘇詩徵》。"（第 607 頁）

森按：王氏名豫，字應和，一字柳村。"家焦山北岸之翠屏洲，楊柳桃花數萬本，隔江，京口諸山皆在几案間，豫吟咏其中，不求聞達"，[1]以布衣終其身。[2]與吴樸、應讓、鮑文逵、張學仁、顧鶴慶、錢之鼎并稱"京江七子"。[3]阮元曾爲序《種竹軒詩集》及所編《群雅集》。[4]《群雅集·序》云：

> 丹徒王君柳邨之論詩也，以宗伯（按沈德潛）爲歸。近日數大家聲氣炫赫之時，王君獨去之若浼，抱殘守拙。……以故伏處大江金、焦兩山之北渚，而交游亦幾遍于海内。用是著録國朝《別裁》以後諸家之詩，積成卷帙，名曰《群雅集》，即以歸愚宗伯居首。

王昶《蒲褐山房詩話》謂柳村"襟情瀟曠，超然物外，僅與詞客梵僧扁舟來往。……詩宗劉眘虚、王龍標諸人，長于五言古體；古文亦似南宋人小品"。[5]性好義，倡同善堂，買田二百畝，存活窮黎，洲人稱焉。道光三年，江水没田廬，柳村煮粥倡賑，活人無算。節婦五十餘人，子孫微，柳村爲牒諸大吏，皆旌其門。生于乾隆三十三年（1768），道光六年（1826）九月以疾卒，年五十九。[6]所著另有《瓜洲志》、《焦山志》、《京江耆舊集》、《明世説新語》、《荻汀録》、《儒行録》、《惜陰筆記》、《蕉窗日記》、《盟鷗渝筆談》、《種竹軒餘話》、《名媛詩話》、《種竹軒文集》等；并與阮亨同輯《淮海英靈續集》。[7]《清史列傳》卷七十三有傳。

洪頤煊

洪頤煊條："字旌賢，號筠軒，晚號倦舫老人，浙江臨海人。生于乾隆三十年，卒于道光十三年，年六十九。……嘉慶二年，入阮元幕，分纂《經籍籑詁》之《釋名》、《小爾雅》。嘉慶六年拔貢，曾官廣東羅定州州判、新興縣知事。不十年乞歸，鍵户著書，終日不倦。所著有《禮經宫室問答》、《孔子三朝記》、《讀書叢録》、《經典輯林》、《諸史考异》、《筠軒文鈔》、《詩鈔》等。"（第 610 頁）

---

[1]《清史列傳》，第 6023—6024 頁。
[2] 按劉寶楠《清故國子監生王君之銘》，謂柳村"少補丹徒學附生，援例入太學"（劉台拱、劉寶楠等：《寶應劉氏集》，廣陵書社 2006 年版，第 308 頁），王昶《蒲褐山房詩話》亦云柳村"諸生"（《湖海詩傳》卷四十四，《續修四庫全書》本，第 7 頁）。然阮元《王柳邨種竹軒詩序》云："王君身處蓬茅，名滿海内，布衣而老。"（《揅經室三集》卷五，《續修四庫全書》本，第 11 頁）于樹滋《瓜洲續志·王豫傳》云"以布衣終"（民國十六年瓜洲于氏凝暉堂鉛印本，卷十四第 13 頁）；《清史列傳》本傳亦言柳村"布衣"，今從後説。
[3]《寶應劉氏集》，第 308 頁。
[4] 阮元：《揅經室三集》卷五，第 10—11 頁；又第 17—18 頁。
[5] 王昶：《湖海詩傳》卷四十四，第 7 頁。
[6]《寶應劉氏集》，第 308—309 頁。
[7]《寶應劉氏集》，第 308—309 頁：；又《清史列傳》，第 6024 頁；并參于樹滋《瓜洲續志》卷二十六，第 3—4 頁。

森按：此傳頗有誤者：一、洪頤煊，《清史列傳》卷六十九、《清史稿》卷四八六有傳，①不載生卒年壽。陸心源《三續疑年録》載洪氏乾隆三十年生，云"以道光十三年六十九推之"；闕其卒年。②姜亮夫《歷代人物年里碑傳綜表》因之，徑謂筠軒卒于道光十三年。③然馮登府《論語異文考證》，卷首有筠軒道光十四年五月所撰《序》；④又筠軒《諸史考異》，卷首有道光十六年八月七日《自序》，⑤則姜氏《綜表》謂筠軒卒于道光十三年者，其誤斷然可知。鄭氏失考，仍襲姜《表》之誤。

洪氏生卒年今尚可考。檢筠軒《台州札記》，卷五"興賢坊新居"條云："余生于乾隆乙酉年正月十二日"，⑥則生于乾隆三十年（1765）。同治《臨海縣志》卷二十一《儒林·洪頤煊傳》，據筠軒《家傳》，云"卒年七十三"，⑦光緒《台州府志》卷一百五本傳同，⑧則卒于道光十七年（1837）。余纂有《洪頤煊年譜》一編，⑨可爲知人論世之資。

二、此傳言筠軒"嘉慶二年，入阮元幕，分纂《經籍籑詁》"，説亦未確。按筠軒《昆季別傳》："第五弟諱震軒，……補博士弟子員，與余同以治經受知于阮雲臺學使，檄調杭州，肄業敷文書院，時有大小洪之目。戊午夏，爲學使校《經籍籑詁》，與臧君在東、丁君小雅晨夕辨難。臧君嘗嘆曰：'大洪淵博，小洪精鋭，兩君之卓識，吾不及也。'"⑩筠軒兄弟于嘉慶二年受知于學政阮元，同補諸生。阮氏檄調杭州敷文書院就讀，并參與《籑詁》分纂、校訂工作，并非入阮元學政幕。蓋其時洪氏兄弟方補諸生，豈有即入本省學臺幕府之理？此鄭君妄臆耳。

三、筠軒嘉慶六年拔貢，翌年入都朝考，以書法不佳被落（詳拙譜）。後捐貲州判，嘉慶十九年春分發廣東試用，二十年、廿一年先後短期署理羅定州州判、新興縣知縣，然并未實授。⑪

嘉慶二十二年，阮元調任兩廣總督，"知頤煊吏才短而文學優，延之入幕，諏經諸史以爲常"。⑫余檢嘉、道歷年《縉紳録》，俱無洪頤煊名，蓋始終未實授州、縣職也。道光八年秋，辭歸返里。前後在粵者十五年，此云"不十年乞歸"，亦非其實。

四、筠軒著作已刻者凡十數種，其著者另有《孝經鄭注補證》一卷、《漢志水道疏證》四卷、《管子義證》八卷。餘詳拙作《洪頤煊年譜》後附《著述考略》，此不具録。其《經典集林》凡三十二卷，鄭君誤書作"輯林"；又《孔子三朝記注》八卷，此缺"注"字。

---

① 《清史列傳》，第 5598 頁；《清史稿》，第 13411—13412 頁。
② 陸心源：《三續疑年録》卷九，《續修四庫全書》本，第 18—19 頁。
③ 姜亮夫：《歷代人物年里碑傳綜表》，第 644 頁。
④ 馮登府：《論語異文考證》卷首，《續修四庫全書》本。
⑤ 洪頤煊：《諸史考異》卷首，《續修四庫全書》本，第 3 頁。
⑥ 洪頤煊：《台州札記》卷五，《傳經堂叢書》本，第 18 頁。
⑦ 張寅等：《臨海縣志》卷二十一，民國二十三年鉛印本，第 18 頁。
⑧ 喻長霖等：《台州府志》卷一百五，民國二十五年鉛印本，第 9 頁。
⑨ 陳鴻森：《洪頤煊年譜》，《中央研究院歷史語言研究所集刊》2009 年第 80 本第 4 分，第 691—771 頁。
⑩ 洪頤煊：《筠軒文鈔》卷八，《邃雅齋叢書》本，第 24 頁。
⑪ 《台州府志》卷一百五本傳云："累舉不第，入貲爲直隸州州判，署廣東羅定州州判及新興縣事。"并參拙稿《洪頤煊年譜》嘉慶二十年、二十一年條。
⑫ 《清史列傳》本傳云："入貲爲直隸州州判，署廣東新興縣事。適阮元督兩廣，知頤煊吏才短而文學優也，延之入幕，諏經諸史以爲常。"《清史稿》本傳同。

五、光緒《台州府志》卷一百五《洪頤煊傳》末附："子瞻墉,字容甫,號少筠,嗜古,有父風,工篆籀。著有《建元分韻考》二卷、《台州金石略》一卷、《錢王鐵券考》三卷、《蘭雪軒錢譜》十四卷。"鄭君本條載筠軒藏書章,有"小筠書印"、"小筠金石"、"小筠平生珍賞"、"小筠考藏金石文字"等,[①]皆洪瞻墉印,非筠軒也。

六、筠軒弟震煊,字百里,一字樨堂。少刻苦厲學,與筠軒齊名。嘗參與分纂《經籍籑詁》;後阮元撰《十三經注疏校勘記》,分纂《禮記》一經。嘉慶十八年選拔貢,翌年入都朝考,不第,以此居恒鬱鬱。二十年冬,入順天學政杜堮幕校文,卒于保定旅邸,年四十六。著有《禮記注疏校勘記》六十三卷、《禮記釋文校勘記》四卷、《夏小正疏義》四卷、《樨堂詩鈔》一卷。[②]筠軒為序《夏小正疏義》,謂:"震煊精天算,故解是書多創獲"。[③]書中辨正戴震、孔廣森諸家之誤,多前人所未發云。鄭氏《通考》缺洪震煊條,茲為補小傳附此。

陳逢衡

陳逢衡條:"字履長,號穆堂,江蘇江都人,……陳本禮之子,生卒年未詳。……道光初元詔舉賢良方正之士,有司以其膺選,力辭不就。豐于財,性慷慨,好施與,卒年七十一。有《讀騷樓詩集》初、二、三集《竹書紀年集證》、《逸周書補注》、《博物志考證》等。"(第695頁)

森按:穆堂生卒年,諸書所記不一,迄未論定,茲考之如次:

一、《清史列傳》卷六十九本傳云:"道光十一年(1831)卒,年七十一",[④]則生于乾隆二十六年(1761)。

二、《清儒學案》卷一三一穆堂小傳:"咸豐五年(1855)卒,年七十有八",[⑤]則生于乾隆四十三年(1778)。

三、姜亮夫《歷代人物年里碑傳綜表》載穆堂生于乾隆四十三年(1778),卒于道光二十八年(1848),年七十一。[⑥]

四、江慶柏《清代人物生卒年表》,則謂穆堂生于乾隆四十五年(1780),道光三十年(1850)卒,[⑦]年七十一。

諸說年代頗為參差。余考中研院歷史語言研究所傅斯年圖書館藏穆堂《穆天子傳注補正》原稿本,卷首有道光二十年(1840)十一月朔穆堂《後序》,中言:"自嘉慶甲子年(1804),予二十七歲,集證《竹書紀年》,十年而成。"據此推之,則穆堂生于乾隆

---

① 鄭偉章:《文獻家通考》,第611頁。
② 洪頤煊:《筠軒文鈔》卷八,第24頁;并參項元勳:《台州經籍志》卷三,民國四年浙江圖書館排印本,第15—16頁。
③ 洪頤煊:《筠軒文鈔》卷三,第16—17頁。
④ 《清史列傳》,第5604頁。
⑤ 徐世昌:《清儒學案》卷一三一,第25頁。
⑥ 姜亮夫:《歷代人物年里碑傳綜表》,第660頁。
⑦ 江慶柏編:《清代人物生卒年表》,第458頁。

四十三年（1778）；《後序》文末記"時年六十有三"，[①]亦一證也。上述四說，《學案》、姜氏《綜表》所記生年爲是，而《學案》此説元注謂本"金長福撰《傳》"；姜《表》注云：本"《碑傳集補》卷四十八"，則亦金氏撰《傳》，二者同據一文，却兩説互异，殊不可解。今檢《碑傳集補》卷四十八金長福《陳徵君傳》，但言穆堂暮年薄滋味，節飲食，"喜服峻利之劑，遂至暴下不起。其呻吟床褥時，猶手一編，注視不倦。卒年七十有一。"[②]并無姜《表》所載穆堂生卒年，亦無《學案》"咸豐五年卒，年七十八"之説，不知兩書何所本而云然？金氏撰《傳》未記穆堂卒歿之年，惟以"卒年七十有一"推之，則卒于道光二十八年（1848）。

中研院史語所傅斯年圖書館所藏《穆天子傳注補正》稿本，穆堂《後序》自述生平及撰著各書次第甚詳：

> 予少承庭訓，家有藏書。自嘉慶甲子年（九年），予二十七歲，集證《竹書紀年》，十年而成。又十餘年，而《逸周書補注》成，蓋其年已將五十矣。嗣是家漸凋零，書日散去，然幸于五十歲前將二書前後災梨。……道光庚寅（十年），予續有《穆天子傳注補正》底本，繕寫一通，藏之匣笥。偶有改更，輒加塗乙，至是又十年矣。……予則凡注一書，必以十年爲期，此如求道者日向河水而拜，積之歲年，必有功效，亦可見矣。……憶予二十歲時，歲有租田數頃之入，擁書十餘萬卷，從容寢息游衍其中，故得從事鉛槧，搜索蟲魚，有左右逢源之樂焉。予于此注外，又有疏證《博物志》十卷、《續博物志》十卷，亦幸竊有成書，未敢問世。今則田園賣盡，書籍盡亡，煢煢白首，并無蓬頭王霸之子與爲周旋，猶復日鑽故紙，取胡氏（按應麟）所最不信之《山海經》而説之，非敢忽而同，忽而异，亦聊以證明古册，且兼以消遣歲月而已。[③]

此可補金長福撰《傳》所未及，茲録存之，以備觀覽。據此《序》，則穆堂著《博物志疏證》十卷外，另有《續博物志疏證》十卷。至此文之末所言《山海經》，即所著《山海經彙説》四卷，有道光二十五年刊本，兩書鄭君俱失載。

嚴元照

嚴元照條："字修能，號久能，又號蕙櫋，又號晦庵居士，浙江湖州歸安石冢村人。乾隆四十九年生，嘉慶二十三年卒，年僅三十五。縣諸生。……所著有《悔庵文鈔》八卷、《詩鈔》、《詞鈔》、《娛親雅言》、《爾雅匡名》八卷等。"（第711—712頁）

森按：鄭君下文記嚴氏藏書章，其一曰"嚴氏元照字久能，今改字修能"，[④]則"久能"

[①] 陳逢衡：《穆天子傳注補正》卷首，中研院史語所傅斯年圖書館藏原稿本。
[②] 閔爾昌：《碑傳集補》卷四十八，第26—27頁。
[③] 陳逢衡：《穆天子傳注補正》卷首。
[④] 鄭偉章：《文獻家通考》，第713頁。

爲其早年表字。其號曰悔菴，此作"晦庵"者，誤也。

嚴元照，《清史列傳》卷六十九、《清史稿》卷四八二有傳。①《清史稿》不載其年壽；《清史列傳》則云"嘉慶二十二年卒，年三十五"，似即鄭君所本，而誤鈔其卒年作"二十三年"。按《清史列傳》之説實誤，考嚴氏所鈔《東萊書説》，卷五末修能識語云：

> 生年卅七，未嘗作嘉禾之游，昨因嘉興郡尊鄒齋李公喪其母夫人，往吊之，始得游烟雨樓、茶禪寺。寺中有至正十一年黄文獻所撰碑，周伯琦書，書法工整，石亦完好可熹。寺本名景德寺，門前有小浮圖三座，俗呼其處爲三塔灣云。往返三日，得詩六首。〔三月〕廿八日，修能書。②

據此，則史謂修能卒年三十五者，其誤顯然。另考修能《柯家山館詞》卷二《金縷曲·小序》言："壬申三月廿四日，僕四十初度。"③壬申爲嘉慶十七年（1812），修能時年四十，則生于乾隆三十八年（1773）。

嚴氏卒年，諸家所記不一。許宗彦《三文學合傳》言："嘉慶二十二年，〔汪〕家禧自閩中歸，得疾而殁，無子。其次年，元照亦殁。"④如其説，則修能卒于嘉慶二十三年。惟據姚椿《汪家禧别傳》言汪氏"嘉慶二十一年卒，年四十二"；⑤又趙坦《汪漢郊墓志銘》亦言："嘉慶二十一年十月十八日，仁和汪君家禧卒。"⑥修能殁於汪氏卒後一年，則嘉慶二十二年卒。徐球序修能《柯家山館遺詩》云："辛未（嘉慶十六年）之秋，悔菴居士屬球序其詩，越一年而居士病，⑦病五年而竟不起。"⑧其編年詩稿至嘉慶二十二年丁丑而止，則修能卒于二十二年（1817）無疑，得年當爲四十五。⑨錢林《文獻徵存録》謂嚴氏"卒年僅三十餘"，支偉成《清代樸學大師列傳》同；⑩袁行雲《清人詩集叙録》卷五十四謂修能"卒于嘉慶二十二年，年五十五"，⑪并誤。近江慶柏編《清代人物生卒年表》，則仍沿《清史列傳》之誤也。⑫

---

① 《清史列傳》，第5585頁；《清史稿》，第13256頁。
② 吕祖謙：《東萊書説》卷五，民國十七年中社影印嚴元照鈔宋本，第12頁。
③ 嚴元照：《柯家山館詞》卷二，《湖州叢書》本，第15頁。
④ 閔爾昌：《碑傳集補》卷四十八，第18頁。按三君者，汪家禧、楊鳳苞、嚴元照也。
⑤ 閔爾昌：《碑傳集補》卷四十八，第19頁。
⑥ 趙坦：《保甓齋文録》卷下，民國二十七年燕京大學圖書館排印本，第18頁。
⑦ 嚴元照《柯家山館遺詩·病榻讀書漫述》小引"僕自壬申（嘉慶十七年）仲秋患腸澼之疾，久而弗瘥。去冬重以痎瘧右脅生瘰，兩乳作痛，夏間又患腹脹，侵尋歲月，九死一生"云云（《湖州叢書》本卷五，第5頁），可相參證。
⑧ 嚴元照：《柯家山館遺詩》卷首，第2頁。
⑨ 按嚴氏生卒年考訂，拙稿《乾嘉學術小記》一文"《清史列傳·嚴元照傳》訂誤"條（《張以仁先生七秩壽慶論文集》，臺北，學生書局1999年版，第267—269頁）；又《〈清史列傳·儒林傳〉考證》"嚴元照"條并有詳考（上海社會科學院《傳統中國研究集刊》2007年第3輯，上海人民出版社，第558—559頁）。近有撰《嚴元照生卒年考辨》者（《湖州師範學院學報》2008年第5期），所考嚴氏生卒年與余説同，然拙稿兩文發表之年固在其文之前也，特此申明。
⑩ 錢林：《文獻徵存録》卷九，咸豐八年有嘉樹軒刊本，第69頁；支偉成：《清代樸學大師列傳》，第149頁。
⑪ 袁行雲：《清人詩集叙録》，文化藝術出版社1994年，第1898頁。
⑫ 江慶柏：《清代人物生卒年表》，第232頁。

周勳懋

　　周勳懋條："字虞嘉，號竹泉。……周廣業次子，生卒年未詳。道光二年鄉試副貢。好藏書，遇善本不惜重價購之。曰：'此吾所以貽後人也。'嘉慶七年十月初六日，重校訖其父著《四部寓眼錄》，并有題識于後。"（第799頁）

　　森按：此條所述，頗有誤者：勳懋乃周廣業長子，次子名勳常。周勳懋《顯考孝廉耕厓府君行略》，末云："子二，長不孝勳懋，邑庠生，娶錢氏，太學生諱學曾公女；次不孝勳常，邑庠生，娶吳氏，貢生諱霖公女。女一。"①鄭氏以勳懋爲"周廣業次子"，其誤一。《海寧州志稿》卷二十九《文苑傳》，《周勳懋傳》下云："弟勳常，字紀君，號蘭江，增生。……好藏書，遇善本，不惜重價購之，曰：'此吾所以貽後人也。'"②則此條"好藏書"云云諸語，乃勳常事，鄭君未細讀《海寧州志稿》傳語，誤屬之勳懋，其誤二。

　　周勳懋生卒年壽，今尚可考。按勳懋《竹泉詩存》，《前集》卷五有甲戌（嘉慶十九年，1814）《初度日作寄弟詩》，首聯云："歛翮何緣不再飛，迴頭四十九年非"；③又乙亥年（1815）有《五十初度口占二律》，④據此推之，則生于乾隆三十一年（1766）。管庭芬從學于勳懋，往來密邇，檢《管庭芬日記》道光二十三年二月十六日條載："侵晨即得竹泉夫子訃音，不勝驚痛，即往哭。卅年師弟，不啻友朋，從今問字無從，能不抱千古之恨乎！"⑤又同月廿四日條："午後，謙谷命舟來邀辦竹泉夫子喪務。"⑥知周勳懋卒于道光二十三年（1843），年七十八。

　　周廣業所著書，家貧，生前多未能刻，賴勳懋兄弟鈔傳存之，并遍乞碩學名公爲之序，⑦今散見各地圖書館，鄭君僅舉《四部寓眼錄》一種，則所見尚隘也。《海寧州志稿》卷二十九勳懋本傳："平生手寫其父所著書，排比整齊，數十年不稍息。《海昌詩繫》未成，宗譜失修已久，俱續輯詳備。又纂《彤史拾遺》，以表揚一州苦節之未旌者。"⑧傳中所云"宗譜"，即《重修洛塘周氏家乘》十二卷，有刊本行世。又《海昌詩繫補》二十卷，勳懋跋云："《詩繫》一卷，先君子于乾隆戊寅輯《寧志餘聞》時，就所見而采錄之，自六朝迄明，共三十八家。隨以著述他書置巾箱中，僅有稿本。勳懋幼讀是書，亟爲錄出，因留意于吾邑之前賢往哲可以補入者，私爲搜輯。……管生芷湘（庭芬）

---

① 周勳懋：《小蓬廬雜綴》，《清代詩文集彙編》影印原稿本，第94頁
② 許傳霈、朱錫恩等：《海寧州志稿》卷二十九，第43頁。
③ 周勳懋：《竹泉詩存》，《清代詩文集彙編》影印原稿本，第52頁。
④ 周勳懋：《竹泉詩存》，《清代詩文集彙編》影印原稿本，第57頁。
⑤ 《管庭芬日記》，第1111頁。
⑥ 《管庭芬日記》，第1112頁。
⑦ 王欣夫《蛾術軒篋存善本書錄》著錄周廣業《過夏雜錄》鈔稿本，云："此係未刊稿本，昔年乞徐君可從嘉慶己巳耕崖子勳懋本傳鈔。"（第592頁）又《讀相臺五經隨筆》條，勳懋曾以此稿乞序于王引之、馬瑞辰。王欣夫先生云："耕崖著作繁富，及身所刊，祇《孟子四考》、《廣德州志》等數種。幸有子克家，未刊各種，皆整理清寫，求序于名公。于是貴池劉氏刊《意林注》于《聚學軒叢書》，燕京大學刊《蓬廬文鈔》，吾友吳興周子美刊《四部寓眼錄》。"（第791頁）
⑧ 許傳霈、朱錫恩等：《海寧州志稿》卷二十九，第43頁。

熟于舊聞，助予陸續裒集之，續得五百餘家。"① 《海寧州志稿·藝文志》著録勳懋所著，別有《小蓬廬札記》十八卷、《小蓬廬雜綴》二卷、《運河圖說》二卷，《竹泉詩存》前、後、續集十六卷等，凡十數種，② 蓋于鄉邦文獻尤留意焉。鄭君此條所述，未得其要。

汪文臺

汪文臺條："字士南，安徽黟縣人，居碧山學士里。……補廩生。與同邑俞正爕相善而齊名。……作《十三經注疏校勘記識語》，阮元服其精博，聘至揚州。以當道不識夷情，作《紅毛蕃英吉利考略》、《淮南子校勘記》、《胵稿》等。"（第 799 頁）

森按：汪文臺，字南士，③ 此作"士南"者，蓋沿《清史稿》之誤。④ 汪氏著作，以輯《七家後漢書》爲最著，鄭君此乃無一語齒及，疏矣。所輯計吳謝承《後漢書》八卷、晉薛瑩《後漢書》一卷、晉司馬彪《續漢書》五卷、晉華嶠《後漢書》二卷、晉謝沈《後漢書》一卷、晉袁山松《後漢書》二卷、晉張璠《漢紀》一卷，另佚名者一卷。光緒八年，趙之謙等爲校勘付梓。南士弟子程鴻詔撰《傳》，謂南士以"《論語》邢昺《疏》、《孟子》僞孫奭《疏》俱疏略，《孟子》已有焦循氏別爲之疏，而《論語》未有疏者，因取證古義，博采子史箋傳，依韓嬰《詩傳》，作《論語外傳》"，此書未見刊本。程氏另藏南士《説文校字録》，莫友芝嘗臨其校語，王欣夫先生舊藏。⑤ 南士《紅毛蕃英吉利考略》，黃彭年曾刻之，大指具見程氏撰《傳》。

汪氏另一弟子湯球，字伯玕，得南士家法，于《晉書》用功尤深，有《晉書輯本》四十三卷、《晉紀輯本》七卷、《晉陽秋輯本》五卷、《漢晉春秋輯本》四卷、《三十國春秋輯本》十八卷，而《十六國春秋輯補》一百卷最爲鉅觀，諸書并有光緒間廣雅書局刊本。湯氏另"輯鄭康成逸書九種，劉熙《孟子注》、劉珍等《東觀漢記》、皇甫謐《帝王世紀》、譙周《古史考》、《傅子》、伏侯《古今注》"。⑥ 同治六年舉孝廉方正。光緒七年卒，年七十八。《清史稿》卷四八六有傳。鄭氏《通考》無湯球條，今附存于此。

二〇一六年九月廿七日定稿，是日梅姬颱風過境，風狂雨急，群木摧折。

（作者簡介：陳鴻森，台灣中央研究院歷史語言研究所研究員，成功大學中文系教授）

---

① 許傳霈、朱錫恩等：《海寧州志稿》卷十五，第 9 頁。
② 許傳霈、朱錫恩等：《海寧州志稿》卷十五，第 9—10 頁。
③ 汪氏弟子程鴻詔：《黟兩先生傳》，《有恒心齋全集》卷八，光緒間刊本，第 2—13 頁；又朱師轍：《黟三先生傳》，閔爾昌：《碑傳集補》卷五十，第 1 頁。
④ 《清史稿》，第 13423 頁。
⑤ 王欣夫：《蛾術軒篋存善本書録》，第 433—434 頁。
⑥ 《清史稿》，第 13424 頁。

Sample Amendments of *Wen Xian Jia Tong Kao*

Hung-sen Chen

Abstract: *Wen Xian Jia Tong Kao*, written by Zheng Weizhang, is a book featuring more than 1500 collectors and specialists of document studies since early Qing Dynasty. Zheng has written a biography for each of the listed person, in order to complement Ye Changzhi's *Cang Shu Ji Shi Shi*. The book contains plenty information and the analyses are deep and illuminating, offering its reader many benefits–this explains its wide polularity. However, there are also many errors in the book. This article reviews 36 of the biographies and provides corrections and supplemental information, in the hope of proffering assistance to its readers.

Keywords: Zheng Weizhang; *Wen Xian Jia Tong Kao*; Book Collectors; Scholarship in Qing

（本文責任編校：于　浩、張瓊文）

近代政治人物高淩霨舊藏善本古籍初考

張寶三

摘　要：高淩霨（1870—1940）爲近代政治人物，曾于民國十二年（1923）攝行大總統職權。高氏之藏書頗豐，然因日本侵華期間之親日行徑，使其人格蒙上陰影，連帶亦使其藏書事迹少受重視，令人惋惜。高氏卒後，其舊藏圖書大部分藏于今臺灣大學圖書館及北京首都圖書館中，少部分則散見于海内外各公私圖書館。本文擬針對高淩霨舊藏善本古籍加以探討，全文分爲：一、前言；二、高淩霨之生平；三、高淩霨舊藏善本古籍之現存情況；四、高淩霨舊藏善本古籍之承傳來源；五、高淩霨舊藏善本古籍中之高氏藏書印；六、結語等六節。希望透過本文之論考，能對高淩霨其人及其舊藏圖書有較具體之瞭解，或可供治近代藏書史者之參考。

關鍵詞：高淩霨　善本古籍　臺灣大學圖書館　首都圖書館　藏書印

一、前　言

近代政治人物高淩霨（1870—1940）曾于民國十二年（1923）攝行大總統職權，雖歷時不久，亦可謂民國政壇之重要人物。高氏之藏書頗豐，然因日本侵華期間之親日行徑，使其人格蒙上陰影，連帶亦使其藏書事迹少受重視，令人惋惜。高氏卒後，其舊藏圖書大部分藏于今臺灣大學圖書館及北京首都圖書館中，少部分則散見于國内、外各公私圖書館。本文擬針對高淩霨之生平，高淩霨舊藏善本古籍之現存情形、承傳來源以及書中所鈐之高氏藏書印等方面加以探討，或可供治近代藏書史者之參考。

二、高淩霨之生平

有關高淩霨之生平，今人已頗有論述。[①]美國人勃德（A. R. Burt）等所撰《中華今

[①]　如關國煊：《高淩霨》原載《傳記文學》第42卷第6期，後收入《民國人物小傳》第六册，臺北，傳記文學出版社1984年版）；張樹勇：《高淩霨》（原載朱信良、婁獻閣主編《中華民國史資料叢稿·民國人物傳》第十二卷，中華書局2005年版；後又收入李新、孫思白等主編《中華民國史人物傳》第二卷，中華書局2011年版）；徐友春主編《民國人物大辭典》中之"高淩霨（1870—1939）"條（河北人民出版社2007年版）等文。其餘零星之資料不贅述。

代名人傳》（Biographies of Prominent Chinese）于 1925 年由上海傳記出版公司出版，①其中關于高凌霨之記載，中文全文如下：

> 高凌霨，字澤畬，直隸天津人也。生于西曆紀元一千八百六十九年，讀書猛進，年二十七，即舉孝廉，分發至湖北省任用。初充啓新書院中學副監督，繼升任湖北武備學堂監督。及湖北省立造幣廠成立，氏奉命爲總辦，時兩湖總督張文襄公實行新政，創設漢陽兵工廠、紗布局，開采銅、銀等鑛，廣立各級學校，氏在幕府，多所擘畫，公最賞識，稱之能吏。一千九百零六年，氏任湖北提學使，地方以中央正謀集權，財政先受影響，教育費尤拮据萬分，氏毅然受命，力疾從公，不數月間，省中學校，增設頗多。四年後，氏改任湖北蕃司，未幾，以丁憂遵守古禮辭職告退，居喪三年。及辛亥武昌革命，氏移居天津，仍不入仕途，經友人敦勸，遂從事創設新式銀行，至今全國皆是，實氏提携之功也。民國二年八月，氏署理直隸財政司長，九月，兼任國稅籌備處處長。三年四月，二職交卸。四年，受東三省督軍之聘，爲高等顧問。六年八月，新國會成立，氏以直省資格被選爲議員。九年八月，入閣爲農商次長。十年一月，晋給二等大綬嘉禾章，七月，任農商銀行協理，十月，任財政總長，又給一等大綬嘉禾章，十一月，兼任幣制局總裁及鹽務屬督辦，十二月，任內務總長。十一年正月，又兼任賑災事務督辦、京師市政督辦及長江水利討論委員會會長。三月，授一等文虎章，五月，兼署交通總長。六月十二日，改任直隸省長，未就。八月，署理財政總長，九月，仍調爲農商總長，十月，給與一等大綬寶光嘉禾章。十一月，改署內務總長。十二年一月，奉命實授，二月，再兼長江水利委員長，十月，任署理國務總理。十三年一月，孫寶琦繼任揆席，氏乃爲稅務督辦。綜計氏之官職，一身數兼，可見其能，信乎文襄之識人也。②

此書出版于 1925 年，其時高凌霨尚在世，③所述依理應較符合實情，然傳中謂高氏生于西元 1869 年，據關國煊考證，高氏當生于清同治九年八月十七日（西曆 1870 年 9 月 12 日），④勃德氏等所述，不知何據。又此傳叙至民國十三年（1924）一月爲止，其時高凌霨親日色彩未萌，傳中多褒美之辭，尤標舉張之洞對高氏有"能吏"之稱，結尾更謂"綜計氏之官職，一身數兼，可見其能，信乎文襄之識人也。"給予極高評價。案：據王揖唐（1877—1948）《今傳是樓詩話》所載，張之洞晚年嘗輯《思舊集》，而委高凌霨以刊行之任，⑤可見其對高氏之倚重。

---

① 其書爲中、英文對照，各傳并附有傳主半身照片。
② 原書名改題爲《中國近代名人圖鑑》，臺北，天一出版社 1977 年影印本，第 102 頁。
③ 高凌霨卒于 1940 年，詳下文。
④ 見關國煊《高凌霨》，《民國人物小傳》第六册，臺北，傳記文學出版社 1984 年版，第 235 頁。
⑤ 王揖唐（逸塘）《今傳是樓詩話》云："廣雅晚歲有《思舊集》之輯，初祇十家。……後在都續增數家。……選校之責，廣雅以屬泊居，而屬吾友天津高蒼檜任剞劂，聞殺青將事矣。"（臺北文海出版社 1979 年影印本，第 121 頁）同書另條又云："……文襄歇歔感嘆，每語客曰：'清社亡矣。'祈死之心愈决，中間曾閉閣謝客，輯師友遺詩，以償宿願，即今日吾友高蒼檜所刊之《思舊集》也。"（第 291 頁）

勃德氏等《中華今代名人傳》中所述高氏行事，僅至 1924 年 1 月爲止，且其中尚有語焉未詳之處。今據諸家所述，擇要概述高氏一生之重要行事如下，若有歧說，亦略作辯證：

  高凌霨，字澤畬，號蒼檜，①清同治九年（1870）八月十七日（新曆九月十二日）生于天津西頭，光緒二十年（1894）甲午科舉人。在清曾任湖北提學使、湖北布政使等官。民國成立，歷任直隸民政司長、直隸財政司長、農商次長、財政總長、內務總長、交通總長等職。民國十二年（1923）六月，黎元洪大總統、張紹曾國務總理被直系逼迫去位，高凌霨（內務總長）、程克（司法總長）、吳毓麟（交通總長）、李鼎新（海軍總長）、張英華（財政總長）等宣告攝行大總統職權。同月，攝政內閣簽署首道命令，上署"大總統令"，下注"國務院攝行"，由高凌霨、程克、吳毓麟、李鼎新四閣員署名。八月，攝政閣員推高凌霨爲主席。同年十月，曹錕自保定至北京，就任賄選大總統職，高凌霨兼代國務院總理。十三年（1924）一月，高凌霨內閣總辭，由孫寶琦繼任國務總理，以高凌霨爲稅務處督辦。九月，任顔惠慶內閣農商總長。十月去職，離京經天津赴上海。民國十五年（1926）由上海迴天津，寓日租界桃山街，與親日派接近，并加入由日本駐軍控制之"中日同道會"。二十年（1931）九月，"九一八事變"起，稍後任"中日密教研究會"副會長。二十四年（1935）任"冀察政務委員會"委員。日本侵華期間，高氏曾于二十六年（1937）八月任"天津治安維持會"委員長，十二月又出任僞"中華民國臨時政府"天津市長、僞河北省長等職。民國二十七年（1938）遇刺，二十八年（1939）免去僞河北省長職，養病北平。二十九年（1940）3 月 4 日逝世于北平，卒年七十歲。②纂有《臨榆縣志》。③

綜觀高凌霨之一生，其多數歲月皆從事于政治事務，藏書乃其餘事爾。高氏曾于民國十二年（1923）攝行大總統職權，雖歷時不久，仍可謂民國政壇之重要人物。唯高氏自民國十五年（1926）由上海迴天津後，其親日色彩漸濃，晚年更出任"天津治安維持會"委員長、僞天津市長、僞河北省長等職，頗違民族大義，令人惋惜。

---

  ① 張樹勇所撰《高凌霨》云 "號蒼松"（《民國人物傳》第十二卷，中華書局 2005 年版，第 732 頁）案：今就高凌霨藏書印考之，皆作 "蒼檜"，未見作 "蒼松" 者，"松" 字恐誤。
  ② 有關高凌霨之卒年，關國煊、徐有春二文皆謂卒于民國二十八年（1939），張樹勇《高凌霨》謂卒于 1943 年 2 月。今考日本昭和十五年（1940）3 月 5 日《東京朝日新聞》載："臨時政府議政委員會特別委員、前河北省長高凌霨氏，曾罹患心臟病在北京市史家胡同四號自宅中療養，因病勢加重，于四日上午一時逝世，享年七十三。（下略）"（原日文，中文爲筆者所譯）據此報導，可知高凌霨當卒于民國二十九年（1940）3 月 4 日。唯《東京朝日新聞》謂高凌霨 "享年七十三"，或別有所據。
  ③ 此書爲民國十年（1921）至十七年（1928）續修清光緒四年（1878）重修之《臨榆縣志》，卷首 "續修臨榆縣志職名" 高凌霨雖掛名爲 "總裁"、"纂修"，實際撰稿者乃邑紳程敏侯（慎堂）。谷芝瑞于卷首《續修臨榆縣志序》中云："臨榆舊有志，書初修于清乾隆二十一年，續修于清光緒四年，厥後四十餘年未經編輯，其間迭更世變。……爰謀之楊議長雨蒼暨邑中諸同志，于民國十年開局重修，遴文學之士分任采輯，敦請天津高前總理澤畬總司修纂，延邑中名宿秉筆，而以諸者紳襄其事。……凡七閱寒暑，竟于民國十七年冬。"（《臨榆縣志·卷首》。臺北成文出版社 1968 年影印《中國方志叢書》第 149 號，第 1—2 頁）又同書卷首臨榆縣知事件塘《續修臨榆縣志序》云："十七年秋，當道又俯徇邑人之意，檄令復權縣篆，下車伊始，詢及前此續修之志，楊君雨蒼因以已成之稿進，翻閱一過，系邑紳程慎堂先生按舊志而酌加增删以待後之詳查審定者。"（第 2 頁）又本書卷首冠有高凌霨手書寫刻之《臨榆縣志序》，末署 "戊辰冬 天津高凌霨書"。

三、高凌霨舊藏善本古籍之現存情況

　　高凌霨生平究竟總共藏有多少古籍，因無具體文獻可徵，實難確知。唯就今所知，在高氏卒後，其後人曾二次較大規模出讓及捐獻其藏書。以下略作考述，并兼述高氏舊藏善本古籍之現存情況。

（一）臺灣大學圖書館之購存

　　高凌霨卒後，部分藏書由其子高仲綏輾轉携至臺灣，其後被臺灣大學所收購，經手者乃高仲綏之子高恭億，[①]而臺灣大學方面主其事者爲當時之圖書館館長蘇薌雨（1902—1986）。蘇薌雨在《國立臺灣大學圖書館之發展及藏書概況》一文中嘗云：

> 中央研究院歷史語言研究所所長傅斯年先生繼莊長恭出長臺灣大學，爲鞏固臺灣大學的學術基礎，決議整頓與擴充圖書館，遂強挽蘇薌雨出任館長，自三十八年七月一日就任以至于今。……民國三十八年一月，傅孟真先生出長臺大，盡量搜購中國典籍，購進者有《四部叢刊》、《四部備要》、《叢書集成》、《古今圖書集成》、百衲本《二十四史》等基本治學要籍與高凌霨氏之藏書。我接掌圖書館初期，一方面搜購大陸在臺人士帶來之綫裝書籍，另一方面補購因戰爭中斷之刊物缺本。[②]

蘇氏此文中僅指出臺灣大學收購高凌霨藏書乃在傅斯年先生出任校長期間，未明言其確切年月。考傅斯年先生于1949年一月二十日就任爲臺灣光復後臺大第四任校長，至1950年十二月二十日辭世爲止，[③]則收購高氏藏書當不外于此期間，唯其確切之時間仍待進一步查考。

　　臺灣大學當初購入之高凌霨舊藏圖書，依圖書館購入時所載之登錄號計之，共約一百五十餘部，[④]今尚可目驗而歸爲善本者約有108部。其中經部有10部，史部有16部，子部有4部，集部有76部，叢部有2部。若以書籍之刻、鈔時代而分，則南宋刻本1部，元刻本1部，明刻本73部，清代乾隆六十年以前之刻本29部，清代鈔本3部，民初鈔本1部。由以上所述觀之，可知高氏中文善本古籍藏書中以集部爲最多，而刊刻之時代則以明刻本爲多。高氏舊藏善本古籍中特別值得注意者，爲南宋刻本南宋真德秀編《西山先生真文忠公文章正宗》及元皇慶元年（1312）建安余氏勤有堂刻元末葉氏廣勤堂印本《集千家注分類杜工部詩》二種，因其時代較早，尤足珍貴。唯此南宋刻本《西山先

---

① 在臺灣大學圖書館所存檔案文件中，登錄此批圖書之來源爲"高恭憶"，然另亦有手寫資料作"高恭億"，且謂其妹爲"高恭倩"。案：若以兄妹之名例之，似當以作"高恭億"爲是。
② 見《書和人》第五十八期，第1—8頁，《國語日報》副刊，臺北國語日報社，1967年5月20日。
③ 參見項潔主編：《國立臺灣大學校史稿（1928—2004）·沿革篇·傅斯年校長時期》，臺灣大學出版中心2005年6月初版，第16—17頁。
④ 臺大圖書館登錄號爲0550101–0550597及0550681–0552187。

生真文忠公文章正宗》之刊刻年代，學者尚有异說。[1]

　　高氏所藏明刻本中，雖多非孤、罕之本，然其中亦有較具特色者，如明隆慶四年（1570）金立敬刻本《二程先生書》（存一册，七卷）乃清乾隆内府天禄琳瑯舊藏。另明永樂間内府刊本《詩傳大全》、《四書大全》，明正德十一年（1516）劉弘毅慎獨齋刻本《東萊先生東漢書詳節》、《東萊先生南史詳節》等書亦足珍貴。此外，有清鈔本三部及民初鈔本一部，因其爲鈔本，可謂世間獨一無二之物，故可貴重，其中如吳嘉淦（清如，1790—1865）鈔本清惠棟輯《漢事會最人物志》，此爲名家所鈔，更具特色。

（二）首都圖書館之存藏

　　首都圖書館之前身爲北京市圖書館，其館更早則由京師圖書分館、京師通俗圖書館、中央公園圖書閲覽所等三館合并而成。[2]首都圖書館今存有高凌霨之舊藏圖書，此乃來自高凌霨之後人高師杜于1949年6月29日所捐。考1949年8月7日《人民日報》報道云：

> 本市第一區小碑坊胡同二十九號居民高師杜先生將其家藏的宋、明、清版本書籍，及其他書籍一四一九册，碑帖五〇二册，拓片二十九頁，捐贈北平市立圖書館中山公園分館，并于六月二十九日自雇排子車送去。高先生曾在朝陽大學讀書，家中存有先人購置的書籍碑帖，因其本人不是研究國學的，任其閑置，殊無意義，又因其家中房屋狹窄，存放不好，易致毀損，故徵得家長與市立圖書館之同意，將該項書籍捐贈該館，以便長期保存，公諸社會。人民政府認爲高先生此種舉動意在贊助社教；是爲人民服務的精神，特决定予以書面褒揚。[3]

案：1949年1月31日北京和平解放，[4]6月29日高氏後人高師杜將高氏之舊藏圖書捐給北平市立圖書館中山公園分館，此或有其時代因素。此批藏書即今藏于首都圖書館者。據《首都圖書館古籍善本書目》所載，館藏中清康熙四十九年（1710）澤存堂刻本《佩觿》[5]、清康熙五十九年（1720）畢氏基聞堂刻本《六書通》[6]、清末抄本《中博聞録》[7]等三書中皆鈐有"中華民國三十八年六月二十九日寄贈者高師杜"朱文印，此正可與《人民日報》所報道内容互相印證。

---

[1] 如日本學者阿部隆一在其所撰《增訂中國訪書志》第658及739頁中認爲臺灣大學圖書館所藏此部《西山先生真文忠公文章正宗》乃元末明初之建刊本。另詳拙文《臺灣大學所存高凌霨舊藏中文善本古籍初探》，載臺灣大學中國文學系2015年5月編印之《王叔岷先生百歲冥誕國際學術研討會論文集》。
[2] 參見倪曉建《翰墨圖書皆鳳彩　往來談笑有鴻儒——從失學者天堂到園橋教澤》中所述首都圖書館之沿革，此文爲首都圖書館編《首都圖書館同人文選·序》，學苑出版社2003年版。
[3] 見1949年8月7日《人民日報》，標題爲《高師杜捐書兩千册，政府將予書面褒揚》。
[4] 參見趙庚奇編著：《北京解放三十五年大事記》，北京日報出版社1986年版，第1頁。
[5] 見首都圖書館編：《首都圖書館古籍善本書目》，國家圖書館出版社2011年版，第35頁。
[6] 《首都圖書館古籍善本書目》，第37頁。
[7] 《首都圖書館古籍善本書目》，第101頁。

今試依據臺灣大學圖書館所存已確知爲高凌霨舊藏圖書中之高氏藏書印，以全面比對《首都圖書館古籍善本書目》所載各書之鈐印，再加上鈐有"中華民國三十八年六月二十九日寄贈者高師杜"朱文印者，[1]可考知首都圖書館所存高凌霨舊藏善本古籍共四十四部。[2]

有關首都圖書館所存高凌霨舊藏圖書之具體情形，尚待進一步研究。[3]

（三）其他館藏

除臺灣大學圖書館、首都圖書館所存外，高凌霨之舊藏圖書亦零星見于北京師範大學圖書館[4]、中國人民大學圖書館[5]、浙江大學圖書館[6]及美國哈佛大學哈佛燕京圖書館[7]等館中，另網路古籍拍賣訊息亦偶見高氏舊藏，此皆據書中所鈐高氏藏書印以知之者。未來若對高氏之藏書印有更完整之認識，當可由此追索出更多高氏舊藏圖書之踪迹。

四、高凌霨舊藏善本古籍之承傳來源

高凌霨舊藏中文善本古籍，其承傳之來源雖乏文獻記載，然其中仍有部分迹象可考。如臺灣大學圖書館所存明天啓二年（1622）吳興閔氏刻朱、墨、藍三色套印本《文選尤》一書，其外封面有高凌霨之墨筆識語云：

> 此書爲端忠敏舊藏本，卷首有忠敏手錄《提要》一則。甲子春正月，得于廠肆，

---

[1] 其中《中博聞錄》一書，既鈐有"中華民國三十八年六月二十九日寄贈者高師杜"朱文印，又鈐有"曾藏章武高氏小槳庵"朱文印。

[2] 據《首都圖書館古籍善本書目》所載計之，原有四十五部，分見于第 35、37、48、60、62、65、76、101、117、120、127（二部）、129、130、155、159、169、172、243、269、270、272、276、283、296、297、311、316、319、321、322、323、325、326、328、334、335、339、344、381、382、383、415、422、447 頁中。然其中清康熙五十六年（1717）寒木堂刻本汪薇輯《詩倫》一書，首見于第 283 頁，又見于第 422 頁，著錄內容及鈐印全同，當爲重出，故總計爲四十四部。

[3] 本人嘗撰《臺灣大學所存高凌霨舊藏中文善本古籍初探》一文，初發表于"王叔岷先生百歲冥誕國際學術研討會"（臺灣大學中國文學系主辦，2014 年 5 月 24—25 日），述及除臺大圖書館外，他處尚有高凌霨舊藏圖書。其後，郭明芳先生于 2014 年 5 月 24 日博客"本の物語"中發布《首都圖書館藏高凌霨舊藏》一文，檢示首都圖書館中高凌霨舊藏圖書三十三部及其藏書印，盛情可感，惠我良多，特此致謝。今復就《首都圖書館古籍善本書目》檢視一過，共得四十五處，實爲四十四部。唯首都圖書館所存高凌霨舊藏善本古籍之狀況，仍須俟未來作進一步實地考察。

[4] 《北京師範大學圖書館古籍善本書目·史部·編年類》載"《新鍥皇明紀政錄》十二卷"一部，明陳建撰，明刻本。書中鈐有"高凌霨澤畲甫所藏"印，可知其爲高凌霨之舊藏。見北京師範大學圖書館古籍部編：《北京師範大學圖書館古籍善本書目》，北京圖書館出版社 2002 年版，第 53 頁。

[5] 《中國人民大學圖書館古籍善本書目·經部·書類》載"《禹貢匯疏》十二卷圖經二卷別錄一卷"一部，明茅瑞徵撰，明崇禎五年（1632）刻本，書中鈐有"天尺樓"印，知爲高凌霨之舊藏，見中國人民大學圖書館古籍整理研究所編《中國人民大學圖書館古籍善本書目》，中國人民大學出版社 1989 年版，第 7 頁。另同書第 47 頁又載"《蘇米志林》三卷"一部，明毛晉輯，明天啓五年（1625）毛氏綠君亭刻本，中亦鈐有"天尺樓"印。有關高凌霨之藏書印，參下節所述。

[6] 浙江大學圖書館藏有"《修辭指南》十二卷"一部，明浦南金編次，明嘉靖三十六年以後刻本，書中鈐有"曾藏章武高氏小槳庵"、"初齋秘笈"、"澤畲長壽"等印，知爲高凌霨舊藏。見浙江大學圖書館《古文獻資源網》。

[7] 《美國哈佛大學哈佛燕京圖書館藏中文善本書志·集部》載"《海瓊玉蟾先生文集》六卷《續集》二卷"一部，宋葛長庚撰，明朱權編，明刻本。此書中鈐有"初齋秘笈"、"景荀堂藏書印"、"曾藏章武高氏小槳庵"等印，知爲高凌霨舊藏。見沈津先生主編《美國哈佛大學哈佛燕京圖書館藏中文善本書志》，廣西師範大學出版社 2011 年版，第 1474—1475 頁。另同書第 2196 頁又載"《三蘇先生文粹》七十卷"一部，宋蘇洵、蘇軾、蘇轍撰，明刻本。書中鈐有"高凌霨澤畲甫收藏印"、"景荀堂藏書印"等印，知亦爲高凌霨之舊藏。

重加裝訂。澤畲識。①

考識語中所載"甲子",當爲民國十三年(1924),②可知此書乃民國十三年正月,高氏購自北京廠肆,原爲端方(1861—1911)所收藏。

又如同館所存鈔本金趙秉文撰《閑閑老人滏水文集》,書首《書滏水集前》之末,有崔鼎丞之墨筆雙行小字識語云:

> 歲在壬子,世局滄桑,退職賦閑,中情抑鬱,適至好趙聘卿得乾隆舊鈔《滏水集》六册,每頁廿行;行廿字,前有"東武李氏收藏"印、"禮南校本"印,惟傳鈔既久,訛脱恒多,亥豕帝虎,隨在而有,蓋未校之本也。因念金人專集,傳世甚希,且是三册録入《四庫提要》,人間未見刊本,聞定州王氏有《畿輔叢書》之刻,搜羅宏富,是集曾否收入,亦未得見。于是毅然以借鈔録副自任,奈俗冗覊牽,不能不出以草草,兼之屢經作輟,遲至己未春前後,歷八年之久始蕆事。較王氏十二年始成完書,尚爲神速,抑何可笑。裝池既竣,覆校兩次,自愧學問譾陋,又無善本印證,嚮壁虚造,殊難自信,自夏徂秋,始克卒業。今聘卿患不足之症甚劇,亟檢原書歸之。故物見還,中情一快,病勢或爲之頓減,亦愛我知交之道也。書竟不禁長嘆。己未閏七月廿三日崔鼎丞手識。③

由此識語,知此鈔本乃崔鼎丞所鈔録,其鈔録之底本來自趙聘卿所藏之乾隆舊鈔本。考崔氏所云"趙聘卿"當系清末民初琉璃廠書肆主人趙宸選,據孫殿起輯《琉璃廠小志》云:

> 宏遠堂:趙宸選,字聘卿,冀縣人,于光緒二十□④年開設,至民國十□年聘卿胞弟朝選字紫垣承其業。聘卿、紫垣兄弟兼精醫理,經營四十餘年歇。⑤

然則崔鼎丞識語中所謂"歲在壬子,世局滄桑","壬子"當爲民國元年(1912),時正值清朝覆亡,故崔氏有此説。又識語末署"己未",此當爲民國八年(1919),其時趙聘卿仍主宏遠堂,尚未易手其弟也。崔鼎丞,字師範,其人之生平,因文獻不足,尚不得其詳,然高凌霨藏書中之鈔本《閑閑老人滏水文集》乃崔鼎丞于民國元年至八年間借宏遠堂主人趙聘卿所藏乾隆舊鈔本鈔録,則可得而知矣。

---

① 見鄒思明選評《文選尤》外封面,明天啓二年(1622)吳興閔氏刻朱、墨、藍三色套印本。臺大圖書館登録號:0551775—0551789。
② 高凌霨生于同治九年(庚午,1870),其生平所遇甲子年,唯有民國十三年(1924)而已。又,據關國煊所撰《高凌霨》中云:"十三年一月,舊國會多數議員不滿曹錕元旦發布之衆議院議員改選令,爲示抗議,共作倒閣運動,同月,曹錕准高凌霨內閣總辭,由孫寶琦任國務總理,以高凌霨爲税務督辦。"(《民國人物小傳》第6册,第237頁。高凌霨得此書于民國十三年一月,則其時之職務,略可推知也。
③ 見趙秉文:《閑閑老人滏水文集》書首,民國崔鼎丞鈔本。臺大圖書館登録號:0551683—0551686。
④ □爲原缺字,下同。
⑤ 見孫殿起輯:《琉璃廠小志》,北京古籍出版社1982年版,第113頁。

此外，從高凌霨藏書中所鈐之收藏印，亦可推考高凌霨之前其書嘗經何人所收藏。如臺灣大學圖書館所存明萬曆二十六年（1698）刻本明黃鳳翔、詹仰庇同輯《琬琰清音》一書，書首《琬琰清音·序》標題下，鈐有"南城李氏宜秋館藏"朱文方印；[①]另首都圖書館所存明嘉靖十年（1531）錫山安國桂坡館刻本唐徐堅等撰《初學記》一書，書中鈐有"宜秋館藏書"（白文）、"振唐"（朱文）、"振唐鑑藏"（朱文）等印，[②]由此可知此二書皆嘗經近代藏書家李之鼎（1865—1925）所收藏。[③]又如臺灣大學圖書館所存元皇慶元年（1312）建安余氏勤有堂刻元末葉氏廣勤堂印本《集千家注分類杜工部詩》一書中，鈐有"以增之印"（白方）、"楊紹和印"（白方）、"彥合珍藏"（白方）、"彥合讀書"（白方）、"保彝私印"（白方）、"楊氏海源閣藏"（白方）等印，[④]知此書乃山東楊氏海源閣之舊藏。[⑤]另首都圖書館所存清乾隆湘陰曾光先刻本清陳錫路撰《黃嬭餘話》一書中，鈐有"王韜之章"（白文）、"曾經王韜藏過"（朱文）、"王韜私印"（朱文）、"紫詮"（朱文）等印，[⑥]知亦嘗經清王韜（1828—1897）所收藏。

　　高凌霨舊藏善本古籍之承傳來源，尤有值得一提者。今臺灣大學圖書館所存高凌霨舊藏圖書中有明隆慶四年（1570）臨海金立敬重刻本《二程先生書》一部，存卷十一至十七，共一冊。書中鈐有"五福五代堂寶"（朱方）、"八徵耄念之寶"（朱方）、"太上皇帝之寶"（朱方）、"天祿繼鑑"（白方）、"乾隆御覽之寶"（朱橢圓）、"西疇珍藏"（朱方）等印記，知爲原清乾隆天祿琳琅之舊藏。此書原共有五十一卷，今臺北故宮博物院亦藏有同一版本之《二程先生書》一部，著錄云："存四十四卷"、"明隆慶四年臨海金立敬重刊本"、"缺卷十一—十七"。[⑦]今考故宮所藏本《二程先生書》，其書中之版式、鈐印與臺大圖書館所存高凌霨舊藏此本皆同，尤其兩者皆鈐有"西疇珍藏"朱文方印，更具特徵。又高氏舊藏本存卷十一至十七，正與故宮之缺卷相符，由此可知高氏所藏七卷即故宮博物院藏本之所闕者。高氏當時以何種途徑得此七卷，因文獻不足，尚待日後考察。

---

① 見黃鳳翔、詹仰庇同輯：《琬琰清音》書首，明萬曆二十六年（1698）刻本。臺大圖書館登錄號：0551198—0551205。

② 見《首都圖書館古籍善本書目》第 243 頁。

③ 李之鼎（1865—1925），字振堂，一字振唐，江西豫章南城人，民國藏書家，藏書之處，名"宜秋館"、"舒嘯軒"等。編撰有《宜秋館書目》鈔本三卷、《宜秋館叢書目録》鈔本三卷。撰有《建炎以來繫年要録所引書目》、《宋人見于繫年要録目》、《宋人集目應徵》、《宜秋館詩話》等書。有關李之鼎之生卒年，頗有異說，此據佚名輯《李振唐大令銘挽録》（民國石印本，無刊刻年月，今藏上海圖書館）中收葉爾愷《李振唐大令家傳》所載。參見謝海林：《李之鼎生卒年及陳三立輓聯輯補一則》（《中國韻文學刊》22 卷 4 期，2008 年）所述。

④ 見徐居仁編、黃鶴補注：《集千家注分類杜工部詩》，元皇慶元年（1312）建安余氏勤有堂刻元末葉氏廣勤堂印本。臺大圖書館登錄號：0550364—0550380。

⑤ 楊以增（1787—1856）、楊紹和（字彥合，1832—1875）、楊保彝（1852—1910）爲山東聊城"海源閣"藏書樓之三代主人。有關海源閣藏書之始末，參見林申清編著：《明清著名藏書家·藏書印》（北京圖書館出版社 2005 年版），鄭偉章、李萬健：《中國著名藏書家傳略》（書目文獻出版社 1986 年版），來新夏：《海源閣滄桑》（《山東圖書館學刊》2009 年第 4 期，2009 年 8 月）等。

⑥ 見《首都圖書館古籍善本書目》第 169—170 頁。

⑦ 見《國立故宮博物院善本舊籍總目》，臺北國立故宮博物院 1983 年版，第 651 頁。另故宮博物院《善本古籍資料庫》所載同。

五、高淩霨舊藏善本古籍中之高氏藏書印

藏書印已成爲藏書史研究中之重要項目，考察高淩霨善本古籍中之高氏藏書印，一方面可增加對高淩霨其人之瞭解，另一方面亦可藉此信息以追索高氏舊藏圖書散落于各地之踪迹，拼湊出高氏舊藏圖書之概略面貌。

就臺灣大學圖書館與首都圖書館二館所存之高淩霨舊藏善本古籍考之，高淩霨嘗鈐于藏書中之印章如下[①]：

"澤胇"（白文）[②]、"景荀堂"（朱長方）[③]、"補蕉軒"（朱方）[④]、"高淩霨印"（白方）[⑤]、"淩霨藏本"（朱方）[⑥]、"淩霨珍藏"（白、朱方）[⑦]、"澤畬收藏"（白方）[⑧]、"澤畬長壽"（朱方）[⑨]、"蒼檜簃藏"（朱方）[⑩]、"章武高氏"（朱方）[⑪]、"初齋秘笈"（朱方）[⑫]、"檀芬館印"（白方）[⑬]、"檀芬館藏"（白方）[⑭]、"以養其身"（朱文）[⑮]、"家在水西莊"（朱長方）[⑯]、"澤胇鑑定之章"（白文）[⑰]、"章武高氏藏書"（白文）[⑱]、"景荀堂藏書印"（朱方）[⑲]、"小槃庵藏書印"（朱方）[⑳]、"高淩霨澤畬甫收藏印"（朱方）[㉑]、"高淩霨收藏金石書畫"（白方）[㉒]、"曾藏章武高氏小槃庵"（朱文）[㉓]、"復補齋收藏金石書畫"

[①] 各方印章皆舉一書中所見爲例。
[②] 見王常編：《集古印譜》六卷，清刻本。《首都圖書館古籍善本書目》第159頁。
[③] 見顧應祥輯：《唐詩類鈔》八卷，明嘉靖刻本。臺大圖書館登録號：0551926—0551933。
[④] 見顧應祥輯：《唐詩類鈔》八卷，明嘉靖刻本。同上注。
[⑤] 見門無子注：《韓子》二十卷，明萬曆刻朱墨套印本。《首都圖書館古籍善本書目》，第130頁。
[⑥] 見閔齊伋輯評：《莊子南華真經》四卷，明萬曆吳興閔齊伋刻朱墨套印本。《首都圖書館古籍善本書目》，第127頁。
[⑦] 見黃鳳翔、詹仰庇同輯：《琬琰清音》十卷，同前注。
[⑧] 見朱家標校定：《淳化閣帖釋文》十卷，清康熙二十二年朱家標綱錦堂刻本。《首都圖書館古籍善本書目》第155頁。
[⑨] 見顧應祥輯：《唐詩類鈔》八卷，同前注。
[⑩] 見黃鳳翔、詹仰庇同輯：《琬琰清音》十卷，同前注。
[⑪] 見陳錫路撰：《黃嬭餘話》八卷，清乾隆湘陰曾光先刻本。《首都圖書館古籍善本書目》，第169—170頁。
[⑫] 見顧應祥輯：《唐詩類鈔》八卷，同前注。
[⑬] 見顧應祥輯：《唐詩類鈔》八卷，同前注。
[⑭] 見邵長蘅選：《二家詩鈔》二十卷，清康熙三十四年（1695）刻本。《首都圖書館古籍善本書目》，第270頁。
[⑮] 見王常編：《集古印譜》六卷，清刻本。同前注。
[⑯] 見鄒思明選評：《文選尤》十四卷，明天啓二年（1622）吳興閔氏刻朱、墨、藍三色套印本，同前注。
[⑰] 見王士禎撰，林佶等編：《漁洋山人精華録》十卷，清康熙三十九年（1700）侯官林佶刻本。《首都圖書館古籍善本書目》，第383頁。
[⑱] 見白居易撰，汪立名編訂：《白香山詩長慶集》二十卷《後集》十七卷《別集》一卷《補遺》二卷，清康熙四十一年（1702）至四十二年（1703）汪立名一隅草堂刻本。《首都圖書館古籍善本書目》，第323頁。
[⑲] 見朱家標校定：《淳化閣帖釋文》十卷，同前注。
[⑳] 見顧應祥輯：《唐詩類鈔》八卷，同前注。
[㉑] 見羅泌撰，宋羅苹注：《重定路史全本》四十七卷，同前注。
[㉒] 見唐龍撰：《江西奏議》二卷；陳金等撰：《江西奏議》附録一卷，明嘉靖刻本，明嘉靖十四年（1535）修版。《首都圖書館古籍善本書目》，第65頁。
[㉓] 見桑欽撰，酈道元注：《水經注》四十卷，清康熙五十三年（1714）至五十四年（1715）歙縣項氏群玉書堂刻本。臺大圖書館登録號：0551670—0551679。

（朱方）[①]、"天津高澤畬氏小槩庵珍藏"（朱方）[②]

以上共二十五方。

由高凌霨之藏書印，知其字澤畬，又有作"澤腴"者。另論者多謂高氏"晚號蒼檜"，[③] 今考其藏書印中有"蒼檜籤藏"朱方印，固可以印證此説，而另據高氏藏書印觀之，知高凌霨之齋堂又有"初齋"、"復補齋"、"小槩庵"、"景荀堂"、"檀芬館"、"補蕉軒"等名稱，此可增加對高凌霨其人之瞭解。

六、結　語

高凌霨之藏書情況，以往論者尚不多見，高氏之舊藏圖書散落於民間者，偶或出現于拍賣網站，其相關介紹亦多簡略。經由本文之探討，對高凌霨本人及其舊藏善本古籍之現存狀況、承傳來源、藏書印等方面已有概略之認識，未來若能對高凌霨之舊藏圖書作更具體、深入之研究，則不但對高凌霨其人有更充分之瞭解，亦可勾勒出高凌霨舊藏圖書更完整之面貌，提供研究近代藏書史者更多可利用之信息，此有待未來繼續努力。

※ 本文初稿曾在"中文古籍整理與版本目録學國際學術研討會"（中山大學圖書館、廣州市《廣州大典》與廣州歷史文化重點研究基地共同舉辦，2014 年 11 月 8—9 日）上宣讀，會後略有修正。謹向主辦方致謝。

（作者簡介：張寶三，原臺灣大學中文系教授，現爲臺灣佛光大學中國文學與應用學系教授）

---

① 見桑欽撰，後魏酈道元注：《水經注》四十卷，同上注。
② 見王橫批釋：《唐駱先生集》八卷，附録一卷，明萬曆凌毓柟刻朱墨套印本。《首都圖書館古籍善本書目》，第 316 頁。
③ 如關國煊撰《高凌霨》、徐友春主編：《民國人物大辭典》"高凌霨（1870—1939）"條等皆如此叙述。

A Preliminary Study of Gao Ling-wei's Collection of Rare Ancient Books

Chang Pao-san[*]

Abstract: Gao Ling-wei (1870—1940) was a Chinese politician from modern China, being the acting President of the Republic of China in 1923. Gao had a rich collection of books, which however was neglected because of his tarnished fame due to a favoritism towards Japanese government during the period of Sino-Japanese wars. After Gao passed away, a better part of his collections was kept in the library of National Taiwan University and Capital Library of China in Beijing. The rest spread in various public and private libraries home and abroad. This study aims to explore Gao's collection of rare ancient books. It is divided into the following sections: (1) Introduction; (2) The life of Gao Ling-wei; (3) The current status of Gao's collection of books; (4) The source of Gao's collection; (5) Gao's book stamps on his collection; (6) Conclusion. With the discussion and observation provided here, readers may have a better understanding of Gao Ling-wei's life and collection. It is also a good reference to the study of modern collection history.

Keywords: Gao Ling-wei; rare ancient books; National Taiwan University Library; Capital Library of China; book stamps

（本文責任編校：周　斌、張瓊文）

---

[*]Professor, Department of Chinese Literature and Application, Fo Guang University, Taiwan.

論嘉慶本《十三經注疏》中的校勘符號問題

——兼評盧宣旬刪汰文選樓本《校勘記》之功過是非

沈相輝

摘　要：本文對阮刻《十三經注疏》嘉慶本及其《校勘記》中校勘符號的意義及存在的問題進行了詳細的考察和論述。認爲其校勘符號既是連接注疏正文與《校勘記》的橋樑，也是阮刻本調和漢宋的體現，更反映了對實事求是學風的追求。然仔細考察嘉慶本，發現其中《校勘記》有校語而正文未標校勘符號者頗多，標有校勘符號而未出校者亦復不少。并對盧宣旬本《校勘記》評價問題亦進行了重新審視。

關鍵詞：《十三經注疏》　嘉慶本　《校勘記》　校勘符號　盧宣旬

　　阮刻本《十三經注疏》之所以備受推崇，主要是因其所附《校勘記》"羅列諸家异同，使人讀一本如讀諸本"。阮元稱凡出有校語的文字，皆標有校勘符號。這些校勘符號既是連接注疏正文與《校勘記》的橋樑，也是阮刻本調和漢宋的體現，更反映了其實事求是的學術追求。然仔細考察嘉慶本，發現其中《校勘記》有校語而正文未標校勘符號者頗多，標有校勘符號而未出校者亦不少。前者主要是因刻工漏刻所致，後者則主要是因南昌府學本《校勘記》是在阮元文選樓本《校勘記》基礎上刪汰而成，主事者刪汰了校語，却未將正文中校勘符號一并刪净。另據南宋覆刻北宋國子監單疏本《毛詩正義》等文獻考察南昌府學本《校勘記》，可知所删者大都得宜，所增補者雖偶有瑕疵，但絕大多數皆可補文選樓本之不足，故前人對盧宣旬南昌府學本《校勘記》的批評有過当之處。

一、阮刻本中校勘符號的意義及存在的問題

　　阮元《十三經注疏校勘記》原本單行，後刻《十三經注疏》時將《校勘記》附錄于各卷之後，爲便于讀者在讀正文時留意其中的訛誤，從而翻閱《校勘記》，正文中出有校語的地方皆標有校勘符號。其《重刻宋版注疏總目錄》中説：

　　　　刻書者最患以臆見改古書，今重刻宋版，凡有明知宋版之誤字，亦不使輕改，

但加圈于誤字之旁，而别據《校勘記》，擇其説附載于每卷之末，俾後之學者不疑于古書之不可據，慎之至也。其經文、注文有與明本不同，恐後人習讀明本而反臆疑宋本之誤，故盧氏亦引《校勘記》載于卷後，慎之至也。[①]

阮元這種審慎的做法，在古籍校勘史上實屬首創。校而不改，但附《校勘記》于後，既在最大限度上保存了宋版原貌，又使人不至于被宋本中的訛誤所誤導。此種做法，成爲阮刻本一大特色。今嘉慶本中以○作爲校勘符號，世界書局縮印道光本中改作▲號[②]。以往學界雖對阮刻本《十三經注疏》的研究論述頗多，却罕有論及校勘符號在阮刻本中的重要意義。今仔細考察阮刻本在經學史上的地位，可知其校勘符號至少有以下兩個方面的意義。

其一，校勘符號是聯繫正文與《校勘記》的橋樑。無此，則《校勘記》的價值將大打折扣。清光緒十三年上海點石齋重校縮印阮刻《十三經注疏》時，前有經學大師俞樾《序》云：

> 問所據何本，曰："江西阮刻本也。"余聞之益喜。或曰："刻十三經何不遵武英殿本而用阮本爲？"餘曰："是無它，取其有《校勘記》，有阮文達之爲《校勘記》，羅列諸家异同，使人讀一本如讀諸本。"

俞樾之所以推崇阮刻本《十三經注疏》，最主要的原因是阮刻本附有較爲優善的《校勘記》，此《校勘記》能够羅列諸家异同，使人讀一本如讀多本，可謂集衆本之善。阮元《校勘記》所取得的成就不僅爲國内學者所認同，也爲國外學者所欣賞。如日本學者加藤虎之亮在《周禮經注疏音義校勘記》一書的序言中説："清儒校勘之書頗多，然其惠後學，無若阮元《十三經校勘記》。凡志儒學者，無不藏十三經，讀注疏者，必看《校勘記》，是學者不可一日無之書也。"[③]加藤虎之亮所謂"讀注疏者，必看《校勘記》"，之所以會如此，關鍵的原因在于阮氏于注疏之中標有校勘符號，讀者見校勘符號，方會想到去翻看後附之《校勘記》，這與"按圖索驥"是同一道理。對于校勘符號的橋樑作用，張之洞説的更爲明白："阮本最于學者有益，凡有關校勘處旁有一圈，依圈檢之，精妙全在于此。"[④]足見校勘符號對于《校勘記》之重要。

其二，校勘符號的使用，是阮刻本《十三經注疏》調和"漢學"與"宋學"的體現，

---

① 阮元：《十三經注疏》，中華書局影印嘉慶本 2009 年版，第 4 頁。凡本文所引嘉慶本《十三經注疏》皆爲此本，下所引文字僅注明頁碼。
② 中華書局影印道光本的《影印説明》中説："原世界書局將阮刻本縮印爲兩巨册，使用較方便，我們現據以影印，以應急需。影印前曾與清江西書局重修阮本及點校石齋石印本核對，改正文字訛脱及剪貼錯誤三百余處……阮刻本在有校勘的地方均加○表示，縮印本改用▲號，現仍其舊。"阮元：《十三經注疏》，中華書局據世界書局本影印道光本 1980 年版，第 1 頁。凡下文所引道光本皆出于該版本，出注只注明頁碼。
③ 轉引自喬衍琯：《跋宋監本〈周易正義〉——兼論阮元十三經校勘記》，黄壽祺、張善文主編《周易研究論文集》（第三輯），北京師範大學出版社 1990 年版，第 164 頁。
④ 張之洞撰，范希曾補正，徐鵬導讀：《書目答問補正》，上海古籍出版社 2001 年版，第 1 頁。

是二者所共同堅守的學術標準——實事求是——的反映。在清代校勘學史上，存在著兩個學術觀點相對的派別，倪其心總結說：

> 一派以盧文弨、顧廣圻爲代表，注重版本依據，异文比較，强調保持原貌，主張説明异文正誤而不作更改。這派基本上繼承岳珂《沿革例》和彭叔夏《辯證》的校勘傳統；另一派以戴震、段玉裁、王念孫、王引之及俞樾爲代表，要求廣泛搜集包括版本以外的各種异文材料，根據本書義理，運用文字、音韻、訓詁、版本和有關歷史知識，分析考證异文和正誤，明確主張訂正刊誤，敢于改正誤字。這派基本上繼承了鄭玄、陸德明的傳統而有所發展。以盧、顧爲代表的一派爲繼承宋學，或稱之爲對校學派。以戴、段、二王爲代表的一派爲繼承漢學，或稱之爲理校學派。[①]

按，倪先生將清代校勘學分爲對校與理校是不誤的，但不能截然將二者歸屬于宋學與漢學。"宋學""漢學"之名，初見于《四庫提要》，其後江藩撰《漢學師承記》、《宋學淵源録》，漢宋之分，勢同水火，門户之見，好似仇讎。這種分法，龔自珍已駁其非，張舜徽先生又在龔氏基礎之上有所增進[②]，茲不贅述。漢學與宋學之分，籠統言之則可，仔細深究則非。今以段玉裁、顧廣圻爲例，段氏曾師從戴震，戴震則師從江永，江永雖爲漢學大師，但他推崇朱熹之學亦是人所共知，朱熹之學，自然屬于宋學之範疇。而戴震自然無可避免的會受到江永的影響，這種影響多少也會延續到段玉裁身上。顧廣圻師從江聲，江聲師從惠棟，江、惠皆漢學大師，故而顧廣圻爲漢學一派無疑，不得謂之爲宋學。但顧廣圻對于宋學中的濂、洛、關、閩之學同樣非常重視，對他們進行了批判性的合理吸收[③]。因此，仔細考察段、顧二人的學術淵源，可以發現二人同爲漢學，但又含有宋學的因素。二人在校勘方法上的不同主張，是漢學系統内部因受宋學影響不同而自然分化形成的，即漢學内部所謂"吴派"和"皖派"的差异。二派主張表面上針鋒相對，實則殊途而同歸，皆有調和漢學與宋學的傾向。因此之故，二者皆主張實事求是。

阮元嘉慶四年爲浙江巡撫時，建詁經精舍，開"十三經局"，召集當時一批最優秀學者來編纂《十三經注疏校勘記》，其中便包括了段玉裁和顧廣圻。段玉裁曾説："校書之難，非照本改字不訛不漏之難也，定其是非之難。是非有二：曰底本之是非，曰立説之是非。必先定其底本之是非，而後可斷其立説之是非。……何謂底本？著書者之稿本是也。何謂立説？著書者所言之義理是也。"[④]即在段氏看來，校勘古籍時，若能定其是非，則可以改字，主張校之以義理。顧廣圻則强調："毋改易其本來，不校之謂也；能知其是非得

[①] 倪其心：《校勘學大綱》，北京大學出版社1987年版，第49頁。
[②] 見張舜徽：《四庫提要叙講疏》，臺灣，學生書局，第7頁。
[③] 雷浚《睡餘偶筆》曾引顧廣圻評價宋學的話："周子主静，程子主敬，爲人心不敬不静，僅可爲詞章之學，餘事亦未見其有當也。引用先抽檢而後下筆，亦執事敬之一端。案頭無此書，雖索所熟誦，亦姑置勿用。轉引則標明來歷，庶後人有所稽核。尤不可貪多炫博。"（轉引自顧廣圻著、王欣夫輯《顧千里集》之《前言》，中華書局2007年版，第105頁）從中可以看出顧氏對于宋學尤其是其中的治學態度是較爲欣賞的。
[④] 段玉裁：《經韻樓集》，上海古籍出版社2008年版，第332—333頁。

失之所以然，校之謂也。"[1]即在顧氏看來，即使明知其有誤，也不應該改動原本，故主張"不校而校"。如按照段氏方法，則阮刻《十三經注疏》自可直接將訛誤改正，不需出《校勘記》。但阮元重刻《十三經注疏》時，并未據《十三經注疏校勘記》直接改字，而是采取標校勘符號的謹慎做法，這實際上與顧廣圻的校勘原則是相統一的。阮元在爲江藩《漢學師承記》寫的序中曾說："……能總此事，審是非，定去取者，海内學者惟江君與顧千里二三人。"[2]足見阮元與顧廣圻在學術上的志同道合。但阮元在撰《十三經注疏校勘記》時，聘請的總負責人又是段玉裁，可以想見，《校勘記》的編纂過程中必然貫徹了段玉裁的某些校勘原則。總體來說，段玉裁的校勘思想體現在《校勘記》的撰寫過程中，顧廣圻的校勘思想則體現在後來將《校勘記》附刻于《十三經注疏》相應各書卷後的形式中。無論是段玉裁帶有"漢學"色彩的"理校"，還是顧廣圻帶有"宋學"色彩的"對校"，二者之所以能夠并行而不悖，其根本原因在于二者共同堅守著一個大的原則：實事求是。阮刻本中校勘符號的使用，便是此種精神的反映。

從以上的簡述中，足以窺見校勘符號的重要性。但翻閱嘉慶本《十三經注疏》，可以發現其校勘符號的標示存在著兩個大問題。

第一，并非所有出有校勘記的地方都有校勘符號。以《毛詩正義》爲例，《毛詩正義序》及《詩譜序》共出校勘記21條，其中便有10條未有校勘符號；自"附釋音毛是注疏卷第一"至"關雎後妃之德也"共出校勘記8條，而正文中未標校勘符號的3條；《關雎》篇（含《詩大序》）共出校勘記44條，其中正文中未標校勘符號者22條。在查看《毛詩正義》其他篇章中的情況，缺失校勘符號多在一半以上。

第二，又有正文中有校勘符號，而後附的《校勘記》中又未出相應的校語的情況。如《毛詩正義序》正文中"非有心于愛增"一句中，"增"字有校勘符號，而《校勘記》中未出相應校語。再如《采蘋》"箋云子至法度"之"云"字，《雞鳴》篇中疏文"雞鳴思賢妃也"中之"也"字，《甫田》"然稚見之無幾何突耳"、"若猶耳也，故箋言突耳"、"言若者皆然耳之義"四處之"耳"字，皆有校勘符號，而未有相應校語。

類似于這種出有校語而缺少校勘符號，或有校勘符號而缺少相應校語的情況，在整部《十三經注疏》中比比皆是[3]，既讓使用者查閱不便，又令人頗感奇怪。爲何會出現這種現象？是刻板時刻工的疏忽嗎？還是校勘時早就有此訛誤？如前所說，校勘符號是聯繫正文與《校勘記》的橋樑，校勘符號的缺失，會使得《校勘記》的價值大打折扣，而相應校語的缺失更是會直接導致阮刻本失去它與其他版本相比所具有的優勢。因此，探討嘉慶本《十三經注疏》中的校勘符號及其相關問題，或可彌補一些學術縫隙。

---

[1] 顧廣圻著，王欣夫輯：《顧千里集》，中華書局2007年版，第265頁。
[2] 江藩：《國朝漢學師承記》，中華書局1923年版，第2頁。
[3] 除《毛詩正義》之外，筆者考察了《爾雅注疏》及《尚書正義》中的情況，如以《爾雅注疏》爲例，嘉慶本中卷一《釋詁上》篇共出校勘記94條，其中正文中未加校勘符號的共78.5條（其中"閜博介侊夏幠蒙贐販"條下"閜博幠贐"四字出校，而"贐"有加校勘符號，其餘三字未加，且作0.5條），約占總條數的84%。卷二《釋詁下》共出校勘記181條，其中正文中未加校勘符號的共155條，占總數的85.6%。

二、嘉慶本的漏刻與道光本的補刻

　　細緻考察嘉慶本中校勘符號的標示方式，具體有如下幾種。一是出現訛字時，則將圈加于所訛之字的右邊。二是出現脱文時，則將校勘符號加于所脱文字前後兩字中間偏右。三是出現衍文時，則將校勘符號加于衍文右邊。第四種是文中出現錯簡時[1]，此種情況較爲特殊，具體可細分爲兩種。一是所需校勘的文字較短時，則在所有文字上都加校勘符號，此中又分常例和變例兩種。所謂常例，即所需校對的文字本在文中此處，故只需于此處標示校勘符號，如 "謨摩舊法" 條，所需校對的文字爲 "謨摩"，此處本有二字，故只需在此處標示此二字。所謂變例，是指所需校對的文字爲竄入（包括上竄和下竄），即此處原無這類文字。這種情況下，不僅需在被竄入的地方標示校勘符號，還需要在文字原來所在地方標示校勘符號（這便又能歸入脱文標示法中）。如《詩大序》中 "國史明乎得失之迹" 下所引《釋文》"告古毒反" 四字，根據《校勘記》，此四字當在第四節 "告于神明者也" 之下，此處系上竄。因此四字較短，所以全部加上校勘符號。然後又在第四節 "告于神明者也" 下也標上校勘符號。[2]

　　第四種情況中的第二小類，是當所需校勘的文字較長時，則將校勘符號加于該段中每句話的最後一個字旁，如《齊風·齊譜》的正義中有一整段文字上竄的情況，其標校勘符號如下[3]：

　　　　成王周公封東至海南至穆陵齊雖侯爵以大功同上公封也且齊武王時地方百里未得薄姑至周公成王時薄姑氏与四國作亂成王滅之以封師尚父是齊于成王之世乃得薄姑之地若然臨淄薄姑非一邑也齊之所封在于臨淄而晏子云薄姑因之者以齊之封疆并得薄姑之地舉其國境所及明共處齊地薄姑者是諸侯之号其人居齊地因号其所居之地爲薄姑氏后与四國作亂謂管蔡商奄則奄外更有薄姑非奄君之名而尚書傳云奄君薄姑故注云或疑爲薄姑齊地非奄君名也[4]

上引文字中，嘉慶本在標示校勘符號時，從整體上來看，是首句全標，餘下各句標句末一字。而仔細查看可以發現，其中 "且齊武王時" 之 "時" 字，"若然" 之 "然" 字，"晏子云" 之 "云" 字，"謂管蔡商奄則奄外" 之 "外" 字，"更有薄姑" 之 "姑" 字，皆當

---

[1] 此處所説 "錯簡"，實際上就是經注疏合刻時拆分綴合不當所造成的文字上竄或下竄。
[2] 這種標示方式實際上是違背了阮元方便讀者的初衷的，因爲在《校勘記》中出的校對條目爲 "國史明乎得失之迹"，而實際上要校對的文字是該條下被竄入的 "告古毒反" 四字，校勘符號所標示的也是這四字。如此一來，校勘符號與所出校勘記實際上并不完全對應，使用者只能先看《校勘記》，再反過來找正文中的校勘符號。而在 "告于神明者也" 後面雖然也標有校勘符號，但真正的校語却在 "國史明乎得失之迹" 條下，這同樣會使得讀者一時難覓踪迹。這種情況在《十三經注疏》中并不罕見，僅《詩大序》中，除上舉之條外，如 "莫近于詩" 條，校勘符號標示的是 "厚音後本或作序非" 八字，《校勘記》中所出條目却爲 "莫近于詩"。類似于這種條目，本文在統計時，都不計入未標校勘符號者之内。
[3] 書中以○加于文字右旁，今改作·號，加于文字下方。爲便于清晰的看出其校勘符號的標示方式，所引文字不加點。
[4] 嘉慶本《十三經注疏》，第 736 頁。

有校勘符號，而嘉慶本未標。這種情況的出現，不太可能是因爲阮元等人作《校勘記》時就如此，而是因爲刻工在刻板時有意漏刻。不然的話，以阮元等人之嚴謹，不至于自亂其體例。

我們之所以懷疑嘉慶本中缺失的校勘符號是因爲刻工的漏刻造成的，是因爲道光六年南昌府學重刻的《十三經注疏》中，許多校勘符號被重新增補上去了，見圖一[①]。

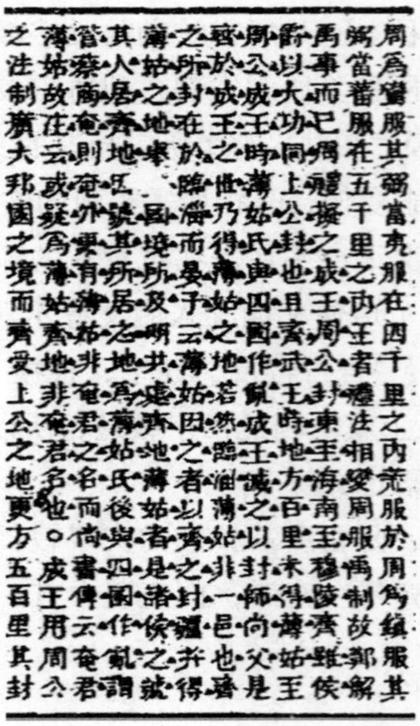

圖一：道光本《十三經注疏·毛詩正義·齊風·齊譜》書影

道光本與嘉慶本原是一脉相承，但同一段文字，嘉慶本與道光本在校勘符號的標示上爲何如此不同？據道光本《十三經注疏》前所附南昌府學教授朱華臨《重校宋本十三經注疏跋》可知，道光本是朱華臨在嘉慶本的基礎之上重新校勘所得到的後出轉精本。其跋文云：

> 官保阮制軍前撫江右時，出所藏宋十行本以嘉惠士林。嘉慶丙子仲春開雕，閱十有九月，至丁醜中仲秋版成，爲卷四百一十有六，爲頁一萬一千八百有奇，董其事者武甯明經盧君來庵也。嗣官保升任兩廣制軍，來庵以創始者樂于觀成，板甫就急思印本，呈制軍以慰其遺澤西江之意，局中襄事者未及細校，故書一出，頗有淮風別雨之訛，賢者憾之。後來庵游幕湘南，以板移置府學明倫堂，遠近購書者皆就印焉。時余司其事，披覽所及，心知有舛悮處，而自揣見聞寡陋，藏書不富，未敢輕爲改易。今夏制軍自粵郵書，以倪君模所校本一冊寄示，適逢新余君成教亦以所校本寄省。倪君所校計共九十三條，餘君所校計共三十八條，餘因合二君所校之本，

[①] 該段文字在道光本第348頁中欄。

詳加勘對，親爲檢查，督工逐條更正，是書益增美備。①

　　由此可知，嘉慶本在刻板時，由于阮元調離江西，而當時的負責人盧宣荀急功近利，故而刻板倉促，没有仔細認真的校對刻板，因而出現了許多錯誤。其中倪模、余成教都有校勘札記，朱華臨綜合二人的校勘成果，對嘉慶本中出現的錯誤重新進行了校勘，并"督工逐條更正"。但朱華臨此處只説校勘出嘉慶本中因刻板導致的錯誤一百三十一條，未曾提及校勘符號的問題。但可以想見，嘉慶本在刻板時，文字尚且有訛字、脱字等錯誤，則刻工一時懶惰，漏刻若干校勘符號也是情理之中的事。而這些漏刻的校勘符號，據上引《齊譜》中的那段文字來看，在朱華臨"督工逐條更正"之時，都得到了更正，也就是説後出的道光本更正了嘉慶本中遺漏的校勘符號。這些未加校勘符號的條目，在道光本中大多都被重新加上了符號。這也就意味著嘉慶本中許多出有校語而缺失校勘符號的條目，實際上是因爲刻工漏刻，而主事者又急于求成，未加細檢而造成的。

　　據上所述，可知嘉慶本中許多校勘條目之所以缺失校勘符號，是因爲主事者急于求成，故而對刻工漏刻的校勘符號未及仔細檢查。這些漏刻的校勘符號，在道光本中多數得到了更正。

三、南昌府學本《校勘記》對文選樓本的刪汰及增補

　　然而，漏刻只能解釋嘉慶本中出有校語而正文中未有校勘符號的現象，并不能解釋爲何正文中有校勘符號而《校勘記》中却無相應校語的問題。因爲漏刻部分校勘符號，不仔細查看是不容易發現的；而漏刻整條校勘記，則是十分明顯的，任何一個刻工都不會愚蠢到如此地步，即使主事者急于求成，也斷不敢如此糊弄阮元。更爲重要的是，嘉慶本中出現了校勘符號而未有相應校語的條目，在道光本中依舊如此。此即意味著這些缺失校語的條目，絶非漏刻造成的。

　　欲解決此問題，還須迴到阮元《校勘記》本身。世所存《十三經注疏校勘記》實際上有兩個版本系統，一爲阮元文選樓本，二爲南昌府學本。前者爲阮元"十三經局"的直接産物，系單刻本，後阮元將其收入《皇清經解》中，今又見于《續修四庫全書》中，題爲《十三經注疏并釋文校勘記》，該本是南昌府學本的祖本。後者系阮元任江西巡撫時，于南昌府學刻《十三經注疏》，在文選樓本的基礎上刪汰或增補、替換部分條目而成。南昌府學本《校勘記》被拆分附于各書每卷之後，成爲阮刻《十三經注疏》的一個組成部分。文選樓本《校勘記》因是單行，在幫助讀者閲讀《十三經注疏》這個層面，不如南昌府學本便利。故自南昌府學本《校勘記》問世之後，文選樓本漸湮没無聞，一般學者所用者多爲南昌府學本。然仔細比較二本可以發現，二者存在著巨大差异。錢宗武、陳樹以《周易正義》爲例作過統計，發現兩個版本之間的差异如下：

---

① 道光本《十三經注疏》，第4頁。

表一：文選樓本與中華書局本《周易注疏校勘記》异同比較[①]

版本		卷数									总数	比例
		1	2	3	4	5	6	7	8	9		
文选楼本	条数	277	262	327	218	229	171	181	157	118	1940	100%
中华书局本	删去	102	115	137	67	60	41	35	28	13	598	30.8%
	新加	6	12	21	21	33	8	17	9	10	137	7.1%
	增补	5	1	4	8	1	0	3	4	4	30	1.5%
	改换	1	1	2	2	1	0	1	1	0	9	0.5%

由表中可知，南昌府學本刪去了文選樓本超過三成的校勘條目，新加、增補和改換的條數也近一成，此即意味著南昌府學本有將近四成的内容與文選樓本有异。這種情況在《毛詩正義》中也同樣如此。據李慧玲統計，南昌府學本《毛詩注疏校勘記》共有校語 3665 條，其中增補 299 條，其餘與文選樓本相同；文選樓本《毛詩注疏校勘記》共有校語 5641 條，較南昌府學本多出 1976 條。[②]文選樓本《校勘記》中涉及《毛詩》的有十卷（《毛詩》七卷；《毛詩釋文》三卷），以《毛詩》卷一爲例，其對應嘉慶本《毛詩正義》的範圍爲《毛詩正義序》至《衛風·碩人》，共涉及 57 篇詩歌，比較文選樓本與嘉慶本中各篇所出的校勘記，其刪補情況如下：

表二：文選樓本《毛詩校勘記》卷一與南昌府學本《校勘記》比較情況統計表[③]

國風	篇名	文選樓本	南昌府學本	南昌府學本刪補情況	國風	篇名	文選樓本	南昌府學本	南昌府學本刪補情況
周南	關雎之前[④]	42	29	删 15 補 2 同 27	邶風	日月	4	3	删 1 補 0 同 3
	關雎	61	44	删 26 補 9[⑤]同 35		終風	11	10	删 4 補 3[⑥]同 7
	葛覃	29	14	删 15 補 0 同 14		擊鼓	9	0	删 7 補 1 同 2
	卷耳	11	5	删 6 補 0 同 5		凱風	5	3	删 3 補 1 同 2
	樛木	6	6	删 1 補 1 同 5		雄雉	6	5	删 2 補 1 同 4
	螽斯	8	7	删 1 補 0 同 7		匏有苦葉	24	19	删 6 補 1 同 18

---

① 本表轉引自錢宗武、陳樹：《論阮元〈十三經注疏校勘記〉兩個版本系統》，《揚州大學學報》（人文社會科學版）2007 年第 1 期，第 25 頁。錢、陳文中的中華書局本系阮刻道光本，該本與嘉慶本爲同一系統，二本除在校勘符號及個別字詞上不同外，其餘大抵一致，故而據道光本所作比較得出的結論，同樣適用于嘉慶本。

② 李慧玲：《阮元〈毛是注疏校勘記〉的兩個版本辨析》，《華東師範大學學報》（哲學社會科學版）2009 年第 1 期，第 121—122 頁。

③ 南昌府學本中亦有對文選樓本中條目進行改換者，但數目極少，且不影響本文結論，故本表不予統計。

④ 包括《毛詩正義序》、《周南召南譜》及"周南關雎詁訓傳第一"至"關雎後妃之德也"之間的文字。

⑤ 其中《校勘記》標"補"字者 8 條，根據考察，"郭璞曰"一條，其實亦爲增補。

⑥ 增補的三條爲："則籥爲首"條，"兵車十乘"條，"故籥嗟嘆之"條，其實皆下篇《擊鼓》的校勘記，南昌府學本將標題"擊鼓"刪去，誤作《終風》篇校勘記，故《擊鼓》篇未出一條校語。道光本沿襲此誤。兩條未加"補"字，爲"則籥爲首"條與"故籥嗟嘆之"條。

续表

國風	篇名	文選樓本	南昌府學本	南昌府學本刪補情況	國風	篇名	文選樓本	南昌府學本	南昌府學本刪補情況
周南	桃夭	11	8	刪3補0同8	邶風	穀風	32	23	刪10補2同21
	兔罝	4	3	刪1補0同3		式微	3	1	刪3補1同0
	芣苢	7	5	刪3補1同4		旄丘	10	12	刪4補6①同6
	漢廣	16	10	刪6補0同1		簡兮	12	7	刪5補0同7
	汝墳	11	7	刪5補1同6		泉水	12	6	刪7補1同5
	麟之趾	7	6	刪3補2同4		北門	4	4	刪1補1同3
召南	鵲巢	8	6	刪2補0同6		北風	5	1	刪4補0同1
	采蘩	11	10	刪1補0同10		靜女	6	4	刪2補0同4
	草蟲	10	4	刪6補0同4		新台	1	1	刪1補1同0
	采蘋	18	7	刪11補0同7		二子乘舟	4	3	刪1補0同3
	甘棠	4	4	刪2補2同2	鄘風	柏舟	6	4	刪2補0同4
	行露	10	5	刪5補0同5		墻有茨	5	3	刪2補0同3
	羔羊	17	8	刪9補0②同7		君子偕老	30	19	刪11補0同19
	殷其靁	4	3	刪1補0同3		桑中	9	5	刪4補0同5
	摽有梅	16	13	刪5補2同11		鶉之奔奔	2	2	刪0補0同2
	小星	9	7	刪3補1同6		定之方中	29	20	刪12補3同17
	江有汜	5	4	刪1補0同4		蝃蝀	1	0	刪1補0同0
	野有死麕	8	5	刪3補0同5		相鼠	3	3	刪1補1同2
	何彼襛矣	10	6	刪5補1同5		干旄	10	7	刪3補0同7
	騶虞	5	7	刪0補2同5		載馳	9	6	刪3補0同6
邶鄘風	邶鄘衛譜	18	13	刪7補2同11	衛風	淇奧	18	12	刪7補1同11
	柏舟	8	6	刪2補0同6		考槃	3	2	刪1補0同2
	綠衣	10	5	刪5補0同5		碩人	25	17	刪8補0同17
	燕燕	13	10	刪3補0同10		統計	694	472	刪272補50同422

　　據表二可知，嘉慶本《毛詩正義》中的《校勘記》，僅對文選樓本《校勘記》卷一就刪汰272條，接近文選樓本卷一的四成。而通過仔細考察其所刪汰的條目，筆者發現其中許多恰好就是嘉慶本中標有校勘符號而未出校勘記的條目。茲舉《毛詩正義》中標有校勘符號而未出校語的條目若干如下：

---

① 增補6條中，5條加"補"字，一條未加，即"上黨壺關縣有黎亭"條。
② 其中"維組紃耳"條，南昌府學本加"補"字，實則文選樓本已出有此條，然南昌府學本改寫了而已。

1.《采蘋》:"箋云子至法度"之"云"字。(602上)[1]
2.《邶風·穀風》:"阻難云"之"云"字。(641下)
3.《邶風·簡兮》:"則謂一日之中"之"中"字。(650上)
4.《邶風·簡兮》:"則亦爲大德也"之"則"字。(650上)
5.《邶風·北風》:"而雪害物"之"而"字。(654上)
6.《邶風·北風》:"承惠好之下"之"承"字。(654上)
7.《王風·君子陽陽》:"遠離禍害己"之"害己"之間。(699上)
8.《鷄鳴》:"鷄鳴思賢妃也"之"也"字。(737下)
9.《甫田》:"然稚見之無幾何突耳"、"若猶耳也,故箋言突耳"、"言若者皆然耳之義"四處之"耳"字。(748上)
10.《猗嗟》末"齊國十一篇二十四章百四十三句"之"二"字。(752下)

上列十條中,嘉慶本《毛詩正義》皆標有校勘符號,但後附《校勘記》中沒有校語。稽諸文選樓本,則皆有校語,茲錄于下:

1. 閩本、明監本、毛本箋下衍"云"字。案,鄭注序不言箋,此正義所標,本無"云"字。[2]
2. 小字本同,相臺本"云"作"也",閩本、明監本、毛本同。案,"也"字是也。已見《雄雉》傳,此與之同。[3]
3. 明監本、毛本"則"下衍"樂"字,閩本剜入。[4]
4. 明監本、毛本"則"誤"當",閩本不誤。[5]
5. 明監本、毛本"而"誤"雨",閩本不誤。[6]
6. 閩本、明監本、毛本"承"誤"亟"。[7]
7. 閩本、明監本、毛本同。案,"己"上浦鏜云脱"而"字,是也。[8]
8. 閩本、明監本、毛本同。案,此標起止有誤。序有疏已在上矣,"鷄鳴思賢妃也"六字不當更見于此,依其常例,但取經首末二字而已。當云"鷄既至之聲"。[9]
9. 閩本、明監本、毛本同。案,此不誤。浦鏜云抑誤言,非也。"言若者"三字下屬,浦誤上屬讀之也。此但舉"突若""顧若"二若字,與定本作"而"不同者,其"抑若",則定本亦不作"而",故不及之。(按,當云皆然而之義。)[10]
10. 其云:唐石經"二十"作"卅",小字本、相臺本作"三十",毛本同。案,"三十"是也。閩本、明監本亦誤作"二十"。[11]

---

[1] 引文皆出嘉慶本,括弧内頁碼爲對應嘉慶本頁碼,下同。
[2] 阮元:《十三經注疏校勘記》,《續修四庫全書》第180册,上海古籍出版社,第494頁。
[3] 阮元:《十三經注疏校勘記》,《續修四庫全書》第180册,上海古籍出版社,第504頁。
[4] 阮元:《十三經注疏校勘記》,《續修四庫全書》第180册,上海古籍出版社,第505頁。
[5] 阮元:《十三經注疏校勘記》,《續修四庫全書》第180册,上海古籍出版社,第505頁。
[6] 阮元:《十三經注疏校勘記》,《續修四庫全書》第180册,上海古籍出版社,第506頁。
[7] 阮元:《十三經注疏校勘記》,《續修四庫全書》第180册,上海古籍出版社,第506頁。
[8] 阮元:《十三經注疏校勘記》,《續修四庫全書》第180册,上海古籍出版社,第518頁。
[9] 阮元:《十三經注疏校勘記》,《續修四庫全書》第180册,上海古籍出版社,第528頁。
[10] 阮元:《十三經注疏校勘記》,《續修四庫全書》第180册,上海古籍出版社,第530頁。
[11] 阮元:《十三經注疏校勘記》,《續修四庫全書》第180册,上海古籍出版社,第532頁。

在嘉慶本《毛詩正義》中，與上舉十條相類似的條目還很多。通過考察文選樓本《校勘記》，可以肯定的判斷，這些條目之所以標有校勘符號却没有出相應的校語，原因即在於南昌府學本《校勘記》在删汰文選樓本《校勘記》時，删汰了校語，却没有將正文中相應的校勘符號删除乾净。

那麽，爲何會出現這種删除未盡的現象呢？我們知道，古代的雕版印刷主要有三道工序：首先，在木板上粘貼上抄寫工整的書稿，薄而近乎透明的稿紙正面和木板相貼，字就成了反體，筆劃清晰可辨；然後，刻工用刻刀將板面上没有字迹的部分削去，就形成了字體凸出的陽文；最後，在凸起的字體上塗上墨汁，然後把紙覆在它的上面，輕輕拂拭紙背，字迹就留在紙上。筆者推測，南昌府學在刻板時，所抄手稿在標校勘符號時，依據的是文選樓本《校勘記》，待盧宣旬依據文選樓本《校勘記》完成新的《校勘記》（即南昌府學本）之後，再將刻板中多于的校勘符號削去。而因爲盧宣旬急于求成，所以在依據南昌府學本《校勘記》來削去刻板中多于的校勘符號時，并没有做到完全削盡。

根據江西鹽法道官員胡稷《重刊宋本十三經注疏後記》中説："嘉慶二十有一年（1816）秋八月，南昌學堂重槧宋本《十三經注疏》成卷四百十六，并附録《校勘記》，爲書一千八百一事頁，距始事于二十年（1815）仲春，歷時十有九月。"而據南昌府學教授朱華臨的《重校宋本十三經注疏跋》則云："嘉慶丙子（1816）仲春開雕，閱十有九月，至丁醜（1817）仲秋板成。"據前者則南昌府學本的完成在嘉慶二十一年，據後者則完成于嘉慶二十二年。汪紹楹先生對此有過詳細論證[①]，斷定完成時間爲嘉慶二十二年，可從。南昌府學初印本中胡稷《後記》于"爲書萬一千八百一十葉"句作"爲書萬五千□百□十葉"，汪先生認爲此乃"尚未成書，先行作記之證"[②]。值得注意的時，在後印本中雖然剜改了"爲書萬一千八百一十頁"一句中的文字，但對于胡稷《記》中"嘉慶二十有一年"這個具體時間却没有改動，可見胡氏雖是先行作《記》，但却并没有在時間一欄空白。因此，"嘉慶二十一年"很有可能就是當時刊刻《十三經注疏》時計畫完成的時間，故而胡氏方直接寫作"嘉慶二十一年"。另外，胡《記》説"始事于二十年"，朱《跋》則稱"嘉慶丙子"，看似矛盾，實則胡氏所説開始時間，是從盧宣旬等開始校勘文本及新撰《校勘記》時算起，朱氏所説則是正是雕板的時間。原計劃是在十九個月之内完成校對、新撰《校勘記》、刻板這三項工作，而實際上真正完成的時間比原計劃多出了一倍，出入較大。從中可以想見，起初所作的刊刻計畫并没有十分完備；而且在實際時間已經超出了計畫時，後續的工作必定會愈發的急迫，朱華臨《跋》中所説"板甫就，急思印本"的情形正是這種狀況下的反映。

而據各經所附《校勘記》可知，"十三經"各經的《校勘記》都是由盧宣旬一人摘録而成，盧氏不僅要對文選樓本進行删汰挑選，還需要在文選樓本的基礎上增補、改换。而文選樓本《校勘記》除《十三經注疏校勘記》217卷之外，尚包含《釋文校勘記》25

[①] 汪紹楹：《阮氏重刻宋本十三經注疏考》，《文史》1963年第三輯，中華書局。
[②] 汪先生注云："案，南昌府學後印本已剜改爲'萬一千八百一十葉'，然'一千'之'一'字，筆劃短小，'八百一十葉'之'八'字'一'字，則字體較大。剜改之痕，猶可覆按也。脉望仙館石印本後記據初印本，而又據後印本補入'八'字'一'，描痕可辨。"見汪紹楹：《阮氏重刻宋本十三經注疏考》，《文史》1963年第三輯，中華書局。

卷,《周易略例校勘記》1卷,《孟子音義校勘記》2卷,共計245卷。也就是說,盧宣旬要以一己之力,在短短十九個月中,從文選樓本245卷《校勘記》中通過刪汰、挑選來組成南昌府學本的框架,另外又重新改換、增補若干條目,最終完成南昌府學本《校勘記》。從現實的角度推測,刻板工作不可能會等盧氏完成新《校勘記》的編纂之後才進行,而應該是雙管齊下。即盧氏一面在重新編纂新的《校勘記》,一面刻板工作在同時進行,而且從嘉慶本各經的字體風格來看,各經的刻板也分成若干組同時進行。而因刻板時盧氏可能尚未完成全部新的《校勘記》的編纂,故而刻板時所依據的本子仍舊爲文選樓本《校勘記》。及至盧氏《校勘記》完成,方根據新本對刻板中的校勘符號進行刪削。

表三:南昌府學本《十三經注疏》各經分工情況

經書	校勘記摘錄人	覆校人員 正文	覆校人員 校勘記	經書	校勘記摘錄人	校對人員 正文	校對人員 校勘記
周易注疏	盧宣旬	阮元	未署	春秋公羊傳注疏	盧宣旬	方體	胡祖謙
尚書正義	盧宣旬	胡稷	曾暉春	春秋穀梁傳注疏	盧宣旬	鄭祖琛、劉丙	李楨
毛詩正義	盧宣旬	黃中栻、黃中模	未署	論語注疏	盧宣旬	阮常生	未署
周禮注疏	盧宣旬	張敦仁、周澎	袁泰開	孝經注疏	盧宣旬	盧浙	杜鼇
儀禮注疏	盧宣旬	王賡言、阿應鱗	余成教	爾雅注疏	盧宣旬	黃中傑	王銘
禮記正義	盧宣旬	署"江西南昌府學"	未署	孟子注疏	盧宣旬	陳煦	趙儀吉
春秋左傳正義	盧宣旬	署"江西南昌府學"	未署			共計二十四人。	

據表三可知,在南昌府學本的刊刻過程中,起到核心作用的是盧宣旬,其餘人員雖掛名負責某事,實際上可能并未認真執行,因爲上述人員中大多有公務在身[①]。而尤其值得注意的是,《周易注疏》、《毛詩正義》、《禮記正義》、《春秋左傳正義》、《論語注疏》五經的《校勘記》之後未署覆校人員的名字,《禮記正義》、《春秋左傳正義》同時還未署正文校對人員的名字,因此,筆者猜測,這些未署名的經書,其相應的《校勘記》及正文可能是沒有進行過覆校的,這也就增加了出現訛誤的概率。從嘉慶本《毛詩正義》卷二之一後所附《校勘記》中出現的一個錯誤,可以看出這次刊刻的倉促。卷二之一的正文內容包括《邶鄘衛譜》及《柏舟》、《綠衣》、《燕燕》、《日月》、《終風》、《擊鼓》,因此後附的《校勘記》的校勘物件也應該就是上述篇目。今所附《校勘記》中,缺失了《擊

---

① 如阮元爲江西巡撫、胡稷爲江西鹽法道官員、黃中栻爲刑部員外郎、黃中模爲翰林院編修兼刑部員外郎、張敦仁爲南昌知府、周澎爲鄱陽縣候補知州、王賡言爲江西督糧道、阿應鱗爲廣豐縣知縣、方體爲江南蘇松道督糧官員、胡祖謙爲工部屯田司員外郎、曾暉春爲會昌縣知縣候補知州、鄭祖琛爲新建縣知縣、劉丙爲浮梁縣知縣、阮常生爲二品蔭生、盧浙爲福建道監察禦史、黃中傑爲吏科給事中、陳煦爲南昌縣知縣。

鼓》篇,但却并不是因爲《擊鼓》篇没有校語,而是因爲盧氏新編纂的《校勘記》中將《擊鼓》篇的三條校語錯置于《終風》篇之下,從而導致《擊鼓》篇的缺失。這種明顯的錯誤說明盧宣旬在編纂新的《校勘記》後,并没有仔細檢查,否則也不會出現如此的疏忽。

四、對盧宣旬本《校勘記》評價問題的重新審視

盧宣旬主持南昌府學本《十三經注疏》刊刻時,一面對文選樓本《校勘記》進行了大量的删汰、增補、改换工作,一面又在刻板時急于求成,這直接導致了嘉慶本中包括校勘符號在内的許多錯誤,這都遭到了時人及後世學者或輕或重的批判。阮元《揅經室集》三集卷二《江西校刻宋本十三經書後》之後有其子阮福按語云:

> 此書尚未刻校完竣,家大人即奉命移撫河南,校書之人不能如家大人在江西時細心,其中錯字甚多。有監本、毛本不錯而今反錯者,要在善讀書人,參觀而得益矣。《校勘記》去取亦不盡善,故家大人頗不以此刻本爲善也。①

又阮元主編之《皇清經解》中《周易校勘記》末尾有其弟子嚴傑附語云:

> 近年南昌重刻十行本,每卷後附以校勘記,董其事者,不能辨别古書之真贋,時引毛本以訂十行本之譌字,不知所據者乃續修之册。更可詫异,將官保師校勘記原文顛倒其是非,加"補校"等字。因編《經解》,附正于此,俾後之讀是記者,知南昌本之悠謬有如是夫。②

再如前引南昌府學教授朱華臨《跋》中對盧宣旬的批評,與阮福、嚴傑所説,大體皆類似。阮福爲阮元之子,嚴傑則爲阮元弟子,朱華臨則爲南昌府學教授,三人所説,并非僅是自己的意見,而更多的是阮元的意見。阮元將文選樓本《校勘記》重新編入《皇清經解》,本身就是對南昌府學本的否定,他之所以不直接公開説出自己的不滿,大概有以下三方面的考慮:一者南昌府學本原就是掛他自己的名字,故而名義上這些錯誤就應該由他負責;二者自己德高望重,若出面批評,有失體面;三者盧宣旬也是自己弟子,如果爲人師者公開否定自己弟子,這無疑是毁人前程。但阮元自己雖不公開批評南昌府學本,私下里還是對自己的兒子和學生、晚輩說出了自己的不滿,很快他的這種不滿便借這些人的口而流傳出去。仔細對比文選樓本《校勘記》與南昌府學本《校勘記》,可以發現這些批評其實都是有一定道理的。

---

① 阮元:《揅經室集》(下册),中華書局1993年版,第621頁。
② 阮元:《皇清經解》卷八〇七,上海書店1998年版,第283頁。

南昌府學本問世後，瞿鏞曾用自己所藏多種十行本①與之對校，發現南昌府學本中存在大量錯誤②，這些錯誤實際上有些是文選樓本《校勘記》中就已出現的，有些則是到了南昌府學本時方才出現。瞿鏞雖未區分南昌府學本與文選樓本，但其後葉德輝跋所藏阮刻嘉慶本《十三經注疏》時引瞿鏞《鐵琴銅劍樓藏書目錄》中語批判嘉慶本的不足，并總結到：“如瞿《目》所稱是有阮氏《校勘記》以明修補版爲十行本未曾細審者，亦有阮氏《校勘記》本據十行本，而南昌重刻時主其事者又誤以明修補版爲十行本未曾覆校者。”③有據于此，葉氏甚至說到：“似此前後矛盾紛岐，貽誤後學，是不如不刻之爲愈矣。”④然而，盧宣旬南昌府學本《校勘記》真如阮福、嚴傑、葉德輝等所說的那麼糟糕嗎？難道盧氏所作的工作就一無可取之處？基于這樣一種思考，筆者對《毛詩正義校勘記》中盧氏所刪汰、增補、改換的條目仔細的進行了考察，認爲盧氏的工作雖有不如人意之處，但也絕非一無可取。

衆所周知，阮元文選樓本《校勘記》的編纂，是十分專門的學術研究，故而詳列諸本异同，極有必要。但南昌府學本《十三經注疏》的刊刻，却不完全出于學術的目的，更多的應該是一種文化普及性的工程。阮元在《重刻宋版注疏總目錄》中詳細梳理《十三經注疏》版本的嬗變情况，最後說道：“明監板已毀，今各省書坊通行者，唯有汲古閣毛本，此本漫漶不可識讀，近人修補，更多訛舛。”因此之故，南昌府學本刊刻的一個主要目的就是要改變當時劣質版本氾濫的局面。故“二十一年秋刻板初成，藏其板于南昌學，使士林書坊皆可就而印之”。胡稷《重槧宋本十三經注疏後記》也稱阮元“令庋其版于學中，俾四方讀者皆可就而印之”。再將南昌府學本刊刻時參與的人員與阮元文選樓本《校勘記》編纂人員相比較，可以發現，南昌府學本刊刻時，參與者多是官員，雖然都是學者型官員，但在當時，治學顯然已只是他們的副業；而參與文選樓本《校勘記》編纂的人員，如段玉裁、顧廣圻、臧庸等，皆是當時最優秀的學者。故而僅從參與人員來看，文選樓本的學術性就要比南昌府學本高。而在當時，以阮元在學界的號召力，若想將南昌府學本做成一個學術性極強的本子，并非找不到一流的學者。但阮元却將此事交給一後進盧宣旬負責，且參與人員多非學界中人。究其原因，在于阮元在很大程度上只是將南昌府學本看做一個文化普及性的工程，以改變當時劣質版本氾濫的局面。既然如此，則南昌府學本所附《校勘記》就沒必要如文選樓本一樣對于諸本异同皆出校語，只要對于其所用底本中出現的錯誤及其他重要的版本异同出有校語即可。再者，文選樓本《校勘記》有二百四十五卷，《十三經注疏》本身也就四百十六卷，如果將文選樓本《校勘記》

---

① 瞿鏞《鐵琴銅劍樓藏書書目》載有附釋音宋十行經注疏合刻本五種，分别爲《周易》、《尚書》、《左傳》、《公羊》、《穀梁》。瞿氏所藏宋本皆爲十行本，且多未經修補，故較阮元所見到的十行本爲優。

② 其《鐵琴銅劍樓藏書書目》中《周易》下云：“阮氏《校勘記》，南昌府學重刊宋本皆據是書，方盛行于世。顧以是本核之，頗多不同。其不同者，往往與家藏宋單注本、宋八行注疏本，及《校勘記》所引岳本、錢本、宋本合，阮本多誤，同閩、監、毛本。均是十行本，何以違异若此？蓋阮元多修版，其版皆由明人臆改。是本修版較少，多可藉以是正舊。”瞿氏又列舉《尚書》《左傳》《穀梁》諸書中阮刻嘉慶本與所藏宋本之區别，指出阮本之誤。見瞿鏞編纂，瞿果行標點，瞿鳳起覆校：《鐵琴銅劍樓藏書目錄》卷一，上海古籍出版社，2000年版。

③ 葉德輝：《郎園讀書志》卷一，"十三經注疏"條，上海古籍出版社 2010 年版，第 19 頁。

④ 葉德輝：《郎園讀書志》卷一，"十三經注疏"條，上海古籍出版社 2010 年版，第 19 頁。

全部附刻于各卷之後，不僅整部《十三經注疏》的部頭要比今日的大得多，且還會使得有些卷帙正文和校勘記在篇幅上差不多。部頭過大則不易于流傳，這與南昌府學本作爲文化普及性工程的性質相悖；校勘記過長，對于普通讀者而言，更屬贅餘。出于這些考慮，南昌府學本刊刻時，對文選樓本《校勘記》的大幅壓縮，實屬必要。故而盧宣旬删汰文選樓本《校勘記》不是問題，如何删汰才是關鍵。

據《引據各本目録》可知阮刻本《毛詩正義》是以十行本爲底本，參考其他諸本而成。今考察盧宣旬删汰文選樓本《校勘記》的條目時，重點關注者有二：其一、其所删條目十行本是否有誤，如作爲底本的十行本都有誤，則所删確實不宜；反之，如其所删條目十行本原不誤，所删校語只是比較諸本異同，則删之亦未嘗不可。其二、其增補、改換的條目十行本是否有誤，如有，則説明其增補、改換確實有益；反之，則屬畫蛇添足。阮元等刊刻《十三經注疏》時，未能見到單疏本《毛詩正義》，其校勘時，許多條目若能有單疏本對堪，則是非立判，但因缺乏單疏本，故所所出校語往往只能使用"理校"，甚至臆斷。盧宣旬删汰、增補、改換文選樓本《校勘記》時，亦無單疏本，其删汰、增補、改換的依據，許多也是出于推測甚至臆斷。而本文在判斷時，皆以南宋刊單疏本《毛詩正義》[①]爲准，不作主觀的臆斷。

今以《鄭風》、《齊風》爲例，文選樓本《校勘記》于《鄭風》出校語162條，南昌府學本出108條，後者删去前者69條，增補16條；文選樓本于《齊風》部分共出校語118條，南昌府學本共出校語74條。後者删去前者48條，增補4條。這兩部份共被删117條，增補20條。被删條目見表四。據表四可知，删去的117條中，十行本有誤者10條，毛本有誤者96條，閩本有誤者65條，明監本有誤者86條。十行本有誤的10條之中，《山有扶蘇》之"此章直名龍耳"條，《鷄鳴》之"鷄鳴思賢妃也至蒼蠅之聲"條，"以鷄既鳴知朝將盈"條，《敝笱》之"箋以一鰥若大魚"[②]條，及"且魴鯤非極大之魚與鰥不類"[③]條，《猗嗟》之"大夫二正士一正"條，及"二十四章"條，共7條，實屬不當删。而《山有扶蘇》之"喬松在山上"條中之"喬"字，雖十行本確實有誤，但文選樓本中同篇另有"山有喬松"條，所校勘的對象也是"喬"字，此條南昌府學本未删，故而無必要保留后者。另外，《南山》之"以襄公居尊位而失匹配"條，及"言魯之道路有蕩然平易"條，文選樓本《校勘記》之所以出校，是因爲其所用版本爲補版，補版有誤；而南昌府學本所用版本爲原版，本無誤，故可以删去。因此，10條之中，實際上不當删者僅7條而已。再仔細考察其所删去的條目内容，實際上多爲諸本之間有差異，如閩本、明監本、毛本、小字本、相臺本等之間的差異。更有一些條目，是諸本皆不誤，文選樓本出校的原因，僅僅只是因爲駁斥浦鏜[④]《十三經注疏

[①] 該書系南宋紹興九年紹興府覆刻北宋國子監本，原藏于日本杏雨書屋，今在喬秀岩等人的努力下，由人民文學出版社影印出版。但令人惋惜的是，該本卷八《鄭風》之前各卷皆缺。故而本文在以單疏本爲判斷依據考察盧宣旬删汰、增補、改換條目時，不舉《鄭風》之前各卷條目，以《鄭風》及之後各卷條目爲主。

[②] 校語云："閩本、明監本、毛本同。案'一'當作'魴'，刊時字壞而如此。"文選樓本第531頁。

[③] 校語云："閩本、明監本、毛本同。案'鯤'當作'既'，形近之訛。"文選樓本第531頁。

[④] 關于《十三經注疏正字》的作者，有云浦鏜者，有云沈廷芳者，争訟不已，本文從阮元之説，作浦鏜。

正字》中的錯誤而已,如《齊譜》之"濰水出今琅耶箕屋山"條[1]。考察《鄭風》和《齊風》可知南昌府學本所删 117 條中,只有 7 條確實不應該删掉,此即意味著南昌府學本删汰文選樓本時的犯錯率不到 6%。

表四　南昌府學本删、補文選樓本條目[2]

篇目	删汰	十行本	毛本	閩本	明監本	篇目	删汰	十行本	毛本	閩本	明監本
鄭譜	問于史伯曰	Y	Y	N	N		女從者畢袗元	Y	N	N	N
	故昭公十六年傳曰	Y	N	Y	N		謂婦爲婚也	Y	N	N	N
	昔我先君桓公	Y	N	Y	N	東門之墠	則在東門外	Y	N	N	N
	是桓公寄帑之時	Y	N	Y	Y	子衿	亂世則學校不修焉	Y	Y	Y	Y
	案左傳及鄭世家	Y	N	Y	Y		故曰校也	Y	N	Y	N
	齊人殺子亹	Y	N	Y	N	出其東門	恩不忍斥之	Y	N	N	N
	蓋後立時事也	Y	N	Y	N		如云之從風	Y	N	N	N
	雖當突前篡時	Y	N	N	N		青黑白綦	Y	Y	Y	N
緇衣	而善于其卿之職	Y	N	Y	N		六月云白旂英英	Y	N	N	N
	則民不愉	Y	N	N	N	溱洧	渙渙春水盛也	Y	N	N	N
	釋詁云之適王也	Y	N	N	N	齊譜	太公以元勳	Y	N	Y	Y
	内路寢之里	Y	N	Y	N		自武公九年	Y	N	N	N
將仲子	繕甲兵	Y	N	Y	Y		濰水出今琅耶箕屋山	Y	Y	Y	Y
	仲初諫曰*	Y	N	N	N	雞鳴	雞鳴思賢妃也至蒼蠅之聲	N	N	N	N
	哀二十年左傳	Y	N	N	N		以雞既鳴知朝將盈	N	Y	Y	N
叔于田	以寵私過度	Y	N	N	N		東方且明之時	Y	N	N	N
	豐曰俟我乎巷	Y	N	N	N		鳳凰爲之長	Y	N	N	N
	夾轅兩馬	Y	N	N	N		還便捷之貌	Y	Y	Y	Y
	言其不妄爲武	Y	N	N	N	著	宜降以兩且此詩刺不親迎	Y	N	N	N
大叔于田	驂中對文	Y	N	N	N		取其韻故耳	Y	N	N	N

---

①　校語云:"閩本、明監本、毛本同。案此不誤。浦鏜云《漢志》無屋山二字,非也。今《志》誤脫耳,《說文》'濰'字下有,可證。"文選樓本 527 頁。余按:阮元《校勘記》中有許多條目諸本皆不誤,本無必要出校語,而撰《校勘記》者爲顯其能,不惜筆墨出校以駁斥浦鏜、盧文弨者極多,南昌府學本雖删去大半,但仍屢見不鮮。

②　撰《校勘記》時曾用經本二,經注本三,注疏本四,參考七家,皆見《校勘記序》後所附之《引據各本目録》,第 574—573 頁。爲便于更加清晰地看出各本之間的情況,本表僅舉十行本、毛本、閩本、明監本情況。文選樓本校勘時所用版本中多有補版,故其校語未必對。但此表判斷對錯時,仍舊遵循文選樓本中所判斷的是非,凡"不誤"者以字母"Y"表示,"有誤"者則以"N"表示。

续表

篇目	删汰	十行本	毛本	閩本	明監本	篇目	删汰	十行本	毛本	閩本	明監本
	以惰慢者必遲緩	Y	N	Y	N		其物小耳	Y	N	Y	Y
	明上句言覆矢	Y	Y	N	N		箋尚猶至似瓊也	Y	N	N	N
清人	臣有高克者	Y	N	N	N		青紘之青	Y	N	N	N
	故言侵也	Y	N	Y	N		刺衰也	Y	Y	Y	Y
	故刺之	Y	N	N	N	東方未明	曆言晝夜者	Y	N	N	N
	酋近夷長也	Y	N	Y	Y	南山	大夫遇是惡	Y	N	N	N
	是守國之兵長	Y	N	N	N		正謂手捉其脇而折拉然爲聲	Y	N	N	N
	魯頌以茅與重弓共文	Y	N	N	N		經書三月夫人遂于齊	Y	Y	Y	Y
	然題者表識之言	Y	N	N	N		意出于齊侯	Y	N	N	N
	爲相敵之言	Y	N	N	N		以襄公居尊位而失匹配	N	N	N	N
	鄭兵緩爲右	Y	N	N	N		言魯之道路有蕩然平易	Y	Y	Y	Y
羔裘	朝多賢者	Y	N	N	N		以求配偶	Y	N	N	N
	刺今朝廷無此人	Y	N	N	N		是服之最尊	Y	N	N	N
	知緇衣者	Y	N	N	N		種之然後得麻	Y	Y	Y	Y
女曰雞鳴	朝廷之士	Y	N	N	N		今至于齊乎	Y	N	Y	Y
	士者男子之大號	Y	N	N	N		而至齊乎止	Y	N	Y	N
	曲禮所陳燕食之饌	Y	N	N	N		卜于死者以足之	Y	N	Y	N
	去則以報答之	Y	N	Y	Y		正義曰釋詁文	Y	N	N	N
	珩佩上玉也	Y	N	Y	Y		正義曰釋詁文	Y	Y	N	N
	士佩瓀玟玉	Y	Y	Y	Y	甫田	婉孌少女貌	Y	N	Y	Y
	下傳亦云佩有琚玖所以納閑	Y	N	N	N		言若者皆然耳之意	Y	Y	Y	Y
	非古士獨説外來賓客	Y	N	N	N	盧令	其環鈴鈴然爲身	Y	Y	Y	Y
有女同車	鄭人刺忽之不婚于齊	Y	Y	Y	Y	敝笱	鰥大魚	Y	Y	Y	Y
	獲其二帥	Y	N	N	N		初歸于魯國止	Y	N	N	N
	今以君命奔齊之急	Y	N	N	N		里革斷其罟	Y	N	N	N
	明是在後妻者也	Y	Y	Y	N		箋以一鰥若大魚	N	N	N	N
	何必實賢實長也	Y	Y	Y	N		且魴鯤非極大之魚與鰥不類	N	N	N	N

续表

篇目	删汰	十行本	毛本	閩本	明監本	篇目	删汰	十行本	毛本	閩本	明監本
山有扶蘇	喬松在山上	N	N	N	N		魴鱮大魚	Y	N	N	N
	紅草放縱枝葉于隙中	Y	N	N	N	載驅	載驅薄薄	Y	N	Y	Y
	嫌爲一木	Y	N	Y	Y		以入魯竟	Y	N	N	N
	此章直名龍耳	N	N	N	N		乘其一駟之馬	Y	N	N	N
蘀兮	有君不以爲君	Y	N	Y	N		箋以爲齊子愷悌	Y	Y	Y	Y
狡童	使立突	Y	N	N	N	猗嗟	傳欲辨揚是眉	Y	N	N	N
褰裳	欲大國以兵征鄭	Y	N	Y	Y		大夫二正士一正	N	N	N	N
	正可有親疏之异	Y	N	N	N		均布之以至于外畔也	Y	N	N	N
	是爲諸國不思正己	Y	N	N	N		量侯道者以弓爲度	Y	N	Y	Y
	故箋之云他士猶他人	Y	N	N	N		象其能禦四方之亂也	Y	Y	Y	Y
	其卿三命	Y	N	N	N		二十四章	N	N	N	N
丰	裏禫也	Y	N	Y	Y	十行本有誤者10條，毛本有誤者96條，閩本有誤者65條，明監本有誤者86條。						

再看南昌府學本增補的條目，《鄭風》增補16條，《齊風》增補4條，如下：

一、《鄭風》

1. "附釋音毛詩注疏卷第四"條，校語："下行當題'毛詩國風鄭氏箋孔穎達疏'，此卷誤脱。"（709上，725上）

2.《羔裘》"亦謂朝夕賢臣"條，校語："夕當作多。"單疏本正作"多"。（718下，725上，44上）①

3.《女曰雞鳴》"璜圭璧也"條，校語："《説文》'圭'作'半'，案，'半'字是也。"單疏本正作"半"。（720上，725上，45上）

4.《遵大路》"袁市坎反"條，校語："案，《釋文校勘》'市當作幣'。"（718下，725上）

5.《女曰雞鳴》"佩玉有衡牙"條，校語："《禮記》'衡'作'冲'。"單疏本正作"冲"。（720上，725下，45上）

6.《有女同車》"字書作堨"條，校語："《釋文校勘》'堨'作'壒'，'壒'是'壻'之别體，小字本作'堨'，乃字有壞而改之。"（721上，725下）

7.《山有扶蘇》"撫藁其其華菡萏"條，校語："衍一'其'字。"單疏本作"撫藁其華菡萏"，所校是也。（721下，726上）

---

① 括弧中數字分别爲對應的正文、校語、單疏本頁碼，正文與校語所用版本爲阮刻嘉慶本《十三經注疏》，中華書局影印本2009年版；單疏本所用爲南宋刊單疏本《毛詩正義》，人民文學出版社2012年版。下同。

8.《山有扶蘇》"薆本又作欲又作萏"條,校語:"《釋文校勘》云'盧本欲作欹,下萏字作薆[①],云欹舊作欲,據澤陂音義改薆,舊作萏,據《爾雅音義》改。'案,所改是也。《集韻》四十八感載薆萏薆欹四形可證。"(721下,726上)

9.《山有扶蘇》"撫葉其其華菡萏"條,校語:"衍一'其'字。"單疏本不衍。(721上,726上,46下)

10.《山有扶蘇》"醜人之至意同"條,校語:"毛本'醜'作'籤',案,'籤'字是也。"單疏本正作"籤"。(722上,726上,46下)

11.《褰裳》"複思于鄭"條,校語:"'思'當作'歸'。"單疏本正作"歸"。(723上,726下,48上)

12.《褰裳》"見子與他人之异有"條,校語:"毛本'有'作'耳'"。單疏本正作"耳"。(724上,726下,48下)

13.《東門之墠》"故知以禮爲送近"條,校語:"毛本'送'作'遠',案,'遠'字是也。"單疏本正作"遠"。(728下,734上,50下)

14.《東門之墠》"女乎男迎己之辭"條,校語:"'乎'當作'呼'。"單疏本正作"呼"。(728下,734上,50下)

15.《風雨》"言風雨且雨"條,校語:"毛本作'風而且雨'。"單疏本正作"風而且雨"。(729上,734上,50下)

16.《野有蔓草》"露潤之兮"條,校語:"毛本'露'作'沾'。"單疏本正作"沾"。(732下,735上,53下)

二、《齊風》

1.《雞鳴》"當複禄衣"條,校語:"毛本複作服。"單疏本正作"服"。(738下,743下,58下)

2.《還》"則是山之南山則"條,校語:"毛本下則字作側。"單疏本亦作"側"。(739上,743下,58下)

3.《著》"至于女嫁"條,校語:"毛本嫁作家。"單疏本正作"家"。(740上,743下,59上)

4.《猗嗟》"尾于正鵠之事":條,校語:"毛本尾作毛。"單疏本正作"毛"。(752上,755上,67下)

上列20條中,《鄭風》之第1、4、6、7、8條共5條,因是標題或傳文、箋文,故不見于單疏本,無法以單疏本來判斷其是非;但在這5條中,第4、6、8條本文原文選樓本《釋文校勘記》中條目,故本不應算增補,因此實際增補條目爲17條。在此17條中,第1、7條雖不能以單疏本爲標準判斷正誤,但據其所言,確有道理;其餘15條,皆可與單疏本一一印證,故皆校勘正確。尤其值得注意的是,盧氏所增補的條目中,雖然没有判毛本與十行本的是非,但他實際上更可能是傾向于毛本的。因爲據表四可知,毛本在删去

---

① 此字嘉慶本與道光本皆模糊不可識,因不影響本文論述,姑且剪切粘貼于此。

的 117 條中，毛本與十行本不同而實爲毛本有誤者近百條，盧氏却不將這些差異列成校語，唯獨將上引 15 條中毛本與十行本不同而毛本無誤者列成校語。要知道，盧氏是在没有單疏本的情况下做出這樣的選擇，足見其眼光之獨到，絶非一般不學無術之人所能做到。當然，盧氏所補也絶非全部都對，如《鄭風·將仲子》中"是致大亂大也"條，盧氏校語云："毛本下大字作國，案國字是也。"[①]實際上單疏本中這句話作"是致大亂也[②]"，可見後一"大"字爲衍文。但總體上來看，盧氏南昌府學本所增補的條目，大都得宜。

由此可知，盧氏南昌府學本《校勘記》雖删汰文選樓本中大量條目，但所删大都得宜，失誤率不足 6%；而其增補的條目，雖亦偶有失誤，但其正確率却非常之高，足見所增亦大都得宜。以往學界不細加區别，對于盧氏所作工作批評太甚，實在是對盧氏有些不公平。

（作者簡介：沈相輝，中國人民大學哲學學院研究生）

Research on the Collation Symbol Problems in *Thirteen Classics* of JiaQing Edition
——And Commenting on the Merits and Demerits of Lu xuan-xun Excerpt *Thirteen Classics Collation* of WenXuanLou Edition

Shen Xianghui

Abstract: This study deeply discusses the significance and problems of collation symbol in *Thirteen Classics* of JiaQing edition and its collation notes. And my paper argues that the collation symbol is not only the bridge connecting the text of *Thirteen Classics* and the collation notes, but also the embodiment of reconciling the Han and Song Learning in Ruan Yuan's edition, which reflects the pursuit of the study style of seeking truth from facts. By a detailed research of JiaQing Edition, this paper finds that the collation notes has the content, but the text often not has the collation symbol, vice versa. Otherwise, this paper discusses the evaluation of Lu xuan-xun Edition.

Keywords: *Thirteen Classics*; JiaQing Edition; *Collation Notes*; Collation Symbol; Lu xuan-xun

（本文責任編校：閆　寧、王　蕊）

---

① 阮刻嘉慶本《十三經注疏》，中華書局影印本 2009 年版，第 717 頁上。
② 南宋刊單疏本《毛詩正義》，人民文學出版社 2012 年版，第 49 頁上。

史學抉原

"州國"小考

張俊綸

摘 要：州國是西周周宣王時代分封的諸侯國，公爵，偃姓。本文根據文獻資料對其立國和滅亡時間及其地望進行了粗略的考辨，認爲其立國時間大約在周宣王二十三年至四十年（前805—前788）之間，滅國時間在楚武王四十一年（前700），從立國到滅國大約存在一百年左右，而它的都城一直到北魏仍然存在，歷經了一千一百餘年的風雨。州國遺址在湖北省監利縣東（今屬洪湖市）螺山上。

關鍵詞：州國　時間　地望

　　夏朝至春秋，在華夏大地上有兩個州國，一爲姜姓，建都淳于（今山東安丘市東北），春秋初年爲杞所滅；一爲偃姓，春秋時爲楚所滅。本文筆者所考辨之州國，乃偃姓之州國，即爲楚所滅之州國，謹此説明，下不再及。

　　州國是江漢平原南部一個古老方國，它前後存在了一百餘年，它的都城存在了一千一百餘年。然而史載却寥寥無幾。《左傳》上關於州國的記載僅兩見。一是《桓公十一年》："楚屈瑕將盟貳、軫。鄖人軍于蒲騷，將與隨、絞、州、蓼伐楚師。"[①]一是《哀公十七年》："觀丁父，鄀俘也，武王以爲軍率，是以克州、蓼，服隨、唐，大啓群蠻。"[②]今人的研究更是門可羅雀。即使是《楚史》、《楚國歷史文化讀本》、《楚滅國研究》等這樣的專門著作，涉及到州國，也是含糊其辭，語焉不詳。歷史上的州國包裹著層層迷霧。那麼，我們可否通過史料的蛛絲馬迹，來撥開迷霧，尋找州國的綫索呢？

一、州國的立國和滅國

　　研究州國的立國，我們首先要知道州君的姓氏。

　　《古今姓氏書辯證·二十阮》云："顓帝裔孫。女修生大業。大業孫曰皋陶，字庭堅，爲舜大士，明五刑，有功，賜姓偃氏，封于河東爲諸侯；貳、軫、州、絞、蓼、六、群

---

① 王守謙等：《左傳全譯》，貴州人民出版社1990年版，第92頁。
② 王守謙等：《左傳全譯》，貴州人民出版社1990年版，第1580頁。

舒皆其後。春秋時，楚盡滅偃氏之國，遂絕其後……"①

《古今姓氏書辯證》爲宋代鄧名世父子撰，共四十卷。作者以《元和姓纂》、《熙寧姓纂》、《宋百官公卿家譜》等互爲參校，采錄嚴謹，考辨詳博，故後來研究姓氏者大都以之爲依據。州國爲偃姓之說，遂爲我國各種大型辭書采用。如《漢語大詞典》："州，古國名，偃姓，春秋時爲楚所滅。杜預注：'州國在南郡華容縣東南。'"②《辭海》："州國，偃姓，在今洪湖市東北，春秋初年爲楚所滅。"③

南郡華容縣即今湖北省監利縣。《辭海》注在"洪湖市"亦不錯。1951年共和國政府析出監利東北、沔陽東南成立洪湖市，州國所在的監利東遂變成了洪湖市西南。

皋陶是舜、禹時期的大理官，即司法長官。《史記·夏本紀》："皋陶卒，封皋陶之後於英、六，或在許。"④皋陶死後，他的子孫被賜偃姓（郭沫若《中國史稿》第一冊："皋陶是偃姓，伯翳是嬴姓。偃、嬴，一聲之轉，是從兩個近親氏族部落發展下來的。"⑤，封到六（音劉，今安徽六安市）、英（今湖北英山縣）等地。封到六的是皋陶的次子仲甄，後被尊爲六國的始祖。

那麼，分封到貳（在今湖北應山縣）、軫（在今湖北應城縣西）、州、絞（在今湖北鄖縣西北）、蓼（在今河南唐河縣南）等地偃姓，是在什麼時候呢？筆者認爲應該是在周宣王分封"漢陽諸姬"時。具體時間大約在周宣王二十三年（前805）至四十年（前788）之間。

周宣王分封"漢陽諸姬"的目的有二，一是"以蕃屏周"，即拱衛周室，鞏固和加強對南方疆域的控制。二是爲了奪取製造兵器和禮器的銅。原來，在漢陽（即漢水之北）地區，楚國的勢力越來越強大，在周王看來，楚已構成對中原乃至對周王朝的巨大威脅。周昭王時代，就有對楚三度用兵之舉。周宣王立，國勢複振，號稱"中興"，于是更加頻繁對荆楚、淮夷用兵。《詩·小雅·采芑》、《大雅·江漢》就描寫了周宣王的大將方叔、召虎出征荆蠻、淮夷時銳不可擋的情景。"蠢爾蠻荆，大邦爲仇。方叔元老，克壯其猷。方叔率止，執訊獲醜"⑥，"江漢之滸，王命召虎，式辟四方，徹我疆土。匪疚匪棘，王國來極，于疆于理，至于南海。"⑦這些詩句雖有誇大的成分，但却反映了周王朝與楚國頻繁衝突的事實。

爲以蕃屏周，抑制楚國覬覦中原，周宣王十八年，宣王將其舅申伯徙封于謝（今河南南陽），二十二年，將其弟友徙封于鄭（今陝西華縣），大概就在此後十多年間，又陸續分封了唐、厲（賴）、隨、貳、軫、鄖、黃、弦、息、江、柏、沈、曾、呂、應、房、州、絞、蓼等國。其中州君的爵位較高，公爵。州君當稱州公。由于這些國家大多分布于漢陽，且以姬姓爲主，所以晉國大夫欒枝以"漢陽諸姬"稱呼之。《左傳·僖公二十八年》，晉

---

① 鄧名世：《古今姓氏書辯證》，商務印書館1936年版。
② 《漢語大詞典》（第一卷），上海辭書出版社1986年版，第717頁。
③ 《辭海》，上海辭書出版社1999年縮印本，第113頁。
④ 司馬遷：《史記》，岳麓書社1988年版，第13頁。
⑤ 郭沫若：《中國史稿》（第一冊），人民出版社1979年版。
⑥ 朱熹：《詩集傳》，上海古籍出版社1958年版，第115頁。
⑦ 朱熹：《詩集傳》，上海古籍出版社1958年版，第217頁。

楚城濮之戰時，晉國大夫欒枝對晉文公説："漢陽諸姬，楚實盡之"。[①]後人拾其牙慧，也稱這些封國爲"漢陽諸姬"。

　　嚴格的説，稱之爲"漢陽諸姬"是不準確的。首先是地理範圍不準確，清人易本烺詮釋"漢陽"時説："漢陽者，謂漢水之北也。以《春秋傳》考之，西自漢水以東，南自漢水以北，東至于光、黄，北至于淮汝，此百千里中小國，皆楚之屬也。"[②]其次是"諸姬"也不全對。上述十餘國除唐、厲（賴）、隨、鄖、弦、息、曾是姬姓外，其中申、吕是姜姓，黄、江是嬴姓，貳、軫、州、絞、蓼是偃姓。但"漢陽諸姬"作爲一種標誌性的提法也説得過去。因爲，畢竟以姬姓爲主，都是宗親。還有重要的一點，嬴姓、偃姓其實是姬氏的分支，而申、吕是周宣王的母姓。都是姬氏的近親姻親。嬴姓、偃姓、姜姓之所以同時分封而來，周宣王也没有"見外"，是把他們視作姬姓一家看待的。不過這一點不在本文討論之列。我們應知道的是，州國是隨"漢陽諸姬"分封而來，時間是在公元前805年到公元前788年之間。

　　那麽，州國的滅國是在什麽時候呢？筆者認爲，應在楚武王四十一年（前700）。因爲楚武王四十一年"楚伐絞……爲城下之盟而還。"（《左傳·桓公十二年》）[③]"爲城下之盟而還"，是説楚國在大軍壓境之下，與絞國訂立了盟約而還。這裏所謂訂立盟約，實際上是成爲附庸的委婉説法。説得更明白些，也就是絞國被滅掉了。雖然這一年没有提到伐州，但《左傳·哀公十七年》提了："觀丁父，鄀俘也，武王以爲軍率，是以克州、蓼，服隨、唐，大啓群蠻。"觀丁父克州、蓼，服隨、唐，大啓群蠻，克是攻克、戰勝，服是順服、臣服，啓就是開發、開啓。克、服、大啓，三個强悍有力的動詞，描繪出觀丁父戰無不勝的風貌。同時也明確告訴我們，克州、蓼是在楚武王時代。

　　隨、絞、州、蓼四國曾在"楚伐絞"之先年（楚武王四十年；前701）聯合伐楚師（見前引《左傳·桓公十一年》），這種不計後果的行動等于在捋虎鬚，攖龍鱗，血氣方剛、志在稱王的楚武王豈能容忍？于是他命令屈瑕、觀丁父等不斷出兵，一個一個的收拾，一國一國的吃掉。伐絞在楚武王四十一年夏，克州、蓼應在是年的秋或冬，以武王的勇猛强悍，他不可能在滅絞後等待數年再去滅州。伐、克、服等詞，雖然没有滅亡的涵義，但在這裏可與滅亡之意等量齊觀。我們可以結論説：絞及州、蓼三國就是在楚武王四十一年（前700）這一年滅亡的。

　　能論證此結論的，有三點：

　　一是楚武王四十二年（前699）楚莫敖屈瑕即去伐羅。由于屢戰屢勝，屈瑕產生了驕傲情緒，他走路時把脚抬得很高，鬥伯比去給他送行，看出了苗頭，認爲驕兵必敗，就連忙向楚武王進言。屈瑕這種驕傲情緒，應該是因爲伐州、伐蓼（或帶領觀丁父）取得了一連串勝利後產生的。同時，屈瑕伐羅失敗，自殺謝罪，楚國軍力和士氣都受到影響，也不大可能在這之後一、二年間還有伐州、伐蓼之舉。而不久又有伐權（權尹鬥緡反叛）之役，伐隨之役，楚武王就死在伐隨之役中。也就是説，楚武王四十二年以後，楚武王

---

① 王守謙等：《左傳全譯》，貴州人民出版社1990年版，第338頁。
② 易本烺：《春秋楚地答問》，三餘草堂光緒十七年版。
③ 王守謙等：《左傳全譯》，貴州人民出版社1990年版，第96頁。

已没有多大間隙伐州、伐蓼了。

二是楚國數次伐隨，再没有提及絞、州、蓼。在聯合伐楚的四國中，隨最强，但即使最强的隨國也尊楚爲王。《史記·楚世家》："五十一年（前690），周召隨侯，數以立楚爲王。楚怒，以隨背己，伐隨。武王卒師中而兵罷。"[1]隨侯尊楚爲王，受到了周王的嚴肅批評，隨侯兩頭受氣，只是略略抱怨了一下，楚武王就認爲隨侯背叛了自己，因此大動干戈，大舉伐隨。在此烈威之下，漢之陽的三小國、弱國（絞、州、蓼）還哪有自己的生存空間？其命運只能是被楚吞滅，變成了所屬的縣邑罷了（滅國變成縣邑以後，楚國會另派其他人來擔任縣尹或縣公，滅國君主的去向，按楚國的常規，一般不是殺掉，而是把君主及其族党遷徙到楚國後方去監管。如君主順服，還有可能在楚國任職）。

三是楚武王之後再没有出現絞、州、蓼三國之名。歷數《史記·楚世家》所亡之國：

文王十二年，伐鄧，滅之。

成王二十二年，伐黃。

二十六年，滅英。

穆王三年，滅江。

四年，滅六、蓼（西周、春秋有二蓼國，此蓼國是位于今河南固始的蓼國，非與隨、絞、州、蓼一起即位于今河南唐河縣南的蓼國）。

《左傳·文公五年》："六人叛楚即東夷。秋，楚成大心、仲歸帥師滅六。冬，楚公子燮滅蓼。臧文仲聞六與蓼滅，曰：'皋陶庭堅，不祀忽諸，德之不建，民之無援，哀哉！'"[2]

魯文公五年（楚穆王四年；前622），以六、蓼滅國爲標志，至此偃姓封國全部滅亡了。所以魯國大夫臧文仲哀嘆道："皋陶之後再就没有人祭祀了啊！"從楚武王之後到楚穆王四年，滅亡的國家名單中没有出現絞、州、蓼三國，這只能說明這三國在楚武王四十一年前就已經被滅掉了。也就是說，《左傳》所言"城下之盟"、"克"云云，就是滅國的委婉說法。

二、州國地望考

《説文解字》說："水中可居曰州。周繞其旁，從重川。昔堯遭洪水。民居水中高土，或曰九州。"州本是一個會意字，在"川"（即河流）中有一小圓點，此小圓點代表陸地。州國應該就建在小圓點上，即四周是水的小塊陸地上。州國爲楚所滅後改爲州縣，後又分爲州陵（部分）、華容二縣。改爲州陵、華容在漢初高祖時。《史記·楚世家》："考烈王元年，納州于秦以平。是時楚益弱。"裴駰集解引徐廣曰："南郡有州陵縣。"[3]漢高祖

---

[1] 司馬遷：《史記》，岳麓書社1988年版，第327頁。
[2] 王守謙等：《左傳全譯》，貴州人民出版社1990年版，第400頁。
[3] 《漢語大詞典》（第一卷），上海辭書出版社1986年版，第717頁。

五年複南郡（秦拔郢置南郡，漢高祖元年爲臨江國），并設置州陵、華容，成爲南郡的十八縣之二。北魏酈道元在《水經注·江水》裏説："江之右岸……又東北經石子岡，岡之上有故城，州陵故城也，莊辛所謂左州侯國矣。"①（莊辛是戰國時楚臣（楚莊王的後代，以莊爲姓），《戰國策·楚策四》記載他面責楚頃襄王説："君王左州侯，右夏侯，輦從鄢陵君爲壽陵君，專淫逸侈靡，不顧國政，郢都必危矣。"②州侯就是州縣的封君，夏侯就是夏邑（今湖北省漢口）的封君，他們都是楚頃襄王的寵臣。酈道元在這裏告訴我們，偃姓的州國古城一直未廢，從周宣王開始，到楚頃襄王，到考烈王，到漢高祖，到北魏還在。歷一千一百餘年而城不壞，這實在是建築史上的奇迹。

那麼，這個州國古城在哪里呢？根據酈道元的《水經注》，我們可以得到三點信息：一、州國古城在江之右岸，即長江北岸；二、後來的州陵故城就是州國古城；三、州國古城在水邊的山上。考"州陵"二字，州是水中可居之陸地，陵則指山陵。凡建在水邊山陵上的城邑，楚人都以某陵呼之，如江陵、鄢陵、州陵等。

按照酈道元提供的資訊，我們可以輕鬆推知州國地望在州陵縣之西南，華容縣（即今監利縣）之東南。因爲州陵、華容屬雲夢大澤，在長江之北的廣袤地區，全是大水和小塊陸地，無一山陵，唯在縣東江濱有四座小山，它們自西向東依次是獅子山、楊林山、螺山、黄蓬山。州國當建在這四山的某一山上。這種推論正好和杜預注相吻合。《三國疆域志補注》引杜預注説："華容縣東南有州國。"③杜預曾任鎮南大將軍，都督荆州諸軍事近十年，他的管轄範圍包括華容縣，所以他對華容縣域的地理應該是十分清楚的。因此，杜預的注得到了歷代史家的認同。

清顧祖禹《讀史方輿紀要》："州陵城，監利縣東三十里。杜預曰：'華容縣東南有州國。'桓公十一年與鄖、隨、絞、蓼伐楚。後爲楚所滅。"④

《漢語大字典》："周代國名，偃姓，故域在今湖北省監利縣。"⑤

《左傳全譯》："州，國名，在今湖北省監利縣東。"⑥

《左傳譯注》："州，國名，地在今湖北省監利縣東。"⑦

我們先來看獅子山。面積約0.5平方公里，曾發現石家河文化遺存，出土了大量石器斧、錛、鏟、鏃，陶器鼎、甗、鬲、豆、甕、盆等，但没有發現夏商周三代或春秋戰國文化遺存。且面積太小，州國作爲都城的可能性不大。

楊林山面積約3.5平方公里，曾發現劍齒象化石，唐代建有天妃娘娘廟，但考古未發現三代或春秋文化遺存。也不可能是州國都城。

再看螺山。螺山面積2.3平方公里。山上發現故城遺址東西長1260米，南北寬120~500米，總面積約505000平方米，發現殘存夯土土城長316米，寬從14~140米不等，

---

① 酈道元：《水經注》，貴州人民出版社1996年版，第1197頁。
② 《戰國策》，岳麓書社1988年版，第139頁。
③ 謝鐘英：《三國疆域志補注》，光緒刻本。
④ 顧祖禹：《讀史方輿紀要》卷七十八，中華書局2005年版，第3670頁。
⑤ 《漢語大字典》，湖北辭書出版社2006年版，第46頁。
⑥ 王守謙等：《左傳全譯》，貴州人民出版社1990年版，第92頁。
⑦ 李夢生：《左傳譯注》，上海古籍出版社2004年版，第82頁。

最高處 5.2 米（一半深埋地下）。出土有西周至春秋戰國時期青銅劍 15 把，還散布有西周、春秋戰國至漢代、魏晉時大量的戈、矛、錢幣、陶器殘片等。從史籍資料、地理位置、出土文物及夯土土城來看，螺山應該就是州國遺址。

黃蓬山下文論述。

三、州國地望不在黃蓬山

今《洪湖縣志》云："州國都城在黃蓬山。"[①] 又夏志芳《洪湖今昔漫談》云："西周直至東周，在此建立州國，都于黃蓬山，史籍上有明確記載，可以找到多處。"[②] 然而夏并没有找出一處史籍佐證。所謂多處云云，乃是想當然耳。

黃蓬山原屬沔陽，1951 年劃歸洪湖。它位于在烏林鎮境內，與鎮街道相連。名曰山，實則是九十九座大小丘陵地帶，號稱"九十九座山，九十九道灣"，群阜總面積 5 平方公里，其中香山最高點海拔 41.2 米。

筆者認爲州國遺址不會在黃蓬山，理由如下：

（1）没有任何史料支持

從先秦史籍到秦漢三國，乃至唐宋元明清，没有一條史料記載，州國遺址是在黃蓬山。《讀史方輿紀要》沔陽州"黃蓬山"云："州南二百里大江之旁。其山延綿環結，上有城，亦曰却月城。城外有台，相傳魯肅屯兵于此。山下有湖，爲黃蓬湖，元末徐壽輝陷沔陽，陳友諒起兵于黃蓬以應之。友諒沔陽人，其父黃蓬漁子也。又黃蓬山之支曰香山，俗名望鄉山，其相近者又有石靈、松林、烏林諸小山。"[③] 影響遠遜于州國的却月城、魯肅、陳友諒都提到了，但并没有提及州國及州國遺址。即使是《沔陽志》、《漢陽志》等地方志書，也没有提到州國遺址在黃蓬山。如明《嘉靖沔陽志》："沔南二百里曰黃蓬山，其山墳起江湖間，延綿環結而秀。"[④] 又《大清一統志·漢陽府》：（黃蓬湖）"在沔陽州東南一百四十里黃蓬山下，納茅埠口、許家池諸水，連大舍、白螺、上洪等湖，趨復車河，達新灘入江。"[⑤] 作爲地方志，如果黃蓬山曾是州國故都，這是一件值得炫耀的事情，是無論如何都要提及的。

（2）酈道元《水經注》明確記載州國遺址不在黃蓬山

酈道元《水經注·江水》在記錄州國古城（即州陵故城）後，順江北岸而記，自西向東的地名有王莽時的江夏，聶口，百人山，對岸就是赤壁山，也就是周瑜、黃蓋火燒赤壁的地方。[⑥]《讀史方輿紀要》："赤壁山，在嘉魚縣西七十里，其北岸對者爲烏林，即周瑜焚曹操船處。"[⑦] 綜合這兩條史料，可知酈道元所說的"百人山"就是烏林，即黃蓬山（烏

---

① 洪湖市地方志編纂委員會：《洪湖縣志》，武漢大學出版社 1992 年版，第 45 頁。
② 《洪湖文史》第 3 輯，第 12 頁。
③ 顧祖禹：《讀史方輿紀要》卷七十七，中華書局 2005 年版，第 3601 頁。
④ 童承叙：《嘉靖沔陽志》，嘉靖十年刊本。
⑤ 穆彰阿、潘錫恩等：《大清一統志·漢陽府》，上海古籍出版社。
⑥ 酈道元：《水經注》，貴州人民出版社 1996 年版，第 1197 頁。
⑦ 顧祖禹：《讀史方輿紀要》卷七十六，中華書局 2005 年版，第 3532 頁。

林山是黄蓬山群中的小山之一）。按酈道元的描述，黄蓬山已經在州國古城的下游很遠的地方（約八十公里之遥）。顯然，酈道元《水經注》已明確告訴我們，州國遺址不在黄蓬山。

（3）没有出土文物證明

迄今爲止，黄蓬山没有發現故城遺址，没有發現夯土城墻。從發現的古墓群看（從西周到明代，各朝各代幾乎都有），但没有一件出土文物能證明黄蓬山是州國遺址。

（4）黄蓬山地理位置不可能是州國都城

黄蓬山位于大河之下，水流湍急，號稱九十九座山，九十九道彎。所謂山，其實是丘陵而已，最大丘陵不過零點幾平方公里。根據當時的自然環境分析，水位應該比現在低得多，大部分淹没水中，面積當更小，所以，黄蓬山根本不具備建築都城的地理條件。何況丘陵河道如此衆多，易攻難守，從戰略上考慮，古人也不可能選擇在這裏建都城。

所以黄蓬山爲州國遺址之説是完全可以否定的。

四、州國及州縣的歷史足迹

《左傳》關于州國的記載有兩處，一處是桓公十一年（楚武王四十年；前701），楚莫敖屈瑕將進攻貳國、軫國。貳、軫是"漢陽諸姬"之一，同屬漢陽諸姬集團的鄖、州、隨、絞、蓼諸國不能袖手旁觀，眼睜睜看著它們被滅亡，于是聯合起來，抵禦楚軍。楚軍這時已備有戰車，軍力相當强盛，聯軍哪里是楚國的對手，首先迎戰的鄖國被打得大敗，前來救援的隨、絞、州、蓼哪里還敢動，也就一哄而散了。隨、絞、州、蓼雖然没有和楚軍正面交鋒，但給楚國以口實。楚國正要攻打他們而苦于找不到理由呢！就在第二年，州和絞、蓼就被楚國滅亡。隨國國力較强，但也淪爲楚國的附庸。

另一處記載在《哀公十七年》。其實所記載的事件發生在楚武王四十一年。是説鄖國的戰俘觀丁父，受到楚武王的重用，讓他擔任軍帥，他不負重托，率軍攻克了州、蓼，順服了隨、唐。前面已論證，所謂攻克就是滅國的同義語。

州國滅國以後被稱爲州縣，先是縣尹管理，後來成爲楚王寵愛的封地，封君被稱爲州侯（比原來州公的爵位降了一級）。大約州縣有荆台、章華台、雲夢澤等名勝，所以歷代州侯總是陪伴在楚王身邊。據《戰國策·楚策一》記載，楚宣王時代（前369—前340）的州侯，深受宣王寵信，出任令尹之職。由于他極端尊貴，獨斷專行，以致引起了魏國使臣江乙的不滿。江乙是著名的辯士，他巧妙的告訴楚宣王，一個令尹尊貴到這樣的程度，這是很不正常的。①

另外一個州侯出現在《戰國策·楚策四》中。那是楚頃襄王時代（前298—前263），楚頃襄王整天和州侯、夏侯、鄢陵君、秦陵君攪和在一起，過著奢侈放蕩的生活。後來莊辛實在看不下去了，就用"螳螂捕蟬、黄雀在後"的寓言來勸諫頃襄王。莊辛的語言層層遞進，一波蓋過一波，使頃襄王受到很大震撼。②

---

① 《戰國策》，岳麓書社1988年版，第119頁。
② 《戰國策》，岳麓書社1988年版，第139頁。

楚頃襄王二十一年（前278），秦將白起攻取楚郢都，秦在郢設南郡，轄州縣。第二年，楚復奪迴秦所占的江旁十五邑，這十五邑就包括州縣。考烈王元年（前262），楚國勢更弱，被迫將州縣割讓給秦，以便求和。（見《史記·楚世家》）[1]楚負芻五年（前223），秦滅楚，州縣屬南郡。項羽攻占南郡，改南郡爲臨江國，漢高祖五年復南郡，并改州縣爲州陵、華容，成爲南郡的十八縣之二。南郡華容縣即今湖北省監利縣。

結 論

州國是西周周宣王時代分封的諸侯國，公爵，偃姓。立國在周宣王二十三年至四十年（前805—前788）之間；滅國在楚武王四十一年（前700），從立國到滅國大約一百年左右。但它的都城一直到北魏還在，歷經了一千一百餘年的風雨。州國遺址在湖北省監利縣東（今屬洪湖市）螺山上。

（作者簡介：張俊綸，湖北省荆州市《荆江文學》主編）

A Study of Zhou State

Zhang Junlun

Abstract: Zhou state is a vassal state in the Zhou Xuan Wang era, belongs to Duke and Yan surname. Based on the literature, this paper makes a rough study of Zhou state's founding and extinction time and its location, and argues that its founding time is twenty-three to forty years of Zhou Xuan Wang era （805 BC to 788 BC）, and its extinction time is forty-one years of Chu Wu Wang era （700 BC）. The country existed just for about a hundred years, but its capital has been to the Northern Wei Dynasty still exists. Its site is located in Jianli's Luoshan, Hubei Province.

Keywords: Zhou State; Age; Location

（本文責任編校：王　丁、李程鵬）

---

[1] 司馬遷：《史記》，岳麓書社1988年版，第344頁。

吴大澂與吴雲交游考

李 軍

摘 要：吴大澂出仕之前，避太平軍之難，入外祖父韓崇好友吴雲幕府，經眼吴中故家所散出書畫、文物，眼力精進。而兩人同嗜金石，于訪求、考釋古物，時相交流心得，本文梳理二人交往之始末，而就二人考古、傳古之理念异同及其對吴大澂著述編撰之影響，加以揭示。

關鍵詞：吴大澂　辛酉日記　傳古　兩罍軒鐘鼎彝器圖釋　愙齋集古録

蘇州先後有兩位吴雲，前者字潤之，號玉松。安徽休寧人，寄籍長洲。乾隆五十五年進士，官至彰德知府。卒于道光十七年（1837），年九十有二。著有《醉石山房詩文鈔》。後者原名鈞，字少甫，號平齋。浙江歸安人，官至鎮江、蘇州知府。卒于光緒九年，年七十有三。與吴大澂有交往者即後者吴平齋。

一

吴雲（1811—1883），字少甫，號平齋，又號退樓、愉庭。其家世居浙江湖州濱湖之錢漊，實隸烏程，而世籍歸安。俞樾《江蘇候補道吴君墓志銘》記其家世云：

> 譜毀于火，先世無徵焉。有曰元卿公者，于君爲六世祖。元卿公再傳曰魯招，是爲君曾祖。魯招生世傑。世傑生鼇，則君之考也。以君及君之子承潞貴，曾祖贈通奉大夫，祖與父并榮禄大夫。君生六歲，母康太夫人卒。十歲，父榮禄公卒。[①]

俞樾與吴雲、吴承潞父子交情篤深，在吴氏喬梓身後，并爲兩人撰有墓志銘。更于光緒六年（1880），應吴雲之請，在其父吴鼇逝世六十周年之際，補撰《味琴吴公傳》，其文有云：

---

① 《春在堂雜文》四編卷三。

吴公諱雲，字青雲，別字味琴。浙江歸安人。吳故右族，累世富厚。父諱世傑，字鯉泉，善廢舉之術，能通流財物，使相歸移。恒往來楚蜀間，候時轉物，致貲累巨萬。公生而敏悟，授之書，不再讀，誦如流。父老嗟嘆，有奇童之目。以大器期之。會鯉泉公春秋高，有所往，命公從行，遂廢鉛槧之業。……生平精于鑒別，所藏書畫，悉名人真迹，無一贗本。喜李北海書，每日必臨摹數百字，後得趙文敏行書《胡笳十八拍》長卷，寶愛之，寢食恒于斯。中年以後，書法益進。咸豐之季，東南大亂，公所遺翰墨散佚無存。其子平齋觀察于故紙中得數字，標飾成冊，其筆意神似趙吳興，洵可寶也。①

吳味琴所書字冊，俞氏《春在堂隨筆》論書法時曾經涉及。吳雲自幼父母雙亡，而能自奮于學，可惜屢試不第，凡六試始入庠。道光二十四年（1844），吳雲三十四歲時，援例以通判分發江蘇。此後歷權寶山、金匱縣事，咸豐八年（1858）權知鎮江府。次年，調權蘇州知府。未幾而金陵、常州陸續爲太平軍所陷，蘇州告警，吳雲奉命赴上海，與西洋諸國領事官會議，欲借外援保守蘇城。未及定議，而蘇州陷落，吳雲滯留上海。同治三年（1864）春，蘇城克復後，方歸吳門。

　　吳雲因壯年以後久在江蘇任職，且兒輩亦多在蘇州等地任官，故長年寄寓蘇城。其所居之地，在城中金太史場，宅後構有園林一處，名曰聽楓山館，以爲休養游憩之地，其中設有平齋、兩罍軒等。吳雲不但與吳大澂外祖父韓崇爲同道好友，更與潘曾瑋、顧文彬兩家有兒女姻親之誼。②此外，如同樣僑居蘇州的耦園主人沈秉成，亦爲其親家。吳雲晚年與潘氏、顧氏、沈氏以及寓蘇之勒方錡、杜文瀾、俞樾、李鴻裔等，輪流在各家園林中舉行雅集，賞鑑書畫古器、古籍善本，題咏紀事，繪圖留真。③吳中老宿，自太平天國運動之後，至光緒初年，近十年間，陸續凋零。吳雲對此每有感嘆，同治十三年（1874）夏其曾致函吳大澂稱：

　　僕衰病侵尋，已成老廢。惟平生筆墨之外，別無耆好，長夏無事，焚香執卷，以讀書爲樂。間取商周彝器置之几席，摩挲賞玩，與古爲歡。子青尚書好書好畫，香嚴、筱舫、仲復、駿叔喜收藏，凡有名迹，莫不折衷于鄙人。大約一月之內，必見宋元以來名書畫一二種，尋常之品則所見尤多。千金市駿骨，此中固有不躓而至者也。惟年來朋舊凋零，平生師友兼資者，一緩叟，一校邠，未及一年，先後殂謝。……四海之遙，學者甚衆，求如何、馮兩兄之根柢樸茂、無書不覽，一時實乏其人。④

按函中子青尚書即張之萬，香嚴、筱舫、仲復、駿叔依次是李鴻裔、杜文瀾、沈秉成、顧承。

---

　①《春在堂雜文》三編卷二，清光緒刻本。
　②據杜文瀾《憩園詞話》卷三所記，太平軍攻打蘇州時，由吳雲"倡議藉泰西兵力以定人心，遂與潘季玉、顧子山兩觀察密商于吳曉帆方伯，力白薛中丞，設立會防局"。潘曾瑋之子祖頤後娶吳雲之女爲妻，顧文彬之孫則娶吳雲孫女爲妻。
　③參看王亮《光緒初年吳門真率會與士禮居舊藏宋本五種之遞傳》，《中國典籍與文化論叢》（十二），中華書局，2009年。
　④《兩罍軒尺牘》卷十，吳雲致吳大澂函第5通，清光緒刻本。

顧承爲顧文彬長子，卓有父風，可惜英年早逝。①至于吴雲所説逝世的兩位友人，何蝯叟即何紹基，馮校邠即馮桂芬。何紹基系湖南道州籍，晚年應丁日昌之邀來蘇州，主持書局事務，直至同治十二年（1873）七月去世，前後凡四年之久。馮桂芬本爲吴人，世居木瀆，晚年主纂《蘇州府志》，其事未竣，竟于同治十三年（1874）四月去世。兩人之中，何氏以書法名，馮氏以辭章名，然兼通金石小學，并以博學稱。面對同輩學者先後去世，吴雲哀痛之餘，深感可與論學之人日少，同時自感日漸年邁，于是將學問一道，寄希望于後進身上，故對吴大澂等青年才俊頗爲看重，引爲忘年之友。

吴雲、吴大澂兩人往來之漸密，始于蘇州城的陷落。咸豐十年（1860）四五月間，吴大澂與家人避居周莊。吴雲曾自上海專程赴周莊，面晤韓崇，商議軍事，對隨侍韓氏身旁的吴大澂有所印象。同年八月，韓崇避亂江北，因病去世，吴大澂因吴雲對其頗爲欣賞，便投入其幕府效力。次年（1861）臘月，吴雲奉薛焕之命，率礮船會合洋兵，收復松江府城，吴大澂即隨往協辦。不過次年（1862）吴大澂終以母命辭幕，入京應試。此後，吴大澂南歸，必面謁吴雲，而兩人南北書信往來，更是日漸頻繁。

吴雲年長吴大澂二十餘歲，爲其父執輩。吴雲對吴大澂確實也以子姪視之，無論在爲政，還是學問上，對他均寄予厚望，時時不忘向當道者推薦其人。吴大澂中舉之後，次年會試失利。同治七年（1868），吴氏再上春官。吴雲當時雖已退居林下，但在蘇聲望未衰，正逢江蘇官書局重開，乃薦吴大澂于當權之丁日昌，同時致函告知吴大澂。同年四月初七日，吴大澂復函云：

> 前月初秋谷到京，接讀手諭，謹悉壹是。適以試事忽迫，致稽肅復。敬維禔躬集福，頤養冲和，允符頌禱。中丞雅意求才，而長者乃以賤名謬應，不足以副清問，過蒙獎勵，益形惶愧。書局先刊牧令書，亦實事求是之意，此外似宜于經史中擇其切要者刊刻數種，尤爲堂皇冠冕，稱此盛舉。廣盦棣綜理其事，當必有所陳説也。
>
> 仲夏稱觴，柳門、韻初與同榜諸君誼應製錦恭祝，望前即可托寄。其文請許崔巢同年及小谿兄分撰，各擅勝場。侄不能文，不足以闡揚懿德，特以平日垂愛之深，誼同骨肉，不可無一言以侑觴，謹序篆屏八小幅，月內覓便寄呈。如榜後下第南歸，閏月初必可到蘇，面聆訓誨也。②

秋谷即吴氏好友潘康保，中丞指丁日昌。當時吴承潞擔任書局提調，故函中有"廣盦弟綜理其事"一説。又因同年（1868）仲夏間爲吴雲壽辰，吴大澂、汪鳴鑾、沈樹鏞等與同榜同年，決定寄送壽幛，聊表敬意。其中，撰文者推爲許玉瑑、徐有珂二人。吴大澂自感不文，乃作篆屏八幅爲壽，對于兩人關係，其自言"誼同骨肉"，似不無原因。

吴雲因好友杜文瀾來信談及江浙水利事，覆函中以爲此事須有地方紳士襄辦，于江蘇方面又舉薦吴大澂，其函云：

---

① 爲吴大澂祖父作小傳的顧承，號醉經，爲吴中名布衣，卒于咸豐末年，與此顧承非同一人。
② 《吉林省圖書館藏名人手札五輯》，全國圖書館文獻縮微複製中心，1995年，第209—210頁。

承詢水利一節……吾弟欲辦此事，必須官紳中先求主持之人，官場兄不敢妄參末議，亦無人可舉。紳士中，兄敢舉二人，浙則縵雲侍御，蘇則清卿太史，二君向爲同志，皆究心水學者。縵老昨日書來，云李中丞邀辦善後，已漸理歸裝。清卿定八月間出都。此二君肯出而任事，將來用人即由二君保舉，可期周妥得力。兹事體大，今得吾弟主持于上，又得二君爲之裏助，此千載一時之會也。①

按周縵雲名學濬，浙江烏程人。道光二十四年（1844）榜眼及第，官至侍讀學士、山東道監察御史。周越然即其後人。函中稱吳大澂爲太史，則此函作于吳氏散館授編修之後，即同治十年（1871）夏。吳雲力薦吳大澂與周學濬二人，不僅因其"皆究心水學"，且以兩人作爲江浙兩地紳士代表，在舉賢任材，籌劃安排等方面，并有過人之處。而吳大澂此年八月以後，因在京辦理直隸賑災事宜，并未南歸，此説最終也就不了了之。但從吳雲屢次爲吳大澂薦事，可見其確實對其才能深爲激賞。

同治十二年（1873）八月，吳大澂奉旨放陝甘學政。吳雲獲信之後，曾致書吳大澂，于其蒞任後諸項事宜，均有所建議：

　　本月十二日奉寄一函，適得簡放陝甘學政之信，匆匆附致數行申賀。計此書月底可以澈覽。旋于二十日接七月廿三、八月初十日先後所發兩函，展誦之餘，一一領悉。秦涼山川雄厚，自古帝王所都，兵燹之後，正宜振興文教。風俗之醇漓，視乎士習。學政有三年久任，與主考不同。老阮台素有澄清大志，正可及時展布德行，道藝政事，參觀并訪，舉一人而衆人勸，黜一人而衆人儆，維持風化，培養人才，此中關系治術甚大。詞章之學，止能潤身而已，尚非探本之務也。幕友聞已延定四人，觀人觀友，知必學行兼優之士。小豁現在湖州郡志局，館况尚好。篆香歸去鄉試，昨已飛信前往，力爲勸駕。②

從此函中"老阮台素有澄清大志，正可及時展布德行"云云等語，可見吳雲對吳大澂的才幹深有信心，并爲他延請得力幕友，關切之情，溢于言表。

光緒二年（1876）冬，吳大澂陝甘學政任滿，請假迴籍省親，次年四月入都覆命。九月初四日，李鴻章奏請現辦賑務，需人協助，仍官編修的吳大澂接到上諭，命其克日前赴天津，會同前任天津道丁壽昌、津海關道黎兆棠等籌辦一切賑務。光緒四年（1878）春，吳雲接吳大澂從山西來函，作覆云：

　　前月接到正月廿四日澤州所發手書，發函雒誦，備悉鳳陽所屬荒災，道殣相望，餓殍滿野，疾苦顛連之狀，比之鄭監門流民圖十倍慘目，真有不忍卒讀者。吾恒軒籌賑籌款，煞費苦心。去歲底體履小有違和，仍復力疾從事，起死人而肉白骨，存

---

① 《兩罍軒尺牘》卷四，致杜文瀾函第1通。
② 《兩罍軒尺牘》卷十，致吳大澂函第4通。

活不可以計數。天道好還，報施不爽，不特他日勛位可與富鄭公比烈，而行道有福，尤必使身名俱泰，到處逢麻。昔湘東王製三等筆，凡記忠孝兩全者用金筆，德行清操者用銀筆，文藻華麗者則以湘管書之。論恒軒平日文章金石，合用湘管。而今在數千里外，厠身餓丐之中，艱苦備嘗，不遺餘力，直當以金銀二筆并書之而不勝書也。……承示夏初迴南，可以圖晤，聞之老懷頓開，眉宇喜溢。自念年衰學落，曩時金石之交，零落已盡，得與我恒軒考論舊學，商酌新知，雖一席之談，直抵十年之讀，豈特如蘇子瞻所云，一日如兩日哉。①

此函中"去歲底體履小有違和"等語，與《愙齋自訂年譜》光緒四年正月所載"因去臘往來風雪中，感受寒氣，遂患傷寒，卧病十餘日"一説相合。吳雲于此函中，先以北宋名臣富鄭公相況，足見其期望之殷。按富弼（1004—1083），字彥國，河南洛陽人。早年立志"濟世安民"，與范仲淹共同推行"慶曆新政"，在貶謫期間，以賑災立功，後官至宰相，又晋封鄭國公，故後人稱之爲富鄭公。吳雲繼而又以梁元帝蕭繹爲湘東王時，製三等筆分記不同之人爲喻，仿佛古人以立德、立功、立言爲三不朽，建議吳大澂要將志向放在立德、立功兩方面。

鑒于吳大澂在辦理山西賑務上的功績，李鴻章爲其具摺向清廷請功。據《愙齋自訂年譜》，光緒四年（1878）五月初二日有上諭，升任吳大澂爲翰林院侍讀學士。吳雲就此在函中又謂：

近日頗傳合肥相國欲薦恒軒以監司之任，未知確否？論眼前人才，欲求學識兼全，體用俱備，又肯實心任事，不辭勞瘁，四海雖廣，如吾恒軒者，實未易覯。倘由監司而早膺疆寄，興利除弊，爲地方生民造福，比之文學侍從，更有實濟。歐陽公云，文章止能潤身，政事足以及物，此之謂也。至于學士頭銜之晋，不足爲恒軒賀也。②

吳雲認爲擔任文學侍從之職，不如外放任地方官，能造福生民，力勸吳大澂堅持濟世的初衷，勿計較一時之虛銜。

吳大澂辦事之幹練，同樣深受李鴻章贊賞。吳氏本擬辦完山西賑務，請假迴蘇省親，旋因李鴻章再委其與李金鏞籌辦河間春賑，至八月始事竣迴津。旋即又獲李鴻章奏保，入京引見，至十二月升授河南河北道。此時已無暇南歸，故與吳雲相見之約，終未能實踐。吳大澂接連辦理山西、河間等地繁劇賑務，因其精心統籌，故能游刃有餘，對此潘祖蔭、陳介祺等也與吳雲看法一致，認爲他實是同道中所少有之人才，此在吳雲信中也曾間接述及：

鄭盦目空一世，平驚人才，絕少當意，日前書來，云恒軒作事縝密無間，所造

---

① 《兩罍軒尺牘》卷十，致吳大澂函第13通。
② 《兩罍軒尺牘》卷十，致吳大澂函第13通。

未可限量,此國家之福,不第吾黨之光。其傾倒可謂至矣。籧齋亦頻有書至,輒拳拳于左右,并有念念在心。①

對于吳大澂,吳雲曾不止一次稱贊,求之古人,他應"是范文正、富鄭公一流人物"。

光緒五年(1879),吳大澂任河南河北道期間,勤政愛民,深受百姓愛戴,上官也對其十分信任,屢薦其能。同年十月,即獲賞加二品頂戴。次年(1880)春,吳大澂奉旨賞給三品卿銜,出關赴吉林幫辦一切事宜。從同治十年(1871)散館任編修,未及十載,從七品升至三品,仕途可稱得意者。聞訊之下,吳雲在致其子吳承潞信中稱:

> 昨閱運齋書,始知恒軒因李、涂保奏,故有此命,來將功名在西北矣。伊家家運正隆,恒軒如能培養元氣,目前猶是一時之榮,將來徑彭世澤,亦在意中。即是運齋此次攜銀一萬,親致李相,必能大悦,此又結契報好之機會也。②

運齋即吳大澂胞弟吳大衡,時任翰林院庶吉士。吳大澂吉林之行,一去數載,至光緒九年(1883)正月吳雲逝世,兩人再未晤面。吳雲去世前一年,即光緒八年(1882)夏間,吳雲寄信遠在吉林的吳大澂,其函中有云:

> 以恒軒之經濟文章,而年力又正强壯,他日勛侔韓、范,世之所謂出將入相者,僕雖老,或尚及見之。③

内中以"韓、范"二人相期,頗中吳大澂心意。在甲午戰爭中,吳氏出關應戰前夕,在致兄長吳大根家書中,就曾提及要"遠師韓、范,近法曾、胡"。吳雲去世後,吳大澂雖身任疆寄重臣,卻因效法"韓、范",主動請纓赴遼東抗敵,不幸失利,最後抑鬱而終,此則已非吳雲所能料及者。

二

吳雲在入仕一事上,對吳大澂時加策勵,期望甚高。而對于其在金石考證方面的認可,則是由來已久。雖在論及政事時,他屢屢援引歐陽修文章只能潤身一語,卻也對吳大澂在公餘勤于訪古治學,深加贊賞,晚年更有意將力所不逮之事,托付于吳大澂。

咸豐十年(1860)八月韓崇去世後,吳大澂旋入參吳雲幕府。從現存吳氏《辛酉日記》所記,咸豐十一年(1861)一至三月間,吳大澂在吳雲處陸續觀其所藏書畫古器。如一月初四日日記云:

---

① 《兩罍軒尺牘》卷十,致吳大澂函第 14 通。
② 沈美芹整理《吳平齋家訓》,《古今》半月刊第 40 期,第 31 頁。
③ 《兩罍軒尺牘》卷十,致吳大澂函第 21 通。

　　　　至陳家木橋，謁吳平齋太守，見四王、惲、吳扇面畫册，內有八大山人、石濤
　　　　和尚兩帙，尤爲奇妙。①

初十日，吳大澂又往吳雲處，見其外祖父舊藏魏文靖手札真迹卷。吳雲并托以四王、惲、吳扇交劉清翰齋裝裱，吳大澂將之帶歸寓中，得以冰梅素面臨王麓臺仿大癡設色秋山一幅。

同年（1861）一月二十五日，吳大澂移住俞家衖厘捐局，住第二進樓上東廂。吳雲出示田黃印章三十餘方，吳氏日記謂：

　　　　皆極精珍品，中有田白數方，質尤溫潤而明净，微帶蘿蔔紋，得未曾見。羅列
　　　　幾案間，炳燭而觀，令人銀海生花，應接不暇，世間珠寶翡翠，不足珍也②。

二月朔，吳雲接到江北寄到書畫箱，吳大澂又得以飽覽平齋所藏書畫。同時，吳大澂也應命爲吳雲刻印畫圖，料理文墨。吳大澂《辛酉日記》對當時之事，詳載如下：

　　　　（一月）二十八日，…代居停題吳冠雲《海上觀雲圖》（五古）。
　　　　二十九日，…居停囑刻牙章"理同事异"四字細朱文，又索繪扇面山水二。
　　　　（二月）十一日，晴。居停以田黃精品囑刻"歸安吳雲平生珍秘"八字細朱文。
　　　　十七日，晴。居停索畫帳，顏仿湯禄名，人物橫披，略爲變化。鄰女效顰，自
　　　　慚形穢耳。
　　　　二十一日，晴。居停出"虢季子白盤"拓本，囑題其首，并録釋文一篇于下。
　　　　三月朔日，晴。居停囑畫書，惟寫梅花兩枝。
　　　　初六日，…爲居停繪"遂啓祺鼎"。是鼎有銘十二行，百三十四字，向爲葉東卿
　　　　先生所得，携置金山，今已付之劫火。居停此拓有文無器，因屬補圖于下。
　　　　初八日，…爲居停刻封完印信，仿漢白文。

按：吳冠雲即主持海上蘋花社之吳宗麟，吳大澂當時亦曾入社參加雅集。從吳氏日記中有關記録看，計爲吳雲刻印三次，繪畫三次，題詞兩次，摹圖一次。雖然當日文人多通藝事，但如吳大澂之擅長書畫篆刻，并精于摹繪古器者，却并不多見，故吳雲對他頗爲倚重。吳大澂入幕之初，上海局勢尚還穩定，故此時主要爲吳雲辦理筆墨文案。此後，因勢漸趨嚴峻，吳大澂與吳雲賓主二人始專心辦理松江防務。

同治元年（1862），吳大澂入京應試，場後留京兩年有餘。直至三年（1864）南下應江南鄉試，才與吳雲再次相見。從同治二年（1863）起，吳雲應親家常鎮道許道身之請，開始編修《焦山志》。此志最後編訂成二十六卷，其中涉及鐘鼎彝器、金石碑刻者計有七卷之多。由于深知吳大澂精于金石之學，吳雲乃力邀其參與編輯事宜。當時吳大澂在致

---

① 吳大澂《辛酉日記》，稿本，上海圖書館藏。
② 吳大澂《辛酉日記》。

應寶時函中曾提及：

> 大澂爲退樓主人助修焦山志書，終日伏案，討搜舊聞，聊任鈔胥之事。讀書功課，爲俗務所牽，半歸頹廢，清夜自維，且愧且懼。①

從此函中吳氏稱研讀宋明諸儒之書，迴首十載，以及蘇城恢復等語，可知必作于同治三四年間。據同治十二年（1873）吳雲致吳大澂函有云：

> 《焦山志》早已蕆事，《周鼎考釋》一篇，特屬鶴笙弟用極薄東洋紙録出，寄請斧削。《山志》現已刷印，將來擬將焦山金石另刻專書，尊意如何？②

可見，吳大澂當時所主修者，確實是金石類。上海圖書館所藏《愙齋雜稿》中尚存《焦山金石志》殘稿，僅存第四、第五、第六、第十二頁，共四頁，計宋代十四條、元代一條、明代二條，無疑是當時編訂《焦山志》所殘存之草稿。

關于前文所引《辛酉日記》言及，咸豐十一年（1861）吳大澂在吳雲幕府中時，曾爲之摹繪遂啓諆鼎圖形，此鼎即藏于焦山，本應入《焦山志》，詳加考訂，而今獨略之。對此，今人王獻唐所作《吳愙齋先生年譜校記》就年譜中同治十二年焦山僧人曾寄拓本至京，吳大澂致函王懿榮，言及此拓"尚有原字，顯然可睹，留此作證據"一條，曾作按語云：

> 遂啓諆鼎原止九字，爲"遂啓諆作廟叔寶尊彝"。陝賈從其四面僞刻字三百，售之葉東卿，東卿不察，爲作考釋，輦置金山，并以考釋刻石。陳簠齋知爲僞刻（劉燕庭、鮑子年亦皆知之）多字，曾告京友，爲東卿所聞，甚怒。後簠齋出燕庭所藏鼎文原拓九字證之，人無間言，而東卿怒仍不解也。此事頗爲當時一掌故，愙齋函中云云，即指此事。③

其實，吳大澂與吳雲正因熟知此段掌故，所以對此鼎未作深究。吳雲在致吳大澂書札中曾加以說明：

> 東卿先生所得之遂啓諆鼎，原舊款識本兩行，其餘篆文聞爲蘇氏兄弟僞刻。此説翁叔均常言之，蓋聞諸燕翁、壽卿諸君也。此鼎東卿師送置金山，山寺爲賊所毀，鼎爲寺僧埋藏得免于劫。……深惜儈父漁利，以字多可得價，添此蛇足，使三千年重器魚目相混，言之堪痛恨。僕以師門古物，不便深言，故此鼎雖在焦山多年，《志》

---

① 《吳大澂書札》，國家圖書館藏。
② 《兩罍軒尺牘》卷十，致吳大澂函第 6 通。
③ 王獻唐《吳愙齋先生年譜校記》，稿本。

中不著一字，良有以也。來諭之説，恰與鄙意相合，佩服佩服。①

　　吴雲因此鼎有關師門名譽，故置而不論。從其復函可知，吴大澂于來信中曾言及遂啟諆鼎真僞一事，認爲可"存而不論"，可見其處事之得當。

　　從同治三年（1864）至七年（1868）四年間，吴大澂由舉人而成進士，在此期間，除辦理留養災民等公益事務外，在學問方面，也受到老輩的贊許。潘曾瑋編刻其父潘世恩的《正學編》，吴大澂得以商訂内容，其所作筆記并被附刻書中，可見他在研究宋明理學上的造詣，受到肯定。而參與《焦山志》的編修，則是他在金石學方面的成就，受到吴雲的認同。

　　光緒初年，與吴雲同輩的金石學家如李佐賢、鮑康等，陸續下世。當時健在者，北方以陳介祺爲代表，南方則吴雲爲碩果僅存，沈秉成、李鴻裔等收古物，常請吴雲過目。②潘祖蔭與吴大澂兩人，則被諸老視爲後進，③尤其是吴大澂年富力强，并勤于學問，不同于潘氏之久羈京師，政務纏身，難以專心治學。所以，吴、陳二老均樂與之往來，時時有建議合著一書，或以無力完成之著作相托付。

　　道光二十五年（1845），吴雲與陳介祺在沈兆霖家中訂交。④此後因戰亂，斷絶音信十數載，再通書札時，兩人均已年逾花甲。吴氏與陳氏志同道合，爲至交好友，但兩人體質、性格以及治學之態度，却不盡相同。吴雲較陳介祺年長兩歲，雖僅比後者早一年去世，但其晚年體質却遠不如陳氏。從吴氏晚年信札所述，他時常卧病，很少出門，曾赴上海看西醫。反之，陳介祺晚年連得子女數人，且書札洋洋數千言，無一懈筆，可見其精力充沛，遠勝于吴氏。

　　由于體質精力上的差异，吴雲與陳介祺兩人對待著作之態度，在晚年更趨明顯。較之陳介祺治學力求精益求精，吴雲則傾向于速成。當時，吴中真率會中諸老，年紀與吴雲相仿，雖亦收藏金石碑版，却更喜談書畫，故吴雲謂：

　　　　吴中談書畫者，如子山、香嚴、筱舫、仲復即張子青先生，頗不乏人。獨金石考證之學，落落寡儔，大抵三四同志，多在數千里外。壽老月必通書，亦常提及恒軒、鄭盦。……而吾恒軒年力最富，學識至優，文章政事，遠可追歐陽文忠，近則直繼阮文達，蘄爲一代大儒，非老朽所能望肩背也。⑤

---

① 《兩罍軒尺牘》卷十，致吴大澂函第7通。
② 《潘鄭盦致吴愙齋書札》第286通云："李眉生、沈仲復所得全恃平齋爲耳目。度極真極精者，平老必自留之。"顧廷龍抄本，蘇州博物館藏。
③ 《兩罍軒尺牘》吴雲致鮑康函第五通有云："海内金石同志，止此數人，非老即病，獨簠齋精力彌健，耆古彌篤。鄭盦廣搜博采，所獲既多且精，年富力强，名位隆盛，學識又足以副之。清卿繼起，用力尤銳，心思精到，將來所造，皆未可量。"
④ 《兩罍軒尺牘》卷七吴雲致潘曾綬函云："憶乙巳年，弟下榻沈文忠公寓齋，壽卿與老親家同日過訪，是爲三人訂交之始，今皆白髮颼蕭，六十以外老翁矣。"
⑤ 《兩罍軒尺牘》卷十，致吴大澂函第7通。

吳雲并非無後人，其子吳承潞與吳大澂爲知交好友，亦好書畫金石，且在蘇州、太倉任官，常迎養乃翁至官署中，但其最嗜古泉，于文字考證之學，不甚留意，未能傳其學。因此，吳雲轉而對吳大澂深抱期許，其在光緒二年（1876）致陳介祺函中有云：

> 清卿年力富强，好古既專，用志又銳。此次視學秦涼，正當兵燹之後，金石之散置于人間者，未必有人過問。而清卿軺車所至，校試之餘，四出搜羅，三年之中，所得如此之富，此固金石緣深，造物特以所處之境，玉汝于成也。關中金石自燕庭先生搜括之後，閱三十年而清卿繼之，從此冀北群空矣。①

對于陳介祺之學養及其收藏之富，吳雲固然推崇備至，但對其對著述之要求盡善盡美，不無微詞。他在致李佐賢、鮑康、潘祖蔭及吳大澂等人書札中都曾談及此事，其中致潘祖蔭函言之最具代表性：

> 子年書來，謂簠齋收藏豪富，乃諄勸他人刻書，而自己轉無著作，且編纂之書，亦所未見。子年深以爲异。實則簠齋心眼過高，不肯稍稍牽就，前年來信，欲薈萃先秦兩漢以至六朝官私古印，成《印舉》一書。以己之所藏，再合他人所有彙爲一書，洵屬大觀。雲雖心以爲然，却知其未必能成。蓋簠齋作事，每每精益求精，務欲人人嘆爲空前絶後，無毫髮之憾而後已，任此役者，勢必因難生畏，望而却走。今閱三年，鄙言不幸而中。曩時又商集先秦古器款式，彙刻成書，爲《積古齋》之續，雲允與執事相助爲理，後即奉書左右，果蒙欣然相從。復又專函轉告，一再慫恿，現又束之高閣，不復置議矣。世固有輕率授梓，灾梨禍棗，誠屬可鄙，然過于求精，遂至心高手硬，因噎廢食，亦所不取也。②

吳雲在此并非有意于背後貶損老友陳介祺，主要還是想勸戒同道，于著述一事，不能過于苛求，否則容易因噎廢食，此從吳雲致陳介祺函中可以得到證明。③

吳雲本人不但勤于撰述，同時也積極籌劃刊刻事宜。對于金石學著作的刊刻，與一般經史著作、詩文別集要求有所差异。此類著作除了文字考釋之外，尚需摹繪器形銘文，延請良工雕刻，試印後再經修整，才能正式刷印。其中摹繪器物，與上版雕刻、依樣修版，需要專門人才，非常人所能措手。前輩學者如浙江籍金石學家張廷濟，其刊刻金石類書籍，即主要依靠胡裕（衣谷）、張辛（受之）二人。吳雲爲刻書，也長期延請名手李錦鴻、張玉斧二人。其中，李氏曾受教于金石僧六舟達受，精于摹拓，深爲吳榮光、劉喜海及吳雲等賞識。張玉斧名嶼，其父張萃山爲名刻工，他因受家庭影響，遂精于此技。同治

---

① 《兩罍軒尺牘》卷九，致陳介祺函第19通。
② 《兩罍軒尺牘》卷八，致潘祖蔭函第18通。
③ 《兩罍軒尺牘》卷九致陳介祺函第3通云："南中自兵燹以後，手民之劣，以及紙張刷印，無一可以入目，兼之各省書局、興圖局皆選良工，稍有本領者，皆爲羅致而去，迥非亂前可比。兄眼界過高，倘不肯降心相從，必欲如從前之精益求精，轉恐有因噎廢食之患。大約刻金器，首重篆文，此外皆可從略也。"

初年，翁同龢因京中刻工不佳，曾托吴大澂將其父翁心存墓志專程寄蘇，請張玉斧操刀。同治十二年（1873），吴大澂自京師致吴雲函，即提及覓良工之不易：

> 此間梓民刻圖尚工，款識往往失神，却有一二佳者，未能欲速，一促迫之，便以他手濫充。俗工刻鐘鼎文，大率有三弊，起筆刻圓，轉折刻方，粗細刻匀，如此便類小篆，大失古意，不如尊處有張玉斧，無此三弊也。①

陳介祺處，摹拓則有王石經、陳佩綱二人。陳氏後入吴大澂幕府，卒于河南。除了摹拓、雕版需得人之外，好紙佳墨，也是刻書所必不可少之物。吴大澂在西北訪拓古碑，即因無適用之紙，不能多拓。陳介祺也曾托吴雲在南方購紙，以備摹拓、寫樣。吴雲身在蘇州，各方面條件視陳介祺自然更爲方便。不過，以上均屬客觀條件，尚可設法克服，最主要的原因，仍是兩者主觀對待著作態度上之差異。

吴雲早年輯金石考證之作，編刻爲《二百蘭亭齋金石文字記》三卷，至晚年因所藏益富，故復加董理，重刻《彝器圖釋》一書。②并欲將家藏百數十面古鏡，編刻爲《古鏡録》。因獲陳介祺函，言及其家亦藏古鏡頗多，刻鏡一事因此中輟。後吴大澂在陝甘學政任上，搜獲古鏡數十種，吴雲聞訊後重起刻鏡之念，爲此曾致函吴大澂，與之商議：

> 尊處新得古竟，漢魏以來，共有七十餘種，令人艷羨不已。壽老寄來藏竟拓本一百六十餘種，合三家所有，已在三百以外，倘能選擇其字文之至精者刻之，亦可以補金石專書所未備。《西清古鑑》多内府奇珍，不敢比擬，此外如《宣和博古圖》及世傳各種金石書，附刻古竟皆不過數十種。僕自以所藏一百三十餘種頗足自豪，于是有《古竟録》之刻，工將及半，後知壽老藏竟之富，因遂輟業。今吾恒軒又有七十餘種之多，……僕老矣，體又多病，伏案稍久，便覺心火上升，時有不適。今夏將《古印考》一書補録續得各印，務欲剋期蕆事，中間頗有出瞿氏《集古官印考證》之外者。至古竟之刻，惟望吾恒軒成之，剞劂之費，僕當力任。③

《古鏡録》最終未能刻成問世，究其原因，似是吴大澂對待著作之要求，更接近于陳介祺。同治十二年（1873）春，吴大澂接獲吴雲所寄來之《兩罍軒鐘鼎彝器圖釋》樣本後，在致王懿榮書札中，頗以其收録失之太濫爲言，坦言自己"所欲刻之品，須精而又精，寧少毋多"。不過，吴大澂深知吴雲對自己之關切與期望，始終事之甚恭，在京時，曾爲吴雲代購鹿胎之類藥物，赴西北任官後，仍不忘寄贈金石拓片，時通音問，商訂彝器文字。同治十三年（1873）夏，吴雲在信中言及昔日與陳介祺所議合編古器圖録之設想，其函

---

① 《吴大澂尺牘》。
② 吴雲本擬將家藏古印附入《彝器圖釋》，後因陳介祺建議而將古印單刻爲《古官私印考》。説見《兩罍軒尺牘》卷九吴氏致陳氏第二通："弟所輯《吉金圖釋》皆一家之器，本欲仿《嘯堂録》例，將古印附刻于後。嗣因卷帙稍多，考例較詳，意欲另編成集。正在遲疑未決，適得手教，遂決意另編矣。"
③ 《兩罍軒尺牘》卷十，致吴大澂函第7通。

有云：

> 當今金石之學定推壽卿，收藏之富，夐絶今古，尚猶孜孜不倦，廣爲搜羅。僕月必接其一二書，商及刻三代文字。僕諄屬其就收藏之彝器拓本八九百種，選擇其字多而精確者，仿薛、阮二書之例，倩好手精刻，即爲阮書之續，其字少無關考證者汰之，亦足繼往開來，決爲必傳之作。乃其必欲依許氏《説文》部首，創例成書，窮年累月，正不知何時始得告蕆。鄭盦謂其刻意求工，轉致因噎廢食，有以哉。①

從此函所述，吳雲提議仿阮元《積古齋鐘鼎彝器款識》之例，著録阮氏未收之古器，編成一書。陳介祺則認爲，按照許慎《説文解字》部首順序，依次著録三代文字。從文字學研究角度看，陳介祺所設想，似是在充分研究文字基礎上，編纂一部性質與現代學者容庚所著《金文編》相類似的著作。其學術價值之高，自非一般之古器圖録所能比擬，但其編纂難度也不容小視。反之，吳雲所説在當時更具可行性，其立足整理保存原始文獻的觀點，確實值得肯定。

吳大澂對吳雲所述編輯彝器圖録一事，頗有賡續其事之意。光緒二年（1876）臘月，吳大澂請假迴蘇後，曾就此事與吳雲詳加面談。吳雲因此寄希望于吳大澂，助其實現夙願。兩人商議之後一日，吳雲又作長函，就編書事細加申述：

> 昨所商輯刻三代款識，愚意就現在各家所有彝器并收藏款識拓本，擇其篆文精美者，仿《積古齋》例鉤摹鋟版，即爲《積古》之續，計算出各器與舊時著名之品，及器逸而拓本存者，大約至少可得八百種。其一二字而無關考證者汰之，比《積古》所録，已加倍之多（積古齋止四百餘器），亦可謂集一時古文之大觀也。鄙人蓄願未償，今得老阮台同有此意，實爲至幸，特將昔年與讓之諸君商輯殘稿奉閲。此稿無甚考釋，不能有所裨助，姑作嚆引而已。請從速屬草，先將拓本選擇標明目録，次第鉤橅，釋文有考者録之，疑者闕之，不必穿鑿，總以傳古文爲主，將來剞劂之貲，鄙人獨任，此書成後，署某某同輯。……往年壽卿欲作此書，鄙人再三敦促，許以相助爲理，而狃于體例未果。今僕精力日衰，心思益拙，……前日聞老阮台竟有同志，喜幸真難言喻。至云橅取鐘鼎文字，編韻成書，俾學者易于翻查取證，此雖盛舉，似可從緩。②

從此函所述來看，當初除吳雲、陳介祺兩人外，參與其事者尚有吳讓之（熙載）等，而且吳雲與吳讓之已著手摹繪古器，終因與陳介祺在體例上的分歧，未能成事。吳雲對此一直耿耿不能釋懷，至晚年已無力重拾舊業，故將之托付吳大澂，以爲得人。光緒三年

---

① 《兩罍軒尺牘》卷十，致吳大澂函第5通。此函中提及鄭盦云云，似即同書卷八致潘祖蔭函第八通所云："簠齋爲當代傳人，惟其天性好勝，所作務要出人頭地，刻意求工，轉致因噎廢食，即如彙刻先秦文字一端，若照薛、阮二書之例，選擇器之多而精確者，得好手影摹之，再得我二人相助爲理，此書一出，亦足繼往開來，決爲必傳之作，乃欲依許氏《説文》部首創例成書，條件既繁，詮證匪易，窮年累月，不知何日得成。來諭謂其刻古金文一事不能成，想即指此也"。
② 《兩罍軒尺牘》卷十，致吳大澂函第9通。

（1877）四月，吳大澂入都後，吳雲于書信中仍爲此不斷督促之：

> 續《積古齋款識》鄙意深盼速成，務必將目録編定，酌分若干種，歸鄙人相助爲理，鈎橅脱稿，即可付刻，約二年可期蕆事。傳三代文字，以神來學，此不朽之盛業也，幸勿視爲緩圖。至禱至禱。①

然而此後兩年間，吳大澂忙于賑災，奔走各地，實不暇專心治學。但未忘前議，在京時，吳大澂就曾與潘祖蔭言及此事：

> 前在蘇時，退樓丈欲與大澂同刻《款識》，仿嚴、姚之例，願任刻費。鄙意吾師藏器藏拓最富，亦必樂聞其事，即簠齋丈、廉生如欲同纂，不妨并列，其體例仍依阮刻，以器爲次序，首鐘，次鼎，次敦彝（皆名敦，從簠齋説），次酒器（壺、卣、尊、斝、角、觥、爵、觚、觶之屬），次烹飪器（甗、鬲之屬），次盥器（般、匜），次兵器。如簠、簋盛黍稷之器，宜在鼎敦之後。釋文考據，皆不可無。唯釋文去其穿鑿，考據去其繁冗，不可釋字依本文釋之。②

吳大澂所言，與吳雲之設想，頗相近似。至光緒五年（1879），升任河南河北道後，始稍得閒暇。同年七月，吳雲在書札中敦促吳大澂實踐前約：

> 行館軒爽，几案清潔，早晚赴工督辦厢埽之外，得以暇晷從事翰墨，鈎摹彝器文字，一半月間可得一二百種。秋冬事簡，明春期成書，寄南付刻。此蓄志三十年未得遂願之事，今可睹厥成功，聞之老懷頓開。直欲距躍三百，謹當預覓良工購版以俟。鄙意此書卷帙不少，非旦夕可蔵，將來鈎出若干種，應即寄下，以次授梓，不必待成書之後始鋟版也。鄙人年老多病，簠齋牽于家務，斗米尺帛，俱欲親自料理，耆古雖篤，不能專心著述。海内一代作家，斷推恒軒，實至名歸，欲退讓而不可得者。③

此函所述，似吳大澂曾致函吳雲，告以在辦公之餘，確曾摹繪古器，從事考證。本以爲數月之後，書稿將粗加編定，不料吳大澂竟因公務繁劇，未能按時竣事。次年（1680）春，吳大澂又奉命赴吉林幫辦一切事宜，以至編書一事，一再遷延，直至光緒九年（1883）吳雲去世，終未能竣事。

光緒八年（1882）夏，吳大澂自吉林致書吳雲，附告正在撰寫《説文古籀補》，吳雲退而求其次，覆信稱願爲其刊刻此書。在同函中，吳雲仍念念不忘續刻阮氏《款識》一事，其函云：

---

① 《兩罍軒尺牘》卷十，致吳大澂函第10通。
② 《吳大澂尺牘》致潘祖蔭第71通，稿本，國家圖書館藏。
③ 《兩罍軒尺牘》卷十，致吳大澂函第16通。

承示入春以來杜門五十日，考訂籀文，多有創解，所撰《説文古籀補》一書，約千餘字，重文數百字。舊釋不可信者，概從闕略，附于卷末，則別爲一篇。此書若出，不獨篆籀之學藉爲依考，而于許君亦實有匡益，洵不朽之盛業也。剞劂之事，僕當任之。昔年與恒軒及讓之兄商輯先秦古器款識，擬爲阮氏《積古》之續，所約已逾十年，迄未能踐。總之，此事過求精，必致因噎廢食。鄙意一經脱稿即寄來，附去東洋紙三十頁，以備繕寫，即以原字上版，籀篆非盡人能寫也。①

　　據體例來看，《説文古籀補》是依照許氏《説文》部首順序，著録古文，其形式無疑近于陳介祺當年所主張者，惟其規模略小而已。但此書僅摘録古器文字，未附原器形制及款識全文，不存古器原貌，是其不足之處。

　　其實，吴大澂從與吴雲商議之後，直至後者去世，十餘年間，并未忘記當年所議之事，他在撰寫、修訂《説文古籀補》的同時，仍從事于古器拓片、款識之搜集與考釋。

　　光緒十三年（1887）八月，吴大澂所撰《毛公鼎考釋》一篇，以《周誥遺文》之名，由上海同文書局石印問世，此文後收入《愙齋集古録》。《愙齋集古録》雖是吴大澂身後始由王同愈、吴本善、吴湖帆等整理出版，但在其生前期稿已初具規模。全書收録古器千餘種，其範圍正如吴雲所言，爲當時"各家所有彝器并收藏款識拓本"。至于所附考釋文字，亦本"有考者録之，疑者闕之"之旨。而對各器款識之考釋，間有牴牾之處，此爲各器隨得隨録，最後整比成書之旁證。

　　《愙齋集古録》稿本二種，今藏上海圖書館，一全一殘。上圖并藏有《集古録目録》殘稿數種。結合目録與稿本看，吴大澂編輯此書之程序，似與吴雲書札中所述相同。而兩種《集古録》稿本中，全者後出，凡十二册，多用拓片黏貼，再加考釋，此即目前通行影印本之底本。不過此本付印之後，又經吴湖帆改裝，以致其與影印本已有所不同。至于殘本，現存四册，與全本無論著録器物數量及次序，均與付印底本不同，全稿所用拓片，均是吴大澂親手摹繪，文字考釋無多，與影印底本相比，稍嫌粗略。故疑此殘本，或即吴大澂于光緒五年所親手鈎摹之物，後又重裝成册而已。

　　比較兩稿可知，殘稿四册仍沿襲宋元以來，鈎摹器形、款識之傳統，與阮氏《積古齋鐘鼎彝器款識》可謂一脉相承。此法雖能再現古器之整體形貌，但由于縮小鈎摹之後，難免會失真，尤其是銘文款識，對于研究古文字而言，點畫絲毫之差，其結論可能會謬以千里。吴大澂之所以忍痛割弃前人鈎摹全形之傳統方式，選擇以古器拓片爲主，附加考釋，編訂成《集古録》，正是其一貫治學求精之態度所致。容庚在《清代吉金書籍書評》中曾評此書曰："我對于宋代摹本銘文，覺得失真太甚，……吴氏此書所編的字，皆據拓本，去僞存真，慎重摹寫，爲字書空前的著作。雖現在看來，間有誤釋的字，尚待修正。但近人一再續補，尚未能跳出他的範圍。"②容氏一語中的，堪爲定論。

　　吴雲與吴大澂兩人之交往，從咸豐末年至光緒初年，凡二十餘載。吴雲以其爲摯友

---

① 《兩罍軒尺牘》卷十，致吴大澂函第 21 通。
② 《容庚文集》，中山大學出版社 2004 年版，第 137 頁。

之後，以子姪視之，對其才幹、學識均甚爲賞識，以其爲同輩中之佼佼者。無論是爲政，抑或治學，吳雲對之都時加勉勵，晚年更有意將未成之著作，托付予吳大澂，并願爲吳大澂刊刻著作。吳大澂接獲吳雲訃音時，人在東北，據《北征日記》所載，他曾發唁信于吳承潞，挽聯中有"古籀文字，祇恨一編"之語，似即念念于兩人昔日所議編書事，未能在吳雲生前實現。

（作者簡介：李軍，復旦大學文學博士，蘇州博物館副研究館員）

A study on the Friendship between Wu Dacheng and Wu Yun

Li Jun

Abstract: In order to avoid the difficulties of the Taiping Tianguo War, Wu Dacheng went to his grandfather's friends Wu Yun's office, saw the paintings and artifacts from the old home and cultivated his appreciation ability. This paper combs the two people's communication, reveals their different ideas of archeology and archaeological propagating and its influence on Wu Dacheng's writings.

Keywords: Wu Dacheng; *Diary of Xin You*; Archaeological Propagating; *The Pictorial Interpretation of Lianglei-Xuan's Artifacts*; *Ke-zhai Ji Gu Lu*

（本文責任編校：周　斌、張博硯）

百事抑或百子：明憲宗《歲朝佳兆圖》的佳兆

蘇耀宗

摘　要：君主享祚不長或年輕登位是專制政體政治動荡的一個根源，也是宫廷里非常敏感的事情。明憲宗善于繪事，且喜用意象、諧音、雙關、視覺效果等技巧暗示個人的意願。特别對于健康、長壽、子嗣的渴求。本文探討明憲宗的個人願望如何在《歲朝佳兆圖》含蓄地表達出來。

關鍵詞：明憲宗　歲朝佳兆圖　健康　柏　柿　子嗣

一、憲宗與萬妃

明憲宗（朱見深，1447—1487，在位 1468—1487）跟萬貴妃（萬貞兒，1428—1487）的感情既深厚也複雜。憲宗經過許多曲折，獲悉有一個六歲的兒子朱祐樘（明孝宗，1470—1505，1487—1505 在位）後，跟着幾年妃嬪們紛紛傳來誕下龍種的喜訊，這據説是萬貴妃希望衆多的兒子會分薄憲宗對太子的寵愛。

但是，另一種的觀點却認爲憲宗察覺萬貴妃的計謀，主動疏離，并保護皇子免受傷害。這個觀點以牟復禮（Frederick Wade Mote, 1922—2005）爲代表：

To be sure, he distanced himself from Lady Wan, no longer regularly residing in her palace, and he succeeded in having seven- teen other children in the decade that followed, by a number of palace women. Courtiers in league with Lady Wan supplied him with sex manuals and works of pornography; there are hints that his private life became somewhat debauched. He recognized the need to guard his progeny against her. His mother went so far as to warn her grandson, the young heir apparent in her charge, that when visiting the Lady Wan's quarters he should refuse all food and drink.[①]

本文根據著者 2015 年 6 月 23 日在 International Conference for Academic Disciplines（IJAS, Barcelona, 2015）宣讀之論文 What Did Chenghua Emperor Say: A Study on his Painting "Good Omens on Lunar New Year's Day" 改寫，其中觀點已有若干修正。

① Frederick W. Mote and Denis Twitchett eds., *The Cambridge history of China. Vol. 7, The Ming dynasty, 1368—1644. Part 1*（Cambridge : Cambridge University Press, c1988）Chapter 6, p.348. 中譯見《劍橋中國明代史》（社會科學出版社 1992 版），第 381 頁。

實情如何,似難斷定。肯定的是,憲宗不再長居萬氏的宮殿。他在接下來的日子又讓妃嬪們順利地誕下一個一個的皇子。萬氏麾下的宦官則進奉春宫藥餌,而憲宗生活也愈加不自檢點。憲宗是否看穿了萬氏的計謀,這是帝王的心迹,宮廷之事又極其敏感,從來都難以指實。正史固然出于史官修飾,其他記載多得之傳聞,難免偏頗。

明憲宗跟萬貴妃之關係固爲宮廷隱秘,他人無從得聞。帝王的形象必須正面,其言其文必屬正經正道,個人所思所想很容易便給隱蔽了。然而,帝王所冀所望脱離不了人的思想,只要有適當的表達機會,也難免稍作抒發。明憲宗擅畫,可借圖象以超脱文字,表達深層和曲折的思想,圖象也更適宜寄託不願直接表露的心迹。本文從《歲朝佳兆圖》[1]的圖象中探究明憲宗對健康長壽和子嗣的渴求態度。

二、一團和氣

明憲宗登位之初,便以一幅《一團和氣圖》(圖一)作爲政治宣言。[2]畫作于成化元年(1485)六月初一,上距他登基一年零三個多月。圖中"一團"正面是堆滿笑臉的佛盤膝而坐。細看,佛是由三個像抱成一團的樣子。他右手搭道士的肩膊,左手搭儒生的肩膊,雙手又像持念珠,佛的右耳是道冠,佛的左耳是儒巾,整體來看三人擁着一團,成爲你中有我,我中有你的一體。這技巧利用人類錯覺的藝術(optical illusion or visual illuision),是藝術的創新,表現了憲宗的率性一面。

和氣不止于笑容,還有宗教和政治層面的和氣。

中國傳統政治崇儒,統治者要借助儒家的倫理綱常,要儒士協助以治理天下。儒家的政治象徵是不能動揺的,但帝王的心靈也需要宗教的慰藉,道士和和尚也常在帝王心中。就政治倫理而言,儒無論如何都要先于釋道,可是偏偏憲宗就把佛畫在中間,儒道分畫兩旁,加上佛頂的梵咒,主次更加分明。憲宗心中,佛的重要程度在儒道之上,這是大膽而直率的表達。憲宗還用工筆小楷把圖畫的意念表達出來,好像要解釋他畫的只是歷史傳説,跟個人的想法無關,何況故事還要把儒士陶淵明(365—427)排在首位。題畫文字分爲兩部份,第一部份是傳説故事,第二部份皇帝述懷。其文曰:

> 朕聞晉陶淵明乃儒門之秀,陸修静(406—477)亦隱居學道之良,而惠遠(334—416)法師則釋氏之魁楚者也。法師居廬山,送客不過虎溪。一日,陶、陸二人訪之,與語,道合,不覺送過虎溪,因相與大笑,世傳爲三笑圖,此豈非一團和氣所自邪?試揮彩筆。嗟世人之有生,并戴天而履地。既均稟以同賦,何彼殊而此异?唯鑿智以自私,外形骸而相忌。雖近在于一門,乃遠同于四裔。偉哉達人,遐觀高視;談笑有儀,俯仰不愧。合三人以爲一,達一心之無二。忘彼此之是非,藹一團之和氣。

---

[1] 畫藏北京故宮博物院,圖像見故宮博物院編:《明代宮廷書畫珍賞》,紫禁城出版社2009版,第123頁。Fang Chaoying 翻譯爲 "Good Luck on New Year's Day", 見 Fang Chaoying: "Chu Chien-shen", 見 Goodrich, Carrington L. (ed.), *Dictionary of Ming Biography* 1368—1644 (New York: Columbia University Press, 1976), Vol 1, p.303。

[2] 畫藏北京故宮博物院,見故宮博物院編:《明代宮廷書畫珍賞》,第120—121頁。

噫！和以召和，明良其類。以此同事事必成，以此建功功必備。豈無斯人，輔予盛治。披圖以觀，有概予志。聊援筆以寫懷，庶以警俗而勵世。①

慧遠、陸修静和陶淵明三人雖同世，但其會傳説多于事實。憲宗重點不是此事的真僞，而是此事表現出來的和氣，今人或稱之爲團結。憲宗指出既然三教都可以不拘"彼殊此异"和"彼是此非"而抱成一團，再一轉筆鋒講到政治的融和。憲宗强調政治要"召和"、"明良"、"同事"、"建功"輔助他令天下達到盛治。借三教之一團而講政治之盛治。十七歲的帝王講得很坦白，他需要政治團結，更要團結英宗（朱祁鎮，1427—1464，1435—1449 及 1457—1464 在位）遺命指派給他的顧問們。②否則任何政治舉措都不容易，更遑論盛治的弘圖了。對于要顧問們的團結這點只能暗示，巧合的是，這支顧問團隊的組成者主要也是三種人物：宦官、外戚和朝臣。

憲宗初政其實受到嚴厲的約束，這相信是英宗對于缺乏經驗的君主所作的補救。英宗七歲兩個多月（虛齡 9 歲）登基，由于缺乏適當的政治訓練和輔導，後來北征被虜，所以他以遺命的方式指導憲宗行事。他任命的顧問均屬老成，何况憲宗背後還有深具政治影響力的嫡母錢氏（1426—1468）和生母周氏（？—1504），有些顧問曾追隨過他的高祖父明成祖（朱棣，1360—1424，1402—1424 在位），③即使年紀最小的李賢都已 56 歲，人生經驗的多寡到不可比較。憲宗要跟他們溝通和發放政治消息，有甚麽途徑比用自已擅長的圖畫更好呢，何况他還不善于口語表達。

明憲宗即位時實齡十六歲兩個月，到了成化元年六月，他才十七歲五個月。政治上的一年三個月，已給他不少的挑戰，讓他把政治看得更透徹，因爲這些挑戰不少既是顧問們製造的，又或者顧問們解決的。

憲宗即位立即要面對内廷的糾紛。首先，生母周妃欲稱皇太后而排斥錢皇后（1426—1468），憲宗夾于嫡母與養母之間，左右爲難，幸賴李賢及彭時排解難題，結果嫡母錢皇后尊爲慈懿皇太后，生母周妃尊爲皇太后，各方面才勉强接受。④其次，爲了遵行遺命，

---

① 故宫博物院編：《明代宫廷書畫珍賞》，第 120—121 頁。李詡(1506—1593)批評宋人把三教聖人畫在一起，同時警惕明人，見《戒庵老人漫筆·三教贊》，中華書局 1982 版，第 191 頁。
② 年輕君主的經驗受到質疑，所以英宗（朱祁鎮，1427—1464，在位 1435—1449，1457—1464）遺命安排了超過 10 名顧問給新皇帝。遺命强調議事會衆官計議，處置軍國事，遵宣德十年例。顧問可分三類：一是宦官，劉永誠（1390—？）負責軍事，夏時(1403—1474)、傅恭（？—？）、牛玉（1409—1500）在司禮監工作；一是外戚：會昌侯孫繼宗（1395—1480）、懷寧伯孫鏜(1392—1471)具軍功，宣宗孫皇后的外家；一是朝臣，尚書王翱(1384—1467)、李賢(1408—1466 吏部尚書翰林學士)、年富(1395—1464)、馬昂(1399—1476)、侍郎陳文(1405—1468，禮部右侍郎翰林學士)、彭時(1416—1475 太常寺少卿學士)。這個名單見于 Fang Chaoying: "Chu Chien-shen"，見 Goodrich, Carrington L.(ed.), *Dictionary of Ming Biography 1368—1644*, Vol 1 p.299. 當事人之一的彭時所記并無牛玉之名，未知是否因牛玉在吴廢后事件獲罪而有所忌諱。見《可齋雜記》，收入《續修四庫全書》（第 1166 册），上海古籍出版社 1995 年版，第 572 頁。
③ 劉永誠的軍事資歷可上溯至永樂，長期負責西北邊務，資料除見《明史》卷三〇四，中華書局 1974 年版，第 7776—7777 頁；另見王世貞（1526—1590）：《弇山堂別集》卷四，中華書局 1985，第 76—77 頁。
④ 由于周氏從中作梗，英宗陵墓墓室未能如築成與錢皇后合葬的結構（同陵同隧），兩人的墓室之間通道閉塞。錢皇太后死，更險些不能跟英宗同陵。形成英宗墓室左右各有一室，一個留給錢皇后，一個留給憲宗的生母周貴后（後稱皇太后），朝臣雖然以英宗的遺願力爭，却只能换來上述妥協的方案。參考楊寬：《中國古代陵寢制度史研究》（上海古籍出版社 1985 年版）；又 Ann Paludan 認爲裕陵在十三陵之中，算得上最漂亮的一個，見 Yü-ling, *The Imperial Ming Tombs: texts and photograhs* (Hong Kong, Hong Kong University Press, 1981), p.87.

憲宗在英宗死亡百日後，匆匆大婚（天順八年七月）。這項遺命明顯地是英宗要規範兒子的家庭生活，而早婚就是希望早生子嗣。[1]如事從人願，十六歲成婚，十七、八歲育子，皇帝在位二十年，太子還沒二十歲左右，擔當重任還有點勉強。如果生育之事有所延誤，國本便動搖，又或帝王在位不夠長久，則又面臨幼主臨朝的問題。鑒於明朝自成祖起，皇帝在位最長的也不過22年，英宗的遺命是苦心的，也是政治經驗的總結。然而大婚三十二日後吳皇后被廢（天順八年八月），肇因是吳皇后懲罰與憲宗感情深厚、歷經患難的萬貞兒，廢后的結果是另立了一個極能忍耐的王皇后。司禮太監牛玉和另一名宦官吳熹代罪，兩人被指弄權誤選吳氏，貶到南京種菜。南京的科道上疏批評宦官弄權（天順八年十一月），換來不輕的處分。這事件固然顯出憲宗平衡內廷、宦官、朝官和科道的手腕，[2]却也擾亂了內廷的秩序，間接影響育嗣的計劃。

另外，顧問中因各種的理由請辭，都不獲批准。即使犯錯的馬昂，憲宗也予挽留。[3]這個顧問隊伍在皇帝登基的第一年算是能穩定局面。朝廷除了例行的大赦外，也做了不少為歷史家稱許的事情。如召迴徵采的太監、重視大臣的意見、放出宮女、釋放石亨、曹吉祥之家屬、采納諫言等等。這都應視為正確的應對。

在站穩脚步一年後，全國換上了"成化"年號。

三、得嗣不易

子嗣問題風波不絕，不斷地困擾憲宗。"百日成婚"的遺命就是催促盡快生育。他必定明白沒有子嗣將會引起極大的政治麻煩。宣宗廢后的理由之一就是胡皇后（胡善祥，？—1443）無嗣，[4]景帝（朱祈鈺，1428—1457，1449—1457在位）行廢立之事更憲宗身受其害。但萬貴妃却是憲宗沒有子嗣的禍首。萬貴妃在成化二年（1466）37歲時為憲宗誕下第一個兒子，但這位皇長子九個月殤。另一位姓柏的貴妃在成化五年（1469）誕下兒

---

[1] 英宗的遺命是："嗣君繼承為重，婚禮不可過期。百日外有司請行，毋得固違。"《明英宗實錄》卷三六一。
[2] 關於吳廢后問題，參考趙令揚：《論明憲宗朱見深之婚變》，文章最初發表於《中國學人》1972年第4期，後收入《明史論集》（香港，學津出版社1975年版），第67—73頁。論文指出南京的諫官不明北京的政治情勢，挑動政治風波，牛玉雖然被罰到南京種菜，生活應該愉快。雖然據沈德符（1578—1642）《萬曆野獲編·內臣罪譴》（中華書局1980年版）：南京種菜的頗受侮辱，種菜者要挑糞桶和构經過守備太監堂前，雖曾任司禮太監也不得例外（第815頁）。根據後來發現的碑記，牛玉的遭遇的確不是一般罪人的遭遇，他到南京不久即恢復司禮監太監的職位，而且再多活36年。參考倪岳：《明故兩京司禮監掌印太監牛公墓誌銘》，見《文物》1983第2期，第76—80頁，收入趙令揚審訂、梁紹傑輯錄：《明代宦官碑傳錄》，香港，香港大學中文系1997年版，第85—86頁。
[3] 顧問們在憲宗登基後不久，紛紛自請致仕，有的是年老、有的是犯錯，有的可能出於試探。按請辭先後：年富（天順八年二月壬子）、王翱（同年三月乙卯）、孫繼宗（同年三月丙子）、李賢（同年三月丙子）、馬昂（同四月癸未）。雖然憲宗一律挽留，其實也具分寸。其中馬昂"為言官所劾，迴話不實"，憲宗不讓他致仕，到了八月壬午把他平調戶部。王翱以八十一歲高齡請職，憲宗也不允。年富請致仕不允後於天順八年四月乙巳去世。參考《明憲宗實錄》（臺北，"中央研究院"歷史語言研究所1962年版，據國立北平圖書館紅格鈔本微捲影印校刊），卷一至卷十二，天順八年正月—12月。
[4] 明宣宗易后在宣德三年(1428)三月，當時虛齡三十（實齡29）。據《明宣宗實錄》記載是胡皇后主動向宣宗和太后提出的，理由是"皇上春秋三十未有子嗣，是妾之累也。今既有疾，不忖分引退，宗廟神靈豈祐之？"（卷三十九，第956頁）。皇后辭讓而自願承擔無嗣的責任，毫無疑問是出於政治壓力和宮廷鬥爭，但總是可以拿得出來的理由。由此可知皇帝三十歲而無子嗣，是嚴重的事情。關於宣宗廢后，《明史》寫得更直接，謂"帝令后上表辭位"（卷一一三，第3513頁）。谷應泰(1620—1690)敘述更詳宣宗主導廢后的始末，參考《明史紀事本末》卷二八，中華書局1977年版，第423—425頁。

子朱祐極（悼恭太子，1469—1472），也早逝。萬貴妃以後一直無法生子，但她用非常的手段防止其他宮人爲皇帝懷孕，史官指責萬貴妃迫其他宮人墮胎，故朱祐樘（明孝宗，1470—1506，在位1488—1506）出生而至繼位實是一連串偶合造成的：

> 掖廷御幸有身，飲藥傷墜者無數。孝宗之生，頂寸許無髮，或曰藥所中也。紀淑妃（？—1475）之死，實（萬）妃爲之。①

對于萬妃的行爲，憲宗是否完全不知情，抑或不願知情或知而不聞不問，尚待探討。從史實所見，朱祐樘之出生、藏匿及成長涉及很多保護他的重要人物，太后、廢后、司禮監掌印太監等等。②在憲宗無嗣的問題上，顧問之一的大學士彭時早在成化四年（1468）已借彗孛上疏批評年過四十，没有生育能力的宮人，明顯針對萬貴妃：

> 外廷大政固所當先，而宮中根本尤爲至急。今聞外人私議竊嘆，洶洶不安，咸以皇太子未生爲憂。臣等官居禁近，私憂尤甚。伏睹先帝遺詔有百日成婚之言，仰望窺聖情，切望在此。然經今數年，未聞誕育者，道路相傳皆云皇上愛有所專，而恩不溥也。宮禁深密，未敢妄信，然大凡女子年十五以至三十皆生子之時，過四十則無子，雖有所生亦多不育。諺云：子出多母。今後宮嬪御者多，宜生子亦衆，然無一人生者，必愛有所專，其專者必過生育之期也。③

其中"愛有所專"，"過四十則無子，雖有所生亦多不育"，"愛有所專，其專者必過生育之期"數語，不指名而指實，因爲萬貴妃三十九歲未到四十歲，而當時得寵的内人應該没有接近四十歲的。文中也隱然指責皇帝，却不見憲宗有任何不滿，因爲這是事實，而且内外都知生育子嗣是英宗遺命最要緊的地方。

由成化五年三月至十一年，官方記録上，皇帝都是没有子嗣的，到了成化十一年（1475）六月，憲宗接近二十八歲（虚齡二十九歲），官方才突然公布皇帝有子，敕禮部命名。其後，朱祐樘的生母紀氏暴薨，十一月立皇太子。這段像戲劇的歷史充滿了陰謀和流言，皇帝、皇帝的生母、廢后、寵妃、最高級的宦官都牽涉其中，他們或保護皇子、或隱瞞情況，或養育幼子，或伺機透露消息，只是隱瞞了皇帝。最後由服侍皇帝梳頭的太監張敏（1434—1485）透露機密，皇帝才知道已有個近六歲的兒子。④不過，還有研究者質疑憲宗早知

---

① 《明史》卷一四三，第3524頁。宮廷之事本來异常隱秘，能够寫得這樣公開除了有强大的政治勢力支持外，必定也得拿出確鑿的證據以鎮人心。何況這種寫法不但涉及憲宗的英明，還直接損害孝宗的形象。
② 參考葉芳如：《明人筆記所見之萬貴妃軼聞》，《史耘》2002年第8期，第45—70頁。
③ 《彭文憲公文集》卷一，第7—8頁，據北京大學圖書館藏清康熙五年（1666）彭志楨刻本影印，收入《四庫全書存目叢書》，臺南，莊嚴文化出版社1997年版，第400頁。這段文字概要見《明史》卷一七六，第4685頁。
④ 《明史》卷一一三，第3521頁。此段記載非常詳細，且牽涉衆多人物，應可信。

有皇子養在深宫，只是爲了顧存萬貴妃的面子等機會透露和公布。①從朱孝樘的身份能得到迅速確認這一點看，憲宗應是很高興的。

憲宗獲得一個六歲的兒子後，跟着幾年其他妃嬪也紛紛傳來喜訊，有説是萬貴妃希望憲宗多生兒子以分薄對太子的寵愛。②這點實在無法證實，因爲它忽略了皇帝本人的意願，忽略了朝廷内外强大的呼聲和英宗的遺命。皇帝如果仍然是坦護萬貴妃的話，他大可以繼續長期留在萬貴妃的宫殿，事實却剛相反。另一方面，皇子皇女一個接一個地出生。直到成化十七年正月，他三十三歲（虚齡35歲）已經有五個兒子，除了10歲的皇太子外，其他四子年齡一至四歲不等。③這用行動表示他對子嗣的渴求。到了成化十七年，子嗣已經不再是問題，但隱憂仍在，兒子還待成長。如果皇太子十五歲，憲宗至少仍得多在位五年，當然他祈求的是更長久的。④子嗣如果夠多，皇位繼承也更有保障。所以，他要健康可以有更多子嗣，要長壽才可以在位、才可以保護兒子成長。這才是皇帝的如意。

四、健康長壽

憲宗畫《歲朝佳兆圖》（圖二）繪于成化十七年（1481）正月初一，是立軸，長59.7cm，闊35.5cm，現藏北京故宫博物院。⑤這時，錢太后和治國的顧問都先後逝世，只有生母周太后還健在。朝中的大臣都是他委任的，司禮監掌印太監懷恩（？—1488）極其忠誠，能保護皇室後嗣，又能震攝不法的宦官。⑥由他登基至成化十六年，全國户口上升，税收穩定，⑦國内相對地穩定，對外軍事也略有小成。如果不跟開國的太祖或雄圖大略的成祖比較，成績還是有的，但是帝王還有個人的心願。

《歲朝佳兆圖》屬于年畫一類的圖畫。"歲朝"是正月初一，"佳兆"是好兆頭。《歲

---

① 黄瑜（景泰七年[1456]舉人）的時代跟事件最接近，其《雙槐歲鈔》卷十云："辛卯（成化七年）十一月，悼恭太子祐極正位東宫，已而薨于痘。禁中漸傳西宫有一皇子，上心甚念之，然慮爲萬氏所忌。乙未（成化十一年）五月，張敏厚結段英，乘萬氏喜時進言，萬氏許之，即召見，髪已覆額矣。"（第197—198頁）這段記載至"慮爲萬氏所忌"，頗合情理，但後來竟然通知萬氏，又要得萬氏所許然後憲宗才予召見，頗爲費解。整件事就是要避免萬氏知悉，爲何要通知萬氏，誰敢保證萬氏不會下毒手？事件的發展也説明萬氏不但殺害紀妃，太子的性命和地位也多番受到威脅。另有大學士尹直曾自謂將宫内藏有皇子的消息告知同僚彭時，此事《明史》也采納，大概當時傳言已相當具體，連外廷也知道了，事件已到了不能再隱瞞下去的情況了。

② 牟復禮認爲是憲宗看穿了萬氏的計謀，與萬氏疏遠，他認識到必須防範萬氏，以保護他的皇子，而周太后提出防範萬妃的暗算。見 The Cambridge history of China. Vol. 7, Chapter 6, p.348.

③ 憲宗前後有十四子五女，成化十七年正月以後，還生下七子，見《明史》卷一一九，第3640—3643頁，及卷一二一，第3673頁。

④ 理論上，周人男子二十行冠禮，明人十五歲行禮。關于明皇室的冠禮，可參考彭勇（1970— ）：《明代皇室冠禮述評》，載《北京聯合大學學報（人文社會科學版）》2010年第2期，見社會科學網 http://www.cssn.cn/ts/ts_xzsd/201405/t20140512_1155601.shtml。

⑤ 評論這畫的著作不少，都是介紹畫中所見，即便有所論述，推敲之後，仍有疏漏，如談及《一團和氣圖》的政治涵意，謂憲宗借此表示其對景帝、于謙的寬大，然據官方記述，赦免于謙在成化二年，即此畫繪之後一年，《國寶檔案繪畫案》欄目組：《國寶檔案繪畫案》，第249—255頁。聶崇正：《如意年年百事宜》，見人民美術出版社，《丁亥賀歲》（人民美術出版社2006年版，第46頁。

⑥ 《明史》卷三〇四，第7777頁。Dictionary of Ming Biography, "Huai En", pp.651–663.

⑦ 根據《明憲宗實録》，憲宗成化元年十二月（卷二四，第479—480頁）至成化十六年十二月（卷二〇一，第3672—3673頁）的户、口、田賦、田賦（米）等重要數字都是穩定，而稍有增長。

朝佳兆圖》上鈐印頗多，大多是清代帝王的印章，而跟憲宗有關的是"廣運之寶"，這是明代宮廷藏畫的收藏印。由宋代（960—1279）以來，年畫屬于職業畫家謀生的作品，而鍾馗爲主題的年畫更廣受市場歡迎。吳自牧（活躍于13世紀後半）描述："都下（指臨安）自十月以來，朝天門內外竟售錦裝、新曆、諸般大小門神、桃符、鍾馗、狻猊（按：即獅子）、虎頭及金綵縷花，春帖旛旌之類，爲市甚盛。"①宮廷中人也互相奉贈，表達諸事順利吉祥的意思，其中鍾馗畫在屏風之上，屏風內藏爆竹，都寓有驅邪的意思："殿司所進屏風，外畫鍾馗捕鬼之類，而內藏藥綫，一爇連百餘不絶。"②這種風氣延續到明代，宮廷的權力中樞司禮監會派發鍾馗年畫給宮中各處及宮外的皇親：

> 禁中歲除（大除夕），各宮門改易春聯及安放絹畫鍾馗神像。像以三尺長素木小屏裝之，綴銅環懸掛，最爲精雅。先數日，各宮頒鍾馗神于諸皇親家，并品方輦素卓榻，皇親家矜其天寵，又分餉京朝貴官。③

司禮監派發的鍾馗畫應該出自宮廷畫家的手筆。事實上，明初宮廷畫家如戴進（1382—1462）、殷善（活躍于英宗期間）都有鍾馗畫傳世，④很可以印證當時宮廷畫家常畫鍾馗，也可略知內廷的喜好。憲宗的《歲朝佳兆圖》曾否作爲年畫派發，暫時沒法證明，⑤但是皇帝遵從俗尚，與下人同喜好，可見其親和的力量。

年畫的作用是表達新年的願望，無非寓意平安吉祥，除夕時貼在門上，希望除舊納新。憲宗的政績不過不失，他還要祈求甚麼呢？畫的上部左右有憲宗題字，右面行書，詩題曰："柏柿如意"，四句七言分四行，曰："一脉春迴暖氣隨，風雲萬里值明時。畫圖今日來佳兆，如意年年百事宜。"左面題兩行楷書，一行"成化辛丑"，一行"文華殿御筆"，這是署款，說明是成化十七年憲宗皇帝的親筆。題詩的主旨不難明白，就是借大地迴春，天下清明，希望畫中的好兆頭，歲歲如此，心想事成。表面上是常人所望的"百事如意"，但天子富有四海，治下也平平穩穩，還有甚麼心願呢？這要分析他畫的"佳兆"。

---

① 周密：《武林舊事》卷二，中國商業出版社1982年版，第52頁。南宋首都臨安，除了民間會掛鍾馗畫像，宮內會有驅祟的儀式，其中會有人扮演鍾馗。吳自牧："（除夕夜）士庶家不論大小家，俱攜掃門閭，去塵穢，換門神，掛鍾馗，釘桃符，貼春牌，祭祀祖宗……（皇城司諸班直……以教樂所伶工裝將軍、符使、判官、鍾馗、六丁、六甲、神兵、五方鬼使、灶君、土地、門户、神尉等神，自禁中動鼓吹，驅祟出東華門外，轉龍池灣，謂'埋祟'而散。"《夢粱錄》卷六，中國商業出版社1982年版，第45—46頁。

② 《武林舊事》卷二，第53頁。

③ 史玄：《舊京遺事》，北京古籍出版社1986年版，第21—22頁。司禮監不但爲皇帝批紅，還代皇帝保存圖冊書籍。司禮監的宦官自幼在內書堂隨學士讀書，文字功夫不能馬虎，也得長點文化知識。故宣宗曾畫一幅《三鼠圖》給太監吳瑾，見《明代宮廷書畫珍賞》，第112—113頁。英宗、憲宗書畫造詣頗高，故司禮監宦官除賞畫藏畫，其職責之一是"書籍名畫等庫掌司"，跟書畫的關係匪淺，《明史》卷七四，第1819頁。又參考梁紹傑：《宦官教育機構和初設時間新證》，收入趙令揚審訂、梁紹傑輯錄：《明代宦官碑傳錄》，第325—333頁。

④ 戴進在宣德年間待詔宮廷，但爲時較短，其《鍾馗夜游圖》現藏北京故宮博物館，見故宮博物院編：《明代宮廷書畫珍賞》，紫禁城出版社2009年版，第150—151頁。殷善在景帝或之前進入宮廷，其《鍾馗圖》冊頁在淮安明代王鎮墓出土，現藏淮安市博物館，見徐邦達（1911—2012）：《淮安明墓出土書畫簡析》，《文物》1987年第3期，第15—18頁。

⑤ 《歲朝佳兆圖》題曰"文華殿御筆"，乃是憲宗親手繪畫。如果製作年畫，各處派發，不夠莊重。況且，有此舉動，應有文獻記載。

圖畫的主角鍾馗是個傳說人物,甚可能是個虛構人物。[①]按傳說,鍾馗爲唐玄宗（李隆基,685—762;在位712—756)治邪,令玄宗病體痊癒,這當然符合保護君主身體健康的主題。畫中的鍾馗雙目炯炯有神,凝視着蝙蝠,蝠諧音福,從遠方飛來的蝙蝠,表示"福來",人們都愛"接福",這很容易理解。傳統的鍾馗畫強調鍾馗的治鬼力量,鍾馗手執寶劍,小鬼貼貼服服,抬轎的、架鷹的、牽犬的和引路的,各司其職,但殺氣騰騰的張力不太適合和諧的宮廷和喜氣洋洋的新歲。所以,憲宗巧妙地改變主題,使鍾馗的角色兼備治邪和祝福的作用。《歲朝佳兆圖》的鍾馗右手執扣著一枝如意。如意本是幫人抓癢的手杖,如人之意。它的寓意正如其"如意"之名,讓人的心意成真。如意指着盤中的柏和柿,正是畫家的精神所在,皇帝要看畫的人注意鍾馗送來的"如意"事物是甚麼。

鍾馗左手按着一個小鬼,讓小鬼捧着一盤柏枝連葉和兩個柿子。這個盤叫"百事大吉盒兒",它是正月初一日宮中互祝新年時,奉賀新年食品的盛載物品。現實的百事大吉盒裏的食品要比憲宗畫的豐富：

> 三十日,歲暮,即互相拜祝,名曰"辭舊歲"。大飲大嚼,鼓樂喧闐,爲慶賀焉。門傍植桃符板、將軍炭、貼門神。室內懸掛福神、鬼判、鍾馗等畫……院中焚柏枝柴,名曰"熰歲"。正月初一日五更起……飲椒柏酒,喫水點心,即"扁食"也……所食之物,如曰"百事大吉盒兒"者,柿餅、荔枝、圓眼、栗子、熟棗共裝盛之。[②]

荔枝、圓眼、栗子和熟棗就不在畫中了。盒子里柿餅用來吃的,現在給柿子取代了。柏枝大概就是給燒的,即上文所說的"焚柏枝柴",這兩種物件都取材新年用物,"柏"和"柿"給人最容易想到的諧言就是"百事",加上鍾馗手上的"如意",組成"百事如意"的祝福。所謂百事除了天下社稷之外,難道沒有帝王的私願？這必須進一步檢視畫中的象徵。帝王和平民都同樣面對生老病死,他們都愛健康長壽,而《歲朝佳兆圖》就是把帝主這種平凡的願望表達出來。鍾馗呈獻的各樣事物還可再作分析,讓我們略探帝王權力不能支配的祈求。

中國傳統很重視柏樹,柏樹多栽種于學宮、陵區和廟宇道觀,柏樹廣闊,又能遮蔭,

[①] 傳說：鍾馗在唐(618—906)初因考進士失敗而撞死在宮中的石階上,唐高祖(李淵,566—635;在位618—626)聽聞後賜以綠袍,加以厚葬,於是鍾馗誓願要蕩平天下的虛妄和一切妖怪作爲報答。後來唐玄宗因瘧疾爲小鬼戲弄而不得安睡,而鍾馗能把小鬼消滅,玄宗于是命令畫家吳道子(680?—759)畫其像,并頒令全國于除夕之夜貼鍾馗畫像。這樣成爲了除夕的習俗,作用就是避邪。一直到清代中葉,人們才改爲五月初五張貼。上述介紹參考：[日]窪德忠著,蕭坤華譯：《道教諸神》,四川人民出版社1988年版,第213—215頁。鍾馗的來源攀附甚多,而且愈溯愈古,有說是人名,有說是植物,研究者認爲鍾馗傳說的出現與古代"驅儺"和"巫"的習俗有關,研究可參考鄭尊仁(1968—)：《鍾馗研究》,臺北,秀威資訊科技2004年版;殷偉、任政：《鍾馗》,文物出版社2009年版。

[②] 劉若愚(1584—？)：《明宮史》,北京古籍出版社1980年版,第83頁。

功能實際而外觀宏大，很具莊嚴肅穆。①圖中，鍾馗獻連葉的柏枝帶葉。柏枝除了有上引文所說的辟邪功能外，柏葉還可以用來製酒。②傳説中，神仙教人食柏葉而長壽，③因此，柏葉乃添壽之物。明憲宗崇信道佛，這類長壽的故事當有所聞。明憲宗重視壽數，跟他的祖父、父親和叔父的短壽有關，明廷上下對此十分敏感。《明英宗實錄》把明代開國帝王的歲壽和享祚作了一番比較：

> 夫惟有大德則有大福，是以在（英宗）皇帝位二十有二年（按：正統14年及天順8年）合符于太宗皇帝，并在太上皇帝位（指英宗幽禁南官8年，其實只有7年）計之，先後三十年，盡太祖皇帝僅少一年爾。福之大也，并于開創之祖宗，則其可久也。④

成化三年（1467），《明英宗實錄》修成，史臣對開國君主至英宗的歲數有一番計較，被外敵俘虜、幾乎亡國的英宗與開國的雄主竟可作福份上的攀比，比較點就是在位時間的長久。⑤他們對福份的原則就是享國長久：結論是英宗在位長達三十年，福澤綿綿。撇開政績不論，這個計算法也值得商榷：一、太祖、成祖即位已在壯年，英宗七歲即位，起點不同。二、太祖和成祖歲壽遠在英宗之上，史臣避而不談。三景泰年號（1450—1457）雖云八年，其實景泰八年（1457）正月英宗已復辟，同年改元天順（1457—1464），故景泰八年與天順元年重疊，只好説"先後三十年"，這不過是湊合。官修實錄評論帝王的年壽，議題敏感，定必得到在位的憲宗認同，也可以説明憲宗本人對享祚及歲壽異常重視。

---

① 柏與松在植物學上同門同綱也同目。柏樹屬常綠喬木，一般高至20公尺。分枝稠密，樹葉濃密，包圍整個樹冠，遮蔭範圍廣闊。加上耐寒、耐旱、耐貧瘠，生命力強，樹齡可達幾百歲；加上木質抗腐，帶有香氣，其樹木、種子、根、葉和皮對人有用。《詩經》的《柏舟》借柏木宜爲舟以比喻仁人宜爲官。孔穎達（574—648）謂以柏造舟濟人，以示其堅固可靠。見《毛詩正義》，臺北，藝文印書館2007年版，第74頁。唐人詩歌吟詠不絕。其中杜甫（712—770）的《武侯祠》、《古柏行》十分著名。明代永樂、嘉靖等年間修建了很多皇家祭祀的壇廟，栽種長壽常青的柏樹，以示國祚長久之意。北京國子監的古柏據稱是元代許衡（1209—1281）所植，詩人吳苑（1638—1700）《古柏行》喻柏樹爲國家棟梁，謂其清香可吸引人材。參考《宸垣識略》卷六，第116—117頁。廟宇多種柏樹，也有表彰忠誠的意義，明代詩人何景明（1483—1521）描繪三忠祠（供奉漢諸葛亮、宋岳飛、文天祥）的柏樹是著者，參考《宸垣識略》卷十二，第250頁；又西山洪光寺在山頂，上山要經十八盤徑，每盤都種松柏，見《宸垣識略》卷十五，第308-309頁。袁宗道（1560—1600）引述民間的評論，謂"戒壇老松、顯靈宮柏、韋莊柰子"，可見柏樹的地位。《宸垣識略》卷十二，第252頁。按：此處顯靈宮正是明憲宗重建，爲宦官韋興等中飽的一個祈福項目。

② 應劭撰《漢官儀》卷下記漢代正旦飲柏葉酒的習慣，謂"正旦，飲柏葉酒，上壽"，這是延年益壽之法，見孫星衍（1753—1818）:《漢官六種》，《續修四庫全書》（史部第746册），上海古籍出版社1995年版，第567頁。這個習俗一直發展，到今日猶存。醫家十分重視柏樹，柏的枝、葉、果、籽都有藥用，由此推衍引伸，就成爲食柏葉可以成仙的説法。

③ 道家流傳服食柏樹葉實，可以延年成仙。唐代人田鸞把側柏葉曬乾磨成粉末，服食十年而成仙，活至123歲，見李昉：《太平廣記》卷三五，中華書局1961年版，第221—222頁。戲曲家高明有"嚼雪餐氈，蘇卿猶健；餐松食柏，到做得神仙"句，見《琵琶記》第21齣，北京博展源圖書有限公司2002年版，第363頁。高明的劇本可見明人的想法。明人又傳吃柏葉故事謂：山中毛女食柏葉，不饑不寒，不知年歲。見謝肇淛：《五雜組》卷十一，遼寧教育出版社2001年版，第231頁。這些食柏的故事，無論是食柏實、飲柏酒、或食柏葉，都是食柏可以成仙或長壽的，故柏樹乃成仙修練密切相關。

④ 《英宗實錄》卷三六一，第7178頁。

⑤ 《英宗實錄》卷三六一，第7178頁。

成化十七年是憲宗在位的第 18 年，如果拿上述的方法來與祖先比較。比較在位時期，憲宗比父親第一次在位（1435—1449）要多 4 年，總數還少 5 年，比叔父景帝多 9 年，比祖父宣宗在位期要多 7 年，也遠勝曾祖父仁宗，當然還比不上太祖和成祖。若比較年歲，按中國人虛齡的計算法，成化十七年他踏入 35 歲，而父親英宗 38 歲崩，叔父景宗 30 歲崩，祖父宣宗 37 歲崩，曾祖父仁宗 48 歲崩，福份已不差了。憲宗上三代的帝王不是在位不長，較長的英宗却中遭大難，就是年壽不高，仁宗中壽在位又短，年壽與在位不能兼得如太祖、成祖，這方面不能不說是朱氏帝王的遺憾。相較而言，憲宗已在位 17 年，接近父親，遠勝叔父、祖父和曾祖父，頗得上天眷顧。但是，憲宗的祖、父都是 37、38 歲駕崩。[1]他是否能超越父、祖輩，憲宗心情忐忑，而祈求健康長壽，實在不難理解。論福份，他已經比得上祖父兩代，但是年壽又如何呢？帝王總希望上天更多地賜與，政治現實是，早逝的帝王必然由年輕或年幼的帝子繼承，這是很不理想的政治局面，子嗣年紀太輕也隨時產生各種紛爭。明太祖之後帝位繼承的風波不斷，都跟幼嗣有關，憲宗也曾身受其害，不能不有所警覺。[2]健康長壽就是解決之道。不過，帝王要有帝王的風範，不能隨便說話，柏枝柏葉就是含蓄地表達他希望上天給他的恩賜。

　　柏樹果實纍纍，稱爲柏子仁，又名柏子、柏仁、柏實、側柏子等，爲中醫采用入藥。柏樹多子，多子爲傳統社會歡迎，配合其"百（柏音近）子"之音義，甚爲吉利。憲宗繪畫的百事大吉盒有柏枝和柏葉，就是這個寓意。

五、多子多福

　　百事大吉盒上還有兩枚柿子。柿子也有多子之意。畫家的表現手法更爲含蓄，柿的配置和畫法寓意更深。盤里柿子成雙，以示其多，配合多子的意思。皇帝畫的柿子，微尖的底部在上，柿蒂在下。這畫法跟常態有異，兩隻柿子都是上下倒轉。柿子生長時，蒂連繫樹枝，由于負重的關系，多是蒂在上；摘下時有蒂一端會在上，因爲枝蒂凹凸而粗硬，不好平放，也容易壓損果肉。柿子却是倒放似違常識，也欠缺美感。

　　這種配置借其諧音，才是畫家精彩所在。先講"柿"的讀音。據《洪武正韻》，"柿"字作"枾"，與"子"同在上聲二紙部。[3]"枾"也在去聲二寘部，與"嗣"同部，[4]無論怎樣，"枾"、"子"、"嗣"讀音相近，而"子"和"嗣"都是兒子、繼嗣的意思。一般人把"柏柿"視作"百事"的諧聲，未必真爲憲宗所取，"如意年年百事宜"句，只是轉移人們的注意，其實"百子"或"百嗣"或者更接近憲宗的意思。

---

　　[1] 歷史學家懷疑這些歲數不長的君主乃服食過多的含汞的藥物所致，并因繼任者相對地年輕而受制于祖母、母親、后妃及內侍。參考 The Cambridge history of China. Vol. 7, The Ming dynasty, 1368-1644. Part 1, Chapter 6, p.345.
　　[2] 明英宗之前至少兩次戰爭：靖難之變、漢王之亂；一次政變：奪門之變，與此有關。兩次戰爭時代較遠，但英宗土木堡被瓦剌俘虜，其太子（即憲宗）年幼，英宗其帝位爲其弟取代，而憲宗太子之位被廢，這些都是憲宗可以經歷的。如果不是英宗靠着政變重迴帝座，憲宗能否登位，實在難料。
　　[3] 《洪武正韻》，據浙江圖書館藏明崇禎四年 (1631) 刻本，收入《四庫全書存目叢書》（經部第 207 冊），臺南，莊嚴文化事業有限公司 1997 年版，第 162—163 頁。
　　[4] 《洪武正韻》，第 220 頁。

柿在畫中佔有的空間雖小，但在盤中顯得壯碩。畫家把雙柿倒轉來放，這從物理學上是有點不合理的，即使日常經驗也不應如是，但畫家正是用這微細而不合理的配置製造效果，表達心思。幾片柿蒂漫不經意地從盤底橫伸出來，另一隻柿子不見蒂。如果仍從憲宗喜用諧音的角度去考索："蒂"，或寫作"蔕"，音"帝"，又音"帶"，字形與"皇帝"之"帝"形近,字音就正跟帝字相同。①"柿之蒂"倒轉過來就是"蒂（帝）之柿（子）"。鍾馗送來的不止是一般人的子嗣，而是皇帝之子。難道這不是憲宗所冀望嗎？這種推想會立刻引起一個疑問，如果"蒂"象徵"帝"，皇帝會願意把自己置于下面嗎？"帝子"是天賜給皇帝的，皇帝既爲天之子，天在帝或帝子之上，當然沒有不敬之意；況且出自御筆，憲宗自我承擔責任，誰人可以批評。觀乎成化元年的《一團和氣圖》意識的創新，憲宗對藝術創作似沒有太多的束縛。藝術史有過關于憲宗皇帝的故事，表現他容許自由創作和容忍异行的面貌：

> 江夏吳偉（1459—1508）畫山水人物入神品，憲宗召至闕下，待詔仁智殿。有時大醉，蓬首垢面，曳破皁履，踉蹌行，中官扶掖以見。上大笑，令作松泉圖，偉跪翻墨汁，信手塗抹，而風雲滲淡，生屏面間。上嘆曰：真仙筆也。②

吳偉無禮，憲宗因其率性和創意而優容。另一方面，憲宗對政敵也不予追究，這種君人的襟懷怎會計較"蒂"在下呢？③由成化十七年起，妃嬪再爲皇室添了七個兒子。結果，憲宗一生有十四個兒子，除了兩個早逝，他臨終前有十二個兒子,這是僅次于明太祖的"福份"，子嗣的數目勝于成祖至英宗諸帝，他的"百事如意"或"百子（嗣）如意"的願望真的達成了。

六、添壽與折壽

《一團和氣圖》和《柏柿如意圖》都具有宗教的元素，可見畫家對宗教的虔敬。④他渴望添福添壽，甚至不惜國家的名器，封贈了很多佛教和道教中人，也興建了不少佛寺道觀，改變了他即位時對佛道的態度。⑤到了統治的中後期，他更繞過國家機關的正常任

---

① "帝"、"蔕"同聲同韻同調，《洪武正韻》屬上聲三霽部，第226頁。
② 參考頁吳長元：《宸垣識略》卷十六，第332頁。
③ 憲宗的量度是寬宏的，他本來是太子，却被叔父景帝的兒子取代，改封沂王。憲宗即位後，有臣下要追究當日廢太子的往事，憲宗直言不欲追究，并且制止這些言論，又切責提議者。《明史》卷十三記載："(成化三年) 左庶子黎淳追論景泰廢立事，帝曰：'景泰事已往，朕不介意，且非臣下所當言。'切責之。"（第164頁）
④ 憲宗還有（明憲宗成化十六年）《畫達摩軸》(《數位典藏與數位學習聯合目録》。http://catalog.digitalarchives.tw/item/00/08/39/e0.html（2015/03/10瀏覽）。又有《純陽像》，見《秘殿珠林》卷二十目録。
⑤ 天順八年(1464)十月壬辰，禮科都給事中張寧因禮部于皇太后誕日在建設齋醮，朝臣相率炷香赴壇行禮，被批評爲"儒者失其守"。張寧又對比天順八年三月乙亥憲宗因太監陶榮乞寺額的事件，當時憲宗勅禮部今後更不得妄自增修，輒求賜額。憲宗明白批示：爾後僧道齋醮不許百官行香。可見憲宗即位初對佛道的態度仍分寸。參考《明憲宗實録》卷三，第87頁；卷十，第217頁。

免程序，用"傳奉"的形式，直接把官位委任給他信任的僧道。① 他和氣不易發怒，對自己親信的人，又極度寬弘，這些性格的特點，很容易給周遭的人物利用，一些品德有虧的大臣和貪得無厭的宦官乘虛而入，敗壞了國家的綱紀，也虛耗了國家和皇室的儲蓄。例如萬貴妃家族利用他的慷慨斂財：

> （成化）十四年（1478）進（萬）貴都指揮同知，通指揮使、達指揮僉事。通少貧賤，業賈。既驟貴，益貪黷無厭，造奇巧邀利。中官韋興、梁芳（？—1506）等復爲左右，每進一物，輒出内庫償，輦金錢絡繹不絶。通妻王氏出入宮掖，大學士萬安（1419—1489）附通爲同宗，婢僕朝夕至王所，謁起居。妖人李孜省（？—1487）輩皆緣喜進，朝野苦之。②

他身邊那些負責采購建築的宦官，更大肆中飽，借興建寺觀爲名，③ 把由歷代帝王積存下來的藏金耗盡。憲宗罕有地動氣，斥責宦官，梁芳竟敢反駁：

> （韋）興不敢對。芳曰："建顯靈宫及諸祠廟，爲陛下祈萬年福耳。"帝不懌曰："吾不汝瑕，後之人將與汝計矣。"芳大懼，遂説貴妃勸帝廢太子，而立興王。④

這些宦官竟然没被懲罰，還有機會繼續興風作浪，差點還把太子推倒。幸得司禮監掌印太監懷恩的調護，才平息了一次彌天的風波。

皇帝重視健康長壽，希望子孫昌盛，希望他治下是盛世，期望百事大吉，都是人的正常願望，可惜的是，他還服食藥物，以爲可以藉此强健身體和延長生命。道士李孜省、僧人繼曉（？—1488？）進藥，而大學士萬安獻房中術圖册，看來都是窺探了憲宗健康長壽的心事，投其所好。服藥和縱慾反而折損了皇帝的年壽，結果憲宗在39歲9個月的英年去世，仍是不足40歲。歷史家認爲治下雖稱太平，但是政治穢濁。他期望的盛世被自己的蒙昧、寵妃、宦官和佞倖斷送。⑤

---

① 史官明確地記下憲宗破壞成制的首例，成化十一年十一月丙午朔太監黃賜傳奉聖旨晋升一批方術之士爲道録司的官員，史官記下："舊制道録司官止八員（即左右正一、演法、至靈、玄義）有缺則聽所司以資次選補，至是皆出中旨云。"見《明憲宗實録》卷一四七，第2691頁。以後這類的傳奉官數以千計，不止僧道，還遍及工匠、畫師、醫師及各種走通門路的。
② 《明史》卷三〇〇，第7675頁。
③ "（成化二十二年九月戊申）太監韋興奏靈濟宫重建已成，舊額廟户二十户，老弱不堪灑掃，乞令僉易，而原賜田地亦别撥佃户十户給復其家，使專守廟，户部議行順天府，如奏僉點，從之。"（《憲宗實録》卷二八二，第4755頁）"這個靈濟宫是當日道術之人聚集之地，憲宗朝許多佞倖出于此，大學士萬安獲行祭祀。又同年同月（乙丑）重建洪恩靈濟宫成，遣太子太保英國公張懋祭后土。"（第4780頁）韋興等興建時既已剋扣中飽，竣工後還繼續想辦法侵吞公帑和户口。
④ 《明史》卷三〇四，第7782頁。梁芳、李孜省諸人論死。參考沈德符：《萬曆野獲編》卷六，第159、163—164頁。但虧空十窖藏金的韋興下錦衣衛獄竟不死，降爲御用監少監。武宗期間，復用爲守。見陳洪謨：《繼世紀聞》卷一，中華書局1985年版，第70頁。
⑤ 孟森對憲宗評價甚低，認爲憲宗要爲政治不振負上大部份責任，他認爲："成化一朝，佞倖競進，皆憑萬氏。帝于宦寺，倚任時無所不至，旋復厭之，即弃之如脱屣……蓋宵小非他挾天子以行事也。"（第156頁）；又曰："國無大亂，史稱其時爲太平，惟其不擾民生之故。"（第168頁），俱見氏著《明代史》（臺北，中華叢書委員會）。另參考《明史》卷三〇七《佞倖傳》所記諸人，如李孜省、鄧常恩、趙玉芝、凌中、顧玒、張善吉、繼曉諸人，皆由宦官引進。（第7781—7784頁）

他的兒子即位後，就把這些佞倖清除，而大學士萬安在極不體面的情況下被趕出宮廷。①

  憲宗晏駕，內豎于宮中得疏户小篋，皆房中術也。署曰臣安進。太監懷恩携至閣下，出示安曰：是大臣所爲乎？安慚污不能出一語。已而，言官交章劾之……恩以其疏至内閣，令人讀之。安跪而起，起而復跪。恩令摘其牙牌曰：請出矣。安惶遽奔出，索馬歸第。②

佞倖稍遭薄懲，但這位敏銳、大度，富于藝術細胞的憲宗却永遠蒙受污點了。

七、餘論

  憲宗是否主動擺脱萬貴妃，本文可能提供的是一些側面而又片面的看法。明初因帝嗣問題引起多次的政治動蕩，彰彰在目。由仁宗至英宗，數帝或歲數不長或享祚不久，都對憲宗造成壓力。憲宗的婚姻安排更明顯有繼承的安排，但經歷廢后風波，加上皇子夭折和妃嬪無生育的曲折，憲宗即使如何寵倖萬貴妃，也不可能不想辦法去延續皇室後嗣。

  客觀上，即使没有周太后及朝臣施予的壓力，憲宗也有很好的理由廣子嗣。朱祐樘之能够生下來，又能在宫内生活六年，肯定有極高層的人物參予保護工作，也有不少太監宫女盡心盡力。他們都會擔憂皇帝無嗣，也耳聞或目睹萬貴妃的霸道，願意和敢于加入保護和養育皇子的任務。

  再觀乎成化十七年的《歲朝佳兆圖》，憲宗有五子仍然繼續追求更多的帝子，那麽，他未有子嗣的焦急煩躁可以想像。所以，當他相信朱祐樘是自己親生，便毫不猶豫地命禮部爲皇子命名，予以册封。這種求嗣的决心，他的寵妃似不可能阻擋。即使萬貴妃的惡行瞞住了成化十一年前的憲宗，也不能使用同樣手段欺瞞下去。由于憲宗寬宏，他并不主張激烈的報復，即使他疏遠了萬貴妃，但對萬貴妃及其家人親信還是優容，這大概予人憲宗不是主動疏遠的印象。看憲宗的畫作，可以得知憲宗敏感、細心和委婉，他可不是輕易蒙騙得了的。

---

 ① 孝宗即位立即"斥异端"，整頓"淫祀"，貶黜僧道諸官近一千五百人，應與財政困難有關，參考張瑞威：《皇帝的錢包——明中葉宫廷消費與銅錢鑄造的關係》，《新史學》2011年第4期，第109—147頁。關于明人崇尚方術，僧道影響甚大，可參考柳存仁：《王陽明與道教》及《明儒與道教》，收入《和風堂讀書記》（上册），第35—54頁、第233—271頁。關于帝室對方術的沉迷，楊啓樵認爲："當時之政治、法律、經濟、民生無一不受其波及。明于中葉後頹廢不振，卒之亡其社稷，豈其爲諸帝溺尚方術之故歟。"參考氏著《明代諸帝之崇尚方術及其影響》，特別是第四章《憲宗之信奉异端方術》，收入《明清史抉奧》，臺北，明文書局1985年版，第1—150頁。
 ② 王鏊：《震澤紀聞》卷下，第488頁。《明史》卷一六八與此同。

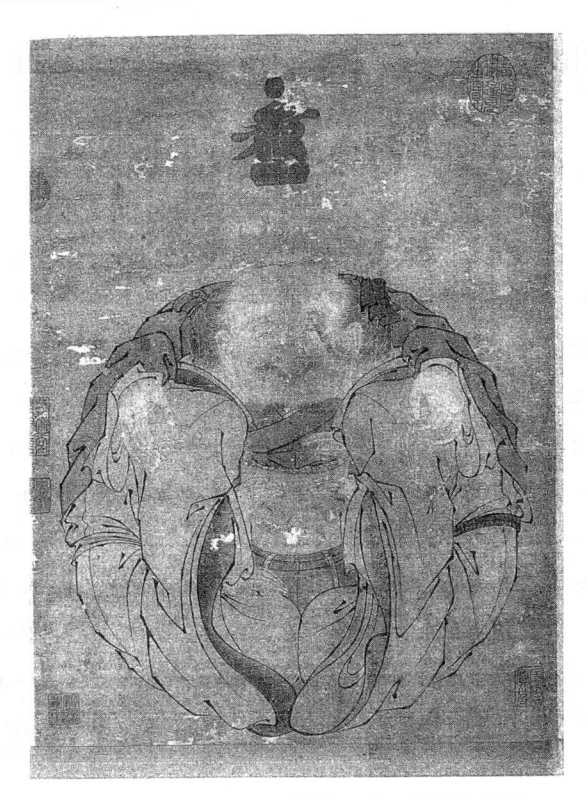

圖一　明憲宗朱見深《一團和氣圖》

圖二　明憲宗朱見深《柏柿如意圖》

（作者簡介：蘇耀宗，香港大學中文學院教師）

Chenghua Emperor and his New Year wishes

SOO Yiu Chung

Abstract: This essay discusses the Chenghua Emperor's paintings with a particular focus on the "Good Omens on New Year's Day". As a relatively young and practically inexperienced monarch who ascended the throne at the age of sixteen, Chenghua Emperor (1447—1487, r.1464—1487) was advised by a council of regents in the initial years of his reign. Although the Emperor seemed reticent and reclusive, he chose to express himself through his paintings. The lack of an heir worried him. He wished for good health and more sons. But he could only allude to the ideas of longevity and health obliquely because the affairs of the royal family, as top secrets, were extremely sensitive. This essay examines the Emperor's wishes implicit in the "Good Omens on New Year's Day".

Keywords: Chenghua Emperor; Good omens on New Year's Day; Health; Branches of Cypress; Persimmons; Sons

（本文責任編校：張宜斌、沈　薇）

《湖北公安二聖寺志》序

熊禮匯

摘　要：本文通過對公安縣二聖寺的歷史文化研究，明確了二聖寺對于公安縣乃至荊楚地方傳統文化的重要性，總結出二聖寺對于中國傳統文化发展的巨大貢獻。無論是對漢傳佛教的研究與傳播，還是對邑中文士及其文學活動的幫助，以及對外來文化的吸納和對本土文化的傳揚，對公安"水文化"精神的詮釋和對先民夢想的肯定，都與二聖寺的發展有著密不可分的關系。

關鍵詞：二聖寺　公安派　漢傳佛教

　　隨著"國學熱"的興起，地方傳統文化研究日益受到學者們的重視。這是因爲地方傳統文化，有的本身就是"國學"的核心內容，有的則是從"國學"體系中派生出來的支脉，有的地域特色顯著而在精神上却與"國學"有千絲萬縷的聯繫，有的甚至就是滋生"國學"根須的土壤、"國學"幼芽苗苗萌生的"苗圃"。可以說，諸多優秀地方傳統文化，其精粹所在實爲個性色彩突出的"國學"，研究它就是在研究"國學"。和"國學"研究一樣，研究地方傳統文化也是有難度的。其中難點之一，應是研究物件的確定。而確定研究物件之難，難就難在不易弄清地方傳統文化精神形成的原因及其傳播途徑。

　　地方傳統文化的形成和存在範圍，并不受制于行政區劃單位的劃分。但人們研究地方傳統文化，往往從現有行政區劃單位入手，或數省，或某一省、或某一地區，或某一縣，應有盡有。這樣做，自有其必要性，也有其合理性。不過，凡研究一縣、一省地方傳統文化者，都會注意到該縣、該省地方傳統文化和爲同一傳統文化覆盖的其他地域文化的聯繫，即能從地方傳統文化的大背景來觀照小地區的文化特點。于是大同、小异，均能看出。如此研究之所以有成效，顯然與瞅准了小地區傳統文化一個重要成因有關：小地區比如一個縣的傳統文化的成因，除了受所處大地域傳統文化的支配性影響外，還有一些具體的成因。屬于自然條件的，像該縣的地理位置、地貌特徵、氣候情形、水陸交通、自然灾害和物産種類，及由此帶來的民衆衣食住行的種種特點，即是；具有人文性質的，則有語言（尤其是方言）、節令、民俗、教育、宗教、建築、學術研究、文藝創作，甚至包括人口遷徙、戰爭活動等。此類成因，以其中任何一項作爲研究物件，都有可能探驪得珠，深得地方傳統文化的真諦。再說具體點，研究一縣之地方傳統文化，該縣著名的書院、私塾、寺廟、道觀、祠堂、樓臺、驛站、橋樑、港口、城池、民居等各類古建築，和著名學者、作家、賢人名士、能工巧匠、本縣官吏，以及壯士烈婦等，皆可作爲傳統文化研究中專題研究的物件。

在全國幾千個縣中，公安縣區域并不大，故公安人常自稱其縣爲蕞爾小邑。若論該縣地方傳統文化積累之深厚、特色之顯著、影響之久遠，却并不在所謂名區大邑之下。公安縣位于長江中游的荆南之地，水陸交通方便。自古以來，油江口（故址在今縣城斗湖堤一帶）就是長江來往船隻停泊、起航的重要碼頭。由此上入巴蜀、下達江浙，假以陸路則可南至南海，北到漢北。如果説公安縣地方傳統文化，出自本土文化和外來文化（包括依托長江的"過路文化"和水澇災害帶來的移民文化）的融合，那麼油江口就既是展現、傳播公安縣地方文化的重要場所，也是公安縣吸收外來文化的第一入口。公安縣傳統文化自是荆楚文化的重要組成部分，但也有它作爲荆南水鄉獨有的"水文化"的特點。

20世紀90年代以來，受"公安派"研究的影響，公安傳統文化研究日益得到學者的重視，可惜的是研究物件多半集中在古代文士特別是"三袁"身上。近年來，公安籍臺灣學者張覺明先生熱心研究公安縣地方傳統文化，選取的研究物件很有特點。他也研究"公安派"，但并不限于研究"公安三袁"，而是于"三袁"之外，特以江盈科、雷思霈、曾可前爲對象。尤爲引人注意的是，他把研究的範圍擴大到公安縣佛教領域，作了不少開創性的工作。公安縣在中國佛教史上地位顯赫，標志性的史事有二：一是佛門中的大聖、二聖第一次出現在公安縣的二聖寺，二是佛教中國化的第一個宗派天臺宗的實際開創者智顗出生在公安縣的茅穗里。故公安縣舊稱"佛里"。顯然，研究作爲"佛里"的公安縣的地方傳統文化，"邑產"之大德高僧、古刹名寺，是繞不過去的研究物件。所幸覺明先生對二者都作了頗見功夫的研究。前者成果爲《智者大師出生地湖北省公安縣研究》，該書以翔實的文獻資料和田野調查材料論定：智顗這位漢傳佛教大師、中國古代偉大的思想家、世界文化鉅子的出生地，就在公安縣的茅穗里（故地位于今玉湖所在的毛家港鎮）。後者成果則爲本書《湖北公安二聖寺志》。

公安二聖寺，又名大二聖禪寺，其前身爲安遠寺。安遠寺始建于東晉太和三年（368），卓錫開基者爲道安、慧遠二法師，寺址原在"邑之江濱"（因爲長江河床西移，舊址當在今斗湖堤鎮下二里長江主航道左側）。太元元年（378），安遠寺有"二聖感應之兆"，故改名二聖寺。隋代智顗曾奉敕重修二聖寺。寺凡數遷，初在江邊（即安遠寺舊址），唐宋改遷梅園，明代洪武年間遷往椒園，嘉靖年間移往縣城東南郭外。今日之二聖寺，則位于縣城斗湖堤東二里之大堤上。

二聖寺建寺至今已1646年，對公安縣乃至荆楚地方傳統文化建設貢獻巨大。其貢獻至少表現在下面四個方面：

一是對漢傳佛教的研究和傳播。二聖寺的開基者、重建者、住持，大多是中國佛教史上開宗立派或卓有影響的大師級人物。像被鳩摩羅什譽爲"東方聖人"的釋道安，就是東晉著名的佛經翻譯家、注釋者。他厘定佛規，統一僧侶姓氏（以"釋"爲姓）；首倡彌勒净土理論、開彌勒信仰之先河；其門徒遍及大河上下、長江南北，爲佛教傳播作出過重大貢獻。慧遠本是道安弟子，曾隨道安在襄陽研習佛教15年，後又下江陵，受道安指派到長江下游弘法。在廬山東林寺30多年，足不出山，一心一意從事净土宗的理論建設。陳、隋時期被稱爲"東土釋迦"的智顗，更是天臺宗的實際開創者。北宋被時人譽爲"僧中管仲"的圓勒克勤，爲禪宗臨濟宗楊岐方會一派（臨濟宗分爲楊岐方會和黃龍惠南兩派，前者乃臨濟正宗）的中堅人物，所著《碧岩録》（亦名《碧岩集》），被稱爲"佛門第一書"。該書用評唱形式解説雪竇重顯《頌古百則》所選100則公案，傳播禪宗教義，對轉變禪風深有影響。圓勒克勤任二聖寺（北宋寺名天甯萬壽禪寺）住持時，宣講佛法，就曾評唱其語録。又南宋遁庵祖珠禪師（南平軍即今四川省南川縣人）、明清之際的釋濟亮（字灰如，萍鄉王氏子），皆爲臨濟宗高僧，善于談禪。前者"開法公安，萬衆歸仰"；後者善嗔喜罵，"而徒衆益盛，遠近趨風"。有《語録》四卷傳于叢林。至于千百年來游方和尚到二聖寺掛單或短期逗留者，更是不計其數，其中不乏佛門名流、談禪高手。縱觀寺史，漢傳佛教净土宗、天臺宗、禪宗的宗師或中堅人物都與二聖寺有緣，有人甚至稱該寺爲三宗之祖庭，其對漢傳佛教研究、傳播所起作用之大，自可想見。

　　二是對邑中文士的文化薰陶和對其文學活動的幫助。無疑，古代二聖寺高僧雲集，弘揚佛法，對邑中民衆宗教信仰有支配性影響。文士亦不例外。突出的是，文士們受二聖寺佛教文化的薰陶，不單表現在他們一個個成了居士，還體現在他們人生理念的轉變和新文學觀念的产生中。最典型的例子是"公安三袁"。三兄弟依次號稱香光居士、石頭居士、上生居士，自爲佛教信仰者。難得的是他們能融合儒佛觀念，提出"獨抒性靈，不拘各套"的文學革新主張。事實上，"三袁"少年時代就常到二聖寺游覽，長大後又常與親友結社于寺中，除切磋佛理外，更多的是舉行詩文之會。可見，二聖寺的存在，既用古代因時而變的佛學思想啓迪一批批文士的心智，又給他們提供文學活動場所，客觀上對邑中古代文學發展有促進作用。

　　三是對外來文化的吸納和對本土文化的傳揚。所謂外來文化、本土文化，實指佛教文化和世俗文化兩大類。在全國寺廟中，二聖寺對外來佛教文化的吸納和對本土佛教文化的宣揚是很突出的。從上述二聖寺對佛教的研究和傳播可以看出，該寺始建者、重修者、住持等當家和尚，皆爲佛教史上開宗立派或卓有影響的人物，其佛教理論體系的形成，本是大師們立足中國本土傳統文化、吸納外來佛教文化、使之中國化的結果。而他們在二聖寺的弘法活動，又使其佛教理論成爲公安佛教文化的一部分，從而形成鮮明的本土佛教文化特色。由于來往該寺的高僧、游方和尚、居士、信衆極多，他們的離去，都經意或不經意地將領悟到的該寺佛教文化特色帶出去，這樣便使得二聖寺成爲古代公安縣吸納外來佛教文化和宣揚本土佛教文化的重要平台。又由于二聖寺地處長江中游重要碼頭油江口附近，乘船路過的官員、文士、商賈、工匠以及各類旅客，大都會上岸到二聖寺禮佛和觀光。有的甚至一住幾月，深入瞭解公安地方傳統文化特點，咏之以詩，記之以文。這樣，二聖寺便又成了公安吸納長江"過路文化"的重要管道，成了展現、宣揚公安地方世俗文化的視窗。

　　四是對公安"水文化"精神的詮釋和對先民夢想的肯定。南宋時二聖寺正殿居中者爲釋迦，右爲青葉髻如來，即大聖；左爲婁至德如來，即二聖。三像皆面朝南，"二聖""皆示鬼神力士之形，高二丈余，陰威凜然可畏"（陸游《入蜀記》卷五）。明代則"二大士現忿怒像"（袁宏道《公安二聖寺重修天王殿疏》）。"二像宛然夾佛而立，大約如世所塑金剛，威猛异常"（袁宗道《二聖寺游記》）。佛教并無"聖"的觀念（梁武帝嘗問達摩："如何是聖諦第一義？"摩雲："廓然無聖。"）。或謂"二聖"事載《芬陀利經》中（見馮楫《大二聖寺靈迹記》、袁宗道《二聖寺游記》）。陸游《入蜀記》則雲："按《藏經》'駒'字函：'娑羅浮殊童子成道爲青葉髻如來，青葉髻如來再出世爲婁至德如來。'則二如來本一身耳。"范成大既謂他處佛寺大門皆有兩金剛神，"此則遷至殿上"。又謂"《傳紀》載發迹靈异，大略出于夢應"（《吴船錄》卷下）。範氏"《傳記》"云云，即陸游《入蜀記》所謂："有碑言：邑人一夕同夢二神人，言'我青葉髻、婁至德如來也。有二巨木在江幹，我所運者，俟鄯行者來，令刻爲我像。'已而果有人自稱鄯行者（筆者按：西域鄯善國之修行人），又善肖像，邑人欣然請之。像成，人皆謂酷類所夢。"關于何以"二聖"并、稱且獨顯异于公安而爲僧俗所敬，袁宗道也有疑問，其《游記》即雲："歸憶此古佛獨顯异于吾邑，而他處招提即未見有供二聖像者，亦法苑一僻事也。"如何理解"二聖""出于夢應"的文化意義，當結合所傳其"靈异"之事體會之。

　　"二聖"顯靈事迹很多，流傳最廣的有：一、東晉太元元年，邑令周道夢二聖叩門，語之曰："汝輩多爲不善，殘害有生，將陷泥塗，葬于魚鱉，農者不穀，蠶者不絲。吾誓以西方之法，安鎮是壤。"二、東晉太元元年（一說唐貞觀二年），邑令與沿江居民同夢神人來告："明日當候我江幹。"次早，官民驚候，見江上有二沉香木逆水而上。衆人將其牽挽至岸，忽有二鄯行者自西來，謂"此木奇甚，非我等不能雕飾"。七日後，所雕"二聖"夾佛而立，威猛异常。三、"二聖"像成，"自是四衆飯依，有禱皆應。行者無飄沉之懼，居者免昏墊之虞。野耕桑蠶，各得其所。而夏秋澤水氾濫，淹没田疇，有司禱于大、二聖，見于雲中現像，手執降魔寶杵，縮水金環，以伏妖孽，于是水患即寝，民賴以安。"（馮楫《大二聖寺靈迹記》）四、某年，長江太平口洪水氾濫，大聖、二聖瞞著天神乘夜色前往松滋臺山搬山堵口，行至屠陵縣城（俗名"雞叫城"，舊址位于今黄金口、塘嘴一帶），不意滿城雞叫，天將大亮，只好半途而返。五、唐時杭州商人史青舟出揚子江，有二童子求附舟而西，謂"今夕當爲汝牽舟"。是夜舟行如飛，史青密窺之，但見二金剛挾舟而翔。次日拂曉，舟已泊公安縣二聖寺旁。六、南宋景定五年（1264）七月初四夜，馮楫因公入蜀，舟經公安，江上忽然雲霧晦冥，風濤大作，舟人莫能措其手足，舟幾覆没。忽聞空中語雲："尔等勿怖，吾當救護。"語畢，舟竟到岸。七、數百年間，長江主河道西移，江水常年噬齧寺基（即江堤堤脚）。明代江上忽生一洲，廣約十里，人多以爲二聖靈感之功，故名其洲爲二聖洲。八、清代乾隆癸酉（1753）夏天，公安雨淫連月，江水漫溢之勢近于潰口，邑人大恐，出死力支持幾不勝。呼號震天地，皆詣寺求"二聖"保佑。須臾，有二乞人至，就"潰漏（類似今人所說之'管湧'）"下方築之。半响出曰："無懼矣！吾前治黄河類此。"很快，前之汩汩噴出者消失，邑人安然無恐。二"乞人"即爲大聖、二聖化身，丙子（1696）、癸丑（1733）年江水猛漲，"二聖"亦曾幫助公安人民防禦洪灾。總之，"二聖"顯靈傳說雖多，都離不開抵禦水患、護佑蒼生的主題。

　　從上述"二聖"靈迹可以看出兩點，一即"二聖"成爲公安縣二聖寺中佛門之聖，是古代公安人（包括官民）夢想成真的結果。因而考究其由來，不必拘泥于佛經所言，却更應注意公安先民夢見"二聖"所反映出的美好願望。一即"二聖"顯靈，施予民衆的恩惠主要是幫助公安先民抵禦洪澇灾害和保護長江來往船隻的航行安全，而這正是公安先民對"二聖"的期望。自古公安縣地，北綫、東綫皆以長江爲界，而所枕長江屬于長江險段荆江之上游。荆江江堤懸空，江闊水深浪急，若逢汛期或雨季，往往江堤潰漏，决口洩洪、葬萬千生靈于魚腹。而無論汛期到來與否，來往船隻，總會遇到難以預測的風險。又邑内地勢平衍低下，河流縱横，湖泊星羅棋布。每當荆江洪水氾濫或雨水連綿，就會内澇外洪，一片汪洋，先民即無所容身，飽受水灾之苦。幾千年來，公安人生活在水鄉澤國，一方面在與水相處、相鬥的過程中，學會了生存本領、積累了生活經驗、增長了人生智慧，磨練出了水所具有的韌勁和柔性，不舍晝夜、盈科而後進的進取性，流轉自如、隨物賦形的靈活性，以及居下有容的包容性。另一方面，先民們在江水、河水、湖水肆虐、深感束手無策、孤立無援的時候，也夢想能有一位關心民瘼、力量無比强大、智慧無所不能的神靈來幫助他們排除水患、保佑平安。其心態和思維方式，很容易使我們想到當年泉州沿海居民對海上保護神媽祖的渴望。只是媽祖原型出自民間少女，"二聖"原型則多少與一般佛寺大門旁的兩金剛神有關。如果説媽祖顯靈，能反映泉州乃至海峽兩岸某種海洋文化精神；天妃宫（媽祖廟）的出現，是對泉州乃至海峽兩岸沿海居民美好夢想的肯定。那麽"二聖"所爲，也是對公安縣地方傳統文化特别是"水文化"精神的一種詮釋；二聖寺的出現，則是古代公安人對自己美好夢想的肯定。

　　二聖寺的寺院文化實爲公安縣古代"水文化"之一部分，其寺院精神亦與古代"水文化"精神相通，因而覺明先生以二聖寺爲具體物件，來研究公安縣地方傳統文化，是一個不錯的思路。而他選擇編撰《寺志》的方式來研究二聖寺，更是一個大膽而又明智的决定。所編《寺志》，既填補了二聖寺文化建設乃至中國佛教史料彙集的空白，又從一個方面生動、系統地展現了公安縣地方傳統文化發展的脉絡，厥功偉矣。當然，作者的本意是爲二聖寺修史，故《寺志》體例一如史乘。《志》有八章，分類立目，寺之興廢因革，無不歷歷可見。誠如作者《自序》所言："分爲八卷：一曰地理，形勝詳矣。二曰歷史，大事備矣。三曰開基，創業著矣。四曰重建，興廢知矣。五曰高僧，佛法弘矣。六曰居士，才德彰矣。七曰藝文，琬琰重矣。八曰影響，澤被廣矣。千載之陳迹，庶幾可得其概也。"當然，作爲"創始之作"，《寺志》在史料搜集、辨析、整合方面，尤其是在表述方式上，還有可以改進的地方。作者謙稱其《志》"是對這座千年古刹深厚文化積澱的第一次發掘和梳理，只是奠了一塊基石"（《自序》），并期待有人在他的基礎上更上層樓。其心可謂篤厚，其情可謂懇摯。我也衷心希望有一二有學有識有才之青年才俊，能以覺明先生爲楷模，踏踏實實地致力于公安傳統文化研究，寫出若干可與《寺志》媲美的論著或論文。那樣，則公安幸甚、國學幸甚！

2014 年 12 月 31 日
武昌街道口寓所

（作者簡介：熊禮匯，武漢大學文學院教授）

Preface to *The Gazetteer of Ersheng Temple*

Xiong Lihui

Abstract: By studing the history and culture of Ersheng Temple, this paper clarifies the importance of the Ersheng Temple to the local traditional culture of Gong'an County and Jingchu area, and sums up the great contribution of Ersheng Temple to the development of Chinese traditional culture. The study and dissemination of Chinese Buddhism, the help of the literati and their literary activities, the absorption of foreign culture and the spread of local culture, the interpretation of the spirit of the "water culture" and the affirmation of their dreams, are inextricably linked with the development of Ersheng temple.

Keywords: Ersheng Temple; Gong'an School; Chinese Buddhism

（本文責任編校：周　斌、李程鵬）

諸子學衡

《老子》《莊子》中的"氣"及其可能的詮釋

蔡振豐

摘 要："氣"是中國哲學中的關鍵概念，然而"氣"在中國哲學的使用上也具有多種詮釋的類型。常見之"氣"的詮釋類型有三：第一種類型將"氣"視爲是一種物質性的基本粒子；第二種詮釋的類型是將"氣"視爲是一種能量；第三種類型則涉及心理或精神方面，認爲"氣"具有身體內部與身體意向外部的不同意義。本文所關注的是第三種詮釋類型的理論，特別是"心、神（意識）在氣之理論中的位置"。藉由王弼《老子注》與郭象《莊子注》的討論，本文認爲，王弼與郭象的説法，有脱離"將心（意識）視爲是氣而形成'氣—心（神；性）—形'之連續性模式"而指向"天地之心—人心之模式"的意義。

關鍵詞：氣　老子　莊子　王弼　郭象

一、氣的理論模式及其相關問題

　　"氣"是中國哲學中的關鍵概念，在《老子》《莊子》中也不乏"氣"的概念，如《老子》第四十二章的"冲氣以爲和"、《莊子·人間世》的"聽之以氣"及《莊子·知北游》的"通天下一氣"。老子、莊子所言的氣是指何義？目前並不易論斷，主要的原因在于"氣"在中國哲學的使用上也具有多種詮釋的類型。

　　常見之"氣"的詮釋類型有三：第一種類型將"氣"視爲是一種物質性的基本粒子。氣依其分化，又有精／粗、清／濁、虚／實的差異，精氣是最細微的分子，由精氣所分化的粗重之氣，依陰、陽的質性而可產生聚散的變化，依五行的體性而有形相上的差別。第二種詮釋的類型是將"氣"視爲是一種能量，如在現代科學的研究中，有從脉學的角度將東方醫學中的"氣"視爲是血液循環下的"共振"，而表現爲五臟六腑或經脉的"諧波"[1]。這種看法具體的指出"氣"在生理學上的意義，而其説法也可延伸爲天人問題，從宇宙電磁場的角度説明人體的健康與個性有其先天的因素，也有其調整的可能性。第三種類型則涉及心理或精神方面，認爲"氣"具有身體內部與身體意向外部的不同意義。

---

[1] 王唯工：《氣的樂章》，臺北，大塊文化 2002 年版。

身體内部之氣是指"經絡系統中流動的能量"是"無意識的準身體整合系統"(holistic unconscious quasi-body system)。"無意識的準身體整合系統"是將訊息傳送到意識中樞的能量迴路，它統合了"外在感覺——運動迴路"(sensory-motor circuit)、"身體内部感覺迴路"(kinesthesis circuit)、"情感——本能迴路"(emotion-instinct circuit)等三個神經系統。而身體外部之氣，則可理解爲生命體(lived body)所發出的意向性弧綫(intentional arcs)[①]。

上述三種詮釋的類型以第一種類型最常見于傳統中國哲學的文獻，由之可以建立"宇宙—人—萬物"的同構性。第二種類型是由傳統的脉學出發，以運行血液、體液而維持基本生命系統的心臟爲研究主軸，認爲人類胚胎先長出心臟而打出能量(零諧波)，共振頻由低向高产生，而後器官經絡也一個一個長出來，第一諧波肝的能量最大，其次是第二諧波腎的能量，其後是脾、肺、胃、膽、膀胱、大腸、三焦、小腸、心經[②]。比較第一及第二類型詮釋的理論基礎，可以發現第一類型的詮釋在于概括現象而形成理解周期變化與生剋關系的基本圖式，而第二類型的詮釋則立基于可實徵的身體經驗及其科學原理。這兩種詮釋的類型一開始時可能是各自發展而呈現平行相異的論述，而後爲了便于傳播與溝通而形成合流的現象。舉例而言：如果不將"吐穢氣納精氣"視爲第二類型詮釋的核心概念，而以共振説作爲討論的實例，則可發現臟腑諧波的探求應該先于第一類型之概括理論的發展，而後爲了便于教學與理解，才取用了第一類型之陰陽、五行的氣化解釋系統。唯有確立這兩類理論詮釋系統出現時間的先後次第，否則無法理解"何以第一類型的理論無法解釋某些實際存在的身體現象"[③]。就第二類型的詮釋而言，由于五行氣化理論是後起的，所以五行的觀念只是了爲了説明五臟或十二經絡的生克(影響)關係，只是符號性的標示，不能被視爲是宇宙的五種基本元素，因此五行氣化的説法只能是"理解"共振説的"初步形式"。所以稱爲"理解的初步形式"是因爲陰陽五行的生剋理論只能解釋部份身體脉氣的現象，脉象與五行理論之間必然存有著不能完全接合的界綫。

第三種詮釋類型的理論特色不同于第一及第二類型，它所關注的是"心、神(意識)在氣之理論中的位置"。如果由第二種類型之身體内部的共振或諧波來説明第三類型的理論焦點，則它所考慮的重點則在于"心、神、意可否與身體的諧波有所互動，而調整諧波的運行"。舉例而言，如果調整諧波的重點在達到身體健康的目的，則由此必須先形成

---

① 如湯淺泰雄的研究，概要的意見可參考盧瑞容譯：《"氣之身體觀"在東亞哲學與科學中的探討——及其與西洋的比較參考》，收入楊儒賓編：《中國古代思想中的氣論及身體觀》，臺北，巨流圖書公司1993年版，第63—99頁。其中，"生命體所發出的意向性弧綫"是借用梅洛龐蒂(Maurece Merleau-Ponty)的説法。

② 此可參見王唯工《氣的樂章》一書中的第三章，第75—82頁。

③ 王唯工《氣的樂章》第七章曾舉出許多實際的例子。如："心爲君火，但在諧波上，心本身爲零的話，在五行相生相剋上没有意義，零這個諧波不知道要擺哪里，勉强要分類的話，可説屬十二經。也就是説每個經絡都由心生，所以補心也就是補十二經，因而心與每一經皆相生"、"在中醫理論中，不是每一個五行關系都有用，它只應用在圖十二(肝1屬木；膽6屬火；脾3、胃5屬土；肺4屬金；腎3屬水)畫上的這幾個。換句話説，《内經》的作者知道哪些可以用，哪些不能用，把它寫成陰陽五行，只是方便我們記憶。"(以上見第208頁)"五行説水生木，但是木的能量大于水，所以這個地方不是誰生誰，應該是水與木相生。不要想成一定是水去生木，而是水與木兩者互相，木會生水，水也會生木。這只是個口訣，不要以爲身上只有腎去生肝，其實，肝也會去生腎。"(見第209頁)。

"心與氣之理論關係"的設想,如厘清"心是否有超越于氣的可能?""心之感知、推論、調適的能力是否是氣的自然作爲?"等問題,其後才能建立"健康／疾病"、"傷身／養生"的知識系統。

從"氣"的現象而言,如果人的生老病死或物的成住壞滅是一種自然的趨勢,則不病、不老與不住、不壞則是逆反于氣之自然的設想[①]。若論者言:"人之所以可以逆反于自然,是因爲人掌握了氣之運作或自然的奥秘",則這種想法實已假設了"人之心、神、意識立基于氣且有超越于氣的意義"。傳統中國文獻對于氣的超越性問題,有消極與積極的兩種表達的方式。消極性者,如陰陽家、醫家、道家大都以"心"如何"順(因)"、"應"身體及天地的運作來談論治療與養生的道理,這使得"因"、"應"成了陰陽家、醫家及道家共有的關鍵語。從身體氣血循環的角度言,"因"、"應"背後的共同概念是"周期循環"與"整體平衡"。"因"是指接受與不干預于"周期循環";"應"則著重于"整體平衡"的維持。以"因"、"應"來調整病態,乃有如"虚則補母"、"實則瀉子"的東方醫學的操作。這種由周期平衡觀所衍生的知識,不但可用來解釋維持生命的心肺循環系統,也可延伸而建立因、應于環境(宇宙、天地)之共振的説法。在此考量下,順應于天文學中具有周期性意義的"天時"就顯得十分重要。由戰國到漢晉,"心"之"因"、"應"氣血的平衡(治身)與對萬事萬物的治理之道(治國),被視爲是同一理則的運用,因而衍生而有"和"與"無爲"的概念[②]。消極性的因、應之外,積極性的調整之道如孟子所言"志至焉,氣次焉"、"我善養吾浩然之氣",主張不需經由"因"、"應"的過程,"心"、"志"可直接轉化"氣"在身體上的作用。

不論是視"心"、"神"具有消極性的順應或積極性的轉化功能,都會遭遇到"心"是否屬"氣"的問題[③],而依此問題似乎也可以形成二種不同的説法,一是視"心"或"意識"爲"氣",二是將"心"獨立于"氣"之外。以前論孟子之説爲例,如將"我善養吾浩然之氣"理解爲轉化"心"之"體氣"(或體質)爲"原始之氣"(浩然之氣),這即是將"心"視爲"氣"的一種形式。而若將"我善養吾浩然之氣"理解爲:"心能駕御氣,使氣形成理想的流動狀態(浩然之氣),則心神就會産生在天地間周流無礙的自由感受",則心就有超越于氣的意義。後者的解釋可以與《盡心上》所言"所存者神,上下與天地同流"之意相合,這是不將"心"直接等同于"氣"的説法。

將"心"(意識)視爲是氣,則可延用"先天氣／後天氣"、"精氣／氣"、"虚氣／實氣"的解釋而形成"氣—心(神;性)—形"的連續性模式。但這種宇宙論式的説法,

---

① 如《老子·五十五章》言"物壯則老,是謂不道,不道早已"。此章中的"道"顯然是指人的作爲而非自然的運行之道。
② "無爲"之説除了多見于《老》《莊》之外,其他文獻亦常出現,如《管子·心術上》言:"故必知不言無爲之事,然後知道之紀。殊形异埶,不與萬物异理,故可以爲天下始"、"是故有道之君,其處也若無知,其應物也若偶之,静因之道也"見黎翔鳳:《管子校注》(中),中華書局2004年版,第764頁。"和"一詞運用甚廣,在儒家除了《中庸》"喜怒哀樂之未發謂之中,發而皆中節謂之和"用以説明内在的心性修養之外,也有《左傳·昭公二十年》所言"不競不絿,不剛不柔,布政優優,百禄是遒,和之至也",用以指説政治的合宜措施。見孔穎達等:《春秋左傳正義》卷四十九,臺北,藝文印書館1960年版,第21頁。
③ 如何乏筆《何謂"兼體無累"的工夫——識牟宗三與創造性的問題化》即涉及此一問題。該文收入楊儒賓、祝平次編:《儒學的氣論與工夫論》,臺北,臺大出版中心2005年版,第79—102頁。

雖可適用于道教的仙道之説，以及施放外氣能使施受物産生物理性變化的氣功之説，却不易適用于儒家傳統"天人合德"與宋明儒"變化氣質"説法，因爲"變化氣質"及"天人合德"都不能説是令"氣"的既有形質産生了變化。假若不持"先天氣／後天氣"、"精氣／氣"這樣的解釋模型，而要合乎"人與萬物有别"（人與禽獸之辨）及"德性非關氣化"的基本理念[1]，則似乎必須在"氣"之上架構一個高層的概念來形成解釋的模式，如此則必須將"心"、"神"（意識）視爲是有别于氣的存在，而將"變化氣質"理解爲在意識上超越了形質的限制，而不是改變"心"之氣的狀態。如此的理解模式，就脱離了"氣—心（神；性）—形"的模式而指向"天地之心—人心"的模式。

二、"意識—言語"與"氣"

如何説明"氣—心性—形"與"天地之心—人心"之理論模式的差异？首先可以注意漢晉學者對《老子·四十二章》"道生一，一生二，二生三，三生萬物。萬物負陰而抱陽，冲氣以爲和"的解釋。從字面而言，《老子·四十二章》的文字最符合上述第一類型的形式，如東漢的《老子河上公注》即以"一生陰與陽也"解釋"一生二"；以"陰陽生和、清、濁三氣，分爲天、地、人也"解釋"二生三"；以"萬物中皆有元氣得以和柔，若胸中有藏，骨中有髓，草木中有空虛。與氣通，故得久生也"解釋"冲氣以爲和"[2]。王弼（226—249）的《老子注》則异于是，他的注文如下：

> 萬物萬形，其歸一也。何由致一？由于無也。由無乃一，一可謂無？已謂之一，豈得無言乎？有言有一，非二如何？有一有二，遂生乎三。從無之有，數盡乎斯，過此以往，非道之流。故萬物之生，吾知其主，雖有萬形，冲氣一焉。百姓有心，异國殊風，而（得一者）王侯主焉。以一爲主，一何可舍？愈多愈遠，損則近之。損之至盡，乃得其極。既謂之一，猶乃至三，况本不一，而道可近乎？損之而益，豈虚言也。[3]

王弼的注文有三個特色：（一）全然避去做爲宇宙生化之"陰"、"陽"及"氣"的概念；（二）化用了《莊子·齊物論》中"天地與我并生，而萬物與我爲一。既已爲一矣，且得有言乎？既已謂之一矣，且得无言乎？一與言爲二，二與一爲三。自此以往，巧曆不能得，而况其凡乎！故自无適有以至于三，而况自有適有乎！"的文字，可見受到《莊子》文本很大的啓發；（三）所論的重點放在"超越語言"之"無"與由"一"而"二"而"三"之意識與語言分化的過程。

---

[1] 陳榮灼《氣與力："唯氣論"新詮》一文以萊布尼兹的"力"解釋張載與王夫之的氣論，但其中似乎也没有説明氣論如何能與德性問題相關聯。文收入楊儒賓、祝平次編：《儒學的氣論與工夫論》，第47—78頁。
[2] 河上公：《老子道德經注》卷下，商務印書館2006年影印文津閣《四庫全書》本第1059册，第4頁。
[3] 樓宇烈：《王弼集校釋》（上），中華書局1980年版，第117頁。

由上述王弼《注》的三個特色，可見王弼由《莊子》中所讀到的道家思想之重點，并不在于第一詮釋類型中的"氣論"，而是造成意識、語言與自我知識中的虛妄是如何形成的問題。《莊子》之詮釋的情形又是如何？如果不直接取用于標用"氣"之文本，《莊子·齊物論》"莊周夢蝶"一段所論的"物化"也容易被認爲具有"通天下一氣也"的意義。對"莊周夢蝶"的詮釋，目前多以"覺夢如一"（生死如一）與"物我冥合"爲大宗，且這二類詮釋又可再分爲"氣"之進路①，與美學之進路二者②。氣之進路視生死如夢覺，皆爲氣之流轉，認爲物、我之間有一氣的共同來源，因而可冥而合之；而美學進路着眼于藝術的化境，認爲"如一"、"冥合"是建立于"凝神"而致的"無關心"的"自由快感"上。這兩類説法中，美學進路并不需要氣論作爲其形上學的基礎。而且，只由"氣"而論"生死如一"、"物我冥合"，也無法正面解決社會活動下的權力與道德的問題，即使由冥契經驗論"物我冥合"，其背後的預設也可能不是"流轉之氣"，而是超越于流轉之氣的"神"或《莊子·天下》所言"與造物者游"的"造物者"。

相對于"覺夢如一"（生死如一）與"物我冥合"的説法，郭象（252？—312）的注解又是如何？郭象的注文如下③：

> 今之不知胡蝶，無异于夢之不知周也；而各適一時之志，則無以明胡蝶之不夢爲周矣。世有假寐而夢經百年者，則無以明今之百年非假寐之夢也。
> 夫覺夢之分，無异于死生之辯也。今所以自喻適志，由其分定，非由無分也。
> 夫時不暫停，而今不遂存，故昨日之夢，于今化矣。死生之變，豈异于此，而勞心于其間哉！方爲此則不知彼，夢爲胡蝶是也。取之于人，則一生之中，今不知後，麗姬是也。而愚者竊竊然自以爲知生之可樂，死之可苦，未聞物化之謂。

郭象的注文串連了"麗之姬"的故事，以表明他是站在《莊子》文本的立場，而且他的重點完全不涉及氣化的立場或"物我冥合"的概念，反而比較像在討論"自我知識形成偏差的原因是什麽"的問題。事實上郭象注文與王弼《老子注·四十二章》同樣是以《莊子》"天地與我并生，而萬物與我爲一"的論述作爲根據。郭象的注文可分三點説明：

（1）如果時間在意識中是連續的，則自我因其"分定"而具有意識的同一性，"過去夢爲蝴蝶"的意識，最後會"化"在"現在是莊周"之中而不存在。同理，若認爲生與死在自我中是連續的時間意識，則"生之我"就"化"爲"將死之我"，再化爲"死之我"。如此，"死之我"可視爲"生之我"的連續發展，并不獨立于"生之我"之外，因而"死之我"不會成爲不可識知的狀態。

（2）若是問"周之夢爲胡蝶與？胡蝶之夢爲周與？"或是"生爲可樂？死爲可苦？"

---

① 如宋代陳碧虛言："周、蝶之性，妙有一氣也。昔爲蝴蝶，乃周之夢；今復爲周，豈非蝶之夢哉？"見褚伯秀：《南華真經義海纂微》卷四，商務印書館2006年影印文津閣《四庫全書》本第1061册，第27頁。
② 如徐復觀：《中國藝術精神》，臺北，學生書局1966年版；顏崑陽：《莊子藝術精神析論》，臺北，華正書局1985年版。
③ 郭慶藩：《莊子集釋》卷一，臺北，木鐸出版社1983年版，第113頁。

這種疑問的产生原因是假設了自我不具"同一且連續的時間意識（無分）"。以生死爲例，因爲没有同一性、連续的時間意識，這使得"生之我"無法識知"死之我"而产生了心理焦慮。

（3）在自我同一意識之下，由"思想"所產生的"被思想者"，二者是同一的。"胡蝶"是由莊周之夢的"思想"所產生的"被思想者"；"死爲苦"是由"知生爲樂"之"思想"所產生的"被思想者"。若知道"被思想者與思想爲一"，則知要改變的是"思想"，而不是對"被思想者"形成種種心理上的防衛。换言之，若自以爲知道"死爲苦"，必然將"死"視爲是防範與對治的"對象"，這無疑是把虛妄的思想視爲獨立的實體來對待，必然产生心理上無法化解的焦慮與痛苦。

如果將上述三點郭象《注》的意見與王弼《老子注·四十二章》并列而觀，則可知郭象的注文似乎考慮了"夢（意識；爲一）——'夢'（語言；謂之一）——莊周／胡蝶之夢（思想；有一有二遂生乎三）"之系列分化的結果，故由二而三，乃有"周之夢爲胡蝶與？胡蝶之夢爲周與？"之疑問。

《莊子》內七篇文本涉及大量心理焦慮的描寫，因此郭象《注》以"意識—語言—思想"之分化解釋"莊周夢蝶"所揭示的意義，乃爲順理成章之事。相對而言，王弼基于什麼思考使用"意識—語言—思想"的觀點注解《老子·42章》中具有宇宙論的詞語？首先，可以猜想的是：如果由"氣論"所論的"物我冥合"只能通過冥契經驗去證成，則這種詮釋對大多數没有冥契經驗的人來說是没有意義的，如果人們不是基于體驗，也無法建立冥契的信仰，這種理解就不能直接對人产生實際的效應，也無法轉化成真正的身體知識或技術。因此，如果要建立一種對人自身有實際效應的知識，則必須出于人人所共有的身體體驗，猶如上述第二種類型的詮釋，是建立在人對血氣循環的自然感知一般。同樣的思考也可以適用于人如何思考宇宙論的問題上，如果不由神話的啓示來談宇宙論，則對人與道或宇宙的關系的論述，也必然會通過一種人人可以體知的方式。如此，體知"意識的生成"，與體知"血氣的共振"就可能是相近的知識類型，而這種知識類型也可以無限擴延其時空，而類比于對宇宙的知識。换言之，由個體的血氣共振可以意會到人與宇宙相互影響的關系，而由"意識"與"語言"也可以意會到人所構建的世界或宇宙，而開展人與世界或宇宙的關系。

由上述的思路，可以推論王弼《老子注·四十二章》的重點不在于繼承"氣論"的典範而形成宇宙論的見解，而在于考慮"意識最原初的狀態（"道之流"）與由語言的二元性而衍生的思想狀態（"非道之流"）是如何生起的？""思想真偽與語言的關系是什麼？"同樣基于"意識—語言—思想"的角度，王弼《老子注》、郭象《莊子注》與《莊子》之間就具有相近的論點，爲了方便討論，以下兹以三點說明之：

（1）"道之流"的意識狀態如類比于宇宙論，則可指爲是"萬物萬形，其歸一也"的"一"。"一"落實于人身上即表現爲"心無"之狀態。相應地，"非道之流"的語言狀態，在宇宙論上則可指爲"有分之形"；而在人身上所以造成"有分之形"的原因，則是"心知"之"謂"。由"心知"、"謂之一"而形成的"語言—思想"，使每一個主體所意識到的内容相爲別异，猶如"莊周"與"蝴蝶"般互不相屬，此即王弼所謂"既謂之一，猶乃至三，況本不一，而道可近乎？"中的"不一之本"。

（2）"心知"的功能在于將"感官意識"及"言語"編織爲"語言"與"思想"；而"心無"則有"意識、語言、思想的生起地"、"感知意識、語言、思想由此生起"的意義。所以使用"地"這個字，主要在于表示"心無"不是意識本身，而是生起、涵容各種意識、語言、思想的場所，故"心無"也可以等同于《莊子·人間世》所言的"心齋"，或"瞻彼闋者，虛室生白"之"虛室"，如以《老子》文本來類比，或許也可以用"域"來説明[①]。

（3）若將"氣論"納入王弼的解釋體系，則"氣"只能是形諸于"心無"中的種種"意識"、"言語"或"識見"，此可類比于宇宙論中的"萬物萬形"。而王弼所謂"萬物之生，吾知其主，雖有萬形，冲氣一焉"可指爲"萬物萬形並生于心無之中，而無獨勝之物"之意；"冲氣"之"冲"在此非"涌搖"之意，而爲《老子·四十五章》"大盈若冲"的"虛"之意。如將"萬物萬形並生于心無之中，而無獨勝之物"類比于侯王的政治的作爲，則王弼注文所言的"百姓有心，异國殊風，而王侯主焉"之"主"，即指"心無"之"主"。以"心無主之"的說法，也可相應于《老子·四十九章》"聖人無常心，以百姓心爲心"之義。換言之，"王侯主焉"之"主"離不開"心"所具"兼容、因順于殊异"的意思，近于"心無所主"[②]，在此義中，"聖人無常心"是由"心無"言，"百姓心"是由"心知"言。

三、"聽之以氣"與"鬼神來舍"

依《老子注》，王弼將"氣"理解爲種種"意識"、"言語"或"識見"，並比擬爲"萬物萬形"。如用這種立場來詮解《莊子》，會形成何種的詮釋樣態？以下本文將嘗試以王弼的立場，理解《莊子·人間世》中有關"氣"的文本。《莊子·人間世》論及"氣"與"心"者，有兩段重要的文字：

> 若一志，无聽之以耳而聽之以心，无聽之以心而聽之以氣！聽止于耳[③]，心止于符。氣也者，虛而待物者也。唯道集虛。虛者，心齋也。
>
> 瞻彼闋者，虛室生白，吉祥止止。夫且不止，是之謂坐馳。夫徇耳目內通而外于心知，鬼神將來舍，而況人乎！

[①] 王弼注《老子》二十五章"域中有四大"句云："無稱不可得而名，曰域也。道、天、地、王皆在乎無稱之內，故曰'域中有四大'者也。"見《王弼集校釋》（上），第64頁。

[②] 王弼《老子注》對"主"未有解釋，但其注解四十九章"聖人無常心，以百姓心爲心"言："動常因也"。釋"聖人皆孩之"言："若乃多其法網，煩其刑罰，塞其徑路，攻其幽宅，則萬物失其自然，百姓喪其手足，鳥亂于上，魚亂于下。是以聖人之于天下歙歙焉，心無所主也。爲天下渾心焉，意無所適莫也。無所察焉，百姓何避；無所求焉，百姓何應。無避無應，則莫不用其情矣"。見《王弼集校釋》（上），第129—130頁。

[③] 關于"聽止于耳"一句，俞樾認爲："上文云，無聽之以耳而聽之以心，無聽之心而聽之以氣。此文聽止于耳，當作耳止于聽，傳寫誤倒也，乃申説無聽之以耳之義"（見郭慶藩：《莊子集釋》卷二，第147—148頁），陳鼓應《莊子今注今譯》即將此句改爲"耳止于聽"以符合下句"心止于符"的句式（臺北，商務印書館2004年版，第126頁）。然而，《莊子》此段亦可能是"巵言"的表現，即"耳止于聽"無异于"聽止于耳"、"心止于符"無异于"符止于心"，且"聽之于耳"無异于"耳之于聽"、"聽之以心"無异于"心之于聽"、"聽之以氣"無异于"氣之于聽"。故而"聽之于耳"即"聽耳"、"聽之以心"即"聽心"、"聽之以氣"即"聽氣"，猶太極拳推手時的"聽勁"，"聽勁"意謂"覺知于敵手之勁力"，也意謂"以我之柔勁來覺知"。以下本文對《人間世》此段文字的理解，基本上循此一詮釋方向進行。

上兩段文字如以王弼的立場來理解,則"聽之以耳"中的"耳"應爲所有感覺器官的代稱,所以用"耳"來表示"耳"、"目"、"口"、"鼻",其目的在于突出"心知"的重要性。"耳"所接收的是聲波,聲波的意義必須在"心知"的作用下才能形成有意義的言語,因此莊子以"聽之以耳"來表示感覺意識在形成意義的過程中避免不了"成心"的介入。"成心"的介入越深,真正的感覺就不存在,猶如人在飲水時完全感覺不到液體流過雙唇與喉嚨的感覺,又或喝多了化學藥劑調配合成果汁的人,反以爲鮮榨果汁不像果汁的味道,故"聽之以耳"意謂真正的感覺受限于成心,而令感覺與理解疏離爲二。"聽之以心"、"止于符",意謂"心知"不再介入感官的接納,而讓"心"能真正"符合"于感覺所傳遞的信息。這表示人浸淫在直接的經驗中,但這種覺察只是讓人意識到"心知運作下的虛假感覺"與"心符下真正感覺"的差異,仍不是莊子所提示的最佳經驗。最理想的經驗是"聽之以氣",這意謂覺察到了"氣"是"虛而待物者",以及"氣由一而二而三"的過程。所謂"氣也者,虛而待物者也",可能是指意識、意念、言語、之間,并沒有必須相互結合的規則[1],因而它們也可能在心齋中生起,而後復歸于心齋之無[2]。所謂"氣由一而二而三"的過程,即覺察到氣本身的("意識、意念、言語")的表現是自生的(如意識到下雨),但它們也可以與其他的氣相結合而產生認知與思想(如产生討厭或喜歡下雨的念頭),氣與氣的結合如有統一的方向可言,則完全來自于"心知"或"成心"的作用。

"心齋"意謂"心"脱離了"成心"或"心知"的狀態,故《莊子》以"徇耳目内通而外于心知"來説明心齋如何達成。從字面言,"齋"意謂滌除了"知"。而"无"、"閔"與"虛室"也是"齋"的相同指謂。《莊子》之外,《管子·心術上》所言的"虛其欲,神將入舍。掃除不潔,神乃留處"也是類似的描述[3]。由"鬼神將來舍"、"神將入舍"與"神乃留處"的描述,可以推知"齋"、"无"、"閔"、"虛室"應該具有意識生起、流布之"場所"的意義。因而,由"聽之以氣"所達致的"心齋"不是指"心"與"氣"處于"一體無分"的冥合狀態,反而是指"心"覺察于"氣之相互獨立"的狀態,在此狀態中,不同的氣就呈現出郭象所謂的"獨化"與"自生"的狀態[4]。

《莊子》以"心齋"表示真正的自我,以和"心知"活動下的自我相爲區別。"心知"讓意識、意念及由之形成的語言,循著預先設定的方向結合、發展,因而製造出有別于"實際情況"的"應該實況",并執取"應該實況"爲"實際情況",形成內在痛苦的壓力來源,前舉之"莊周、蝴蝶之問"與"麗姬之哭"皆可視爲其例。相對而言,"心齋"作爲意識生起的場所,這個場所同時具有超越于意識與覺察于意識的意義。因此,當"心齋"這個"虛者"能覺照到"虛而待物"之"氣"没有一貫的連續之道,則能領悟到"心知"活動下的"自我"并非永久不變,因而可遠離心理及身體上的"相刃相靡",而清醒地接受直接的感覺與經驗。如此,各種的感覺、經驗將脱離"心知"的專制獨裁("去异端而任獨"),而達

---

[1] 郭象認爲《齊物論》之"化聲之相待,若其不相待"涉及了語吾"虛而待物"的本質,故其注文言:"是非之辯爲化聲。夫化聲之相待,俱不足以相正,故若不相待也。"見《莊子集釋》卷一,第109頁。
[2] 郭象《注》言:"〔遣〕〔遣〕耳目,去心意,而符氣性之自得,此虛以待物者也。"見《莊子集釋》卷二,第147頁。
[3] 黎翔鳳:《管子校注》(中),第759頁。
[4] 郭象《注》釋"若一志"言:"去异端而任獨(者)也(乎)"。見《莊子集釋》卷二,第147頁。

到一種各自獨立且相互平衡的狀態。王弼以"冲氣"表示這種平衡的狀態，而《莊子》中的"太冲莫勝"、"衡氣機"①也可能是對這種狀態的描述。基于這平衡的狀態，則自我脫離了"心知"的自動化反應，使自我更能銳利地感受每一刻之意識與經驗的本質，接受事物的真實樣貌。如此，意識、語言、思想不落入"心知"的宰治，而同時在"虛室"中平等的生起。此時"心知之我"就不再成爲一個被注意的客體，而消失在這股心識交融的平衡之流中，如《莊子·應帝王》"神巫季咸"故事中無可區辨動、靜之"淵"的隱喻。外在世界之物、他人心知活動下的心理世界、我之身體的意識、語言、思想，同時被"心齋"所覺察，而使真正的自我可以用相同的頻率，自由地與之共鳴②，這種種情況可能即是《莊子·逍遥游》所言的"御六氣之辯"《大宗師》所言的"與造物者爲人，而游乎天地之一氣"。而由之對生活產生的洞識與新的生命力，則可理解爲"來舍"的"鬼神"。

"鬼神來舍"的先決條件是脱離嚴格身份認同的牢籠、脱離心知的習慣，以及由之而形成的記憶、預測與期待。在遠離這些篩選形塑的巨大骨架之後，接納而開闊的心，就能展開重新創造的能力。《大宗師》言："神鬼神帝，生天生地"，可見"鬼神"可以用來表示重新開創的意思。依此"鬼神來舍"可以理解爲在心齋之場所中，生起了新的世界觀或新的理解與參與世界的架構，"生白"、"吉祥"則意謂在此新的意識世界中，自我中心、焦慮、恐懼、憤怒等一切負面的情緒皆消失不見。在此時刻，對覺受的接納充滿喜悦、樂趣，因而没有控制外在環境的必要，因爲一切都自在自得，過去與未來俱皆消失，唯一的感覺就是活在"至一"的當下之中③。

四、"天地之心"下的"氣化"

在王弼《老子注》與郭象《莊子注》中，"氣"并非是最高層的形上學概念，因而他們都以"意識—語言"的角度，詮解《老子》、《莊子》文本中的"氣"。但由于氣論的發展由來已久，且《老》、《莊》文本中不乏這類原始的概念，故郭象《莊子注》在面對涉及于氣之《莊子》文本時，有時也會依宇宙論的用法，將氣解釋爲形成萬物的基本的元素，這種情況尤其可見于外、雜篇中。然而仔細思索郭象《莊子注》中的"氣化"論點，仍可發現宇宙論式的氣化説顯然不是他的思想重點。如郭象雖言"神人非五穀所爲"是"稟自然之妙氣"、"松柏特稟自然之鍾氣，故能爲衆木之傑"④，但他也强調這種得自然之正氣者如松柏、聖人等，都是"至希者"、"非能爲而得之"，因而没有羨慕的必要，對一般

---

① 在《應帝王》"神巫季咸"的故事中，列子的老師壺子以三淵之象示于季咸。壺子言"吾鄉示之以太冲莫勝，是殆見吾衡氣機也。鯢桓之審爲淵，止水之審爲淵，流水之審爲淵。淵有九名，此處三焉"。郭象《注》釋"太冲莫勝"言："居太冲之極，浩然泊心而玄同萬方，故勝負莫得厝其間也。"見《莊子集釋》卷三，第302頁。
② 郭象注《人間世》"若能入游其樊而無感其名，入則鳴，不入則止"言："譬之宫商，應而無心，故曰鳴也。夫無心而應者，任彼耳，不强應也。"見《莊子集釋》卷二，第149頁。
③ 郭象注《人間世》"無門無毒，一宅而寓于不得已，則幾矣"言："使物自若，無門者也"；"付天下之自安，無毒者也"、"不得已者，理之必然者也，體至一之宅而會乎必然之符者也。"見《莊子集釋》卷二，第148—149頁。
④ 《莊子注·逍遥游》言："俱食五穀而獨爲神人，明神人者非五穀所爲，而特稟自然之妙氣"；《德充符》言："松柏特稟自然之鍾氣，故能爲衆木之傑耳，非能爲而得之也"。分見《莊子集釋》卷一，第29頁；卷二，第194頁。

人而言更重要的是"自正"的作爲，以及"在性分之中"求其自得①。

郭象《注》認爲"氣化"無礙于自得，這是將氣化理論從文本中去脉絡化的表現，如此可以將"氣化"的論點重新連繫到"意識—語言"這一脉絡。就"意識—語言"的論點而言，郭象《莊子注》雖不若王弼《老子指略》、《周易略例》直接論及"稱、謂"②與"言、象、意"③的區分，但在《莊子注》中實際上也出現類似的注解。如《大宗師》之注言"玄冥者，所以名無而非無也"、"夫階名以至無者，必得無于名表。故雖玄冥猶未極，而又推寄于參寥，亦是玄之又玄也"、"階近以至遠，研粗以至精"④，這些意見與王弼《老子指略》所言"言之者失其常，名之者離其真"⑤、《老子注》第一章所言的"若定乎一玄，則是名則失之遠矣"⑥及《周易略例》的"得象忘言，得意忘象"都有相似之處。因此，王弼、郭象所欲建立的形上學，其重點不在以"氣"爲主的宇宙生化論，而是以"人的作爲"爲主的修養論，由之討論人心與宇宙本體是否有一"不塞其源，不禁其性"的共同本質，使人藉此本質，能更好地理解、參與人所存在的世界。

由上述的說明或可推論：王弼與郭象對"人—世界—宇宙"之連結的設想是透過"天地之心—人心"來達成的。"天地之心"一詞首見于《禮記·禮運》⑦，如〈禮運〉言："故人者，其天地之德，陰陽之交，鬼神之會，五行之秀氣也"、"故人者，天地之心也，五行之端也"。《禮運》所論的"天地之心"是用來指涉作爲五行之秀的人，在字面上"天地之心"雖與"氣"的觀點緊密結合，但其中也有理論上的模糊，如"五行之秀氣"與"陰陽之交"所成立的這一組概念，似乎也可相對于由"天地之德"與"鬼神之會"所成立的這一組概念。《禮記》之外，漢代嚴遵《道德指歸論·名身孰親篇》也論及了"天地之心"，此中的"天地之心"雖如《禮記》所論一般，不能與陰陽之氣完全區分，但其指涉却有改變。嚴遵所言的"天地之心"并不是作爲五行之秀的人，而是超越于人的"道"

---

① 《莊子注·德充符》言："言特受自然之正氣者至希也，下首則唯有松柏，上首則唯有聖人，故凡不正者皆來求正耳。若物皆有青全，則無貴于松柏；人各自正，則無羨于大聖而趣之"。見《莊子集釋》卷二，第194頁。
② 《王弼集校釋》（上），第197—198頁。
③ 王弼《周易略例·明象》言："夫象者，出意者也。言者，明象者也。盡意莫若象，盡象莫若言。言生于象，故可尋言以觀象；象生于意，故可尋象以觀意。意以象盡，象以言著。故言者所以明象，得象而忘言；象者，所以存意，得意而忘象"。見《王弼集校釋》（下），第609頁。
④ 《莊子集釋》卷三，第257頁。
⑤ 王弼《老子指略》言："言之者失其常，名之者離其真，爲之者則敗其性，執之者則失其原矣"。見《王弼集校釋》（上），第196頁。
⑥ 《王弼集校釋》，第2頁。
⑦ 《禮記·禮運》言："故人者，其天地之德，陰陽之交，鬼神之會，五行之秀氣也。故天秉陽，垂日星；地秉陰，竅于山川。播五行于四時，和而后月生也。是以三五而盈，三五而闕。五行之動，迭相竭也。五行四時十二月，還相爲本也。五聲六律十二管，還相爲宮也；五味六和十二食，還相爲質也。五色六章十二衣，還相爲質也。故人者，天地之心也，五行之端也，食味別聲被色而生者也。故聖人作則，必以天地爲本，以陰陽爲端，以四時爲柄，以日星爲紀，月以爲量，鬼神以爲徒，五行以爲質，禮義以爲器，人情以爲田，四靈以爲畜。以天地爲本，故物可舉也。以陰陽爲端，故情可睹也。以四時爲柄，故事可勸也。以日星爲紀，故事可列也。月以爲量，故功有藝也。鬼神以爲徒，故事有守也。五行以爲質，故事可復也。禮義以爲器，故事行有考也，人情以爲田，故人以爲奧也。四靈以爲畜，故飲食有由也"。見王夢鷗：《禮記今注今譯》（上），台灣商務印書館1984年版，第377—379頁。

或"一"①。相對于《禮記》與《道德指歸論》，王弼在《周易注》中對"天地之心"的解釋，完全不由"氣"的角度論之，而其指涉則可通于"道"與"人"，其注文如下：

> 天地以本爲心者也。凡動息則静，静非對動者也；語息則默，默非對語者也。然則天地雖大，富有萬物，雷動風行，運化萬變，寂然至无是其本矣。故動息地中，乃天地之心見也。若其以有爲心，則异類未獲具存矣。②

王弼所説的"天地以本爲心"之"本"有二義，一是天地之本，二是人之本，他認爲這二者有相同的本質。天地之本是由"動息則静"、"寂然至无"而論，人之本是由"語息則默"而論，二者的相同本質在于"静非對動"、"默非對語"的超越對立觀，就人的角度而言，這種説法仍然是扣緊著"以無爲心"的論點。由王弼"以有爲心，則异類未獲具存"的説法，可反推"以無爲心，則异類具存"，這種論點可以令我們聯想到上一節所論的"心齋"、"虚室"。因此，在王弼的論述上，似乎存有著"天地之心——無心"的結構。

"天地之心——無心"的世界結構不但是王弼的設想，也可能是郭象的設想。"無心"之説多見于《莊子注》如《大宗師》開首即言"雖天地之大，萬物之富，其所宗而師者無心也"③，而"天地"之説，則可見于《莊子注·齊物論》所論之"天"，其注文言：

> 夫天籟者，豈復别有一物哉？即衆竅比竹之屬，接乎有生之類，會而共成一天耳。無既無矣，則不能生有；有之未生，又不能爲生。然則生生者誰哉？塊然而自生耳。自生耳，非我生也。我既不能生物，物亦不能生我，則我自然矣。自己而然，則謂之天然。天然耳，非爲也，故以天言之。以天言之，所以明其自然也，豈蒼蒼之謂哉！……故天者，萬物之總名也，莫適爲天，誰主役物乎？故物各自生而無所出焉，此天道也。④

郭象論"天籟"之意，由將"衆竅比竹之屬"聯繫到"有生之類"，從類比的思維言"比竹"與"衆生"皆可"會而共成一天"。在這"會而共成一天"中，不論衆竅、比竹、有生之類"皆是"自生"、"自然"。所謂"自生"是就物與他物的獨立性而言（我既不能生物，物亦不能生我），而"自然"乃就萬物依其自己之性而發展（自己而然）而言。萬物既能自生、自然，則"天"就不是能創造萬物的"蒼蒼之天"，而具有"萬物總名"的意義。郭象所

---

① 《道德指歸論·名身孰親篇》言"道德神明常生不死，清濁太和變化無窮。天地之道，存而難亡；陰陽之事，動而難終。由此觀之，禍極于死，福極于生，是以聖人上原道德之意，下揆天地之心"。見嚴遵：《道德指歸論》卷二，商務印書館 2006 年影印文津閣《四庫全書》本第 1059 册，第 8 頁。
② 《王弼集校釋》（上），第 336—337 頁。
③ 《莊子集釋》卷三，第 224 頁。
④ 《莊子集釋》卷一，第 50 頁。

以以"萬物之總名"釋"天",其目的可能在于突出"莫適"與"無役物之主"的意思[1],這説明郭象所論的"天"、"無心"、"虚室"與王弼所論的"天地之心"皆有相同的本質。

以"心齋"爲"室"、"處"而有"場所"之意,對生命有何意義?這可由郭象《注》所論的"境"、"域"來説明。《莊子注·序》言"至人極乎無親,孝慈終于兼忘,禮樂復乎已能,忠信發乎天光。用其光則其朴自成,是以神器獨化于玄冥之境而源流深長也"[2],此段文字中的"玄冥之境"與注《齊物論》"衆人役役"所言"馳鶩于是非之境也"[3]的"是非之境"、注《莊子·逍遥游》"堯治天下"所言"游心于絶冥之境"[4]的"絶冥之境"、注《應帝王》"未始出于非人"所言"夫以所好爲是人,所惡爲非人者,唯以是非爲域者也。夫能出于非人之域者,必入于無非人之境矣"[5]的"非人之域"、"無非人之域",皆是相同的指謂。由郭象《注》中"至人之域／衆人之域"、"非人之域／無非人之域"的區分,可知"境"、"域"不像是"無能作爲"(不能改變)的"氣稟"的界域,而比較像是"能爲"(可改變)的界域,依此郭象才有"是非之域可泯"的説法[6]。再由"以所好爲是人,所惡爲非人者,唯以是非爲域者也"的説法,可知"是非之境"是以"心知"爲根據,所觀看、參與的世界;而"玄冥之境"則是以"無心"所觀看、參與的世界。由這些意見也可推論郭象使用"境"、"域"之字,在于表示"人依其自我理解世界的方式,所參與、形成的世界"之義。王弼解釋《老子》第二十五章"域中有四大"言:"無稱不可得而名,曰域也。道、天、地、王皆在乎無稱之内,故曰'域中有四大者也'"[7],這也説明"域"是由"人對道的理解"、"天生"、"地成"、"王之治理"所參與、總成的世界。

五、結 論

《老子》除第四十二章外,少有涉及于氣論者,而《莊子》中雖多見"氣"字,但其使用多端,且内容也雜有神話的材料,因而"氣"的真正指謂,也有多種詮釋的可能。《莊子》外、雜篇所論的"氣"雖可作"氣化"理解,但内篇中所見却不見得必須以"氣化"來理解[8]。本文以王弼《老子注·四十二章》及郭象《莊子注·人間世》之"聽之以氣"爲主,論證了王弼與郭象注解中去氣化論的特色,雖然無法證明他們的説法符合于《老》、《莊》的原意,但至少顯現《老》、《莊》文本中的"氣"有其他詮釋的可能,而這種詮釋的傾向,事實上也表現出了王弼、郭象之玄學與阮籍(210—263)、嵇康(約223—263)之玄學

---

[1] 郭象《莊子注·齊物論》言:"萬物萬情,趣舍不同,若有真宰使之然也。起索真宰之朕迹,而亦終不得,則明物皆自然,無使物然也。"此段文字即以"萬物萬情,趣舍不同"來説"起索真宰之朕迹,而亦終不得"。見《莊子集釋》卷一,第56頁。
[2] 《莊子集釋》,第3頁。
[3] 《莊子集釋》卷一,第102頁。
[4] 《莊子集釋》卷一,第34頁。
[5] 《莊子集釋》卷三,第288頁。
[6] 注《齊物論》"和之以天倪,因之以曼衍,所以窮年也"言:"和之以自然之分,任其無極之化,尋斯以往,則是非之境自泯,而性命之致自窮也"。見《莊子集釋》卷一,第109頁。
[7] 《王弼集校釋》(上),第64頁。
[8] 有相近意見者如陳麗桂,參見氏著:《先秦儒道的氣論與黄老之學》,《哲學與文化》2006年第8期,第8—9頁。

及漢代氣化宇宙論的區隔。

雖然王弼、郭象的注解脫離了氣化宇宙論的典範，但却避免不了一般讀者對《老》、《莊》文本中"氣"的刻板印象，因而使讀者忽略了他們對"氣"的理解，實爲另一種理論的形態。如本文第一節所論，當身體實徵的論點或新的觀點套入舊有之氣論模式時，除了有理解上的方便外，也有細節上無法融入的可能。與這種不相融的情形相類似的狀況，也可見于郭象的《莊子注》之中，如郭象承認"天地之正氣"、"自然之妙氣"的存在，在解釋上雖然方便于理解"性分"的差異而可觸及"獨化"、"自生"的概念，但若問"人在修養上能否達到無心是否也會受氣稟的影響？"則氣化之論將以"無心者"爲"特稟自然之鍾氣"者，如此反而對"無心"的工夫意義形成理解上的障礙[1]。王弼理論早于郭象，但他或許預先看到這種解釋上的困境，因而在注解《老子·四十二章》時，就先清除了氣化的論述。

由王弼、郭象所完成的"天地之心—無心"的理解模式，或許也可以承認氣化的存在，但他們不將"無心"視爲是"特殊之氣"（如"先天氣"或"虛氣"），因而不會貶抑"形軀之氣"的價值，如此就不必有"將形身轉爲氣身"這類難以建立普遍的實踐之道的論點。將"心"與"形氣"分立，使得"心"更能專注于接納"形軀之缺陷"與"現實對身心之傷害"等等既成的事實，從而由"無心"之"神"中獲得更好之理解、參與世界的想法與作爲。

在"天地之心—無心"的架構下，將"心"與"氣"分立并不會使"心"脱離于"氣"而失去其"本體"的地位，因爲在此架構下，論"形身"的重點不在于"形軀"本身，而在于由身體活動的而生的種種意識、語言、思想、行動。從本體論的立場而言，"無心"作爲人所有活動的本體，它是"心知"生起的場所，也同時是覺照"心知"所生起之意識、語言、思想、行動的本體。"無心"可以改變"心知"運作的方向；而藉由"虛靜"或"卮言"，"心知"也可暫時處于"心無"的狀態而意會"無心"的存在。郭象《莊子注·序》以爲莊子不是"心無爲者"，而是"知無心者"[2]，但他也讚美《莊子》之狂言"長波之所蕩，高風之所扇，暢乎物宜，適乎民願"[3]，讀《莊子》而能"適其所願"，這説明人的内在多多少少皆具有"心無"的體驗，説明所有的人皆是"能意會無心者"。也基于所有人皆能意會無心，故《老》《莊》談論聖王"以虛爲主"[4]、"順有待者，使不失其所待"[5]

---

[1] 如《莊子注·序》言："夫莊子者，可謂知本矣，故未始藏其狂言，言雖無會而獨應者也。夫應而非會，則雖當無用；言非物事，則雖高不行；與夫寂然不動，不得已而後起者，固有間矣，斯可謂知無心者也。"又言："夫心無爲，則隨感而應，應唯謹爾。故與化爲體，流萬代而冥物，豈曾設對獨遘而游談乎方外哉！此其所以不經而爲百家之冠也。"由此二段文字看來，郭象似乎是先預設有所謂"心無爲"的"無心者"，而將子視爲是"知無心者"。依此，或許也可成立"無心者"（聖人）、"知無心者"（莊子）與"不知無心者"（衆人）的區分，此種區分應是受氣化思想的影響所致。引文見《莊子集釋》，第3頁。

[2] 《莊子集釋》，第3頁。

[3] 《莊子集釋》，第3頁。

[4] 《老子注·三十八章》言："聖王雖大，以虛爲主。故曰以復而視，則天地之心見；至日而思之，則先王之至睹也。故滅其私而無其身，則四海莫不瞻，遠近莫不至；殊其己而有其心，則一體不能自全，肌骨不能相容，是以上德之人，唯道是用，不德其德，無執無用，故能有德而無不爲。不求而得，不爲而成，故雖有德而無德名也"。見《王弼集校釋》（上），第93頁。

[5] 《莊子注·逍遥游》注"乘天地之正，而御六氣之辯，以游无窮者，彼且惡乎待哉！"言："夫唯與物冥而循大變者，爲能無待而常通，豈獨自通而已哉！又順有待者，使不失其所待，所待不失，則同乎大通矣"。見《莊子集釋》卷一，第20頁。

的政治哲學才得以成立。在"心齋"之中，聖王的治理只是對眾人所意會的無心，加以指點、協助而已，而非强加以價值與政策的宰治。

（作者簡介：蔡振豐，台灣大學文學院中文系教授）

Chi（氣）in *Laozi* and *Zhuangzi* and its possible interpretations

Tsai, Chen-Feng

Abstract: Chi is one of the key notions of Chinese philosophy; however, there are multiple types of interpretation applied to the usage of Chi in Chinese philosophy. Three types of interpretation are the most common ones: first, Chi is viewed as the basic particle of matter; second, Chi is considered a kind of energy; third, Chi refers differently to the holistic unconscious quasi-body system and the intentional arcs of lived-body, involving mental or spiritual dimensions. This paper focuses on the third type of interpretation, concerning especially the position of mind and consciousness in the theory system of Chi. Through a discussion of Wang Pi's commentary on *Laozi* and Guo Xiang's commentary on *Zhuangzi*, this paper suggests that the theory of Wang Pi and Guo Xiang tends to indicate a conceptual system of the heart of Heaven-Earth and the heart of human（天地之心—人心）, instead of the Chi, mind and body（氣—心—形）.

Keywords: Chi（氣）; *Laozi*; *Zhuangzi*; Wang Pi; Guo Xiang

（本文責任編校：王小虎、祁　麟）

李霖《道德真經取善集》思想初探

山田俊

摘　要：爲了正確理解北宋以後的近世道家道教思想以及在金朝後半期發生的全真道思想的基盤，對于金朝前半期的道家道教思想加以分析具有重要意義。李霖《道德真經取善集》引用不少早已散佚的《道德經》注釋，《道德經》注釋史上的重要文獻，不言而喻。加之，檢討其思想，我們能窺見在1150年前後即全真道還未誕生的一段時期金朝所受容的道家道教思想的實體。本論將李霖：《道德真經取善集》的思想爲主而加以分析。

關鍵詞：李霖　《道德真經取善集》　金朝　李畋

一、前　言

爲了正確理解北宋以後的近世道家道教思想以及在金朝後半期發生的全真道思想的基盤，對于金朝前半期的道家道教思想加以分析具有重要意義。將有限的傳世資料爲綫索，論者也進行了幾番考察。①作爲其一個環節，本論將李霖《道德真經取善集》的思想爲主進行分析。②

《取善集》開頭附有在"大定壬辰"即金世宗大定十二年（1172）撰寫的劉允升《序》，其曰：李霖出自饒陽，字宗傳。據此《序》撰寫的時期，李霖推爲是個金人或南宋孝宗時期以前活動的人物。李霖《自序》亦曰"饒陽居士李霖"，饒陽是在金天會四年（宋靖康元年·1126）屬于金領土，因此李霖也能視爲在金朝領土之内活動的。③

---

① 參見拙稿：《唐淳〈黃帝陰符經注〉の思想と道教思想史上の位置》，《熊本縣立大學大學院文學研究科論集》第7號，2014年，第1—24頁；《金朝初中期道家道教思想史再考—以時雍：〈道德真經全解〉爲例—》，"迴顧與展望：四川大學宗教學研究所建所三十五周年暨道教學術前沿問題國際論壇 論文集"，成都·青城山，2015年，第97—112頁；後來，改題爲《金朝道家道教思想史研究之總括以及其再考—以時雍：〈道德真經全解〉爲例—》，收錄于該論壇報告論文集（待刊行）；《侯善淵思想初探》，《中國本土宗教研究》創刊號，2016年（待刊行）；《劉處玄：〈陰符經注〉再考》，《宗教學研究》，2016年（待刊行），等。

② 《道藏》第23册，臺北，藝文印書館，1979年。下面简稱《取善集》。本論引用的《道藏》所收文獻均依據藝文印書館版《道藏》。

③ "饒陽縣"見于《太平寰宇記》卷六十三《河北道十二·深州》（《太平寰宇記》，中華書局2007年版第1292頁）。關于金朝的行政區劃以及"饒陽"，參見李昌憲：《金代行政區劃史》，上海古籍出版社2015年版，第174、189、201、294頁。

《取善集》引用不少早已散佚的《道德經》注釋，是《道德經》注釋史上重要文獻，[①]不言而喻。而檢討其思想，我們能窺見在1150年前後即全真道未誕生之前時期的金朝所受容的道家思想之實體，所以爲了考察金朝前半期的道家道教思想的景觀義的。關于《取善集》的文獻問題，在另稿進行了考察，[②]本論將李霖思想爲主而加以分析。

二、《取善集》之樣式

劉允升《序》是據中國近世的關于道家道教的既成理解而撰寫的，并不是如實適應《取善集》之內容的，此論者早已指出的，此暫措不論。[③]李霖《自序》對于先行《道德經》諸注曰：

> 後之解者甚多，得其全者至寡。各隨所見，互有得失。通性者造全神之妙道，于命或有未至。達命者得養生之要訣，于性或有未盡。殊不知性命兼全，道德一致爾。[④]

《道德經》思想應該將"性命兼全"爲要緊，不管如此，過去的注釋幾乎均偏于"性"或偏于"命"，即非常不完全的。從此我們得知李霖的問題意識；同時能窺見李霖所理解的"性、命"概念與"道、德"有密切相關。《自序》接著曰：

> 今取諸家之善，斷以一己之善。非以啓迪後學，切要便于檢閱。目之曰取善集。[⑤]

從不少注釋之中選出精湛的而附帶自己的見解，便于後進閱覽，此即編纂《取善集》的動機。如此看來，李霖所理解的"性、命"具有如何涵義、他如何選擇先行注釋，這些問題怎樣具體表現于《取善集》之中，我們須要加以檢討。

《取善集》首先將《道德經》各章正文分爲幾段，寫清注釋者之名而引用對于各段正文的注釋。然後，照《道藏》版本，幾乎都換行而揭載無名氏注，此無名氏注即李霖本人注文。[⑥]

---

① 但，《取善集》所引的諸注有不少文獻上的問題。參見拙稿：《金朝道家道教資料としての李霖〈道德真經取善集〉について》，《熊本縣立大學大學院文學研究科論集》第9號，2016年（待刊行）。
② 參見前揭拙稿：《金朝道家道教資料としての李霖〈道德眞經取善集〉について》。
③ 參見拙稿：《金朝道家道教思想史研究之總括以及其再考》。
④ 李霖：《取善集·序》，《道藏》第23册，第18200頁下。
⑤ 《取善集·序》，第18200頁下。
⑥ 比如，《取善集》引用徽宗、王雱注之後，換行而記載無名氏注曰："此二解說侯王守道則天降甘露，以爲瑞應也"（《取善集》，第18256頁上），引用王弼、司馬光、呂惠卿、蘇轍等注之後，同樣曰："此四解說聖人體道而萬物賓，亦如甘露之無不及"（《取善集》，第18256頁下）；這些應該是《取善集》編纂者的注釋，即李霖的自注。同樣的例還有，"此上一說知止足之分爲富。次一說取于一性而足"（《取善集》，第18258頁上）、"此二說偷寢之偷"（《取善集》，第18276頁下）、"此二說偷情之偷"（《取善集》，第18276頁下）、"此三家說璧馬以招賢"（《取善集，第18314頁下）、"此說璧馬所以享上"（《取善集》，第18315頁上）等。

其次，在各章末尾有從"此章言：……"之句開始的對于各章的總括注釋。此總括注釋幾乎都接著無名氏注記載，或無名氏注之後換行而曰："此章言：……"。從《取善集》整體的樣式來看，此總括注釋好像是李霖本人的總括注釋。但還有些"李畋曰：此章言：……"般的，將總括注釋的編者視爲李畋之例。① 還有一條注：

> 李畋曰：大道以虛静爲真常，以應用爲妙有。……則萬物化淳，天下正。
> 此章首言：道常無爲而無不爲，……。②

此條注文先引用李畋注，然後換行而記載總括注，即區別李畋注與總括注釋。

北宋王闢之《澠水燕談録》曰"李畋渭卿，自號谷子。……畋撰道德經疏二十卷"，③ 即李畋撰"道德經疏二十卷"，從二十卷之卷數來看，此《疏》應該具有相當數量的注釋。在南宋，《秘書省續編到四庫闕書目》曰"李畋道德經音解二卷"，④ 尤袤《遂初堂書目》曰"李畋老子音解"，⑤ 彭耜《道德真經集注釋文》亦其音釋引"李畋音解"。⑥ 因此得知李畋又撰"音解二卷"。但《取善集》所引的李畋注并不是如"音解"般的簡單的，它應該是"道德經疏二十卷"；到了南宋爲止，它尚存于世。

按以上的情況，本論暫時如此推測："此章言：……"的總括注釋的筆者都是一個人；而從"李畋曰：此章言："之記述來看，其筆者應該是宋·李畋，《取善集》從李畋《疏》來引用這些總括注釋。如此推測的話，在大部分總括注之處《取善集》爲何未寫清李畋之名，此仍不無商榷處，我們暫時不得不推爲是李霖略的。另外，引用李畋《疏》之後換行而記載總括注釋的例，只有一條，此即在不應該換行之處，由于甚麽原因而換行的，本來因該是接著李畋注而記載總括注釋的。⑦ 最後，因爲李霖在幾乎所有的章末引用總括注釋，所以得知他非常重視其内容。

---

① 《取善集》，第 18224 頁上、第 18232 頁下、第 18247 頁下、第 18255 頁上等。《取善集》所引的李畋注釋除了下面提的一條之外，均將"此章言：……"之句來開始。
② 《取善集》，第 18265 頁上。
③ 王闢之：《澠水燕談録》卷六，《全宋筆記》（第二編·四），大象出版社 2006 年版，第 64 頁；《宋代蜀文輯存作者考》，傅增湘原輯、吴洪澤補輯：《宋代蜀文輯存校補》，重慶大學出版社 2014 年版，第 40 頁。
④ 《秘書省續編到四庫闕書目》，《宋元明清書目題跋叢刊·宋代卷》（第一册），中華書局 2006 年版，第 303 頁上。
⑤ 尤袤：《遂初堂書目》，《宋元明清書目題跋叢刊·宋代卷》（第一册），中華書局 2006 年版，第 489 頁上。
⑥ 彭耜：《道德真經集注釋文》，《道藏》第 22 册，第 17306 頁下。
⑦ 既然李畋注釋稱爲《疏》，它應該是將某種"注"爲前提的。但如何文獻都未提到李畋自身的《注》，那麼李畋《疏》很有可能是對于先行注釋的《疏》。有些總括注釋是據先行注釋的；例如，"御注：…道者，爲之公。天地體道，故無私。無私故長久。聖人體道，故無私。無私故常存。自營，爲私。未有能成其私者也"（《取善集》，第 18212 頁上）→ "此章言：道者，爲之公。天地體道，故無私。無私故長久。聖人體道，故無私。無私故長存。自營，爲私。未有能成其私者也"（《取善集》，第 18212 頁下），"舒王曰：道隱于無形，名生于不足。道隱于無形，則無小大之分"（《取善集》，第 18231 頁上）→ "此章言：道隱于小成，名生于不足故也"（《取善集》，第 18231 頁下），"唐明皇曰：巽順可以行權，權行則能制物。故知柔弱者必勝于剛強矣"（《取善集》，第 18263 頁上）→ "此章言：巽以行權，柔弱勝剛強之義"（《取善集》，第 18263 頁下）等。所以也有可能李霖經過李畋《疏》來參見先行諸注。

三、李霖之思想

本論從"道"、"性命"以及修鍊思想的三個角度來檢討李霖之思想。

(一)"道"
①"真常、全體"

對于《道德經》第一章開頭正文，李霖如此曰：

> 首標道之一字，大道之道也。下言可道之字，言道之道也。夫大道虛寂，玄理幽深，不可言道，當以默契。故心困焉不能知，口辟焉不能議。在人靈府之自悟爾。雖道之一字，亦不可言也。若默而不言，衆人由之而不知。故聖人不得已而强名曰道。既云爲道，有言有說，代廢代興，非真常之道也。其可道者，莫非道也。而非道之常也。惟其不可道，而後可常耳。今夫仁義禮智可道之不可常。如此惟其不可道，然後在仁爲仁，在義爲義，在禮爲禮，在智爲智。彼皆不常而道不變。故常不可道之能常。如此常道者自然而然，隨感應變，接物不窮。不可以言傳，不可以智索，但體冥造化，含光藏輝，無爲而無不爲，默通其極爾。①

正文開頭的"道"即"大道之道"；其次的"可道"之"道"即語言表達出來的"道"。"大道"本來没有實體、静然無聲，其道理玄妙極深，語言難以表達出來的；因此我們應該超越于語言而用靈府來感悟它。但，假如完全不說明"道"的話，衆人不得而知。因此，聖人不得不硬要稱其爲"道"。但如此語言表出來的"可道"會有時興不時興，絶不能是永遠不滅的"常道"。"常道"即如此自然，但它却適應乎萬物的要求而種種變化，無限地與萬物關系下去的。

關于"道"與"可道"的李霖的理解并不是特色的，是適應《道德經》正文的普通理解。值得注意的是，意味語言不能表達的"道"的"真常之道"詞；"道之常"、"常道"也有同樣涵義。李霖頻用此詞。"自道之外，皆非常也。道雖真常，無形無名，非有自知之明，鮮有不爲物蔽者矣"②、"夫衆人不知道之真常，以妄爲常"③等。"真常"詞亦見于先行《道德經》注釋之中，但《取善集》是依據李畋《疏》的，就這個問題下面再論述。如此，李霖認爲："真實之道"是超越相對分别之外延、語言的概念化；此即"道之全體"。"道之全體"初次見于第十五章注，曰"前章論道之全體。此章言士之體道"④，即"道之全體"本身提前被論于第十四章之中。第十四章注曰：

---

① 《取善集》，第 18201 頁下。
② 《取善集》，第 18228 頁上。
③ 《取善集》，第 18228 頁上。
④ 《取善集》，第 18224 頁下。

> 三者，謂夷希微也。不可致詰者，謂無色、無聲、無形，口不能言，書不能傳。當受之以靜，求之以神，不可詰問而得之。混，合也。三名合而爲一，三者本一體。而人之所以求者，或視或聽或搏，故隨事強名耳。①

"夷、希、微"即"無色、無聲、無形"是語言表不達、傳不授的。因此，須要用"性"的本來狀態即"靜"來感悟它們，用"神"之作用來追及它們。不管如此，俗人只依視、聽、拿等手段才能理解。即雖然真實"道"是超越于語言表達，但沒有語言說明的話，俗人不能理解。所以須要想出各種權宜的表現方法。據《道德經》正文"希、微、夷"之"三者不可致詰"，李霖曰："道非色，故視之不見。雖不見也，然能玄能黄，不可名之無色也。曰夷而已"②、"道無聲，非耳所聞，故曰希也。雖不聞也，然能宫能商，不可名之無聲。曰希而已"③、"道無形故，執持不得。雖不得也，然能陰能陽，能柔能剛，能短能長，能圓能方，能暑能涼，能浮能沉，能苦能甘。于無形之中，而能形焉。故名曰微"④等等；只有"無色、無聲、無形"才能變爲一切的"色、聲、形"。此"無色、無聲、無形"等只不過是用語言表現的"道"之部分屬性，"道"本身並不限于此個體屬性。但，"人"一般僅僅依據"視、聽、搏"等綫索想要認識到"道"，因此不得不如此加以說明的。即第十四章論到的是超越于俗人認識能力的"道"之整體，而第十五章注將它表現爲"道之全體"。

《取善集》所說的"道之全體"的另外例，如"大象，道也。大象無形，道之全體"⑤般的，"真實之道"是超越于分析行爲的"無形"，所以如"樸者道之全體，復歸于樸，乃能備道"⑥、"樸者，道之全體。未始有物也"⑦般的，它亦稱爲"樸"。"道之全體"不管如此語言表不達的，之所以《取善集》敢通過"道"的各種屬性來概念化而論它，因爲李霖認爲：俗人只依概念化的表現才能理解"道"的真實像。下面，就其概念化的表現，進一步檢討一下。

②"體、用"

關于"道"之屬性的本體、作用等結構，作爲《道德經》的注釋並不是特色的。如"道之真體，卓然獨立，不與物偶，歷萬世而無弊，亘古今而常存"⑧、"道之妙用，無乎不在，靡不周遍，未始有極"⑨般的，超越于萬物的個別相而存在、超越于時空而不變存在，此即"道"之本體，亦稱爲"真體"。此"道之真體"亦發動作用而产生萬物，而普及于萬物。此無限的作用稱爲"真用"。此"真體、真用"等詞：

> 道以無爲爲常，以其無爲故，能無所不爲。無爲者寂然不動，道之真體，所謂無體

---

① 《取善集》，第 18223 頁上。
② 《取善集》，第 18222 頁下。
③ 《取善集》，第 18222 頁下。
④ 《取善集》，第 18223 頁上。
⑤ 《取善集》，第 18260 頁下。
⑥ 《取善集》，第 18249 頁下。
⑦ 《取善集》，第 18255 頁下。
⑧ 《取善集》，第 18243 頁上。
⑨ 《取善集》，第 18243 頁上。

之體也。無不爲者，感而遂通，道之真用，所謂無用之用也。故曰道常無爲而無不爲。①

"道"只要"無爲"才能恆常的，只要"無爲"才能完成一切；對于正文"無爲"而且"無不爲"的矛盾表現，李霖解釋"無爲"爲"寂然不動"的"道之真體"，其"真體"適應于感應而發動無限作用"真用"，此即"無不爲"。"道"如此具有本體、作用兩種側面，但"道"幷不偏于哪一種屬性而存在的，即本體而作用、作用而本體。因此，本體即"無體之體"、作用即"無用之用"，李霖愼重地避開偏于體或用哪一種。

③ "小、散"

"道"之本體是超越于具體性的，同時發動無限作用產生萬物，而普及于萬物。但旣然普及于萬物，不得不與萬物的個別相有關聯，其結果，"道"也有時會具有個別態。從這種觀點來提到的是"小、散"等概念。

> 道復于至幽則小，而與物辨。顯于至變則大，而與物交。與物辨故，覆萬物而不示其宰制之功而不爲主。故常無欲，可名于小。所謂復小，而辨于物也。與物交故，包容萬物而莫窺其歸往之迹而不知主，可名于大。夫道非小大之可名也。云可名者，道之及乎物者爾。②

與萬物之間發生關係的時，"道"會具有"大、小"等個別屬性。"道"最奧妙的時，它與萬物沒有關系；此相當于本體。因此，假如"道"覆蓋萬物也其作用幷不明示，其存在稱做"無欲"，其屬性稱做"小"。與此相反，"道"最明顯的時，"道"千變萬化而產生萬物，即與萬物密切相關；此相當于作用。但其作用太偉大了，所以產生萬物之主"道"的無限作用却認不到的。此種屬性稱做"大"。之所以將"小、大"等概念來表現"道"的本體、作用，因爲"小、大"即將"道"與萬物的關係爲前提的。

想要論到"道"與萬物之關係，我們如此須要提到"道"的作用側面；作用雖是與本體不可分的，但我們不能否定作用側面也具有個別屬性。具有此種個別屬性即意味"道之全體"相暫時喪失了；此即"散"。

> 有名者，道之散也。初制有名之時，即當知止。而復歸無名之樸，則不隨物遷，澹然自足，無復危殆。③

"道"發動作用而產生萬物的時，"道"即存在于個別相的世界、"有名"的世界，即語言能表達的，但李霖用如"道之散"等消極說法來表現它。因爲語言的表達作用可有限，所以他愼重地避開"道"留在"散"之狀態，而主張"復歸"于"無名之樸"。

---

① 《取善集》，第18264頁上。
② 《取善集》，第18260頁上。
③ 《取善集》，第18256頁下。

此"無名"與"有名"的差異即"道"留在本體或發動作用的差異,同時,因爲"有名"是語言概念化行爲,所以也是人是否具有分別行爲的差異。所以:

> 兩者,謂有欲無欲也。同出者,同出人心也。而異名者,其名各異也。其名異,其實未嘗異。其實未嘗異,則有欲之與無欲,同謂之玄也。①

將"無名"與"有名"的差異換爲"人心"所生的"無欲"與"有欲"的"兩者"的差異。即在作爲作用的"道"之根柢存在著作爲無限本體的"道",此即"同出"的意思;同樣地"無欲"與"有欲"雖其名稱不同,其根柢存在著唯一的"心",所以"無欲"與"有欲"的實體并不兩樣的。即提到"有名、散、妙、有欲"⟷"無名、樸、徼、無欲"等結構,"道"的存在形式亦視爲人心的存在形式。

(二) 性

與此人心的存在形式有關的概念就是"性"。關于"性"的李霖的理解將《禮記·樂記》的思想爲基本立場,曰:"人生而靜天之性也。復性則靜",②將《道德經》正文"歸根曰靜"的意思解釋爲迴歸于"性"之本來狀態。此本來狀態,曰:"復乎一性之初,與嬰兒奚異",③"一性之初"意味根源未分的"性",即"性"的本來狀態。根源未分相當于還沒分開爲個體存在,此根源性,如"此言,性之全也。經曰:'復歸于樸'"④般的又稱作"性之全"。關于此"性之全"李霖曰:"見素則見性之質,而物不能雜。抱樸則抱性之全,而物不能虧",⑤"抱性之全"即意味與"性之質"一體化,即"抱樸";達到此"復歸"于"樸"的狀態,即不會被"物"妨礙。從此得知"性之全"是與"道"之本體完全一致的。⑥此種"性"的本來狀態是,如"道者萬物之所由也。降純精而生物之性"⑦般的,"道"產生萬物的時,由于"道"所賦予萬物的萬物所共有的"精"。不管如此,"人一受其成形,馳其形性,潛之萬物,終身不反,悲夫",⑧人生于此世而具備肉體,其"形"與"性"雙均會貪戀外物,不能離開它們了。此種狀態即相當于《禮記·樂記》所説的"感于物而動,性之欲也"。

> 人生而靜,天之性也。感物而動,性之欲也。雖無名之樸,亦將不欲,則性靜

---

① 《取善集》,第 18202 頁下。
② 《取善集》,第 18227 頁下。
③ 《取善集》,第 18234 頁下。
④ 《取善集》,第 18225 頁下。
⑤ 《取善集》,第 18232 頁上。
⑥ 就不被"物"妨礙的"性",李霖亦曰:"其性廣而物不能蔽"(《取善集》,第 18332 頁下),更有全體性的"廣"的"性"不會被"物"遮蔽。此種"性"的本來狀態,如"性淳而未散……性本至厚"(《取善集》,第 18299 頁下)、"性之虛"(《取善集》,第 8225 頁下)般的,具有"淳、厚、虛"等屬性。
⑦ 《取善集》,第 18292 頁下。
⑧ 《取善集》,第 18273 頁上。

而先自正也。故天下不期正而自正矣。①

天所賦予的"性"本來即静,但呼應外物而發動作用,此即"性之欲"。"道"之本體即"無名之樸",同時具備作用側面。所以"道"本身也須要不斷地指向"不欲",而指向迴歸于静的"樸";其結果,萬物也會受"道"的感化,自然而然地迴歸于"正"之狀態。

關于"性"展開爲"欲"的狀態,李霖曰:

> 美惡生于妄情,善否均于失性。美者人情所好也。若知美之爲美,是心有所美也。心有所美,于心爲惡,斯惡已。……善者人之可欲也。若知善之爲善,是性有所欲也。性有所欲,是離道以善,斯不善已。②

"美惡"、"善否"等差异只不過是由于"妄情"出生的,即"性"之本來性喪失的狀態出生的,此種"妄情"相當于"失性"。即"性"展開爲欲、離開于"道"的時,"妄情"就發生分別意識;其結果,"性"的正常狀態更喪失了。李霖亦曰:"正性荒廢"③、"迷于正性"④等,還曰:"凡物以陽熙,以陰凝。陽主動,陰主静。熙熙者性動而悦樂之象也",⑤"性動"即相當于"悦樂"。

如此,李霖徹底否定"性"的作用側面,只將迴歸于本來的静之狀態爲至上目的。那麼爲何"性"會呼應外物而發生欲望而喪失自己正常狀態呢? 李霖認爲:其原因在于"心"之作用。

> 心出而入物,爲鋭。挫其鋭而勿行。物至而交心,爲紛。解其紛而不亂。挫鋭解紛,則性情定而自然充實光輝矣。既有光輝則要不异于物,與之和同而不顯。所謂光而不耀也。内不失真,外不殊俗,同塵而不染,所謂與物委蛇而同其波也。⑥

趁著"心"向著外界,"物"要向内邊侵來,即"鋭";其結果,"心"與"物"交往,此即"紛"。到了"鋭、紛"的狀態,人就喪失其本來的面目。⑦解除此"鋭、紛","性情"才穩定下

---

① 《取善集》,第 18265 頁上。
② 《取善集》,第 18203 頁下。
③ 《取善集》,第 18233 頁下。
④ 《取善集》,第 18219 頁下。
⑤ 《取善集》,第 18234 頁上。
⑥ 《取善集》,第 18208 頁上。
⑦ 李霖反復曰:"揣者巧于度情,鋭者利于入物。揣度鋭利,進取榮名。雖得之,必失之。故不可長保"(《取善集》,第 18215 頁下)、"挫鋭而内不出,解紛而外不入,和光而不耀,同塵而不染,真知者其處己如此"(《取善集》,第 18302 頁下)、"玄升而入道,至于玄,則小而與物辯,唯塞兑閉門,挫鋭解紛,和光同塵,默而不言,而與道同矣"(《取善集》,第 18303 頁上)等。這些儘量避開與外界的關系;我們應該想起來,李霖認爲:"道"發動作用而與萬物有關系,此只不過是相對次元而已。對于"鋭、紛"的批判普遍見于宋代道家思想的;參見拙著:《宋代道家思想史研究》之《取善集·第一篇 第五章 曹道冲の〈道德經〉解釋と内丹思想について》,東京,汲古書院 2012 年版,第 169—207 頁。

來，自然充實放光，不會與萬物混亂而却會與萬物和諧。如上面看到的那樣，李霖認爲：感悟"道"之"妙"側面還是認識"徼"之側面，其關鍵在于"性"之狀態如何，此完全相當于唯一的"心"之狀態如何而已。因此，

> 爲則有成虧，言則有當愆，曾未免乎累。是以聖人處事以無爲，行教以不言，而事以之濟，教以之行，而吾心寂然，未始有言爲之累，天下亦因得以反常復樸。①

人爲行爲一定會伴隨缺點，語言表達一定會有錯誤。因此，聖人依據"無爲、不言"來使其"心"爲"寂然"而"反常復樸"。②此"反常復樸"顯然意味"性"之靜的狀態、"道"的"真體"。

本論開頭提到李霖重視"性命兼全"；如"從道受生，之謂命。復命則反其所自生，與道爲一，則亘古今而常存"③般的，李霖認爲：由于"道"产生萬物的過程本身即稱爲"命"，此是依據《禮記·中庸》："天命之謂性。率性之謂道"的。所以迴歸于下其"命"的存在，即應該意味與"道"一體化。我們得知，李霖所説的"命"即"道"产生萬物的過程本身。

> 吾者，命物之我也。我以虛静之至，觀萬物之作。命物而不與物俱化。故曰"吾以觀其復"。④

將千變萬化的萬物狀態視爲同時迴歸于根源的，如此"吾"是達到虛静極地的，即"命物之我"的"道"。還曰：

> 經言："見小曰明"，小者性之微。又"知常曰明"，常者命之正。人自知性命，歸根復命，不爲物蔽，可謂明矣。人徒知天地萬物，而不自知其所由生，反命歸本，是大不知也。⑤

正文所説的"小"即"性之微"，此也許是相當于"一性之初"；即亦相當于"性"之本來狀態、"道"的"真體"。而"正之命"（＝"常"）是产生萬物的"道"之作用，即"道"的"真用"。總之，李霖所理解的"性、命"即"道"的"真體、真用"，而修道者須要感悟它們才能迴歸于其根源。

---

① 《取善集》，第 18204 頁下。
② 關于"心"之修養，李霖亦曰："水隨物萬變而不易己者，以其柔弱故也。人能體此，雖應萬殊之變，而吾心常一，故能勝物而不傷"（《取善集》，第 18340 頁上），人須要模範"水"之形態，適應著萬物而其"心"須要維持"一"之狀態。此"吾心"即與下面提到的"吾者，命物之我也"有關系的，如"御注：……欲慮不萌，吾心湛然，有感斯應，止而無所礙，動而無所逐也。孰能亂之"（《取善集》，第 18206 頁上）、"御注：……萬態雖雜，而吾心常徹，萬變雖殊，而吾心常寂，此之謂天樂。非體道者，不足以與此"（《取善集》，第 18226 頁下）般的，很有可能是依據徽宗《注》的。
③ 《取善集》，第 18228 頁上。
④ 《取善集》，第 18227 頁上。
⑤ 《取善集》，第 18257 頁下。

（三）修鍊説

既然李霖將以"性"之動態收斂于本來的靜態、以"道"的作用收斂于本體而與"道"一體化爲究竟目標，此本身即李霖所説的一種修鍊説。另外，主要在第十章論到所謂的修鍊説。首先，關于"載營魂"，他介紹兩種理解；"舊説"將"營"釋爲魂、將"載營魄"釋爲"載魂魄"，"載營魂"即形搬運魂魄。與此相反，王雱、徽宗將"營"釋爲"止"、將"載營魂"釋爲"載止魂"，"載營魂"即"神"搬運"魄"[①]。[②]如此介紹之後，李霖支持後者理解而曰：

> 營，止也。魄，陰也。形之主，麗于形，而有所止。故言營魄。載者以神載魄也。若無神以載之，則滯于幽陰，形散神離，下與萬物俱化。神常載魄而不載于魄。則鍊陽神，消陰魄，身化爲仙也。其事在乎抱一而不離。一者精也。抱一則精與神合而不離。則以精集神，以神使形，以形存神。三者混而爲一，則道全。欲學此道者，當存精爲本。《莊子》曰："不離于精，謂之神人"此教人養精也。[③]

"魄"即"陰"而宿于"形"，所以釋"營"爲"止（＝留）"；由于"神"控制（＝"載"）"魄"。假如"神"不能控制"魄"的話，屬于"陰"的"魄"很會墮落于"幽陰"的，"形、神"雙均渙散了。所以"神"須要不斷地控制"魄"，而并不要"神"宿于"魄（＝形）"的。換言而説，即"鍊陽神"來消滅"陰魄"而將其"身"化爲"仙"。其具體辦法是"抱一"，此"一"即"精"；就説"神"與"精"一體化而控制"形"。關于"一"以及"精"，如"一者，精也。式者法也。一者多之宗，聖人以少得天下，以多惑。聖人抱一而不離于精，天下棄多而歸一，故爲天下法式"[④]般的，"一"即"多之宗"而"天下棄多而歸一"，從此得知"一"是相當于"真體"。如此"精、神、形"之三者混然一體化而"道"才能恢復其全體性。其關鍵在于"精"，因此將此正文釋爲"養精"。第十章注文接著曰：

> 精全則神王，神王則能帥氣。神專其氣，而喜怒哀樂不爲神之所使，以致柔和也。專者有而擅其權之謂。柔者和而不暴之謂。氣致柔和，當如嬰兒之心也。欲慮不萌，意專志一，終日號而嗌不嗄，和之至。此教人養氣也。[⑤]

"精"完全，"神"即萬能而控制"氣"；"神"控制"氣"，"神"不會發動"喜怒哀樂"等感情而達到"柔和"。如"嬰兒之心"般的没有欲望、思慮，達到專心致意的狀態，此

[①] 《取善集》，第18216頁下。
[②] 關于這個問題，參見拙著：《宋代道家思想史研究》第一篇第四章之《碧虛子陳景元の思想—〈道德經〉注を中心に—》，第147—157頁。
[③] 《取善集》，第18217頁上。
[④] 《取善集》，第18239頁上。
[⑤] 《取善集》，第18217頁下。

即"養氣"。最後：

> 玄覽者，心也。滌者，洗心也。除者，刳心也。洗之而無不静，刳之而無不虚。心之虚静，無一疵之可睹。莊子曰："純粹而不雜，静一而不變"。此教人養神也。①

釋"玄覽"爲"心"，依據其"洗心、刳心"來其使"心"爲"虚静"，此即"養神"。如"鍊神之士，純素而不雜，通徹而無礙，當不用知見，守之以愚"②般的，爲了實踐"鍊神"須要維持"純素"、"不雜"，不要自作聰明地發動智慧。此"神"：

> 神之所爲，利用出入，莫見其迹，透金貫石，入于無間。神舍于心，心藏乎神。虚心以存神，存神以索至。③

"神"宿于"心"，"心"即"神"的器具。因此，"心"應該空空虛虚。而如"神之所爲，利用出入"般的，"神"的作用即"出入"；又曰："九竅者，精神之門也。善閉者，精神内守而不以外耗内。雖無關楗，其可開乎"，④從此得知，出入于内外的"心"與"精神"的作用比較近。因此，如"爲腹者，守精神而真氣内實"⑤般的，須要維持"精神"于内、使得"真氣"充實，不要對于外物發動"喜怒哀楽"等感情。

李霖論到此種修養思想的同時，亦對于某種修養思想加以批評。例如"今鍊精之士，或以雜術爲務，以般運爲功，多有作爲。故又戒以無爲"，⑥他對于當時的"鍊精之士"加以批評説：入迷于"雜術、般運"等"作爲"；還提到"鍊氣之士"，"恐鍊氣之士，有使氣之強，故又戒以守雌"，⑦也批評説：他們也入迷于增强"氣"。既然想要增强"氣"，不得不將意識向"氣"積極推動，李霖徹底否定此種人爲行爲。此種批評也是常見于宋代道家道教思想之中的。⑧

解釋《道德經》須要將"性命兼全"爲核心的，李霖的此種立場幾乎如此的。

---

① 《取善集》，第 18217 頁下。
② 《取善集》，第 18218 頁上。
③ 《取善集》，第 18280 頁下。
④ 《取善集》，第 18246 頁上。
⑤ 《取善集》，第 18220 頁上。
⑥ 《取善集》，第 18218 頁上。
⑦ 《取善集》，第 18218 頁上。
⑧ 近世以後的道家道教思想屢次批判"雜術、般運"等道術。參見拙稿：《唐淳〈黄帝陰符經注〉の思想と道教思想史上の位置》。關于批判"術"，李霖還曰："不能似赤子之氣和，或用意以存想，或役心而行氣，欲氣盛而體充，反神勞而氣耗，故老子有使氣之説也"（《取善集》，第 18301 頁下），想要靠"用意"的"存想、役心"來實踐"行氣"，此看成"使氣"而被加批評。就此問題，參見拙著：《宋代道家思想史研究》第一篇第五章之《曹道冲の〈道德經〉解釋と内丹思想について》。

四、李霖思想之背景

（一）李霖的思想與先行注釋

在上章加以分析的李霖思想，作爲《道德經》解釋并不是特異的；李霖在《取善集》之中使用的關鍵概念的大部分也見於《取善集》所引的先行注釋之中。例如，"真常"詞，李畋《疏》曰："大道以虚静爲真常，以應用爲妙用"，[1]而本論看成李畋撰的總括注釋亦曰："此章言：'真常之道，悟者自得'，[2]不可名言。同觀微妙，斯可以造真常之道矣"[3]、"此章：欲體真常之道，忘美惡，齊善否，不爲六對之所遷"[4]、"此章言：……夫可道之道，非真常之道也。真常之道，離言説，超形名，悟者自得"[5]等等，這種"真實之道"須要超越於相對分别外延而體認，與李霖的理解完全一致的。還有，《取善集》所引的唐人注也曰："如此是謂密用真常之道"[6]、"則真常之道，隨應而用，應無差忒，用亦不窮"[7]、"成疏：不知性修反德而會於真常之道者，則起妄心，隨境造業，動之死地，所作皆凶也"[8]、"萬物盡無大傷，各得復其性命，以足自然之分，即可謂得真常之道也"[9]、"而真常之道，澹然冥寂，不可得而名也"[10]等常見的。另外，"道之全體"詞，李霖所看重的徽宗《注》曰："樸者道之全體，復歸於樸，乃能備道"[11]、"樸以喻道之全體，形名而降，大則制小，道之全體，不離於性小，而辨物"[12]等，與"樸"并用的。如此之外，蘇轍《注》曰："若夫世人不知道之全體，以耳目之所知爲至矣"，[13]王雱亦曰："有生曰性，性禀於命，命者在生之先，道之全體也"[14]、"能賦萬物之形，而其體廓然不可得，而有此道之全體，由其有物，故曰大象"[15]等。"性之全"詞也見於王雱《注》，曰："材未爲器，謂之樸。喻性之全體"。[16]還有，依據《禮記・樂記》的"性"之理解，唐玄宗注釋常用的；爲了確立主體性須要避開與外界的關系，李霖所説的"心出而入物，爲鋭……"之句，幾乎同一注文見於吕惠卿《傳》"挫

---

[1] 《取善集》，第 18265 頁上。
[2] "真常之道，悟者自得"之句見於《太上老君説常清静經》（杜光庭：《太上老君説常清静經注》，《道藏》第 28 册，第 22818 頁下），從此得知李畋"真常"之詞是依據《清静經》的。
[3] 《取善集》，第 18203 頁上。
[4] 《取善集》，第 18205 頁上。
[5] 《取善集》，第 18207 頁上。
[6] 《唐玄宗御注道德真經》，《道藏》19 册，第 15306 頁上。
[7] 《唐玄宗御製道德真經疏》，《道藏》第 19 册，第 15356 頁上。
[8] 《道德真經玄德纂疏》所引成玄英疏，《道藏》第 22 册，第 17528 頁下。
[9] 王真：《道德經論兵要義述》，《道藏》第 22 册，第 17890 頁下。
[10] 杜光庭：《道德真經廣聖義》，《道藏》第 24 册，第 19044 頁上。
[11] 《宋徽宗御解道德真經》，《道藏》第 19 册，第 15490 頁上。
[12] 《宋徽宗御解道德真經》，第 15492 頁下。
[13] 蘇轍：《道德真經注》，《道藏》第 20 册，第 16113 頁下。
[14] 唐明皇等：《道德真經集注》，《道藏》第 21 册，第 16970 頁下。
[15] 唐明皇等：《道德真經集注》，第 17024 頁下。
[16] 唐明皇等：《道德真經集注》，第 16968 頁上。

其鋭，解其紛，和其光，同其塵而已。心出而入物，爲鋭。挫其鋭而勿行。物至而交心，爲紛。解其紛而勿擾"①。在當該注之處《取善集》雖没寫清吕惠卿之名，但李霖是依據吕《傳》，明明白白的。②

從以上得知，李霖思想的重要部分均見於李霖所目睹的先行注釋之中，因此，只要依據它們就能形成李霖思想的基本結構。

（二）李霖注與《取善集》所引注

下面，李霖在《取善集》之中所引的諸注與李霖自注有如何關係，進行分析。李霖將先行諸注相互對照而進行檢討，從上面提到的"舊説"與"元澤、御解説"的對照③、諸注即"説外"只有"河上公"即"内外兩説之"等指摘④來得知。如此對照的結果，有些李霖自注就照原樣地依據先行注釋。下面介紹其顯著的例。首先，與他所重視的徽宗《注》比較起來，

御注：……不貴貨則民各安其性命之情，而無所覬覦，故不爲盗。⑤→故民各安其性命之情而不爲盗。⑥

御注：……天地之于萬物，聖人之于百姓，輔其自然，無愛利之心焉。⑦→天地生化萬物，任其自然，無愛利之心焉。⑧

御注：侯王守道，御世出無爲之境。而爲出于無爲，化貸萬物，而萬物化之，若性之自爲而不知爲之者，故曰自化。⑨→侯王守道，則無爲也。萬物將自化于道，故無不爲也。莊子曰："無爲而萬物化"。⑩

這些李霖注將徽宗《注》之内容爲前提的。與其他北宋人注釋比較起來，

王元澤曰：風雨者陰陽交感所爲，飄驟者交感之過，所以不能久也。⑪→風雨者陰陽交感所爲，飄驟者交感之過。天地之大，猶不能久。⑫

蘇子由曰：……唯塞兑閉門，以杜其外，挫鋭解紛，和光同塵，以治其内者，默言

---

① 吕惠卿：《道德真經傳》，《道藏》第 20 册，第 15868 頁上。
② 雖然表現不一致，王雱也曰："兑，悦也。人悦則形開，故爲兑。兑則物入之矣。夫所以悦而至于形開者，何也。由不守其道而妄物理之美，故悦而隨之以出也。門者精神所出也。外見諸理，形開以受之，而復出精神，與之爲構，則擾擾萬緒，自此始矣。故當塞兑閉門，常守其母也"（唐明皇等：《道德真經集注》，第 17041 頁下），其主旨却幾乎一致的。
③ 《取善集》，第 18216 頁下。
④ 《取善集》，第 18218 頁上。
⑤ 《取善集》，第 18205 頁下。
⑥ 《取善集》，第 18206 頁上。
⑦ 《取善集》，第 18208 頁下。
⑧ 《取善集》，第 18209 頁上。
⑨ 《取善集》，第 18264 頁下。
⑩ 《取善集》，第 18264 頁下。
⑪ 《取善集》，第 18240 頁上。
⑫ 《取善集》，第 18240 頁下。

不言而與道同矣。① →唯塞兑閉門，挫鋭解紛，和光同塵，默而不言，而與道同矣。②

等亦是依據北宋注釋的。還有，與唐代注釋比較起來，

   李榮曰：信道彌篤，强行有志，寒暑變而不革其心，金石銷而不移其操。始終常堅，確乎不拔，上士勤行也。③→上士了悟，聞斯妙道，信道彌篤，强行有志，行與實相相應。④
   鍾會曰：無象不應，謂之大象。既無體狀，豈有形容。⑤→大象者，無象之象也。象既無象，豈有形狀。⑥

等情況也是同樣的。⑦

  應該注意的是，在上節確認的關于李霖基本思想的概念，雖然均見于李霖所目睹而在《取善集》之中引用的注釋之原典，但他罕引直接論到這些概念的先行注釋。從此我們能推測：關于其基本思想，李霖充分依據先行注，但表達它們之際却用自己的語言；而選擇先行注釋之際，將另外的觀點爲選擇標準。此種問題是與李霖《序》提到的爲了正確理解《道德經》須要參照不少注釋的看法有關係的。《取善集》又引用與李霖本人不同理解的注釋，我們從此也得知李霖的看法。例如，正文"無名天地之始。有名萬物之母"⑧應該如何加點，是《道德經》解釋史上惹起了議論；⑨李霖引用讀如"無，名天地之始。有，名萬物之母"的司馬光《注》，⑩但李霖自身却讀如"無名，天地之始。有名，萬物之母"⑪。又惹起議論的"常無欲以觀其妙。常有欲以觀其徼"⑫之句，李霖引用讀如"常無，欲以觀其妙。常有，欲以觀其徼"的蘇轍《注》，⑬但自身讀如"常無欲，以觀其妙。常有欲，以觀其徼"。⑭另外，第二章"天下皆知美之爲美，斯惡已。皆知善之爲善。斯不善已"，引用徽宗《注》："御注：……昔之所是，今或非之。今之所弃，後或用之。則善與不善奚擇"，⑮即適應時代變遷，價值觀也變化；與此相反，上面提到那般，李霖本人認爲："美、惡"、"善、否"等差异只不過是"妄情、失性"所產生的迷惑而

---

① 《取善集》，第18302頁下。
② 《取善集》，第18303頁上。
③ 《取善集》，第18274頁上。
④ 《取善集》，第18274頁上。
⑤ 《取善集》，第18277頁下。
⑥ 《取善集》，第18277頁下。
⑦ 李霖所説的"無體之體、無用之用"等詞見于其撰寫時期不明的"凌遘"注釋之中（《取善集》，第18264頁上）。
⑧ 《取善集》，第18201頁下
⑨ 在中國近世的關于《道德經》句點的問題，參見三浦秀一：《中國心學の稜線—元朝の知識人と儒道佛三教—》中篇第二章之《老子注と朱熹の思想および内丹説》，東京，研文出版2003年版，第224～248頁。
⑩ 《取善集》，第18201頁。
⑪ 《取善集》，第18202頁上。
⑫ 《取善集》，第18202頁上。
⑬ 《取善集》，第18202頁上。
⑭ 《取善集》，第18202頁下。
⑮ 《取善集》，第18203頁上。

已。即將與自己不同看法的先行注釋也引用,同時自己語言表達自己的看法,他即想要表示《道德經》解釋的多樣性。還有,并引互相矛盾立場的先行注釋,也由于同樣的理由。例如,李霖引用釋"根"爲通于"元(玄)"的"鼻口之門"的河上公《注》①,接著介紹對此加以批評的曹道冲《注》。②還有,在十一章,先引用徽宗、鍾會之注,再引用與此不同地從"修身"觀點來解釋的車惠弼注。③還有,將不同"説"比較起來而評論它們,此早已上面提到的。④

　　總要之,《取善集》引用諸注的目的是,在容許視爲《道德經》正文之解釋的範圍之内,盡量介紹多樣的解釋的。而且,就自己見解,依據先行諸注釋思想而重新自己語言來表達的。

　　最後,與李畋《疏》的關係論到一下。寫清李畋之名而引用的《疏》,均在各章末尾。《取善集》并不按時代前後來引用諸注,被優先引用的徽宗《注》和李畋《疏》的處理是格外的。特別是在第三十七章⑤,記述自注之後,李霖再引用李畋《疏》,是值得注意的。

　　李畋《疏》本身早已散失無法確認其内容,是非常遺憾的;但從本論看成李畋撰的總括注釋之内容來看,得知在不少之處李霖注直接依據李畋《疏》。比如,"道之真體,卓然獨立/易曰:變動不居,周流六虛"⑥→"此章言:混成之道,先天地生,其體則卓然獨立,其用則周流六虛"⑦、"道復于至幽則小,而與物辨,顯于至變則大,而與物交"⑧→"此章言:道用無方。生成所賴,辨于物而爲小,交于物而爲大"⑨、"聖人守之,以御世,則天下萬民,移心歸往也"⑩→"此章言:聖人守道,以御世,天下歸往而無虞"⑪、"治身者,意馬不馳,丹田自實"⑫→"此章言:……修身者少欲知足,意馬不馳,丹田自守"⑬、"天下雖大,聖人知之以道。天道雖遠,聖人見之以心。心與道合,以道觀天下,無遠之不察。故無待于出户。以心見天道,無高之不至,故無待于窺牖"⑭→"此章主道而言也。有天道焉,有人道焉。天人雖異,其道相通。聖人以心合道,天下雖大,可不出户而知。天道雖遠,可不窺牖而見"⑮、"無事者,道之真"⑯→"此章首,……無事者,道之真"⑰、"迷民舍大道而弗由,好邪徑而求捷"⑱→"此

---

①《取善集》,第 18210 頁下。
② 關于曹道冲對于河上公《注》加以批評,參見拙著:《宋代道家思想史研究》第一篇第五章《曹道冲の〈道德經〉解釋と内丹思想について》。
③《取善集》,第 18219 頁上。
④ 見于第三十二、三十三、六十二章注。參見本論"《取善集》之樣式"注。
⑤《取善集》,第 18265 頁上。
⑥《取善集》,第 18243 頁上/第 18243 頁上。
⑦《取善集》,第 18244 頁下。
⑧《取善集》,第 18260 頁上。
⑨《取善集》,第 18260 頁下。
⑩《取善集》,第 18260 頁下。
⑪《取善集》,第 18261 頁下。
⑫《取善集》,第 18284 頁下。
⑬《取善集》,第 18286 頁上。
⑭《取善集》,第 18286 頁下。
⑮《取善集》,第 18287 頁上。
⑯《取善集》,第 18288 頁下。
⑰《取善集》,第 18289 頁上。
⑱《取善集》,第 18295 頁下。

章言：……是弃大道而趨邪徑也"①等等，包括其表現在内，這些是李霖注依據李畋《疏》的顯著之例。我們應該注意一下，當時還有如今無從確認其整個面貌、但相當有影響力量的李畋《疏》尚在于世。

五、結　語

李霖之活動據點的饒陽位置于河北；寄《序》的劉允升是河間人，即位置于饒陽北東；他們倆可以說是同鄉人。寄《序》的1172年前後的一段時期，1170年王重陽逝去于汴京，1171年丘處機、劉處玄、譚處端、郝大通在終南山劉蔣結"祖庵"而守王重陽墓，1172年馬丹陽逝去于長安；1174年丘處機在"寶鷄磻溪"穴居修鍊。即此段時期是，王重陽、馬丹陽逝去，全真道的活動核心要繼承給七真世代的，但河北河間府、饒陽地區還沒受全真道洗禮的時期。之所以從劉允升《序》得知的有關道家道教的理解是沿襲北宋之前既成理解，因爲有如此背景。因有關李霖的史料缺乏，劉允升寄《序》來的經緯不得而知，據劉：《序》僅僅得知有叫王賓的介于兩人之間。王賓想要表揚《取善集》、或劉允升本人認可其價值、還有其他原因，如今弄不清楚；不管如何，在北宋以來的《道德經》理解的結構之中，確實存在著想要評價《取善集》的意識。有些先行研究將李霖稱作"宋人"，是因爲將他看成宋朝遺老的。有些研究推到李霖與全真道的關系，②但還是應該說李霖思想與全真道毫無關系的。他所說的"性命兼全"并不是鍊丹思想特有的，而是相當于"道"的本體與作用的。

如別稿指出的那樣，金時雍《道德真經全解》具有正隆四年（1159）的《自序》，它對于過去《道德經》注釋加以批評、反思；其看法與劉允升《序》同出一轍。③1159年即王重陽"甘河偶仙"之歲，來自亳州的時雍亦還沒受全真道的洗禮。《全解》提到"而合于真常之道"④、"寂兮獨立，本于真常"⑤等"真常"詞，如"樸者道之全體"⑥般的亦使用"道之全體"詞。加之，《全解》的修養思想是確實繼承六朝至唐代的道教思想的。就修養思想，冠以金正大己丑（1229年）撰寫的孟綽然《序》的唐淳《陰符經注》也值得注意的。撰寫《序》的時期是全真道越來越隆盛的時期，不如説此種時代潮流使孟綽然重新表揚開祖王重陽等所重視的唐淳《陰符經注》而撰寫其《序》。但，唐淳《陰符經注》本身比全真道誕生早一點兒編纂的，其內容是繼承唐朝以來的道教修養思想之傳統。⑦從這些文獻得知，在還沒受過全真道洗禮的金朝領土，道家道教比較如實繼承

---

① 《取善集》，第18297頁上。
② 例如，《道藏通考》曰：關于内丹側面，李霖具有與全真教類似的發想，但其關于"精、氣、神"的理解是獨自的。參見 Kristofer Schipper & Franciscus Verellen. 道藏通考 The Taoist Canon : A Historical Companion to the Daozang.The University of Chicago Press,2004.（p.649）.
③ 參見前揭拙稿：《金朝道家道教思想史研究之總括以及其再考》。
④ 時雍：《道德真經全解》，《道藏》第21冊，第16519頁上。
⑤ 《道德真經全解》，第16531頁下。
⑥ 《道德真經全解》，第16533頁下。
⑦ 參見前揭拙稿：《唐淳〈黃帝陰符經注〉の思想と道教思想史上の位置》。

了北宋之前的傳統。

作爲《道德經》注釋來看，雖然李霖《取善集》所引的有些注釋有文獻上的混亂，但它確實如實繼承唐宋以來的《道德經》注釋之立場；加之，如李畋《疏》般的，當時還有現在無從確認其整個面貌的注釋。超過于我們能推到之範圍，當時有較多樣的《道德經》理解還傳世。

（2016.04.28 脫稿）

（作者簡介：山田俊，文學博士，日本熊本縣立大學文學部教授）

On Lilin' *Select Anthology of the True Scripture of the Way and its Power Commentaries*

Yamada Takashi

Abstract: It is very significant to study Taoism in the first half of the *Jin*（金）Dynasty in order to accurately understand the Taoism of the later *Northern Song*（北宋）Dynasty and basic thoughts of the *Quanzhen* School（全真道）born in the latter half of the Jin Dynasty. Lilin'（李霖）*Select Anthology of the True Scripture of the Way and its Power Commentaries*（道德真經取善集）cites a lot of annotations that have already been lost, though, needless to say, it is an important anthology of the *True Scripture of the Way and its Power*（道德經）annotation history. Furthermore, if one considers its thoughts, it is possible to understand the specific appearance of Taoism that the *Jin* Dynasty had accepted in the 1150s before and after – that is, the time before *Quanzhen* School was born. This paper is intended to primarily consider the thoughts of LiLin' *Select Anthology*.

Keywords: Lilin; *Select Anthology of the True Scripture of the Way and its Power Commentaries*; *Jin* Dynasty; Litian

（本文責任編校：周　斌、祁　麟）

唐玄宗《道德真經》御注・御疏有关概念探析

高橋睦美

摘　要：關于《唐玄宗御注道德真經》、《唐玄宗御製道德真經疏》的研究已經有不少，其中大多是針對御注、御疏中出現的"妙本"這一概念及其與"道"的關系進行分析。本文首先對以往研究中已經提出的問題點進行整理，在此基礎上進而以往研究中在理解上有爭議的資料進行再探討。在此過程中，著重對"冲氣"、"冲用"二詞進行分析。之所以對此二詞進行分析，是因爲此二詞均出現于御注、御疏中，可以認爲是僅次于"妙本"、"道"的非常重要的概念，然而以往的研究中却并沒有指出這兩個詞的特点及重要性。

關鍵詞：《唐玄宗御注道德真經》《唐玄宗御製道德真經疏》 妙本冲氣冲用

序　言

本論文所要研究的是《唐玄宗御注道德真經》（下文簡稱御注）和《唐玄宗御製道德真經疏》（下文簡稱御疏）[①]。

關于御注、御疏的研究已經有不少，其中大多是針對御注、御疏中出現的"妙本"這一概念及其與"道"的關系進行分析。而對于"妙本"的理解雖然因人而異，但其中很多都是著眼于"妙本"與《老子》的"道"的關系加以分析，而筆者同樣認爲，像這樣以《老子》注釋爲基礎對"妙本"概念進行分析，是研究御注、御疏不可小覷的課題之一。

因而，本文首先對以往研究中已經提出的問題點進行整理，在此基礎上進而以往研究中在理解上有爭議的資料進行再探討。在此過程中，著重對"冲氣"、"冲用"二詞進行分析。之所以對此二詞進行分析，是因爲此二詞均出現于御注、御疏中，可以認爲是僅次于"妙本"、"道"的非常重要的概念，然而以往的研究中却并沒有指出這兩個詞的

[①]《道藏》中，除了開頭附有"釋題"的《唐玄宗道德真經疏》十卷以外，還有帶有《外傳》的《唐玄宗道德真經疏》四卷，覽其內容的話，四卷本中有引用杜光庭等玄宗以後人物的注釋，所以被認爲是誤將別人的注釋作爲玄宗疏了，這一點在以往研究中已經被指出。武内義雄《老子の研究》（《武内義雄全集》第五卷，角川書店1978年版；單行本，改造社1927年版）。今枝二郎《唐玄宗御製〈道德真經疏〉について—才字号本の檢討—》（《大正大學研究紀要（64）》，佛教學部、文學部，1978年）等。

特点及重要性。

中嶋隆藏[①]在其研究論文中將"妙本之道"作爲萬物之始源，并將御注中的"妙本"理解爲道。而"道對于萬物來說不僅僅是始源"，更是通過不斷地産生作爲"道的作用"的"冲氣"，從而使萬物各得其所以，其中，"冲氣"這個詞被理解爲"道的具體作用"。

砂山稔[②]在其研究論文中，關于"虛極妙本"有如下論述："所謂'虛極'，是用來表現'虛'至極限的道的狀態的概念，而'妙本'是表述道爲萬物本源時用來限定的詞語"，在這段表述中，砂山稔實質上同樣將"妙本"（及"虛極"）理解爲"道"。因此，砂山稔以"無名者，妙本也。妙本見氣，權輿天地，天地資始，故云無名"（御注第一章）等原文爲根據，指出"妙本"含有"氣"的性質。

麥谷邦夫[③]在其研究論文中認爲，"'妙本'被表現爲原本的'道'，是這個世界根源性始源的實體"，將"妙本"與"道"的關系表述爲"限定根源性的始源及其所被賦予的暫時性稱謂的關系"。此外，麥谷邦夫還著眼于第一章開頭的"道，虛極之妙用"一句，指出御注、御疏中存在着"'道'是'虛極之妙用'……（中略）而'妙本'才是表現世界的根源中最終存在的唯一概念這樣明確的意識"。進而在他的另一篇論文[④]中，像御注第十六章表述的那樣（"虛極者，妙本也"），麥谷邦夫將"虛極"作爲"妙本"的別稱，指出御注中"'道'的地位已經不是絕對最終的根源性的一，而是"道"背後作爲真正根源性實在的'妙本'之'用'"[⑤]。另一方面，關于"冲氣"，麥谷邦夫的理解是御注、御疏中，"'道'和'冲和之氣'帶有直接的生成關系，所以可以認爲，通過'冲和之氣'，萬物得以生成育成"。此外，麥谷邦夫指出，要明確導入"妙本"這一概念的理由，還需關注《老子》第二十五章的御疏。唐玄宗當時對于《老子》第二十五章的"道法自然"一句，有一些偏向于道教性的解釋，即將"自然"作爲"道"之上的概念來考慮，而這樣的解釋，因其否定了"道"的至上性，而多受佛教方面的攻訐。對此，御疏在同一章中解釋爲"虛無者妙本之體，體非有物，故曰虛無。自然者妙本之性，性非造作，故曰自然。道者妙本之功用，所謂强名，無非通生，故謂之道"，麥谷邦夫認爲，因此段中"虛無"、"自然"、"道"可以理解爲不過是"妙本"的"體"、"性"、"功用"所對應的個別名稱，所以"道"與"自然"或者"虛無"之間并不能解讀出有上下尊卑的關系。

堀池信夫[⑥]在其研究論文中認爲，無論是御注中"妙本"凌駕于"道"之上的解釋，

---

① 中嶋隆藏《六朝思想の研究》附篇《六朝時代における儒仏道三思想の交流》第三節《唐玄宗皇帝の老子崇拜と〈道德經〉理解》，平樂寺書店 1985 年版。
② 砂山稔《隋唐道教思想史研究》第七章《"虚"の思想——初唐より盛唐に至る道家・道教思想史の一側面》第二節《"虚極妙本"について》，平河出版社 1990 年版。
③ 麥谷邦夫：《唐玄宗〈道德真経〉注疏における"妙本"について》，秋月觀暎編：《道教と宗教文化》，平河出版社 1987 年版。
④ 麥谷邦夫：《唐玄宗御注〈道德真経〉および疏撰述をめぐる二、三の問題》，《東方学報》1990 年第 62 期。
⑤ 麥谷邦夫：《唐玄宗〈道德真経〉注疏における"妙本"について》，秋月觀暎編：《道教と宗教文化》，平河出版社 1987 年版。
⑥ 堀池信夫：《"妙本"の位置—唐玄宗〈老子注〉の一特質—》（《中国文化》2002 年第 60 期）；《"妙本"の形成—〈老子玄注〉思想の成立》（平成十年度~十四年度文部科学省科学研究費補助金特定領域研究（A）118，《古典学の再構築》研究成果報告集Ⅱ《論集・原典》，2003 年）；《〈注〉の"妙本"、〈疏〉の"妙本"—唐玄宗〈老子注疏〉への一視点》（《中国思想における身體、自然、信仰—坂出祥伸先生退休記念論集》，東方書店 2004 年版）；《二つの"妙本"》（《宮澤正順博士古稀記念　東洋—比較文化論集—》，青史出版 2004 年版）。

還是"妙本"與"道"完全同義的解釋都是成立的,而产生這種情況的原因是"玄宗自身原本對'妙本'這一概念設定、解釋的矛盾①"。此外,堀池信夫認爲,御注與御疏的思想內容是存在差异的,他指出,雖然先有御注中將"妙本"塑造爲"超越世界,統治一切的現實性的至高者,即象徵玄宗自身的意象"②,但對于御注中存在的"妙本"既凌駕于"道"之上又與道同義這一邏輯矛盾,御疏選擇了無視,幷直接將"妙本"與"道"等同視之。堀池信夫在論文中對御注中"冲氣"和"妙本"、"道"的關系也有所言及。御注第一章有"妙本見氣"等文,此外,因"妙本"被認爲是賦予存在者形體后就會"離散"③,所以堀池信夫認爲其是"一種氣的集合體"④。而且,基于御注中將"妙本"與"冲氣"都表述爲"一",那麽"妙本"="一"="冲氣",若如此,堀池信夫對"妙本"變爲由道而生的"冲氣",成爲"道"的下級存在提出了疑問。

綜上所述,以往的研究對御注、御疏思想理解的分歧主要集中于以下幾點。首先是圍繞"妙本"是否是凌駕于"道"之上的概念。有認爲御注、御疏中的"妙本"是"道"之上概念的麥谷邦夫,也有認爲御注中的"妙本"象征玄宗自己,是"道"之上概念的堀池信夫。另一方面,砂山稔與堀池信夫兩者都提出了可以看作是在說明"妙本"具有"氣"的性質的相關資料。這正如堀池信夫自己所說,作爲"道"之上的概念,"妙本"自身的性質有招致矛盾的可能性,加上"妙本"與"道"的關系,筆者認爲重新審視"妙本"與"氣"的關系很有必要。

而筆者還想要關注的一點就是,御注、御疏之間是否有思想差异。關于此點,麥谷邦夫指出御注和御疏之間"在'妙本'概念的援用方面可以看出微妙的差异",而堀池信夫也認爲御注和御疏應該是有區別的,其中當然也包括"妙本"的概念。因此,他希望試著使御注、御疏之間的差异更加明朗化。

因此,本文爲了究明御注中"妙本"的定位,特別是其與"道"的關系,將對"冲氣"、"冲用"這兩個概念重新進行探討。首先要明確御注中"妙本"、"道"和"冲氣"、"冲用"的構造,之後與御疏中的用例進行比較探討。

一、御注中的"冲氣"、"冲用"

首先,對御注進行探討。在考慮"妙本"與"道"的關系之前,我們先來試著思考御注中"道"這一概念與"冲氣"的關系。

本來,"冲氣"是《老子》第四十二章中"萬物負陰而抱陽,冲氣以爲和"這一表述中詞語。這裏的冲氣,御注將其定位爲《老子》的"一"。

---

① 《〈注〉の"妙本"、〈疏〉の"妙本"—唐玄宗〈老子注疏〉への一視点》,《中国思想における身体、自然、信仰—坂出祥伸先生退休記念論集》,東方書店 2004 年版。
② 《〈注〉の"妙本"、〈疏〉の"妙本"—唐玄宗〈老子注疏〉への一視点》,《中国思想における身体、自然、信仰—坂出祥伸先生退休記念論集》,東方書店 2004 年版。
③ 御注第十六章中有"虛極者妙本也。言人受生,皆稟虛極妙本。及形有受納,則妙本離散。"
④ 《二つの"妙本"》,《宫澤正順博士古稀記念 東洋—比較文化論集—》,青史出版 2004 年版。

1. "道生一，一生二，二生三"（《老子》經文）

一者冲氣也，言道動出冲和妙氣，于生物之理未足，又生陽氣，陽氣不能獨生，又生陰氣。積冲氣之一，故云一生二。積陽氣之二，故云二生三也。（御注第四十二章）

"三生萬物"（《老子》經文）

陰陽含孕，冲氣調和，然後萬物阜成，故云三生萬物。（御注第四十二章）

"萬物負陰而抱陽，冲氣以爲和"（《老子》經文）

萬物得陰陽冲氣生成之故，故負陰抱陽，含養冲氣，以爲柔和也。（御注第四十二章）

這裏，"一"被看作是"冲氣"，在此基礎上，經文中的"道生一"被描述爲"道動出冲和妙氣"。"冲和妙氣"應該是"冲氣"的說明性表達方式。在萬物的生成中，首先由於"道"，"冲氣"得以"動出"，就目前這個階段來說，萬物的產生于"理"條件還不充分，因而有陽氣生。但是陽氣是不能單獨生成的，因而引起了陰氣的產生。《老子》的"一"、"二"、"三"可以理解爲御注中"冲氣"、"陽氣"、"陰氣"的產生。

這裏需要注意的是，爲了解釋"道生一"所使用的"動出"一詞。看下文可知，相對於"一生二"、"二生三"這兩個階段各自的注釋"生陽氣"、"生陰氣"，只有第一句使用了"動出"一詞。再看後文的話，"陰陽含孕，冲氣調和，然後萬物阜成，故云三生萬物"，即說陰陽在其中孕育，因冲氣調和，便有了萬物前赴後繼地產生。另有"萬物得陰陽冲氣生成之故，故負陰抱陽，含養冲氣，以爲柔和也"，即萬物因得陰陽冲氣這一生成的基礎而生，所以其存在具備陰陽，內含冲氣，因而處于一種柔和的狀態。由以上資料可以認爲，冲、陰、陽是萬物產生的基礎，是已經產生的萬物存在的依據。關於"陽氣"、"陰氣"的"生"，根據字面意思可以認爲是"氣"的產生，故而"動出"一詞必然應該認爲被賦予了與以上二者不同的意義。

順便一提的是，這裏所說的"柔和"，指的是生物生存的狀態。《老子》第六十七章的"民之生也柔弱。其死也堅強"的御注爲"生之柔弱，和氣全也。死之堅強，和氣散也"，和氣存在與否被認爲是左右其生死的關鍵。可以認爲，第七十六章的"和氣"也與"冲氣"、"冲和妙氣"是相同的指代。由此可知，"和氣"（即"冲氣"）被看作是萬物賴以生存的重要要素，但就像1中所說"于生物之理未足物"，只有"冲氣"萬物是不能產生的，要促成萬物生成，需要產生陰陽二氣，還要與冲氣一起三氣聚合。所謂于"生物之理"不足，可以認爲就是產生生物的程序未完成。從這些陰陽之氣、冲氣相關的諸多記述可以看出，"冲氣"是諸存在賴以存在的基礎，對萬物來說是實質性的根源，因此可以判斷，"冲氣"與生成過程中具象化的陰陽之氣必不可等同視之。

上文所見"動出"一詞，在《老子》其他章的御注中也有出現。

2. "道冲而用之，或似不盈"（《老子》經文）

言道動出冲和之氣，而用生成。有生成之道，曾不盈滿。云"或似"者，于道不敢正言。（御注第四章）

這裏所説的從"道""動出"的"冲和之氣",應該就是1中所出現的"冲和妙氣"。這一部分的經文"道冲而用之"中,無論是"冲"還是"用",其主語都是"道"。由此應該可以推測,御注"道動出冲和之氣,而用生成"的意思,不是"道"产生"冲和之氣",引起萬物生成,而是"道"作爲"冲和之氣"動出,于生成過程中發揮作用。

御注中還有一處原文可以作爲"動出"一詞的參考資料,内容如下:

    3."此兩者,同出而异名"(《老子》經文)
      如上兩者,皆本于道,故云同也。動出應用,隨用立名則名异矣。(御注第一章)

這裏,用了"動出應用"這一表達方式。前文中,對"可道"與"可名"、"無名"與"有名"、"無欲"與"有欲",各自做了對比性説明。因此3中的"兩者",應該可以認爲指的是這三對概念,而這三對概念都以"道"爲根本即文中所説的"同",它們雖然各自存在于各自的狀態中,具體地發揮作用,而原文中,它們各自立名是用"出"、"异名"這樣的詞來解釋的。因此,"動出應用"可以認爲是對應經文中"出"的,因此"動出"與"應用"應該可以看作是幾乎同樣的意思。關于"應用",有如下原文:

    4.無名天地之始,有名萬物之母。(《老子》經文)
      無名者,妙本也。妙本見氣,權輿天地,天地資始,故云無名。有名者,應用也。應用匠成,茂養萬物,物得其養,故有名也。(御注第一章)

這裏,作爲萬物開始的地方的"妙本"即與"無名"對置的。關于此"妙本"與"道"的關係後文有叙述,因此這裏僅抓住"妙本"單純地作爲萬物的根本這一點,而與根本性存在相對等的"應用"可以認爲是萬物生養的具體的用(起作用)。如此説來,"應用"與"動出"幾乎是相同内容的詞語,那麼,如1、2所説,"動出"的意思并非产"生"萬物的意思,3恰可以認爲是此説的旁證。

"動出"的意義如上所述,若重新審視1、2的原文,第四章御注的"道動出冲和之氣,而用生成"應該是"道"以"冲和之氣"這種帶有具體作用的存在發揮生成作用。因此可以認爲,只有第四十二章中"道生一"的"生"字用"動出"這一詞來表現的理由,并非是御注中將"道生一"解釋爲"道"产生"冲和之氣",而是爲了將"道"作爲"冲氣妙氣"起作用來解釋。關于這裏"冲氣"的作用,御注中是用"妙用"、"道用"、"冲用"來表現的。

    5."昔之得一者"(《老子》經文)
      一者,道之和,謂冲氣也。以其妙用在物爲一,故謂之一爾。(御注第三十九章)
      "得一以清,地得一以寧,神得一以靈,谷得一以盈,萬物得一以生,侯王得一以爲天下正,其致之"(《老子》經文)
      物得道用,因用立名,道在則名立,用失而實喪矣。故天清,地寧,神靈,谷盈,皆資妙用以致之,故云"其致之"。(御注第三十九章)

這裏，首先"一"看作是"道之和"，即"冲氣"。"一"作爲"道"的一個側面，具有"和"這樣的性質，因此在具體發揮作用的時候，可以說是作爲"冲氣"表現出來的。也因此，經文中的"得一"，說的就是御注中"道"的"妙用"與萬物不可分，也就是說，"一"被理解爲萬物自身的本質。

而"道"的"妙用"後文中被稱作"道用"。天清、地寧、神靈、谷盈都是因爲"道"的"妙之用"，而在各自的情況下發揮作用的應該是"冲氣"。

此外，御注中與"道用"相同内涵的是"冲用"一詞。

6. "萬物恃之以生而不辭，功成不名有"（《老子》經文）
言萬物恃賴冲用而生化，而道不辭以爲勞，功用備成，不名己有。（御注第三十四章）

從《老子》第三十四章開頭一句"大道泛兮"可知，萬物所"恃"之物是"大道"。而御注將其解釋爲"恃賴""冲用"，所以"冲用"是道的生成的具體性作用，可以認爲與剛才所見"道用"是同一内容之詞。

由以上分析可知，"冲用"、"道用"即"道"之"用"，"冲氣"、"和氣"應該是道發揮作用的時候，承擔其活動的具體性存在。

那麽在這裏，我們再重新探究一下"道"與"妙本"的關係。根據麥谷邦夫的指摘，御注中"道"被定位爲"妙本"的"妙用"。若"道"與"冲氣"、"冲用"（"道用"）的關係如上所述，那麽作爲"妙本"之"用"的道的記述，應該怎樣理解呢？我們再重新來看一下第一章的御注吧。

7. "道可道，非常道。名可名，非常名。"（《老子》經文）
道者虚極之妙用，名者物得之所稱。用可于物，故云可道。名生于用，故云可名。應用且無方，則非常于一道。物殊而名异，則非常于一名。是則强名曰道，而道常無名也。（御注第一章）

首先，開頭叙述了"道"爲"妙用"。所謂"用"就是物中使之爲物的存在，因此這裏作爲"妙用"的"道"就是"可道"，而因有"用"故能賦"名"，這樣的"名"即爲"可名"。萬物并不局限于各自所對應的"用"的狀態，所以作爲起作用的"道"也并非只有一個固定的狀態，名也是一樣。强自爲"道"命名，"道"即"無名"。以上是文章的大義。可以看出這一部分是關于"道"作爲"用"這一側面的描述。

再看後文的話，正如先前所見，有"無名者，妙本也"，"有名，應用也"這樣的内容。前文中說"道"即是"無名"，這裏的"無名"就是"妙本"，因此"妙本"必然是"道"。但是另一方面，"道"也是"妙用"。這樣的話，"道"可以認爲是兼有"妙本"、"妙用"兩方面性質的。即"無名"時，作爲萬物根本的"道"稱作"妙本"，"有名"時，通過應"物"産生各種各樣的作用，這樣的"道"稱作"妙用"，這樣理解的話，既是"妙用"又是"妙本"的道，其性質上是没有矛盾的。基于上述那樣關系性的考慮，可供參考的資料如下。

  8. "道生之"（《老子》經文）
  妙本動用降和氣。（御注第五十一章）

這裏，經文中的"道"換而言之就是"妙本"，"生"換而言之就是"動用"。若"動用"與"動出"的意思幾乎如出一轍的話，那第四章、第四十二章的御注"道動出冲和之氣"和"道動出冲和妙氣"幾乎就是一樣的文章。"妙本"和"和氣"存在著 8 中所述關系的可能，在這種情形下，"妙本"與"道"是可以置换的，這也説明了御注中根源性的存在及其作用，最終可以用"妙本"和"冲用"這樣的詞來表達。

  下面對以上探討的"道"和"冲氣"、"冲用"的關系，"道"和"妙本"的關系進行總結。御注中"冲氣"被看作是由"道""動出"的，所謂"動出"就是"道"具體起作用的顯現。其作用稱作"冲用"、"道用"、"妙用"等，這些都是作爲用顯現出來的"道"，即御注的"道"是"妙本"，同時又是"妙用"。關于此點，堀池信夫認爲是御注的"妙本"在性質上存在矛盾，但御注中"道"一詞，既作爲根源性的"道"使用，又作爲作用性的"道"使用。因此，對文章中每處"道"的用例不結合文脉做區别的話，必將有概念規定不固定的感覺。以往的研究因其無一例外不是將"妙本"與"道"，或者"道"與"冲氣"這樣部分性的構造抽出來加以分析，所以并不能準確把握文章的整體構造，如對"妙本"與"冲用"是根本與用的關系，而"道"是包含這一切全體的稱呼這樣的關系設定一無所知。

二、御注、御疏的關系

  關于御注與御疏的思想内容是否有异，或者是否有矛盾這一問題，在比較分析它們思想内容自身之前，筆者首先想要根據麥谷邦夫的研究論文，對已經明確的問題點進行整理總結，其中包括原本御注和御疏是出自誰之手而作，何時成書的這樣的問題[①]。
  首先，御疏雖被冠以"御"之名，但據説并非出自玄宗之手。

  1. 二十年春，奉敕撰龍門公宴詩序，賜絹百匹。延入集賢院，修老子道德經疏，行于天下。（《顏魯公集》卷十四《贈尚書左僕射博陵崔孝公宅陋室銘記》）
  2. 集賢注記，開元二十年九月，左常侍崔沔入院修撰，與道士王虚正、趙仙甫，并諸學士參議，修老子疏。（《玉海》卷五十三《老子》）

  根據這些資料可以確定，疏是集賢院的學士和道士在玄宗的授意下撰述的奉敕撰。
  與此相對，關于御注，麥谷邦夫説是玄宗的自著之作。讓我們來看一下這種見解的依據。

---

① 麥谷邦夫：《唐玄宗御注〈道德真経〉および疏撰述をめぐる二、三の問題》，《東方学報》1990 年第 62 期。

3.朕誠寡薄，嘗感斯文，猥承有後之慶，恐失無爲之理，每因清宴，輒叩玄關，隨所意得，遂爲箋注。（易州開元觀御注道德真經幢[①]）

據3可知，玄宗自身致力于對《老子》的理解，并將思考所得以注的形式著述成書，就像麥谷邦夫所説，可以認爲，御注是唐玄宗自己的著作[②]。

關于注、疏的撰述者，如上所述。并且關于御注、御疏的撰述時期，麥谷邦夫也有言及。關于御注，因易州開元觀所建御注道德真經幢上所刻敕文末有"開元二十年十二月十四日"這樣的紀年，所以可知，御注是開元二十年完成的。關于御疏的撰述，若參考資料1、2，似乎是從開元二十年開始的。因此，若根據以下資料，御疏是開元二十三年完成的，在此階段，注和疏被集齊并頒發給公卿士庶、道士僧侶們，探討其是非對錯。

4.（開元）二十三年三月癸未，親注老子，并修疏義八卷，及至開元文字音義三十卷，頒示公卿士庶及道釋二門，聽直言可否。（《册府元龜》卷五十三《帝王》尚黄老）

武内義雄[③]認爲，因爲翌年開元二十一年發布了有名的《老子》家藏令[④]，所以那時御注應該已經問世了，而麥谷邦夫基于前面的4等資料，御注完成之後不久就被玄宗留在了手邊，直等到疏完成之後，玄宗才將注、疏同時頒布施行的，并指出"可以認爲，從最初開始，御注與御疏就是作爲一組作品問世的"。確認一下碑文的話，有"開元二十六年歲次戊寅十月乙丑朔八日壬辰奉敕建"這樣的内容，因建碑的時間在疏完成的時間之後，即開元二十三年之後，所以碑文的内容也與麥谷邦夫俗主張的觀點沒有矛盾。但是也不能明確地説，武内義雄所指出的開元二十一年的《老子》家藏令中被要求家藏的不是御注。所以很難證明，御注是先于御疏頒布的。關于兩書的頒布時期，雖説不能對麥谷邦夫的結論全盤接受，但他指出，應對經不同人之手所著的御疏和御注的内容一起進行探討，這一點是很重要的，因爲這是基于兩者思想性關聯的考慮而應該重視的一點。

關于御注、御疏的思想關聯性，麥谷邦夫從上述御注和御疏的成立過程考慮，提出"雖然可以推測其中存在著相當密切的關聯性，但同時也不能無視兩者間存在的差異"[⑤]。麥谷邦夫指出，御疏并非是對御注的意義按順序詳細解釋的，而是直接對經文的解釋，且從中"可以看出御疏從御注的立場出發，并緊扣道教教理對經文進行解釋的强烈傾向"[⑥]。

[①] 《道德经十一種》（《無求備齋老子集成》所收）。
[②] 麥谷邦夫列舉了："陳希烈者，宋州人也。精玄学，書無不覽。開元中，玄宗留意經義，自褚无量、元行冲卒後，得希烈與鳳翔人馮朝隱，常于禁中講老易。累遷至秘書少監，代張九齡專判集賢院事。玄宗凡有撰述，必经希烈之手。"（《旧唐書》卷九十七）等資料，指出唐玄宗平時在學習《老子》。
[③] 武内義雄：《老子の研究》，《武内義雄全集》第五卷，角川書店1978年版；单行本，改造社1927年版。
[④] "二十一年春正月庚子朔，制令士庶家藏老子一本，每年貢舉人量減尚書、論語兩條策，加老子策。"（《旧唐書》卷八）。
[⑤] 麥谷邦夫：《唐玄宗御注〈道德真經〉および疏撰述をめぐる二、三の問題》，《東方学報》1990年第62期。
[⑥] 麥谷邦夫：《唐玄宗御注〈道德真經〉および疏撰述をめぐる二、三の問題》，《東方学報》1990年第62期。

正如麥谷邦夫所指出的那樣，御注與御疏對經文的解釋傾向確實存在差异。此外，御疏中雖然以"注云"爲開頭被引用的部分有三十四處（麥谷邦夫説是三十三處），但其中大部分都是明確指出注文語句的出處或者對其的訓詁，所以麥谷邦夫認爲御疏并非是對御注的詳細解釋。

但是，雖然御疏確實沒有對御注本身進行逐一詳細解釋，但是可以認爲關于御疏對御注的引用這一點，反倒可以算作是顯示兩者有密切思想關聯的一點。

5. 注云行險而不失其信者，周易坎卦辭也。（御疏第八章）

6. 夫上德潜運，無爲而理，淳樸不散，故無名迹。今言上德無爲者，但含孕淳樸，適自無爲，非知無爲之美，而爲此無爲，故云而無以爲。豈惟無迹可矜。抑亦無心自化，故注云此心迹俱無爲矣。（御疏第三十八章）

麥谷邦夫認爲，御疏并非是對御注的詳細解釋，與御注的互補關係是以提示經文的解釋爲目的著述的。實際上，由5、6的御疏可以看出，御疏都是以御注的内容爲前提論述的，而其他部分，即使有與御注不同的説法并舉的情况，也看不出御疏有否定御注的態度。因此，至少作爲御疏撰述者的立場，是不想繼承超越御注的解釋的，但可以推測，其對御注也是有一定考量和顧忌的。

三、御疏中的"冲氣"、"冲用"

那麽接下來，對御疏的資料進行實質性探討，并探究它與御注間是否存在思想上的差异。

1. "道生一，一生二，二生三，三生萬物"（《老子》經文）

道者虚極之神宗，一者冲和之精氣，生者動出也。言道動出和氣，以生于物，然應化之理由自未足，更生陽氣，積陽氣以就一，故謂之二也。純陽又不能，更生陰氣，積陰就二，故謂之三。生萬物者，陰陽交泰，冲和化淳，則遍生庶彙也。（御疏第四十二章）

針對御注的"冲氣"、"冲和妙氣"，御疏使用了"冲和之精氣"這樣稍微不同的詞語，但是御疏也和御注一樣，把經文第一句中的"生"解釋爲"動出"。此外，只有"道生一"中"生"字解釋爲"動出"，其他的"生"字都照原樣解釋爲"生"，這一點也和御注一樣。若關注由"道"到"萬物"的生成過程也可以看出疏與御注相同，都是由"道"引起"和氣"的"動出"，之後有陽氣，再生陰氣，陰陽冲和三氣所用下諸物産生。只有"冲氣"不能完成生成作用，所以产生陰陽，御注將此表述爲"生物之理未足"，而同一地方的御疏將其表述爲"應化之理由自未足"。"應化"一詞在御疏中雖然只有此處使用了，但"化"在這裏的意思應該是生成變化。因此，"應"就可以推測爲對應各種變化而产生的活動。

對應萬物生成變化具體活動的只有"冲氣"是不够的，所以有了陽氣和陰氣產生的必要。雖然御疏的表達方式與御注有些不同，但可以認爲其大義和御注還是沒有太大出入的。由以上論證可以認爲，關于萬物的生成，御疏幾乎可以說是繼承了御注的主張的。

而通過"動出"一詞建立了聯繫的"道"和"冲氣"的關系，御疏中的主張也是和御注一樣的嗎？我們試著從以下資料來考慮一下。

  2."道冲而用之，或不盈淵兮"（《老子》經文）
   冲，虛也，謂道以冲虛爲用也。夫和氣冲虛，故爲道用。用生萬物，物被其功。論功則物疑其光大，語冲則道曾不盈滿，而妙本深静，常爲萬物之宗。云"或似"者，道非有法，故不正言爾，他皆仿此。（御疏第四章）

御疏將經文中的"冲"解釋爲"虛"，在此基礎上，描述了道以"冲虛"的狀態發揮其"用"。而因爲御疏論述了"和氣"即"冲氣"，所以成爲"道用"的内容，可以知道"和氣"就是"道"發揮作用的存在。"道用"一詞，在前文所舉第三十九章的御注中有出現，在御注中被描述爲與"冲用"一起都是"道"的具體之用。②中的"道用"也有可能是相同的意思，是承擔"道"的作用的存在，即"和氣"。

關于御疏中"道"和"冲氣"的關系，也有以下資料可以參考。

  3."和其光，同其塵，湛兮似或存"（《老子》經文）
   道之冲用，于物不遺，在光則與光爲一，在塵則與塵爲一。無所不在，所在常無。冲用則可混光塵，妙本則湛然不雜，故云似或也。（御疏第四章）

這裏，爲"冲用"冠之了"道之"一語，明確顯示了"冲用"是"道"之用。而"冲用"即作爲"用"的"道"，在"光"與"光"一體，在"塵"也與"塵"一體，在所有地方存在，在任何地方都是常無的，這樣，"冲用"混雜于一切存在之中，而與之相對，"妙本"湛然寂静，反而不與任何存在相交，因此，作爲根本與作用存在的是"妙本"和"冲用"這兩者。因此，"妙本"、"道"、"冲用"三者的構造可以說與御注中所見相同。

另一方面，御疏中，也使用了一些御注中沒有的詞彙。比如"冲氣"，御疏中表達爲"道氣"。

  4.一者，冲和之氣也，稱爲一者，以其與物合同，古今不二，是謂之一。故易繫辭曰，"一陰一陽之謂道"，蓋明道氣在陰與陰合一，在陽與陽合一爾。（御疏第三十九章）

前半段論述了"一"爲"冲和之氣"，與物合同不離。可以認爲，這裏所指是與後文在"陰"與"陰"爲一體，在"陽"與"陽"爲一體的"道氣"的相同的。"道氣"是在御注中沒有而只在御疏中出現的詞語，這在以往的研究中已經被指出了，但從其内容和意思來考慮的話,可以認爲,它是在叙述具備了具體的用的"冲氣",即"道"的一個側面,只是與御注中的"冲氣"用了不同的表達方式。但是,關于御疏使用了御注中没有出現的詞語與解釋方法這一點,因事關御疏的解釋方針與玄宗之前的《老子》注釋的關系,這裏不再做深入探討。

接下來,我們若看一下"道"與"妙本"的關系便可知,御疏所論述的果然與御注所論述的部分有相同内容。

> 5."道生之,德畜之"(《老子》經文)
> 道生之者,言自然冲和之炁,陶冶萬物,物得以生,故云"道生之"。注云"妙本動用降和炁"者,妙本,道也。至道降炁,爲物根本,故稱妙本。(御疏第五十一章)

這裏引用了御注的内容,明確説明了御注中所説的"妙本"就是《老子》經文的"道"。之後,論述了由于"至道"作爲氣下降成爲萬物的根本,所以稱爲"妙本",也可知"妙本"就是作爲根本的"道"。

由以上的探討可以確定,御疏中"妙本"、"道"、"冲用"各個概念的意義内容和相互關系,與御注中所顯示的内容是相同的,像"道氣"這種只在御疏中使用的詞語,其情況也是一樣,其預設的基本構造與御注中所述幾乎没有太大變化。要説關于"妙本"的定位,可以説御注、御疏間是没有矛盾的。

四、御疏中的"本迹"

綜上所述,"妙本"和"冲氣"、"冲用"都指的是"道",而若不把"妙本"看作是"道"之上的概念,那就有必要重新考慮"妙本"概念的意義了。堀池信夫將御注的"妙本"作爲唐玄宗自身的影射,認爲御注這樣做的主要目的是用"妙本"象征唐玄宗地位的至高性,但作者認爲,這種説法在欠缺理論合理性的。而與之對應的御疏,堀池信夫却將其中的"妙本"作爲"純粹的哲學性的"概念來理解,認爲"妙本"與"道"始終是同一的。也就是説,堀池信夫只從御注中的"妙本"解讀出了象征唐玄宗的目的性,而御注和御疏的"妙本"并無思想上的差異,都是在指"道",而如上所述,堀池信夫只對御注的思想意義做特殊解讀的是不恰當的。

另一方面,麥谷邦夫認爲,御疏針對由《老子》"道法自然"展開的佛道論争,將"自然"看作"妙本之性","道"看作"妙本之功用",顯示出了"自然"并非"道"之上概念的主張,且抛棄了成玄英那樣以"自然"爲"本"、"道"爲"迹"的本迹説,同時他還推測御注對此也有同樣的傾向(御注中未見本迹説)。

可以認爲,這種與成玄英的老子疏進行比較的考察角度十分重要。其原因在于,成玄英的《道德經義疏》中也有"妙本"一詞,御注、御疏成書的過程中,極大地參考了成玄英思想的可能性很高。那麽,試著考量麥谷邦夫的見解可知,御疏確實没有將"自然"作爲"本","道"作爲"迹",而第二十五章的疏中,對"道"之上設定"自然"這一舊有的做法進行了批判。從此點來看，麥谷邦夫的觀點可謂一語中的，但另一方面，御疏在有關"妙本"和"道"的敘述中也使用了"本"、"迹"二詞。關于御疏中這樣的本迹説，與成玄英的本迹説有何不同這一問題應該有必要重新探討。

1."此兩者、同出而异名"（《老子》經文）

此者指上事也。兩者謂可道可名，無名有名，無欲有欲。各自其兩，故云兩者。<u>俱稟妙本，故云自本而降，隨用立名。則名异矣</u>。

"同謂之玄"（《老子》經文）

玄深妙也。自出而論則名异，是從本而降迹也。自同而論則深妙，是攝迹以歸本也。歸本則深妙，故謂之玄。（御疏第一章）

御注中，1 的劃綫部分所對應的內容是"皆本于道，動出應用，隨用立名則名异矣"。御注中解釋爲"動出應用"的部分，御疏中解釋爲"自本而降"。我們來試著思考一下"自本而降"的意思。可以參考後文"同謂之玄"的御疏。此處的御疏是繼承了御注"出則名异，同則謂玄，玄深妙也"而作。從"出"這一觀點出發而論則名不同，這裏其實説的就是由"本"降"迹"。從"同"這一觀点出發而論則深遠玄妙，這裏其實説的就是由迹歸本。御注將經文中的"出"字解釋爲"動出"，可以認爲這裏的意思是"道"以個別具體的作用出現。另一方面，御疏將产生各种作用，各自有不同的名這一過程解釋爲由"本"降"迹"，相反則認爲是歸"本"。可以認爲，1 的前半段所説之"本"是"妙本"，"迹"則是"可道"以下的六者，因此作爲根本的"道"即是"本"，其具体的呈現就稱作"迹"。可以認爲，這裏"本"與"迹"的關係，與御注中通過"動出"一詞體現出的作爲根本的"道"及"道"的具體呈現之間的關係相同。

可以説，下面的資料也叙述了這樣的内容。

2."惚兮恍兮，其中有象"（《老子》經文）

此明降生本迹也。惚無也。恍有也。兆見曰象。妙本無物、故謂之惚。生化有形，故謂之恍。斯則自無而降有。其中兆見，一切物象從本而降迹也。（御疏第二十一章）

這裏，經文中的"惚"和"恍"分別是"無"和"有"，進而被看作"妙本"和"生化"，從"無"降"有"，即從"妙本"到"生化"這一作用的顯現就是"從本而降迹"。由上面 1、2 可見，御疏除了使用了"本迹"這樣御注中没有的理論，其構造基本上與御注一致。

據以上所見可以認爲，御疏中的"本"應該就相當于"妙本"，"迹"應該就相當于"冲氣"、"冲用"。

那麽，這樣的本迹説與成玄英所述本迹説的區別在哪里呢？下面我們試著就這個問題進行探討。

3.道是迹，自然是本，以本收之迹，故義言法也。又解，道性自然，更無所法，

体絶修学,故言法自然也。(成玄英《道德經義疏》(以下簡稱成疏)第二十五章《道德真經玄德纂疏》所引)

這裏,"道"是"迹","自然"是"本"。但後文"又解"又叙述了另一種解釋,即若説"道性自然,更無所法"的話,就能知道成玄英即使將"道"定位爲"自然"之"迹",也并非是指完全不同的另外的存在。關于第二十五章,御疏有以下解釋。

4. 言道之爲法自然,非復仿自然也。若如惑者之難,以道法效于自然,是則域中有五大,非四大也。又引西昇經云:"虚無生自然、自然生道",則以道爲虚無之孫,自然之子,妄生先後之義,以定尊卑之目,塞源拔本,倒置何深。且嘗試論曰,虚無者妙本之体,体非有物,故曰虚無。自然者妙本之性,性非造作,故曰自然。道者妙本之功用,所謂强名,無非通生,故謂之道。幻体用名,即謂之虚無自然道爾。尋其所以,即一妙本。復何所相仿法乎。則知惑者之難,不詣夫玄鍵矣。(御疏第二十五章)

正如麥谷邦夫指出的那樣,③的前半部分叙述了"道"循法"自然"并非"道"之上設定了"自然"或者"虚無"這樣的存在,明確指出了隨意产生"先後之義"、"尊卑之目"這樣的錯誤。進而指出,因"虚無"强名爲"妙本"之體,"自然"强名爲"妙本"之性,"道"强名爲"妙本"之功用,所以"虚無"、"妙本"、"道"并没有先後尊卑之分,其歸根結底是"一妙本"的不同側面所規定的名稱。這裏特別需要注意的是,雖然知道這是如《西升經》的"以道爲虚無之孫,自然之子"那樣的解釋,但《西升經》那樣的主張與成玄英立場并不一致。故而麥谷邦夫認爲,説第二十五章的御疏抛弃了成玄英式的本迹説這樣的結論是不恰當,或論證不足的。

據前三章結論可知,御注中的"妙本"并非"道"之上的概念,而御疏亦然。一方面,麥谷邦夫將成疏中的"妙本"看作幾乎與"道"等同關係的概念,另一方面他認爲御疏、御注中的"妙本"與"道"是有差別的。這也是麥谷邦夫所指出的成疏與御注、御疏的不同之處。而如果按本文所探討的那樣——御注、御疏的"妙本"都是"道"的話,那御注、御疏與成疏的差异又在哪里呢?

下面,我們試著明確一下成玄英的本迹説和"妙本"的理解方式。

5. "復歸于無物"(《老子》經文)
復歸者還源也,無物者妙本也。夫應機降迹,即可見可聞,復本歸根,即無名無相,故言復歸于無物也。(成疏第十四章《道德真經玄德纂疏》所引)

5 中的"本"是無名無相的"妙本","迹"是可以聞見之存在,即具體呈現的存在,這與御疏的"本""迹"關係幾乎相同。

6. "無名天地之始，有名万物之母"（《老子》經文）

　　道本無名，是知不可言説明矣。有名万物母，有名迹也。重玄之道，本自無名，從本降迹，称謂斯起。（成疏第一章《道德真經玄德纂疏》所引）

6 中，"從本降迹"之時的"本"，即"無名"之"重玄之道"。3 中有"道是迹、自然是本"，所以可知在成玄英那里，"道"既是"本"也是"迹"。這與御疏的"妙本"及"道"的關係十分相似，而且可以説與御疏的本迹説也很相似。

進一步看成玄英義疏的話可以發現，其與御疏、御注還有另一相似點。

7. "天下之物生于有、有生于無"（《老子》經文）

　　有，其應道，所謂元一之炁也。無爲妙本，所謂冥寂之地也。言天地萬物，皆從應道有法而生。即此應道，從妙本而起。元乎妙本，即至無也。（成疏第四十章《道德真經玄德纂疏》所引）

見 7 可知，成玄英將"應道"作爲"元一之炁"。這與御疏、御注將"道"的作用作爲"冲用"，將其作爲氣的性質稱作"冲氣"的基本想法一樣。也就是説，御注、御疏的"道"的性質，即作爲万物根本的"妙本"，同時作爲"氣"起作用的想法的原形，已經被成玄英提出過了。

但是，成玄英和御注、御疏之間并非完全相同。如前所述，御疏在"道"之上設置"自然"這一解釋持批判態度。根據這樣的立場，很容易想見，成玄英的"道是迹、自然是本"，很容易給成玄英自身本來的意圖招致誤解。實際上，御疏中雖使用了"本"、"迹"二詞，但并沒有説"道"就是"自然"之"迹"。能夠推測的是，御疏雖然參考了成玄英的説法，但思想上的理由未必采用了。

另外一點，成玄英和御注、御疏最大的區別在于對《老子》中"冲"字的解釋。如前所述，御注、御疏對"冲氣"的解釋前所未有——"道"之用所給予的作用。

對此，成玄英對"冲"或"冲氣"并沒使用這樣的解釋。

8. "冲氣以爲和"（《老子》經文）

　　冲，中也。（成疏第四十二章《道德真經玄德纂疏》所引）

與御注"一者冲氣也"不同，成玄英并未將《老子》原文中的"冲氣"與"道生一"中的"一"建立關聯。

9. "道冲而用之，又不盈"（《老子》經文）

　　冲，中也。…向以一中之道，破二偏之執，既除，一中還遣。（成疏第四章《道德真經玄德纂疏》所引）

9中所述内容與重玄學有關。雖然在義疏隨處可見成玄英論述重玄思想，但將"冲"解釋爲"中"，是用重玄思想解釋《老子》的關鍵詞。這一點與御注、御疏的"冲"字、"冲氣"解釋完全不同

據此可以看出，御注、御疏"妙本"、"道"、"冲氣"的構造，其表達方式借助了成玄英對《老子》的解釋，但關于重玄的論述完全沒有采用。

結　語

綜上所述，本文主要著眼于"冲氣"及"冲用"和與之相關的概念，整理了以往研究中關于御注、御疏思想的見解，并重新進行了探討。其結論是，指出了以往研究中應該再次考察的幾個問題點。

首先，御注、御疏中關于"道"與"冲氣"的關系，一致認爲，"道"與"冲氣"并非生成關系，而是"道"作爲生成的空間，其顯現出的具體作用就是"冲用"，而擔負其用的就是"冲氣"。另一方面，針對這種"用"，作爲根本的"妙本"，并非"道"之上的"概念"，而是代表作爲根本的"道"，因此"妙本"、"道"、"冲用"的關系可以認爲是從作爲根本的"道"的"妙本"到作爲具體用的"道"的"冲用"（或"道用"）的具體化的觀念化，御注、御疏中的"妙本"也好、"冲用"也好，都是"道"，因等級不同而稱謂有所區分。御注、御疏中"道"與"妙本"的關系應該可以説是"冲氣"、"冲用"這兩個概念配合完成的。此外，關于"冲氣"、"冲用"的定位，正如本文所探討出的結論那樣，以往研究中指出的御注内部概念規定的矛盾是不存在的，至少從"妙本"、"道"、"冲用"、"冲氣"的構造來看，御注、御疏之間不存在矛盾。因此可以確定，御注、御疏中"妙本"與"道"的關系，關于"道"的基本主張都是與成玄英的想法非常類似的。同時也可以看出，成玄英義疏中佔有重要地位的重玄思想并沒有被御注、御疏所采用。可以認爲，重玄思想并非考慮御注、御疏對《老子》解釋的方向性時的重點。

（作者簡介：高橋睦美，東北大學專門研究員。譯者簡介：劉曉春，東北大學博士生）

A Study of *Yuzhu Daodezhenjing* by Emperor Xuanzong（Tang）and *YuzhiDaodezhenjing* by Emperor Xuanzong（Tang）—Miaoben, Dao, Zhongqi, Zhongyong

Gaoqiaomumei

Abstract: There are many studies about *Yuzhu Daodezhenjing*（御注道德真經）by Emperor Xuanzong（Tang） and *YuzhiDaodezhenjing*（御製道德真經疏）by Emperor Xuanzong（Tang）. Much of the study is being considered about the meaning of the concept "Miaoben"（妙本）and "Dao"（道）and a relation between those in the *Yuzhu Daodezhenjing*（御注道德真經） by Emperor Xuanzong（Tang） and *YuzhiDaodezhenjing*（御製道德真經疏）byEmperor Xuanzong（Tang）. In this paper, first I put the point in dispute the previous study has submitted in order. Next the material which becomes a basis of argument is reconsidered. The concepts that I'd like to pay attention in the case are "Zhongqi"（冲氣）and "Zhongyong"（冲用）. These concepts weren't watched so much in the past. But well, these are a very important concept.

Keywords: *Yuzhu Daodezhenjing*（御注道德真經, by Emperor Xuanzong（Tang）; *YuzhiDaodezhenjing*（御製道德真經疏）byEmperor Xuanzong（Tang）; Miaoben（妙本）Zhongqi（冲氣）Zhongyong（冲用）

（本文責任編校：于　浩、李程鵬）

藝文鏡詮

略論陸贄"朝廷文字"的文化精神和書寫策略

——兼論陸贄駢體新變對韓愈倡復古文的啓迪

熊禮匯

摘 要：陸贄是唐代乃至整個古代撰寫朝廷文字成就最高的作家之一，所作制誥、奏議在平息政治動亂和治國安民中發揮過重要作用，其"奏議體"對中唐以後駢體公文體制、文風的演變深有影響。陸贄主張施行王道政治，故其朝廷文字具有以仁義爲本根的文化精神。而其總的書寫策略，可以概括爲言而必誠，駢散不拘。後者通用于制誥、奏議兩類文字，前者則表現爲制誥當極言德宗自貶、自咎之誠，以至"爲詔詞無所忌諱"；奏議當必有陸贄言事盡言、直言、切言之誠，而委折盡致，歸于平婉。至于"駢散不拘"，主要表現爲對駢文句式過于單一、整飭的改造。陸贄朝廷文字，特別是奏議，除以四言、六言爲對句外，大量使用納偶句于散句中的長句，使用逐句相類的排比句，使用諸句用相同字詞或領起或綰合或結束的長句或短句。又鍛造偶句不用事或少用事，將用典造句改變爲將史實、故事、格言展開來説。此外，還用"加倍寫法"代替駢文的鋪陳藻飾。韓愈欣賞陸贄的文風，陸文秉持的以仁義爲本根的文化精神，和以散文爲駢文的種種嘗試，都對其倡復古文有啓迪作用。

關鍵詞：陸贄 朝廷文字 宣公奏議體 韓愈 古文

所謂"朝廷文字"，又稱"朝廷大述作"，相對于民間流行的應世之文而言，主要指宣告王命的制誥和臣子的奏議。陸贄（754—805）26歲，就被即位不久的唐德宗李適召爲翰林學士。後因建中四年（783）十月朱泚之亂、興元元年（784）二月李懷光之亂，而隨德宗先後流亡奉天（今陝西省乾縣）和梁州（今陝西省漢中市）。在奉天，"書詔一日數十下，皆出于贄"。所擬制誥以情理動人，史載"行在制誥始下，聞者雖武人悍卒，無不揮涕感激"[①]。胡樸安説唐人文有專長，即謂"制册則常衮、楊炎、陸贄、權德輿、王仲舒、李德裕"[②]。孫梅則謂"自顏、岑、崔、李、燕、許、常、楊，起家濟美，染翰

[①] 韓愈：《順宗實録》，王素：《陸贄集·附録》卷一，中華書局2006年版，第789頁。
[②] 胡樸安：《歷代文章論略》，王水照主編：《歷代文話》，復旦大學出版社2007年版，第909頁。

垂名者以十百數，而超群特出，尤推陸贄、李德裕焉"[1]。又建中四年至貞元十年（貞元八年拜中書侍郎同平章事）陸贄頻進奏狀，其獨特文風被後人稱爲"陸宣公奏議體"[2]。前人公認魏徵、陸贄同爲唐代奏議高手，而曾國藩更是説："古今奏議推賈長沙、陸宣公、蘇文忠三人爲超前絶後。"[3]陸贄朝廷文字皆屬駢體，而新變特色顯著。只是後人對其價值的認識，多著眼于政治思想功用。如《四庫全書提要》所説："其文雖多出于一時匡救規切之語，而于古今來政治得失之故，無不深切著明，有足爲萬世高抬貴手者。"[4]雖然有不少作者擬制、上書有意學習陸贄文風或襲用、效仿陸文語句（如兩宋之蘇軾、王安石、岳飛、文天祥等），也有不少學者曾概括言及陸文藝術特色（如朱熹、李淦、張謙宜、曾國藩、劉熙載等），但總的説來，對陸贄朝廷文字新變特色及其意義的注意是不够的。本文擬從歸納陸贄朝廷文字的文化精神入手，論述其擬制、奏議的書寫策略，進而揭示其藝術風貌和修辭特點，以探尋陸贄駢文新變可能對韓愈倡復古文的啓迪。

治亂世之病、格君心之非，皆以仁義爲本的文化精神

陸贄朝廷文字，皆爲切實可行的經世之文。韓愈説："議者咸以爲德宗克平寇亂，旋復天位，不惟神武成功，爪牙宣力，蓋以文德廣被，腹心有助焉。"[5]所謂"以文德廣被，腹心有助"，主要指的是陸贄"號爲内相"、爲德宗草擬詔誥、宣揚"德政"所起的作用。宋人王栐説："雖其君失守宗祧，越在草莽，用公忠讜之言十無一二，猶能復唐社稷，使公之言盡行，則貞觀、開元之治可復見矣。"[6]明人薛瑄甚至説："使時君能用其言，三代之治可復，豈徒貞觀、開元之盛而已哉！"[7]則主要是對其奏議"貴本親用"價值的肯定[8]。

史載陸贄事德宗，不敢自愛其身，遇事不可，必諍之諫之，致使德宗屢屢不悦。親友或規之，輒曰："吾上不負天子，下不負吾所學，不恤其他。"[9]蘇軾説陸贄"才本王佐，學爲帝師。論深切于事情，言不離于道德"[10]。清人吳傑説"贄學術粹然，本仁祖義，舉而措之，可致純王上理。觀贄自謂'上不負天子，下不負所學'兩句，固已印合道真，踐履無愧矣"[11]。朱軾、蔡世遠則謂其"所學者，學爲忠與孝也，學爲明理而察物也，學

---

[1] 孫梅：《四六叢話》卷六，《歷代文話》第4372頁。
[2] 黄震："二十七卷啓三十首，皆散文之句，語相似，而便于讀耳。陸宣公奏議體也。"（《黄氏日抄·讀文集四·蘇文·表啓》），《歷代文話》第708頁。
[3] 曾國藩評蘇軾《代張方平諫用兵書》語，曾國藩《鳴原堂論文》卷下，《歷代文話》第5526頁。
[4] 紀昀：《四庫全書提要》，《陸贄集·附録》卷三引，《陸贄集》第840頁。
[5] 韓愈：《順宗實録》，《陸贄集·附録》卷一，第787頁。韓説實出于權德輿《陸宣公全集序》，權文見《陸贄集·附録》卷二，第815頁。
[6] 王栐：《重修宣公祠記》，《陸贄集·附録》卷三，第842頁。
[7] 薛瑄：《唐陸宣公廟記》，《陸贄集·附録》卷三，第845頁。
[8] 劉熙載："陸宣公文貴本親用，既非瞀儒之迂疏，亦異雜霸之功利。于此見情理之外無經濟也。"（《藝概文概》）《歷代文話》第5554頁。
[9] 《舊唐書·陸贄傳》，史書文字抄自權德輿《陸宣公文集序》。
[10] 蘇軾：《進呈奏議札子》，《陸贄集·附録》二，第818頁。
[11] 吳傑：《奏請從祀疏》，《陸贄集·附録》二，第825頁。

爲治國而安民也"①。要而言之，陸贄生平所學及"踐履無愧"者，最重要的是帝王的南面之術和治國安民的本領。而他施教于德宗的南面之術和經營大計、調和天下的謀略，皆出于儒家以德服人的王道政治，具有以仁義爲本根的文化精神。陸贄自謂"臣雖鄙儒，尊慕仁義"②，故其心"綜天德、王道之全，無術數、權謀之雜"③。宋儒楊時即謂贄"當擾攘之際，說其君未嘗用術數，可爲論天下事法"④。

　　陸贄所學、所用既惟以仁義爲本根的王道政治學爲依歸，作爲表述其主張的朝廷文字，自然也具有以仁義爲本根的文化精神，且其所載之道及文章藝術風貌都與儒家經典相仿佛。最早说出陸贄"道"、"文"可與上古經典媲美的，是小陸贄四歲的權德輿（759—818），所謂"敷其道也，與伊（指伊尹）、説（指傅説）爭衡；考其文也，與《典》、《謨》接軫"⑤。後世論説陸贄朝廷文字文化精神者，也都用以仁義爲本根概括其特點，不過言説物件偏于奏議一類。如歐陽修等説："觀贄論諫數十百篇，譏陳時病，皆本仁義，可爲後世法，炳炳如丹，帝所用才十一。"⑥郎曄説："唐陸宣公《奏議》，……不負所學，期納忠于一時，據直而言，果爲法于後世。可謂皆本仁義，非徒曲盡事情。"⑦陸九淵説："賈誼就事上説仁義，陸贄就仁義上説事，是以贄之奏議，有稱爲'仁義百篇'、'唐《孟子》'者。"⑧陸贄所擬制誥，固然是代宣王言，但出言態度、所説事理乃至政策、方案以及具體處置辦法，多與陸贄奏議進言有關。史載陸贄要求德宗允許他"爲詔詞無所忌諱"，而"德宗從之"⑨，也説明陸贄所擬制詔不惟詞自己出，還有意自己出的一面。既如此，説陸贄的制誥和奏議同樣出于儒家的王道政治學，同樣具有以仁義爲本根的文化精神，就無可置疑。

　　賈誼、魏征、陸贄、蘇軾，同爲奉行王道政治、諫諍必以仁義爲本的名臣，同爲以朝廷文字彪炳于史乘的大手筆。但四人注意的問題、進言的方式、爲文的風格和取得效應的範圍，却不盡相同。拿陸贄與魏征相比，二人奏議所持之理悉與經合，而用力點似乎有異。戈直即言："今觀魏公之奏疏，大概能裨益于政事，而不能匡正于本原；能規諫于臨時，而不能涵養于平昔。律以《孟子》之言，殆所謂'過謫用人之非，非間行政之失'而已。無乃于格心之道，猶有所未至乎？故程子謂其能正君而不能養德。真氏謂其即事而言者多，即心而論者少；正救于已形者多，變化于未行者少。"⑩陸贄則既用王道政治治亂世之病，又以仁義道德"上以格君心之非，下以通天下之志"⑪。薛瑄就説："有唐三百年，逢時建策，所以成翊戴宏濟之大功者，累有其人。至于學術純正，事君以格心爲先，

---

① 朱軾、蔡世遠:《陸宣公傳論》,《陸贄集·附録》一,第805頁。
② 陸贄:《奉天論前所答奏未施行狀》,《陸贄集》第371頁。
③ 清道光朝《禮部奏議疏》,《陸贄集·附録》二,第829頁。
④ 楊時語見吴傑《奏請從祀疏》,《陸贄集·附録》二,第825頁。
⑤ 權德輿:《陸宣公文集序》。
⑥ 歐陽修等:《新唐書·陸贄傳贊》,《陸贄集·附録》卷一,第790頁。
⑦ 郎曄:《經進唐陸宣公奏議表》,《陸贄集·附録》卷二,第821頁。
⑧ 陸九淵語,引自吴傑《奏請從祀疏》。
⑨ 陸贄:《奉天論詔書宜痛自引過狀》,《陸贄集·補遺》第772頁。
⑩ 戈直:《魏征傳後》,陳鴻墀撰《全唐文紀事》卷六十七引,第842頁,上海古籍出版社1987年版。
⑪ 蘇軾:《進呈奏議札子》。

論事以行義爲急,隱然有王佐之才者,余于中唐獨得一人焉,陸宣公敬輿是已。"①拿陸贄與賈誼、蘇軾相比,陸九淵説是"賈誼就事上説仁義,陸贄就仁義上説事"②;曾國藩説是"古今奏議,……長沙明于利害,宣公明于義理,文忠明于人情"③。實則陸贄論事,深明"利害",洞曉"人情",而尤其精通、熟諳王道政治的原則"義理",善于從王道政治的基本教義、觀念出發來説諫諍之理,善于從施行仁義的角度提出應對種種問題的方法。因其"每議一事,偉論獨攄"④,故奏議不但治亂世之病,方案切實可行,而且理論意味很足。行文則顯得理得而詞順,頗有高屋建瓴之勢。其中,以仁義格君心之非,更是從養德正心的角度培育君王實行王道政治的自覺意識,其意義遠在就事論事地解決具體問題之上。

陸贄堅持以仁義爲本根的王道政治原則,以治亂世之病、格君心之非,在奏議中表現得十分突出。不單言事持論,關鍵語詞皆本于孔、孟,即使不用原文,也是根據經術,發爲昌言。其上奏言事,往往既救德宗決斷之失,又有針對性地用仁義之説"格君心之非"。概而言之,則如蘇軾所云:"德宗以苛刻爲能,而贄諫之以忠厚;德宗以猜疑爲術,而贄勸之以推誠;德宗好用兵,而贄以消兵爲先;德宗好聚財,而贄以散財爲急。至于用人聽言之法、治邊馭將之方、罪己以收人心、改過以應天道、去小人以除民患、惜名器以待有功,如此之流,未易悉數。可謂進苦口之藥石、針害身之膏肓。"⑤細而言之,可以下列數句作爲例證:

　　愚智兼納,洪纖靡遺;蓋之如天,容之如地。垂旒黈纊而黜其聰察,匿瑕藏疾而務于包容;不示威而人畏之如雷霆,不用明而人仰之如日月。此天子之德也。

　　伏惟陛下,……然猶化未大同、俗未至理者,良以智出庶物,有輕待人臣之心;思周萬幾,有獨馭區宇之意;謀吞衆略,有過慎之防;明照群情,有先事之察;嚴束百辟,有任刑致理之規;威制四方,有以力勝殘之志。由是才能者怨于不任,忠藎者憂于見疑,著勛業者懼于不容,懷反側者迫于攻討。馴致離叛,構成禍災,兵連于外,變起于內。歲律未半,乘輿再遷,國家艱屯,古未嘗有。(《興元論續從賊中赴行在官等狀》)

　　臣聞人之所助在乎信,信之所立由乎誠。守誠于中,然後俾衆無惑;存信于己,可以教人不欺。唯信與誠,有補無失。一不誠則心莫之保,一不信則言莫之行。故聖人重焉,以爲食可去而信不可失也。匹夫不誠,無復有事,況王者賴人之誠以自固,而可不誠于人乎?

　　夫欲理天下,而不務于得人心,則天下固不可理矣。務得人心,而不勤于接下,則人心固不可得矣。務勤接下,而不辨君子小人,則下固不可接矣。務辨君子小人,

---

① 薛瑄:《唐陸宣公廟記》。
② 吳傑:《奏請從祀疏》引,《陸贄集·附錄》卷二,第825頁。
③ 曾國藩:評蘇軾《代張方平諫用兵書》語,曾國藩《鳴原堂論文》卷下,《歷代文話》第5526頁。
④ 馬傳庚:評陸贄《請釋趙貴先罪狀》語,《陸贄集》第513頁引。
⑤ 蘇軾:《進呈奏議札子》。

而惡其言過，悅其順己，則君子小人固不可辨矣。……其接下也，待之以禮，煦之以和，虛心以盡其言，端意以詳其理。不禦人以給，不自炫以明，不以先覺爲能，不以臆度爲智，不形好惡以招諂，不大聲色以示威。……其納諫也，以補過爲心，以求過爲急，以能改其過爲善，以得聞其過爲明。（《奉天請數對群臣兼許令論事狀》）

臣竊以領覽萬機，必先虛其心；鏡鑒群情，必先誠其意。蓋以心不虛則物或見阻，意不誠則人皆可疑。阻于物者，物亦阻焉；疑于人者，人亦疑焉。萬物阻之，兆人疑之，將欲感人心致于和平、盡物理使無紕漏，是猶却行而求及前人也，無乃愈疏乎？（《又答論姜公輔狀》）

人者，邦之本也；財者，人之行也；兵者，財之蠹也。其心傷則其本傷，其本傷則枝幹顛瘁而根柢蹶拔矣。惟陛下重慎之，潛惜之。若不靖于本，而務救于末，則救之所爲，乃禍之所起也。（《論兩河及淮西利害狀》）

立國之本，在乎得衆；得衆之要，在乎見情。故仲尼以謂"人情者，聖王之田"，言理道所由生也。是則時之否泰、事之損益，萬化所系，必因人情。（《奉天論前所答奏未施行狀》）

臣謂當今急務，在于審查群情。若群情之所甚欲者，陛下先行之；群情之所甚惡者，陛下先去之。欲惡與天下同，而天下不歸者，自古及今，未之有也。（《奉天論當今所切務狀》）

臣聞仁君在上，則海内無餒殍之人，豈必耕而飼之、曝而食之哉！蓋以慮得其宜、制得其道，致人于歉乏之外，設備于灾沴之前，是以年雖大殺，衆不恇懼。（《均節賦稅恤百姓六條》其五）

竊以帝王之道，頗與敵國不同，懷柔萬邦，唯德與義。寧人負我，無我負人，故能使億兆歸心，遠邇從化。（《論淮西管内水損處請同諸道遣宣慰使狀》）

夫國家作事，以公共爲心者，人必樂而從之；以私奉爲心者，人必咈而叛之。（《奉天請罷瓊林、大盈二庫狀》）

有天下而子百姓者，以天下之欲爲欲，以百姓之心爲心。固當遂其所懷，去其所畏給其所求，使家家自寧，人人自遂。家苟寧矣，過亦固焉；人苟遂矣，君亦泰焉。（《收河中後請罷兵狀》）

伏以爵位者，天下之公器，而國之大柄也。唯功勳、才德，所宜處之。非此而途，不在賞典，恒宜慎惜，理不可輕！輕用之，則是壞其公器，而失其大柄也。器壞則人將不重，柄失則國無所持。起端雖微，流弊必大。（《駕幸梁州論進獻瓜果人擬官狀》）

國之紀綱，在于制度。士、農、工、賈，各有所專。凡在食祿之家，不得與人爭利。此王者所以節材力、勵廉隅，是古今之所同、不可得而變革者也。（《均節賦稅恤百姓六條》其六）

他如説"是則聖人之敷理道、服暴人，任德而不任兵，明矣"（《收河中後請罷兵狀》）。"臣聞王者之道，坦然著明，奉三無私，以勞天下。平平蕩蕩，無側無偏"（《謝密旨因論所宜事狀》）。"伏以罰宜從輕，赦宜從重，所以昭仁恕之道，廣德澤之恩也"（《三進量移官狀》）。"剪除元惡，曾未浹辰。奔賀往來，道路如織。何必自虧君德，首訪婦人"（《興元論賜渾瑊詔書爲取散失內人等議狀》）。又説"克敵之要，在乎將得其人；馭將之方，在乎操得其柄"（《論兩河及淮西利害狀》）。"臣聞將貴專謀，兵以奇勝。軍機遥制則失變，戎帥禀命則不威。是以古之賢君，選將而任，分之于閫，誓莫幹也；授之以鉞，俾專斷也"（《興元奏請許渾瑊、李晟等諸軍馬自取機便狀》）。都表明陸贄生平所學，重在經世致用，故對于諸子百家的治國之道和中唐以前的歷史經驗教訓，以及中唐當下的社會政治狀況相當熟悉，且能理論聯繫實際，提出足以應對政治危機的方略和措施。讀上引陸文，至少可以看出四點：一是陸贄飽讀經書、子書，對各家所言治國之道了然于心，且能相互融合，爲我所用。而所言自有其獨到體會，以致集陸贄相關語録，即可成一論"主術"、"治道"之專文，足以和兩漢諸子同類著述相媲美。二是他論"主術"、"治道"，雖也取用道、法、兵、農、縱橫等家的智謀和主張，由于生平尊慕仁義，服膺德政，故其主導思想仍是出自儒家的以仁義爲本的王道政治學。三是陸贄所言，雖是就如何解決用兵、救灾、邊備、接下、賞罰以及"當今急務"、"均節財賦"等諸多具體事宜而發，但針對的却是德宗已然顯現的忌刻、猜疑、貪婪、自炫，窮兵暴斂、不恤民情；剛愎自用、妄逞私智；一再失國，猶不自悟的病根所在。實乃欲格其心之非而使其爲仁義之君，自覺自願地推行王道。或謂此類闡述仁心、仁政的語詞，正是陸贄欲德宗施行德政、先行"德"化其人其心的产物。四是上引語詞，皆爲各篇奏議言事的指導思想、理論根據，有些還是解決問題的具體方法。從寫作學的角度看，作者爲文持論既以儒家爲政以德的王道政治爲依歸，其文自然具有以仁義爲本的文化精神。奏議如此，作爲陸贄理想中"仁君"具體施行"王道政治"的制誥，其思想導向，自與奏議相同。事實上，陸贄所有"朝廷文字"都具有以儒家仁義爲本的文化精神，這一點既影響到它們的思想觀點，也影響到它們的文風和書寫策略。

言而必誠，駢散不拘的書寫策略

陸贄"朝廷文字"的書寫策略，可用"言而必誠"和"駢散不拘"加以概括。前指寫作態度而言，出自陸贄"言而必誠，然後可以求人之聽命"[①]。後指駢文寫作原則而言，即行文雖以駢對爲主，并不排斥散句的應用。"駢散不拘"既與陸贄駢體革新相關，當于下節專論其事。此節指出其爲書寫策略之一即可，重點討論的是陸贄爲文的"言而必誠"。

由于陸贄"朝廷文字"中的制誥乃下行之文，言事的主體是德宗，陸贄不過是代爲王言而已；而其中的奏議乃上行之文，言事的主體才是作爲臣下的陸贄。兩類文章"言而必誠"之"誠"的真正主體，自非一人。又下行之文與上行之文功用、語氣、文體、文風有异，故言其"言而必誠"的書寫策略，當分類而論。

陸贄所擬制誥，今存80多篇，其中赦宥、優恤、賜功臣名、改府州、慰勞、招撫、祝册、

[①] 陸贄：《奉天請數對群臣兼許令論事狀》，《陸贄集》第403頁。

祭文、答表之作，皆有大致相同的書寫策略，即"言而必誠"。説具體點，就是制誥所言必有德宗"追究之誠"即"恕人咎己"之誠。再具體點，就是德宗所言應"深自懲勵"、"痛自貶損"而"本于至誠"。爲使德宗確認這一書寫策略，陸贄幾番進狀加以申説。《奉天論詔書宜痛自引過狀》即云："方今書詔，宜痛自引過罪己，以感人心。陛下誠能不吝改過，以言謝天下，臣雖愚陋，爲詔詞無所忌諱，庶能令天下叛逆者迴心喻旨。"《奉天論赦書事條狀》云："將欲紓多難而收群心，唯在赦令誠言而已。安危所屬，其可忽諸？古人所謂割髮宜及膚，剪爪宜侵體，良以誠不至者物不感，損不極者益不臻。今之德音，亦類于是。悔過之意不得不深，引咎之詞不得不盡。招延不可以不廣，潤澤不可以不弘。宣暢鬱堙，不可不洞開襟抱；洗刷疵垢，不可不蕩去瘢痕。使天下聞之，廓然一變，若披重昏而睹朗曜，人人得其所欲，則何有不從者乎？……本于至誠，乃可求感。……言克誠而人心必感，既感而天下必平。"可見，陸贄思考制誥的書寫策略，想得最多最深的是如何最大限度地發揮制誥的政治作用，使其爲平亂治國服務。他將頒發制誥作爲德宗施行仁政的重要措施，認爲制誥所言是否得當乃國家"安危所屬"，而本于至誠、自咎自貶，大有利于感動軍心、民心。説到底，這一書寫策略的確立，是陸贄在亂世服膺仁義、試圖施行王道政治的必然產物。不過，還有兩個緣由，一是既要德宗施行王道政治，自會要求他以仁義、誠信、謙順增修其德，故擬詔讓德宗以至誠之心咎己恕人，實在含有陸贄迫使德宗勉爲仁君的良苦用心。二是當時國家的政治形勢，決定德宗爲人只宜心懷懼思，以自貶抑。如《奉天論尊號加字狀》所説："今者鑾輿播越，……大憝猶存。此乃人情向背之秋，天意去就之際。陛下宜深自懲勵，以收攬人心；痛自貶損，以答謝靈譴。"亦如《奉天論奏當今所切務狀》所言："今陛下將欲平禍亂，拯阽危，恤烝黎，安反側，既未有息人之實，又乏于施惠之資，唯當違欲以行己所難，布誠以除人所病，乃可以彰追究之意，副維新之言。若猶不然，未見其可。"既然德宗一言一事動關天意去就、人情向背、國家安危，而頒發詔令乃最佳之"布誠"方式，因而擬制當以德宗口吻，言而必誠、痛自貶抑爲基本原則。陸贄的見解自然合情合理，難得的是德宗也認識到了形勢的嚴重性和在制誥中放下身段、自懲自咎、以誠待人的必要性，聽從他的建議，最終這一書寫策略才得以確立，也才有了陸贄的"爲詔詞無所忌諱"。

所謂"爲詔詞無所忌諱"，顯然指的是陸贄擬制爲堅持言而必誠、自咎自貶的書寫策略，所做的努力。既是對他寫作心態的描述，也可看做是對詔詞極言、放言德宗誠心自咎自貶特點的形容。在陸贄筆下，德宗自咎自貶成爲絕大多數制誥（包括兩篇除授之制和一篇鐵券文）必不可少、且最能感動人心的文字。請讀下列語句：

> 肆予小子，獲纘洪業，……然以長于深宮之中，暗于經國之務。積習易溺，居安忘危。不知稼穡之艱難，不察征戍之勞苦。澤靡下究，情不上通；事既雍隔，人懷疑阻。猶昧省己，遂用興戎。徵師四方，轉餉千里。賦車籍馬，遠近騷然；行齎居送，衆庶勞止。或一日屢交鋒刃，或連年不解甲冑。祀奠乏主，室家靡依；生死流離，怨氣凝結。力役不息，田萊多荒。暴命峻于誅求，疲甿空于杼軸。轉死溝壑，離去鄉閭；邑里丘墟，人煙斷絶。天譴于上而朕不悟，人怨于下而朕不知。馴致亂階，變興都

邑。賊臣乘釁，肆逆滔天；曾莫愧畏，敢行淩逼。萬品失序，九廟震驚。上辱于祖宗，下負于黎庶。痛心靦貌，罪實在予。永言愧悼，若墜深谷。(《奉天改元大赦制》)

兹予小子，獲主重器。懵于理亂之本，溺于因習之安，授任不明，賞罰乖當。立法以齊衆，而犯命愈盛；興戎以除害，而長亂益繁。賊臣蓄奸，乘釁竊發。九廟乏祀，兆人靡依。狓猭肆其吞噬，豺狼穴于宮闕。歲未云半，載罹播遷。仰慚穹昊，俯愧臣庶。敢愛賁越，苟全眇躬。……嗚呼！君者，所以撫人也。君苟失位，人將安仰？朕既不德，致寇興禍，使生靈無告，受制凶威，苟全性命，急何能擇？或虧廢名節，或貪冒貨利，陷于法網，事匪一端，究其所由，自我而致！不能撫人以道，乃欲繩之以刑，豈所謂恤人罪己之誠、含垢布和之義？(《平朱泚後車駕還京大赦制》)

朕以不敏，肆于人上，撫馭失道，誠感未孚。寇盜繁興，阻兵拒命，哀哉臣庶，陷于匪人。顧兹田疇，鞠爲茂草，不念柔復，遽命徂征。徵發兵甲，萬里必至，暴露營壘，連年不息。冒于鋒刃，繼以死傷，煢嫠無依，父母廢食。存者積思家之怨，歿者倍異鄉之痛。又以軍費滋廣，公儲不充，厚取于人，罔率厥典。科條互設，誅斂無常，農工廢弃其生業，商賈咨嗟于道路。軍營日益，閭井日空，凋瘵日窮，繇役日甚。以財力之有限，供求取之無涯，暴吏肆威，鞭笞督責，嗷嗷黔首，控告何依？怨氣上騰，咎徵斯應，疾癘薦至，水旱相乘，罪非朕躬，誰任其責？朕自嗣位，迄今六年，連兵不解，已逾四稔。雖本非獲已，義在濟人，而事乃重勞，敢忘咎己！皆以朕之寡昧，居安忘危，致寇之由，實在于此。予則不德，人亦何辜？愧恨積中，痛心疾首。(《奉天遣使宣慰諸道詔》)

類似的話在其他制誥中屢見不鮮。如《貞元改元大赦制》謂"又河中、淮右逆將阻兵，污脅齊人，陷之死地，雖欲自雪，厥路無由，抱義銜冤，足傷和氣。此皆由朕爽德，播灾于人，爲之父母，實用愧耻"。《冬至大禮大赦制》謂"朕以眇身，屬承大統。縱欲敗度，浸生厲階。兵連禍結，變起都邑。六師播蕩，九服震驚。郊廟園陵，陷于凶逆；神人乏主，將迨周星；列聖大業，幾墜于地。違虧敬、孝，罪由朕躬。撫臨萬邦，甚用自愧！側身思咎，庶補將來"。《馬燧、渾瑊副元帥招討河中制》謂"朕不敏不明，失于君道，連禍未息，勞師靡居，中心自咎，鬱若焚灼"等，皆是。拿陸贄所定的制誥書寫策略來看此類語詞，他真是代替德宗做到了"深自懲勵"、"痛自貶損"。其言有幾個特點，一是出于至誠之心，深有悔過之意。可謂"至誠動于天地，深悔感于神人"。二是自我貶損至極，直言盡言其咎其罪。不但不迴護其事，反而一再申言"罪實在予"。三是咎己恕人，既明言"罪由朕躬"，承擔"致寇"禍國的政治責任，且對百姓一再蒙受戰亂之苦深懷愧疚之心。四是細說德宗"失政"之弊、寇盜迭起給國家、百姓帶來的種種災難，以充實德宗"自咎"、"罪己"的内容，以免空言之嫌。五是叙說德宗由自信到"咎己"、"罪己"的"覺悟"過程（如《收復京師遣使宣慰將吏百姓詔》、《授王武陵俊、李抱真官并招諭朱泚詔》及《招諭淮西將吏詔》所言），至言"其心愧耻，一食三嘆"、"惟省前過，悔恨盈懷"、"由是覺悟，悔于興師"，見得悔意甚真。六是用悔恨、慨嘆以至傷感的語氣"自咎"，言語間有一種悲苦酸辛的抒情味。陸贄能讓德宗用此類出自至誠之心的語詞發布政令，其制誥之作必有感動人心、激勵鬥志的作用。難怪動亂之後，大臣李抱真對德宗説："陛下在奉天、山南時，赦令至山東，士卒聞者皆感泣思奮，臣知賊不足平。"[1]

陸贄草奏也以言而必誠爲書寫策略，他這樣説進狀言事的態度："臣雖鄙懦，尊慕仁義。荷陛下知己之遇，感陛下思理之誠，愚衷所懷，承問輒發，不以淺深自揆，不以喜怒上虞。誠缺于周防、承順之規，是亦忠于陛下一至之分也。……昧于忖量，但務竭盡，恐猶辭理蹇拙，不能暢達事情，慺慺血誠，敢願披瀝。頻煩黷冒，豈不慚惶？蓋犬馬感恩思效之心，睊睊而不能自止者也。"[2] "自揣凡庸之才，又無奇崛之效，唯當輸罄忠節，匡補聖猷。衆人之所難言，臣必無隱；常情之所易溺，臣必不迴。囨然貞心，持以上報，此愚夫一志而不易者也。……臣以受恩特深，志欲巨細裨補，苟懷疑慮，不敢因循。亦賴遭逢聖明，庶得竭盡愚直，所以每事獻替，不以犯忤爲虞。"[3]陸贄既致德宗于"仁君"之列，當然要盡義臣本分自靖自獻。故進狀言事，輒申悃款、以寫血誠，披肝瀝膽，無所諱避。總的書寫策略是言而必誠，落到實處則是堅持盡言、直言、切言，委折盡致，總歸于"平婉"。

本來君臣上下相告之語，就要以誠意相孚，其盡言、直言、切言正是言而必誠的方式。具體説，"盡言"之"盡"，既如陸贄所説"知無不言之謂盡"，或謂"推理而言，有懷必盡"；亦如其所説"寫誠無隱"、"罄輸愚懇"、"罄陳芻蕘"，或謂"罄陳狂愚，無所諱避"。"直言"之"直"，則非陸贄所説"但輸狂直"、"竭盡愚直"之"(戇)直"，而是指直截了當、直指是非，毫無顧忌地説出來。"切言"之"切"，要義非指"切當"，雖語含懇切、迫切之意，但主要是指言詞峻切（嚴厲）。陸贄所謂"憂深故語煩，懇迫故詞切"。"委折盡致"是權德輿《翰苑集序》中的話，所謂"陸贄爲文，閎博流暢，委折盡致"，意謂言事曲折婉轉，而能盡達其意。陸贄進言，何以崇尚"平婉"？一則他本爲尊慕仁義的儒生，欲作仁義之人，必道仁義之言，而仁義之言的主導文風即傾向于"平婉"。二則或如劉熙載《藝概·文概》所説，是一種勸諫謀略的運用。所謂"賈生之言猶不見用，況德宗之量非文帝比，故激昂辯折有所難行，而紆餘委備可以異入。且氣愈平婉，愈可將其意之沉切"。前人論奏議，有以賈誼爲"直切"一派之代表，以陸贄爲"和平（含平婉）"一派之代表，似乎兩種文風如山對峙，永遠走不到一起。其實，陸贄是寓直、切于和平（含平婉）之中，能做到意直切而詞平婉（偶爾亦意直切而詞亦直切，如《論裴延齡姦蠹書》）。

陸贄奏議今存60通，僅兩篇題目未用"狀"字。"狀"，本意爲陳述。"奏狀"，亦稱"狀書"，屬于奏疏類，乃臣下向君王進言的一種文體。清人王之績説陸贄奏狀寫作特點，云："狀者，人臣條奏之明疏也。宣公屬第一手筆。其作法：先叙事之本末；次則進斷其是非，明晰精確，令人主易從；末則爲之區處停當。一見識高，一見忠至。有危聳處，有正大處，有紆曲處，有長辨處。要在因事大小、利害，爲行文之波折而已。"[4]王氏所説陸贄奏狀

---

[1] 李抱真語，見《新唐書》卷一百五十七《陸贄傳》。
[2] 陸贄：《奉天論前所答奏未施行狀》。
[3] 陸贄：《謝密旨因論所宣事狀》，《陸贄集》卷十七。
[4] 王之績：《鐵立文起》，《全唐文紀事》卷三《體例三》引。

作法及其藝術風貌，大體能印證上述言而必誠，盡言、直言、切言而總歸于平婉的書寫策略。陸贄奏狀絶大多數是應德宗之問所作的答詞，而且幾乎所有答詞持論都與德宗意見相左。少數屬于主動上書，意在揭露失政之弊、奸邪之罪，切盼除惡去弊，改變現狀。無論何種情况，都離不開說理。可以說陸贄奏議的書寫策略，就是他進言論事說理的修辭策略。雖然他的說理，并非純粹的學術辯論，而是述說事情爲什麽這樣做的道理。但無論正面立論，還是反駁、詰難，不單持論本于儒家學說，說理的基本方法也繼承了儒家說理文的藝術傳統，即徵引格言（多爲聖賢之言或經書所言）以助論其說，取用事實（多爲史事或各種現實事例）以實證其說。再者，陸贄講的南面之術，有所謂"聽言考實之方"。謂"欲知事之得失，不可不聽之于言；欲辨言之真虚，不可不考之于實。言事之得者，勿即謂是，必原其所得之由；言事之失者，勿即謂非，必窮其所失之理。稱人之善者，必詳徵行善之迹；論人之惡者，必明辨爲惡之端"云云[①]。顯然，他在實施書寫策略時，也考慮到了君王"聽言考實之方"的要求，在用事實說話的同時，深究其理，以增强其說服力。

這裏不妨結合作品看看陸贄奏議的具體寫法。《論叙遷幸之由狀》，借論朱泚稱帝、德宗逃往奉天的原因，揭批奸臣盧杞致亂之罪，勸德宗自修自强以圖自興，勿爲"國家興衰，皆有天命"所誤。本文寫法有幾個明顯的特點。一是立論有針對性，既謂"致今日之患，是群臣之罪"以斥德宗對盧杞的袒護，又謂"禍福由人"，反駁德宗"國家興衰，皆有天命"。二是細說建中以來朝廷失政之弊導致"今日之患"，而患之將至，臣下無諫諍者；患之已至，臣下無竭誠效死者。是盡言、直言其事，證明其說。三是引經、叙說上古之事和"近事"，證實"天命由人"、"禍福由人"，即文中所謂"六經之教既如此，歷代明驗又如此，尚恐其中有可疑者，臣請復以近事證之"。四是說"致今日之患"原因，盡說、直說德宗好戰帶給民衆的灾難，以及實施錯誤政策（包括侵犯元勛貴戚、統帥岳牧之後的利益，"加以聚斂之法""誅求轉繁"等），和他"神斷失于太速，睿察傷于太精"帶來的種種惡果。雖歸罪于臣下，若德宗自省，想到失政失德、使得"吏不堪命，人無聊生"，"庶類恐懼，群情動摇"的人是誰？信任誤國之臣的人又是誰？當會警醒自咎，好自爲之。這應是陸贄爲文寓切直于平婉中的好例。

又《奉天論前所答奏未施行狀》，寫法也很有代表性。先是德宗問贄當今切務，贄上《奉天論奏當今所切務狀》，謂"當今急務，在于審查群情"，并勸其"接下從諫"。德宗未用其言，故贄又進此狀。此狀持論與前《狀》同，却"將古今帝王精勤而致理，怠荒而致亂，納諫則得人心，拒諫則失人心之明效大驗，盡情透發"（蔡九霞語）；行文之"簡者使繁"，亦不同于前狀的"繁者使簡"。此狀論證其說，也是從兩方面入手。一博引經文以助論其說，先提出"臣聞立國之本，在乎得衆；得衆之要，在乎見情"的觀點，接著就不間斷地引述經文議論、發揮，以印證、申述其說。引用的經典有《禮記》、《家語》、《尚書》、《詩》以及《易》之《泰卦》、《否卦》、《損卦》、《益卦》象詞，有的（如《尚書》）是一

---

① 陸贄：《請許台省長官舉薦屬吏狀》，《陸贄集》卷十七。

再引用，作爲進言的理論根據。一用古今典型人事證實其説的正確可用。將兩者銜接起來、自然過渡的語句是："夫揆物以意，宣意以言。言或是非，莫若考于有迹；迹或成敗，莫若驗于已行。"接下來分兩層依次用先秦帝王、唐代君王正反兩方面的歷史經驗來實證其説，并向德宗再次提出虚心接下從諫的希望。講先秦帝王，主要講"堯舜禹湯文武，此六君者，天下之盛王也，莫不從諫以輔德，詢衆以成功"，和桀紂"强足以拒諫，辯足以飾非"。前者通過博引《詩》《書》語録（多達 12 條）作論，後者則引《史記》説明。接著用一過渡句轉入講唐代君王，所謂"尚恐議者曰時異事異，臣請復爲陛下粗舉近效之尤章章者以辯焉"。説是"粗舉"，實將太宗、高宗、玄宗、肅宗、代宗以及"陛下"治政理亂的經驗教訓一一説到，所謂"列聖升降之效，歷歷如彼；當今理亂之由，昭昭如此"。總的結論是："未有不興于得衆，殆于失人；裕于僉諧，蔽于偏信。濟美因乎納諫，虧德由乎自賢；善始本乎憂勤，失全萌乎安泰。"這當然也是此狀所要説明的道理。最後要求德宗"循太宗創業之規，襲肅宗中興之理，鑒天寶治亂之所以，懲今者遷幸之所由"，更是直言此番進言意在勸諭德宗接下從諫的目的。

陸贄説理，不乏"詳征舊説"者。而引用六經和其他經典語録以助論説，不但引用書種多，語録多，而且自加發揮的地方也多。至于叙述史事、近事之效以實證其説者，也是一再叙述（且一一道來）、一再申説（且反復"理其前言"）。故其奏狀常言："陛下若謂臣此説蓋虚體耳，不足征焉。臣請復爲陛下效其明征，以實前説。""臣請有以詰之。""臣請再詰以塞其詞。"①"臣請復爲陛下根本其説，則人情、物理昭然，皆可得而察焉。"②"尚恐陛下以臣之言略而未喻也，請復循其本而申備之。"③"臣欲詳征舊説，伏恐聽覽爲煩，粗舉一端，以明其理。"④"臣請復陳近效，以質浮詞。"⑤"陛下若謂臣説體迂闊，有異軍機，引喻乖疏，不同事實，臣請指陳汴、宋一管近代成敗之迹，皆陛下所經見者，以爲殷鑒，惟陛下覽而察之。"⑥足見其引述事迹之多，往復説理之頻繁。又如《請減京東水運收脚價于緣邊州鎮儲蓄軍糧事宜狀》説："今淮南諸州米每門當錢一百五十文，每門船脚又約用錢二百文。計運米一門，總當錢三百五十文。……今據（京邑）市司月估，每門只糶得三十七文而已。"《論度支令京兆府折税市草事狀》説："臣等謹檢京兆府英征地税曹數，每年不過三百萬束"，"臣等又勘度京兆比來雇車估價，及所載多少，大率每一車載一百二束，每一里給傭錢三十五文。"都是通過算細賬，作比較來説理，好處是能聳人觀聽。陳衍説作文有"簡者使繁"法，"使繁者，用加倍寫法：或往復計算，仔細較量；或旁征曲證；岐中有岐；或沿流溯源，山上有山。在詩家所謂排比鋪張，亦其一類也。"⑦陸贄奏狀博引經文反復申論，列舉衆多事迹實證其説，且引事論

---

① 陸贄：《論兩河及淮西利害狀》。
② 陸贄：《興元賀吐蕃尚結贊抽軍迴歸狀》，《陸贄集》卷十六。
③ 陸贄：《收河中後請罷兵狀》，《陸贄集》卷十六。
④ 陸贄：《請許台省長官舉薦屬吏狀》，《陸贄集》卷十七。
⑤ 陸贄：《請減京東水運收脚價于緣邊州鎮儲蓄軍糧事宜狀》，《陸贄集》卷十八。
⑥ 陸贄：《請不與李萬榮汴州節度使狀》，《陸贄集》卷二十。
⑦ 陳衍：《石遺室論文二》，《歷代文話》第 6690 頁。

理，往往鋪陳其事；又"復爲根本其説"，算賬以作比較，都是用的"加倍寫法"。長處是有利于把道理説透，短處是有損于文字的簡潔。陸贄自己似乎也覺得行文有詞繁之弊，故其常言"憂深故語煩"，"意懇詞繁"云云。

　　陳衍還説"告語之體，所以曉人。設譬以明之，則易曉矣"。并謂"陸宣公奏疏，多用譬喻"，且舉《奉天請數對群臣兼許令論事狀》中"天不以地有惡木而廢發生，天子不以時有小人而廢聽納"等四譬喻爲例①。其實，陸贄奏議所用譬喻并不多。除他言及者外僅有《論兩河及淮西利害狀》云："夫投膠以變濁，不如澄其源而濁變之愈也；揚湯以止沸，不如絕其薪而沸止之速也。是以勞心于服遠者，莫若修近而其遠自來；多方以救失者，莫若改行而其失自去。"《論關中事宜狀》云："又聞理天下這，若身之使臂，臂之使指，則小大適稱而不悖焉。"《論朝官缺員及刺史等蓋轉倫序狀》云："珠玉不以瑕纇而不珍，髦彦不以過失而不用。"《又論答蕭複狀》云："今若未終前命，遽授遠藩，則是膏澤將布而復收，涣汗已發而中廢。"《興元論續從賊中赴行在官等狀》云："卵胎不傷，麟鳳方至；魚鱉咸若，龜龍乃游。蓋悦近者來遠之資、懷小者致大之術也。"較之引經述事之多，簡直不值一提。譬喻之用，在于顯示難言之理。由于陸贄慣于盡言、直言、反復其説，没有説不清楚的道理，故取喻作論者比較少。陳衍説蘇軾奏議好用譬喻，是受陸贄的影響。蘇軾有一好用譬喻的藝術趣味，其藝術趣味的形成，陸贄的影響似乎有限。

陸贄駢體新變對韓愈倡復古文的啓迪

　　唐人朝廷文字多爲駢文，但自魏徵開始，其文雖多用駢句，已有駢散兼用的特點。而"燕、許雖駢文大家，而散文之機已動矣，道濟尤爲雄拔"②。陸贄朝廷文字，無論制誥，還是奏議，都是駢文。但其文體特徵大不同于齊梁駢體，就是和初、盛唐之同類駢體文也迥然有异。王文濡謂"燕、許懲輕薄而矜尚風骨，宣公戒浮華而務趨篤實"③，是從文風角度説陸贄駢體新變特徵；陳康黼稱其"于駢體文爲別調"④，則是對其采用不拘駢散書寫策略所帶來的駢體新變特徵的體認。

　　駢文是一種以雙句（偶句）爲主，造句講究對仗、聲律、辭藻、用典，行文注重鋪叙藻飾的文體。名爲文體，實爲文類。句子長短一定（多以四言、六言爲句），言必對偶，一句之内字詞平仄相間，一聯之内上下字詞平仄相對，造句用典曲折達意，行文鋪陳藻飾，應是寫作駢體文的基本要求。而在這些方面，陸贄爲文都有大的突破和創新。

　　先看句式。有人説陸宣公文無一句不對，無一字不協平仄，其實并不如此。大概爲了便于宣讀，駢句用得較多、且對得工穩、平仄協調的是制誥。陸贄所擬制誥不外頒布政策、除授官職兩類，兩類文字都會説到事情由來、施政之理和具體内容。而説事情由來、

---

① 陳衍：《石遺室論文二》，《歷代文話》第6694頁。
② 郭象升：《文學研究法·唐文派》，《歷代文話續編》第1990頁。
③ 王文濡：《駢體文作法》第三章，《歷代文話續編》第1178頁。
④ 陳康黼："（陸贄）所作制誥、章奏，排比之中，行以浩瀚之氣，于駢體文爲別調，然不可謂非以辭勝也。"《古今文派述略》，《歷代文話》第8162頁。

施政之理，常會言及國家形勢的嚴峻和表達德宗出于"至誠"的"自咎"之心，這一部分內容的表述多用駢句，說具體內容則多用散句。如《奉天改元大赦制》"致理興化，必在推誠；忘己濟人，不吝改過。……痛心靦貌，罪實在予。永言愧悼，若墜深谷。賴天地降佑，神人葉謀；將相竭誠，爪牙宣力；屏逐大盜，載張惶惟。將宏永圖，必布新令"，一大段文字是說事情由來，全爲自咎之詞，而無一不對，且平仄協調，聲韻鏗鏘，筆力強勁，未因自咎而出語聲弱氣微。"朕晨興夕惕，惟念前非"以下說大赦內容及具體政策，則駢散兼用，且用散多于用駢。《優恤畿內百姓并除十縣令詔》說事情由來，也是出以自咎口吻，所謂"朕以薄德，托于人上，……鑒之不明，事或乖當。百度多闕，四方靡寧。傷夷未瘳，而征役薦起；流亡既甚，而賦斂彌繁。人怨于上，天灾降下；連歲蝗旱，蕩無農收。……弛征則軍莫之贍，厚斂則人何以堪？念之困窮，痛切心骨；思所以濟，浩無津涯。補過實在于增修，救患莫如于息費。致咎之本，既由朕躬；謝譴之誠，當自朕始"。雖以自咎口吻說事情由來，由于駢句絡繹，倒更顯出事態的嚴重、緊迫。接下來說具體措施，所謂"宜令尚食每日所進膳各減一半，宮人等每月惟供給糧米一千五百碩，其餘悉皆停省"云云，皆用散句。他如《招諭淮西將吏詔》，從自咎角度說"每議用兵，惻然不忍"以道"招諭"由來，皆用駢句，而"宜令諸道節度使，每欲進軍，先加曉諭"云云，則用散句。

　　與頒布政策者略有不同，除授之制說事情由來，往往涉及對受制者政治品行、實際本領和政績功勳的讚揚，有的還連帶痛斥敵寇罪行，特別交代施政原則。這些內容多用駢句敘說。由于授予官職的話少，故其雖用散句，全文仍以駢句爲主。如《馬燧、渾瑊副元帥招討河中制》即是。像《李晟兼涇原副元帥制》、《劉洽充諸道兵馬都統制》、《渾瑊京畿、金、商節度使制》、《杜亞淮南節度使制》、《韓滉加檢校右僕射制》等，或簡說前朝典章、治政之理，或略言所授官職人選之重要，以道事情由來，大量筆墨用在對任職物件的稱譽上。語必對偶，雖前簡後繁，同樣能以氣勢動人。如《李晟兼涇原副元帥制》，首言："周之元老，以分陝爲重；漢之丞相，以憂邊見稱。故方岳克寧，疆場不聳。安人保大，致理之端。今所以重煩上臺，作鎮西土。"話雖短卻寓意深，任職理由、要求以及對李晟的尊重、期望，都用幾個駢句表達出來了。後面說他："勵精剛之操，體博大之德。適時通變而大節不奪，虛受廣納而獨斷自明。奉法以身，推功以下；衆無犯命，人用樂從；懷德畏威，令行禁止。誓群帥于危疑之際，駐孤軍于板蕩之中；氣淩風雲，誠動天地。一鼓而凶徒慴北，再駕而都邑廓清。師皆如歸，人不知戰。再安社稷，功格皇天。而明識秉彝，清風激俗；雅尚恬曠，撝謙有光。"或四字對，或五字對，或八字對，或九字對，雖出語概括卻氣勢恢宏，稱美有加而情詞篤摯。

　　和制誥相比，奏狀散體成分尤重。不但文中所用散句多于駢句，而且駢對"合格"的要求越來越寬鬆，多爲字數、詞義、平仄大體相對。當然，這并不是說奏狀中完全沒有對仗工穩的駢句。有是有，但句式的散化、用語的淺易卻大不同于徐、庾之作。如前引"夫投膠以變濁，不如澄其源而變之愈也；揚湯以止沸，不如絕其薪而沸止之速也。是以勞心于服遠者，莫若修近而其遠自來；多方以救失者，莫若改行而其失自去。"又如《論嶺南請于安南置市舶中使狀》謂"玉毀櫝中，是將誰咎；珠非境外，安可復追。""豈必信嶺南而絕安南，重中使以輕外使。殊失推誠之體，又傷賤貨之風。"即爲其例。除少數駢句對仗工穩、以獨立句式表達意思外，奏狀中有三種句式大量出現：一是納偶句于散句中的長句，一是逐句相類的排比句，一是用相同的字詞領起諸句、縮合諸句和結束諸句。

吳曾祺認爲散文、駢文都有語句對仗的特點，只是"駢文有駢文音節，則有駢文對法；散文有散文音節，故有散文對法。惟陸宣公奏議，間于不駢不散之間，善以偶行寓單行者，實爲自辟畦町，而爲宋四六之濫觴"①。陸贄奏議中的長句，即多爲"以偶行寓單行者"，像《論朝官缺員及刺史等改轉倫序狀》云："今之議者多曰：内外庶官，久于其任；又曰：官無其任則缺之。是皆誦老生之常談而不推時變，守舊典之糟粕而不本事情，徒眩聰明，以撓理化。"即納一偶句于散句中。像《興元論解姜公輔狀》云："故人臣皆争順旨而避逆意，非忘家爲國、捐身成君者，誰能犯顏色、觸忌諱，建一言、開一説哉？是以哲後興王，知其若此，求諫如不及，納善如轉圜；諒直者嘉之，訐犯者義之，愚淺者恕之，狂誕者容之，仍慮驕汰之易滋，而忠實之不聞也。"兩長句可謂散句，而句子主干成分却分別爲偶句、排比句。像《興元論賜渾瑊詔書爲取散失内人等議狀》云："陛下思咎懼灾，裕人罪己；屢降大號，誓將更新。天下之人，垂涕相賀；懲忿釋怨，煦仁戴明；畢力同心，共平多難；止土崩于絶岸，收板蕩于横流；珍寇清都，不失舊物。實由陛下至誠動于天地，深悔感于神人。故得百靈降康，兆庶歸德。"即將諸多偶句用若干連綴詞串爲幾個長句。而像《論兩河及淮西利害狀》云："臣每讀前史，見開説納忠之士，乃有泣血碎首、牽裾斷靫者，皆以進議見拒、懇誠激忠，遂至發憤踰禮，而不能自止故也。況今勢有危迫，事有機宜；當聖主開懷訪納之時，無昔人逆鱗顛沛之患；儻又上探微旨，慮非悦聞，旁懼貴臣，將爲沮議，首尾憂畏，前後顧瞻；是乃偷合苟容之徒，非有扶危救亂之意。此愚臣之所痛心切齒于既往，是以不忍復躬行于當世也。"文中長句實由散句、駢句組合而成，有的看似駢句居多，實則整個句子是在散句的推動下運行。像《論關中事宜狀》云："今之關中，即古者邦畿千里之地也。王業根本，于是在焉。秦嘗用之以傾諸侯，漢嘗因之以定四海，蓋由憑山河之形勝，宅田里之上腴；弱則内保一方，當天下之半，可以養力俟時也，强則外制東夏，據域中之大，可以蓄威昭德也。""陛下豈可不追鑒往事，惟新令圖；循偏廢之柄以靖人，復倒持之權以固國；而乃孜孜汲汲，極思勞神，徇無已之求，望難必之效；其于爲人除害之意，則已至矣；其爲宗社自重之計，恐未至焉。"此不單納駢于散，且以散句作對而平仄協調。像《論裴延齡奸蠹書》云："夫小人于蔽明害理，如目之有眯，耳之有充，嘉穀之有蟊，梁木之有蠹也。眯離婁之目，則天地四方之位不分矣，充子野之耳，則雷霆蠅蚋之聲莫辨矣；雖后稷之穡，禾易長畝，而蟊傷其本，則零瘁而不植矣，雖公輸之巧，台成九層，而蠹空其中，則圮折而不支矣。"像《興元奏請許渾瑊、李晟等自取機便狀》云："兹道得失，兵家大樞，當今事宜，所系尤切。蓋以寇盜充斥，乘輿播遷，人心有觀變之摇，王室無自固之重。秦梁迴繚，千里迢遥；臨之以威則力勢不制，授之以策則阻遠不精。頃者驟降詔書，教諭群帥；事無大小，悉爲規裁；

---

① 吳曾祺：《涵芬樓文談·屬對第十八》，《歷代文話》第 6617 頁。

及乎章表陳誠，使臣復命，進退遲速，率乖聖謀，豈皆樂于違忤哉？亦由傳聞與指實不同，懸算與臨事有异故也。設使其中或有肆情干命者，陛下能于此時戮其違詔之罪乎？臣竊恐未能也；陛下復能奪其兵而易其將帥乎？臣亦恐未能也。"文中長句不但納駢入散，且駢散同體，不可分離。而從前例兩偶句句式和後例兩"陛下"句的大體相對，亦可見出陸贄奏議以散句逐句相類構成駢對形式的特點。

　　陸贄奏狀動輒排比，有以單句作排比者，有以複句作排比者；有將排比句納入一長句中者，也有用意受制于前後散句所言者。要之，排比句的使用，可視爲對駢體偶對句式的擴充。駢句一般四言、六言成句，兩句相對；排比句則句不限字數，句數在三句以上，句子結構形式大體相似即可。《論兩稅之弊須有釐革》説唐代賦役之法租、庸、調："其取法也遠，其立意也深，其斂財也均，其域人也固，其裁規也簡，其備慮也周。"《論裴延齡奸蠹書》云："戶部侍郎裴延齡者，其性邪，其行險，其口利，其志凶，其矯妄不疑，其敗亂無恥，以聚斂爲長策，以詭妄爲嘉謀，以掊克斂怨爲匪躬，以靖譖服讒爲盡節。"《興元論續從賊中赴行在官等狀》云："良以智出庶務，有輕待人臣之心；思周萬幾，有獨馭區宇之意；謀吞衆略，有過慎之防；明照群情，有先事之察；嚴束百辟，有任刑致理之規；威制四方，有以力勝殘之志。由是才能者怨于不任，忠藎者憂于見疑；著勛業者懼于不容，懷反側者迫于攻討。"《收河中後請罷兵狀》云："阻命之帥，非不誅也；伐叛之師，非不克也；介焉之斷，非不堅也；赫斯之怒，非不遏也。""然而陛下懷悔過之深誠，……知黷武窮兵之長亂，知急征重斂之勩財，知殘人肆欲之取危，知違衆率心之稔懟，知烝庶困極之興怨，知上下郁堙之失情，德音涣然，與之更始。"《請許台省長官舉薦屬吏狀》云："夫如是，則言者不壅，聽之不勞，無浮妄亂教之談，無陰邪傷善之說，無輕信見欺之失，無潛陷不辯之冤。""是故選自卑遠，始升于朝者，各委長吏任舉之，則下無遺賢矣；置于周行，既任以事者，于是宰臣序進之，則朝無曠職矣；才德兼茂，歷試不渝者，然後人主倚任之，則海內無遺士矣。"《論緣邊守備事宜狀》云："古之善選置者，必量其性習，辨其土宜，察其技能，知其欲惡；用其力而不違其性，齊其俗而不易其宜，引其善而不責其所不能，禁其非而不處其所不欲。而又類其部伍，安其室家，然後能使之樂其居，定其志，奮其氣勢，結其恩情；撫之以惠，則感而不驕，臨之以威，則肅而不怨；靡督課而人自爲用，弛禁防而衆自不攜，故出則足兵，居則足食，守則固，戰則強，其術無他，便于人情而已矣。"《論朝官缺員及刺史等改轉倫序狀》云："然則舉錯不可以不審，言行不可以不稽；呐呐寡言者未必愚，喋喋利口者未必智，鄙樸忤逆者未必悖，承順愜可者未必忠，故明主不以辭盡人，不以意選士。"可見其排比句孤立無依者少，多與散句相連或爲成段散文之一部分，行文則排比之中運以浩瀚之氣。又成排比者，單句少則三言一句，複句多則二三分句爲一句；各句未必字數相等，却都同用一個或幾個字、句式相同或大體相同。

　　陸贄造句，似有喜好數句用同一字詞的藝術趣味，動輒用之。所用相同字詞，往往起有領起諸句、綰合諸句、結束諸句的作用。翻檢其書，四句同用一字、二字的，俯拾即是。四句、五句同用相同字詞構成同一句式的也不少。僅《奉天請數對群臣兼許令論事狀》就有三句同用"何……乎"二字的，云："何憂乎少忠良，何有乎作威福，何患乎妄説是非，如此則接下之要備矣，"有四句同用"有"字的，云："乙太宗有經緯天地之文，有底定禍亂之武，有躬行仁義之德，有致理太平之功，其爲休烈耿光，可謂威極矣。"有六句同用"不"字的，云："不忌怨，不避親，不抉瑕，不求備，不以人廢舉，不以己格人。"有八句同用"不必"二字的，云："侈言無驗不必用，質言當理不必違，遂于志者不必然，逆于心者不必否，異于人者不必是，同于衆者不必非，辭拙而效速者不必愚，言甘而利重者不必智，是皆考之于實，慮之以終。"有十句同用"謂……爲"二字的，云："謂欲可逞，謂衆可誣，謂專斷無傷，謂詢謀無益，謂諛説爲忠順，謂獻替爲妄愚，謂進善爲比周，謂嫉惡爲嫌忌，謂多疑爲禦下之術，謂深察爲照物之明，理道全乖，國家之顛危，可立待也。"他如《論叙遷幸之由狀》，亦有四句同用"有"字者，云："陛下有股肱之臣，有耳目之任，有諫諍之列，有備衛之司，見危不能竭其誠，臨難不能效其死。"有十句同用一"焉"字者，云："惟陛下勤思焉，熟計焉，舍己以從衆焉，違欲以遵道焉，遠險佞而親忠直焉，推至誠而去逆詐焉，杜讒沮之路廣、諫諍之門焉，掃求利之法、務息人之術焉，録片善片能以盡群材焉，忘小瑕小怨俾無弃物焉。"和用長句、用排比句一樣，數句同用相同字詞也有廣文義、長氣勢的功用。就陸贄而言，他好用此類句式（包括他用得嫻熟的頂真句式），正是出于實用需要，對駢文偶句兩兩相對的突破和擴充。擴充的結果，是創造出了多種容量更大、表現力更强、結構形式靈活多變、氣場張力强勁，而又顧及駢對基本特徵的句式，顯現出駢體文向散體文過渡的傾向。

同樣顯現出駢體文向散體文過渡傾向的，是陸贄奏議"用事"的特點。李淦《文章精義》曾説"陸宣公文字不用事"，主要指偶句用典而言。其實陸贄奏議也不是完全不用典[①]，像《論叙遷幸之由狀》云："重門無結草之禦，環衛無誰何之人。"《興元論續從賊中赴行在官等狀》云："秦皇嚴衛雄猜，而荆軻奮其陰計；光武寬容博厚，而馬援輸其款誠。"《興元請撫李楚琳狀》云："知陳平無行而不弃，念韓信自王而遂封；蒯通以折理獲全，雍齒以積根先賞。"《奉天請數對群臣兼許令論事狀》云："龍逢誅而夏亡，比干剖而殷滅；宫奇去而虞敗，屈原放而楚衰。"即句句用事。只是和多數僅以詞性、平仄、句式或逐句字數相對者相比，此類用事作對的偶句很少而已。又此類偶句用典，都是出語淺近，明言其意，而非力求典雅、另有寓意。

雖然奏議用典造句以爲偶對者少，但"用事"説理却屢見不鮮。陸贄"用事"以助其説或以證其説、以明其理，其"事"，大抵有三：即前引之"六經之教"、"歷代明驗"和"近事"。而用得最多的是前二種。其《興元請撫循李楚琳狀》即云："願陛下必以英主大略、聖人格言爲元龜。"于此可見其特別重視在説理中引入聖人格言和歷史經驗的原因。陸贄引用格言和史實的特點，除前已言及的迭引語録、史實，不嫌其多外，還有一點就是叙述方式上的"展開來説"。除前言《論叙遷幸之由狀》駁德宗"家國興衰，皆有

[①] 陸贄擬制用典以爲駢對，亦不乏其例。如《賈耽東都留守制》云："藹其休聲，悦李廣之風；人皆自便，懷羊祜之德。"《韓滉加檢校右僕射制》云："周制以輔翼之臣出作方伯，漢官以牧守之最擢拜公卿。"《李澄贈司空制》云："史魚之陳尸納諫，吴漢之在疚獻謀。"《李納檢校司空制》云："《詩》美緇衣之德，《傳》稱夾輔之勳。"《平淮西後宴賞諸軍將士放歸本道招》云："虞舜之聖屈于苗人，漢武之强弊于戎虜。"《册嘉誠公主文》云："《春秋》書築館之儀，《易·象》著歸妹之吉。"皆是。

天命"，連續五引《書》、三引《易》、兩引《春秋傳》、兩引《禮記》以作論述外，引"聖人格言"不嫌其多者，還可舉《論裴延齡奸蠹書》爲例，書謂小人"不得不去"："其在《周易》，則曰：'大君有命，開國承家，小人勿用，必亂邦也。'在《尚書》則曰：'除惡務本，去邪無疑。'在《毛詩》則曰：'無縱詭隨，以謹無良。''曾是掊克，斂怨以爲德。''盜言孔甘，亂是用餤。''讒人罔極，交亂四國。'在《論語》則曰：'惡利口之覆邦家者。'在《春秋》則曰：'聚斂積實，不知紀極。毀信廢忠，崇飾惡言，靖譖庸迴，服讒搜慝。天下之人，謂之四凶。'在《禮記》則曰：'小人行險以僥倖，長國家而務財用者，必自小人矣。小人使爲國家，而灾害并至，雖有善人，無如之何。'"除前言《奉天論前所答未施行狀》逐一叙説唐太宗、高宗、玄宗、肅宗、代宗所謂"列聖升降之效，歷歷如彼"外，引史實"展開來説"，還有多種"説"法。如《請許台省長官舉薦屬吏狀》云："昔齊桓公將啓霸圖，問管仲以害霸之事。管仲對曰：'得賢不能任，害霸也；任賢不能固，害霸也；固始而不能終，害霸也；與賢人謀事，而與小人議之，害霸也。'"是引史事，將歷史人物言論一一説出。如《重論尊號狀》云："伏羲、神農、黄帝、堯、舜，自生人以來，君德之最神聖者，天下尊之、美之，亦已至矣。而其指以爲號者，或曰皇，或曰帝，唯自一字，且猶不兼。禹、湯繼興，莫匪大聖，尚自菲薄，降號爲王。嬴秦德衰于殷、周，而名竊于羲、皞，兼皇與帝，始總稱之。流及後代，昏僻之君，乃有聖劉、天元之號。是知人主輕重，不在名稱，崇其號無補于徽猷，損其名不傷于德美。"是將衆多史實納入議論之中，展開來説。《請釋趙貴先罪狀》云："昔漢高帝既定四方，見諸將往往偶語謀反，乃問張良，曰：'爲之奈何？'良曰：'陛下所最恨者爲誰？'帝曰：'雍齒我有舊，而數窘我。'良曰：'今急封雍齒，則人人自堅矣。'帝用良計，諸將果安，皆云：'雍齒且侯，吾屬何患？'"是將史傳故事照樣説出。《奉天請數對群臣兼許令論事狀》云："言之固難，聽亦不易。趙武吶吶，而爲晋賢臣。絳侯木訥，而爲漢元輔。公孫弘上書論事，帝使難弘以十策，弘不得其一，及爲宰相，卒有能名。周昌進諫其君，病吃不能對詔，乃曰'臣口雖不能言，心知其不可。'然則口給者事或非信，辭屈者理或未窮。"可見其將何種事展開來説，是以切合説理需要爲選擇標準的。

此外，陸贄用"加倍寫法"代替鋪陳藻飾，也是他對駢體表現形式所作的革新。又其奏議用語淺近、通俗，不單見之于《請減京東水運收腳價于緣邊州鎮儲蓄軍糧事宜狀》、《請依京兆所請折納事狀》、《論度支令京兆府折税市草事狀》等議論經濟政策的文字，就是其他内容的奏狀，也是用語易道易曉，不求典雅，力避艱深。而造句不拘駢散，有的奏狀實是駢多于散，有的幾乎大半篇幅就是散文。

上述駢體新變現象，不少是我們在三代兩漢散文中見到過的，在兩漢單篇儒家朝廷文字中所見尤多，陸贄將它們用到駢體文中，當然也是一種創造。

如何看待這一駢體新變現象？除須明白其源有自外，似乎還應將其置入三個領域來考量其意義。一是初唐以來、特别是魏徵以來對朝廷之文文體因應實用需要而不斷改進的傳統；一是大曆、貞元年間文壇出現的文士崇尚古學、爲文效法揚雄、董仲舒的風氣；一是初唐以來散文潜滋暗長、駢文新變，二者交相爲用，對中唐古文創作的推動。

貞元八年（790），梁肅（753—793）佐陸贄知貢舉，韓愈（768—824）得以中進士第。韓愈小陸贄15歲，對其爲文、爲人是很瞭解、很佩服的。所修《順宗實錄》，就十分肯定他協助德宗"克平寇亂，旋復天位"的功勞，而于其貶謫忠州有不平意。《實錄》特別記述陸贄勸德宗"書詔宜痛自引過罪己"，及其所擬制誥始下"聞者雖武人悍卒，無不揮涕感激"。亦能見出他對陸贄文論、文風的欣賞。韓愈倡復古文，雖然其意并不在作朝廷文字，而是意在碑志、傳狀、書牘、贈序、雜記、雜说等社會上廣泛流行的應用文。又史載韓愈研習古文嘗從梁肅、獨孤及之徒游，而無師從陸贄的記載。但韓愈倡復古文，是以詩爲文，以賦爲文，以駢文爲文，既取法三代盛漢之文的創作經驗，又吸納唐代詩、賦、駢文的長處。説陸贄制誥、奏議的文化精神、修辭策略以及駢體體制、藝術形式、語言風格等新變現象的出現，對韓愈倡復古文、營造其藝術美，大有啓發。應該没有問題。粗略説來，所受啓發可能有下面幾點：

一是對古文藝術精神的確認。陸贄"尊慕仁義"，其朝廷文字具有以仁義爲本根的文化精神，這一點不但爲其擬制、進言論事説理確定了思想導向，提供了理論依據，還決定他對駢文的改革，只能迴歸儒家朝廷文字的藝術傳統。在風格取向、修辭策略、表現形式等方面，皆以三代、盛漢儒家散文爲學習對象。韓愈宣導的古文，除句讀不類于駢體外，另一個必備條件就是具有以儒學爲理論基礎的藝術精神。他一再聲言倡復古文的目的是"本志乎古道者也"[1]，"不惟其詞之好，好其道焉耳"[2]。就韓愈言，"志乎古道"不單是一種文化藝術趣味，還是一種人生取向。所謂"行己不敢有愧于道"[3]，爲人當"行之乎仁義之途"，"蘄至于古之立言者"[4]。韓愈既標舉仁義爲古文家的最高人格精神，也就確立了古文的藝術精神，因爲古文的藝術精神正是由作者的人格精神或稱人生藝術精神所決定的。韓愈如此"規範"古文，未必完全是受陸贄的啓發，但陸贄所爲對其有激勵作用却有可能。

二是陸贄主張主張爲人、爲文都應恪守"誠信之道"，其擬制、草奏亦"本于至誠"，"言而必誠"。他講"誠言"，實有兩層意思，一即道"誠信"之言，因爲"言克誠而人心必感"，考慮的是文章的功效問題，一即"言"、"心"、"事"三者符合，"事或未至，則如勿言"[5]。強調的是内容、情感的真實性。《易·乾·文言》有謂"修辭立其誠"，前人或釋其"誠"爲立其誠信，或釋爲無一言之不實，陸贄實兼用二義。韓愈、柳宗元論文，重視作者的人格修養和内在品性的美好，把做人作爲作文的根本。故云："所謂文者，必有諸其中，是故君子慎其實。實之美惡，其發也不掩。"[6]"大都文以行爲本，在先誠其中。"[7]至于要求叙事、抒懷"無一言之不實"，應是古文家的基本觀念，不一定是受陸贄的影響。倒是陸贄"言而必誠"所帶來的真意篤摯、情感激越、坦露無隱，對韓愈倡復古文的審美追求、藝術探索或許有些啓發。

---

[1] 韓愈：《題歐陽生哀辭後》。
[2] 韓愈：《答陳秀才書》。
[3] 韓愈：《感二鳥賦》。
[4] 韓愈：《答李翊書》。
[5] 陸贄：《奉天論赦書事條狀》，《陸贄集》卷十三。
[6] 韓愈：《答尉遲生書》。
[7] 柳宗元：《報袁君陳秀才避師名書》。

三是説理既引六經語録、聖人格言以助其説，又引史實、各種人物、事實、物品以證其説，引用自然現象、日常生活知識以明其説，而且引用不嫌其多，往往一説一大串。像《原道》、《上宰相書》、《與孟尚書書》、《答劉秀才論史書》、《送孟東野序》、《送高閑上人序》等，皆爲其顯例。韓愈此類書寫方法，是對三代盛漢儒家説理文藝術傳統的繼承，不能説陸贄將其用到駢文寫作中所獲得的成功經驗，對韓愈全然没有啓迪、借鑒作用。

　　四是陸贄爲擴大駢文語句的容量、改變駢文句式的單一整齊的格式化傾向、增强駢文造句的靈動性，以便于在排比之中行以浩瀚之氣，在不廢偶對的前提下，大量使用散句，使用駢散相容的長句、排比句、頂針句和數句用相同或同類的字。這是陸贄改革駢體體制和表現藝術所作的嘗試，似可稱爲以散文爲駢文。韓愈倡復古文，努力吸納多種文體創作經驗以營造其藝術美，其中就包括以駢文爲文。陸贄的嘗試，實爲韓愈的創新提供了直接可用的經驗。于是，我們看到韓文中有大量類似陸文的句式。像韓文常寓偶句于單句内，用散句音節、字數構成大致對偶的句式，用對比方法把排比擴大到段與段，則爲韓愈受陸贄啓發所作的嘗試。

　　此外，韓愈倡復古文雖不以朝廷文字爲主要革新物件，但他既任職于朝（除其他職務，還曾爲考功郎中知制誥），免不了撰寫公文（包括上陳君王者）。其所作狀、表，一爲散體，一爲駢體。韓愈嘗謂"臣于當時之文，亦未有過人者"①，實際上其駢體公文和散體公文同樣自有特點。大抵兩種公文文風及表現手段都受到陸贄朝廷文字的影響，如其《復仇議》，李光地即謂"其老練精核，遠侔武侯，近比宣公矣"②。沈德潛亦謂其"行文簡練精核，近陸宣公奏議"③。其《論淮西事宜狀》，吴汝綸則謂其"區劃大似陸宣公"④。他如散體中説理博引儒家經文、聖賢格言，詳言往事，不嫌其多；單句中雜以偶句，多用句式大體類似的排比句，多用長句；無論駢散，皆語詞明切，而以氣勝。尤其是駢體文，儲欣稱其"江河渾浩流轉之氣，行于四六駢儷之中，亦厥體之一大變也"⑤。李光地謂"韓公雖于俳句之文，而辭之質直、氣之動荡若此，所謂撥去其華，存其本根者"⑥。林雲銘亦謂"若其行文，對待中却是一氣呵成，此歐、蘇四六之祖也"⑦。顯然，韓愈使駢體爲之"一大變"是他的一大貢獻（以古文爲駢文），其所以然，應與受陸贄爲文"自辟畦町"的啓迪有些關係。

（作者簡介：熊禮匯，武漢大學文學院教授）

---

① 韓愈：《潮州刺史謝上表》。
② 李光地語，馬其昶《韓昌黎集校注》引。
③ 沈德潛語，《唐宋八家古文》卷一。
④ 吴汝綸語，馬其昶《韓昌黎集校注·補注》引
⑤ 儲欣語，見儲欣《韓昌黎文評點注釋》卷十。
⑥ 李光地語，馬其昶《韓昌黎集校注》引。
⑦ 林雲銘語，林雲銘《韓文起》卷二。

Luzhi "court text" of culture spirit and the writing strategy

——New change-and the theory of continental Zhi PianTi restoring ancient ways of han yu's proponents of the enlightenment

Xiong Lihui

Abstract: Luzhi is written in tang dynasty and the ancient imperial text writer, one of the most accomplished by ZhiGao, ZouYi in calm played an important role in the political turmoil and govern, its "ZouYi body" of the tang dynasty PianTi dispatch system, the evolution of the literary style. Lu Zhi arguing for kingly way politics, so the court text is based on righteousness root culture spirit. And its overall writing strategy, can be summarized as it will be sincere, bear. The latter is general in ZhiGao, ZouYi two classes of words, the former is characterized by ZhiGao when a word of faithful self-dispraise, rebuke oneself, so that "nothing is taboo for a letter to the word"; ZouYi saying everything when there will be a Zhi lu said, truth, cut it, but to all committee to fold, in regard to the wan. As for the "bear informal", main show is on pianwen sentence is too single, slash transformation. Lu Zhi court text, especially ZouYi, divided by SiYan, six words to words, heavy use of accidentally in the spread of long sentences, using the sentence by sentence similar alliteration, using the words with the same words or get up or wan or the end of a long sentence or phrase. And forging accidentally words don't take things personally or less useful, because a sentence change to expand the historical facts, stories, maxim. In addition, also use the "double spelled" instead of the prose lays the embellishments in writing. The style of han yu appreciate Zhi lu lofven, grasps the righteousness as the root of the cultural spirit, and attempts to prose as prose, restoring ancient ways, of its proponents have enlightenment.

Keywords: Luzhi; The court words; XuanGong ZouYi body; Han yu's prose

（本文責任編校：周　斌、王叙濤）

試論羅伯聃《意拾秘傳》及《意拾寓言》的一些問題及被禁原因

陳熾洪

摘　要：《伊索寓言》通過一些動物故事，訴說人們的生活經驗和人生處世哲學。由于比喻貼切、形象生動，給人深刻的啓示，又因其故事短小精悍，情節緊湊，幽默風趣却犀利辛辣，可以評價道德，影射生活，因此深受人們歡迎。在歐洲，有人甚至認爲其普及度不亞于聖經。可是，此書傳入中國之初系依附宗教，并不以本來面貌——語言文學作品見世，無論是天主教或基督教的傳教士，都不過借它來講道說理，曉喻世人。及至清中葉，通曉中文而并非教徒的羅伯聃（Robert Thom, 1807—1846）大量翻譯其中寓言，作爲教材，供在華洋人學習中文之用，并先後結集成《意拾秘傳》（E-Shih-pe chuen）及《意拾喻言》（Esop's Fable），才使《伊索寓言》還原其本來面貌。然而，由于羅伯聃身份特殊，導致此書受牽連，遭清廷禁止流布，一度消失于人前。本文旨在論述伊索寓言清中葉前傳入的經過，探究其被禁原因，及解禁後的發展，用意在使有興趣者了解其流布之難得，也藉此使其寓言價值和意義得以彰顯。

關鍵詞：《伊索寓言》《意拾秘傳》《意拾喻言》　羅伯聃

一、明末至清中葉初期傳入的《伊索寓言》

　　《伊索寓言》傳入中國，大概在明（1368—1644）萬曆（1573—1620）、天啓（1621—1627）年間，即 16 世紀末至 17 世紀初。最早引入《伊索寓言》的是天主教耶穌會（Society of Jesus）的傳教士，意大利會士利馬竇（1552—1610）和西班牙會士龐迪我（1571—1618），他們分別在《畸人十篇》（共 6 則，徐光啓筆録，1608）[1]和《七克》（共 9 則，1614）[2]中介

---

[1]　六則分別爲《肚脹的狐狸》、《孔雀足醜》、《兩獵犬》、《獅子和狐狸》、《兩樹木》及《馬和驢》。轉引自戈寶權：《明代中譯伊索寓言史話》，《中外文學因緣——戈寶權比較文學論文集》，北京出版社 1992 年版，第 385—387 頁。

[2]　九則有《大鴉和狐狸》、《樹木與橄欖樹》、《孔雀足醜》、《貧人鬻酒》、《兔子和青蛙》、《獅子、狼和狐》、《胃和脚》，惟其中没有篇名，一則與驢、馬有關，另一則寓意同心合力。轉引自《中外文學因緣——戈寶權比較文學論文集》，第 391—399 頁。

绍并翻译了《伊索寓言》的故事，申述论点。之后，法国教士金尼阁（1577—1628）口述、中国人张赓笔录的《况义》刊行，那是较具规模的《伊索寓言》选本，它翻译和辑录了共22则寓言，数量胜前。[①]

在中国古代，以狮子、狐狸、马、鹿、乌鸦、树等动植物作为说理的主角一向不多见，《伊索寓言》的出现肯定受到注意，而明末的天主教传教士来中国时，它与圣经已是必携之物，并作为礼物送给官员，[②]可惜事物涉及外来宗教，而明朝又气数将尽，因此《伊索寓言》的流传有限。直至一个多世纪后，《寓言》才再在中国驻足，并散播影响力。

《伊索寓言》重来中国，是由伦敦传教会（London Missionary Society）为中心的新教传教士推动的。十九世纪初，米怜（William Milne, 1785—1822）牧师以马六甲（Malacca）为基地，出版中文圣经，又兴办教育，大量印刷出版发行传教刊物，用以启蒙华人。由此开始，传教士在马六甲及中国多处地方先后发行了《察世俗每月统记传》（1815—1821）、《特选撮要每月统记传》（1823—1826）、《天下新闻》（1823—1829）、《东西洋考每月统记传》（1833—1835，1837—1838）、《遐迩贯珍》（1853—1856）、《六合丛谈》（1857—1858）、《中国教会新报》（1868创刊，1874改名为《万国公报》）等，其中《察世俗每月统记传》刊登了5则《伊索寓言》，[③]俱为米怜所译，跟天主教传教士的作品相比，译文更浅显，更接近白话。

米怜身故后，《伊索寓言》的引介似乎停顿下来，直至二十多年后，才由不具传教士身份的商人罗伯聃（Robert Thom, 1807—1846）再次引入，并陆续翻译、出版。

罗伯聃于1834年来到中国，最初在怡和洋行（Jardine, Matheson & Co.）工作，并利用闲暇学习中文。他极热爱中国文化和文学，经过两年学习，即已能流利地使用官话和粤语交流。1838年，他以懒惰生（Sloth）名义，把《今古奇观》中一个短篇白话小说《王娇鸾百年长恨》翻译成英文，并在同年12月出版（*Wang Keaou Lwan Pih Neen Chang Han or The lasting resentment of Miss Keaou Lwan Wang, a Chinese tale: founded on fact*, Canton Press, 1838）。这可算是他中文翻译英文的练习，译文中加上大量的注释，既是他个人见解，也可视为学习中文的成果及心得。

在此同时，罗伯聃开始了《伊索寓言》的翻释工作，并分批交给"在华实用知识传播会（The Society for the Diffusion of Useful Knowledge in China）"，在广州分卷陆续出版，最后结为一书，定名为《意拾秘传》（*E-Shih-pe chuen*）。这是《伊索寓言》在中国的第一个结集，共有77则。过了不久，罗伯聃于极短期内把书修订，而寓言数目增加

[①] 廿二则篇名包括：《人体各部之争》、《南风与北风相争论》、《谈与三友之交》、《嫠妇与母鸡》、《种圃者言》、《贪犬失肉》、《骏马与驴》、《病狮与狼和狐》、《狐夺乌肉》、《主人与猎及驴》、《老翁与虎》、《屋鼠与野鼠》、《行人向丈人问路》、《驴驮盐及木棉》、《途人为疲弱之患者驱蝇》、《驴驮佛像》、《烹人与訾羹者》、《卖履者议论写真》、《父子骑驴同行》、《冒充飞行最高之鸠》、《听取意见之雕刻家》及《胆小之兔与青蛙》。转引自《中外文学因缘——戈宝权比较文学论文集》，第409—417页。

[②] 见H. Bernard: *Le Pere Mathieu Ricci et la societe de son temps*, 1937年, 209。转引自内田庆市：《谈遐迩贯珍中的伊索寓言》，松浦章、内田庆市、沈国威：《遐迩贯珍附解题·索引》，上海辞书出版社2005年版，第66页。

[③] 五则分别为《贪犬失肉》、《负恩之蛇》、《蛤蟆吹牛》、《驴之喻》、《群羊过桥》。转引自颜瑞芳：《清代伊索寓言汉译三种·导论》，台北，五南图书出版股份有限公司2011年版，第3页。又见内田庆市：《近代における东西言语文化接触の研究》，大坂，关西大学出版部2001年版，第20—23页。

至 82 則，①改由"廣州周報社（The Canton Press）"在澳門出版，此即《意拾喻言》（*Esop's Fables*）。新本增加了英文及官話、廣州話拼音，作爲外國人學習中文的教材。這本出版于澳門的本子，就是日後廣爲人知的《意拾喻言》。相較之下，純以中文出版的《意拾秘傳》，却不知所踪，可能是遭到禁止流通。

二、從《意拾秘傳》到《意拾喻言》

《伊索寓言》傳入中國之路并非平坦順利，而過程中也帶給學者許多爭論的問題，包括出版的時間地點、作者編譯者的身份，以及出版後被禁的原因等。這些問題都很值得探討，以下分別論述。

（1）作者、編譯者

羅伯聘翻譯《伊索寓言》爲中文，應是測試自己的學習成果。不過，在《中國叢報》（*The Chinese Repository*）1838 年 10 月 Literary Notice 欄，有關《意拾秘傳》(《伊索寓言》)出現的報導，指出譯者（'the translator'）是蒙昧先生 Munmooy seenshang，羅本人只是口述。②其後在澳門出版的《意拾喻言》，封面也有類似稱法：(中文)作者是蒙昧先生（Mun Mooy Seen-Shang），編者是他的學生懶惰生（Sloth）。此外，報導又指出他的譯本，是采用羅傑爵士（Roger L'Estrange, 1616—1704）的"*Fables of Aesop and Other Eminent Mythologists; with Morals and Reflections*"（London, 1692）作爲藍本。③

有關蒙昧先生的身份，有學者以爲是確有其人，戈寶權（1913—2000）便認爲蒙昧先生是當時廣州經營對外貿易的"十三行"地區教外國人中文的一位老先生，也是羅氏的中文老師。④而趙利峰更從《意拾喻言》封面的識語推斷，"孤掌難鳴"、"五湖四海皆兄弟，人生何處不相逢"等，極像失去臂助的羅伯聘和蒙昧先生話別分手時的語氣，突顯作者和譯者是不同的兩個人。⑤但是，如果蒙昧先生確有其人，他爲甚麼要在一本外文譯作中隱瞞身份？可以猜想得到，在當時的氛圍下，中國人跟外國人接觸是相當敏感的事，可避則避，教授外國人中文更屬違法，而書中的寓言故事固然新穎，但部分内容不可避免地涉及到官員的行徑，官方若是追究起來是極其嚴重的事件，因此隱姓埋名應屬不得已的作法。

---

① 《意拾喻言》增添了《獅蚊比藝》（第 11 則）、《眇鹿失計》（第 32 則）、《鳥悟靠魚》（第 58 則）、《老蠏訓子》（第 80 則）、《真神見像》（第 81 則）五則。參《遐邇貫珍附解題·索引》，第 75—76 頁。
② 見《中國叢報》（*The Chinese Repository*）1838 年 10 月 Literary Notice 欄：Aesop's fables in Chinese ,Vol 7–No.6, Oct 1938, pp.334–335）https://books.google.co.nz/books?id=FC0MAAAAYAAJ&pg=PR4&hl=zh-TW&source=gbs_selected_pages&cad=2#v=onepage&q=aesop's%20fables&f=false
③ L'Estrange 的書是寓言合集，羅伯聘選取了其中古希臘伊索（Esop）、菲德斯（Phedrus）、亞娜尼亞（Ananius）、巴蘭德斯（Barlandus）等人作品，放在一人名下，總稱其爲 *Esop's Fables*《意拾喻言》）。
④ 見戈寶權：《中外文學因緣——戈寶權比較文學論文集》，北京出版社 1992 年版，第 437—438 頁。
⑤ 參趙利峰：《1840 年澳門〈意拾喻言〉成書與出版問題叢考》，《澳門理工學報·人文社會科學版》2013 年 4 期；又見 http://www.iqh.net.cn/info.asp?column_id=9156

不過，施蟄存（1905—2003）主編《中國近代文學大系·翻譯文學集 3》，介紹《意拾喻言》時，便明確指出"譯者是英國人，書上的署名是'蒙昧先生著，門人懶惰生編譯'，其實譯者的真正姓名是羅伯特湯姆。"[①]這無疑說明蒙昧先生不過是羅氏的化身，作者譯者其實是同一個人。事實上，在《意拾喻言》的"叙"（Prefactory Discourse）和"小引"（A Brief Introduction to Esop,s Fables）中，叙事者明顯地是以一個英國人的身份講話，如"吾大英"、"先儒馬禮遜"，而"小引"之下的注釋，却又清楚說明二者出自蒙昧先生之手，這種處理方式，極容易讓人聯想到作者和譯者應是同一個人。不單如此，無論在《意拾秘傳》或《意拾喻言》中，出現的"蒙昧"、"懶惰（sloth）"都是自謙之詞，口吻一致，斷不似异口而同聲，老師既是博學（learned），就不可能是蒙昧；學生勤于翻譯，便絕不可以懶散。推測羅伯聘安排一個中國老師加上外國學生的編譯組合，無非是想借此突出權威，加強外國人學習中文的信心。此外，也是羅氏豁達胸襟的表現。教授外國人中文時，不以高高在上的身份去行事。對于中國讀者，他更不欲以啓蒙的姿態去說故事，而是本着平等方式交流，安排作者蒙昧先生是中國人，并自稱蒙昧，明顯不想冒犯他人，而身份"知名不具"，其實有欲蓋彌彰意味，足見應是羅氏費盡苦心的刻意安排。至于書册封面說"孤掌難鳴"、"五湖四海皆兄弟，人生何處不相逢"，其實可從高一個層次看，他想說的不單是"人"，而且是"國"，羅氏跟當時在華的外國人想法一致，就是中國跟外國相處交往，應平等互利，從而達到交流的目的，單靠一方努力是不能成事的，而他并不希望是英國單方面努力活動。

（2）《意拾秘傳》、《意拾喻言》的出版日期、地點

關于《意拾秘傳》的出版，羅伯聘在《意拾喻言》（澳門，1840）的英文叙言中，明確提出四卷《寓言》的出版日期在 1837—38，[②]不過，《東西洋考每月統記傳》1838 年戊戌九月號新聞廣州府條，只介紹其人其書，附載其中 4 則寓言時，却没有交代出版日期。[③]另外，《中國叢報》（The Chinese Repository）1838 年 10 月 Literary Notice 欄雖也介紹《意拾秘傳》翻譯成卷、出版，[④]然而并没有確切提及出版日期。按道理，編著者自言出版時間應成定論，不該構成問題，事實上似乎并非如此。

日本學者内田慶市就質疑，是書出版不可能早于 1838。今日所見，是書僅存三處，分别藏于大英博物館、劍橋大學圖書館，以及荷蘭萊頓大學漢學院圖書館（荷蘭所藏的只有第三卷殘本）。内田根據大英博物館書藏介紹，指全書爲中文版，封面標題"意拾秘傳"，豎寫，綫裝本，收錄寓言共 77 則，分四卷。卷一非常簡陋，既没標明卷號，也

---

① 見施蟄存：《中國近代文學大系·翻譯文學集 3》，上海書店 1991 年版。
② 《意拾喻言》，"叙" "Preface"。該叙寫于 1840 年 5 月 15 日。見 https://books.google.com.hk/books?id=ktdCAAAAcAAJ&pg=PR11&dq=yishi+yuyan&hl=zh-TW&sa=X&ei=wL1WVbKoOOjDmAWGv4DoCQ&redir_esc=y#v=onepage&q=yishi%20yuyan&f=false
③ 省城某人氏，文風甚盛，爲翰墨詩書之名儒，將希臘國古賢人之比喻，翻語譯華言，已撰二卷，正撰者稱爲意拾秘傳，周貞定王年間興。聰明英敏過人，風流靈巧，名聲揚及四海。异王風聞，召之常侍左右，快論微言國政人物，如此其邀之恩。只恐直言觸耳，故擇比喻，致力勸世，弃愚遷智成人也。因讀者未看其喻余取其要者而言之。"見愛漢者（郭士立，Karl Friedrich August Gützlaff）等編，黄時鑑整理：《東西洋考每月統記傳》戊戌九月，《廣州府》，中華書局 1997 版，第 422 頁。
④ 見《中國叢報》（The Chinese Repository）1838 年 10 月 Literary Notice 欄：Aesop's fables in Chinese ,Vol 7-No.6, Oct 1938, pp.334—335

没有目録,而卷二至卷四均具列卷號,有英文目録。卷二末寫有"鶯吟羅伯聃述 道光戊戌蒲月吉旦"(即 1838 年 6 月),而卷三只有"鶯吟羅伯聃"的字樣。卷四首有英文目録,并附有"羅伯聃自叙"和"意拾秘傳小引"各一頁。他綜合《東西洋考每月統記傳》、《中國叢報》的報導,推算出《意拾秘傳》首三卷在 1838 年 7 月至 10 月發行,而卷四在 10 月以後出版,不可能早于 1837 年。① 上述推論大致是正確的,但由于他掌握的資料不足,説法仍欠缺具體證據。事實上,當時在廣州出版的《廣州周報》(*The Canton Press*)②,就曾確切記録了《意拾秘傳》四卷的出版日期:

卷一,收録寓言 9 則,1838 年 6 月 10 日至 16 日之間出版。
卷二,收録寓言 21 則,1838 年 7 月 15 日至 21 日之間出版。
卷三,收録寓言 24 則,1838 年 9 月 30 日至 10 月 6 日之間出版。
卷四,收録寓言 22 則,1839 年 1 月 27 日至 2 月 2 日之間出版。

這四條資料清楚載于《廣州周報》,③ 而《廣州周報》于 1839 年 9 月 28 日(總第 145 期)的報導中,更再一次具體交代過《意拾秘傳》四卷的出版時間和地點。④ 根據以上資料,四卷的出版日期都很明確,而合爲一册的成書日期也該在這一年(1839),至此,關于《意拾秘傳》的出版日期應可完全確定。

過去,《意拾喻言》出版地、出版年份,也曾存在着一些誤會。有學者以爲該書出版于 1838 年,地點爲廣州,也有認爲出版于道光十七、八年,地點爲澳門。出現這些分歧,原因是一些學者忽略了《意拾秘傳》的存在,把二書混爲一書。另外,曾介紹《伊索寓言》的《東西洋考每月統記傳》及《中國叢報》均在廣州出版,而經羅伯聃修訂後的《意拾喻言》也交給廣州周報社再版,顧名思義,因而導致有人誤會《意拾喻言》的出版地在廣州。事實上,由于時局動蕩,出版社已于 1839 年遷往澳門。今天從《意拾喻言》的封面所見,出版日期明確標示爲 1840 年,地點在澳門。再根據《廣州周報》1840 年 6 月 20 日(總第 246 期)報導,是書在 6 月 16 日出版。由此可見,是書出版日期及地點的問題也極清楚,應無疑義。

(3)《意拾喻言》的修訂原因

純從所收數量來看,1840 年在澳門出版的《意拾喻言》補充了 5 則寓言,可以説是《意拾秘傳》的增訂本,不過,兩書體例確實不同,而用意和功能也大相徑庭。

《意拾秘傳》是全中文本,推測讀者對象應是中國人,這是羅伯聃推介西方文學的嘗試。後來交給廣州周報社出版的新本,不單更名爲《意拾喻言》,還徹底改換了式樣,補

---

① 參《遐邇貫珍附解題·索引》,第 74—76 頁。
② *The Canton Press*(《廣州周報》,1835—1844)是 The Canton Press Office 發行出版的一份刊物,1835 年創刊于廣州,逢星期六出版;後因中英鴉片問題令時局動蕩,刊行至 1839 年 6 月 1 日(總第 195 號)後,遷往澳門,于 1839 年 7 月 6 日復刊(總第 196 號),到 1844 年 3 月 30 日(總第 443 號)結束。
③ 見 The Canton Press,1835—1844,Microfilm 514—517,香港:香港大學圖書館。這個部分的討論,主要參考《1840 年澳門版〈意拾喻言〉成書與出版問題叢考》。
④ 同上,原文爲"See Aesop's fables Translated into Chinese, in four parts, published in Canton in 1838 and 1839."。

充了不少內容，改變模樣也改變用途，成爲教授外國人學習中文的教材。

　　新出版的《意拾喻言》爲四開本，封面可分爲三部分：標題"意拾喻言"及英文標題 "Esop's Fables" 置于開頭，用醒目的大粗體寫出；其下是對作者、編譯者的簡介；第三部分以整張紙的一半篇幅附上兩句中國諺語"孤掌難鳴"、"五湖四海皆兄弟，人生何處不相逢"，及其對應的英文翻譯及英國諺語，而出版地點和日期置于最底端，漢文小字寫出。之後的内容包括獻辭1頁，勘誤1頁，英文序言、英中文化交流的歷史情況3頁，緒論19頁，評論用羅馬字母拼寫漢字的方式6頁，英文目錄2頁，叙與小引（中英文對照）3頁，參考及説明1頁，最後是正文104頁（包括注釋1頁）。跟《意拾秘傳》比較，《意拾喻言》變動最大的是正文部分，是左到右橫向書寫，每頁三欄橫排，中欄爲《伊索寓言》的中文譯文，左欄爲英文的意譯和單行字直譯的譯文，右欄爲官話及廣州話的拼音。從書的版面設計上觀察，右邊一欄官話與廣州話并舉，可看出他兼有幫助外國人學習官話和廣州話的目的。羅伯聃自言，他翻譯采用的文體爲"文字之末"的"雜録"（lowest and easiest style），認爲外國人如果掌握這種非常淺白、生活化和接近"白話"的"文言"，即能輕鬆地理解各種不同類型的大衆小説，甚至進階至認識文學作品。此外，他貫徹執行馬禮遜的翻譯主張，即不是單純的詞與詞的互換，而是置身于對方的思維形式和文明中去。"叙"以英國人口吻陳述，表明編譯此書是幫助外國人學習中文，不僅是爲了認字，更主要是通過富趣味的小故事，領略中文遣詞造句的要領。

　　羅伯聃極有語言天份，來中國兩年後，中文造詣即進步神速。他不單對中國語文有興趣，更對文學産生興趣，并且有了中西文學交流的目的。他意識到要入門認識，就要從通俗的角度入手，于是選取了最淺白的文體，又以民間流行的故事作翻譯對象，把《王嬌鸞百年長恨》翻譯成英文。他喜愛通俗故事，因爲這些故事入世入俗，并雜有許多諺語俗語的教訓，淺白易懂。于是，同期他又開始另一方的工作，把西方通俗流行、同樣富教訓意味的《伊索寓言》譯成中文，推介給中國人，并盼望如《廣州周報》所言：

　　　　第一卷在中國人中獲得了極大成功……我們認爲，這些受歡迎的寓言故事很快爲中國的年輕人所熟知，正如它們爲我們國家的學生所熟知一樣。①

可是，無情的現實却把他的美夢打破了。1839年第四卷出版後，時局變得非常緊張，中國和英國因爲鴉片貿易的問題鬧得很不愉快，戰争迫在眉睫。清廷派遣林則徐爲欽差大臣處理事務，而通曉中文的羅伯聃也于年中加入政府工作，代表英國政府處理商務糾紛。因身份的轉换，他不可能再期望《伊索寓言》能從文學的道路上走進中國，而事實上剛出完四卷的《意拾秘傳》，必定會被針對性打壓。于是，他只有把全中文版的書修訂改變，從書名到内容，作了大幅度的增補，使之退到商業範疇，成爲教授外國人中文的教材。他在原書中加上了英文的句譯意譯，也强化了中文口語方言的應用。但他又心有不

---

① 《廣州周報》1838年7月21日（總第150期）。

甘，因而把歷年學習中文的心得，也一并臚列，大大豐富了此書的内涵。在《意拾喻言》的前言（Preface）中，他其實已交代了修訂的原因，那就是《意拾秘傳》已遭到打壓：

> When first published in Canton 1837—38 their reception by the Chinese was extremely flattering. They had their run of the Public Courts and Offices—until the Mandarin—taking offences at seeing some of their evil customs so freely canvassed—ordered the work to be suppressed.

由此看來，若非時局變動，《伊索寓言》的翻譯應不止77則或82則而已，可能會更多。

三、《意拾秘傳》、《意拾喻言》遭禁止流通

無論《意拾秘傳》或《意拾喻言》，今天存世的數量并不多。根據當時的記載，《意拾秘傳》面世後，似乎受到熱烈的歡迎：

> 讀過第一卷的中國人都對其讚美有加。①
> 中國人爭相閱讀，并受到他們的稱讚。②
> 最後一卷也備受中國人的讚美，人人爭相閱讀。③

事實是否真是如此？《廣州周報》1839年2月2日（總第178期）載：

> 譯者把《意拾秘傳》第二、第三和第四卷的一些小册子委托給我們，并請我們發給那些還没有這些小册子的先生們。

這說明此書事實上曾經免費送出。要把書籍免費送出，尤其是剛出版不過一周的第四卷，顯然是銷售情況不太理想。爲甚麽會出現既受歡迎又要免費贈送的現象？可能的原因是，或許中國人不願付錢購買，也可能是官方出禁令不准購藏。事實上，兩個情況都可能存在。當時，外國人在中國出版刊物，介紹西學，雖然或有定價，但中國人習慣了免費收取，從傳教士的宗教宣傳單張，到兼介紹西學的綜合性刊物，都被視爲免費宣傳品，幾無例外。直至19世紀50年代，不肯付費而拿取的情況仍有出現。④當然，官方對外國人的出版物的監察和管制其實非常嚴苛，尤其由商人與傳教士設立的"在華實用知識傳播會（The Society for the Diffusion of Useful Knowledge in China）"所出版的刊物尤其如此，《意拾秘傳》既經由此一管道出版，能否廣泛流通實在令人存疑。

---

① 《廣州周報》1838年6月16日（總第145期）。
② 《廣州周報》1838年10月6日（總第161期）。
③ 《廣州周報》1839年2月2日（總第178期）。
④ 《遐邇貫珍》1854年第12號（總第17期），《遐邇貫珍附解題·索引》，第75—76頁。

《意拾秘傳》是否曾被查禁？其實官方并無具體記述，翻閱清代的禁書記錄，并沒有出現《意拾秘傳》、《意拾喻言》的條目。不過，民間有關此書禁止通行的說法不斷流傳，記述不絕，[1]即使數十年後，仍然言之鑿鑿：

> 相傳道光年間《意拾蒙引》(應指《意拾喻言》，但不確定)出版後，風行一時，大家都津津樂道；後來爲一個大官所知，他說：這裏是一定說着我們。遂令將這部寓言列入違礙書目。[2]

除了中國民間流傳，在外國人的記載中也有蛛絲馬迹可尋：

> 一個中國高官在讀過《意拾秘傳》之後，認爲這顯然是針對他們的。于是《意拾秘傳》就被列入了中國的禁書目錄之中。[3]

當事人羅伯聃也明言《意拾秘傳》受過打壓，因此作品曾被官府查禁，殆無疑問。

個人分析其中原因，除了時局變化和羅伯聃身份轉換之外，此書本身實在也有值得檢討之處。俗語說：出門問禁，入鄉隨俗。羅伯聃雖然仰慕中國文化，并由世俗入手，但却未能避免觸犯禁忌。從成書的書名，以至書的內容，其實都犯了當時的忌諱。

《意拾秘傳》的標音，根據大英圖書館的藏本 Aesop's Fables 是 E-shih-pe chuen，但大多數人，包括日本學者内田慶市在内，看中文的時候都容易讀成"意拾／秘傳"(E-shih／Pe chuen)。在中文字義裏，"秘(或"祕")"，有"神秘"、"不公開"的意思，[4]而"秘傳"就是"秘密傳授"；雖然羅伯聃的本意是要說"意拾秘傳"的記載故事，但極容易讓人聯想到"秘密行事、秘密活動"等違法行爲。就算他日後將書名修訂爲《意拾喻言》，名稱上依然有所不妥。"寓言"是"寄託的說話"，也是"文學作品的一種體裁"，[5]意即重點在心裏的話；可是，他稱作品爲"喻言"，用"喻"，即"曉諭"、"開導"、"說明"，[6]可能確是他的意思，但手法上不免有由上而下的教訓意味。若是一個外國人以教訓的口吻說話，無論道理如何正確，那時代的中國官員必定是受不了的。

最重要的一點在於，若是書本內的故事內容牽涉到官員的，尤其跟"官"或"官府"有直接關係的，這些教訓就容易被視爲有意諷刺中國官員的行爲了。其中較明顯的例子，如《意拾喻言》中的一則云：

---

[1] "道光十七八年……此書(《依濕雜說》—即《意拾秘傳》)初出時中了同人爭購的，因其中多有譏刺官府之陋規，遂爲官府禁止。"分見姚瑩《康輶紀行》卷十二第206頁(清同治刻本)，及魏源《海國圖志》卷八十一第980頁(清光緒二年魏光燾平慶涇同道署刻本)，見劉俊文總纂：《中國基本古籍庫》(網上版)。

[2] 參曹聚仁：《文思·海外異聞錄》，上海，北新書局1938年版，第219頁。

[3] 見 Joseph Jacobs, *The fables of Aesop: as first printed by William Caxton in 1484, with those of Avian, Alfonso and Poggio*, Publisher: D. Nutt, 1889. pp. 218. 轉引自趙利峰：《1840年澳門版〈意拾喻言〉成書與出版問題叢考》，注46。

[4] 參羅竹風主編：《漢語大詞典》(三册本)，漢語大詞典出版社1997年版，第4449、4755頁。

[5] 參羅竹風主編：《漢語大詞典》(三册本)，漢語大詞典出版社1997年版，第2109頁。

[6] 參羅竹風主編：《漢語大詞典》(三册本)，漢語大詞典出版社1997年版，第1626頁。

如世上暴虐之官，往往不審虛實，動輒以刑法求招。[1]

又如《老蠏訓子》云：

其身不正，雖令不行。如今之官府，往往出示誡人爲善，而彼自身恐亦未嘗爲善也。一笑。[2]

以上所記，似乎都有針對、教訓官府的口吻，這可能就是導致羅伯聃的作品不能在中國流傳的緣由，也是《伊索寓言》難以在清中葉的社會立足的原因所在。

四、總　結

十九世紀中葉，中英因通商地位、鴉片貿易等導致關係惡化，更引發鴉片戰爭（1840—1842）。羅伯聃由商人轉職爲外交人員，身爲英方翻譯官，當然成爲關注對象。再者，《意拾秘傳》的教訓味道，及《意拾喻言》作爲外國人學習中文的工具書，不免受到中國官方顧忌和戒懼，這因爲清朝政府曾明文禁止外國人學習中文。而最重要的是，書中故事寓意觸動了中國官員的神經，在爭議的敏感期間，官員覺得此書隱晦地表達了中國人不良的習慣，又在嘲諷官員們，因而或明或暗地禁止該書出版和流傳，遂令二書幾成絶版。除了《意拾秘傳》罕見外，今天《意拾喻言》存世的也不過少數幾本。[3]鴉片戰爭後，儘管羅伯聃官至英國駐寧波領事，但似乎未能爲《意拾喻言》的傳播起積極作用，是書只能靠傳教士低調地在有限的圈子裡流通，這使得伊索寓言在中國幾乎沒有立足之地。

即使如此，羅伯聃的作品由于受到傳教士歡迎，因而《意拾喻言》日後得以在傳教士中改頭換面出版，其中某些寓言有時被傳教士們通過各種不同的形式引用、介紹和流傳。1843年，倫敦傳教會的教士戴爾（Samuel Dyer, 1804—1843）、施敦力（John Stronach, 1810—？）就曾將《意拾喻言》譯爲福建漳州方言，而施敦力另又轉譯爲廣東潮州方言，不過，這兩本方言版的《意拾喻言》只能在新加坡出版，流通的範圍其實并不廣泛。1856年，美南浸信會的卡巴尼斯（Alfred Burgess Cabaniss, 1808—1871）曾將其轉譯爲上海話版本，但估計流通範圍也很有限。直至19世紀50年代"上海施醫院板"《伊娑菩喻言》出現，香港英華書院出版《遐邇貫珍》時轉載了其中的部分寓言，承傳了伊索寓言在中國的流播及發展，才圓了羅伯聃的中西文學交流的夢想。至于《伊娑菩喻言》是從《意拾喻言》還是《意拾秘傳》而來，則不得而知，那恐怕要請教高明之士了。

（作者簡介：陳熾洪，香港大學中文學院教師）

---

[1] 《意拾喻言》第73（實72）則，第90—92頁。
[2] 《意拾喻言》第81（實80）則，第101—102頁。
[3] 引鮑延毅說法，《意拾喻言》存世只有四本，分別藏于英國、日本、香港及中國，惟其中香港本不知所踪。見《意拾喻言二題》，《棗莊師專學報》1995年第3期，第63—64頁。

Robert Thom's Translation of *Aesop's Fables*: Issues around its Publication and its Being Banned in China during midQing Dynasty (1644—1911)

Chan chiHung

Abstract: In *Aesop's Fables*, the storyteller, through personification of some animals, relates the plots to human experiences and inculcates moral lessons. People are deeply inspired by its figurative and apt metaphors. Moreover, the precise narration with dense plots, while spoken in a tone of humor, is nevertheless sharp and pungent in critiquing moral and alluding the human world. The Fables are so popular in Europe that some people say it is only second to the Bible. However, the Fables were very much attached to religion in its early introduction to China, rather than appearing as a literary work per se. Both Catholic and Protestant missionaries borrowed the fables for preaching people their religious doctrines. Only until mid-Qing dynasty, Robert Thom (1807—1846) came to China. He, not a churchman, but was proficient in Chinese language. He translated massively the Fables for use as instructional material teaching foreigners Chinese, and compiled into two books, *E-Shih-pe chuen* and *Esop's Fables* (*Aesop's Fables*). Thus *Aesop's Fables* was restored back to its literacy face. Unfortunately, the Fables were embroiled with Thom's special identity, which led to its being banned by the Qing government and its disappearance in China for a while. This paper gives an account of the introduction of *Aesop's Fables* into China during the mid-Qing dynasty and investigates the causes of it being banned. Attempt is made to reveal the value and significance of its circulation in China, which was in itself a hard-won process.

Keywords: *Aesop's Fables*; *E-Shih-pechuen*; *Esop's Fables*; Robert Thom

（本文責任編校：王　丁、張博硯）

佚文輯存

朱文藻碧溪草堂遺文輯存[*]

陳鴻森

摘　要：朱文藻（1735—1806），字映漘，號朗齋，乾嘉間浙江名宿。曾爲阮元纂輯《山左金石志》、《兩浙輶軒録》；復爲王昶纂《金石萃編》、《大藏聖教解題》。自著書有《説文繫傳考異》、《校訂存疑》、《净慈寺志》、《金鼓洞志》、《朗齋先生遺集》、《碧溪詩話》等。《清史列傳》卷七十二有傳。朗齋所著書數十種，生前多未付刻，遺稿展轉歸瞿氏清吟閣，洪楊之亂書多散佚。所著《碧溪草堂文集》，《清吟閣書目》著録，未見稿、鈔本流傳，蓋亡佚久矣。今搜羅遺文，裒録成篇，藉存十一于千百。其文多存學林故實，足資多聞，或亦治清學者所不弃歟。

關鍵詞：朱文藻　遺文　輯佚　乾嘉學術

　　向讀乾嘉諸老著述，時見朱文藻身影，顧于其人學行事迹所知無多，所見僅《清史列傳》一傳耳。[①]史傳記載王杰曾延之至京，佐校《四庫全書》，後奉敕在南書房考校；復佐阮元成《山左金石志》，爲王昶纂輯《金石萃編》、《大藏聖教解題》。諸延朗齋佐校編訂者皆鉅公耆德，即此一端，可知渠績學博聞固見重于當世矣。乃今聲聞闃然，罕有知者。余前纂《武億年譜》，[②]朱、武二人嘗同纂《山左金石志》，共事四五月，《志》中多存朗齋之説及所訪諸碑，因漸留意其人。繼而考知阮元纂《兩浙輶軒録》，朗齋實爲總纂；陶元藻輯《全浙詩話》，朗齋爲增益者倍蓰原書。若此之類，今人罕能道之，因發心鉤稽遺聞墜事，思爲文以表彰幽霾。去年于北京國家圖書館見胡敬所刻《東里兩先生集》，中有朗齋遺詩二卷，并梁同書撰《傳》，[③]于其行實、交游所知漸多。因日翻檢武林掌故群籍，尋踪覓迹，日久則有若精神相感召者，謦欬神貌，時怳然目前。

　　朗齋早年失怙，苦志力學，以成素業。既長，挾筆研爲衣食，日以撰述爲事，所著書多歸他人主名。著書滿屋，乃以一衿終老，然未嘗少挫其志，日汲汲以古人之不傳是懼。

---

* 本文係作者台灣科技部專題研究計劃 "嚴元照學行研究"（編號：MOST 104-2410-H-001-072）之部分研究成果。
① 《清史列傳》，中華書局1987年版，第5891頁。
② 陳鴻森：《武億年譜》，《中央研究院歷史語言研究所集刊》2014年第85本第3分，第477—574頁。
③ 梁同書：《文學朗齋朱君傳》，載胡敬輯《東里兩先生詩》，道光二十五年崇雅堂刻本，《朗齋先生遺集》卷首。

余嘗慨乎其力能傳人，而曾不足以自傳。人往風微，迄今歷兩百年，恐斯人竟無聞于後，爰爲排纂歲月，并搜輯遺文佚詩，以存學行之梗概。

梁同書《文學朗齋朱君傳》，載所著書有《碧溪草堂詩文集》一種，胡敬刻《朗齋先生遺集》二卷，僅存遺詩一百五十一首，其文則未付刻。朗齋身後，遺稿展轉歸瞿世瑛所有，《清吟閣書目》卷一載"《朱朗齋文集》稿本，朱文藻著，一本"，[1] 瞿氏藏書多毀于洪楊之劫，此本恐久爲煨燼矣。今單文佚篇散藏各地，千里寫錄，不敢告勞。茲撮錄成篇，題曰《朱文藻碧溪草堂遺文輯存》，雖僅存十一于千百，然亦轉幸及時蒐輯，不致悉歸澌滅。今觀所見存者，則其遺佚者益可概想也。此遺文賸篇雖不盡精詣之所存，然中多學林故實，足資多聞，儻亦治清學者所不弃歟。至其學行事迹，余別有《朱文藻年譜》一編，[2] 可與此并觀焉。

二〇一六年八月十日

目　次

東軒雅集圖記　　　　　　　　　雁宕游草序
游徑山記　　　　　　　　　　　蓮湖詩草序
游大滌洞記　　　　　　　　　　知不足齋叢書序
顯真道院紀事碑　　　　　　　　校九經字樣題識
洞霄圖志續自序　　　　　　　　校復古編題識
金鼓洞志自序　　　　　　　　　校韻補題識
崇福寺志自序　　　　　　　　　校隸續題識
碑錄二種自序　　　　　　　　　校隸釋題識
洞霄詩集續自序　　　　　　　　校資治通鑑題識
益都金石記序　　　　　　　　　校續三通題識
蘇碑考序　　　　　　　　　　　周易原意叙錄
捍海塘志序　　　　　　　　　　書集傳或問叙錄
毛楓山醫方二種序　　　　　　　詩醒八牋叙錄
日下題襟合集序　　　　　　　　儀禮章句翼儀禮集説叙錄
投壺詩存序　　　　　　　　　　資治同文叙錄
西溪懷舊詩鈔序　　　　　　　　三國志叙錄
西溪吟友詩鈔序　　　　　　　　三國志補注叙錄
沈桐溪懷舊詩序　　　　　　　　宋史記叙錄
嚴鐵橋全集序　　　　　　　　　十國春秋叙錄
頻迦偶吟序　　　　　　　　　　寶祐四年登科錄叙錄

---

[1] 瞿世瑛：《清吟閣書目》卷一，民國七年仁和吳氏雙照樓刊本，第14頁。
[2] 陳鴻森：《朱文藻年譜》，南京大學《古典文獻研究》2016年第19輯。

龍飛紀略叙録　　　　　　　縉雲縣城隍廟碑文跋
四明文獻志叙録　　　　　　金石萃編跋
烈女傳叙録　　　　　　　　陶說跋
東城雜記叙録　　　　　　　默記跋
崑崙河源彙考叙録　　　　　書南湖集後
徐霞客游記叙録　　　　　　振綺堂稿跋
定志編叙録　　　　　　　　培風會稿跋
吹劍録叙録　　　　　　　　萬柳溪邊舊話跋
太平御覽叙録　　　　　　　歸田詩話跋
古杭雜記詩集叙録　　　　　榕城詩話跋
元刊春秋屬辭跋　　　　　　鑑公精舍納涼圖題咏跋一
南宋石經跋　　　　　　　　鑑公精舍納涼圖題咏跋二
石鼓文跋　　　　　　　　　西溪探梅圖記跋
說文繫傳考異跋　　　　　　與胡蒔唐書
說文繫傳考異又跋　　　　　與朱文游書
重校說文繫傳考異跋　　　　與汪龍莊書
釋夢英書說文偏旁跋　　　　與吳兔床書一
宋刊漢書殘本跋　　　　　　與吳兔床書二
南宋書跋　　　　　　　　　與邵二雲書
明列朝實録跋　　　　　　　與錢廣伯書一
塘栖志跋　　　　　　　　　與錢廣伯書二
讀書敏求記書後　　　　　　與朝鮮洪湛軒書
後魏揚州長史司馬景和妻墓志銘跋　嚴鐵橋舉殯祭文
雲麾將軍李秀殘碑拓本跋　　嚴鐵橋祔廟祭文

束軒雅集圖記

　　束軒者，汪氏振綺堂左偏主賓燕游之室也。主人滌原、兼山、秋嚴、天潛昆弟雅好客，軒有池亭、花木、竹石之勝。軒中樂事，則投壺賦詩，鳴琴作畫，壺觴雅集，無間佳日。
　　胡君曉山仿伯時西園畫法，寫裙屐之盛。圖中臨池憑几而操琴者，馮芥舟也；右側席聽者，楊駕軒；左拄頰深思者，滌原；拊倚立而注目者，葉鼎占也。秋嚴樂靜，坐遠乎琴，實得琴理也。投壺角勝負，雖無耦，亦好之，坐石上觀小童拾矢者，任廉夫也。畫宜讀，亦宜論，展幅濡筆者，曉山自貌；旁坐語者，江樂圃；對坐語者，汪若谷也。雙松茂蔭，雜花遶闌，樂游之頃，不忘執卷析疑者，左爲趙恒齋，右則兼山也。前有拱揖相見者，金西逾與主人喆嗣，群從七八，舉一以該餘也。循闌携行而駐語者，前則趙淳甫，後爲關南河也。萬綠濃陰，竹光染人衣袂，三人聯句分牋，按膝而沈想者，金桐巢；倚闌坐待者，天潛；而余則凝神遐晤，狀若已得句者然。洞壑幽邃，古柏參天，童子執壺于旁，杯光瀲灩，開襟獨醉，不聞爾許事者，張贊元也。會者凡十八人，肖鬚眉，體情性，曉山妙筆傳神矣。

余館是軒十有三年，與群公有新知舊雨之盛。閑雲乍飛去，作金臺之客，主人多情，邀曉山爲圖，以繼昔賢韻事。散者依然常聚，其在斯乎！松柏之交，久而彌貞。覽斯圖也，斯勿諼焉。朱文藻記。（録自羅以智《新門散記》東軒條）

游徑山記

徑山在餘杭縣北五十里，山有東西二徑，故稱雙徑。《武林志》有三説，一謂天目必經之徑，一謂餘杭、臨安會通之徑，一謂唐國一禪師開山時來此徑塢，適符遇徑則止之兆。其山重岡複嶺，不产雜樹，惟叢篁密篠，山山有之，數不可以億萬計。山中無人雜居，僅有此寺主寺之僧，別山延請；其餘僧房，自相傳襲世守，原分十八房，今存者七房。而稻粱稍足給者惟松源，與之埒者往有梅谷，今不逮矣。

余館汪氏振綺堂，見插架有山志，讀之神往。與余同好者，則天潛主人爲尤篤，遂有同游之約，因循久之。間嘗與嚴古緣話及，古緣與余皆壯年游山舊侣，西湖南北諸山，兩人足迹幾無不到，特未嘗相偕遠行。余嘗一游武夷、栝蒼、補陀，數游嚴陵、江郎、黎嶺，歸輒以圖眎古緣，每爲健羨。至此山，則以爲離家不遠，遂亦相約同游。余在都中，與餘杭俞珊洲同寓舍，稔知徑山之勝，欣然許爲致書其鄉董工求先生，作游山先容。既而先生赴公車，捷南宫，與余相遇，曾面訂之。

今年夏，余自京師南歸，即與古緣期以秋深；未幾，古緣感疾，忽歸道山。余益懼人壽不可必，而勝游不可緩矣。亟語天潛，天潛爲具貲裹糧，招趙恒齋及其兄兼山，從以健僕二人，買舟于城東橫河之南。擇九秋十有二日丁亥束裝解維，出艮山門，越沈塘壩，進北關，出觀音關。是日天陰，夜二更泊舟餘杭安樂塔下。

戊子清晨，訪俞丈康侯于南門外，即珊洲尊人也。同人皆主于其家，下榻古香書屋，令嗣仲子有堂、叔子洪南出見。飯罷，日出暄熱，同洪南游南湖。湖分八區，區各一井，土埂界之，惟東北一井有水没趾，餘俱積葑湮淤矣。面湖一亭，曰"有斐"。從天曹廟沿柳塘行三里許，至嶽廟，廟前怪石嶙峋，中有池橋，左石趾有亭曰"古嘷"，因晉人郭文馴虎事得名。時孟姥誕日，邑士女焚香者雜沓。晚歸劇談，夜分微雷雨作。

己丑，天明雨止，訪董工求先生，乞其作書致松源庵主。早飯後，各乘肩輿，進南門，出北門。途經新嶺，與杭僧茶話。又經白社莊，土名麻車頭，村店沽白酒一飲。又經村社，土名百步廟，觀演劇。又至斜坑，觀水碓。上山步五里，嶺路盤旋，沿溪行，溪有龍潭，深不可測，四山萬竹參天，暮色蒼然。將至寺，懸崖有羅漢石，即杲禪師説法處，石壁有"聖壽無疆"四大字；面南舊有望江亭，今圮。坐石上遠眺，江光在目。少焉，月出，始至寺門，左有東坡洗硯池，右爲松源庵，已閉關，叩之，不啓。輿夫傳呼作扈扈聲，谷響答焉，門始開，出懷中書與庵主徹塵、戒備二上人，飯于嘉樹堂，止宿積雲樓。

庚寅早，與智周師偕至香雲寺，訪證禪上人，以宋明數碑揭本見贈。次觀殿左鐘樓，鐘爲永樂元年所鑄，范銅爲之，云重三萬六千斤，可聲聞數十里。相傳鐘甫成，工辭去，戒寺僧曰："待吾去一日方鼓鐘，毋急也。"去未移時，僧試撞之，聲所聞處即冶工所到處，始知彼乃异人也。次游梅谷庵，次游觀音殿。遂扶筇歷後山諸勝，有妙喜庵（庵有明月泉，深尺許）、妙香庵、中峰庵、元照庵、先照庵、放生池。池上有碑，上層題曰"祝延天壽放生池"，下有銘曰"鳶飛戾天，魚躍于困，各從其類，億萬斯年"。卧石庵，庵前石刻"卧石"二字。喝石庵，門有三石，上刻"喝石"二字，西湖韓昌箕書，其石下可通綫，《志》稱禪師開山時，此石從庵後喝移至此。其左有石壁如床，上刻"那伽座"三字，西吴唐瀧書；又有"玉芝巖"三字，亦唐瀧書。祖隣庵有彌勒卧像，外有金雞泉，甚清冽，掬以洗眼。躡苔徑，上鵬搏峰，爲徑山絶頂，遠無不見，江海皆在指顧間。良久，乃下山，還松源，與徹塵清話，證禪亦至。晚登樓坐月，此山多竹，惟松源右環柳杉百十本，大者可三人合抱，緑陰參差，時當望夜，山月滿樓，已及二鼓，蓋其先爲杉陰所掩故也。林無鳥雀，雖晝亦静。夜深，有山獸穿籬食蔬，僧衆常放爆竹、列炬、鳴柝驅之。坐良久，觀山坳出雲，狀如炊煙。

辛卯，偕證禪師復至觀音殿，循殿後竹徑，有獅子石，數年前爲殿僧映暌所闢，甚奇偉，登石上觀，遠山半藏煙靄中。飯罷，游南塔，塔甃以磚，雷毁其半體，惟存一邊，三柱脚俱朽，一脚僅數十磚承之，甚可危，俗名老龍角，山下爲千丈坑。又登對山，坐椅子石，石臨大道，爲臨安要路，遠望衆峰羅列，而東西天目出百里而近，送目久之，又不覺色飛神動矣。還松源，各分韻賦詩留别庵僧，又成聯句詩四十韻。

壬辰出山，重經洗硯池，取池中無尾螺數十枚分攜之。由雙溪鎮經舊市，出白社，歸宿古香書屋。癸巳早飯後，作洞霄宫之游。甲午買舟，與俞丈喬梓别，還家。（録自嘉慶《餘杭縣志》卷八）

游大滌洞記

乾隆庚子歲九月十八日，偕趙恒齋應鑰、汪兼山璐、汪天潛瑜，因游徑山。歸途，邀俞洪南廷樟作洞霄之游。各肩輿行二十里，至宫，宫久傾圮，但存瓦屋三楹，惟朱文公、李忠定公兩塑像。是日恰值陶訓導致祭，壁有近代人石刻五碑。道士静山，吴江人，語頗簡樸，命其徒持火炬導游大滌洞。洞口有石如鼓，扣之鏗然。入洞數十武，一石，聲更清越。又行百餘步，地稍低下，有石阻洞口，須解衣匍匐而入。道人云："此石名隔凡，過此者不易也。"復登天柱觀，壁有錢塘馮琦畫松；復尋撫掌泉、老龍井、三清殿、無塵殿舊址。此外，尚有洞壑數處，時值秋深，榛莽未薙，須春初可游。飯罷，至白鹿庵，與山僧茶語而别。（録自嘉慶《餘杭縣志》卷九）

顯真道院紀事碑

顯真道院，在會城之東郭，創于南宋初年，其址爲王慶之所舍地。蓋宋以火德王，崇奉廟祀甚虔，特立九宫貴神壇于東青門外，以祀丹靈赤帝，而此道院與壇基相近，爲奉神之所。元季就毁，明初始新之；至正統則又增葺，入國朝復毁，歷數百年興廢，具詳邑志。其中屢著仙迹，則有可覼縷數者。

寢殿照壁畫有水墨葡萄，傍題詩云："羅浮道士誰同流，草衣木食輕王侯。世間甲子管不得，壺裏乾坤祇自由。數著殘棋江月曉，一聲長笛海山秋。飲餘迴首話歸路，遥指白雲天際頭。"後書"京兆吕巖題"，始知爲吕眞人仙筆也。病丐嘗卧其下，夜見葡萄累累下，摘取食之，霍然病已。天明視之，仍水墨畫壁而已。

明季有鼓吹柴姓者，里人呼爲柴打鼓。時值冬夜，卧殿中，聞灑掃聲，且言明旦仙客過此聚飲。次日亭午，見數丐藉地環飲，以鮮荷葉承果食。柴姓奇之，伏地求度，遂令閉目，挈之憑虛御風而去；偶張目下視，則即墮入蜀中。行丐歸，已閲三年。故諺云："柴打鼓遇神仙，乞食歸來已三年。"

後圃有于公讀書樓，因忠肅寓居得名。樓高窗啓，東眺城堞參差，西望湖上諸山，若展圖畫，城南紫陽峰巒布置衽席，北則皋亭、黄鶴樓如列眉，煙雲變幻，晴雨异狀。其後公之族人有世襲千户者，助金冠玉帶于廟，至今冠失，而飾帶、玉版猶有存者。

又有魚蝦石一方，時陰雨，則見魚蝦跳躍其上。馬臺石在門左右，團團似鏡，光彩如瑪瑙，相傳仙人嘗坐其上。院内舊有五井，今存其一，嘗有玉蟹行井欄，今不可見矣。蓋自兩被毁後，諸异迹沈没，惟神之靈歷久愈顯。

往時院久不治，數年來續爲興建殿廡牆垣，遂成巨觀。明代董宗伯其昌書赤帝贊額，懸兩楹間，向爲屋雨所壞，今復新之，以完舊迹。山門舊有四十三代天師張宇初書額，國朝康熙間遭毁，近翰林潘廷筠爲之補書，製跋于後。自南宋來，諸名人歷有題咏，好事者争摩石嵌壁中。兩被毁後，悉遭淪陷，即見諸籍者正無幾耳。至壖下演劇之臺，聯額尚仍張麟所書之舊，張即前明處士莊鳳鳴之門人也。余亡友嚴孝廉誠曾隸書對言于上，今其令嗣千里復重修之。院既鼎新，乾隆丙申七月，慶春門外沙涂蟓子陡發，有司虔禱于神，撲滅遂盡，旋慶有秋。方伯青浦徐公昇之，立匾志敬，因以是廟爲藩司香火院。

此神之靈與向來靈异之迹昭彰耳目之間者也，顧里老能詳而志乘或略，今懼其久而失傳也，爰爲之記，以昭來許，俾有所考云。乾隆四十九年歲次甲辰夏五月吉旦立。（録自丁丙纂《武林坊巷志·東里坊四》顯眞道院條）

洞霄圖志續自序

余自庚子秋游洞霄，見聞人氏所纂《洞霄宫志》，體例凡近，每思重爲考訂，以資觀覽。後客吳門，與鮑淥飲從書肆中購得舊鈔本鄧牧心《洞霄圖志》及孟宗寶《洞霄詩集》，欣然携歸，付之剞劂。因鄧、孟兩書迄于元代，由是發心仿其例，自元明以迄今，兹爲《圖志續》、《詩集續》，取聞人所載及隨見諸家遺籍有關洞霄者，輒手録之，垂二十年之久，積稿漸多，欲詮次録出而未有暇也。

頻年游山左，客維揚，去年始克家居。適洞霄住持許煉師與其法兄張煉師先後重葺殘宇，方丈之東刱建斗閣，西則新成三賢祠，增祀黄石齋先生。工役初竣，漸見整頓，不獨道流頌其勤，即士林亦共稱其盛。而余年亦以就衰，志稿不宜付之皮閣，遂編録爲一帙，俾張、許兩煉師刻附鄧、孟兩書之後，凡《圖志續》五卷，《詩集續》六卷。

按洞霄之有志，在北宋政和間，唐子霞所作者，謂之《真境錄》；元大德間，鄧牧心所輯者，謂之《洞霄圖志》。明洪武間錄入《道藏》者，謂之《大滌洞天記》，其書與鄧《志》大同，惟篇目稍減。今之所續，視鄧《志》門類略有增損。古之撰志者，圖經與藝文皆析爲兩書，如朱長文《吳郡圖經續記》、陳耆卿《赤城志》皆然。林表民《赤城集》則但續詩文，不續圖志。余于洞霄合而續之，似不爲略矣。

　　洞霄宮名，舊稱天柱，宋大中、祥符間改賜今額。而"洞霄"二字之緣起，唐元封元年，河南道亳州真源縣新建李母祠，册李母爲先天太后，因改祠爲洞霄宮，宋之題額蓋仿于此。諸家記載皆未及，因附識之。余與張煉師交最久，許煉師則因張而及也。張名禮恭，字德盛；許名禮中，字大省。整飭宮事，許煉師之力；而善緣輻輳，張師功有足多云。書成，乃序于簡端。嘉慶三年歲次戊午二月朔日。（錄自嘉慶《餘杭縣志》卷三十四）

金鼓洞志自序

　　杭郡道觀之有志，莫古于餘杭大滌洞之洞霄宮，編于宋末本山隱士鄧牧心，而集于元初本山道士孟集虛。然宮壇刱于漢之元封，觀宇構于唐之弘道，而又有武肅錢王之改建，南宋高宗之重修，其爲制也甚鉅；加以高、孝兩朝之臨幸，唐宋名賢之碑記，名臣大儒之提舉，列仙高道之著迹，文獻遞嬗，照曜名山。故其爲《志》也，《道藏》列于編，《四庫全書》著于錄，爲千秋不朽之鉅製。

　　今金鼓洞之鶴林道院也，不過一瓢一笠之所棲托，其巖洞、屋宇、山川、人物，不及洞霄千百之一；且洞霄自漢武迄宋末，歷千六百餘年之久，而鶴林之興，歷歲又不過洞霄二十之一。然則欲以作志，與鄧、孟二家并埒，豈非培塿之比附于泰岱哉！欽惟高宗純皇帝駐蹕棲霞，天章寵貫，由是窮巖煥彩，寒谷生輝，既不可無紀載；至于仙踪屢降，靈異叠彰，亦不可使湮没。爰就見聞所及，草創一編，成書八卷，御製詩章恭載卷首。爲山九仞，庶幾一簣。

　　昔洞霄未有圖志，先有唐子霞之《真境錄》，茲編得無類是乎！圖志自元迄今又閱五百餘年，文藻仿其例爲《續編》十二卷，刊附鄧《志》之末。今鶴林住山張鍊師亦援是爲請，願宏而緣集，爲常住計久遠，嘉其志，不可諼也，爰手錄而歸之，俾質之高賢增審焉。嘉慶十二年歲次丙寅四月己巳朔，朱文藻序，時年七十有二。（錄自朱文藻本書卷首）

　　森按：朱文藻卒于嘉慶十一年八月二十四日（參拙稿《朱文藻年譜》），文末"嘉慶十二年"，當爲"十一年"之訛。

崇福寺志自序

　　武林艮山門外，庵院櫛比，半爲吳越、兩宋所刱，而崇福寺獨壯麗閎深，爲群刹之冠。然自吳越刱建以來，千餘年間，紀載缺遺，碑碣無考，蓋由寺無恒産，主席更易不常，高僧不能聚集。至國朝康熙間，始有捐田舍地之檀護，寺中稍有稻粱可資，而主僧率不暇爲文飾之務，地處郊坰，騷人詞客足迹又不恒至，以致舊述無稽。水月居額跋雖云有舊志，搜之無所得。東鄉諸古刹之有專志者，惟辯利院；而此寺較古，不可無志以垂久遠。文藻移家臨江鄉二十餘年，村廬距寺數百武，不辭弇陋，與玉山上人諮訪耆宿，參稽故籍，刱成《寺志》，釐爲四卷。新模憑諸目見，舊事得之傳聞，訛誤遺漏，知所不免；詳贍增采，俟諸後來。剞劂既竣，爰書簡端。嘉慶六年歲次辛酉九月朔日，朱文藻識。（錄自朱文藻本書卷首）

碑録二種自序

乾隆壬寅夏，青浦少司寇王述庵先生居内艱，來武林，重修《西湖志》，文藻始獲謁見先生。明年癸卯，先生奉恩命起復，秉臬關中。公餘之暇，搜羅金石，創稿爲《金石萃編》一書，其時嘉定王濤定山在幕中，專司編排碑拓之事。先生貽書文藻，謂諸藏弆家凡志乘、説部、文集中有論及金石者，悉爲采録，緘寄關中，以備編入碑跋。

適吾友鮑緑飲以知不足齋藏書六百餘種進于朝，充《四庫全書》采擇，高宗純皇帝賜以《古今圖書集成》一部，俾尊藏于家。内有《金石》一門，雜采史志及諸家説集，爲人間罕見之秘笈。文藻因得借出，逐條手録，彙成一册，寄之西安。繼又見汪氏振綺堂藏書中，有《太平寰宇記》一書，向祇鈔本流傳，未有刻本，復細加檢閲，凡言有碑處所，悉采其説，亦續寄之。未幾，先生移節滇藩，道遠不及再寄。其從前兩次寄陝之本，皆歸定山檢查，有碑可系者則抽出録之，無碑者存以備考，此《碑録》二種之原委也。

迨甲寅春，先生年已七十，由刑部侍郎蒙恩予告歸。里居多清暇，乃發篋中所藏金石摹文，詳加考訂。嘉慶辛酉歲，先生來武林，主講敷文書院，因招文藻分任編校之役。壬戌以後，乃館寓青浦珠街角三泖漁莊，是爲先生之居。歲（森按：“歲”上蓋脱“明”字）定山亦來同寓，聚首一年，檢故篋得此二種，尚是文藻手録原本，仍畀文藻收藏。蓋自癸卯迄于癸亥，閲歲二十有一年，此二種者自浙寄秦，自秦移滇，自滇移江右，移京師，輾轉幾逾萬里，而今日者復得入文藻之手，若非珍惜如定山，則此册不知弃之何所矣。

甲子，定山歸課鄉塾，暇時來珠街，必過寓齋劇談。乙丑秋卧疾，竟不起。文藻乃取此二種編聯成帙，藏之敝篋，以示後人，俾知良友珍愛予書，得以久而不遺。而予之勤筆寫書，數十年如一日，于此可見一斑矣。書無可名，目之曰《碑録二種》云。嘉慶丙寅暮春，碧溪居士朱文藻識于三泖漁莊，時年七十有二。（録自南京圖書館藏道光九年瞿氏清吟閣鈔本卷首）

森按：北京國家圖書館藏魏錫曾鈔本，此序葉眉有魏氏校語云：“‘歲’上疑有脱字。”今繹上文言“壬戌館三泖漁莊”，下文言“自癸卯迄于癸亥”，則朗齋館三泖漁莊之明年，王濤亦來同寓，則“歲”上蓋脱“明”字矣。

洞霄詩集續自序

洞霄宫元本山道士孟集虛，編自唐至元諸家詩十四卷，爲《洞霄詩集》，與鄧牧心《圖志》

并傳。今仿其例，自唐至國朝，編爲六卷；其唐、宋、元人詩有孟《集》所未備者，有已采而與別本不同者，悉爲補載，以資參考。至近人所作，無論已往及現在人，總以所得之前後爲次，隨收隨録。孟《集》之例，高道、高僧別立爲卷，其在元代人謂之"國朝名公"。今釋、道二家得詩無多，不復析出；而"名公"之稱，僅可出之方外之口，今亦不必沿襲也。嘉慶三年歲次戊午春正月，仁和朱文藻識。（録自嘉慶《餘杭縣志》卷三十五）

益都金石記序

乙卯仲夏，余與益都段赤亭先生同受山東學使阮宫詹芸臺先生之聘，輯《山左金石志》于濟南試院之四照樓下，聯榻于積古齋中，共晨夕者凡四閲月。迨九月初，宫詹膺視學浙江之命，相與移榻于大明湖北渚小滄浪亭者又二十日。于是余隨宫詹將南行，赤亭俶裝東歸。瀕行，以所著《益都金石志》四卷，乞識一言于簡端。

是編專載益都金石，現存者垂百餘種，已悉摹其文、采其説，録入《山左金石志》矣；已亡者尚五十餘種，詳列其目，則無可訪者也。赤亭年已五旬，弱冠應童子試，吾鄉周兩塍先生令益都，以青州疆域沿革策問所試士，獨赤亭援筆條答數千言，周公异之，拔冠多士，由是最器重之。三十年來，屢應省闈輒不利。而酷嗜金石，等于性命，無論穹碑巨刻，即殘碣斷崖有數筆可髣髴者，必手錐而目諦之，考訂群書，詳得其説而後快。積時成帙，録爲是編，然猶域于一邑，其他所見聞不在是也。

余初未至濟南時，赤亭先偕一拓工，隨一童，襆被遍走山左諸郡。至泰安，上泰山；至曲阜，謁孔廟；至長清，游靈巖五峰；至肥城，訪郭巨石室；至東阿，訪陳思王、黄石公諸碑；至淄川，訪李北海碑。而以至臨朐沂山仰天洞，得趙德父題名四種爲最樂，蓋從未見于著録者。赤亭性情既與德父合，而德父題名又賴赤亭以復顯于世，吾以謂赤亭殆德父後身也。至濟寧，見黄秋盦司馬，訪漢魏諸碑于州學，得余所著《濟寧金石録》，携歸濟南，以余書體例正與是編同也。

余雖長于赤亭十餘歲，而精力强健同乎赤亭，又同有金石之癖，皆不利于場屋，皓首爲老諸生，著書考證皆不知倦，不可謂同志矣乎！特赤亭家益都，余家武林，道路且隔二千餘里而遥。先是，余舟過毘陵，晤周小塍于武進官舍，言及益都有厚交段赤亭者在焉，初不料余之得見赤亭也。蓋小塍即兩塍之子，端人也，獨言赤亭爲所厚，余已心慕之。及到濟寧，秋盦復爲余言赤亭之學行，余益心慕之。古人有千里神交終身不一見者，今余與赤亭聚首于大明湖上至數月之久，是殆有天焉，非人意料所及也。今且將歸矣，人世間聚者散，合者離，理有常然，無足异。然不可無以識之，因即書于卷首，俾覽是編者見吾兩人定交之始末如是也。乾隆六十年歲在乙卯九月望後，仁和朱文藻書于小滄浪之水木明瑟軒。（録自段松苓本書卷首）

蘇碑考序

表忠觀碑，余向見三本：一是嘉靖三十六年郡守陳公重摹本；一是陳吉士所鐫行書本，即王衡《跋》所稱字僅拇指大者也；最後始見原碑，即府學掘地所得者。三本互校，皆微有不同。如"蘇軾撰并書"，吉士本無"并書"二字；"二十有六"，吉士本作"廿有六"；銘詞末"視此刻文"，陳柯本作"觀此刻本"。吾友陳以剛又言："'而蜀江南'，板本作'西蜀江南'。"不知所謂板本者，又何本也？今原碑已蝕，無可據矣。

原碑舊在龍山，不知何年移置郡庠？以臆度之，當與石經同時之事，國朝乾隆五年，余教授剛得于泮宮後。石原四片八面，今出土只得二片，一面嵌壁，搨者不得其全。乾隆乙卯歲，適杭嘉湖道秦公瀛、糧儲道張公映璣來觀，無錫錢立群泳即力言之，乃舁至觀中，與嘉靖重摹本同列，千年名迹位置得所，亦時會爲之也。（錄自王昶《金石萃編》卷一三七）

捍海塘志序

杭郡有仁和縣，宋汴都有仁和門。高宗南渡，過杭，聞縣名仁和，喜曰："此京師城門名也。"駐蹕之意始此。文藻竊謂吳越武肅王之有國，其事正與此相類。武肅當唐景福初除鎮海軍節度使，後徙鎮海軍額于杭州，由是奄有浙東西土宇，未始不因郡有錢塘，宜爲錢氏之國之徵也。

錢塘縣建置始于秦，而劉道真《錢塘記》，謂漢議曹華信立塘防水，募有能致土石者即與錢，塘成而縣境蒙利，于是爲錢塘縣。自李吉甫以下，多疑此說爲謬，謂秦時已名錢唐，不始于華信也。新修《杭州府志》又謂："秦時'唐'字無'土'，至此加'土'，庸詎不因華議曹築塘事乎？若云唐時加'土'，則道真宋元嘉間人也，何遂以'錢塘記'名其書乎？"文藻謂築塘捍水，無錢則何由致土石？凡塘皆然，不必杭郡江塘獨以錢著。《說文》本無"塘"字，"塘"皆作"唐"。《周語》："陂唐污庳，以鍾其美。"注云："唐，俗本作塘。"則劉道真之《錢塘記》，或亦後人俗書乎？此皆不具論。武肅領節度于鎮海，而州境有塘適與姓合，武肅又施功于塘，萬世蒙其利，雖謂塘之名錢，爲武肅先兆焉可也。

五代十國若南唐、西蜀、南漢、北漢、湖南、荊南、漳泉，《宋史》傳列于《世家》，逾數百年來，過其遺墟，訪其後嗣，罕有能稱道之者。獨吳越廟祀之崇、子孫之盛，遍滿十四州境，豈非以武肅之豐功偉烈不可磨滅也歟！武肅之功烈，人皆知其後納土歸朝，使生民不遭兵革爲最大，而不知築塘捍海之功，尤足垂萬世而不敝也。文藻與錢君階中舊同里居，好學能文，有聲黌序。近承其叔蕚園先生之命，修《錢氏宗譜》，因先輯《表忠觀志》。既成，出所列《捍海塘志》一種，披而讀之，繪圖列説，諸家志乘、傳記所載強弩射潮之事，采撮賅備。他如《金塗塔》、《鐵券》、《蘇碑》、《備考》、《經籍志》、《書畫錄》、《金石錄》、《志餘》諸類，無不稱是。譜牒之資于考鏡者，莫若錢氏，而錢氏譜之有繫于郡人謳思者，又莫若捍海塘矣。讀是志者，不徒嘉其博覽多聞，而尤重其學識之能見其大也。嘉慶二年歲次丁巳仲冬廿又九日，朱文藻謹識。（錄自錢泰階等本書卷首）

毛楓山醫方二種序

　　武林毛楓山先生，自幼業儒，長而攻醫，心存濟世。家居湖墅，年垂八旬，遠近延診者大率耕桑鹽織之家，祁寒暑雨，凌晨徒步而往，十里五里，未嘗命肩輿、索重費，亦未嘗延時刻以誤人守候。力不足者，或施藥以濟之，未嘗索其貲，計數十年中活人無算。

　　近乃裒集其生平親試有效之方，都爲一編，分《濟世養生》、《便易經驗》爲二集。蓋養生者，防患于未然；而經驗者，則信徵于已然也。不以自秘，刻以傳人，仁人之術，不是過矣！又復虛心集益，以録本質之汪太完先生。太完乃集同人貲，將謀付梓，以刊施窮鄉僻壤之延醫不及者；更出是編，以貽汪君天潛及予．同校數過。天潛蓋致力于醫者也，予非知醫者，然先生之用心，亦足以窺見大略。校畢，且親訪先生于湖墅，蓋悉先生之梗概，爰弁數言簡端，以告世之覽是編者。時乾隆癸丑年春正月元日，碧溪居士朱文藻謹序。（録自毛世洪《濟世養生集》、《便易經驗集》合刊本卷首）

　　森按：此文從游潘妍艷君檢示，書此志謝。

日下題襟合集序

　　歲在丙戌，吾友嚴鐵橋偕陸筱飲、潘秋庫赴公車，至京師，寓南城之天陞店。偶過書肆，邂逅朝鮮行人李基聖，見鐵橋所帶眼鏡，愛之，舉以相贈。歸言于正使李烜、副使金善行、洪檍，及金副使弟在行、洪副使姪大容，皆心慕之。越數日，李公訪得鐵橋所寓，來相見，談竟日歸，益傾倒之。由是諸人願見如渴，而金、洪二君欽慕尤甚。既而二君來，鐵橋、秋庫亦偕往；筱飲以事不及赴，故贈答書畫終于隔面。當時彼此問答，語言不通，率假筆札，都爲攜去；所存者僅遣伻來致之詩牋、尺牘，而又多爲秋庫所藏，鐵橋得者十不及四五。

　　是歲夏五，鐵橋歸，檢以示余，觀其楮墨寫作之精，已足珍玩。至其深情難別，淚隨墨和，又能規諫剴切，絕無浮諛。吾輩同里閈，事徵逐，聚首二十年，中間悲喜離合之故，往往淡漠置之。而此諸人者遠在海隅，一朝萍合，乃至若是用情之深，交友本至性，豈以地限哉！

　　今年鐵橋客閩，閏秋之月，秋庫得洪大容去秋所寄書及墨函致客中，幾四千言，多襲道學緒論。而其時鐵橋染瘧兩月，力疾答書，亦幾三千言，闡道析疑，一洗陳腐之習，語語痛快。十月既望，鐵橋疾亟，旋里兩旬而殀，痛哉！痛哉！易簀之夕，招余坐床第，被中出洪書令讀之，視眼角淚潸潸下；又取墨嗅之，愛其古香，笑而藏之。時已舌彊口斜，手顫氣逆，不能支矣。悲夫！

　　今猶子奏唐收拾遺稿，乞余編次。余感鐵橋彌留眷眷之意，因先取其所存諸人墨迹，編録一册，凡鐵橋所與贈答詩文悉附入，故本集不載；而筱飲數詩，存者亦録之，其在秋庫處者未及也，題曰《日下題襟合集》。集凡五人，金、洪二君交情尤摯，列于前；李、金、洪三使但詩文往來，列于後；李基聖無詩文，以其爲緣起之人，故列小像于首，元本次序如此。卷中缺字，蓋字迹之不可識者；有可識而義晦者，亦彼國文理然也。乾隆

丁亥十二月立春前三日，朱文藻述。（録自上海圖書館藏勞權校本卷首）

己丑之冬，洪君湛軒寄來《鐵橋遺唾》一册。校舊稿，闕者悉補入，有不同者詳注于下。庚寅十二月立春日，文藻又記。（韓國首爾大學中央圖書館藏《鐵橋全集》鈔本册四《日下題襟集》卷首）

森按：此書初編本，名《日下題襟合集》，上海圖書館、北京國家圖書館、北京大學圖書館各藏有鈔本，諸人排次如《序》中所述者。此集乾隆三十五年朱文藻曾加增補，收入《鐵橋全集》册四、册五，排次稱謂改爲李令公、順義君（李烜）、金宰相（善行）、洪執義（檍）、金秀才（册四），册五爲洪高士，蓋與洪大容書札、贈答獨多，自爲一册。從游黄雅詩君適客游韓國，因請伊代鈔《鐵橋全集》朗齋各文，書此志謝。

投壺詩存序

往歲丁亥，余館汪氏三年矣，齋中屨履聚會之歡，是年最盛。屋東雅室三楹，曰静寄東軒。軒南危樓三層，曰是亦樓，金溪黄萃峰寓之，萃峰精形家言，主人延之卜兆也。其下觀馴齋，余與張栽軒布硯席左右。軒後有室，池屈曲流室中，石立池上，曰一房山，孫愛白齋也。軒西小室曰泊花；又西爲愛白軒，主人偃息之地，陳石泉下榻其旁。又極西曰讀書處，南有滁硯池，池剖獨石，廣四尺，堆石其中，蒔雜花木，其屋曰滁硯山房，湯尹亭齋也。又極西北，割宅爲趙恒齋之居，洎主人之群季，曰滁原，曰兼山，曰秋岩。此十人者，常以詩歌倡和。外若江大波、姜瑞麓、邵竹溪、趙淳甫、汪潤齋諸人，每當會食，上下密坐，噱飲歡笑以爲常。

主人素蓄銅壺一，歲前周皆山遺竹矢十餘枚，主人增木矢二十枚，削梅枝爲之。偶于《説郛》中見温公《投壺譜》，于是習行其法，創爲投壺課詩格，逢三六九日，先夕投壺，次日課詩。凡十人，投壺中多者出詩題，次多者評詩，并免賦詩；又次者磨勘，詩中謬誤最少者膳詩；不作詩者，罰錢買色牋。次日限午前詩成，易書畢，不署本名，編字爲號封閉，評詩人一室，評畢，定次第。名列一二三，及評詩、易書人差等勞以牋。評詩之時，衆人屏息静待，徬徨窺探，若赴試之候榜名，高者榮之，亦有落第而争相訕議者。磨勘人取上卷較有謬誤，罰評詩人所得牋。第一人録全詩黏于壁，閲數月，積詩浸多。主人性嚴重，戒約游嬉塾中，賓友惟以課讀爲務。是時出入煩擾，無非投壺賦詩事，獨顧而色喜，無纖芥嫌。魚亭先生諸務煩冗，稍有一刻閑，即與諸人偕。

一日，家中有土木之役，石泉方董工，適當投壺，先生走招，石泉至，中最多，遂出"兩頭纖纖"題，先生欣然樂之，如是者指不勝屈。迨歲暮，余與栽軒擇詩中佳者録爲二卷，題曰《投壺詩存》，以余爲之主，諸公爲同作。解館之日，同人集齋中分韻賦詩，余詩有"人生感離合，群鳥謀棲止。寒巢夕響飛，吾輩今若是"之句，萃峰凄然淚下，蓋恐歡會之不易多得也。

次年，萃峰赴北闈，嗣後不復會。栽軒以病死，尹亭游太學，愛白、竹溪相繼辭去，瑞麓亦亡。而主人介翁辭世，魚亭先生哀痛勞瘁，經年而卒。嗚呼！十餘人中，離合存亡，哀樂异情。落拓如余，亦復潦倒，襟懷作惡。追憶四年前事，恍如隔世。魚亭先生既卒，遺詩散佚,哀而集之。檢錄此卷,因復詳記其事,書畢,不覺淚涔涔下。辛卯九月二十五日,朱文藻記。(録自南京圖書館藏鈔本卷首)

西溪懷舊詩鈔序

　　詩十二家,首爲沈畊寸先生,次則沈桐溪、魏柳洲、嚴九峰、沈玉屏、嚴鐵橋、何春渚、胡葑唐、沈菊人及文藻,凡十人,皆丙子春日同游西溪者。自是吟會數舉,大都不外此西溪舊侶也。附以胡雲溪、朱晚樵二家,因兄及弟,因師及友,此外更不泛及焉。其後十餘年,死亡相繼,十存三四,亦多潦倒頹唐。年來與胡葑唐、孫半峰、項秋子諸人繼舉吟會,非復如疇時之費約而易集。總之,乙酉以前聚會,講求獲益既速,而其爲樂亦不能忘也。(録自胡敬輯《葑唐府君年譜》乾隆丙子條)

西溪吟友詩鈔序

　　鐵橋名誠,字力暗,九峰弟。初從孫雙樹先生游,雙樹先生善詩,門弟子學詩皆蚤。鐵橋既能詩,九峰亦樂爲之,于是昆弟倡和一室。余師耕寸先生素好詩,聞之,遂往來贈答,興劇豪。其時玉屏兄弟、葑塘及余亦交相鼓舞,姑不論何者爲詩,而曹曹作之,其後并漸入蹊徑。此西溪吟友學詩之由也。
　　鐵橋蚤歲爲諸生,頗不喜作制藝,然才氣浩瀚,偶然得意,蘸筆疾書,無不痛快。嗜游山,與九峰同。嘗大雪獨上棲霞山,雪路未闢,如開蠶叢,登巔狂叫,林谷皆應。從雙樹先生訪沈桐溪水樂寺,寺側有石梁,長幾丈,闊不數寸,鼓勇而過,其同游者不能從也。好飲酒,預譙會,興不至,舉盃輒醉;若興至,雖終夜常醒。時或獨居寡儔,揮盃自勸,拍案狂歌,忽悲忽喜。工書大小篆、行楷,尤善分書。又好作畫,名山大川、疏林密竹,以逮神奇鬼怪,淡墨數筆,意匠曲盡。胸襟坦白,負豪氣,性介而和,與人無争,故人多樂與游,與余交最親厚。歲己卯,同齋中讀書,講學論古語皆合,至飢飽涼燠悉體之。庚辰秋,余病暴下,而鐵橋亦患髀創,時于枕上作書,或歌詩倡和,各遣子姪往來,日數過。余落拓不治生,家竟貧,常憂余母老,妻子累重,仰事俯育日益艱,凡可佐余貧者籌之稔。余思其氣誼,中夜感泣,往往形諸夢寐。
　　鐵橋詩積二十年,別有集,茲所鈔者,特其關係朋舊之作耳。乙酉長夏,朱文藻序。(録自韓國首爾大學中央圖書館藏《鐵橋全集》鈔本册三《外集》)

沈桐溪懷舊詩序

　　桐溪名鵬,字振飛,姓沈氏。尊人自桐鄉遷武林,故號桐溪,志不忘先也。事母至孝,性愛潔,絶嗜欲,端人品,尚氣節,重然諾,不苟嚬笑,不輕交人,交必終身如一日。
　　初館臨江鄉十餘年,二兄蚤世,撫猶子如己子,終身不娶,束修之入,奉母菽水,餘悉以給猶子,于己罄如也。後館石屋山中,母卒,貧無以葬,有山人感其孝,讓其地,不計其值。嗣是益與溪山爲緣，旦夕登臨，笻竹芒鞋無虛日。時以性靈發爲詩歌，如餐霞吸露，不著烟火氣。城中交最久者，施惺庵先生喬梓，若西溪舊侶，皆先後定交者也。

在南山三年，又移龍泓九年。同人過訪，或三五人，或六七八人，往往梯霞破霧而往，則必山肴雜陳，呼酒盡醉然後別。有李蘭谷者，忽弃父母妻子，背儒學道，桐溪作詩力阻之，詩往復不已，竟絶其念。其氣誼敦篤如此。

山館所得甚薄，囊橐蕭然。余嘗作書勸其寡應酬、厚儲蓄，爲終老計。桐溪讀之泣下，常出余書示故人，無不欷歔嘆息者。今年春，余睹其臥室所藏，僅破書半籠，著詩千餘篇而已。吁，可慨也夫！桐溪詩既多，余爲選其要如干首，録入《懷舊詩鈔》。乙酉長夏，朱文藻序。（録自南京圖書館藏沈鵬《桐溪詩草》鈔本）

森按：此文荷南京大學徐雁平教授代爲寫録，書此志謝。

嚴鐵橋全集序

嚴鐵橋名誠，字力暗，浙杭仁和東里人，文藻性命之友也。舉孝廉，卒年三十六。工詩善畫，所著雜稿，未經手定。余取其詩，分爲二編，擇其尤曰《詩選》，其次則曰《詩存》，其在可删與介于删存之間者不與焉。文多隨手散弃，隨所見收之，彙爲一編。試帖爲功令所重，格律工整，是所手定者，全録爲一編。既善畫，則有題畫詩文，亦別爲一編，曰《畫録》。至友朋題贈、哀輓諸作，則題曰《外集》。其與朝鮮諸公往來諸作，仍原題曰《日下題襟集》，其全集如此。余既爲之手録一通，藏于其家矣。己丑之冬，洪君湛軒書來，索觀遺集，復爲手録以貽之。

欽惟我國家右文稽古，重道崇儒，養士之恩至優且渥，海內人文蔚起，士風丕振。京師爲首善之地，萬國車書，四方輻輳，英賢薈萃，難以名數。而朝鮮諸公入貢神京，慕盛朝之文物，觀上國之休光，雖未得全攬羣英，而偶有所遇，如睹祥麟威鳳，驚喜交集，此實朝廷文教覃敷，足以感召遠慕。若鐵橋者，藐何足云，湛軒諸人一見鐵橋，情親意摯，愛如弟昆。鐵橋人品真醇，無媿端士。而觀諸人之知重鐵橋，足徵其沐浴皇仁，尊隆聖治，悅服之誠可想見矣。文藻草茆陋儒，慕此盛事，敬爲踊躍書于卷首。乾隆三十五年歲次庚寅十二月立春日，朱文藻序。（録自韓國首爾大學中央圖書館藏《鐵橋全集》鈔本卷首）

頻迦偶吟序

張世犖，字寓椿，號無夜，又號妙峰。生時，母夢大士授春蓮，又自號夢蓮生。錢塘人，工時藝。乾隆甲子鄉試，妻父方翁雉昇虔奉關帝，一夕，夢帝降于庭，因問張某科名，帝曰："汝自檢鈔袋。"見蟹兩半隻，遂覺，解之曰："半蟹爲解，兩半合，則圓矣。"榜發，果解元。屢北上，下第。益工詩，詩多效法唐人，以切題尚。

家貧，館食四方。性落落，與世寡合，然坦率無機心。工書，得力于蘇。嗜酒，人求書，必飲盡醉，醉後隨筆作書，不矜意而惟自得。晚年學佛，與妻方同習禪誦。方名蓮慧，殁後，爲誦《玉虛寶懺》百部。逾年，于吳門舟中夢方乘空而至，有二童子執旛前導，其旛白綾紅緣，上書"清故方氏"，大笑而去。

先生卒年七十五，子若孫力不能葬。汪漁亭先生，同年友也，爲醵資營兆于九里松北，并遷其先世厝棺合葬焉。著《頻迦偶吟》，皆手稿未定，予爲手鈔二百餘篇。乾隆辛卯，朱文藻述。（録自張世犖本書卷首，北京國家圖書館藏朱文藻鈔本）

雁宕游草序

山水者，天地之靈秘也，人生其間，具仁知之性者可以得其效，得其效者可以言游。游有四難，無天性之好一，無腰膂之健二，無資斧之力三，無因緣之福四。四者具矣，可以游矣；而又無詩文筆妙以洩天地之秘奧，則雖身歷其間，與樵夫牧豎等耳，然則游豈易言哉！

浙東諸山以台宕爲最，雨村先生久居台郡，天台山存户庭，其遠隔數日程者雁宕也。去歲丁未，爲先生六十壽，家人謀舉觴稱慶，先生却之，取其費爲游資，裹十日糧，而雁宕之游始遂，所謂四難者，先生未嘗缺一。既歸，以逐日所記及喬梓唱和之作，裒爲《游草》，録以示戚友之好游者，余因得受而讀之。

憶余年十六，即從事于游桐江，度黎嶺，止乎柘浦。既而走桃花隘，下永嘉江，尋石門、帆海諸勝，泝從栝蒼僻徑達龍泉；西入崇安，歷武夷、九曲，芒鞋襆被，無歲不游，千金之產坐是耗盡，而興未已也。趨三吳，探靈巖，問君山渡，覓食江沙蘆荻之間。歸息里門，館于汪氏，比部魚亭知余好游也，約余年逾四十，許出資畀作五嶽游；年將届，比部歸道山，遂不果。踰數年，附公車北上，瞻北固，眺金焦，入揚子，艤棹平山，驅車鄒嶧，縱目燕南趙北，曠然大觀。客金臺，因陳信卿之力游西山；歸里則藉汪天潛之力游雙徑、洞霄，如是而游止矣。計三十餘年中所歷之境，獨游時多，偕游者少，蓋窘于貲力，隘于福緣，而天性、腰膂依然也。年來惟兩峰三竺，月一至焉，奇山勝水之緣，托諸卧游已耳。今年養疴三閱月，疾已而足不加健，步踰十里輒力疲被乏，求先生之年而能作此勝游，殆不可得矣。

先生精神充溢，游躒如地行仙，十年一游，所得山水之靈秘，正未可量。而賢嗣林立，撰杖遨游，極天倫之樂事，古今來能游者不能具此福也。往余在遺書局中，見明人南昌胡汝寧有《雁山志》四卷，名勝題咏加詳焉，讀其書，因慕雁山之勝不置。今先生自叙中所列諸書，獨不及胡《志》，豈雁山諸梵刹未備其書耶？近年友人孫在鑑有重修之役，聚群書而裒輯之，先生《游草》刊成，可畀孫君采集而垂諸久遠矣。讀竟，因爲健羨而書于簡端。乾隆戊申重九前五日。（録自張廷俊本書卷首，又項元勛編《台州經籍志》卷三十三）

蓮湖詩草序

西安徐西河先生，爲三衢望族，文章、政績表著于志乘者，上下千餘年來，代有聞人。在唐則有安貞公，以善五言詩應制舉。在宋則有道深公，宦游著籍，有文集藏史館；

又有仲山公，文名爲尤延之所稱，著《紹興聖政寶鑑》；其弟次山公，復以《竹溪詩集》著名于時；又元禮公以善《易》受知于理宗，其嘉言懿行詳見魏鶴山、葉石林兩家文集中。在明則迂叟公精《春秋》學，著《城南集》；又用晦公讀書談道，以《風月交談集》傳世；又清之公淹貫博洽，見稱于徐文貞，歷官兩川，愛民如子；又君義公兩令劇邑，皆有惠政，富于藏弄，結社足園，以角藝丹黃爲事，行世之書若《談薈》、《雪艇塵餘》諸編，其最著也。國朝則鳴玉公敦行雄文，耽泉石，多著述，若《隱史》，若《東珂偶錄》，若《北行草》，皆已行世；又若谷公以工詩能文，應康熙己未鴻詞之徵。

今先生上承奕葉詩書之澤，聿紹弓裘，由名孝廉秉鐸麗水，擢宰阜寧，近乃調攝甘泉，士民愛戴。所至皆以文學飾吏治，校士則珠玉不遺，賦詩則江山多助，篇什所積，篋笥充盈，寮友門生筆札不給。因衷選自乾隆丙申迄嘉慶庚申所作，厘爲二卷，題曰《蓮湖詩草》，授之梓人。

維時文藻方有事于校刊禾《志》之役，館寓鴛湖書院。禾郡孔君恒齋出示是編，俾董其成。因得盡讀先生之詩，和平溫厚，抒寫性情，而育才愛民之實心藹然溢于言外，蓋非徒以吟諷之末藝托諸空言者可同日語矣。于以演三衢風雅之緒，而爲大江南北弦歌興誦之先聲，吾知是編出，而平山三賢之芳躅不得擅美于前矣。信安、邗水皆文藻熟游地，嘉禾郡治先生又嘗假館，而詩適于此刻成，然則文藻于先生企仰之緣，殆非偶然之數也。刻既竣，爰志其愉快之忱，以弁諸簡端。嘉慶六年歲次辛酉二月既望，武林朱文藻謹識。（錄自徐崇熰本書卷首）

森按：此文荷南京大學徐雁平教授代爲寫錄，書此志謝。

知不足齋叢書序

叢書之名何所昉乎？昌黎詩云"門以兩版，叢書其間"，猶叢積之義也。其萃群書而彙爲一編，前明始有《漢魏叢書》、《唐宋叢書》、《格致叢書》諸刻。至國朝，而新安張氏、錢塘王氏，以及棟亭、雅雨諸家，搜奇集勝，流播藝林者，遂指不勝屈。而唐陸天隨自名其詩文曰《笠澤叢書》，實其權輿也。

天隨之言曰："叢書者，叢脞之書也。叢脞，猶細碎也，細而不遺大，可知其所容矣。"儒者研窮經史，以探其源，而又必泛濫乎諸子百家之書，以竟其流。古今撰著，浩如煙海，耳目狹隘，安能周知？有人焉叢聚一區，以供學人之沿溯，而飲河腹滿者獨掉頭而不顧焉，君子謂其所學者縱得其源，而于容納細流之量，未見其大也。

吾友鮑君以文，世居歙之長塘，尊丈敏菴先生遷寓武林。性耽文史，築室儲書，取《戴記》"學然後知不足"之義，以顏其齋。君讀先人遺書，益增廣之；令子士恭，又復沈浸不倦，君字之曰"志祖"，蓋嗜書累葉如君家者，可謂難矣。

三十年來，近自嘉禾、吳興，遠而大江南北，客有以异書來售武林者，必先過君之門；或遠不可致，則郵書求之。浙東西藏書家，若趙氏小山堂、盧氏抱經堂、汪氏振綺堂、吳氏瓶花齋、孫氏壽松堂、郁氏東嘯軒、吳氏拜經樓、鄭氏二老閣、金氏桐華館，參合有無，互爲借鈔。至先哲後人家藏手澤，亦多假錄。一編在手，廢寢忘食，丹鉛無已時。一字之疑，一行之缺，必博徵以證之，廣詢以求之，有得則狂喜，如獲珍貝；不得，雖積思累歲月不休。溪山薄游，常携簡策自隨，年幾五旬，精明不儓，懇懇懇懇，若將終身。

往歲恭遇聖天子開四庫全書館，徵天下遺書，以備采擇。君家以善本六百餘種獻之于朝，由是知不足齋之名上徹天聽，皇帝親灑宸翰，題所進《唐闕史》及宋仁宗《武經總要》二書，俾與恩賜《古今圖書集成》萬卷永爲世寶。御製詩首有"知不足齋奚不足，渴于書籍是賢乎"之句，士林艷稱之，蓋千載稽古之士未有榮遇如斯者！惟君之苦心宜膺此異數矣。海內書林聞君多异書，大率阻于山川，無由借讀。而君裒集既多，樂于公世，知交中有能成就君志者，醵金爲助。于是出其所儲，爲前諸家所未刊，或已刊而訛脱過甚者，悉心勘定，壽之棗梨，仿前人成例，目曰叢書，而冠以知不足齋之名，戴君恩且承先志也。

余館于振綺堂十餘年，君借鈔諸書，皆余檢集；君所刻書，余嘗預點勘。余與君同嗜好，共甘苦，君以爲知之深者莫余若也。夫勤儉之家，揩拄米鹽，經營鍼縷，惟同室者悉其艱難，處膏腴之境不知也；名山勝水，雲巒烟壑，奇變萬狀，惟同游者能喻其趣，閉戶之子茫如也。君今略去世俗名位之見，而獨取余言以爲序。嗟乎！余誠何幸，得附君書以垂不朽。然余文謭陋，惟貽譏是懼，抑或者天下後世惟重君書，將不復罪余之不文也。乾隆四十一年歲次丙申花朝日，朱文藻謹序。（録自鮑廷博《知不足齋叢書》第一集卷首）

校九經字樣題識

《新加九經字樣》，唐唐玄度撰。其書關中有石刻，康熙乙未，歙人項氏刊校行世。錢唐趙信取趙氏學士樓所藏宋槧本據以校刊，正文小注悉依宋本，而附識石本、項本互异之處于每部之後，其石刻蓋從黃松石先生家藏舊拓本借校。癸丑初夏，予館松石先生令子小松司馬沭寧官署。到館未久，司馬以趙刻見示；問舊藏石本，則留于錢塘，不得見也。展讀一過，見其中訛處尚多，皆本石本、項本之舊，趙氏皆不敢遽改；而亦因未諳六書之義，未經校出者。《説文》小傳（森按：疑"篆"字之誤）大抵根據六書，差之毫釐，失之千里，欲以傳信，反致滋疑，非所以翼聖經而衛小學也。爰摘録于後，備好古者正定焉。其書宋本十九頁，所録各條皆依頁，庶易檢云。（録自南京圖書館藏朱文藻《校訂存疑》鈔本册三）

校復古編題識

《復古編》，宋吳興張有撰。有字謙中，書分上下二卷。乾隆辛丑，安邑葛鳴陽借新安程氏舊寫本登板。程氏名晋芳，號魚門，官翰林。壬寅歲底，嚴仰浦館寓泰興縣署，遇山左桂馥，是縣令同鄉，共數晨夕，出此相贈。癸卯長夏，仰浦旋杭，復以貽余，受而讀之，疑者數十條列于左，將録一本寄山左桂君。桂字未谷，今官廣文。此書刻于都門琉璃廠，校讎繕寫之精，未谷與有力焉。（録自南京圖書館藏朱文藻《校訂存疑》鈔本册三）

校韻補題識

《韻補》，宋吳棫撰。乾隆壬寅仲夏，欣托山房從明刻本手鈔一過，屬爲校正；又取宋刻本參對。此書中多訛字，宋刻尤甚。今但校正明刻之訛，間有宋刻同訛者，亦舉以相證。若宋刻獨誤之處，皆未暇及。（錄自南京圖書館藏朱文藻《校訂存疑》鈔本册三）

校隸續題識

《隸續》，宋洪适撰。乾隆辛丑秋仲，從汪氏欣托山房新刻本校閱一過，錄其可疑者如左。按汪氏所據以刻者，一曰金風亭長抄本，一曰棟亭曹氏刻本；而自一卷至六卷，則又據泰定乙丑寧國路儒學重刊本。抄本之誤多于棟亭，然頗足補棟亭之闕。泰定本最爲精善，而亦不免有數處難從也。（錄自南京圖書館藏朱文藻《校訂存疑》鈔本册三）

校隸釋題識

《隸釋》，宋鄱陽洪适景伯撰。乾隆辛丑初夏，從欣托山房新刻本校閱一過，錄其可疑者如左。（錄自南京圖書館藏朱文藻《校訂存疑》鈔本册三）

校資治通鑑題識

壽松堂孫氏購得明人路進所刻《通鑑》，取家藏宋本屬余互校，多所增改。其有宋本誤者及可兩存者，并簽記于此，以備參考。又胡三省《注》，宋本所無，取陳仁錫本校正。其兩本俱誤今改正者，亦附識于此。乾隆乙巳新秋，朱文藻記。（錄自南京圖書館藏朱文藻《校訂存疑》鈔本册一）

校續三通題識

乾隆戊戌，應韓城王少宰惺園先生之招入都，館于虎坊橋，校閱三通館續纂《三通》。凡所引正史，有原文可疑者皆簽出，加按以志疑，而附存于此。（錄自南京圖書館藏朱文藻《校訂存疑》鈔本册二）

周易原意叙錄

此書周錯手抄。按無夜先生壽登七旬而卒，此書是四十以前未舉時所作，祇上下二經，不及《繫辭》以下。其云"來歲當更增入經、史、子、集"云云，其後續完與否，竟不可知。余生也晚，得見先生者僅數面。頗聞流俗悠悠之口，謂先生注《易》，語多不經。今觀此書，亦屬訓詁常譚，無甚矜异。時人未見其書及序論大旨，徒見其舉止迂疏，不合時宜，遂併其書同聲毀之。余謂舉者習經，譚何容易！天下焉有纔閱五月而能注一經了無遺憾之理？但先生天資高妙，潛心禪學，頗有頓悟之境。此書雖成之速，視鈍根人終身無是識力者，固相去萬萬也。觀序作"經世"，今標題作"原意"，殆由"經世"未成，姑以"原意"目之，恐是吾友皆山所爲。是書原稿藏其家，人間傳鈔僅見此本，宜珍惜之。（錄自汪璐輯《藏書題識》卷一）

森按：此書張世犖撰。世犖字寓椿，號無夜，浙江錢塘人。乾隆甲子浙江解元，著有《頻迦偶吟》、《南華摸象記》、《楞嚴了義》等。《杭州府志·文苑》有傳。

書集傳或問叙録

此書已刻入《通志堂經解》，今取參校，多與之合。納蘭成德《序》略云："宋東陽陳大猷作《尚書集傳》，用朱子釋經法、呂氏《讀詩記》例，采輯群言，附以己意成編。宋季其書盛行，學者多宗之。《集傳》而外，復成《或問》二卷。《集傳》未及見，而《或問》偶有傳本；惜全編不可得見。大猷登紹定二年進士，由從仕郎，歷六部架閣。《宋史》無傳。同時又有都昌陳大猷，號東齋，亦著《書傳會通》，與東陽別爲一人"云云。今按是書起《堯典》，訖《秦誓》，首尾已全，成德《序》所謂"全編不可得見"者，指《集傳》不可得見，非謂《或問》不全也。此本二册，係明人手鈔，卷末墨卷署（森按：下"卷"字疑衍，"署"疑"筆"字傳寫之訛）一行云"萬曆壬辰冬，借錄于金陵官舍"；其前半頁有朱筆一行云"癸亥夏日，借葉氏菉竹堂藏本校一過"。卷中朱筆校改甚精，而頗多疑義，則《經解》刻本所未及，通志堂不知取何本以校刻也？首頁有印曰"希范"、曰"汲古閣"；卷末曰"安氏小范"、曰"雅言齋"、曰"□曾珍藏"，殆抄于范氏而藏于毛氏，真舊鈔舊藏之本，宜珍惜之。（錄自北京國家圖書館藏朱文藻編《葆醇堂藏書錄》上册，道光九年劉氏味經書屋鈔本）

詩醒八牋叙録

沈心玉先生，山陰老諸生也，用功于《詩》，積一生之力，老而不衰。家赤貧，後嗣亦無繼起者，詢之越人，知先生者多厭薄之，頗迕時好。文藻年二十餘，嘗隨吳穎芳西林先生行至菜市橋十字路口，闤闠喧闐（疑"鬧"字之訛）之中，忽逢先生。兩先生相與談經，語刺刺不已，所談正即此書。是時先生年逾七旬，猶應鄉舉；閱數年卒。嘗訪其著述，不可得見，忽忽至今垂二十餘年。今于都中獲見此本，略讀數篇，見其大指。此本蓋從其家藏手稿傳鈔，故體例編排均未整理，每卷首頁有分卷數者，有不分卷數者。又別無目次，不知其分卷幾何。惟末册《魯頌》稱二十五卷，此下惟《商頌》一卷，以此合之，全書全（疑當作"應"）是二十六卷，然亦不能遽定，今姑標爲十八册云。（錄自朱文藻編《葆醇堂藏書錄》上册）

森按：此書沈冰壺著，上海圖書館、浙江圖書館藏鈔本二十五卷。

儀禮章句翼儀禮集說叙錄

此書周鍇手稿。鍇，吾友也，與東軒主人魚亭先生極友善。先生嘗以論史屬藻，而以論經屬周君。此稿甫就，未及半而先生辭世，使先生無故，此書當觀其成矣。周君潛心讀書，而賦性迂僻，立論又好摘先儒之過，臨江鄉人之語，誠足救其失。（嘗與魚亭先生書云："前日見臨江鄉人，甚□自來注家指斥前儒之説，有似詈駡，便爲居心不醇。弟因思《附論》大不可存。但先儒之説，弟所去取，皆非偶言，則又不能默默，不知如何乃免譏議。"）然庸人千論，必有一得。知其説者，當有以考其是非也。文藻又不通是經，不敢妄爲去取，姑存之，以不没其用心而已。年來與周君疏闊，不知其所業進退。然觀是書，知其用功之勤當不間也。（録自汪璐輯《藏書題識》卷一）

資治同文叙録

此書從越中傳鈔，校對、繕録皆越郡諸生，卷首及面頁各題識姓名。第二册有《校對凡例》十四條，乃會稽諸生王霖所定。別有校訛録本二册，自第七册校起，至二十二册止，凡校正訛處悉録册中，不著姓名。然考此數本内面頁有"紹郡廩生唐虞校對"題署，唐虞嘗至杭郡，與文藻相識，深知其苦心讀書，則此册或即其人所定亦未可知。惜不得其全，姑附存之。此書無總目可稽，尚須重加編摩，方易檢覽。（録自朱文藻編《葆醇堂藏書録》上册）

三國志叙録

此南監板。卷中有墨筆注語，乃丁亥年有書賈持馮夢禎所刻《三國志》求售，中有此注，因合數手，竟日夜録之。按馮刻《志》中，有朱筆評語，標籤題目曰"馬巽倩評閲"；又每卷尾各有朱書翻閲年月，皆李師周筆。師周字廷基，一字東方。卷首又有跋語三條，一曰："五月十七日，燈下偶閲二序、表、傳，時疏雨蛙聲，甚覺有味。"一曰："此亦巽倩先生評閲。余得其評閲《文選》，復購得其《三國志》，吾以重價購，後起者慎毋以重價易也。戊申冬抄，基志于正本堂西牖。"一曰："自申至卯，歷有八載，今觀昔語，殊爲不美。姑存之，以示勉耳。"其卷中別有朱墨筆及夾紙細書，字迹信是杭世駿堇浦所注。今取監本録一過，又別録爲《補注》一書，馮本亦并存，當珍惜之。（録自汪璐輯《藏書題識》卷一）

三國志補注叙録

此書文藻手鈔。往歲丁亥，有書賈以《三國志》求售，見其上方多墨筆細注，不書姓名。觀其筆迹，是前輩杭世駿手書。杭字大宗，號堇浦，武林耆宿也。余既合數人力録稿于史書之上，又別爲莊書一通，厘爲六卷，題曰《三國志補注》，蓋其中引用諸條，皆裴注

所未備也。（録自汪璐輯《藏書題識》卷一）

宋史記叙録

此書小山堂鈔本。自凡例、目録，以迄六十六，皆朱筆評點改抹；六十七卷以下則無。據《居易録》稱，改正目録是湯義仍親筆。此本目録當依湯本朱筆謄寫，而卷中間有朱書一清案語。一清者，小山堂主人趙谷林先生之子，字誠夫也；又有丁敬身墨筆標籤。蓋小山主人聚書，父子賓客環坐，校勘之勤，于此可見。其七十五以下闕卷。鮑渌飲嘗云："王氏圖書，沈于汴水。此半部從水中撈起，世間流傳，惟此而已。"然考之《静志居詩話》云："損仲《宋史記》，予從吴興抄得之，未見出人意表。"則吴興潘本（潘昭度，見王士禎序）全書傳抄非一，不知何時得見也。（録自汪璐輯《藏書題識》卷一）

十國春秋叙録

此書康熙十七年迴迴堂彙賢齋梓行。其書大率裒集舊文，不加論斷。即以南唐而論，紀、傳皆取馬、陸二書連綴成篇，雜採他書、馬注及其大端補入正文。然引用諸書，或有謬誤，不能悉加改正。如《徐鍇傳》載《説文通釋》四十卷、《説文繫傳》四十卷。《通釋》即《繫傳》中標目，鍇書只四十卷，《宋史·藝文志》誤分爲二書，而此處亦仍其訛。蓋采輯群書，難于校訂，理勢然也。此書板已散佚，印本無多，當藏之。卷中間有墨筆著論，是吴石蒼手筆，尤可貴也。（録自汪璐輯《藏書題識》卷一）

寶祐四年登科録叙録

此書因文天祥而存也。前有殘缺處二十餘葉，後缺文文山《廷對策》及《門謝表》，中間模糊之處亦多。乾隆丁亥，得鮑渌飲所藏鈔本，缺者補之，互異者標識于上，兩家藏本略稱完善。惟以朱暉已下尚有二十四人未詳，《廷對策》下、《門謝表》前缺文一段，并無從考補爲憾。（録自汪璐輯《藏書題識》卷一）

龍飛紀略叙録

吴朴又有《秘閣元龜政要》十六卷。趙一清《跋》曰："右《秘閣元龜政要》，不詳作者姓氏。閲其書，知爲閩之漳州人，嘉靖時嘗從征安南者。按吴朴《龍飛紀略·自序》云：'先大夫范長、劉辰除和遺事，太祖大見欣納。臣于征伐、禮樂，採而輯之，久藏巾笥。以議處安南，爲與議者聞于當道，流遁數遠。提學副使田，行文取覽，直名爲《國朝綱目》'云云。其中論斷語，亦多徵用之，則是書疑即朴所作。朴字華甫，漳州詔安人。所謂副使田，即吾鄉先達田公汝成叔禾也。書凡十六册，首葉有'曾在李鹿山處'圖記。李公諱馥，亦閩人，嘗撫吾浙，以事罷去。不數年間，所藏遂散亡流失，良可慨矣。又檢諸簿録中，惟《絳雲樓書目》有之，冊數與此合，而不注明卷數。按明太祖以壬辰起兵，是書始于丙申；太祖在位三十一年，是書終于二十八年，首尾俱有遺脱。内失甲辰至丁未四年事，又失丁巳至己未三年事；而行款點畫之舛誤者，不可悉數。是本既爲虞山錢氏舊鈔，宜其精善完好，而紕繆若此，信乎藏書之難也。予方苦足疾，兀坐無聊，因取高皇文集并《實錄》諸書參校，庶幾十得其五云。雍正九年冬至前二日，勿藥子記。"此書插架所未備，近在書局見此書，惜勿藥手跋考據精詳，録歸附此，既存趙文，且因此益見吳氏之學也。（録自汪璐輯《藏書題識》卷一）

四明文獻志敘録

此書抄本。中夾全謝山跋語一紙，是《乾道四明志跋》，無預此書，慮其散失，其文不傳，故仍附卷中，而并録其文曰："四明志乘于天下爲最完，自胡尚書《寶慶志》、吳丞相《開慶志》、袁學士《延祐志》、王總管《至正志》、楊教授《成化志》、張尚書《嘉靖志》，無佚失，足以豪矣；顧以不得張制使《乾道志》爲恨。歲在戊午，自京旋里，重登范氏天一閣，其書在焉，不知前此何以不及省録也，爲之狂喜。而揚之小玲瓏山館馬氏，杭之小山堂趙氏，皆來借鈔，顧予猶疑非足本。嘗見《成化志》中，于慈溪遥追山二廟下紀劉毅、胡靽諫吳越無納土事，謂出自《乾道志》，今竟無之，則脱簡尚多。然要屬難得之書，可寶愛也。鮚埼亭長全祖望。"按小山堂抄本書多歸振綺堂，《乾道四明志》抄本獨不見。（録自汪璐輯《藏書題識》卷一）

烈女傳敘録

此即西林翁手寫本，乾隆丁亥所作。先是，魚亭先生官西曹時，留意各省節烈案件，欲撰成《烈傳》以表揚之。屬解組歸，寓書同曹尹嘉銓亨山先生，俾胥抄録各司節烈案件，起乾隆初元，迄二十八年而止，郵寄數冊，乃屬翁撰成《烈傳》一卷。其後，以卷中尚少陝西、廣西、雲南、貴州及遼東諸省，又斷以三十年爲限，尚少二年。時湯憲吉甫在京師，續寓書託其叔蕚棠韡齋先生，公餘之暇，檢得成案二冊携歸。正欲續撰以補未備，而魚亭先生已捐館舍，不獲完其志，可悲也已。卷中《序》一篇，亦翁所代述之作，蓋將爲版行地也。（録自汪璐輯《藏書題識》卷一）

森按：汪憲此書爲吳穎芳代撰，屬稿未竟，現有影印本行世。

東城雜記敘録

此文藻手鈔。樊榭先生，吾鄉名宿，登賢書，舉博學宏詞科，博覽群書。初居南湖，其後移家東園。暇日采録諸書，遂成是編，不加詮次，名曰《雜記》。振綺主人得其初稿有年，乾隆丁亥又得其手書續稿，因合前後，録爲二卷。（録自汪璐輯《藏書題識》卷一）

崑崙河源彙考叙録

　　此書抄本。萬氏懲世儒言崑崙之謬，博采群書，上自《禹貢》《山海經》《水經》《史》、《漢》、《晉》、《唐》諸史，下逮《元史》、《河源志》、柯九思序、《明祖實録》、《一統志》、《肅鎮志》，悉考而辨之，成書一卷。乾隆辛卯四月，吾友鮑渌飲得抄本一册于書肆，余假歸東軒，屬友人抄爲一册。卷首林佶有叙。是書大指究論崑崙古今遠近之殊，專爲潘昂霄《河源志》而論，而泛及治河之法，謂觀是書可得由源而及其流，不思崑崙之辨明，初無補于河患之治也，特其考據之勤，成一家言而已。此書無刻本，説見《紀元彙考序》中。（録自汪璐輯《藏書題識》卷一）

徐霞客游記叙録

　　此書鈔本。霞客性好游山水，從一奴，或一僧，一杖一襆被，不治裝，不裹糧，能忍飢數日，能遇食即飽。能徒步走數百里，凌絶壁，冒叢篁，攀援上下，捷如青猿。論山經，辨水脉，搜討形勝，劃然心開。居平未嘗鏧悦爲古文辭，行游約數百里，就破壁枯樹，然松拾穗，走筆爲記，如甲乙之簿、丹青之畫。其書數萬言，皆訂補桑《經》、酈《記》及漢宋諸儒疏解《禹貢》所未及。晚歸痛甚，語問疾者曰："張騫鑿空，未睹崑崙。唐玄奘、元耶律楚材，銜人主之命，乃得西游。吾以老布衣，孤笻雙屨，竊窮河沙，上崑崙，歷西域，題名絶國，與三人而爲四，死不恨矣！"時年五十有六，卒葬江陰馬灣。（録自朱文藻編《葆醇堂藏書録》上册）

定志編叙録

　　此書分上下二卷，上卷爲先儒遺矩，下卷爲先儒格言，手輯以授其門人盧子靈。康熙己卯，東陽先師費家璵刻是編行世，復白于當事，請與葉文定、許文懿并祀于崇正書院。後乾隆庚午吳大煒爲學師，重校是書付梓。據杜正藹《序》稱石臺所著尚有《儀禮經傳》、《正蒙集注》、《中庸問答》、《四書窺測》、《易經窺測》、《性理輯要》、《綱目輯要》諸書，今皆不可復見。（録自朱文藻編《葆醇堂藏書録》上册）

　　森按：《定志編》，明孫揚撰，自號石臺居士。

吹劍録叙録

　　此書小玲瓏山館抄本，蓋揚州馬氏之書也。《序》前題云："此編已刊行，板留書肆，不可復得。因删舊添新，再與《續集》并刊。"今此書一册，不分卷，不知所謂《續集》者在其中否耶？案知不足齋有范欽手鈔《吹劍録外集》，《序》稱"續三爲四，以驗其學之進否"云云，知范氏所録是第四集矣。欽有手跋云："借之揚州守芝山，録之四日而就。"計其書五十葉，四日錄畢，亦云勤矣。行書精妙，令人觀之不忍釋手，既爲吾友所得，不能割愛也，附記于此。（錄自汪璐輯《藏書題識》卷二）

太平御覽叙錄

此書活字印本。按黄正色《序》稱"閩省梓人用活字校刊，纔印其十之一二，閩人散去，浙人倪炳鋟諸梨棗"。若是，則活字本非完善矣。今余所見板本，惟杭太史堇浦家有之。小營巷孫氏所藏，是活字本，與此本同。然則活字本者，仍是全書，而行世較廣。黄《序》云云，未詳何故也。

此本舊缺十卷，又零星缺佚，計百四十餘葉。乾隆戊子，吴丈西林館于東軒，以未經寓目，索插架觀之。病其字句訛脱難讀，錯簡甚多，遂借杭氏板本校讎，其脱謬處更甚。乃旁考引用諸書之現在行世者校正；亦間有兩本不同者仍之，尤喜因此得見古本面目。其他有可以意會者，朱書改補，雖未必盡合原本，取其大意無悖，粗可誦讀而已。終年校畢，缺卷則余爲補抄；又借得孫本增抄，缺佚僅三十餘葉，無從更覓。而吴丈與予之用心于此書，爲無負矣。

此書與《册府元龜》、《太平廣記》、《合璧事類》並爲宋代所纂輯。彼三書者，今皆有善本，獨此書無人校爲重刊者。然其中引用諸書，大半失傳，吉光片羽，賴以稍存。讀書好古之士，所當究心而玩味之也。往在吴下見朱丈文游，與余言其親串有藏宋槧半部，屢與借觀不獲，因相與浩嘆。希世之珍，固宜秘惜，然借得其人，亦何必過吝耶！（錄自汪璐輯《藏書題識》卷二）

古杭雜記詩集叙錄

此集所載，皆南宋都臨安時人之咏時事者，無序跋可考。目錄後有二行，云"已上係《宋朝遺事》，一新繡梓，求到續集，陸續出售，以與好事君子共之"，"宋朝"二字抬頭，則爲宋時人輯。卷中紀及度宗時事，則爲宋末人。標題有"新刊"二字，而題語有"一新繡梓"云云，則爲宋刻本，而此册乃坊本傳鈔者也。目錄首又題云"一依廬陵正本"，知爲西江本翻刻矣。（錄自朱文藻編《葆醇堂藏書錄》下册）

元刊春秋屬辭跋

《春秋屬辭》十五卷、《左氏傳補注》十卷、《師説》三卷、《附錄》二卷，俱刊行，鮑渌飲家所藏皆全。此本得于吴中書肆，僅《屬辭》一種，非全書也。闕二十餘葉，借鮑本鈔補十餘葉；餘所闕者，鮑本同也。乾隆己丑臘月廿三日，文藻記。（錄自南京圖書館藏本原跋）

南宋石經跋

　　宋自仁宗至和中刊石經于太學，汴京失守，悉遭淪陷。高宗南渡，宗社播遷，而汲汲修（森按："修"下疑缺"學"字），表章六經之業。嘗謂輔臣曰："學寫字，不如便寫經書，不惟可以學字，又得經書不忘。"于是親書諸經，宣示從臣，館職爲進詩歌，諸州爲頒墨本，而臨安太學悉命刊列廊廡。至孝宗淳熙四年，詔京尹趙磻老建閣于太學西北，奉安石經，御書扁曰"光堯石經之閣"；而又益以《七十二賢贊》，李伯時繪像，并理宗《道統贊》，附刻諸經之末。當時貞石輝煌，不啻與鴻都、東觀後先照耀矣。

　　宋祚既亡，太學廢爲西湖書院，幾遭楊璉真伽之厄，欲悉輦碑石以甃塔基，賴廉訪申屠致遠之力阻而止。明初，即書院建仁和學，其後改建府學，徙仁和學于城隅貢院之址，而石經亦昇致焉；歲深零落，踣卧草莽間。至宣德元年，侍御史吳訥收得百片，置之大成殿後兩廡。正德十三年，監察御史宋廷佐移至府學櫺星門北之兩偏，覆以周廊，左右屋各二十二楹。國初廊圮，乃嵌壁中。乾隆三十六年，重修學宮，增建廊屋，而碑之嵌壁者益加完整。計碑現存者：左壁，《易》二、《書》七、《詩》十、《中庸》一、《論語》七、《孟子》十一、《左傳》四十九、理宗《序》四，共實九十一碑。吳訥所收百片之數，殆舉成數而言。而參考朱彝尊《經義考》所謂"《書》六、《詩》十二、《左傳》四十八"，則又不合，殆誤也。

　　夫思陵處干戈擾攘之秋，幾無袵席晏安之日，而留意字學，崇尚遺經，三代而下，好學帝王未易媲美。且世之浮圖宮觀，殘碑斷碣，往往爲學士大夫所珍惜，視之如拱璧。矧兹爲文教所關，傳經闡道，洵萬世不朽之巨製，其所當昭揭宇宙者爲何如重。歷代石經之刻，自開成而半，率委之泥塗荊棘，不復可見。猶幸此殘闕之僅存者，庠序之士摩挲苔蘚，流連不忍去，不可謂非鬼神呵護之力矣！際斯經學昌明，士子誦習，率遵監本，更宜參觀石刻，以訂異同，則椎拓流傳，豈非考古證今嘉惠來學之一助哉！（録自王昶《湖海文傳》卷七十四）

石鼓文跋

　　《古文苑》所載石鼓文，乃章樵取薛尚功、鄭樵、王厚之、施宿諸家之説，集録爲一編，潘迪撰《音訓》，多所采取。而搜羅最備者，莫如朱彝尊之《石鼓考》，附于《日下舊聞》之後。同時有南豐劉凝撰《石鼓文定本》，所摹篆文以搨本爲之主，而參以薛尚功《鐘鼎款識》，其例凡搨本全者，用圓圍識之；仿佛者無圍；搨本所無，以薛本補者，用方圍，并雜采詩文，薈萃成書，成于康熙乙巳，在《石鼓考》之先，視朱《考》稍略，然亦精審。惟其用方圍處，取今所行《鐘鼎款識》校之，亦不全合，《款識》係崇禎癸酉所刊，恐非善本，然《定本》亦未可盡據也。

　　又從舊帖中檢得胡正言所摹縮本石鼓文石刻，乃本其師李登所輯薛尚功、楊升菴二家之本，細校之，不但與今本《款識》多互異之處，即較之搨本，亦有數字不同。又《金石圖》列鼓形高廣、次第皆備，然七、八兩鼓仍同《音訓》，而與今位置不合。且其所摹，間有數字全缺，而今搨本反分明可辨者；亦有全存，而今無一畫見者，且有筆畫與搨本異者。大抵諸家著書，或但據舊本傳寫，故竟無一書與今搨本脗合者。（録自王昶《金石萃編》卷一）

説文繫傳考异跋

南唐徐鍇《説文解字繫傳》四十卷，今世流傳蓋鮮，吾杭惟城東郁君陛宣購藏鈔本。昨歲因吳江潘君瑩中，獲謁吳下宗丈文游，從其插架借得此書，歸而影寫一過。復取郁本對勘，訛闕之處，二本多同；其不同者，十數而已，正訛補闕；無可疑者，不復致説。其有與今《説文》互异，及傳中引用諸書，隨案頭所見，有與今本异者，并爲録出，作《考异》二十八篇。又采諸書中論列《繫傳》及徐氏事迹，別爲《附録》，分上下二篇，隨見隨録，故先後無次，并附于後。

是書傳寫所本，當出宋槧，卷末稱"司農南齊再看，舊闕二十五、三十共二卷"。考鄭氏《通志》、焦氏《經籍志》，俱云三十八卷。今是書録本内二十五卷（糸部至卯部），鍇語無多，反切又用《唐韻》，顯有後人據徐鉉校定《説文》補入之迹；而三十卷則詳載鍇傳，信是楚金原書，不知何時補足也。《玉海》據《書目》云"亡第三十五卷"，鄭氏、焦氏所志，尚據未補之本耳。書經歲周鈔畢，藏之汪氏振綺堂。其《考异》、《附録》等篇，更録一通，隨原書歸吳下。乾隆庚寅子月小寒日，朱文藻識。（録自上海圖書館藏朱文藻《説文繫傳考异》鈔本卷末，又陸心源《皕宋樓藏書志》卷十三）

説文繫傳考异又跋

東海徐氏校藏本序。

徐氏名堅，字孝先，吳郡鄧尉人。先是，吳丈西林嘗借是書于徐氏，未至，而南濠朱氏之本先得。今歲壬辰秋仲，徐氏親携是書來武林，訪吳丈于振綺堂。其書與朱本相同，卷首有序，亟録出，次于附録上篇之末。朱文藻又記。（録自朱文藻《説文繫傳考异》八杉齋校本卷末）

重校説文繫傳考异跋

憶昔己丑歲，余館振綺堂汪氏者五年矣。是歲吳丈西林亦來共晨夕，主人比部魚亭先生精研六書，吳丈則專攻《説文》，著有《理董》四十卷，互相質證。余從旁竊聞緒論，許氏之學亦由是究心焉。吳丈因言《説文》之行于世者，僅汲古閣始一終亥本及李氏《五音韻譜》本而已；其徐氏鍇所著《説文繫傳》，從未見有善本流傳，即舛訛者亦罕見焉。吾杭惟郁君陛宣有鈔本，字畫拙劣脱落，不可句讀，徵引殊不足信，深以爲憾耳。

維時適有吳江潘君瑩中亦同客齋中，潘爲稼堂太史之孫，家于大船坊登陸半里，一村數十家皆潘聚族而居也。瑩中精青烏家言，而儒雅可親，其戚朱丈文游居吳門南濠，藏書甚富，因言朱氏有影宋鈔《繫傳》，可借録之。于是比部欣然屬潘君先往借得，存于其家，約以冬間屬余親往潘宅取歸。迨十月抄，買舟徑至潘村，瑩中他出，留札屬至南濠取之。余乃至南濠，訪朱丈文游，遍閲其藏書之所，廳事凡三，左右各列大櫥，分藏宋元板者一，舊鈔者一，精刻精鈔者一，而近時庸劣鈔刻之本無一攙入其中，藏弆家若此，洵鉅觀矣。惜晷短寓遥，不能流連，悤悤携所借《繫傳》歸寓，其時寓于盤門百花洲陳逸樵家，逸樵爲石泉從弟，亦振綺客也。翼日，買舟偕逸樵歸武林，遂手自影鈔，歲周而畢。其隨時考證諸書，勘其异同，録爲《考异》四卷、《附録》二卷，末署姓名，質之比部。比部深加寶惜，藏之秘笈，不輕示人。

　　越歲辛卯，比部歸道山。又越歲壬辰，值朝廷開四庫館，采訪遺書。于是武林諸藏書家各踴躍進書，而比部之子名汝琭、字坤伯者，先以儲藏善本，經大吏遣官精選得二百餘種，彙進于朝；最後中丞以振綺藏書選賸者尚堪增采，命重選百種，以畢購訪之局。蓋其時浙省進書已約五千餘種，此百種者當在五千餘種之外，搜羅極難。坤伯乃搜啓秘笈，得《繫傳考异》一編，信爲先人所貽，不虞重複，乃取《考异》四卷署比部姓名；其《附録》二卷，間有文藻案語，因署文藻姓名，并呈局中。此《考异》、《附録》之所以得録入《四庫全書》者，本末蓋如此也。

　　是書原稿收藏吾家，汪氏無存。其後，錢塘汪户曹訒庵從全書館録出《繫傳》，刻于京師，而以《附録》一卷附于後，其《考异》則不附焉。《繫傳》雖經校刻，印本無多，坊間無從購覓。及訒庵南歸而歿，藏書散盡，《繫傳》板不知歸于何所。上年余到吳門，重訪南濠朱氏，藏書早已散落人間，其居久屬他姓；而百花洲問陳氏之宅，茫然無徑可尋，悵惘予懷，不勝今昔之感云。

　　余三十餘年來，想見汪刻而不可得。今歲館寓青浦王少寇述庵先生家，見塾中藏有汪刻《繫傳》一書，亟取閲之，并檢索行篋携有《考异》原稿一册，復取毛刻《説文》互勘。見余舊所録訛字，汪刻皆已改正，間有存者；而因仍大誤之處不少，且有當時《考异》所遺漏者。因重加校訂，手録一編，仍厘四卷，蓋以《繫傳》二十八篇，每七篇勒爲一卷也。《附録》一卷，檢原稿所無，藉汪刻補之。

　　余年逾七十，結習未忘，深以重録四十年前苦心校勘之舊稿，留貽敝篋，以示後人，實爲暮年幸事。然恐衰疾不起，轉瞬即化雲煙，則有此書之數存焉，非吾意料之所能及矣。嘉慶十有一年歲在丙寅立秋前五日，碧溪居士朱文藻録畢，因再識卷末，時年七十有二。
（録自朱文藻《説文繫傳考异》八杉齋校本卷末）

釋夢英書説文偏旁跋

　　右釋夢英書《説文》偏旁目録五百四十字，刻石長安文宣王廟，碑長五尺六寸，闊二尺八寸，每行三十三字，皆篆文，每字下或釋以正書，或系以音切。首行標題并鑴人姓名，後署延平年月，皆隸書。《自序》及郭忠恕答書，并附元守全、王審亮、安懷玉、劉知信、柴禹錫官階姓名，皆正書。篆文"辵"字其半缺蝕，餘皆完全可讀也。

《自序》云："依刊定《説文》重書偏旁字源五百四十部"，今取徐鉉校定本并徐鍇《繫傳》互勘，其部敘次第不同之處甚多，而《説文》所有丨部，此部無之。帖中所有㸚卩二部，《説文》無之，故《説文》只五百三十九部，而此帖有五百四十部也。覈之郭忠恕答書，稱"見寄偏旁五百三十九字"，可知夢英所書與今本《説文》數合，或刻石時有增益也。而郭書下文又云："按《説文》字源惟有五百四十部，孑部合收在子部。"既云"孑收在子"，而何以云"惟有五百四十部"，且與上文語意不合，是所不解耳。又取郭氏所著《汗簡》互勘，亦有次第不同；而又不收臼、聿二字，合之孑字，少者三部；其㸚部則有之，而增入丨部，是實五百三十八部矣。

蓋《説文》自徐鉉入宋始有定本，已前皆系家自爲學矣。英公、郭氏皆講篆學于五代之末，各守异本。其所稱"依刊定《説文》"者，是當時諸儒所刊定，非後時徐氏所校定也。又或《説文》、《繫傳》、《汗簡》三書宋刻既亡，今所流傳不無訛謬難信，不若此本雖有增減移置，究屬宋初石刻，且筆畫章法迥與近時鋟本而曰妍媸不同，是可珍也。（録自王昶《湖海文傳》卷七十一）

宋刊漢書殘本跋

余館武林汪氏者垂三十年，汪氏有振綺堂，爲藏書之所。與同郡諸藏書家，若小山堂趙氏、飛鴻堂汪氏、知不足齋鮑氏、瓶花齋吴氏、壽松堂孫氏、欣托山房汪氏，皆相往來，彼此互易，借鈔借校，因得見宋槧元鈔不下數百十種。然其中關係經史之大者無多，惟欣托山房有魏鶴山《儀禮要義》一部，爲經學失傳之本；壽松堂有温公《通鑑》一部，較外間明刻本多增所未備，洵有補于史學。今《儀禮要義》已爲吴興嚴氏所得，僅録副本藏家。而《通鑑》一書，屢屬孫氏刊板流傳，以卷帙繁富，窘于貲力而止，僅以卷首一序刻入抱經堂盧氏《群書拾補》中。

甚矣！古書留遺，大爲考據家裨益，而傳播之不易若此。此本《前漢書》祇十四卷，中尚有闕翻，然開卷標題即與今本迥異，況其中字句之不同與注釋之詳略乎！兔床吴氏以重價購得，乾隆癸丑新正二十一日，余停舟造訪，獲觀于拜經樓下，流連竟日，不忍釋手。因勸兔床翻刻以惠後學，并以余生平所見者覼縷書之，以志余幸。碧溪居士朱文藻謹識。（録自吴壽暘《拜經樓藏書題跋記》卷二、《中央大學國學圖書館第二年刊·館藏善本書題跋輯録二》）

南宋書跋

《南宋書》舊寫本，鮑淥飲知不足齋所藏。目録釐爲六十八卷，而卷中十二與十三併，三十五與三十六併，六十四與六十五併，目與書不符，實可省爲六十五卷也。

錢氏此書蓋取《宋史》原文删去繁衍，更采他書補所未備，得百分之四五焉。細審删處有未盡善者：文有脉絡，削其來脉，則後事突見無根，一也；文有口吻，削其虛字，則文氣傷殘，索然無味，二也；文有對偶，偏舉則文體不整，三也。至其削傳，非盡無可存，補傳亦不皆合例。史筆文字，知非長才；且原史間有訛字，引用仍而不改。惟人與類比，事以時屬，叙次井井，兼無此見彼複之病，爲可取耳。

乾隆己丑，借鈔一過。復取《宋史》細校，諸未善者，據史略加增潤；遇有訛誤可議，標出上方，俱用朱筆，凡校兩月而畢。仲冬望前二日，自吳門歸，輒書所見于卷末歸之。又綠飲嘗云，此書自吳中購得，有二本，其一爲人先得，此本缺序一首，并卷中缺三頁。何時再見善本，補足爲快也。文藻記。（録自上海圖書館藏鈔本朗齋原跋）

森按：上海圖書館藏本首六字殘損，茲據《鼎臠副墨》第二期録文補之。此書明人錢士升撰，朱文藻校并跋。

明列朝實録跋

已上《實録》十一部，俱係鈔本，吳石倉家藏，中間有朱筆校勘處。每部各有存缺單一紙，是石倉手書。今較原單，新缺之卷亦多。此外，尚有太祖、憲宗、熹宗三朝未備；其惠帝、景帝，當代革除，已編入太宗、英宗之内。莊烈帝本無實録，其《穆宗實録》但有其名，雖存實缺。須求善本，悉爲鈔補，誠快事也。（録自汪璐輯《藏書題識》卷一）

塘栖志跋

《塘栖志》署上下二卷，吾友何春渚假館栖上時所輯。乾隆丁亥重九之明日，訪春渚于枯樹灣頭，出此相示。携之東軒，手録二日而畢，遂歸插架。卷首目録一頁，原本所無，今補入。文藻記。（録自南京圖書館藏本）

讀書敏求記書後

此書東軒主人藏本二，一爲吳石倉先生鈔本，二册；一即此本，趙谷林先生藏鈔本，四册，從丁龍泓先生手鈔綉谷亭初校本借鈔者也。其後綉谷先生覆校三次，改抹之處，此本未經是正。乾隆丁亥八月一日，主人從甌亭先生借得綉谷亭本，屬文藻重校，嚮所疑誤者改正凡百餘字，此本洵完善矣。文藻後進末學，何幸得窺先正囗（森按：疑闕"前"字）修之秘，而私淑老成嗜學之勤，撫卷沈思，愧喜交集。仁和後學朱文藻記。（録自吳壽暘編《拜經樓藏書題跋記》卷三）

後魏揚州長史司馬景和妻墓志銘跋

此碑爲吾友嵩門所藏。歲戊戌，嵩門北上，置之行篋。明年丁内艱遄歸，余往唁别，適見此碑，乞携歸響搨一通，而以原搨歸之。己亥四月十七日，朱文藻書于京師虎坊寓齋。

（據上海圖書館藏拓本朗齋墨迹迻錄）

雲麾將軍李秀殘碑拓本跋

　　右二石礎拓本，皆圓徑尺二寸弱，字可辨認者，一才二十字，一得八十七字，合模糊字計之，每礎各約一百二十字。別有石刻康熙三十一年順天府丞石門吳涵所撰《記》，詳述二礎顛末，云是"唐雲麾將軍李秀碑，北海太守李邕書"。邕書雲麾將軍碑有二，此在良鄉者乃李秀碑，與在秦中之李思訓碑，蓋同姓同官而異名也。

　　《春明夢餘錄》稱：范陽李秀，唐明皇時以功拜雲麾將軍、左豹韜衛、翊府中郎將，封遼西郡開國公，卒于開元四年，葬范陽福祿鄉，碑刻于天寶元年。今碑已殘闕，無姓名、官爵、年月可考。據碑中所有字，成句可讀者，如"式表先公之墓"，則爲墓表可知；曰"遼水渺瀰"，則在范陽無疑；曰"懿文壯武，廣孝移忠，利倍往昔，功省今茲"，是其功業略可見也；曰"賢和淑慎，靜恭貞白"，此必稱其所配之德。曰"國家方築壇拜將"，考玄宗初年，契丹、突厥皆興戎事，而李秀既爲范陽人，則其所效武功，或即鄉土所近，"築壇拜將"當指薛訥伐契丹之事。惟"朝議大夫使持節"，不知何指耳。

　　碑析爲六礎，度今拓本每礎圓徑二寸（森按："圓徑"下蓋脫"尺"字），以方廣計之，則是碑高僅四尺餘，博不及三尺也，準以唐時碑製，恐所殘損者多矣。礎由良鄉輦致宛平縣署，又移入京兆少尹署，遂爲王京兆惟儉携四礎之大梁。然王京兆既好此礎，何以又留二礎于尹署？此誠不可解者，豈非神物完缺聚散實有數存！今雲麾隴墓，過良鄉者渺不知其處；而片碣留遺，轉徙離合，所遭不一。顧此二礎得與信國祠堂永垂不朽，殆雲麾之靈自爲呵護。京師去良鄉四十里，桑梓憑依，亦雲麾之所樂也，石門吳丞其功甚偉。

　　今戊戌之冬，吾友陳萬青遠山、萬全梅垞昆弟寓京師，二君子皆吳公鄉里後進，好古之懷，先後同揆。得此拓本，與其同邑數友賦詩紀事，裝池成軸，出以示余。因用昌黎《石鼓》詩韻作歌，附諸君子之後，復叙論之如此。（錄自王昶《湖海文傳》卷七十二）

縉雲縣城隍廟碑文跋

　　唐李陽冰撰并篆書，碑形上圓下方，後楷書宣和重刻年月、立石人官爵姓名；下截一格缺蝕，三字微存偏旁，可意會也。文只八十六字，而叙述禱雨、遷廟二事，意義已足，古人作文言簡意該，于此可見。山農需雨，多在盛夏，此自七月不雨，至八月既望始行禱祀，以今日情事較之，則亢旱成災，已不可支矣，豈今昔農事亦遲早異候耶！縉雲治當婺女、栝蒼之交，山水奇秀，燕坐衙齋，如作仙吏，余嘗游其境，徘徊不忍去。惜匆遽經過，未暇搜剔苔蘚，一讀遺碑。碑作于乾元，追宋宣和，祀逾三百，而已遭寇攘斷裂。宣和至今，閱歲倍于前，而完好可讀，若有呵護之者。（錄自潘樹棠纂光緒《縉雲縣志》卷末）

　　森按：此文從游潘妍艷君檢示，書此志謝。

金石萃編跋

　　憶自乾隆壬寅之夏，少司寇述庵先生方丁内艱里居。適浙中大吏重修《西湖志》，請先生總其成，館寓湖上就莊。友人項君金門，爲先生問字弟子，談讌間齒及文藻姓名，遂詣就莊晉謁，獎許過當。旋俾文藻與分纂之列，每執卷商榷之餘，輒㲯論讀書稽古、詩文格律，從源泝流，皆切要實學。

　　逾年，先生奉恩命起復直隸臬使，道移關中。公事之暇，搜訪金石，書來致屬，謂文藻館武林，所交皆藏書家，凡山經地志、説部文集，有涉金石題跋，悉爲采録，以資考證。因隨見隨鈔，每積數百條，即附陝客緘致。迨先生移節滇南，道遠而止。

　　癸丑歲，先生以少司寇請假暫歸。文藻適有濟寧之行，紆棹謁先生于三泖漁莊，把酒話別于清華閣，款洽甚摯。是冬，先生假滿入都。甲寅春，蒙恩予告歸里，棹經任城時，文藻尚留黄小松司馬署中，獲侍杖屨，至州學摩挲漢碑，流連竟日，互相唱和而別。先生嗣是林泉清暇，發篋陳編，取所録金石摹文，詳加考訂，閲數年而次第成編。

　　嘉慶辛酉歲，主講武林敷文書院，文藻候問，出示所定初稿百餘鉅册，尚須删汰訂定，招文藻襄其役。是夏，即携具山齋，與嘉定錢君同人共晨夕。明年春，先生辭講席，歸漁莊，仍令文藻與錢君供其事，旋付梓人校寫校刊，迄于今始竣。蓋文藻之常得親炙先生言論丰采者，五年于兹矣。

　　竊幸文藻畢生能窺金石之美富，殆有天焉。先是，客京師，寓大學士韓城王文端公邸第，值文端充《續西清古鑑》館總裁，得見内府儲藏尊彝古器摹本三百餘種。後客任城小松司馬署，得見濟寧一州古今碑拓數百種，遂手自摹録，成《濟寧金石志》。繼客濟南，赴阮中丞芸臺先生之招，時視學山左，遍搜碑碣，得見全省拓本千數百種，贊成《山左金石志》，刻以行世。今又得見先生所藏寰宇碑摹，幾一千餘種，刻成《金石萃編》一百六十卷。夫拘墟寒士，雖有金石之好，欲購藏則無貲，欲遠訪則無事。兹文藻前後所見，多至四千餘種，自幸以爲海内嗜古之士，企及此者亦難矣。文藻年逾七旬，桑榆景迫，快睹鉅編之成，爰詳叙顛末，以志忻幸之私懷云爾。嘉慶乙丑秋仲，仁和朱文藻跋。

（録自王昶本書卷首）

陶説跋

　　右《陶説》六卷，吾宗笠亭先生之所著也。先生聞見廣博，而著論務裨實用。客游饒州，饒產之巨，莫如景德鎮之瓷，而其器尤爲日用不可缺。乃以親見之事，參諸舊聞，其説不誣，洵可傳也。

　　文藻不敏，性好涉獵典籍，若陶器一類，實前人所未備，此書允推創製。而鄙意聞見所及，尚有數事可資采擇者：若吾杭新平鎮素瓷，唐貞觀時名于天下，今其地久廢，其説猶存。他若宜興洪春所製之茶壺，流傳海内，例所宜廣。武林綉谷吴氏所藏百八酒器，一時名宿各有詩歌，亦可臚陳其形式而備其説。楊中丞雍建嘗監窰事，其酌定事宜見于文集者，亦有可采。至書瓷一節，仁和邵遠平嘗禁絕之，以爲敬聖惜字之一端；而世宗時，亦有請書年號以垂永久者，諭旨不允其請。凡巨細各條，當俟暇時稍爲輯錄，以正有道。先生勤學好古，文藻契慕已久，未獲親炙丰采。而今者讀先生之書，輒有所獻，知大雅虛懷，必不以鄙猥而斥其妄也。乾隆三十九年歲次甲午春仲，文藻謹跋。（錄自朱琰本書卷末）

默記跋

甲午九月廿五日，鮑綠飲以此本屬爲校勘，因合汪氏飛鴻堂、汪氏振綺堂藏本互勘，三本皆善矣。朱文藻。（錄自吳壽暘編《拜經樓藏書題跋記》卷四）

書南湖集後

己亥仲冬，藻客京師，從邵太史二雲得見《四庫全書》館衷集《永樂大典》中所載張鎡詩詞，編定爲《南湖集》十卷。傳鈔副本，携歸虎坊寓齋，粗校一過，而未能詳考也。鮑君以文增輯遺文、逸事，爲附錄、外錄，合刻竣工。復受而讀之，始知公在當時，以誅韓一事頗不滿于時論，而事迹顯晦，未備考稽，有不能釋然于心者。

公爲循王之曾孫，《宋史》載：循王"子五人：子琦、子厚、子顔、子正、子仁"，不知公爲何人之孫？《集》中稱南園當塗待制閣學侍郎叔祖者，又不知何人也。循王先封清河郡王，城南清河坊以其賜第得名。其居近市而隘，公于南湖之濱得曹氏廢圃，治宅移居，園中峰石即撤舊居小假山爲之，詩有云："遷巢城北倏兩期，……每還舊宅覺荒陋"。而《自咏》詩則又云"賣屋因爲宅"，可想見其經營之不獲已也。南湖之地廣百畝，割東宅爲梵刹，其西亭榭數十處，備見《桂隱百課》標題。至栽梅之地祗十畝，不知《梅品序》何以有"一棹徑穿花十里"之語也？玉照之梅，桂隱之桂，邀客宴賞，對花獨吟，《集》中屢見。至于牡丹之會，王簡卿嘗一赴之，如《齊東野語》所述，可謂極聲伎之盛矣。而《集》中《擁綉堂看天花》詞云："手種滿闌花，瑞露一枝先。坏拄個杖兒，來看兩三人"，門客又何其清況。若是公有小姬，放翁會飲，則有贈詩書扇之新桃。公《集》中于《夢游仙》題下云："小姬病起，幡然有入道之志"，正與《自咏》詩所謂"紅裙遣去如僧榻，白髮梳來稱道冠"之語合。故史魏公《慧雲寺記》稱其"閑居遠聲色、薄滋味；矻矻詩文，自處不異布衣臞儒"；而明之吳本如作公《祠記》，遂疑史語非實錄。然公不云乎"光明藏中，孰非游戲。……能于有差別境中，入無差別。定則淫房酒肆，遍歷道場，鼓樂音聲，皆談般若。"後之論公者，正當作如是觀耳。

公履仕之可考者，《誓願疏》則云"承事郎，直秘閣，新權通判臨安軍府事，兼管內勸農事"；史魏公《記》則稱之爲"宣義郎"；孫檓跋語則稱爲"先大父少卿"；《齊東野語》則稱之爲"右司郎"。當韓侂胄之誅，其時公官右司郎，未嘗莞樞要、握兵柄，得以鋤奸去邪。然公以勳舊之裔，心存報國，末由表見，詩中往往寓之。誅韓之舉，公適預謀，因而移庖酣飲，使韓不疑，此實公之平日忠誠，藉以自矢，未必有意希賞也。而葉紹翁、周公謹俱謂其齋伐，自言賞不滿意。今觀公詩文，多自寫其淡忘榮利之見，如所謂"錢物用多常是解，權門路便不曾鑽"，已足略見其概。藉使朝廷果賞其功，不過加右司郎而上之，官亦無幾。如公果有志于此，則自三十五歲通判臨安，至此年已五十五矣。計二十年之中，稍事貪緣，何難早陟要途，豈必待此以自效乎！要之，貶雪溪、謫象臺，由于公殺之足矣。一言而取忌于史彌遠，史稱彌遠誅韓之後，獨相兩朝，擅權用事，專任憸壬，臺諫言其奸，而朝廷弗恤，則公之被斥逐，勢有必然。然而畢辭榮寵，當享上壽，道士已見夢于前；貸資治生，營居周葬，傭工復相遇于後。公之没于象也，殆有數存。觀公之自定其詩，在寧宗嘉定三年，去謫象之年不遠，公殆有先見矣！公于禪理有夙悟，舍宅之後，嘗以悟由呈天童密菴禪師，語詳寺僧行盛《敵屣說》中，其語雖不見于他書，要亦禪門傳習之舊，非無本也。

公有孫椲，見史魏公《寺記》碑末，而公之子，不知其名。《賞心樂事》序所稱小菴主人，疑即其子。然《賞心樂事》作于嘉泰辛酉，公年四十有九，而《景白軒奉樂天像》有詩云"子遲髮白如先約"，足知公得子甚遲，至是時殆不過十餘齡耳。公之謫象臺，從行者有張良臣之子，時見《浩然齋雅談》，而不言良臣父子于公爲何人？慧雲寺自紹熙元年賜額，至紹定中厄于火，相距四十餘年。寺經重建，不知何人之力？其時玉照、桂隱，不言興廢如何，公之孫椲所居安在？碑末有住山息峰行海題名，而《寺志》竟不載。此僧無事迹可見，皆由載籍遺佚。而公詩所存，較方萬里所稱前集廿五卷三千餘首者，又僅三之一，設得其全，更足以資考鏡矣。

公之舍宅，據公《桂隱百課》序，係淳熙丁未之秋；而《誓願碑》則云"淳熙十四年丙午"。考丙午是十三年，非十四年。張椲謂碑文係先大父手筆，寺厄于火，記文不存，至景定壬戌，始取蜀人許居士所藏舊刻礱石。意者毀而重刻，事隔三十年之久，不無缺蝕臆補之誤歟？公生于紹興三年癸酉三月二日，今公之像，塵翳于頹垣廢廡之中。社姥田公，鄰村簫鼓，祈賽不絕；而公則蒼苔悶冷，春雨晝昏，野菊寒泉，孰有過而薦之者？枯禪二三，桑麻自給，宜亦念公之遺德猶存也。

公諱鎡，字功甫，一字時可，號約齋，先世秦川成紀人。所著《皇朝仕學軌範》四十卷，今見宋槧偶傳人間。又嘗集古今山林閒適詩，以"林泉嘯咏"爲名，其書無考，見公集中有詩。公既居杭日久，則爲吾杭之先哲，公詩一出，凡杭人之讀詩而思慕者宜何如。而鮑君之爲功于公也，不待言矣。藻近移家臨江鄉中，每自城西出郭，道經南湖，想公風采，徘徊而不忍去，故書公之梗概，不覺其詞費如此。乾隆辛丑夏五，仁和朱文藻識。（錄自宋張鎡《南湖集》卷末，鮑氏《知不足齋叢書》本）

振綺堂稿跋

往歲甲申滯留靖江，吾友嚴鐵橋取予所製文達之比部汪魚亭先生。先生賞予文，遂屬鐵橋爲介，明年館余于靜寄東軒。日夕校讎經籍，悉發所藏，俾研究其中。軒有花木水石之勝，主客同游十數人，常以投壺賦詩爲娛樂。朝廷購求遺書，長公慎選善本經進，恩賜《佩文韻府》，并擇其精醇者御製題咏，仍俾珍藏，以爲好古之勸。先生積數十年精

勤，遺經無恙，邀此异數，泉壤增榮，洵不虛矣。（録自《兩浙輶軒録》卷二十三）

培風會稿跋

甲戌之秋，嘗集同人飲酒賦詩，爲培風會。預會者，吾師沈畊寸先生、魏柳洲，嚴九峰、鐵橋昆弟，沈玉屏、菊人昆弟，胡蒔唐、雲溪昆弟，洎家兄逸庵及余。會無定期，月或連舉。吟罷輒飲，或釀錢酤市，或鬥酒謀婦，大都豪興勃發，叫嘯酩酊，則畊寸草堂爲多。屈指去今廿有二年，存者惟九峰及蒔唐昆弟與余四人而已。此册爲余所藏，書之以示後人，乾隆乙未十一月二十七日，文藻跋。（録自胡敬輯《蒔唐府君年譜》乾隆甲戌條）

萬柳溪邊舊話跋

《萬柳溪邊舊話》，宋尤司徒玘所著，完書三卷，其後殘缺，遂併省不分。明洪武中，曾孫寔板行之；嘉靖中，八世孫魯重刻于家塾；瑛帥粵中，又刻之憲臺，凡三刻矣。嘉靖去今二百二十餘年，而刊本無存，藏書家大率傳鈔流布耳。卷中注語，當是初刻時所增；其訛謬之處，想皆仍刻本所誤，無從得善本校正矣。

吾友鮑子以文出舊本屬予勘定，予取靜寄東軒所藏互校，兩本誤處多同，知其傳寫源出一本也。復據成化中孫偉德增修《毘陵志》改正數處，孫《志》本之明初謝應芳，謝《志》本之宋咸淳中史能之，《凡例》稱修志時，惟咸淳、洪武兩本可考，則其所采宋事大都史本之舊，可據也。獨所謂"萬柳溪"者，遍考不知其處，以意會之，當即梁溪。

尤氏自晉江遷許舍，代有顯人，而名位最著者莫如文簡，故凡國史、圖經，載之獨詳。然《宋史》稱"光宗屬疾，國事多舛，文簡積憂成疾，請告，不報；疾篤，乞致仕，又不報，遂卒。有遺奏、有遺書別政府"；而下文又有"明年，轉正奉大人致仕"之語，史文錯雜，謬誤顯然。不觀此書，安知公係引年歸後八年而卒耶！

公所著詩文五十卷，史傳作《遂初稿》六十卷、《内外制》三十卷，今世散佚不傳，無所考正。即博士公之《緑雲寮詩草》、趙達甫之《尤端明日歷》、將作公之《復初齋詩稿》，非惟不見其書，且不知其名，好古之士能無欷然！至若環玉之堂、棟樹之城、關壯繆顴汗之奇、福勝寺雲松之夢、洪夫人之貞、有終公之俠、佛奴之生、銅爐之裂、六指之異、道元之仙、文簡廬墓之祥、正平好潔之癖、兵侍公之體刺花鳥、袁大韜之異術占蠏，奇聞軼事，皆足補史志之缺漏，則此書之裨益見聞匪淺矣。

司徒事迹不詳，觀其末條述終慕公語："吾家三百年科第，十世冠裳，宋恩渥矣。吾何忍失身二姓乎！"知司徒生宋末造，眼見滄桑，其作此書題曰《舊話》，亦此志也。卷中凡改正及互异處，並詳注于下。所采諸書遺文，足資是書考證者附之；採輯未備，猶有憾云。乾隆甲午四月浴佛日，武林東青居士朱文藻書。（録自宋尤玘《萬柳溪邊舊話》卷末，鮑氏《知不足齋叢書》本）

歸田詩話跋

　　錢唐瞿存齋先生，明洪武中，以薦歷仁和、臨安、宜陽三學教職，入爲國子助教，升周府右長史。永樂初，以詩禍謫戍保安，洪熙乙巳赦還。此《歸田詩話》三卷，蓋還鄉以後所作也。

　　先生《明史》無傳，詩禍之説，見于萬曆《杭州府志》。郎瑛《七修類稿》，謂其坐輔導失職，繫錦衣獄，罪竄保安。先生本集不可得見，無由考其得禍者爲何詩。同時以詩禍閉錦衣獄者，更有胡子昂，而子昂又無可考；又同時被謫至保安者，有滕碩、鄧林，而滕、鄧二君亦不詳其故。序《詩話》者，或稱其居閑金臺，或稱其謫居塞外，殆由文皇入據大統，人心未安，常恐人臣竊議其後。所謂詩禍，或寓誹譏，當代詞人多爲隱諱，不能悉其故矣。若云輔導失職，則恐未然。考周王橚爲文皇同母弟，文皇待之極厚。建文時，橚有异謀，次子有爋告變，竄徙蒙化；已復召還京，錮之。永樂初，復爵加禄，歸其舊封。至十八年，有告橚反者，察之有驗，文皇憐之，不復問。夫周藩與成祖并見疑于建文，故成祖踐祚之初，首爲復國；其後雖反狀有驗，且猶憐之。則當復國之初，豈有刻意防閑、罪及輔導之理？先生謫戍事在永樂初，若因十八年橚反一事而謂其失職，疑其時先已被譴矣。萬曆《府志》極稱其師道振舉，輔弼有法，似郎氏有傳聞之誤也。惟《府志》云："久之釋歸，復原職，内閣辦事。年八十七卒。"今《通志》亦因之。參之他書，皆無"復職辦事"之語，不知其何所本也？

　　先生著述甚富，見于《府志》者，有《春秋貫珠》、《詩經正葩》、《閱史管見》、《鼓吹續音》。見于《七修類稿》者，有《通鑒集覽鐫誤》、《香臺集》、《香臺續咏》、《香臺新咏》、《翦燈新話》、《樂府遺音》、《興觀詩》、《順承稿》、《存齋遺稿》、《咏物詩》、《屏山佳趣樂全稿》、《餘清曲譜》、《天機雲錦》、《游藝録》、《大藏搜奇》、《學海遺珠》、《歸田詩話》。見于《明詩綜》小傳者，有《存齋樂全集》、《香臺百咏》。諸種中，惟《樂府遺音》五卷，曾于《兩浙遺書總録》中，見其已獲經進。《咏物新題百首》，予于吳山書肆購得之，是影鈔正統刊本，未知與《香臺新咏》、《香臺百咏》、《咏物詩》名异而書同否也？《鼓吹續音》，則先生已自言其散失不存，僅存《題後》八句。而《靜志居詩話》亦深惜其不得見及，《題後》一詩又不采入《詩綜》，可知《歸田詩話》竹垞尚未之見也。

　　《詩話》標題不一，胡道《序》謂之"存齋"；焦氏《志》、《明史志》、《千頃堂書目》皆謂之"吟堂"；《百川書志》、《浙江通志》皆作"存齋歸田"。要之，"吟堂"也，"存齋"也，"歸田"也，一書三名，無足异也。今吾友鮑君以文，據先生《自序》定爲"歸田"。刊畢，屬爲校正，因雜采衆説附綴于後，以俟博涉群籍者考訂焉。乾隆乙未十月四日，朱文藻跋。（録自明瞿佑《歸田詩話》卷末，鮑氏《知不足齋叢書》本）

榕城詩話跋

　　《榕城詩話》三卷，杭太史堇浦先生之所作也。太史登雍正甲辰鄉榜；迨壬子科，嘗行調取鄰省舉人分校闈卷之例。太史膺閩省聘，挂帆瀫水，稅駕三山，行程二千，稽時兩月。與二三同好及閩之賢士大夫，晋接談讌，隨所聞見，筆之于書。

榕城者，閩中多榕樹，葉如木麻，其蔭十畝。枝葉柔脆，幹既生枝，枝又生根，叢生數十百條，合并爲一，連蜷樛結，鬱茂可愛，故閩城以是爲號也。卷中所載，不獨論詩，凡山川之奇險、耆舊之遺事，間爲叙述，以供紀載之所采。吾家族屬在邵武之建寧，高曾祖壠缺拜掃者五十餘年。余弱冠時入閩，僅及浦城而止，徒以峻嶺危灘，望而生畏。至今行無資斧，譙川祠墓，無日不繫于懷。手錄斯編，益增悽愴矣！

乾隆初元，太史應大科，入詞館。罷歸後，尤勤于著書，年七十餘，讀書日以寸計。余生雖晚，猶幸得親老成，備聞緒論。著述之富，撮其大者，若《史漢疏證》、《三國志補注》、《金史補缺》、《歷代藝文志》、《詞科掌錄》、《詞科餘話》及詩文集，各數十卷。其他啓蒙、訂誤之作，成書不可枚舉。至每讀一書，必有考證，零星墨瀋，散見簡編，若悉加裒輯，皆爲後學津梁。諸書間爲藏弆家傳鈔，惟詩文集近已梓行。吾友鮑君以文，留意鄉先輩論著，亟取余所錄，刻入《叢書》。詩話自《榕城》而外，尚有《桂堂詩話》，家居所作，當更爲校錄，以成以文之美舉也。乾隆乙未中春九日，同里後學朱文藻跋。（錄自杭世駿本書卷末，鮑氏《知不足齋叢書》本）

鑒公精舍納涼圖題咏跋一

按《納涼圖》從山舟先生借閱一過，鑒公所住蓮花精舍，當在艮山門外村落間，王丹麓諸人皆扁舟造訪，逭暑精舍，遂作此圖。王丹麓詩云："禪舍堪銷夏，輕舟結伴過。"吴舒鳧詩云："共愛東林勝，扁舟到水湄。"吴石倉詩云："結得煙霞侶，河東訪舊僧。"又云："小菴不遠市，野竹護禪關。客到思逃暑，吾兼愛看山。水常經竈下，雲或出衣間。揮手醉相別，扁舟掉月還。"丹麓、石倉俱家湖墅，買舟河東，其路甚便；若在城東畫院舊址，則扁舟入城有水門之限，安得"掉月還"耶？"小菴不遠市"，是去市不遠矣；"吾兼愛看山"，是湖上諸山及皋亭、黃鶴諸峰歷歷在目矣；"水常經竈下"，則有活水經廚矣，皆非城東之境所得備。又按岕老編年詩鈔《贈鑒微長老時寓卓子式東園》句云"我住塘西君關北"，所謂關北者，頗疑是東新關之北，非北關之北也，惜無從訪其處耳。甲午仲冬。

鑒公精舍納涼圖題咏跋二

庚子歲，余自東街移家艮山門外東嶽廟後，舍北有池，廣畝許，池北有精舍，俗呼王家菴。菴東西皆有池，其東池較廣，菴中齋廚瀕于其上，菴後遠山一帶，即皋亭、黃鶴諸峰，其前則湖上諸山在望也。吴丈西林語余曰："子向欲求鑒上人所居之精舍，今得之矣，此菴是也。"余欣然詢其故。吴丈曰："吾自觀《納涼圖》後，留意久之，此菴左右并前諸池，里老云昔時栽荷盛甚。至菴中，壁上覓得鑒上人手書詩箋二紙。諦視先代法師神位，内有'上元下暉鑒法師'名號。菴北有綫地屋基，爲毛氏産，即建平族人，建平因此常往來，與鑒公交密，其爲鑒上人居此無疑矣。"余鼓掌稱快，向之積疑，一旦釋然。越四年，余居爲鄰火所毀。庵僧不修戒行，主者無人，屋宇漸圮，而吳丈先已作古人。朝煙暮靄，惟余常經行其間，憑吊今昔，便可作竹深荷净觀矣。今過山舟先生齋頭，重睹此卷，蓋距甲午且十有六年，先生命識于後，因合前跋錄之。乾隆己酉清和月朔。（以上二文，錄自朱文藻輯本卷首）

西溪探梅圖記跋

己丑中秋後十日，余爲鐵橋搜輯遺文，蔚唐出示此册，亟將《記》文編入《畫錄》。因感自甲申至今又逾六年，《記》中所叙諸人，俱株守里門，其窮且困未嘗少減，而畊寸夫子歿已四年，鐵橋之亡再經宿草。昔之所感在離散，豈知散者不難聚，而亡者不可復存耶！由六年以追溯九年舊游，真如隔世，則由今而視後，其可感者又將奚如！歲月易邁，人事易遷，古今之常理本易達，而特難釋諸懷耳，爲題長句以歸蔚唐藏之："作畫題辭又六年，珍看遺墨淚潸潸（森按：疑"潸"字之訛）然。十人生死今堪數，一日溪山事竟傳。河北豪游仍故國（謂蔚唐），江南舊夢付荒煙（文藻自謂）。歲時屢易人加老，後日升沈更可憐。"（錄自胡敬輯《蔚唐府君年譜》乾隆丙子條）

與胡蔚唐書

三月七日得足下春分後一日書，知畊寸夫子陡染重疾，聞之五内崩裂。計足下發書之日，迄今又逾二旬，未稔夫子尊體能邀天之庇，有可調劑否？倘竟至不諱，則有數大事必須妥辦者：第一，棺槨衾絞之具，非足下不能任。第二，師母度活，宜議善全，夫子祇此典屋三楹，藉以安身，毋令他售失所。第三，窀穸須徐卜，或度量太師母墓旁隙地，或議別求佳壤，勿事權宜貰厝，以致他日遷延難舉。第四，家藏書籍亟宜搜羅，隻字殘篇，并宜録寄。僕爲此五斗米，與鄉里小兒作生活，遭此慘禍，不獲親侍床簀，幸賴足下荷此重擔，既悲且慰。竊餘詩稿，僕當珍藏，今已鈔成二卷。猶憶嚴九峰嘗云，倩鐵橋摹小像冠于卷首，可往訊之。文藻頓首，蔚唐大哥至愛。（錄自胡敬輯《蔚唐府君年譜》乾隆己未條）

森按：胡敬《蔚唐府君年譜》乾隆己未條云："沈畊寸先生名超，字贊思，杭郡諸生。……晚年多病，癸未春，朗齋師在靖江寄府君書"云云，則此札乾隆二十八年三月所撰。胡氏又言："[畊寸]先生歿于乾隆丙戌，距癸未後四年，則書中所云疾，當復癒也。"此文徐雁平教授代爲寫録，書此志謝。

與朱文游書

春夏以來兩奉候札，想并蒙省覽。頃潘瑩中先生來杭，得稔近安，深慰鄙懷。承假《説文繫傳》，本擬速爲鈔竣，適入夏後猝遭魚亭先生尊人大故，未免間以他務停止。嗣因勉赴秋闈，又停一月，蹉跎至今。鈔畢之日，正欲造堂面繳，快聆清誨，恰值潘先生有還吴之便，原書附順奉上。外有《考異》二十八篇、《附録》二篇，合爲一册，并呈教政。至鄴架藏書之富，前行匆遽，未獲縱觀，尚擬來春買舟親謁，再請善本沾溉後學，想不以此番遲滯爲罪也。吳西林先生、魚亭先生均屬致謝，并候台安。上文翁宗老先生侍史，晚生文藻頓首。（録自東京静嘉堂文庫藏《説文繫傳考異》鈔本卷首，又陸心源《皕宋樓藏書志》卷十三）

森按：朱文藻乾隆庚寅冬《説文繫傳考異跋》：去年十月抄，從朱氏滋蘭堂借得《説文繫傳》鈔本，"書經歲終鈔畢，藏之汪氏振綺堂。其《考異》、《附録》等篇，更録一通，隨原書歸吳下"云云，則此札乾隆三十五年冬所撰也。是年有庚寅恩科鄉試，故札言"勉赴秋闈，又停一月"也。

與汪龍莊書

愚弟朱文藻頓首上，龍莊明府大兄執事：去歲春正九日，與緑飲飲餞省寓，時已薄暮，適有門閫之限，匆匆叙別，未盡所言。別後一年，館食如常，惟以點勘丹鉛銷磨歲月。冬間舉家患瘡，賤體亦經纏染，血氣虧弱。入春以來，釀成氣喘、虛腫之證，卧牀三月，醫療方痊。癬疥之疾，能爲心腹之患。吁！可畏也。

四月二十七日，張司馬顧堂先生交到去年重九日手書一通；五月十二日，司馬又付後函，乃本年三月望日所發，前遲而後速，懸殊乃爾。旬餘連得二信，蕭齋岑寂之中，見面見心，狂喜無似。并于司馬處得稔近狀，以經術飾吏治，大展素藴，神明之頌、父母之稱，傳播遠近，更爲忻慰之至。

命檢明人雙節堂卷子詩文，去年曾覓得聶東軒、杜東原兩集，謹録上。杜詩首二句複兩"相"字，聶詩首二句複兩"重"字，皆仍原本也。案杜詩是姊娌雙節，聶詩則雙節爲余氏之母，未知即卷中詩否？然跋中載此二人，録以備考，再容陸續案跋搜采。大兄檢校簿書，日不暇給，猶惓惓于前人節孝之事，遠而彌篤，仁人君子之用心如此其至，"孝思不匱，永錫爾類"，于大兄見之矣，弟敢不盡心竭力以副盛意！弟向來考訂，皆取資于振綺堂藏書，今跋中所載諸家，大半于四庫館甄録遺書時陸續進獻。今止可于書肆留意，有見即録，未敢預必也。江魚浮沈，達書不易。楚中鬱蒸，興居眠食，伏惟爲道自愛，不宣。戊申重五後八日，文藻再頓首。

書有餘幅，作詩一首《奉懷龍莊明府》："五月江城聽落梅，江魚吹浪去仍迴。雙旌念未忘松柏，尺素書頻到草萊。傳説與民爲一體，又聞作計欲歸來。愛人學道應無負，膏澤還期遍楚臺。"弟文藻拜草。（録自汪輝祖編《雙節堂贈言續集》卷末《附訂》）

與吳兔牀書一

客歲虎林奉教，屈指半載于玆。臘月中旬重過會城，亟詢行旌，乃北歸纔數日耳。今首春既望以來，留省者又四十日，滿意一接言笑，而未遂所擬。六月之久，竟未能一叩書堂，蕭問起居；尺紙訊候，且致缺如。雖以奔走少暇，而不能常時親近有道，抑亦不孝之福之淺也。今月下澣，欣聞老伯已得美孫，六十老人知定喜動顏色。不孝輩素挹高情，亦爲之欣忭不已，急欲趨賀，適不可以風，未得一葦叩潭，歉也何似！并聞大稿近始彙集成帙，擬授剞劂，且删薙極嚴，更見良匠苦心，壽世之作畢竟與榮世者不同，宜如此其鄭重，敬慕承服。待少屏塵污，春夏之交擬過深山，當快讀新編，暢聆大教耳。

河莊陳兄有國初人赤牘册二，凡三十九紙，係朱、王、亭林、嶺南三家一輩人，近留山舟梁丈處，山翁愛不能釋。以不孝與河莊兄相識，特屬致意。倘可讓其得否，或二册內略取數紙，意蓋在顧、屈、陳、梁諸家，以所有者償所無亦可。不孝久未面河莊兄，倘老伯晤時，務乞代致。聞渠三月內亦有事會城，能一候山翁則更妙耳。入春以來，想老人安眠健飯如常，兩兄俱平善耶！大兄目力近日何如？風便示慰爲幸。尚此奉布，順請近安。不孝朱文藻稽顙。

森按：此札言"今月下澣，欣聞老伯已得美孫"云云，檢吳騫《拜經樓詩續編》卷三有《乾隆壬子，余六十初度，方舉一孫，邵右庵徵士以卞文瑜溪山秋色卷見遺》詩，則此札乾隆五十七年春所撰也。

與吳兔床書二

春正造訪，饜飫清尊，叠荷厚貺，握手衹領之餘，慚感交集。邇想道履清佳，潭禧蕃茂。兩世兄棣華榮盛，新文孫頭角崢嶸，當此南薰和暢，枕葄于愚谷書倉，塵迹不到，天懷怡澹，其樂不可殫述矣。

別後到海鹽訪張文魚，適值大病新愈，扶筇出見，喜若重生。出示宋本《漢書·揚雄傳》一篇，硃筆句讀，凡遇宋諱皆圈出，尚是宋人讀本，其板樣與插架所藏相仿。連日兩見宋槧，恰皆《漢書》，真眼福也。

到武進躭閣一月，至三月十九始到沛寧，寄函俱已轉致，相與健羡稽古之勤，近時罕匹。小松司馬既以金石爲性命，蒐搨之富，多人間所未見之本，而收藏書畫古器亦復不少。談間因及篋笥所藏前代金石諸器，如有款識者悉爲搨寄，以廣見聞，且資考證，裨益更多矣。舟行稍暇，得留別詩一首，今錄呈大教。便中惠我好音，交陳立兄處轉寄甚便也。順候兔床先生近安，愚小弟朱文藻頓首。癸丑清和十一日，沛寧運河廳署發。（以上二札，錄自中央研究院近代史研究所藏《清代學人書札詩箋》册六）

森按：乾隆五十八年春，朱文藻應黃易（小松）之聘赴濟寧，課讀其子。朱氏《碧溪詩話》云："寶田先生居武林門外散花灘，余慕先生詩名三十年于茲矣，先生嘗以事累遣塞外終。乾隆癸丑暮春，令弟小松司馬駐沛寧，招致廨中，始得與令嗣渭符共晨夕，因出遺稿示讀一過。"（阮元《兩浙輶軒錄》卷三十二"黃庭"條引）與此札"三月十九日始到沛寧"之說正合，蓋朱氏赴山左前，曾過吳氏拜經樓辭行也。

與邵二雲書

文藻頓首啓事，二雲老先生閣下：不奉音問者屈指已垂十年，結念之深，正如一日也。文藻塾課汪氏，歷十二年之久，平居人事輵輵，流覽泛應，竟無一事成就，可以覓（森按：當爲"質"字之誤）之高明。學業日荒，蹭蹬場屋，頹然一老諸生，明年周甲，貫（疑當作"黃"）髪蒼蒼，青雲之志從此隳矣。數年來受蕭山陶篁村先生之托，以所輯《全浙詩話》屬爲補遺，因此博考諸家文集，外及山經地志、説部雜家、名人書畫真迹，無不采録，積稿可得百十卷，而津涯浩瀚，迄未成書。

今歲應兗州運河司馬黃小松之聘，就館濟寧，課讀其子。司馬富于金石，屬纂《濟寧金石録》，響拓其文，摹繪其畫，備末（疑當作"采"）諸家題跋，附以管見考證，創稿于夏，已成十之七八，開春可以脱稿。此書若得流傳，美（此字有誤）有一種問世。因思老先生爲風雅宗師，鄉邦耆舊留遺，聞見素博，而又儲藏碑版，審定精詳，凡所以闡出（當爲"幽"字之訛）潛之蘊，發貞吉之華，乞爲指示迷津，埤益末學，功垂琬琰，非僅文藻一人受益已也。到濟後，齋中始讀大著《爾雅正義》一編，衆説汰其雜淆，訓詁歸于一是，從此小學家得指南矣。不審刷印尚有餘編可惠贈一部，以爲家塾訓習之資否？

文藻初擬臘底解館後單車入都，冀得暢聆教言，稍申契闊，且恭謁太學，敬瞻辟雍《石經》之巨制，實爲儒生慶幸。而主人諄諄以霜重嚴寒，不宜衝冒，此願中止，然而私懷終耿耿也。茲值泉河別駕阮蓉亭先生請咨赴部禀復，奉候鴻禧。阮公籍隸大興，寓居虎坊橋邵宅；如有迴書，希命紀致之，不一。癸丑長至後三日，文藻再頓首。（録自朱炯《新發現的〈南江先生年譜初稿〉及其文獻價值》，《史學理論與史學史學刊》2014年卷）

森按：此文朱君從餘姚市文物保護管理所所藏朱蘭《南江先生年譜初稿》稿本録出，文中魯魚亥豕，今以意訂正。

與錢廣伯書一

承示嚴先生札及《鐵網珊瑚》，已轉致敝居停汪九先生。緣宋板《春秋》一書，據九先生自言，當時置本寔係七折，錢六十兩。日前所需二百金之價，未爲過多，皆由時下書價大概皆昂。此書雖有缺卷，究屬久佚之遺經，較尋常無足重輕之宋元板書差爲珍重。今讀嚴先生來諭諄諄，意殊可感。若必執意昂價取利，是屬市道，非所以待有道也。但只照本七折，錢六十兩之數斷不可少，勢不能九先生虧本以曲從耳，乞先生附便轉致嚴先生。但其書現在横河橋姚宅，爲日過遲，姚處如合用，則不能懸待耳。特此代述致覆并候，不一。廣伯先生師事，弟朱文藻頓首。

《鐵網珊瑚》一書，玩之不忍釋手，然係嚴先生持贈之意，不可喜也，謹繳上。七月八日。

與錢廣伯書二

日昨承示嚴先生來翰，稔悉一切，今早即轉致汪九先生矣。張氏《集傳》，既爲《經義考》所佚，又爲《永樂大典》所遺，而四方藏弆家從未經著録，是以《四庫全書》僅鈔《集注》、《綱領》，而于《集傳》亦闕焉。則此書之可寶貴，在遺編之救亡已久，而不在鋟板之爲宋爲元也。書籍流傳，除兔園册子之外，皆無益于舉業之學者。必謂有益于舉業而後當出價購求，而後當寶愛，此語而出自嚴先生之口，則不免立言失體矣，今皆不具論。要而言之，此書在汪九先生，從二百金之價讓至六十金，已屬減無可減；在嚴先生，從十六千之價加至卅五千，亦屬增無可增。今弟以二說衡之，爲折中之論，勸嚴先生再出三千五百文，足成五十五兩之數，以兩不相從之中，寓成人之美之道。是否有當，伏乞裁定。但此事自七月相待，今已稽時，計此番覆後，僅可再待半月，不可誤九先生之得善價而他就也。耑此奉覆，并候晨安，不一。廣伯先生師席，朱文藻頓首，九月十六日。（以上二札，録自張洽《春秋集傳》卷後）

森按：此兩札題下注"壬子"，則乾隆五十七年秋所撰也。嚴元照《訪購春秋集傳諸友手札書後》云："讀朗齋與錢廣伯書，見當日一時買賣情形。厥後成交時，付去凈錢四十枚。"今録此，以存一段書林故實。

與朝鮮洪湛軒書

愚弟朱文藻頓首，頓首奉書湛軒先生足下：交友之道，致不一矣。有性命之交，有道義之交，有文字之交，下此爲徵逐讌會之交、趨勢附利之交。而其致交之繇，有神交，不必會面而神往者；有心交，一會面而留戀于心者；有形交，但以形相往來者；有迹交，雖名爲友而迹不同者。文藻于足下，唯神交與道義之交而已。

文藻生本寒微，年十六，痛遭失怙。家無督責之嚴兄，外無規勉之良友。稍知讀書，惟師古人，既而思擇友以爲助。敝廬去九峰、鐵橋居數十武，慕二君之爲人，往交之，十數年如一日，急難相濟，疑義相析，文酒相樂，雖骨肉之愛無此親者，此真所謂性命之交也。

往歲丙戌，鐵橋在京師寄家書，備言得交足下顛末，文藻聞之，已知足下之爲人。既而歸，携諸公贈答詩文、尺牘，足下之作在焉，于是益傾倒于足下，而恨不能一見也。讀足下之文，又不禁熱淚涔涔，以爲古今來未有如此作合之奇、別離之苦者，而不意鐵橋之于足下遇之，而不啻文藻之于足下遇之也。故今日未與足下見而輒以書通者，實出于至性，不徒援足下之與筱飲、九峰書以爲例也。

丁亥之春，九峰、鐵橋同客閩中。入夏，鐵橋染瘴，秋發爲瘧，百餘日而劇。閏秋之月，得足下丙戌九月所發書，凡三千六百餘言，而鐵橋答書亦二千六百餘言，因意兩人者，學術之正、識見之卓、議論之確，求之古人不易也。鐵橋作書方九月，時已病劇，足下觀其文字，有似不久人世者邪？而豈意力疾而歸，兩旬而歿，其速如此。嗚呼痛哉！疾革之夕，文藻坐床側，被中出足下書令讀之，讀竟，淚下。又于被中索得足下所惠墨，愛其古香，取而臭之，仍藏之被中。而其時已手戰氣逆，目閉口斜，不能支矣。嗚呼！其彌留之情深如此。今日者思其精靈，或在天爲星辰，或在地爲河岳，或憑依于君側，或托生于東方，皆不可知，而要之兩人纏綿之意，可以傳之無窮矣。

鐵橋生平所作詩文，文藻爲鈔其全，得八卷，題曰《小清涼室遺稿》。其與足下及諸公贈答詩文、尺牘，別彙爲一册，題曰《日下題襟合集》，附于本集之後。鐵橋生一子，名昂，字千里，才十二歲。九峰患其單弱，益以所生次子名晨、字旭初，立爲後。嗚呼！鐵橋有賢嗣，能寶先人之書矣。

鐵橋歿後，其家郵書至閩中，九峰得書，即日束裝，戴星而奔。隆冬天寒，朔風刮面，沙雁叫霜，山鬼嘯月，輿夫絮輕，肩頹膝頓。加以嶺路極天，炬光閃目，稍一失足，一墜千仞。嗚呼！行路難，胡爲乎來哉！此情此境，九峰獨知之，而以其爲鐵橋故，所當與足下共知之也。

足下曾云："兩地音書，一歲一度，若一度無書，則或死矣。"今鐵橋已歿，鐵橋之書不可復得矣。文藻今年三十有四，小鐵橋三歲。平時鐵橋以弟視文藻，足下又以弟視鐵橋。今日之所以妄通書于足下者，以爲足下亡一弟，又得一弟，或稍可以慰藉也。文藻學識不及鐵橋，而好學之志，或可幾其萬一，未審足下肯以愛鐵橋者愛文藻否也？文藻既自許與足下爲道義之交，則當講求聖賢之道，然見識淺薄，自問人品即足下所謂玩索者流，非聖賢種子，所望足下之有以規勉之也。足下求道既深，則知人必審，文藻之爲人，足下雖未會面，自可覽書而得其概。如非可交之人，竟置之不理可也。若能不在弃置之列，則將來發書，乞惠一函，以永新好。筱飲、秋庫二公迺文藻所深交，兩家音耗亦可互藉以通問也。足下盛年，德業日富，自無所慮，然細味從前書意，及觀鐵橋所畫小像，亦似胸有悒鬱而體患屢弱者。守身之道，不可不慎，爲道自愛之言，良有味也。區區之忱，如是而已。春風東來，臨書遙溯，不宣。乾隆戊子春正月二十五日，愚弟文藻頓首，頓首上湛軒先生足下。（録自首爾大學中央圖書館藏《鐵橋全集》鈔本册五，《日下題襟集》附札）

森按：洪大容（1731—1783）字德保，號湛軒，朝鮮漢陽人。英祖四十一年（乾隆三十年）以朝鮮特使團隨員身份入燕，結識入京會試浙江舉人嚴誠（鐵橋）、陸飛、潘庭筠三人，甚相投契，相與訂僑札之分。朱文藻則與嚴誠兄弟自少爲襟契之好。此信朱氏萬里寓書，告以嚴君凶耗及身後事。洪氏入燕之行，歸國後撰成《乙丙燕行録》、《湛軒燕記》等書，于朝鮮流播甚廣，被奉爲"北學派"先驅。

嚴鐵橋舉殯祭文

維乾隆三十三年歲次戊子十二月乙卯朔三日丁巳，同學愚弟沈鵬、魏之琇、沈紹湘、鮑廷博、蔡源、張陳典、何琪、胡濤、朱文藻、孫咸寧、陳謝駰、孫晉寧、朱尚林同頓首再拜。謹以瓣香束楮之儀，致祭于鐵橋二兄先生之靈曰：

嗚呼哀哉！交道難論，素心罕覯。曲木永年，良材掩茂。天意生才，地靈毓秀。既賦以德，胡奪之壽。維君率性，孝友無虧。惟君多藝，儒雅堪師。名在鄉國，知與不知。久孚人口，冀待諛辭。節君交誼，相感忠厚。推解至情，規箴苦口。實關性命，匪徒文酒。屈指東城，久推良友。鵬等締合，定非偶然。或在輓近，或自髫年。方期永久，豈論後先。猝云辭世，愴矣呼天。

嗚呼哀哉！良覿無期，流光易代。君歸重泉，倏逾一載。遺挂在堂，笑言難再。瞻望神儀，如逢晤對。湖南氣肅，嶺路雲遮。駕言厝屋，待輓靈車。神黯暮雨，哀集昏鴉。

煙嵐迷望，溪壑爲家。惟湖有山，惟山有墓。師友長眠，纍纍臨路。君游其間，倡酬朝暮。千秋少別，寸靈能晤。而在鵬等，夙負知心。死生异路，松柏同岑。清尊在手，涕泗沾襟。淹留今夕，共展哀忱。嗚呼哀哉，尚饗！（錄自首爾大學中央圖書館藏《鐵橋全集》鈔本册三《外集》）

嚴鐵橋祔廟祭文

維乾隆三十有四年歲次己丑十一月己卯朔，越十一日己丑，瓣香吟友沈鵬、魏之琇、沈紹湘、蔡源、胡濤、朱文藻、孫晉寧、陳謝駰同稽首頓首，謹以隻雞斗酒之供，附薦于鐵橋二兄先生之靈。

嗚呼！日月易徂，人琴未邈。痛前年之裹飯，傷客歲之迎喪。宿草再經，哭友固宜少殺；同岑無幾，愴懷寧有終窮。溯至性之入人，感交情之挽俗。滄溟萬里，遠來雀舌龍涎；淚墨雙函，盡是丹忱血性。想招魂于東國，定卜他生；倘返鶴于遼陽，重逢此日。茲當大祥之月，宜行祔廟之儀。適异物以臚陳，助哲昆而攝禮。既歆海錯，旋合朋簪。同修終獻之文，附展一尊之奠。痛靈筵其永撤，瞻遺挂以難忘。側想音塵，惟留詩卷。歲歲享騷壇之配，悵惘吟牋；年年停花港之舟，徘徊壠樹。惟靈不爽，鑒此哀忱。尚饗！（錄自韓國首爾大學中央圖書館藏《鐵橋全集》鈔本册三《外集》）

（作者簡介：陳鴻森，台灣中央研究院歷史語言研究所研究員，成功大學中文系教授）

The Retrieval and Exegesis of Zhu Wenzao's New Survival Essays

Hung-sen Chen

Abstract: Zhu Wenzao（1735—1806）, style-named Yingchun with the pseudonym Langzhai, is a famous figure during the Qianlong and Jianqing period. He has collected and edited Shan Zuo Jin Shi Zhi and Liang Zhe You Xuan Lu for Ruan Yuan, and is also the editor of Jin Shi Cui Bian and Da Zang Sheng Jiao Jie Ti on Wang Chang's works. His own works include titles such as Shuo Wen Xi Zhuan Kao Yi, Jiao Ding Cun Yi, Jing Ci Si Zhi, Jin Gu Dong Zhi, Langzhai Xian Sheng Yi Ji and Bi Xi Shi Hua. His biography is among the 72st volume of Qing Shi Lie Zhuan. Many of Langzhai's books have not been published in his lifetime, and later the manuscripts become collection of Qing Yin Ge, the library owned by Qu Shiying. However, suffering the Hong Yang Turmoial, most of the manuscripts have turned into ashes. Although the collection list of Qing Yin Ge contains an anthology of Langzhai's works, Bi Xi Cao Tang Wen Ji. Neither the manusicpt itself nor any handwritten copy has been spreaded—a fact indicating the loss of the book for a long time. The author now gathers Langzhai's survival works into an article; though these only symbolize a small part of his prolific authorship, this article nevertheless serves the purpose of preservation. Many episodes of the scholarly world have been recorded in these works, providing further understanding of his contemporary period.

Keywords: Zhu Wenzao; New Survival Essays; Retrieve of texts; Qianjia scholarship

（本文責任編校：于　浩、王　蕊）

本刊約稿啓事

敬啓者：

一、本刊爲南昌大學國學研究院主辦之大型學術性刊物，主要發表中國傳統國學及相關方面研究之成果。暫開設"經學探微""史學抉原""諸子學衡""小學闡幽""校讎廣義""藝文鏡詮""讀書札記""學林憶舊""漢學擷英"等欄目。本刊暫定爲年刊，每年9月下旬出版。今後視情況轉爲半年刊或季刊。

二、本刊以專題論文爲主，間亦登載書評及商榷討論文字。所有文章，均以首次發表爲限。所有言論，文責自負；文章引用圖文如有涉及版權者，亦請自行妥善處理。

三、本刊采取雙盲審稿制度，稿件如果采用，在投稿三個月内通知作者；請勿一稿多投。刊載後即付稿酬，另贈當期學刊2份，論文抽印本20份。文稿一經采用，本刊即享有法定之有關著作財產權和資料加工、網路傳播權；未經作者和本刊同意，其他媒體不得轉載。如僅同意以紙本形式發表，請于來稿中特別注明。投稿三個月後未見本刊采用通知，稿件可自行處理。來稿均請自留底稿，不論刊用與否，因本刊人力有限，原稿無法奉還，敬祈諒解。

四、本刊以中文稿件爲主，兼發英文稿，專題論文稿件字數限在3萬字以内，書評稿件限1萬字以内，英文稿件限20印刷頁以内。特別約稿不在此限。

五、稿件請注明中、英文標題，中、英文内容摘要，中、英文關鍵字3至5個，中、英文作者姓名，另附作者簡介（包括作者姓名、出生年月、工作單位、學位、職稱）及通訊位址與聯繫方式（電話、傳真及電子信箱）。

六、本刊論文采取當頁注脚，每頁重新編號。注脚以word文檔自然生成，編號形式爲：①、②、③……，字型大小爲小五號宋體。本刊爲繁體橫排，使用標點符號敬請參照大陸橫排通行形式。

注脚形式，示例如下：

① 司馬遷：《史記》卷一二二，北京，中華書局1982年版，第3148頁。
② 嚴耕望：《〈讀史方輿紀要〉與〈嘉慶一統志〉》，臺北，《漢學研究》第3卷第2期。
③ 賈蘭坡：《山西曲沃裏村西溝舊石器時代文化遺址》，《考古》1959年第1期。

七、投寄本刊之稿件，如系電子文檔，請同時以word文檔及pdf文檔各一份同時示下，以免編輯時出現差錯。

八、來稿請寄：江西省南昌市紅穀灘新區學府大道999號南昌大學國學研究院；郵編：330031；電子郵箱：2665387157@qq.com